김혜림의

중국어 통역번역사전

KOREAN-CHINESE TERMINOLOGY

개정판

김혜림 엮음

이화여자대학교출판문화원

머리말

타인의 주장이나 글을 이해하고 다른 언어로 옮기는 작업, 통역과 번역은 흔히 언어간 전환 메커니즘으로만 인식되지만 실은 연사 혹은 원작자를 이해하는 단계에서부터 청중과 독자를 생각하며 텍스트에서 발현되는 개별 어휘의 의미를 포착하고 소화하여 청중과 독자를 대면하는 순간까지 철저한 타자와의 교감이라고 할 수 있다.

특히 전문 통 번역사가 주로 담당하는 국제회의 통역이나 전문 번역에서 가장 중요한 것은 전문 용어의 일대일 대응이다. 수많은 사건이 발생하는 변화무쌍한 현실 속에서 두 나라간 제반 분야의 현안이 논의되는 현장의 커뮤니케이션을 담당하는 중국어 통 번역사에게 용어 정리는 철저히 개인의 몫이었으며 정리의 과정 또한 만만치 않았다.

『김혜림의 중국어 통역번역 사전』을 세상에 내놓은 지 꼬박 15년이 흘렀다. 시시각각 빠르게 변화하는 세계 속에서 중국은 국제적으로 큰 영향을 미치고 있고 지리적 가까움 때문이 아니더라도 우리나라와 각 분야에서 매우 밀접한 관계를 맺고 있는 나라이다. 이러한 중국을 보다 정확하게 이해하고 제대로 판단하기 위해서는 그들과의 커뮤니케이션이 매우 중요하며 정확한 용어의 선택이야말로 커뮤니케이션의 기본이라고 할 수 있다. 10년을 주기로 어휘의 20% 정도가 사라지고 또 새로 생성된다고 하지 않던가. 생성과 소멸, 의미의 변화를 거듭하는 용어에 대한 이해가 통·번역의 시작이다.

처음엔 무엇을 넣고 무엇을 뺄 것인가를 고민했다면 이번 개정판을 내면서는 시간의 흐름만큼 바뀐 제도와 편제를 반영했으며 용례도 시대에 맞게 업데이트했다. 물론 기술의 발전과 사회의 진보에 따른 새로운 어휘도 추가했다.

"용어를 지배하는 사람이 세계도 지배한다"라는 노암 촘스키의 말처럼 이번에도 나름 혼자서 씨름한 내용을 내놓는다. 부디 이 사전이 기초가 되어 관련 분야 종사자 모두가 함께 어휘를 확충하고 교정해나갈 수 있기를 바란다. 개정판 출간을 위해 교열, 교정에 힘써주신 이화여자대학교출판문화원에 감사를 표한다.

2022년 6월 14일

김 혜 림

일러두기

본 사전은 실제 통역 및 번역을 수행하는 과정을 통해 정리된 주제별 용어를 모아놓은 것으로 한국어를 기준으로 중국어의 해당 표현을 제시했다.

다양한 분야의 통역 및 번역 경험 가운데 빈도수 및 활용도가 높다고 판단되는 24개의 주제를 선별하여 주제별 표제어 13,000여 개를 선정했으며, 경우에 따라서는 표제어 밑에 부제어를 달았다. 표제어는 해당 분야에서 기초적이면서 일반적으로 다루어지는 용어를 기준으로 선별했다.

다학제간 연구 및 논의가 활발하게 진행되고 있는 현실에서 두 개 이상의 다른 주제에 걸쳐 사용되는 용어의 경우 참조 표시를 해놓았으며 특별히 설명이 필요한 용어는 전체 내용에 대한 개괄적인 내용을 용어 밑에 박스로 처리하여 설명했다. 차례에서 주제를 확인한 후, 가나다순으로 단어를 찾아 들어가면 해당 용어의 중국어 표현과 관련 설명을 접할 수 있다. 다만 용어 중에서 어떤 순서나 등급이 있는 경우 그에 맞추어 배열한 경우도 있다.

주제별로 정리되어 있기 때문에 해당 어휘를 어느 주제에서 찾아야 할지 막막할 때가 있을 것이다. 이럴 경우를 대비하여 표제어와 부제어에 대해 가나다순으로 색인 처리했다. 색인은 한글 표제어를 기준으로 했으며, 자세한 내용은 해당 페이지를 찾아 확인하기 바란다.

예문은 주로 인터넷을 통해 검색된 예문 중 간단하고 일반적인 표현을 실었다. 이는 해당 용어의 연어 관계(collocation)를 밝힘으로써 사용자의 언어 활용을 돕기 위함이다.

차례

08 사법 司法

09 정치 政治

10 국제 정치 国际政治

11 안보 安全

12 경제 经济

13 경영 经营

01 사회 社会

사회 문제 社会问题

가족 중심주의 家族中心主義　　**家本位观念**

가족 중심주의란 가정의 이익에 최고의 가치를 두는 가치관이다.
家本位观念是家庭利益高于一切的价值观。

경조사 慶弔事　　**红白喜事**

부의금 賻儀金　　**帛金，赙金**

축의금 祝儀金　　**礼金，红包**

고소득층 高所得層　　**高收入阶层**

특권층 特權層　　**特权阶层，权贵阶层**

집권한 특권층의 부패는 심각한 사회 문제이다.
执政**权贵阶层**的贪污腐败是严重的社会问题。

과소비 過消費　　**过多的消费，消费过多**

과소비는 단기적 경기 부양 효과는 있지만 저축률을 떨어뜨린다.
过多的消费可促进眼前的景气，但会降低储蓄率。

네티즌　　**网民**

네티즌이 사회의 여론을 주도한다.
网民主导社会舆论。

명의 도용 名義盜用　　**盗用他人名义**

인터넷 범죄　　**网络犯罪**

인터넷 범죄가 금융 기관에 막대한 경제적 손실을 초래했다.
网络犯罪给金融机构造成了巨大经济损失。

인터넷 중독　　**网瘾，网络综合症，上网成瘾**

인터넷 중독은 정보화 시대에 건강을 위협하는 주범이 되고 있다.
在信息化时代**网络综合症**成了危害人们健康的一大杀手。

해킹　　**黑客行为，入侵计算机系统**

SNS　　**社交网络服务**

딩크족　　**丁克族**

딩크족은 아이를 원치 않으며 둘만의 인생을 즐기고 싶어한다.
丁克族不愿意生孩子，希望尽情享受二人世界。

마약 痲藥　　**毒品**

대마초 大麻草 **大麻**

의료계에서는 일찍이 대마초를 진통제와 진정제로 사용했다.
医学界曾把**大麻**广泛用作止痛和镇静药物。

마약 단속 痲藥團束 **取缔毒品**

마약 대사 痲藥大使 **禁毒大使**

홍콩 연예인들이 마약 대사로 나서 청소년들에게 마약을 멀리할 것을 호소했다.
香港艺人出任**禁毒大使**呼吁青少年远离毒品。

마약 범죄 痲藥犯罪 **毒品犯罪**

마약 사범 痲藥事犯 **毒品罪犯, 毒贩**

마약 사범들이 미성년자들을 동원해 마약을 팔고 있다.
毒品罪犯唆使利用未成年人贩毒。

마약 소지 痲藥所持 **携带毒品**

마약 오남용 痲藥誤濫用 **麻醉药品误用与滥用**

청소년들은 스스로 마약에 대한 경계를 강화해 마약의 오남용을 방지해야 한다.
青少年自己应对毒品加强防范, 避免**误用**或**滥用**。

마약 중독자 痲藥中毒者 **吸毒成瘾者**

마약 중독자는 가정 파탄 등 여러 가지 이유로 쉽게 마약에 다시 손을 댄다.
吸毒成瘾者往往会因家庭破裂等各种原因重返吸毒之路。

모르핀 **吗啡**

아편 阿片 **鸦片**

코카인 **可卡因**

필로폰(히로뽕) **冰毒**

합성 마약 合成痲藥 **合成毒品**

헤로인 **海洛因**

보보스족 **布波族, 波波族**

물질적 풍요와 정신적 여유로움의 완벽한 결합은 보보스족이 추구하는 삶이다.
物质享受与精神愉悦的完美结合是**布波族**们追求的生活。

복권 福券 **彩券, 彩票**

당첨금 當籤金 **奖金**

로또 복권 **乐透彩票**

이월 移越 **滚存**

추첨 抽籤 **开奖**

386세대 **386世代**

386세대란 1980년대에 대학을 다니고 1960년대에 출생한 장년층을 일컫는다. 이 용어가 유행했을 당시 30대였던 세대를 가리킨다.
所谓**386世代**就是指80年代上大学、60年代出生的中年人。该词汇流行时指当时三十多岁的人。

소득 격차 所得隔差 **收入差距**

신세대 新世代 **新生代**

아버지 세대와는 다르게 신세대 민공들은 더 이상 가장 더럽고 힘든 일자리에 그저 착실하게 머물러 있지 않는다.

与长辈不同, **新生代**民工不再老老实实地待在最脏最累的工作岗位上。

밀레니얼 세대 ~世代 **千禧一代**

X세대 **X一代**

MZ세대 **MZ一代, 千禧一代和Z一代的总称**

성소수자 **性少数群体**

메트로섹슈얼 **都市美男**

동성연애 **同性恋**

퀴어 **酷儿, 酷儿理论**

연고주의 緣故主義 **亲缘主义**

지연 地緣 **地缘**

학연 學緣 **学缘**

사실상 혈연·지연·학연은 인간 관계에 있어서 절대적으로 중요한 부분을 차지한다.

事实上血缘、**地缘**、**学缘**在人际关系上占绝对重要的部分。

원정출산 遠征出産 **境外生子, 到国外生育**

원정출산 아기 **定锚婴儿**

원정출산 여행 **生子旅游**

외모 지상주의 外貌至上主義 **外貌至上(主义)**

성형 수술 成形手術 **整形手术, 美容整形**

한국의 성형 수술 테크닉은 이미 세계적인 수준에 이르렀다.

韩国的**美容整形**技术已达到世界顶级水平。

웰빙 **健康生活**

웰빙 산업 **健康产业**

웰빙 식품 **健康食品**

유해 사이트 **有害网站**

안티 사이트 **反对网站**

많은 시청자들이 TV 연속극 <인어아가씨>의 안티 사이트 활동을 벌였다.

很多观众展开电视连续剧《人鱼小姐》的**反对网站**活动。

음란 사이트 **色情网站, 黄色网站**

갈수록 많은 네티즌들이 음란 사이트에 빠져들고 있다.

越来越多的网民热衷于**色情网站**。

자살 사이트 自杀网站
　　젊은이들은 자살 사이트에 의해 쉽게 자극받는다.
　　年轻人容易受到**自杀网站**氛围的刺激。

음주 문화 飮酒文化 饮酒文化
　폭탄주 爆彈酒 炸弹酒

인터넷 사회 网络社会

장묘 문화 葬墓文化 殡葬文化
　납골당 納骨堂 骨灰堂
　매장 埋葬 土葬
　화장 火葬 火葬, 火化
　화장터 火葬场

저소득층 低所得層 低收入阶层
　노숙자 露宿者 无家可归者, 露宿者
　　계속되는 불황으로 노숙자의 수가 급격히 증가하고 있다.
　　随着经济持续滑坡, **无家可归者**的数目日益剧增。
　부랑인 浮浪人 漂泊人
　소외 계층 疏外階層 弱势群体

조기 교육 早期教育 超前教育
　사교육비 私教育費 私人教育费用
　　대학 입시 과열 경쟁은 학부모에게 과중한 사교육비 부담을 안겨준다.
　　过于激烈的高考竞争, 让家长承担过多的**私人教育费用**。
　조기 유학 早期留學 低龄留学
　　조기 유학은 득보다 실이 크다.
　　低龄留学弊大于利。

중산층 中産層 中等收入阶层, 中产阶层
　　일반적으로 사회를 고소득층·중산층·저소득층으로 나눌 수 있다.
　　一般来说, 社会可划分为高收入阶层、**中产阶层**和低收入阶层。

지식 기반 사회 知識基盤社會 以知识为基础的社会, 知识社会
　　지식 기반 사회가 사회적 이슈로 대두되고 있다.
　　目前**知识社会**成为舆论焦点。
　제3의 물결 第三次浪潮

지역감정 地域感情 地区间矛盾
　　어떤 이들은 수도 이전 계획이 지역감정을 부추기고 지역 불균형을 초래한다고 주장한다.
　　有些人主张迁移首都计划会导致**地区间矛盾**和地区不均衡局面。

지역 이기주의 地域利己主義 区域利己主义

님비 현상 **邻避现象, 邻避症候群**
혐오 시설 嫌惡施設 **嫌恶设施**
혐오 시설은 주변 지역의 집값을 떨어뜨린다.
嫌恶设施降低邻近地区的房价。

퇴폐풍조 頹廢風潮 **颓废风气**
매춘 賣春 **卖淫嫖娼**
성매매 여성 性賣買女性 **娼妓, 妓女**
유럽에서는 성매매 여성들도 다른 노동자들처럼 복지 혜택을 누리고 납세 의무를 이행한다.
在欧洲**妓女**像其他工人一样享有劳工福利, 同时亦要尽交税的义务。

성인 용품 成人用品 **成人用品, 性用品, 情趣用品**
많은 사람들이 인터넷에서 성인 용품을 구매한다.
很多人在网上购买**成人用品**。

원조 교제 援助交際 **援助交际, 援助交往**
청소년들이 인터넷에 원조 교제 광고를 게재해 한때 문제가 되었다.
青少年在网上刊登**援助交际**广告, 一时成为社会问题。

윤락 산업 淪落産業 **色情产业**

호화 결혼식 豪華結婚式 **豪华婚礼**
인도 카슈미르 지역에서는 호화 결혼식을 금지하고 있다.
印度克什米尔地区禁止举办**豪华婚礼**。

예식장 禮式場 **结婚礼堂**
피로연 披露宴 **婚宴**

황금 만능주의 黃金萬能主義 **拜金主义**
학생들 사이에 황금 만능주의가 팽배해 있어 인성 교육이 절실히 필요하다.
多数学生**拜金主义**严重, 德育教育急需补血。

빈곤 贫困

공여국 供與國 **援助国**
공여금 供與金 **援助金**
공적개발원조 公的開發援助(ODA) **政府开发援助**

공적개발원조(ODA: Official Development Assistance, 政府开发援助)란?

남북 협력의 일환으로 선진국들이 정부 차원에서 저개발 국가나 국제 기구에 공여하는 경제적 · 기술적 지원. OECD의 개발원조위원회(DAC)에서는 회원국들이 GDP의 0.7% 이상을 개도국에 대한 ODA로 제공하도록 권고하고 있다.

개발원조위원회 開發援助委員會(DAC) **开发援助委员会**

대외경제협력기금 對外經濟協力基金(EDCF) **对外经济合作基金**

대외경제협력기금은 개발 도상국을 지원하여 국제 사회와 개발 도상국 간의 경제 협력을 추진하기 위해 설립된 기금이다.

对外经济合作基金是为发展中国家提供援助，促进国际社会和发展中国家开展经济合作而设立的基金。

국제 구호 사업 國際救護事業 **国际救援项目**

한국의 많은 종교 단체들은 국제 구호 사업에 참여하고 있다.

韩国的很多宗教组织参加**国际救援项目**。

국경 없는 의사회 **无国界医生组织**

세계 식량 계획 世界食糧計劃(WFP) **世界粮食计划**

옥스팜(Oxfam) **乐施会**

유니세프(UNICEF) **联合国儿童基金会**

기아 飢餓 **饥饿**

우리는 기아로 고통받는 아이들을 돕기 위해 최선을 다해야 한다.

我们应全力救助因**饥饿**而受苦的儿童。

남남 문제 南南問題 **南南问题**

남남 문제(南南问题)란?

주로 남반구에 개발 도상국과 후진국들이 위치하고 있어 이들 국가들을 통틀어 남(南)으로 부르고 있다. 그러나 개발 도상국간에도 경제적 발전 수준의 격차가 존재하고 그에 수반되는 문제들이 있는데 이를 남남 문제라고 한다.

남남 협력 南南協力 **南南合作**

남남 협력은 개발 도상국의 경제 발전에 도움이 된다.

南南合作有助于发展中国家的经济发展。

남북 문제 南北問題 **南北问题**

남북 문제(南北问题)란?

남북 관계 또는 빈국과 부국의 관계라는 뜻. 북반구의 선진국과 남반구의 저개발 국가들 간의 관계는 식민 관계가 종식된 후에도 경제 발전 정도와 빈부 격차가 더 심화되고 있다. 이 같은 격차로 야기되는 정치 · 사회 · 경제적 문제들을 포괄하여 남북 문제라고 한다.

남북 협력 南北協力 **南北合作**

빈곤 貧困 **贫困**

도시 빈곤 문제는 사회 안정에 영향을 미치는 중요한 요소이다.
城市**贫困**问题是影响社会稳定的重要因素。

고부채 식량 부족 국가 高負債食糧不足國家 **高债务缺粮国家**

고부채 최빈국 高負債最貧國 **高债务贫困国家, 重债穷国**

IBRD와 IMF는 고부채 최빈국을 지원하는 부채 탕감 계획을 세웠다.
世界银行和国际货币基金组织发起了援助**重债穷国**的减债计划。

국가간 빈부 격차 國家間貧富隔差 **国家之间的贫富差距**

빈곤선 貧困線 **贫困线**

캐나다로 간 중국 이민 가정의 절반 이상이 빈곤선 이하의 생활을 하고 있다.
加拿大中国移民家庭一半以上生活在**贫困线**以下。

절대 빈곤 絶對貧困 **绝对贫困**

중국의 절대 빈곤 기준은 세계 수준보다 낮다.
中国**绝对贫困**标准低于世界水平。

최빈국 最貧國 **最贫困国家**

빈익빈 부익부 貧益貧富益富 **贫者越贫、富者越富**

시장 경제 체제를 도입한 중국 사회에서 빈익빈 부익부 현상이 심화되고 있다.
引进市场经济体制的中国社会, **贫者越贫、富者越富**的现象日益突出。

양극화 현상 兩極化 現象 **两极分化现象**

사망률 死亡率 **死亡率**

영아 사망률 兒死亡率 **婴儿死亡率**

이라크 병원의 의약품 및 시설 부족으로 인해 영아 사망률이 크게 높아졌다.
由于伊拉克医院缺乏药品和医疗设备, **婴儿死亡率**大幅上升。

삶의 질 **生活质量**

경제가 발전함에 따라 사람들의 삶의 질이 점진적으로 향상되고 있다.
随着经济的发展, 人民的**生活质量**稳步提升。

문맹률 文盲率 **文盲率**

2000년도 중국 전체 인구의 문맹률은 7%대로 낮아졌다.
2000年中国总人口**文盲率**已经下降到了7%左右。

문맹 인구 文盲人口 **文盲人口**

전 세계 문맹 인구 중 2/3는 여성이다.
全球**文盲人口**中三分之二是妇女。

문맹 퇴치 文盲退治 **扫盲**

문해율 文解率 **识字率**

생명 지표 生命指標 **生命指标**

세계보건기구 世界保健機構(WHO) **世界卫生组织**

공중 보건 公衆保健 **公众卫生**

괴질 怪疾 **怪疾, 罕见病**

사스가 처음 출현했을 때 한국 언론들은 이를 괴질이라 불렀다.

非典刚刚出现时, 韩国媒体称非典为**怪疾**。

전염병 傳染病 **传染病**

개인 위생 관리를 철저히 한다면 전염병에 걸릴 가능성을 낮출 수 있다.

只要注意个人卫生, 可降低患**传染病**的可能性。

질병 예방 疾病豫防 **预防疾病**

질병 퇴치 疾病退治 **根除疾病**

항생제 발명 이후, 수많은 의학적 기적이 이루어졌지만 아직도 질병 퇴치를 위한 인류의 꿈은 실현되지 못했다.

抗生素问世后, 创造了许多医学奇迹, 但至今未能实现人类**根除疾病**的愿望。

수원국 受援國 **受援国**

식량 부족 食糧不足 **缺粮**

식수 부족 食水不足 **缺乏饮用水**

인도주의적 구호 사업 人道主義的救護事業 **人道主义救援工作**

1일 평균 에너지 공급량 **每日热能供给量**

1일 평균 에너지 공급량이 가장 높은 나라는 덴마크이다.

每日热能供给量数字最高的国家是丹麦。

인구 人口

가임기 可姙期 **育龄期**

가임기는 보통 30년 동안 지속된다.

育龄期一般可持续30多年。

가족 계획 家族計劃 **家庭计划**

불임 시술 不姙施術 **不孕症手术**

산아 제한 産兒制限 **计划生育**

중국 정부는 2016년 한 자녀만 낳도록 해온 산아 제한 정책을 완화해 '두 자녀 정책'을 도입했고, 2021년에는 세 자녀까지 가질 수 있도록 했다.

中国政府在2016年放宽独生子女**计划生育**政策, 实施"二胎政策", 2021年进一步放开允许一对夫妻生育三个子女。

피임 避姙 **避孕**

피임은 정자와 난자의 결합을 방지하여 임신을 피하는 것이다.

避孕就是避免怀孕, 防止精子同卵子结合。

고령화 사회 高齡化社會 **老龄化社会, 老龄社会**

중국은 이미 고령화 사회로 접어들어, 60세 이상 노인 비율이 10%를 넘는다.
中国已进入**老龄社会**, 60岁以上老人比例超过10%。

국제인구개발회의 國際人口開發會議(ICPD) **国际人口发展大会**

맬서스의 인구론 **马尔萨斯的人口原理**

기하급수적 幾何級數的 **几何级数**

중국의 인터넷 사용자는 매년 기하급수적으로 증가하고 있다.
中国互联网用户数每年以**几何级数**的速度增长。

산술급수적 算術級數的 **算术级数**

모자 보건 母子保健 **母婴保健**

유엔인구기금(UNFPA) **联合国人口基金会**

인구 감소 문제 人口減少問題 **人口减少(问题)**

인구 고령화 人口高齡化 **人口老龄化**

인구 고령화는 노년 인구가 전체 인구에서 차지하는 백분율을 근거로 측정된다.
人口老龄化是以老年人口在总人口中所占百分比为依据进行衡量的。

인구 구성 人口構成, **인구 구조** 人口構造 **人口结构**

중국의 인구 구조에서 고령화 추세가 두드러지고 있다.
中国**人口结构**老龄化趋势明显。

인구 조사 人口調査 **人口普查**

인구 조사의 목적은 인구 수, 분포 및 주거 환경 등의 변화를 파악하는 데 있다.
人口普查的目的是查清人口的数量、分布和居住环境等方面的变化情况。

인구 증가율 人口增加率 **人口增长率**

한국의 인구 증가율이 30년 만에 가장 낮은 수준을 기록했다.
韩国**人口增长率**创30年来的最低纪录。

저출산 문제 低出産問題 **低生育率问题**

출산율 出産率 **生育率**

인구 대체 수준 人口代替水準 **人口更替水平**

출산율이 대체 수준 이하일 때 이를 저출산율이라 한다.
生育率在**人口更替水平**以下称为低生育率。

출생률 出生率 **出生率**

중국은 성공적인 산아 제한 정책 추진을 통해 출생률이 빠르게 감소하고 있다.
中国成功实行的计划生育政策使得**出生率**快速下降。

합계 출산율 合計出産率 **总和生育率**

중국의 인구 합계 출산율이 인구 대체 수준 이하로 억제되었다.
中国人口**总和生育率**已被控制到了更替水平以下。

평균 수명 平均壽命 **平均寿命**

일본 여성의 평균 수명이 세계에서 가장 길다.
日本女性的**平均寿命**居世界之首。

평균 자녀 수 平均子女數 **平均子女数, 子女数平均为**

연령대가 낮을수록 평균 자녀 수는 줄고 있다.
随年龄层之下降, **平均子女数**日趋减少。

인권 人权

국가인권위원회 國家人權委員會 **国家人权委员会**

한국의 국가인권위원회는 주한 미군의 인권 침해 상황을 조사하고 있다.
韩国**国家人权委员会**正调查驻韩美军侵犯人权的情况。

국제사면위원회 國際赦免委員會 **国际特赦组织**

난민 難民 **难民**

경제 난민 經濟難民 **经济难民**

경제 난민은 좀더 나은 생활을 위해 자진해서 살 곳을 찾아 헤매는 사람들이다.
经济难民指为了改善自己的生活而自愿流离失所的人。

난민 지위 難民地位 **难民地位**

유엔은 탈북자의 난민 지위를 인정하고 있다.
联合国已承认脱北者的**难民地位**。

유엔난민고등판무관 **联合国难民事务高级专员**

유엔난민의정서 **联合国难民地位议定书**

유엔난민협약 **联合国难民地位公约**

정치 난민 政治難民 **政治难民**

세계 인권 선언 世界人權宣言 **世界人权宣言**

양도할 수 없는 권리 **不可转让的权利**

결사의 자유 **结社的自由**

생명의 권리 **生命的权利**

언론과 집회의 자유 **言论与集会的自由**

종교의 자유 **宗教信仰的自由**

출판의 자유 **出版的自由**

중국 헌법은 공민의 언론·출판·집회·결사의 자유를 명시하고 있다.
中国宪法明确规定公民享有**言论、出版、集会、结社的自由**。

표현의 자유 **表达的自由**

양심선언 良心宣言 **良心揭露**

내부 고발인 內部告發人, **공익 제보자** 公益提報者 **内部举报人**

양심수 良心囚 **良心犯**

중국의 양심수 석방 등의 문제에 관해 견해를 피력했다.
就中国释放**良心犯**等问题发表了看法。

인권 人權 **人权**

인권 보호 人權保護 **维护人权**

인권 유린 人權蹂躪 **践踏人权, 蹂躏人权**

쇠사슬과 자물쇠로 봉쇄된 매춘가는 말 그대로 인권 유린의 현장이다.
利用铁链和锁头封闭起来的卖淫一条街简直就是**蹂躏人权**的现场。

인권 침해 人權侵害 **侵害人权, 侵犯人权**

인권 탄압 人權彈壓 **压制人权**

역차별 逆差別 **逆向歧视**

범죄 犯罪

고문 拷問 **酷刑**

구타 毆打 **殴打**

미군은 묶여 있는 여러 명의 포로들을 구타했다.
美军**殴打**数名被捆的俘虏。

미성년자 고용죄 未成年者雇用罪 **雇用童工罪**

범죄자 犯罪者 **罪犯**

강도 强盜 **强盗**

갱단 **黑帮**

범죄 용의자 犯罪容疑者 **犯罪嫌疑人**

범죄 용의자는 현재 묵비권을 행사하며 검찰과 경찰 수사에 협조하지 않고 있다.
犯罪嫌疑人目前行使缄默权, 拒绝配合检警侦查。

블랙리스트 **黑名单**

상습범 常習犯 **惯犯**

약탈 掠奪 **掠夺**

인신매매 人身賣買 **人口贩卖**

직권 남용 職權濫用 **滥用职权**

직무 유기 職務遺棄 **玩忽职守**

공무원이 직무 유기 혐의로 경찰에 구속 수감되었다.
公务员涉嫌**玩忽职守**罪, 被警方拘留。

처벌 處罰 **处罚, 惩罚**

가택 연금 家宅軟禁 **软禁在家, 居家监禁**

가석방 假釋放 **假释**

그는 복역 기간 동안 모범적인 생활이 참작되어 최근 가석방으로 출감했다.

他因服刑期间表现良好，近日被**假释**出狱。

무기 징역 無期懲役 **无期徒刑**

복역 기간 服役期間 **服刑期间**

유기 징역 有期懲役 **有期徒刑**

집행 유예 執行猶豫 **缓刑**

청소년 범죄 青少年犯罪 **青少年犯罪**

소년 법원 少年法院 **少年法院**

상하이는 내년에 소년 법원을 설립할 계획이다.

上海计划明年成立**少年法院**。

학살 虐殺 **屠杀**

기타 其他

글로벌화 **全球化**

반글로벌화 운동 **反全球化运动**

반글로벌화 운동의 행동 방식은 이성적인 방향으로 나아가야 한다.

反全球化运动的行动方式应走向理性化。

지구촌 地球村 **地球村**

낙태 落胎 **人工流产，堕胎**

낙태주의자 落胎主義者 **赞成堕胎者**

반낙태주의자 反落胎主義者 **反堕胎主义者**

불법 낙태 不法落胎 **非法堕胎**

불법 낙태는 여성들의 생명과 건강을 위협한다.

非法堕胎会危及女性的生命健康。

문명의 충돌 **文明的冲突**

헌팅턴은 『문명의 충돌』에서 인류의 충돌은 서로 다른 문명의 대립으로 나타날 것이라고 주장했다.

亨廷顿在《**文明冲突论**》主张，人类冲突将主要表现在不同文明的对立上。

비정부 기구 非政府機構(NGO) **非政府组织**

중국의 비정부 기구들이 보다 적극적으로 자신들의 목소리를 내고 있다.

中国的**非政府组织**越来越走向前台，表达自己的意见。

시민 단체 市民團體 **民间组织**

풀뿌리 운동 **草根运动**

안락사 安樂死 **安乐死**

네덜란드는 세계 최초로 안락사를 합법화한 국가이다.
荷兰是世界上第一个将**安乐死**合法化的国家。

연명 의료 延命醫療 **延命治疗**

인종 차별 人種差別 **种族歧视**

가정 문제 家庭问题

가정법률사무소 家庭法律事務所 **家庭法律咨询处**

가정 법원 家庭法院 **家庭法院**

결손 가정 缺損家庭 **不完全家庭**

결손 가정은 아이들의 학습과 성장에 정신적인 부담을 안겨줄 수 있다.
不完全家庭可能对孩子的学习成长带来精神负担。

소년소녀 가장 少年少女家長 **少年少女家长**

금융 위기 이후 전국적으로 소년소녀 가장이 눈에 띄게 증가했다.
金融危机以后, 在全国范围内**少年少女家长**明显剧增。

조손 가정 祖孫家庭 **祖孙家庭**

편부모 偏父母 **单亲, 单身父母**

이혼, 혼전 임신 등의 이유로 매년 편부모 가정이 1만 가구 이상 증가하고 있다.
因离婚、未婚先孕等原因, 每年新增**单亲**家庭超过1万户。

한부모 가정 **单亲家庭**

노인 老人 **老年人**

노인들의 신체는 점점 쇠약해지고 그에 따라 생리 기능도 저하된다.
老年人的机体逐渐衰老, 生理功能随之下降。

경로당 敬老堂 **敬老院, 敬老堂**

경로사상 敬老思想 **孝亲尊老思想, 敬老观念**

경로석 敬老席 **老年人专用座位**

양로원 養老院 **养老院**

상하이에 처음으로 호텔형 양로원이 등장했다.
上海出现首家 "宾馆型" **养老院**。

대가족 大家族 **大家庭**

동성동본 同姓同本 **同姓同籍**

한국에서는 동성동본간에 결혼할 수 있다.
在韩国**同姓同籍**的人之间是可通婚的。

만혼 晚婚 **晚婚**

만혼은 보편적 현상이 되어버렸다.
晚婚已是普遍现象。

버려진 노인 **被遗弃的老人**
  고독사 孤獨死 **孤独死**
  독거노인 獨居老人 **空巢独居老人**
    백내장을 앓고 있는 독거노인이 안과 병원에서 무료로 수술을 받았다.
    患白内障的**空巢独居老人**, 在眼科医院接受了免费手术。
  무의탁 노인 無依托老人 **孤寡老人, 无依靠老人**
    무의탁 노인들은 돌봐줄 사람이 곁에 없다.
    孤寡老人身边无人照顾。

상속 相續 **继承**
  상속법 相續法 **继承法**
  재산 財産 **财产**
    부모님이 돌아가신 후 자녀들 사이에 재산 상속을 둘러싼 갈등이 생겼다.
    父母逝世后, 子女之间围绕**财产继承**发生了纠纷。

세대차 世代差 **时代鸿沟, 代沟**

실버산업 **老龄产业, 银发产业**
    현재 실버산업은 무한한 사업 가능성을 가지고 있다.
    目前**老龄产业**具有无限商机。
  실버 상품 **老年产品**
  실버타운 **退休社区**

이혼 離婚 **离婚**
    사람들은 '이혼'이라는 말에 갈수록 무감각해지고 있다.
    人们在"**离婚**"这个字眼面前渐渐变得坦然。
  양육비 養育費 **抚养费**
  위자료 慰藉料 **离婚赡养费**
  이혼 가정 離婚家庭 **离婚家庭, 离异家庭**
  이혼율 離婚率 **离婚率**
  이혼 청구 離婚請求 **离婚申请**
  자녀 양육권 子女養育權 **养育权, 子女抚养权**
    이혼한 부모가 아이의 양육권을 얻기 위해 법정에 마주 섰다.
    离婚的父母为争夺孩子的**养育权**而对簿公堂。

입양 가정 入養家庭 **收养家庭**

직계 가족 直系家族 **直系亲属**

직계 비속 直系卑屬 **直系卑亲属**
    관련 법률에 따르면 직계 비속은 1순위 상속자이다.
    据有关法律规定, **直系卑亲属**为第一顺序继承人。

직계 존속 直系尊屬 **直系尊亲属**

친자 확인 소송 親子確認訴訟 **确认亲子关系的诉讼**

친자 확인 소송을 위해 필요한 증빙 서류와 자료는 무엇입니까?
为**确认亲子关系的诉讼**请求, 需要哪些证件和数据?

핵가족 核家族 **核心家庭, 小家庭**

핵가족이란 남녀 한 쌍과 그 자녀로 이루어진 가정이다.
所谓**核心家庭**, 就是指一对男女及其孩子组成的家。

혼인 신고 婚姻申告 **婚姻登记**

중국은 혼인 신고 업무의 전산화를 적극적으로 추진하고 있다.
中国正积极推进**婚姻登记**业务信息化工作。

법률혼 法律婚 **法律婚**

중혼죄가 성립되기 위해서는 법률혼이 전제되어야 한다.
构成重婚罪的基本前提是**法律婚**。

사실혼 事實婚 **事实婚**

혼인 적령기 婚姻適齡期 **适婚期, 适婚年龄**

여성 문제 妇女问题

가부장제 家父長制 **父权家长制, 夫权制, 父权制**

남존 여비 男尊女卑 **男尊女卑**

문명 사회 이후의 인류 문화는 예외 없이 남존 여비를 당연하게…….
文明社会以后的人类文化无一例外地都将**男尊女卑**作为当然……。

가사 분담 家事分擔 **分担家务**

여성은 공동으로 가사를 분담하고자 하는 남자를 좋아한다.
女人喜欢愿意共同**分担家务**的男人。

가정 폭력 家庭暴力 **家庭暴力**

간통 姦通 **通奸**

가정 폭력 방지 및 피해자 보호 등에 관한 법률
关于防止家庭暴力及保护受害人的法律

경제 참여율 經濟參與率 **经济参与率**

남성과 비교했을 때 여성의 경제 참여율은 아직 저조하다.
同男性相比, 妇女的**经济参与率**仍相对较低。

국제 여성의 해 **国际妇女年**

1972년 유엔 총회 결의를 통해 1975년을 '국제 여성의 해'로 선포했다.
1972年联大决议宣布将1975年定为"**国际妇女年**"。

남녀고용평등법 男女雇傭平等法 **男女雇佣平等法**

남녀차별금지 및 구제에 관한 법률 **关于禁止性别歧视与救济的法律**

한국여성유권자연맹	**韩国女性选民联盟**
한국여성의 전화	**韩国妇女的热线电话**
한국여성정책연구원	**韩国女性政策研究院**
한국여성정치문화연구소(KIWP)	**韩国女性政治文化研究所**
한국여성정치연구소	**韩国女性政治研究所**
한국여성정치연맹(KWPC)	**韩国女性政治联盟**

페미니즘 **女权主义**

페미니스트 **女权主义者**

페미니스트들은 미스 월드 선발 대회 개최를 반대한다.

女权主义者反对世界小姐大赛的举行。

호주제 戶主制 **户主制度**

여성계 인사들은 호주제 폐지를 주장하고 있다.

女性界人士主张废除**户主制度**。

호적 戶籍 **户籍, 户口**

호주 戶主 **户主**

복지 제도 福利制度

공공 근로 사업 公共勤勞事業 **公共就业项目**

공공 근로 사업에는 취업이 어려운 사람을 우선적으로 고용해야 한다.

公共就业项目的劳动岗位应优先招用就业困难人员。

공공 부조 公共扶助 **公共扶助**

국민기초생활보장법 國民基礎生活保障法 **国民基础生活保障法**

최저 생계비 最低生計費 **最低生活费**

정부는 국민들의 최저 생계비를 보장해야 한다.

政府应保障国民的**最低生活费**。

근로 연계형 복지 勤勞連繫型福祉 **工作福利**

근로자복지기본법 勤勞者福祉基本法 **劳动者福利基本法**

기초 생활 수급자 基礎生活收給者 **基本生活费发放对象**

생계비 生計費 **基本生活费**

베이징 시는 정리 해고 실업자의 생계비를 상향 조정했다.

北京市向上调整了下岗职工**基本生活费**。

기초 연금 基礎年金 **基础养老金**

노인 복지 老人福祉 **老年人福利**

복권 발행을 통해 모은 복지 기금은 대부분 노인 복지 시설 지원에 쓰인다.
通过发行彩票筹集的福利金, 大部分用于资助**老年人福利**服务设施。

노인 부양 老人扶養 **赡养老人**

일부 자녀들이 노인 부양의 의무를 이행하지 않는 경우가 종종 발생하고 있다.
一些子女拒绝履行**赡养老人**义务的现象时有发生。

노인 부양 비율 老人扶養比率 **老人赡养率**

젊은 세대의 증가 속도가 둔화되면서 사회가 부담하는 노인 부양 비율이 높아지고 있다.
随着年轻一代的增长速度减慢, 社会的**老人赡养率**随之提高。

피부양자 被扶養者 **被赡养人**

보건 사업 保健事業 **公共卫生事业**

건강 증진 健康增進 **增进健康**

금가루 첨가 식품은 건강 증진에 전혀 도움이 되지 않는다.
添加金粉的食品无益**增进健康**。

복지 국가 福祉國家 **福利国家**

복지 서비스 **社会福利服务**

정부는 국민들에게 사회 복지 서비스를 제공해야 한다.
政府应向国民提供**社会福利服务**。

복지 수혜자 福祉受惠者 **社会福利受惠者**

복지 제도 福祉制度 **福利制度**

사회 보장의 4축 **四大社会保障体系**

건강 보험 健康保險 **基本医疗保险**

고용 보험 雇用保險 **失业保险**

국민연금 國民年金 **养老保险, 国民年金制度**

산재 보험 産災保險 **工伤保险**

사회 보장 제도 社會保障制度 **社会保障制度**

프랑스는 비교적 잘 완비된 사회 보장 제도를 갖추고 있다.
法国拥有一套相对完善的**社会保障制度**。

사회 보험 제도 社會保險制度 **社会保险制度**

연금 보험 제도는 사회 보험 제도의 중요한 구성 요소이다.
养老保险制度是**社会保险制度**的重要组成部分。

사회 복지사 社會福祉士 **社会工作者, 社工**

사회 안전망 社會安全網 **社会安全网**

사회 안전망이란 정부 주도로 구축된 사회 안전 보장 시스템을 뜻한다.
社会安全网是指政府主导形成的社会安全保障系统。

장애인 障碍人 **残疾人**

장애 보험 障碍保險 **残疾人保险**

장애인 복지 障碍人福祉 **残疾人福利**

장애인 복지 제도는 아직 미흡한 부분이 많다.

残疾人福利制度仍有待健全。

장애인 시설 障碍人施設 **残疾人设施**

향후 도시 주거 지역에는 노인 및 장애인 시설을 늘려야 한다.

今后城市居住区要增加老年人和**残疾人设施**。

장애인 올림픽 **残疾人奥运会, 残奥会**

2004년 아테네에서 장애인 올림픽이 열렸다.

2004年在雅典举办了**残奥会**。

재활 시설 再活施設 **康复中心**

장애인 재활 센터는 장애인의 의료 재활, 특수 교육이 이루어지는 종합 시설이다.

残疾人**康复中心**是残疾人医疗康复、特殊教育的综合性场所。

연금 제도 养老金制度

공공 연금 제도 公共年金制度 **公共年金制度**

공무원 연금 公務員年金 **公务员年金**

국민연금 제도 國民年金制度 **国民年金制度**

국민연금 제도는 정부가 직접 운용하는 공적 연금 제도이다.

国民年金制度是由政府直接管理的公共年金制度。

군인 연금 軍人年金 **军人年金**

노후 소득 보장 老後所得保障 **保障老年人基本收入**

노후 소득 보장이 연금 제도의 목적이다.

保障老年人基本收入是养老金制度的目标。

부과 방식 賦課方式 **现收现付制**

부과 방식이란 현재 근로 세대들이 납부한 연금으로 퇴직 근로자의 연금을 지불하는 방식이다.

所谓"**现收现付制**"是用当代劳动者缴纳的养老费支付退休劳动者养老待遇的制度。

부분 적립 방식 部分積立方式 **部分积累制**

사립 학교 교원 연금 私立學校教員年金 **私立学校教员年金**

사적 연금 私的年金 **私人年金**

기업 연금 제도 企業年金制度 **企业年金制度**

수급 개시 연령 受給開始年齡 **领取起始年龄**

이 보험은 수급 개시 연령을 자유롭게 선택할 수 있다.
本保险可以灵活选择**领取起始年龄**。

수급 자격 受給資格 **领取资格**

연금 보험료 年金保險料 **年金保险费**

연기금 年基金 **(年金)基金**

기업 연기금의 20%를 주식에 투자할 수 있다.
企业**年金基金**的20%资金可炒股。

완전 적립 방식 完全積立方式 **完全积累制**

중국은 인구 고령화에 대비하기 위해 완전 적립 방식의 연금 체계를 구축해야 한다.
中国为应对人口老龄化趋势，应建立**完全积累制**养老金体系。

퇴직금 제도 退職金制度 **退休金制度**

인구 구성 변화가 국가의 퇴직금 제도에 영향을 미치기 시작했다.
人口结构的变化已经开始影响到国家的**退休金制度**。

확정 급여형 연금 確定給與型年金 **待遇确定型，限定给付计划**

확정 기여형 연금 確定寄與型年金 **缴费确定型，限定缴费计划**

기업 연금은 일반적으로 확정 급여형, 확정 기여형 및 혼합형 세 가지 형식으로 나뉜다.
企业年金一般分为**待遇确定型**和**缴费确定型**以及混合型三种形式。

의료 보험 医疗保险

건강보험심사평가원 健康保險審査評價院 **健康保险审查评价院**

국민 개보험제 國民皆保險制 **全民医保**

국민 건강 보험 國民健康保險 **国家基本医疗保险制度，国民健康保险**

국민건강보험법 國民健康保險法 **国民健康保险法**

가입 加入 **参保，投保**

현재 선전 시의 의료 보험 가입률은 95%에 달한다.
目前深圳市医疗保险**参保**率高达95%。

가입자 加入者 **参保人，投保人**

국민건강보험공단 國民健康保險公團 **国民健康保险公团**

민간 의료 보험 民間醫療保險 **私人医疗保险**

보험증 保險證 **保险单，保单**

신약 新藥 **新药**

불충분한 투자야말로 신약 개발의 걸림돌이다.
投入不足是制约**新药**研发的瓶颈。

약사법 藥事法 — **药事法**

의약 분업 醫藥分業 — **医药分离**

의료 보험료 醫療保險料 — **医疗保险费**

의료 보험 제도 개혁으로 사용자와 근로자가 의료 보험료를 공동 부담하게 되었다.

随着医疗保险制度的改革, **医疗保险费**由用人单位和职工双方共同负担。

보상 補償 — **补偿, 补贴**

의료 보험의 경우, 일반적으로 보상 방식을 통해 보험금을 지급한다.

医疗保险一般采用**补偿**方式给付医疗保险金。

본인 부담액 本人負擔額 — **个人自付额**

일반약 一般藥 — **普通药**

조제 調劑 — **调剂, 调配**

약가 藥價 — **药价, 药品价格**

처방 處方 — **处方**

처방전 處方箋 — **处方单**

일부 허위 병력으로 의사의 처방전을 사취하는 사람이 있다.

有些人用假病历骗取医生的**处方单**。

주치의 제도 主治醫制度 — **主管医生制度**

전문의 專門醫 — **专科医生**

우울증 환자는 전문의의 치료를 받아야 한다.

抑郁症患者应由**专科医生**给予诊治。

지역 의료 보험 地域醫療保險 — **地区医疗保险**

의료 수가 醫療酬價 — **医疗收费, 医疗服务价格**

의료 수가의 투명성 제고를 통해 환자의 합리적인 알 권리를 보호해야 한다.

应提高**医疗收费**透明度, 维护患者合理知情权。

포괄 수가제 包括酬價制 — **综合定额收费制**

직장 의료 보험 職場醫療保險 — **企业(单位)医疗保险**

한국보건사회연구원 韓國保健社會研究院 — **韩国保健社会研究院**

현금 급여 現金給與 — **现金补贴**

분만 급여 分娩給與 — **分娩补贴**

요양 급여 療養給與 — **疗养补贴**

장제비 葬祭費 — **丧葬补贴**

현물 급여 現物給與 — **实物补贴**

1차 의료급여 기관 — **一级医疗机构(小型诊所)**

2차 의료급여 기관 — **二级医疗机构(中型综合医院)**

3차 의료급여 기관 — **三级医疗机构(大型综合医院)**

근로 劳动

가내 수공업 家內手工業 **家庭作坊**

강제 출국 强制出國 **强制离境**

체류 기간 4년이 초과된 불법 노동자는 강제 출국된다.
滞留期限超过4年的非法劳工将被**强制离境**。

경제 활동 인구 經濟活動人口 **经济活动人口**

선진국에서는 노년 여성의 10%가 경제 활동 인구이다.
在发达国家，10%的老年妇女是**经济活动人口**。

경제 활동 인구 비율 經濟活動人口比率 **经济活动人口比例**

고용 雇用 **雇用**

☞ 고용 1) 피고용인의 입장에서는 **雇佣** 2) 고용자(사용자)의 입장에서는 **雇用**

고용 안정 雇傭安定 **就业稳定, 工作稳定**

일반 근로자에게 있어서 고용 안정은 미래에 대한 보장을 의미한다.
对普通工人来说**工作稳定**就意味着未来的生活有保障。

고용 증대 雇用增大 **增加就业岗位**

창업 여건 개선과 고용 증대는 정부의 주요 임무이다.
改善创业环境和**增加就业岗位**是政府的主要职责。

고용 창출 雇用創出 **创造就业岗位**

고용 창출은 재취업 문제의 근본적인 해결책이다.
创造就业岗位是解决再就业问题的根本出路。

불완전 고용 不完全雇傭 **就业不足, 不完全就业**

불완전 고용(就业不足)과 완전 고용(完全就业)이란?

불완전 고용이란 케인스의 정의에 따르면 완전 고용(full employment)이 아닌 상태를 의미한다. 완전 고용이란 현행 임금 수준에서 취업할 의사가 있어도 취업을 하지 못하는 비자발적 실업(involuntary unemployment)이 존재하지 않는 상태를 가리킨다. 따라서 불완전 고용은 비자발적 실업이 존재하는 상태 또는 임금, 근로 시간, 능력 수준, 경력 면에서 불만스러운 상황에서 고용된 상태를 말한다. 엄격히 실업은 아니지만 불완전 고용은 구직자에 비해 일자리가 부족한 상황에서 발생한다.

불완전 고용률 不完全雇傭率 **就业不足率**

홍콩의 실업률과 불완전 고용률이 모두 하락했다.
香港失业率及**就业不足率**均有所下降。

완전 고용 完全雇傭 **完全就业, 充分就业**

1990년대 미국은 완전 고용을 실현했다.
20世纪90年代, 美国基本上实现了**完全就业**。

고용 계약 雇傭契約 **雇佣合同, 雇佣契约**
고용 계약 기간은 고용자가 피고용자의 직임에 따라 확정한다.
雇佣合同的期限由雇用单位根据雇员的岗位任务确定。

고용 기회 雇傭機會 **雇佣机会, 就业机会**
균등한 고용 기회 **平等的就业机会**
사회는 여성에게 균등한 고용 기회를 부여해야 한다.
社会应向女性给予**平等的就业机会**。

고용 보험 雇傭保險 **失业保险**
근로자들은 임금의 1%를 고용 보험으로 납부한다.
职工按本人工资的1%缴纳**失业保险**。

고용주 雇用主, **사용자** 使用者 **雇主, 雇用人**
피고용인 被雇傭人 **雇工, 受雇人**

공공 고용 알선 기관 公共雇傭斡旋機關 **公共就业服务机构**

근로 의욕 勤勞意欲 **工作意愿**
인색한 경영은 근로 의욕을 떨어뜨린다.
吝啬的经营活动导致**工作意愿**低落。

근로자 勤勞者 **劳动者, 劳工**
계절 근로자 季節勤勞者 **季节性劳工**
관리직 管理職 **管理职位**
그레이 칼라 **灰领**

그레이 칼라(Gray Collar, 灰领)란?

화이트 칼라(white collar, 白领)와 블루 칼라(blue collar, 蓝领)의 중간층을 일컫는 용어이다. 현대 사회는 과학 기술의 고도화와 더불어 생산 공정의 컴퓨터화가 진척됨에 따라서 생산 노동의 내용도 과학적인 요소를 강하게 띠게 되었다. 즉 기술 혁신에 따라 종래의 노동 과정이 질적으로나 양적으로 크게 변화하자 점차 블루 칼라와 화이트 칼라 쌍방에서 상호간의 성격의 차이를 좁히는 형태로 접근이 이루어져 그레이 칼라가 생겨나게 된 것이다.

기능직 技能職 **专业技术岗位**
단순 노동직 單純勞動職 **体力劳动岗位**
대부분의 외국인 근로자는 단순 노동직에 종사한다.
大部分的外籍劳工在**体力劳动岗位**工作。

사무직 事務職 **白领, 办公室岗位**
사무직 근로자의 임금이 해마다 오르던 좋은 시절은 지나갔다.

白领薪水年年高涨的好日子已成往事。

생산직 生産職 **蓝领, 生产岗位**

생산 현장 근로자들은 보통 파란 작업복을 입기 때문에 블루 칼라로 불린다.

生产一线上的工人一般都穿蓝色工作服, 所以称之为**蓝领**。

숙련직 熟練職 **熟练工岗位, 熟练工种**

외국인 근로자 外國人勤勞者 **外籍劳工**

싱가포르는 외국인 근로자들의 원활한 의사 소통을 위해 언어 훈련 프로그램을 실시하고 있다.

新加坡为**外籍劳工**提供语言训练课程以加强沟通。

지식 근로자 知識勤勞者 **知识工作者**

정보화 시대에 지식 근로자는 기업의 주요 자산이다.

信息化时代, **知识工作者**是企业的重要资产。

하급 기능직 下級技能職 **一般技术岗位**

근로자 파견 勤勞者派遣 **派遣劳工**

필리핀 정부는 이라크에 근로자 파견을 중지했다.

菲律宾政府停止向伊拉克**派遣劳工**。

근속 勤續 **连续工作**

노동법 勞動法 **劳动法**

근로기준법 勤勞基準法 **劳动基准法**

남녀고용평등법 男女雇傭平等法 **男女雇佣平等法**

최저임금법 最低賃金法 **最低工资标准**

노동 시장의 유연성 **劳动市场的灵活性(弹性)**

노동 시장의 유연성은 외자 유치의 필수 조건이다.

劳动市场的灵活性是吸引外资的必要条件。

노동 참여율 勞動參與率 **劳动参与率**

중국 여성의 노동 참여율은 비교적 높다.

中国女性的**劳动参与率**较高。

노동 허가제 勞動許可制 **雇佣许可制**

노동 허가 勞動許可 **雇佣许可**

노동 활동 인구 勞動活動人口 **劳动人口**

50년 후에도 노동 활동 인구는 과잉 상태를 보일 것으로 예측된다.

估计50年以后的**劳动人口**仍将处于过剩状态。

노무사 勞務士 **劳务师**

공인 노무사 公認勞務士 **公认劳务师**

동업 同業 **合伙经营**

무재해 운동 無災害運動 **零灾害, 零事故运动**

우리 회사는 무재해 운동을 벌이고 있다.
我们公司推动**零灾害运动**。

법정 근로 시간 法定勤勞時間 **法定工时**
한국의 법정 근로 시간은 주당 40시간이다.
韩国**法定**的每周**工时**是40小时。

시간 외 근로(근무), 초과 근로 超過勤勞 **超时工作**
과도한 근로는 건강을 해친다.
过度的**超时工作**有害于健康。

야간 근로 夜間勤勞 **夜班, 夜间工作**
장기간 야간 근로를 하면 관상동맥경화증에 걸릴 위험이 높다.
长期**夜间工作**易患冠心病。

연장 근로 延長勤勞 **加班**
특수한 상황에서 고용주가 직원을 연장 근로에 참여토록 한 경우, 법률적 규제를 받지 않는다.
在特殊情况下, 用人单位组织职工**加班**, 不受法律规定的限制。

유연 근무제 柔軟勤務制 **灵活办公制度**

단시간근로제 短時間勤勞制 **短时工作制**

재택근무제 在宅勤務制 **居家办公制度**

탄력 근무제 彈力勤務制 **弹性工作制**

부업 副業 **副业**

불법 노동자 不法勞動者 **非法劳工**
홍콩은 불법 노동자에 대한 단속을 강화했다.
香港加强打击**非法劳工**。

불법 체류 자진 신고 不法滯留自進申告 **主动申报非法滞留**

비정규직 근로자 非正規職勤勞者 **非正规劳工**
비정규직 근로자는 권리를 보장받지 못하며 소득도 불안정하다.
非正规劳工的权利没有保障, 收入也不可靠。

산업 연수 제도 產業研修制度 **产业研修制度**

산업 연수생 產業研修生 **产业研修生**

산업 재해 產業災害 **工伤事故**

산재 보험 産災保險 **工伤保险**

3D 직종 **(危险, 肮脏, 费力的) 3D行业**

3D 직종 기피 현상 **不愿从事3D行业的现象**
많은 사람들이 3D 직종을 기피하기 때문에 중소기업은 인력난에 허덕인다.
因为很多人**不愿从事3D行业**, 因此中小企业面临用工难问题。

3D 직종(3D行业)이란?

3D란 dirty, difficult, dangerous의 약자로, 1980년대 한국 경제가 성장하면서 근로자들이 더럽고, 힘들고, 위험한 직종을 기피하게 된 현상을 설명하기 위해 만든 용어이다. 국제적으로 통용되는 노동 전문 용어는 아니며 주로 단순 생산직, 건설 노무자 등을 지칭한다.

송출국 送出國 **来源国, 输出国**

한국의 최대 외국인 노동자 송출국은 X국이다.
韩国最大的外籍劳工**来源国**是X国。

수용국 受容國 **接受国**

실업 失業 **失业**

직업 훈련 강화는 구조적 실업 문제를 해결하는 가장 효과적인 수단이다.
搞好职业培训, 是解决结构性**失业**问题最有效的手段。

계절성 실업 季節性失業 **季节性失业**

통계국 발표에 따르면 6월 계절성 실업률은 3.5%이다.
据统计局公布, 六月**季节性失业**率为百分之3.5。

실망 실업자 失望失業者 **丧失求职意愿人员**

실망 실업자란 일을 원하고 능력도 있으나 현실적인 고용 실태 불투명 등 상황의 불안정으로 일자리를 찾는 데 실패하고, 이로 인한 실망감으로 구직 활동을 포기한 사람을 가리킨다.
失求职意愿人员指自己愿意工作且有工作能力, 可是因现实就业状况不明朗等不稳定因素导致求职失败, 因失望而放弃求职活动的人。

실업률 失業率 **失业率**

중국의 실질 실업률은 7%에 달한다.
中国的实际**失业率**已达到7%。

실업자 失業者 **失业者**

아테네 올림픽조직위원회는 천여 명의 그리스 실업자를 고용할 계획이다.
雅典奥组委将雇用上千名希腊**失业者**。

자발적 실업 自發的失業 **自愿失业**

잠재적 실업 潛在的失業 **隐形失业**

외국인 등록증 外國人登錄證 **外国人登陆证, 外国人居留证**

중국 유학생은 한국에서 외국인 등록증을 신청해야 한다.
中国留学生在韩国要申请**外国人登陆证**。

이직 移職 **跳槽**

이직률 移職率 **跳槽率**

인력난 人力難 **劳动力缺失(不足), 用工难**

인턴 기간 **实习期**

인턴 기간의 월급은 정규 채용 후의 월급보다 보통 낮은 편이다.

实习期间的工资与正式上岗后的工资相比, 一般都比较低。

임시 고용 臨時雇傭 **临时就业**

정리 해고된 많은 근로자들이 살 길을 찾기 위해 임시 고용직을 찾고 있다.

有许多下岗职工为自谋出路寻找**临时就业**岗位。

시간제 근로자 時間制勤勞者 **小时工**

맥도날드는 '저임금 시간제 근로자'라는 새로운 고용의 길을 개척했다.

麦当劳开辟了一条雇佣劳动的新途径, 那就是"低报酬**小时工**"。

아르바이트 **打工**

일용 근로자 日傭勤勞者 **零工, 日结短工**

임시 근로자 臨時勤勞者 **临时工**

파견 근로자 派遣勤勞者 **派遣工**

자영업 自營業 **个体经营**

작업 안전 作業安全 **职业安全, 工作安全**

노동자들의 작업 안전과 건강을 보호하기 위해 2002년 관련 법률이 개정되었다.

为了保护劳动者的**职业安全**和健康, 2002年修订了有关法律。

재취업 再就業 **再就业**

중국은 재취업 훈련 강화를 통해 실업 문제를 해결하고 있다.

中国加强**再就业**培训来解决失业问题。

재택근무 在宅勤務 **在家办公**

원격 근무 遠隔勤務 **远程办公**

재해 보상 災害補償 **工伤事故赔偿**

재해율 災害率 **工伤事故率**

주52시간 근무제 周52時間勤務制 **周52小时工作制**

주5일 근무제(주5일제) 週五日勤務制 **(每周)五天工作制, 双休制**

주5일 근무제를 실시하는 대신 한국에서는 법정 공휴일을 줄였다.

实施**五天工作制**后, 韩国相应减少了法定节假日。

직업병 職業病 **职业病**

직업병은 열악한 작업 환경과 좋지 않은 작업 습관이 복합적으로 빚어낸 결과이다.

职业病是恶劣的工作环境和不良的工作习惯综合造成的结果。

직업 훈련 職業訓練 **职业培训**

직원 복리 후생 職員福利厚生 **员工福利制度**

A사의 직원 복리 후생은 잘 완비되어 있다.

A公司的**员工福利制度**十分完善。

취업 就業 就业
구직자 求職者 求职者
취업 스트레스 就业压力
취업 관리 제도 就業管理制度 就业管理制度
취업 알선 기관 就業斡旋機關 就业中介机构
한국산업안전보건공단 韓國産業安全保健公團 韩国产业安全保健公团
해고 解雇 解雇
정리 해고 整理解雇 裁员
경제 불황으로 기업들이 정리 해고를 시작했다.
随着经济萧条, 企业开始纷纷**裁员**。

임금 工资, 薪金, 报酬

감봉 減俸 减薪
영국 법원 직원들은 당국의 감봉 조치에 항의했다.
英国法院职员抗议当局**减薪**。
동일 노동 동일 임금 同一勞動 同一賃金 同工同酬
모성 보호 母性保護 保护母性
국가는 모성을 보호하고 여성과 아동을 위한 복지 정책을 실시해야 한다.
国家应**保护母性**, 并实施妇女和儿童的福利政策。
무노동 무임금 無勞動無賃金 无工无酬
무노동 무임금은 자본주의 사회의 핵심 개념이다.
无工无酬是资本主义社会的核心概念。
수당 手當 津贴
가족 수당 家族手當 家属津贴
교통 수당 交通手當 交通津贴
근속 수당 勤續手當 工龄津贴
초과 근무 수당 超過勤務手當 加班费
회사가 초과 근무 수당 지급을 거부함에 따라 직원들은 집단 소송을 제기했다.
因公司拒绝支付**加班费**, 员工提出集体诉讼。
임금 賃金 工资, 薪金, 报酬
구직이든 이직이든 임금이야말로 가장 첨예한 관심사이다.
无论是求职还是跳槽, **薪金**问题是最敏感的话题。
계약급 契約給 合同薪金
고정급 固定給 固定工资

기본 급여 基本給與 **基本工资**

명목 임금 名目賃金 **名义工资**

명목 임금의 또 다른 명칭은 화폐 임금이다.

名义工资也可称为货币工资。

보너스 **奖金**

성과급 成果給 **绩效工资**

시간급 時間給 **计时工资**

시간급은 노동자가 일한 시간에 따라 지급하는 임금이다.

计时工资是按照工人劳动的时间支付的工资。

실업 급여 失業給與 **失业津贴, 失业救济**

실질 임금 實質賃金 **实际工资**

연봉제 年俸制 **年薪制**

초봉 初俸 **起薪**

통상 임금 通常賃金 **正常工资**

임금 체불 賃金滯拂 **拖欠工资**

외국인 노동자에 대한 임금 체불 사건이 자주 발생하고 있다.

外籍劳工被**拖欠工资**的事情时有发生。

직장 보육 시설 職場保育施設 **员工托儿所**

A사는 공장 내에 직장 보육 시설과 도서관 등 복지 시설을 마련했다.

A企业在工厂内设置了**员工托儿所**、图书馆等福利设施。

휴가 休暇 **休假**

휴가 때 어떻게 하면 스트레스를 확 풀 수 있을까?

休假时怎样才能真正的"解压"呢?

돌봄 휴직 **陪护停职**

돌봄 휴가 **陪护休假**

무급 휴직 無給休職 **停薪休假**

산전·후 휴가 産前·後休暇 **产前、产后休假**

생리 휴가 生理休暇 **月经假, 经期假**

연월차 휴가 年月次休暇 **年月休假**

노사 양측은 임금 보장, 연월차 휴가 등 핵심 사항에 대해 견해차를 보였다.

劳资双方在保障薪水、**年月休假**等核心问题上出现意见分歧。

유급 휴가 有給休暇 **带薪休假**

육아 휴직 育兒休職 **育儿假**

출산 휴가 出産休暇 **产假**

사실상 남자들이 출산 휴가를 쓰기란 쉽지 않다.

实际上男人休**产假**还是有点难。

노사 관계 劳资关系

강성 노조 强性勞組　**强硬工会**

업계는 "강성 노조가 파업을 밥 먹듯이 한다"며 비난했다.
业界谴责"**强硬工会**把罢工当成家常便饭"。

강제 근로 强制勤勞　**强迫劳动**

고용주가 노동을 강요할 경우, 노동자는 언제든지 계약을 파기할 수 있다.
用人单位**强迫劳动**时, 劳动者可以随时解除合同。

경제사회노동위원회 經濟社會勞動委員會　**经济社会劳动委员会**

한국 정부는 정부·기업·노동자 대표로 구성된 경제사회노동위원회를 설립했다.
韩国政府成立了由政府、企业和劳动者代表组成的**经济社会劳动委员会**。

고용 연령 雇傭年齡　**就业年龄**

국제노동기구 國際勞動機構(ILO)　**国际劳工组织**

국제노동기구(ILO: International Labor Organization, 国际劳工组织)란?

ILO는 사회 정의와 노동자들의 권리를 증진시키기 위해 1919년 베르사유 조약에 의해 창설되어 1946년에 UN의 첫 전문 기구가 되었다. ILO는 협약(Conventions)과 권고(Recommendations)를 통하여 결사의 자유, 단체 협상, 강제 근로 폐지 등을 명시하고 이를 바탕으로 국제 노동 기준을 설립한다. 다른 국제 기구는 대부분 정부가 회원국의 대표로 있지만 ILO는 사용자·노동자·정부 대표가 이사회에 속하며 연례 총회에는 회원국의 정부 대표 2인과 노사 대표 각 1인이 참석한다. 한국은 1991년 12월 152번째 회원국으로 가입하여 1996년부터 3년 임기의 이사국으로 활동하고 있다. 본부는 스위스 제네바에 있다.

국제노동기구총회 國際勞動機構總會　**国际劳工组织全体大会**

국제노동기구협약 國際勞動機構協約　**国际劳工组织公约**

노동 시장의 규제를 완화하는 동시에 국제노동기구협약에 규정된 노동자의 기본 권리를 보장하기 위해 (노·사·정으로 구성된) 삼자 구도가 가장 이상적이다.
为进一步放松对劳动力市场的管制, 同时保障**国际劳工组织公约**规定的工人基本权利得到保障, 三边机制(劳方、资方和政府)最为理想。

ILO의 8개 핵심 협약 내용 国际劳工组织8项核心公约	
29	강제 근로에 관한 협약 强迫或强制劳动公约
87	결사의 자유 및 단결권 보호에 관한 협약 关于结社自由和保护组织公约
98	단결권 및 단체 교섭권 원칙의 적용에 관한 협약 组织权利及集体谈判权利公约

100	동일가치 근로에 대한 남녀 근로자의 동등 보수에 관한 협약 **男女工人同等价值的工作付予同等报酬公约**
105	강제 근로의 폐지에 관한 협약 **废除强迫劳动公约**
111	고용 및 직업에 있어서 차별 대우에 관한 협약 **就业和职业歧视公约**
138	취업의 최저 연령에 관한 협약 **准予就业最低年龄公约**
182	가혹한 형태의 아동 노동 철폐에 관한 협약 **禁止和立即行动消除最恶劣形式的童工劳动公约**

국제노동사무국 國際勞動事務局 **国际劳工局**

국제노동헌장 國際勞動憲章 **国际劳工组织宪章**

국제자유노동조합연맹 國際自由勞動組合聯盟(ICFTU) **国际自由工会联合会(自由工联)**

근로 조건 勤勞條件 **劳动条件**

노동 기본권 勞動基本權 **劳动基本权**

근로권 勤勞權 **劳动权**

노동3권 勞動三權 **劳动三权**

노동 운동 勞動運動 **劳工运动, 工运**

1940년대 신문의 경제면은 노사 분규와 노동 운동에 관한 기사로 가득했다.
在20世纪40年代, 报纸的财经栏目充斥着有关劳资纠纷和**劳工运动**的报道。

노동자 勞動者 **劳动者, 工人**

노동자는 노동법을 통해 스스로의 합법적인 권리를 보호해야 한다.
劳动者应以劳动法律来维护自身的合法权利。

노동 조합 勞動組合 **工会**

노조 간부 勞組幹部 **工会干部**

노조 대표 勞組代表 **工会代表**

노조 전임자 勞組專任者 **工会专职工作人员**

☞노조 전임자: 피고용인의 지위를 그대로 유지하면서 근로 계약상의 노무를 제공하지 않고 노동 조합의 업무만을 전담하는 노동자.

조합원 組合員 **工会成员**

노조 조합원들이 새로운 노사 합의안을 받아들였다.
工会成员接受了新劳资合同。

노사 관계 勞使關係 **劳资关系**

대립적 노사 관계 對立的勞使關係 **互相对立的劳资关系**

원만한 노사 관계 **和谐的劳资关系**

원만한 노사 관계는 경제 번영을 위한 디딤돌이 되었다.
和谐的劳资关系为经济繁荣奠下稳固的根基。

노사 분쟁 勞使紛爭 **劳资纠纷**
노사 분쟁은 경제 성장의 큰 걸림돌이다.
劳资纠纷是经济成长的主要障碍因素。

노사 협상 勞使協商 **劳资协商**
중국 기업의 직원 임금은 앞으로 노사 협상을 통해 결정될 것이다.
中国企业职工工资将由**劳资协商**来决定。

노사 협의회 勞使協議會 **劳资协议会, 劳资会议**

단결권 團結權 **团结权, 组织权**

단체 교섭권 團體交涉權 **集体谈判权, 集体交涉权**
회사는 모든 직원에 대해 결사의 자유와 단체 교섭권을 존중해야 한다.
公司应尊重所有员工的结社自由和**集体谈判权**。

단체 행동권 團體行動權 **集体行动权**

단체 협상 團體協商 **集体协商**
올 상반기에 선전 시의 총 1,450개 기업이 임금 단체 협상을 실시했다.
今年上半年深圳市共有1450家企业进行了工资**集体协商**。

단체 협약 團體協約 **集体合同, 集体协议**

민주노총 民主勞總 **民主劳总(韩国全国民主劳动组合总联盟)**

부당 해고 不當解雇 **不当解雇**
부당 해고를 당한 노동자를 돕기 위해 무료 상담 서비스를 제공할 예정이다.
为帮助遭遇**不当解雇**的劳工, 将提供免费咨询服务。

불법 노동 不法勞動 **非法劳动**

사무총장 事務總長 **秘书长**

산별 노조 産別勞組 **产业工会**

세계노동조합연맹 世界勞動組合聯盟(WFTU) **世界工会联合会(世界工联)**

신노사 문화 新勞使文化 **新劳资文化**

쟁의 행위 爭議行爲 **争议行为**

  연좌 농성 連坐籠城 **静坐示威**

  점거 농성 占據籠城 **占领示威**

조직률 組織率 **组织率**
노조 대표의 부패 스캔들이 폭로되면서 노조의 조직률이 급격히 떨어졌다.
因工会代表的贪污丑闻被曝光, 工会**组织率**急剧下降。

조직화 組織化 **组织化**

태업 怠業 **怠工**

파업 罷業 **罢工**

서울·부산·인천·대구 등 4대 도시 지하철 노조가 동시에 파업에 돌입했다.

首尔、釜山、仁川和大邱四大城市地铁工会同时发起**罢工**。

직장 폐쇄 職場閉鎖 **停工, 闭厂**

직장 폐쇄란 고용주가 파업에 맞서 선택하는 일종의 위협 수단이다.

闭厂是雇主针对罢工而采取的一种威胁手段。

총파업 總罷業 **总罢工**

한국노총 韓國勞總 **韩国劳总(韩国劳动组合总联盟)**

02 문화 文化

관광 旅游, 观光

객실 客室 — **客房**

디럭스 스위트 룸 — **豪华套间**

디럭스 룸 — **豪华房**

스탠더드 룸 — **标准间**

예약 豫約 — **预定, 预订**

1인용 객실 一人用客室 — **单人间**

2인용 객실 二人用客室 — **双人间**

객실료 客室料 — **房价**

F1 자동차 경주 기간에 호텔 객실료가 3배나 올랐다.
F1赛事期间酒店**房价**上涨了3倍。

기본료 基本料 — **挂牌价, 门市价**

객실 이용률 客室利用率 — **客房出租率**

올해 객실 이용률이 감소세를 보이고 있다.
今年**客房出租率**有所下降。

공실률 空室率 — **空室率**

관광 觀光 — **旅游**

비수기 非需期 — **淡季**

성수기 盛需期 — **旺季**

노동절 연휴가 다가오면서 관광 성수기가 시작될 예정이다.
随着五一长假的来临, 旅游**旺季**即将到来。

관광객 觀光客 — **游客**

내국인 출국자 內國人出國者 — **出境游客**

해외여행을 하는 모든 내국인 출국자들은 자국을 대표하는 '홍보 대사'이다.
到海外旅游的每一位**出境游客**都是代表自己国家的"形象大使"。

방문 관광객 訪問觀光客 — **访问游客**

A관광지를 방문하는 관광객의 수가 날로 증가하고 있다.
访问A景区的**游客**数量日益增加。

외래 관광객 外來觀光客 — **入境游客**

관광 기념품 觀光紀念品 — **旅游纪念品**

관광 단지 觀光團地 **旅游区**

관광 대상국 觀光對象國 **旅游目的国**

세계관광기구는 중국이 2020년에 세계 제일의 관광 대상국이 될 것이라 예측했다.
世界旅游组织预测到2020年中国将成为世界第一大**旅游目的国**。

관광 산업 觀光産業 **旅游产业**

관광 산업의 규모가 날로 커지고 있다.
旅游产业规模日趋壮大。

관광 상품 觀光商品 **旅游产品**

베이징은 올림픽 개최지로서 관광 상품의 시장 잠재력이 매우 크다.
北京作为奥运会举办地, **旅游产品**的市场潜力巨大。

관광 송출국 觀光送出國 **旅游客源国**

중국은 싱가포르의 3대 관광 송출국이 되었다.
中国已成为新加坡的3大**旅游客源国**。

관광 수입 觀光收入 **旅游收入**

관광 수지 觀光收支 **旅游收支**

한국은행이 집계한 2021년 관광 수지는 62억 3,000만 달러 적자였다.
韩国银行统计的2021年**旅游收支**逆差为62亿3千万美元。

관광 자원 觀光資源 **旅游资源**

중국 서부 지역에는 관광 자원이 풍부하다.
中国西部地区有丰富的**旅游资源**。

관광지 觀光地 **旅游景点, 景区**

관광 명소 觀光名所 **旅游胜地, 著名旅游景点**

코끼리 고아원이 여행객들에게 개방되면서 유명한 관광 명소가 되었다.
大象孤儿院向游人开放成为**著名旅游景点**。

국제박람회사무국 國際博覽會事務局(BIE) **国际展览局**

등록 박람회 登錄博覽會 **注册博览会**

인정 박람회 認定博覽會 **认可博览会**

등록 박람회(Registered Expo, 注册博览会)와 인정 박람회(Recognized Expo, 认可博览会)란?

1928년 각국 대표로 구성된 국제박람회사무국, 즉 BIE가 설립되면서 박람회는 BIE의 공인을 받는 등록 박람회와 인정 박람회로 나뉘어졌다. 등록 박람회는 5년 주기로 열리고 주제의 제한도 없으며 개최 기간도 6개월 정도로 길다. 2005년 나고야박람회와 2010년 상하이박람회가 대표적이다. 이에 비해, 인정 박람회는 주제가 특정 분야에 제한되어 있고 개최 기간도 등록 박람회가 열리는 5년 사이에 한 차례 열 수 있다. 대표적으로 1993년에 열린 대전엑스포가 있다.

박람회는 크게 등록 박람회와 인정 박람회로 나뉜다.
博览会可分为注册和认可两大类。

국제 자유 도시 國際自由都市 **国际自由城市**
한국은 제주도를 국제 자유 도시로 만들겠다는 계획을 발표했다.
韩国日前宣布, 将把济州岛建成**国际自由城市**。

놀이공원 **游乐园**
물놀이 공원 **水上乐园, 水上主题公园**
물놀이 공원은 여름철 더위를 식히기에 좋은 곳이다.
水上主题公园是盛夏消暑的好去处。

테마 공원 **主题公园**
대연회장 大宴會場 **大宴会厅**
리조트 **度假村**
매춘 관광 賣春觀光 **色情旅游**
윤락업소 淪落業所 **色情酒店**
면세 쇼핑 **免税购物**
공항 면세점 空港免稅店 **机场免税店**
면세점에서는 직수입 정품을 저렴하게 구입할 수 있다.
在**免税店**能买到货真价实的原装进口商品。

면세품 免稅品 **免税品**
부가세 환급 附加稅還給 **(售后)退税**
외국 관광객은 지정 업소에서 3만 원 이상 물건을 구입할 경우, 부가세 환급을 받을 수 있다.
外国游客只要在指定商店购物超过3万韩元, 可以享受**退税**。

문화 관광 文化觀光 **文化旅游**
민박 民泊 **民宿**
민속 공예품 民俗工藝品 **民俗工艺品**
부대시설 附帶施設 **配套设施**
산책로 散策路 **步行道**
삼림욕 森林浴 **森林浴**
삼림욕은 피로를 풀어준다.
享受**森林浴**可消除疲劳。

상가 시설 商街施設 **商业设施**
생태 공원 生態公園 **生态公园**
신장에는 중국 최대의 사막 생태 공원이 있다.
新疆有中国最大的沙漠**生态公园**。

생태 관광 生態觀光 **生态旅游**

자연을 이해하고 보호하는 것이 생태 관광의 기본 정신이다.
认识自然, 保护自然是**生态旅游**的基本精神。

세계관광기구 世界觀光機構(WTO) **世界旅游组织**

세계 박람회 世界博覽會 **世界博览会**

상하이는 세계 박람회 유치에 성공했다.
上海成功申办了**世界博览会**。

소연회실 小宴會室 **小宴会单间, 小宴会厅**

이 호텔은 400명 동시 접대가 가능한 대연회장과 소연회실 5실을 갖추고 있다.
这家酒店有一次可接待400人的大宴会厅和5个**小宴会厅**。

쇼핑 관광 **购物旅游**

홍콩은 쇼핑 관광의 천국으로 불린다.
香港著称**购物旅游**的天堂。

수족관 水族館 **水族馆**

숙박 시설 宿泊施設 **住宿设施**

윈난 관광지 숙박 시설 예약률이 급상승했다.
云南景区的**住宿设施**预订率一路上升。

식물원 植物園 **植物园**

아시아태평양관광협회(PATA) **亚太旅游协会**

여관 旅館 **旅馆**

여인숙 旅人宿 **旅店**

여행 수지 旅行收支 **旅行收支**

아시아권 관광객 유치로 일본의 여행 수지 적자 규모가 대폭 감소했다.
吸引亚洲游客使日本大幅度减少了**旅行收支**赤字。

외식 산업 外食産業 **餐饮业**

고급 식당 高級食堂 **高档餐馆**

대중식당 大衆食堂 **大众餐厅**

중국의 요식업이 해외로 처음 진출했을 때는 고급 식당이었으나 지금은 대중 음식점으로 전락했다.
当初中餐进入国外时是**高档餐馆**, 如今却变成了**大众餐厅**。

요식 업체 料食業體 **餐厅, 餐馆**

유스호스텔 **青年旅舍**

유흥업소 遊興業所 **娱乐场所**

노래방 **KTV, 歌厅**

유흥업소뿐 아니라 심지어 노래방에서도 성매매가 이루어지고 있다.
不仅是在**娱乐场所**, 甚至在歌厅也有性交易现象发生。

주점 酒店 **酒馆, 酒店**

카지노 **赌场**

입장료 入場料 **入场费**

10월 1일부터 수영장·동물원 등의 입장료가 전면 인상된다.
10月1日起全面调升游泳池、动物园等的**入场费**。

단체 입장 團體入場 **团体入场**

단체 할인 團體割引 **团体优惠**

바가지 요금 **黑价**

관광지의 바가지 요금을 집중 단속해야 한다.
应下大力气打击旅游景点**黑价**销售行为。

입장권 入場券 **入场券**

자유 이용권 自由利用券 **任玩套票**

자연 관광 自然觀光 **自然旅游**

수목원 樹木園 **树木园, 森林公园**

조류 보호원 鳥類保護園 **鸟类保护园区**

철새 도래지 **候鸟迁徙地**

을숙도 철새 도래지는 아시아 최대의 철새 낙원이다.
乙淑岛**候鸟迁徙地**是亚洲最大的候鸟乐园。

전망대 展望臺 **观景台, 瞭望台**

전망대에서 아름다운 야경을 감상해보고 싶지 않으세요?
您不想在**观景台**眺望美丽的夜景吗?

천문관 天文館 **天文馆**

체험 관광 體驗觀光 **体验旅游**

컨벤션 산업 **会展业**

전문화·국제화가 컨벤션 산업 발전의 주요 흐름이 되었다.
专业化、国际化成为**会展业**发展的主流。

개최지 운영 회사 開催地運營會社(DMC) **目的地管理公司**

국제회의 유치 國際會議誘致 **承办国际会议**

대형 국제회의 유치를 위해 더 많은 노력을 기울여야 한다.
为**承办**大型**国际会议**应付出更多的努力。

국제회의 전문 조직업체國際會議專門組織業體(PCO) **会展筹办组织者**

콘도 **酒店式公寓, 度假公寓**

탐방 관광 探訪觀光, 탐험 여행 探險旅行 **探险游**

신장 실크로드 사막 탐험 여행이 관광객의 인기를 끌고 있다.
新疆丝绸之路沙漠**探险游**受很多游客的青睐。

텐트 **帐篷**

템플 스테이 **寺庙住宿**

특산품 特産品 **特产**

오량액은 쓰촨 지방의 특산품이다.

五粮液是四川的**特产**。

팜 스테이 **农家乐**

펜션 **欧式民宿**

펜션(Pension, 欧式民宿)이란?

펜션이란 유럽의 팡시옹(pension)에서 유래한 것이다. 유럽의 팡시옹 혹은 Bed and Break-fast는 호텔보다는 격이 낮고 조식만 제공하는 저렴한 숙박 시설이다. 대부분 전문 숙박업을 하는 사람보다는 은퇴한 사람들이나 전원생활을 즐기는 사람들이 하는 경우가 많다. 한국의 펜션은 유럽식 고급 민박이라고 부르기도 한다. 제주도에서는 펜션업을 법으로 규정하여 체험 농장, 어린이 놀이터, 간이 골프장, 게이트볼장, 수영장, 바비큐 등을 의무화하고 있으며 건물은 대개 원룸형의 집합 형태이다.

학습 관광 學習觀光 **学习型旅游**

한국관광공사 韓國觀光公社 **韩国观光公社**

한국 방문의 해 **韩国观光年, 韩国旅游年**

유명 영화 배우들이 '한국 방문의 해' 홍보를 위해 광고를 촬영했다.

著名影星为推广"**韩国观光年**"拍摄了旅游广告。

해상공원 海上公園 **海上公园**

한국은 여수에 해상공원을 건설할 예정이다.

韩国将在丽水兴建**海上公园**。

호텔 **宾馆, 酒店, 饭店**

룸서비스 **客房服务**

체크아웃 **退房**

체크인 **入住**

투숙 投宿 **住宿, 投宿, 下榻**

부모와 함께 투숙한 12세 이하 어린이들에 대해서는 숙박료를 받지 않는다.

对十二岁以下跟随父母同时**住宿**的小孩不征收费用。

호텔 관광업 **宾馆旅游业**

호텔 등급 **饭店(宾馆)星级**

공항 호텔 **机场宾馆**

비행기 고장으로 이륙이 불가능해지자 항공사는 승객들이 공항 호텔에서 휴식을 취하도록 조치했다.

因飞机故障不能起飞, 航空公司安排乘客到**机场宾馆**休息。

관광호텔 — **旅游饭店**

특급 호텔 — **豪华酒店, 高星级酒店**

서울에는 다양한 특급 호텔이 있다.
首尔有很多**豪华酒店**。

호텔 서비스 — **宾馆服务**

무료 無料 — **免费**

비즈니스 센터에서는 무료로 인터넷을 이용할 수 있다.
在商务中心可**免费**上网。

봉사료 奉仕料, **팁** — **服务费, 小费**

저희 호텔 직원은 봉사료를 받지 않습니다.
我们酒店的服务员不收取**服务费**。

유료 有料 — **收费**

객실 냉장고의 음료는 유료이다.
客房冰箱里的饮料是**收费**的。

환경 친화적 관광 環境親和的觀光 — **绿色旅游, 生态旅游**

휴식 공원 休息公園 — **休闲公园**

휴양림 休養林 — **休闲林**

휴양지 休養地 — **度假区**

여행 旅行

결항 缺航 — **停航**

공항 空港 — **机场**

공항 터미널 — **机场候机楼**

대합실 待合室 — **候机室**

렌터카 — **租车**

무사증 통과 無査證通過(TWOV) — **免签证过境, 过境免签**

무비자 협정 — **免签协议**

현재 뉴질랜드와 무비자 협정을 맺은 국가는 53개국에 달한다.
目前与新西兰有**免签协议**的国家共有53个。

무임승차자 無賃乘車者 — **偷乘者, 逃票者**

발권 發券 — **出票**

복도석 複道席 — **靠过道座位**

창가석 — **靠窗座位**

일등석 一等席 — **头等舱**

비즈니스석 商务舱
이코노미석 经济舱
비수기 요금 非需期料金 **淡季票价**
비자 **签证**
비자에는 관광, 업무, 친지 방문 등 여러 종류가 있다.
签证可分为观光、商务、探亲等多种。
관광 비자 旅游签证
관광 비자를 이용한 해외 불법 체류가 밀입국의 새로운 형태가 되었다.
利用**旅游签证**出国, 然后在国外非法滞留成为目前偷渡的一种新形式。
단수 비자 单次签证, 一次入境签证
복수 비자 多次签证, 多次入境签证
업무 비자 商务签证
입국 비자 入境签证
학생 비자 学生签证
선상 여행 船上旅行 **海上旅游**
선실 船室 船舱
여객선 旅客船 客船, 客轮
유람선 遊覽船 游览船
크루즈 豪华游轮
크루즈는 바다 위를 항해하는 특급 호텔과 같다.
豪华游轮就像是一艘航行在海上的五星级度假饭店。
성수기 요금 盛需期料金 **旺季票价**
노동절 연휴 기간에 항공편을 이용하는 여행객은 성수기 요금을 지불해야 한다.
在"五一"期间乘飞机出行的旅客要支付**旺季票价**。
세계여행업자협회 世界旅行業者協會(WATA) **世界旅行社协会**
세관 稅關 **海关**
1년 동안 쿤밍 세관에서 적발한 마약은 400킬로그램에 달한다.
昆明**海关**一年查获的毒品近400公斤。
세금 稅金 **税金, 税款**
가산세 加算稅 加算税, 罚款
수하물 보관함 手荷物保管函 **行李暂存箱**
수하물 수령처 手荷物受領處 行李提取处
수하물 인환증 手荷物引換證 行李牌
여권 旅券 **护照**
내 여권은 기간이 만료되었다.

我的**护照**已过期了。

단수 여권 單數旅券　　一次有效护照

복수 여권 複數旅券　　多次有效护照

여행 旅行　　旅行

업무 여행 業務旅行　　商务旅行

업무 여행은 기업 경영에 있어서 꼭 필요한 활동이다.

商务旅行是企业经营过程中的一项必不可少的活动。

여가 여행 餘暇旅行　　休闲旅行

여행사 旅行社　　旅行社

여행 산업 旅行產業　　旅游产业

여행 상품 旅行商品　　旅游产品, 旅游项目

개별 관광 個別觀光　　散客旅游

단체 관광 여행 團體觀光旅行　　组团旅游, 跟团旅游, 包团旅游

배낭여행 背囊旅行　　自助旅游, 背包旅游

대부분의 젊은이들은 단체 여행보다 배낭여행을 선호한다.

大多数年轻人喜欢**自助旅游**而不喜欢跟团旅游。

세계 여행 世界旅行　　环游世界

시내 관광 市內觀光　　市区旅游

시티 투어　　城市旅游

신혼여행 新婚旅行　　蜜月旅游

자동차 여행 自動車旅行　　自驾车旅游

테마 여행　　主题旅游

패키지 투어　　包价旅游

효도 관광 孝道觀光　　(孝敬父母)亲情游, 孝心团

여행 일정 旅行日程　　旅游行程

여행 일정은 너무 빡빡하게 짜지 않는 것이 좋다.

旅游行程最好不要安排得过度紧张。

당일 여행 當日旅行　　一日游

X박 Y일 X泊Y日　　Y天X夜

예약 豫約　　预订

인터넷을 통한 비행기 표 예약이 가능하다.

目前可在网上进行机票**预订**。

예약 취소 豫約取消　　取消预订

코로나로 인해 많은 관광객들이 여행사에 비행기 표 예약 취소를 요구했다.

由于新冠疫情的爆发, 很多游客要求旅行社**取消预订**机票。

예약 확인 豫約確認　　确认订位

비행기 표 예매 후 출발 72시간 전에 예약을 한 번 더 확인해야 한다.
订购机票之后，出发前72小时必须再**确认订位**一次。

인터넷 발권 **网上出票**

각 항공사는 인터넷 발권 서비스를 실시하고 있다.
各航空公司提供**网上出票**服务。

입국 거부 入國拒否 **拒绝入境**

미국으로부터 입국을 거부당한 난민들이 단식 농성을 벌였다.
被美国**拒绝入境**的难民绝食以示抗议。

전자 발권 電子發券 **电子票务**

체류 일수 滯留日數 **停留日期, 停留时间**

일정표에 체류 일수와 주소 등을 명기해야 한다.
在行程表上须注明**停留日期**、地址等内容。

출입국 수속 出入國手續 **出入境手续**

출입국 신고서 出入國申告書 **出入境申报表**

입국 신고서 入國申告書 **入境申报表**

출국 신고서 出國申告書 **出境申报表**

출입국 심사 出入國審査 **边防检查**

출입국 카드 **出入境(登记)卡**

중국 대륙 주민은 홍콩을 오고 갈 때 출입국 카드를 작성할 필요가 없다.
中国内地居民往来香港时不需要填写**出入境登记卡**。

탑승구 搭乘口 **登机口**

탑승권 搭乘券 **登机牌**

환승 換乘 **中转**

통관 通關 **通关, 过关, 报关**

반입 금지 물품 搬入禁止物品 **违禁品**

사전 신고 없이 반입 금지 물품을 휴대할 경우 벌금을 부과받게 된다.
未经申报携带**违禁品**，将被处于罚款。

세관 신고 稅關申告 **海关申报**

세관원 稅關員 **海关官员**

해외여행 자유화 海外旅行自由化 **出境旅游自由化**

환전 換錢 **换钱, 兑换外币**

여행자 수표 旅行者手票 **旅行支票**

여행자 수표는 편리하고 경제적인 외환 휴대 방식이다.
旅行支票是一种既方便又经济的外汇携带方式。

환전소 換錢所 **外币兑换处**

모든 나라의 공항에는 환전소가 있다.

每个国家的机场都设有外币**兑换处**。

환전 수수료 換錢手受料 **外币兑换手续费**

문화유산 文化遗产

고려 시대 高麗時代 **高丽時代**

고조선 古朝鮮 **古朝鲜**

삼한 시대 三韓時代 **三韩時代**

국보 國寶 **国宝**

— **제x호** **第X号**

숭례문은 서울의 4대문 중의 하나로 국보 제1호이다.
崇礼门是首尔四大门之一, 是韩国**国宝第一号**。

단군 신화 檀君神話 **檀君神话**

단군 신화는 한민족의 기원과 관련된 가장 오래된 전설이다.
檀君神话是有关韩国民族起源的最古老的传说。

건국 신화 建國神話 **建国神话**

단일 민족 單一民族 **单一民族**

한국은 동일한 언어를 사용하는 단일 민족 국가이다.
韩国是使用同一种语言的**单一民族**国家。

동방예의지국 東方禮儀之國 **东方礼仪之邦**

한국은 예로부터 동방예의지국으로 알려져 있다.
韩国素有**东方礼仪之邦**之称。

무형 문화재 無形文化財 **无形文化遗产**

문화재 文化財 **文化遗产, 文化财产, 文物**

— **감정** 鑑定 **鉴定**

선조로부터 물려받은 유물 몇 점에 대해 그 가치를 감정받고 싶다.
有几件祖传文物, 想**鉴定**其价值。

— **보존** 保存 **保存**

문화재 불법 유출 文化財不法流出 **文物的非法出口**

중국 정부는 불법 유출된 문화재에 대한 반환 요구를 계속할 것이다.
中国政府决不放弃追索被**非法出口**的**文物**。

대표적인 문화재 韩国重点文化遗产	
거북선	龟甲船, 龟船
거석문화	巨石文化
고인돌	支石墓

문화 ■ 문화유산

선돌	立石, 独石, 史前巨石
고구려 벽화	高句丽壁画
고분	古墓, 古坟
도굴	偷坟掘墓, 盗掘古墓
유물	遗物
금속활자	金属活字
도자기	陶器
고려청자	高丽青瓷
고령토	高岭土
분청사기	粉青沙器
상감청자	象嵌青瓷
이조백자	朝鲜白瓷
명승지	名胜古迹
고궁	古宫
왕릉	王陵
유적지	遗址
불상	佛像
금동상	金铜像
동상	铜像
석상	石像, 石雕佛像
선사 유적지	史前遗址
신라 금관	新罗金冠
에밀레종	圣德大王神钟
첨성대	瞻星台
측우기	测雨器
팔만대장경	八万大藏经
해시계	太阳钟

반환 返還 **归还**

문화재를 반환하라는 계속되는 요구에 대영 박물관이 당혹스러워하고 있다.
因不断被要求**归还**文物, 大英博物馆遭遇尴尬。

사계절 四季節 **四季**

한국은 사계절이 뚜렷하다.

韩国**四季**分明。

삼국 시대 三國時代 — **三国時代**

고구려 高句麗 — **高句丽**

백제 百濟 — **百济**

신라 新羅 — **新罗**

삼면이 바다 — **三面环海**

한국은 삼면이 바다로 둘러싸여 있으며 산지가 많고 평지가 적다.

韩国**三面环海**、山地多、平原少。

세계문화 및 자연유산의 보호에 관한 유네스코 협약 — **联合国教科文组织保护世界文化和自然遗产公约**

세계 유산 世界遺産 — **世界遗产**

신라 불교 예술의 결정체인 불국사가 세계 유산으로 등재되었다.

新罗佛教艺术之结晶佛国寺被登记为**世界遗产**。

유네스코 지정 세계 유산 联合国教科文组织世界遗产	
경주역사유적지구	庆州历史遗迹地区
고구려 고분군	高句丽古坟群
고창·화순·강화 고인돌 유적	高敞、和顺、江华支石墓遗址
불국사	佛国寺(' 95.12)
석굴암	石窟庵(' 95.12)
종묘	宗庙(' 95.12)
창덕궁	昌德宫(' 97.12)
해인사 팔만대장경	海印寺 八万大藏经(' 95.12)
화성	华城(' 97.12)
훈민정음	训民正音(' 97.10)
세계 기록 유산 世界记录遗产	
승정원일기	承政院日记(' 01.9)
조선왕조실록	朝鲜王朝实录(' 97.10)
직지심체요절	佛祖直指心体要节(' 01.9)
무형 문화유산 无形文化遗产	
종묘제례 및 종묘제례악	宗庙祭礼与宗庙祭礼乐

유네스코 — **联合国教科文组织**

유네스코(UNESCO, 联合国教科文组织)란?

United Nations Educational, Scientific and Cultural Organization. 교육·과학·문화의 보급 및 교류를 통하여 국가간의 협력 증진을 목적으로 설립된 국제연합 전문 기구. 1945년 11월 런던에서 열린 유네스코 창설 준비위원회에서 44개국 정부 대표에 의해 유네스코 헌장이 채택되었다. 1946년 11월 최초의 국제연합 전문 기구로 발족됐다. 회원국은 193개국이며, 12개의 준회원국이 있다. 한국은 1950년에 가입했다.

인간문화재 人間文化財 **人间文化财, 非物质文化遗产保持者**

'한국의 집'에서는 인간문화재의 국악 연주를 들을 수 있다.
在"韩国之家"可欣赏**人间文化财**的国乐演奏。

일제 시대 日帝時代, **일제 강점기** 日帝强占期 **日本殖民时代, 日本强占期, 日本占领期**

일제 강점기 일본은 한국에서 창씨 개명을 강제 실시했다.
日本殖民时代日本在韩国强迫推行"创氏改名"。

조선 시대 朝鮮時代 **朝鲜时代**

조용한 아침의 나라 **宁静的晨曦之国**

천연기념물 天然記念物 **天然纪念物**

통일신라 統一新羅 **统一新罗**

한국어 韓國語 **韩语**

한류 열풍으로 한국어를 배우는 사람들이 점차 늘고 있다.
随着韩流热潮, 学**韩语**的人越来越多。

한글 **韩字**

후삼국 後三國 **后三国**

민속 문화 民俗文化

관혼상제 冠婚喪祭 **冠婚丧祭**

관 冠 **冠礼**

혼인 婚姻 **婚姻, 结婚**

상 喪 **葬礼**

제 祭 **祭祖**

제사 祭祀 **祭祀**

4월 5일 청명절에 중국은 전통적으로 제사를 지내고 성묘를 한다.
4月5日是清明节, 中国传统的**祭祀**扫墓的日子。

국립민속박물관 國立民俗博物館 **国立民俗博物馆**

국악 國樂 国乐

농악 農樂 农乐

사물놀이 四物表演

사물놀이는 꽹과리·장구·북·징 4가지 악기로 연주된다.

四物表演是以小锣、长鼓、圆鼓、锣来演奏。

판소리 盘索里

한국 전통 악기 韩国传统乐器	
가야금	伽耶琴
거문고	玄琴
꽹과리	小锣
나각	螺角
나발	喇叭
단소	短箫
대금	大笛
박	拍
북	圆鼓
생황	笙簧
소금	小笛
아쟁	牙筝
장구	腰鼓,长鼓
징	锣
태평소	太平箫
편경	编磬
편종	编钟
피리	箫
해금	奚琴

무속 신앙 巫俗信仰 巫俗信仰

한국 무속 신앙의 숭배 대상은 자연 만물 중 정령이 깃든 모든 것이다.

韩国**巫俗信仰**的崇拜对象是自然万物中的所有精灵神怪。

굿 巫法, 巫术

굿은 음악과 춤을 결합한 문화적 색채가 강한 종교 의식이다.

巫术融合了音乐和舞蹈, 是富有文化成分的宗教仪式。

무당 巫堂 巫师, 巫女

박수	男巫师

한국 전통 무용 韩国传统舞蹈	
검무	剑舞
궁중 무용	宫廷舞蹈
바라춤	铜钹舞
부채춤	扇子舞
살풀이춤	驱邪舞
승무	僧舞
장구춤	长鼓舞
탈춤	假面舞, 面具舞
태평무	太平舞
한량무	闲良舞

민속촌 民俗村 **民俗村**

민화 民畵 **民画**

부적 符籍 **护符, 符咒**

중국인은 도교를 상징하는 표주박을 부적으로 몸에 지니고 다닌다.
中国人把象征道教的葫芦作为**护符**来身带。

서예 書藝 **书法**

세시풍속 歲時風俗 **节日习俗**

대보름 **元宵节**

설날 **春节**

설날은 온 가족이 모이는 날이다.
春节是合家团圆的日子。

추석 秋夕 **中秋节**

추석(중추절)에 달을 보며 월병을 먹는 것은 중국인들의 전통 풍속이다.
中秋节赏月吃月饼是中国人的传统习俗。

십장생도 十長生圖 **十长生图**

십장생도에는 해·소나무 등 장수를 상징하는 길조가 그려져 있다.
十长生图画着十种代表长生的太阳、松树等吉祥物。

절기 節氣 **节气**

동지 冬至 **冬至**

삼복 三伏 **三伏**

한국인은 삼복에 삼계탕을 먹으며 몸보신을 한다.

韩国人在**三伏**天吃参鸡汤来补身。

양력 陽曆	公历, 阳历
음력 陰曆	农历, 阴历

음력 5월 5일은 단오절이다.
农历(阴历)五月初五是端午节。

입춘 立春	立春
풍속화 風俗畵	风俗画
한국의 전통 놀이	韩国的传统游戏
그네 타기	荡秋千
널뛰기	踩跳板
연날리기	放风筝
팽이치기	抽陀螺

주거 住宅, 居室

기와집	瓦房
기와	瓦, 瓦片
단청 丹青	丹青
대문 大門	大门
목조 건물 木造建物	木结构建筑
미닫이	推拉门
사당 祠堂	祀堂
사랑채	外屋
경상 經床	书桌
병풍 屛風	屏风
사랑방	舍廊, 厢房
족자 簇子	画轴
안채	里屋
보료	座垫
안방	(韩式)正房, 卧室
온돌 문화 溫突文化	暖炕文化, 地暖文化

온돌 문화는 한국의 매우 독특한 바닥 난방 시스템이다.
暖炕文化是韩国的一种独特的地下取暖系统。

정자 亭子	亭子
창호지 窓戶紙	窗户纸
초가 草家	草房

한옥 韓屋	韩屋

의복 服饰

개량 한복 改良韓服	改良韩服
백의민족 白衣民族	白衣民族
명주 明紬	丝绸
모시	苎麻
무명	棉, 粗布
삼베	麻
보자기	包袱布
장신구 裝身具	首饰
노리개	结绳流苏
복주머니	荷包, 福袋
비녀	簪子, 发簪
장도 粧刀	粧刀, 妆刀
화관 花冠	花冠
한복 韓服	韩服
갓	男纱帽
고무신	钩头胶鞋
두루마기	大褂
버선	布袜, 足套
치마	裙子
저고리	褂

음식 饮食

고깃집	烤肉店
김장	为过冬腌制泡菜
김장철	腌过冬菜的季节
민속 주점 民俗酒店	传统酒屋

민속 주점에서 막걸리를 맛볼 수 있다.
在**传统酒屋**可品尝到马格利酒。

밥과 반찬	饭和小菜
한정식 韓定食	韩定食, 韩式客饭

한정식이 한상 차려지면 보는 것만으로도 입에 군침이 돈다.

当全套的**韩式客饭**上桌后, 光是用看的就足以令人垂涎三尺了。

음식 문화 飮食文化 **饮食文化**

궁중 요리 宮中料理 **宫廷料理**

궁중 요리는 한국 전통 요리의 백미이다.
宫廷料理是韩国传统料理的精华。

전통 음식 傳統飮食 **传统菜肴**

토속 음식 土俗飮食 **乡土饮食**

전통 술 **传统酒**

경주교동법주 慶州校洞法酒 **庆州校洞法酒**

막걸리 **米酒(马格利酒)**

소주 燒酎 **烧酒**

안동소주 安東燒酎 **安东烧酒**

약주 藥酒 **药酒**

이강주 梨薑酒 **梨姜酒**

포장마차 **大排档, 路边摊, 布帐马车**

호프집 **啤酒屋**

한국 전통 음식 韩国传统美食	
찜 · 구이 炖烤类	
갈비구이	烤排骨
갈비찜	炖排骨
구이	烧烤
닭갈비	鸡排
돼지갈비	烤猪排
불고기	腌制烤肉
삼겹살	五花肉
장어구이	烤鳗鱼
황토오리구이	粘土烤鸭
김치 辛奇(泡菜)	
깍두기	萝卜块辛奇
동치미	腌萝卜, 萝卜水辛奇
물김치	水辛奇
배추김치	白菜辛奇
백김치	白辛奇

오이김치	黄瓜辛奇
총각김치	小萝卜辛奇
밥・죽 饭, 粥	
국밥	汤饭, 汤泡饭
덮밥	盖饭
돌솥비빔밥	石锅拌饭
돌솥영양밥	营养石锅饭
볶음밥	炒饭
비빔밥	拌饭
쌈밥	包菜饭
약식	八宝饭
잣죽	松子粥
전복죽	鲍鱼粥
호박죽	南瓜粥
면 面类	
냉면	冷面
수제비	面片汤
자장면	炸酱面
칼국수	刀切面
콩국수	豆浆面
찌개・전골 浓汤, 火锅	
고추장찌개	辣椒浓汤
곱창전골	牛肠火锅
김치찌개	辛奇汤
낙지전골	章鱼火锅
된장찌개	黄酱汤,大酱汤
버섯전골	蘑菇火锅
부대찌개	部队锅
해물전골	海鲜火锅
탕 汤	
갈비탕	排骨汤
감자탕	脊骨土豆汤

곰탕	清炖牛骨汤
꼬리곰탕	牛尾汤
도가니탕	炖牛蹄筋汤
삼계탕	参鸡汤
생선매운탕	海鲜辣味汤
설렁탕	雪浓汤
육개장	细丝辣牛肉汤, 香辣牛肉汤
추어탕	泥鳅汤
젓갈 鱼虾酱	
게장	蟹酱
굴젓	牡蛎辣酱
멸치젓	鳀鱼酱
명란젓	明太鱼子酱
새우젓	虾酱
오징어젓	鱿鱼酱
창란젓	明太鱼肠酱
장 酱	
간장	酱油
고추장	辣椒酱
된장	黄酱, 大酱
초고추장	糖醋辣椒酱
한과 韩果	
강정	江米块
다식	茶食
떡	年糕, 糯米糕
수정과	水正果, 柿饼汁
식혜	甜米露, 蜜糯汤
약과	油蜜果
엿	麦芽糖条
간식 小吃	
김밥	紫菜卷饭
닭꼬치	鸡肉串

떡볶이	炒年糕
순대	香米肠
어묵	鱼饼
호떡	糖烧饼
기타 其他	
떡국	年糕汤
만두국	饺子汤
보쌈	包肉菜
빈대떡	绿豆煎饼
신선로	神仙炉
육회	生拌牛肉
잡채	杂菜, 炒什锦菜, 粉丝什锦菜
족발	炖猪蹄筋
회	生鱼片

문화 산업 文化产业

문화 다양성 文化多樣性 **文化多样性**
문화 다양성 협약 文化多樣性協約 **联合国教科文组织文化多样性宣言**
문화 산업 文化產業 **文化产业**
문화 산업은 새롭게 떠오르는 유망 산업이다.
文化产业是新兴的朝阳产业。
문화 헤게모니 **文化霸权**
콘텐츠 산업 **内容产业**
문화 상품 文化商品 **文化产品**
문화 상품권 文化商品券 **文化消费券, 文化产品礼券**

출판 出版

교양서 敎養書 **教养图书**
교정 校正 **校对, 校正**
출판사는 3개월의 시간을 들여 겨우 교정 작업을 마쳤다.
出版社用了三个月的时间才全部**校对**完毕。
국제 도서전 國際圖書展 **国际图书展**

단행본 單行本 **单行本**

도서 상품권 圖書商品券 **图书礼券**

목차 目次 **目录**

문고본 文庫本 **文库版**

인기 있는 만화의 경우 단행본뿐 아니라 문고본도 출간한다.
非常受欢迎的漫画, 除了出单行本之外, 还制作**文库版**。

발행본 發行本 **出版物**

원본 原本 **原版**

번역서 飜譯書 **翻译图书**

베스트셀러 **畅销书**

베스트셀러는 출판사에 큰 이익을 가져다준다.
畅销书给出版社带来丰厚的利润。

비소설 非小說 **非小说**

삽화 揷畫 **插图**

색인 索引 **索引**

소설 小說 **小说**

진융은 자타가 공인하는 무협 소설의 대가이다.
金庸是人人公认的武侠**小说**大宗师。

수필집 隨筆集 **随笔集**

스테디셀러 **持续热卖书**

시집 詩集 **诗集**

완본 完本 **完整版**

원서 原書 **原版书, 原版图书**

외국어 학습 붐이 일면서 원서의 수요가 날로 증가하고 있다.
随着学外语热潮, 外文**原版图书**的需求量与日俱增。

인쇄 印刷 **印刷**

디지털 인쇄 **网络印刷**

오프셋 인쇄 **胶印**

인쇄소 印刷所 **印刷厂**

인쇄소가 시험지 유출 사건에 휘말렸다.
印刷厂卷入考卷泄题事件。

자서전 自敍傳 **自传**

오바마의 자서전 『약속의 땅』은 많은 부수가 팔렸다.
奥巴马**自传**《应许之地》热卖。

저작권 著作權 **著作权, 版权**

저작권자 著作權者 **著作权人**

전자 출판 電子出版 **电子出版**

전자책 **电子书**

제본 製本 **装订书本**

주문형 출판(Publish On Demand, POD) **按需出版**

참고서 參考書 **参考书**

축약본 縮約本 **节缩版, 缩印版**

출판권 出版權 **出版权**

출판사 出版社 **出版社**

출판 계약 出版契約 **出版合同**

도서 출판 계약의 내용은 저작권자와 출판사 간의 협상을 통해 확정된다.
图书**出版合同**的内容由著作权人与出版社协商确定。

판 版 **版**

개정판 改訂版 **修订版**

『율리시스』의 최신 개정판이 최근 문화예술출판사에서 출간되었다.
最新**修订版**《尤利西斯》近日由文化艺术出版社出版。

증보판 增補版 **增订版**

『한어사전』 증보판에는 '나노' 등 새로운 단어가 추가 수록되었다.
《汉语词典》**增订版**增补了"纳米"等新词。

한정판 限定版 **限定版**

초판 初版 **第1版, 初版**

재판 再版 **再版**

같은 내용의 책일지라도 초판과 재판의 가격이 다르다.
同样内容的书, 初版和**再版**的价格不同。

삼판 三版 **三版**

판매 부수 販賣部數 **销量**

다른 매체와의 경쟁으로 도서의 판매 부수가 매년 감소하고 있다.
因与其他媒体的竞争, 图书**销量**逐年下降。

판형 版形 **开本**

중국의 최소형 잡지 판형은 9×13센티미터로 '손 안의 잡지'로 불린다.
中国的最小杂志**开本**为9厘米×13厘米, 堪称"掌中杂志"。

표지 表紙 **封面**

표지 디자인은 도서 판매에 영향을 미치는 매우 중요한 요소이다.
图书的**封面**设计是影响图书销售的重要因素。

영화 산업 电影产业

각색 脚色 **改编**

감독 監督 **导演**

장이머우는 중국의 유명한 영화감독 중 한 사람이다.
张艺谋是中国著名的**导演**之一。

조감독 助監督 **副导演, 助理导演**

개봉 開封 **首映, 上映**

공상 과학(SF) 영화 空想科學映畵 **科幻片**

공포 영화 恐怖映畵 **恐怖片**

관객 동원 觀客動員 **动员观众**

이 영화는 개봉 당일 25만 명의 관객을 동원했다.
这部电影上映当天就**动员**了25万**观众**。

기록 영화(다큐멘터리) 記錄映畵 **记录片**

단편 영화 短篇映畵 **电影短片**

더빙 **配音**

독립 영화 獨立映畵 **独立电影**

선댄스영화제는 '독립 영화 최고의 축제'로 불린다.
圣丹斯电影节享有"**独立电影**最高盛会"之称。

독립 영화(Independent Film, 独立电影)란?

일명 '인디 영화'라고도 한다. 이윤 확보를 1차 목표로 하는 상업 영화와는 달리 창작자의 의도가 우선시되는 영화로, 주제와 형식, 제작 방식 면에서 차별화된다. 따라서 여기서의 '독립'이란 자본과 배급망으로부터의 독립을 뜻한다.

멜로 영화 **爱情片, 言情片**

믹싱 **混音**

세트장 **布景**

소품 **道具**

속편 續篇 **续篇**

이 영화로 속편은 흥행에 실패한다는 편견이 깨졌다.
这部电影打破了**续篇**票房失败的成见。

스크린 쿼터 제도 **银幕配额制度**

한국 정부는 영화 산업의 발전을 위해 스크린 쿼터 제도를 실시했다.
韩国政府为发展影视产业, 实施了**银幕配额制度**。

스크린 쿼터 제도(Screen Quota System, 银幕配额制度)란?

외화에 비해 경쟁력이 떨어지는 국산 영화를 보호·육성하기 위해 각 극장으로 하여금 1년에 146일 동안은 한국 영화를 상영하도록 의무화한 제도. 극장 업주들의 요구로 1990년대 들어 106일 정도로 감축 운영되었으며, 2006년 7월부터 73일로 축소되었다.

방화 邦畵 **国产电影**
시나리오, 각본 脚本 **剧本**
시나리오 라이터, 각본가 脚本家 **编剧**
원작 原作 **原著**
시사회 試寫會 **试映会, 首映式**
영화 <연인>이 베이징에서 시사회를 가질 예정이다.
《十面埋伏》将在北京举行**首映式**。
애니메이션 영화 **动画片**
액션 영화 **动作片**
영상물 映像物 **影视作品**
영상 산업 映像産業 **影视业**
영화 映畵 **电影, 影片**
영화관 映畵館 **电影院**
동시 상영 同時上映 **同时上映**
매표소 賣票所 **售票处**
복합 상영관(멀티플렉스) 複合上映館 **多厅电影院**
최근 대도시를 중심으로 복합 상영관이 빠르게 발전하고 있다.
近年来在大城市**多厅电影院**的发展迅猛。
영화 등급 映畵等級 **电影级别**
성인 영화 成人映畵 **成人片**
청소년 관람 불가 靑少年觀覽不可 **未成年人禁止观看**
영화 배급 映畵配給 **电影发行**
중국 민간 자본의 영화 배급 사업 진출이 날로 활발해지고 있다.
中国民营资本介入**电影发行**领域的步伐日趋加快。
배급사 配給社 **发行公司**
영화 OST **电影原声碟**
영화제 映畵祭 **电影节**
각본상 脚本賞 **最佳剧本奖**
감독상 監督賞 **最佳导演奖**

골든 글로브상 金球奖
남우 조연상 男優助演賞 最佳男配角奖
남우 주연상 男優主演賞 最佳男主角奖
노미네이트 提名
영화 <교실 안의 야크>는 아카데미 국제장편영화상에 노미네이트되었다.
《教室里的一头牦牛》得奥斯卡最佳国际影片**提名**。
대만 금마장 臺灣金馬獎 台湾金马奖
대종상 大鐘賞 大钟奖
영화 <기생충>은 대종상 시상식에서 최우수작품상을 비롯해 5개 부문에서 수상했다.
《寄生虫》在**大钟奖**颁奖典礼获得了包括最佳影片在内的五个奖项。
베니스영화제 威尼斯电影节
「하나비」가 베니스영화제에서 황금사자상을 수상했다.
《焰火》在**威尼斯电影节**获最佳电影金狮奖。
베를린영화제 柏林电影节
부산국제영화제 釜山国际电影节
아카데미상 奥斯卡电影奖
여우 조연상 女優助演賞 最佳女配角奖
여우 주연상 女優主演賞 最佳女主角奖
작품상 作品賞 最佳影片奖
아카데미 작품상은 영화 <시카고>에 돌아갔다.
《芝加哥》获得奥斯卡最**佳影片奖**。
출품작 出品作 参赛影片
칸국제영화제 戛纳国际电影节
홍콩금상장 香港金像獎 香港金像奖
— 후보 候補 候选
영화진흥위원회 映畫振興委員會 映画振兴委员会
영화 평론가 映畫評論家 电影评论家, 电影批评家
예고편 豫告篇 预告片
자막 字幕 字幕
그는 영어 실력이 뛰어나 영화 자막을 볼 필요가 없다.
他的英文水平很高, 不需要看电影**字幕**。
장편 영화 長篇映畫 长篇电影
저예산 영화 低豫算映畫 低成本电影
전편 前篇 前篇
제작 製作 制片

문화

▪ 영화 산업

스튜디오 **摄影棚**

제작비 製作費 **制作费**

미국의 평균 영화 제작비는 한국의 30배에 달한다.
美国电影的平均**制作费**是韩国的30倍。

제작사 製作社 **制片商**

미국 영화 제작사가 한국 영화 판권을 거액에 사들였다.
美国电影**制片商**以重金买下韩国电影的版权。

제작자 製作者 **制片人**

조명 照明 **灯光**

촬영 撮影 **摄影, 拍摄, 摄制**

로케이션 촬영 **外景拍摄**

영화 <영웅>의 로케이션 촬영 기간은 장장 6개월이었다.
《英雄》的整个**外景拍摄**期长达六个月。

롱 숏 **远景**

슬로 모션 **慢镜头**

촬영 감독 撮影監督 **摄影指导**

촬영 기사 撮影技師 **摄影师**

크랭크 인 **开拍**

클로즈업 **特写, 近写**

페이드아웃 **淡出**

페이드인 **淡入**

풀 숏 **全景**

하이앵글 숏 **俯拍**

출연 배우 出演俳優 **演员阵容**

대역 代役 **替身演员**

배역 配役 **角色人物**

영화를 촬영할 때 많은 배우들이 자신의 배역에 푹 빠진다.
很多演员在拍摄电影时爱上自己所扮演的**角色**。

스턴트 배우 **特技演员**

아역 兒役 **儿童演员**

엑스트라 배우 **群众演员, 临时演员**

우정 출연 友情出演 **特别客串**

주연 배우 主演俳優 **(领衔)主演**

코미디 영화 **喜剧片, 搞笑片**

조폭 코미디 영화가 한때 한국 영화계를 휩쓸었다.
黑帮**搞笑片**在韩国影坛风靡一时。

편집 編輯 **剪辑**
한국영상자료원 韓國映像資料院 **韩国映像资料院**
효과 效果 **效果**
  음향 효과 音響效果 **音响效果**
  특수 효과 特殊效果 **特殊效果**
흥행 성공 興行成功 **票房成功**
흥행 실적 興行實績 **票房成绩**
흥행작 興行作 **卖座大片**

기타 其他

게임 산업 **游戏产业**
한국 게임 산업의 빠른 성공 노하우를 각국이 벤치마킹하고 있다.
韩国**游戏产业**迅速崛起的成功经验, 成为各国定点赶超的对象。
공연 公演 **表演, 演出**
  극단 劇團 **剧团, 话剧团**
  뮤지컬 **音乐剧**
  연극 演劇 **话剧**
공연 산업 公演産業 **(文艺)演出产业**
공연 산업은 현재 가장 전망이 밝은 문화 산업이다.
演出产业无疑是目前最有发展前景的文化产业。
  공연 기획 公演企劃 **演出策划**
  공연 기획사 公演企劃社 **演出策划公司**
관람권 觀覽券 **入场券**
  로열석 **豪华包厢, 高级包厢**
  A석 **贵宾席**
  일반석 一般席 **普通坐票**
  입석 立席 **站票**
표를 구할 수 없어 입석을 샀다.
买不到票, 只好买了**站票**。
라이브 **现场演唱**
라이브 콘서트 **现场演唱会**
립싱크 **假唱**
매표소 賣票所 **售票处**
  매진 賣盡 **满座, 售完**
  예매 豫賣 **预售**

국민가수 전국투어 콘서트 티켓 예매 오픈.
国民歌手全国巡回演唱会门票开始**预售**。

무용단 舞踊團 **舞蹈团**

무용 舞蹈	
라틴 댄스	拉丁舞
룸바	伦巴
맘보	曼波
발레	芭蕾舞
사교춤	交际舞
왈츠	华尔兹
차차	恰恰
탭 댄스	踢踏舞
탱고	探戈
현대 무용	现代舞

미술관 美術館 **美术馆**

중국 미술관은 정기 강좌를 개설할 예정이다.
中国**美术馆**将开办定期讲座。

대영 박물관 大英博物館 **大英博物馆**

루브르 박물관 **卢浮宫博物馆**

메트로폴리탄 미술관 **大都会艺术博物馆**

미술 전시회 美術展示會 **美术展览会**

불법 복제 음반 不法複製音盤 **盗版音像制品**

비디오 예술 **影像艺术**

백남준은 비디오 예술의 선구자이다.
白南准是**影像艺术**的开山鼻祖。

상 賞 **奖**

골든 디스크상 **金唱片奖**

그래미상 **格莱美奖**

상품화 商品化 **商品化**

설치 미술 設置美術 **装置艺术**

성악가 聲樂家 **声乐家**

그는 누구나 다 아는 유명한 성악가이다.
他是家喻户晓的著名**声乐家**。

메조 소프라노 女次高音, 女中音
바리톤 男中音
베이스 男低音
소프라노 女高音
알토 女低音
테너 男高音

순회공연 巡廻公演 **巡回演出**

한국 발레단은 베이징·상하이 등에서 순회공연을 가질 예정이다.
韩国芭蕾舞团将在北京、上海等城市**巡回演出**。

시트콤 **情景喜剧**

애니메이션 산업 **动画产业**

창의력·상상력이야말로 일본 애니메이션이 성공한 핵심 요소이다.
创意、想象力是日本**动画产业**成功的关键因素。

캐릭터 산업 **周边产业**

게임 캐릭터 산업이 해외에서는 하나의 산업으로 자리잡았다.
游戏**周边产业**早已在国外形成一个产业。

연예 기획사 演藝企劃社 **演艺经纪公司**

최근 홍콩·대만 출신 배우들이 중국 연예 기획사와 활동 계약을 맺고 있다.
最近不少港台演员与内地的**演艺经纪公司**签下演艺合约。

원 소스 멀티 유즈 **OSMU模式, 一源多用**

<라이온 킹>은 원 소스 멀티 유즈의 성공 사례이다.
《狮子王》是**OSMU模式**的成功例子。

유행 流行 **时尚, 倾向, 趋势**

복고풍 復古風 **复古倾向**

복고풍 패션이 1990년대 패션계의 최대 특징이다.
复古倾向是90年代时装界的一大特色。

첨단 패션 **最新流行时尚**

이 잡지는 전 세계 첨단 패션을 소개하고 있다.
这本杂志介绍世界**最新流行时尚**。

음반 音盤, **앨범** **专辑**

취입 吹入 **录制**

음반 산업 音盤産業 **唱片产业**

불법 복제와 인터넷 다운로드로 인해 음반 산업이 위기를 맞고 있다.
盗版和网络下载使**唱片产业**面临危机。

음원 音源 **音源**

음악 장르 音乐类型	
뉴에이지	新世纪, 新纪元音乐
대중음악	流行音乐, 大众音乐
댄스 음악	舞曲
데스메탈	死亡金属音乐
랩	说唱
록 음악	摇滚音乐
브릿팝	英伦音乐
블루스	蓝调音乐
사이키델릭	迷幻音乐
얼터너티브 록	另类摇滚
인디 음악	独立音乐
재즈	爵士
컨트리	乡村音乐
테크노	电子音乐, 科技舞曲
팝	流行音乐
펑크	朋克音乐
포크송	民谣
하드코어	硬核音乐
헤비메탈	重金属音乐
힙합	嘻哈音乐

음악회 音樂會 音乐会

교향악단 交響樂團 交响乐团

연주가 演奏家 演奏家, 演奏者

오페라 歌剧

지휘자 指揮者 指挥家, 指挥者

지휘자와 연주가 사이에 마음으로 통하는 것이 매우 중요하다.

指挥者与演奏者之间的内心交流是非常重要的。

클래식 음악 古典音乐

악기 乐器	
금관악기 铜管乐器	튜바 大号
	트럼펫 小号

	트롬본 长号
	호른 法国号
목관악기 木管乐器	바순 巴松管, 低音管
	오보에 双簧管
	클라리넷 单簧管
	플루트 长笛
타악기 打击乐器	비브라폰 颤音琴
	실로폰 木琴
	심벌즈 铜钹
	탬버린 铃鼓
	트라이앵글 三角铁
	팀파니 定音鼓
현악기 弦乐器	바이올린 小提琴
	비올라 中提琴
	첼로 大提琴
	콘트라베이스 低音提琴
기타 其他	기타 吉他
	오르간 管风琴
	피아노 钢琴
	하프 竖琴

자선 공연 慈善公演 **慈善义演, 公益演出**

중국의 유명 가수가 이라크 어린이들을 돕기 위해 자선 공연을 펼쳤다.
中国著名歌星为伊拉克儿童举行**慈善义演**。

전시 展示 **展览**

이번 설치 미술 전시는 많은 논쟁을 불러일으켰다.
本次装置美术**展览**引起了不少争论。

전시 기획자(큐레이터) 展示企劃者 **策展人**

조각 彫刻 **雕塑**

조형 미술 造形美術 **造型艺术**

추상 미술 抽象美術 **抽象艺术**

컬렉션 **时装秀, 时装周**

추동 秋冬 — **秋冬时装周**

밀라노 추동 컬렉션에서 모델들이 다양한 의상을 선보이고 있다.

米兰**秋冬时装周**上, 模特们向人们展示丰富多彩的女装。

춘하 春夏 —	**春夏时装周**
콘텐츠 산업	**内容产业**
토크 쇼	**脱口秀**
패션 산업	**时装产业**
기성복 既成服	**成衣**
맞춤복	**定制服装**
오트 쿠튀르	**高级定制时装**

오트 쿠튀르는 디자이너의 작품 세계를 구현하기 위해 만들어진 의상이다.
高级定制时装是为展示设计师理念而定制的服装。

패션 쇼	**时装秀**
무대 舞臺	**舞台, T台**
패션모델	**时装模特**

손정완 패션 쇼에서 한류 스타들이 패션모델로 변신했다.
在Son Jung Wan的时装秀上, 韩流明星变身为**时装模特**。

한류 韓流	**韩流**
드라마 주제곡	**电视剧主题曲**
TV 연속극	**电视剧**
한국 대중문화 매니아	**哈韩族**
행위 예술 行爲藝術	**行为艺术**

행위 예술은 과장된 표현 기법을 통해 예술가의 시각을 행위로 표현한다.
行为艺术采取很夸张的表现手法, 用行为来表达艺术家的看法。

화랑 畵廊	**画廊**

이 화랑은 중국의 유명 서예가 및 화가의 작품을 전문적으로 취급한다.
这一家**画廊**专营中国著名书画家的艺术作品。

회화 繪畵	**绘画**

문화 단체 및 기관 文化机构	
국립국악원	国立国乐院
국립국어원	国立国语院
국립발레단	国立芭蕾舞团
국립오페라단	国立歌剧团
국립합창단	国立合唱团
국제방송교류재단	国际放送(广播)交流财团
서울예술단	首尔艺术团

언론중재위원회	言论仲裁委员会
영상물등급위원회	映像物等级委员会
영화진흥위원회	韩国映画(电影)振兴委员会
주한중국문화원	中国文化中心
한국게임산업개발원	韩国游戏产业开发院
한국공예·디자인문화진흥원	韩国工艺设计文化振兴院
한국문화관광연구원	韩国文化观光研究院
한국문화예술교육진흥원	韩国文化艺术教育振兴院
한국방송광고진흥공사	韩国放送(广播)广告振兴公社
한국언론진흥재단	韩国言论振兴财团
한국영상자료원	韩国映像资料院
한국예술종합학교	韩国艺术综合大学
한국저작권위원회	韩国著作权委员会
한국출판문화산업진흥원	韩国出版文化产业振兴院
한국콘텐츠진흥원	韩国内容振兴院
한국프레스센터	韩国新闻中心

문화 시설 文化设施

국립극장	国立剧院
국립민속박물관	国立民俗博物馆
국립중앙도서관	国立中央图书馆
국립중앙박물관	国立中央博物馆
국립현대미술관	国立现代美术馆
독립기념관	独立纪念馆
예술의전당	艺术殿堂
정동극장	贞洞剧场

03 언론 新闻媒体

언론 新闻媒体, 传媒

검열 檢閱 **审查**

중국은 인터넷 게임 검열 위원회를 설립할 예정이다.
中国将成立网络游戏内容**审查**委员会。

공정한 보도 **公正报道**

언론은 공정한 보도를 위해 노력해야 한다.
新闻媒体应力求**公正报道**。

매체 媒體 **媒体**

대중 매체 大衆媒體 **大众媒体**

네트워크 중심의 대중 매체가 중국 정치의 민주화를 위한 새로운 패러다임을 제시하고 있다.
以网络为主的**大众媒体**为中国政治民主提供新思路。

방송 매체 放送媒體 **广播媒体**

방송 매체가 날로 치열해지는 미디어 전쟁에서 살아남기 위해서는…….
为**广播媒体**在日益激烈的媒体竞争中取得一席之地……。

언론 매체 言論媒體 **新闻媒体, 传媒**

언론 매체의 힘을 빌려 업체의 오염물 배출 실태를 감시하고 있다.
通过**新闻媒体**的力量, 来监督企业污染物的排放。

인쇄 매체 印刷媒體 **印刷媒体**

대중 언론 大衆言論 **大众传媒**

멀티미디어 **多媒体**

한국은 올해 말부터 디지털 멀티미디어 방송 서비스를 실시할 예정이다.
韩国将在今年年底提供数字**多媒体**广播服务(DMB)。

보도의 객관성 **报道的客观性**

보도의 객관성은 상대적인 것이다.
报道的客观性是相对的。

언론계 言論界 **传媒界, 新闻界**

언론과 출판의 자유 **言论与出版的自由**

언론인 言論人 **新闻工作者**

이라크 전쟁 발발 이후 많은 언론인이 이라크에서 사망했다.

伊战以来多数**新闻工作者**在伊拉克死亡。

외신 外国媒体	
니혼게이자이 신문	日本经济新闻
뉴욕 타임스	纽约时报
데일리 텔레그래프	每日电讯报
로이터	路透社
르몽드	世界报
슈피겔	明镜报
신화사	新华社
아메리칸 보이스	美国之音
아사히 신문	朝日新闻
알 자지라(카타르 뉴스 전문 방송)	卡塔尔半岛电视台
옵저버	观察者报
인민일보	人民日报
AFP	法新社
AP	美联社
BBC	英国广播公司
CNN	美国有线电视新闻网
UPI	合众社

언론중재위원회 言論仲裁委員會 **言论仲裁委员会**

언론 탄압 言論彈壓 **压制言论自由**

국제언론연구기관은 부시 행정부가 언론의 자유를 탄압하고 있다고 비난했다.
国际新闻研究机构指责布什政府**压制新闻自由**。

언론 규제 言論規制 **言论控制**

언론 봉쇄 言論封鎖 **新闻封锁**

사스는 중국의 언론 봉쇄로 발생 4개월이 지나서야 세상에 알려지게 되었다.
由于中国大陆的**新闻封锁**, 非典发生4个月以后才为世人所知。

신문 报纸

가십란 **花絮新闻, 趣闻**

가십란에서는 유명 연예인의 흥미로운 일화를 소개한다.
在**花絮新闻**里介绍著名艺人的趣闻轶事。

가판대 街販臺 **报摊**

베이징 시 전체의 지하철역 가판대가 모조리 사라졌다.

北京全市地铁站台上的**报摊**通通消失了。

간지 間紙 **插页, 夹页**

공보원 公報員 **新闻秘书**

광고지 廣告紙 **广告纸**

구독 購讀 **订阅**

미국에서도 중국 잡지를 구독할 수 있다.

在美国也可**订阅**中国杂志。

구독료 購讀料 **订阅费, 报费**

구독료는 일년 치가 보통이나 반년 치 또는 월별 지불 방식도 있다.

订阅费一般按年付费, 但是也有按半年, 或者按月份付费的。

— 기간 期間 **期限**

무료 구독 無料購讀 **免费订阅**

전자 잡지의 무료 구독 기간이 끝났다.

电子杂志的**免费订阅**期限已经结束了。

구인 구직 안내 광고 求人求職案內廣告 **招聘启事**

청소년은 신문에 난 불확실한 구인 광고에 쉽게 넘어간다.

青少年很容易被新闻上刊登的含糊不清的**招聘启事**欺骗。

기고 寄稿 **投稿**

기명 기사 記名記事 **署名文章**

기사 記事 **新闻文章, 报道文章**

모 잡지는 허위 기사 때문에 사과 성명 게재를 명령받았다.

某杂志**报道文章**失实, 被要求刊登道歉声明。

전면 全面 — **全面报道**

오늘 석간은 '디지털 TV의 발전 방향'을 전면 기사로 다뤘다.

今天的晚报**全面报道**了"数字电视的发展方向"。

특종 特種 — **独家新闻**

특종 기사에 목숨을 건 기자에게는 도청 녹음기가 가장 유용한 장비이다.

对于一心一意想挖**独家新闻**的媒体记者来说, 最有用的工具是窃听录音器。

특집 特輯 — **特写, 专稿**

AWSJ의 특징은 깊이 있는 특집 기사에 있다.

《亚洲华尔街日报》的特点在于其深度的**特写**文章。

기자 記者 **记者**

기자단 記者團 **记者团**

중국 기자단이 스페인에서 테러 위협을 받았다.

中国**记者团**在西班牙遭到恐怖威胁。

수습기자 修習記者 **实习记者**

외신 특파원 外信特派員 **驻外记者**

외신 특파원 4명이 아프가니스탄에서 강도를 당했다.
四名**驻外记者**在阿富汗遭劫。

촬영 기자 撮影記者 **摄影记者**

출입 기자 出入記者 **通讯记者**

특파원 特派員 **特派记者**

기자 브리핑 **记者简报会, 新闻简报会**

파월 미 국무장관은 기자 브리핑에서 기자들에게…….
美国国务卿鲍威尔在**新闻简报会**上对记者说……。

기자석 記者席 **记者席**

기자 회견 記者會見 **记者招待会**

중국 청소년 축구 팀이 베이징에서 기자 회견을 가졌다.
中国青少年足球队在北京举行**记者招待会**。

뉴스 브리핑 **新闻发布会**

대변인 代辯人 **发言人, 代言人**

외교부 대변인이 일본 교과서 문제에 관한 기자의 질문에 답변하고 있다.
外交部**发言人**就日本教科书问题答记者问。

독점 취재 獨占取材 **独家采访**

본지는 이스라엘 간첩 사건을 독점 취재했다.
本报对以色列间谍案进行了**独家采访**。

마감 시간 **截稿时间**

머릿기사 **头条新闻**

1면 머릿기사는 일반적으로 상단 혹은 우측에 게재한다.
头版**头条新闻**一般放在报纸的上半版或右侧。

면 面 **版面**

1면 一面 **头版**

— 면에 계속 **第~页继续**

발행 부수 공사 제도 發行部數公査制度 **报刊发行量认证制度**

ABC **发行量审计署**

ABC(Audit Bureau of Circulations, 发行量审计署)란?

신문·잡지 부수 공사 기구. ABC는 자율 감독 기관으로서 신문·잡지 등 언론 매체들이 자체적으로 보고하는 간행물의 발행 부수 등에 관해 객관적으로 규정된 기준에 따라 조사 확인한다.

발행인 發行人　　**发行人**

방송 기자 放送記者　　**电视记者**

배달 配達　　**送报, 投递(报纸)**

일본은 전자 신문 배달 시스템을 개발했다.
日本开发出电子**送报**系统。

보급소 補給所　　**报纸发售处**

보도 사진 報道寫眞　　**新闻摄影**

보도 사진은 '제3의 눈'으로 현상을 관찰하고 순간적인 이미지로 사실을 묘사한다.
新闻摄影用"第三只眼睛"来观察新闻现象, 用瞬间形象描述新闻事实。

보도 자료 報道資料　　**报道资料, 新闻资料**

부고 訃告　　**讣闻, 讣告**

나는 『뉴욕 타임스』에서 SF 소설가의 부고를 보았다.
我在《纽约时报》上看到一位科幻小说作家的**讣告**。

부수 部數　　**发行量**

무료 부수 無料部數　　**免费发行量**

발송 부수 發送部數　　**发送份数**

발행 부수 發行部數　　**发行份数, 发行量**

발행 부수는 신문의 영향력을 가늠하는 주요 지표이다.
发行量是评估报纸影响力的重要指标。

유료 부수 有料部數　　**付费发行量**

사설 社說　　**社论**

객원 논설 위원 客員論說委員　　**特约评论员**

『인민일보』가 1면에 객원 논설 위원의 논평을 실었다.
《人民日报》在头版发表了**特约评论员**文章。

논설 위원 論說委員　　**评论员**

사진 기자 寫眞記者　　**摄影记者**

사회 면 社會面　　**社会版**

『르 피가로』는 사회 면을 통해 파리의 중국인 밀입국 사건을 보도했다.
《费加罗报》在**社会栏**报导了巴黎华人偷渡事件。

선정주의 煽情主義, **황색 저널리즘**　　**煽情主义, 黄色新闻**

일부 대중지의 지나친 선정성 추구로 황색 저널리즘이 지속되고 있다.
一些大众化报纸片面追求**煽情主义**, 导致**黄色新闻**持续泛滥。

황색 저널리즘(Yellow Journalism, 黄色新闻)이란?

황색 저널리즘은 자극적 표제, 선정주의, 삽화 등으로 독자를 유인하는 행위를 말한다. 처음 등장한 것은 1989년으로, 당시 신문왕 W. R. 허스트가 이끌던 뉴욕『모닝 저널』과 퓰리처 상으로 유명한 J. 퓰리처의『뉴욕 월드』 잡지에서 동시에 옐로 키드(yellow kid)라는 황색 옷을 입은 소년을 주인공으로 만화를 연재했는데 이후 치열한 경쟁으로 내용이 점점 과도한 선정주의로 흘렀다는 데서 유래되었다.

스포츠 면 **体育版**

신문 新聞 **报纸, 报刊**

석간 夕刊 **晚报**

조간 朝刊 **晨报**

일간지 日刊紙 **日报**

주간지 週刊紙 **周刊**

『아주 주간(*Asia Week*)』은 아시아 지역의 중국인 독자를 대상으로 한 시사 주간지이다.

《亚洲周刊》是针对亚洲地区华人读者的时事**周刊**。

타블로이드 **小报, 通俗小报**

타블로이드(Tabloid, 小报, 通俗小报)란?

원래 '타블로이드'란 판형의 일종으로서, 소형 신문이라는 뜻이다. 서양의 주간지들이 타블로이드 판(tabloid size)으로 제작되었기 때문에 이제는 타블로이드라는 말 자체가 선정적인 내용 위주의 주간지를 가리키는 대명사가 되었다.

심층 보도 深層報道 **深入报道**

『인민일보』가 미국의 대북 정책 변화 과정을 심층 보도했다.

《人民日报》**深入报道**了美国对北韩政策的变化过程。

연예 면 演藝面 **娱乐版**

연재만화 連載漫畫 **连载漫画**

연재소설 連載小說 **连载小说**

국내 최초로 핸드폰 문자 메시지 연재소설이 등장했다.

国内首部手机短信**连载小说**问世。

육하원칙 六何原則 **新闻六要素**

탄탄한 구조의 신문 기사를 쓰기 위해서는 육하원칙을 잘 지켜야 한다.

为撰写结构较完整的新闻文章, **新闻六要素**应该齐全。

육하원칙(5W1H, 新闻六要素)이란?

모든 보고서 · 기사에 적용되는 원칙. "누가, 언제, 어디서, 왜, 무엇을, 어떻게(何时、何地、何人、何事、何因及如何)"로 '육하원칙'이라 불린다(常称 "5W1H").

익명의 출처 **匿名线索, 不愿透露姓名的消息来源**

인물 동향 人物動向 **人物版**

인용 引用 **引用, 援引**

원자바오 총리가 연설 도중 잘 알려진 옛 시 「향수」를 인용했다.
温家宝总理在演讲中**引用**了流传甚广的古诗《乡愁》。

인정 기사 人情記事 **人情味新闻**

일요 특집 日曜特輯 **周日特刊**

『증권일보』 일요 특집에서는 투자 원칙과 실전 테크닉을 소개한다.
《证券日报》的**周日特刊**介绍投资理念和实战技巧。

정치 면 政治面 **政治版**

제목 題目, **표제** 標題 **新闻标题, 内容提要**

일부 인터넷 신문 표제는 선정적 경향을 띤다.
有些网络**新闻**的**标题**, 出现媚俗倾向。

제보 提報 **举报, 提供信息**

익명 인사 2명의 제보로 '워터 게이트 사건'이 폭로되었다.
两名匿名人士的**举报**揭发了"水门事件" 。

종군 기자 從軍記者 **随军记者, 战地记者**

종군 기자가 전장에서 취재한 내용을 설명하고 있다.
随军记者在谈战地采访的情况。

주필 主筆 **主笔**

TV 프로그램 진행자인 X가 '명사 칼럼'의 계약 주필이 되었다.
电视节目主持人X成为"名人专栏"的签约**主笔**。

취재 取材 **采访, 取材**

취재란 기사의 소재를 얻기 위해 벌이는 조사 연구 활동이다.
采访是为搜集新闻题材而进行的调查研究活动。

취재원 取材源 **新闻来源**

편집 編輯 **编辑, 剪辑**

TV 프로그램에서 편집 작업은 매우 중요하다.
电视节目的**编辑**工作非常重要。

편집인 編輯人 **编辑**

인터넷 미디어가 발달되면서 인터넷 뉴스 편집인의 역할이 중시되고 있다.
随着网络媒体的发展, 网络新闻**编辑**的作用越来越受重视。

편집장 編輯長 **总编辑**

해설 解說, **시평** 時評 **时评**

경제 시평을 읽으면 최근 경제 흐름을 파악할 수 있다.
读经济**时评**可掌握最近的经济流向。

현장 보도 現場報道 **现场报道**

현장 취재 現場取材 **现场采访, 现场取材**

CCTV 기자가 다보스 세계 경제 포럼 현장을 취재했다.
CCTV的记者对达沃斯世界经济论坛进行了**现场采访**。

호외 號外 **号外**

각 신문사는 호외를 발행해 중국 최초의 유인 우주선 발사 성공을 축하했다.
各报社发行**号外**祝贺中国首次载人航天成功。

홍보 弘報(PR) **公共关系, 公关**

기업 홍보의 궁극적인 목표는 기업을 위해 우호적인 환경을 조성하는 것이다.
企业**公关**的终极目的是为企业营造善意的环境。

홍보 담당 弘報擔當 **公关主任**

잡지 杂志

객원 필자 客員筆者 **特约撰稿人**

독자층 讀者層 **读者群**

만화의 독자층이 갈수록 다양해지고 있다.
漫画的**读者群**日趋广泛多样。

삽지 揷紙 **插页**

업계 전문지 業界專門誌 **商界刊物**

여성 잡지 女性雜誌 **妇女杂志, 女性刊物**

일본의 한 여성 잡지는 한국 여배우 대부분이 인조 미인이라고 주장했다.
日本一家**妇女杂志**表示, 韩国女明星大部分都是人造美人。

권호 卷號 **刊号**

10월호 十月號 **十月号**

표지 모델 **封面模特, 封面人物**

원고 청탁 原稿請託 **委托稿件**

웹진 **网络杂志**

알 카에다는 자신들의 웹진에 새로운 테러 계획을 발표했다.
"基地"组织在其**网络杂志**上发布了新的恐怖计划。

접지 摺紙 **折页**

정기 간행물 定期刊行物 **期刊, 定期刊物**

『중국경제주간』은 인민일보사가 발행하는 정기 간행물이다.
中国经济周刊是人民日报社发行的经济**期刊**。

계간지 季刊誌 **季刊**

월간지 月刊誌 **月刊**

주간지 週刊誌 周刊

주간 主幹 责任编辑, 执行编委, 主编

음란 간행물 배포 혐의를 받고 있는 잡지 주간이 책임을 지고 사퇴했다.
涉嫌发布淫亵刊物的杂志**责任编辑**引咎辞职。

쪽장 门式折页, 拉页

펼침면 跨页

화보 畫報 画报, 画刊

중국 『인민화보』의 한국어판이 서울에서 공식 창간된다.
中国《**人民画报**》韩文版在首尔正式创刊。

방송 广播

가시청권 可視聽圈 覆盖范围, 覆盖域, 播送范围

위성 TV의 발전으로 가시청권이 점차 확대되고 있다.
随着卫星电视的发展, 其**覆盖范围**日益扩大。

간추린 뉴스 简要新闻, 新闻摘要

골든 아워 黄金时间, 黄金时段

TV 골든 아워에는 잔인한 폭력물 방영이 금지된다.
电视台**黄金时间**禁播凶杀暴力剧。

공동 제작 共同製作 合拍, 共同制作

공중파 TV 无线广播

유선 방송 보급이 확대되면서, 공중파 방송의 수입이 감소하고 있다.
随着有线电视普及率上升, **无线广播**的收入日益下降。

광고 시간 廣告時間 广告时间

난시청 難視聽 收讯不良

녹화 방송 錄畫放送 录影转播, 录播

지금 방영되고 있는 것은 생방송이 아니라 녹화 방송이다.
现在播放的是**录影转播**而不是直播。

녹화 錄畫 录制, 录影

뉴스 新闻节目

다큐멘터리 纪录片

디지털 멀티미디어 방송 DMB(Digital Multimedia Broadcasting) 数字多媒体广播

라디오 방송 广播

신형 핸드폰에는 FM 라디오 튜너가 내장돼 있어 음악 프로그램을 들을 수 있다.
新款手机中内置了FM**广播**调谐器, 可以收听音乐节目。

극초단파 極超短波(UHF) **特高频**

극초단파(UHF: Ultra High Frequency, 特高频)란?

극초단파(UHF)는 300MHZ~3GHZ의 주파수로, 공중파 TV 중 UHF 채널과 이동 전화, PCS가 이 주파수 대역을 사용한다. 레이더나 기상 위성에도 극초단파를 사용한다.

청취율 聽取率 **收听率**

라디오 청취율은 도시 지역에서는 낮지만 농촌 지역에서는 높다.
广播在城市**收听率**较低, 但在乡村收听率较高。

청취자 聽取者 **听众**

오늘도 저희 프로그램을 들어주신 청취자 여러분, 대단히 감사합니다.
非常感谢**听众**朋友收听我们今天的节目。

초단파 超短波 **甚高频**

초단파(VHF: Very High Frequency, 甚高频)란?

전파(電波)는 주파수에 따라 크게 장파 · 중파 · 단파 · 초단파 · 극초단파 · 초극초단파 · 밀리미터파 등으로 구분된다. 그중 초단파(VHF)는 30~300MHz의 주파수로 FM 라디오, 무전기, 무선 호출 등 각종 이동용 무선 통신 장비에 많이 사용되며 채널 2~13번의 TV 방송 역시 초단파를 사용한다. 초단파 이상에서는 단파와는 달리 전리층을 그대로 통과해서 나가기 때문에, 단파처럼 반사를 이용한 원거리 통신이 불가능하다.

만화 영화 漫畵映畵 **卡通片, 动画片**

문자 다중 방송 文字多重放送 **电视文字广播, 图文电视**

문자 다중 방송은 VBI 데이터 방송의 일종이다.
图文电视是VBI数据广播的一种。

폐쇄 자막 시스템 **隐藏字幕, 封闭式字幕**

방송 放送 **广播, 播放**

알 자지라 방송은 이라크에 의해 격추된 미군 헬기 화면을 방송했다.
半岛电视台**播放**了被伊拉克击落的美军飞机画面。

방송국 放送局 **电视台, 广播电台**

공영 방송 公營放送 **公共广播, 公营广播**

공영 방송국 公營放送局 **公营电视台**

KBS는 한국 유일의 공영 방송국이다.
KBS是韩国唯一的**公营电视台**。

민영 방송 民營放送 **民营广播, 私营广播**

민영 방송국 民營放送局 **私营电视台, 民营电视台**

중국 최초의 민영 방송국은 상하이에서 시작되었다.
中国第一座**私营电视台**是在上海建立的。

방송 시간 放送時間 **播放时间, 广播时间**

교육 방송은 내년에 방송 시간을 연장하고 중국어 프로그램을 늘릴 계획이다.
教育电视台计划在明年延长**播放时间**, 并增加中文节目。

방송통신위원회 放送通信委員會 **放送通信委员会**

방영 放映 **播放**

일부 중국 사이트에서는 온라인으로 한국 연속극을 방영한다.
中国一些网站在线**播放**韩国连续剧。

버라이어티 쇼 **综艺节目**

사극 史劇 **历史剧**

사회자 司會者 **主持人**

생방송 生放送 **现场直播**

CCTV는 유인 우주선 '선저우 5호' 발사 장면의 생방송을 취소했다.
中央电视台取消对神舟五号载人飞行的**现场直播**。

인터넷 생중계 **网上直播**

스튜디오 **演播室**

시청자 視聽者 **(电视)观众**

중국 시청자가 가장 좋아하는 스포츠 스타는 야오밍이다.
中国**电视观众**最喜欢的体育明星是姚明。

누적 시청자 累積視聽者 **累计观众(人数)**

1996년 애틀랜타 올림픽은 214개 국가에 중계되었으며 누적 시청자 수는 196억 명에 이른다.
1996年亚特兰大奥运会电视转播覆盖了214个国家, **累计观众**达196亿人。

시청률 視聽率 **收视率**

인터넷 보급이 확대되면서 골든 아워의 TV시청률이 11% 떨어졌다.
随着因特网的普及, 电视黄金时段的**收视率**下降了11%。

닐슨 시청률 **尼尔森收视率**

시청률 조사 視聽率調查 **收视率调查**

중국은 개혁 개방 이후 시청률 조사를 시작했다.
中国自改革开放后开始引入**收视率调查**。

앵커 맨 **男主播**

앵커 우먼 **女主播**

과거 오랜 동안 앵커 우먼은 '뉴스의 꽃'으로서의 역할에 머물렀다.
过去很长一段时间, **女主播**在新闻节目只充当花瓶的角色。

양방향 TV **双向电视, 交互式电视**

주문형 비디오(VOD) **视频点播**

주문형 비디오는 자신의 취향에 따라 동영상 프로그램을 자유롭게 선택하는 양 방향 시스템이다.

视频点播是可以根据自己的兴趣对视频节目内容进行自由选择的交互式系统。

페이퍼뷰(Pay-Per-View) **计次付费**

페이퍼뷰 채널은 시청 횟수에 따라 요금을 지불하는 새로운 TV 시청 방식이다.

计次付费频道是观众按收看次数付费的新颖收视方法。

연속극 連續劇 **连续剧**

온라인 동영상 서비스(OTT) **互联网电视**

요리 프로그램 **烹饪节目**

위성 TV **卫星电视**

디지털 위성 TV **数码卫星电视**

중국은 디지털 위성 TV와 도시 광대역망을 구축할 계획이다.

中国将推行**数码卫星电视**和城市宽带网络建设。

유선 방송 有線放送 **有线电视**

유선 방송 가입자 有線加入者 **有线电视用户**

일본 전역의 유선 방송 가입자 수가 작년 한 해 10.6% 증가했다.

日本全国**有线电视用户**在过去一年内增加了10.6%。

음성 다중 방송 音聲多重放送 **多声道数字音频系统**

재방송 再放送 **重播**

제작 製作 **制作**

제작사 製作社, **프로덕션** **影视制作公司, 电视节目制作公司**

CCTV는 프랑스 최대 TV 프로그램 제작사와 계약을 체결했다.

央视同法国最大的**电视节目制作公司**签订了合同。

PD **电视导演**

중계방송 中繼放送 **转播**

중계차 中繼車 **转播车**

마이클 잭슨의 법정 출두 당일, 외부에 주차된 위성 중계 차량은 20대가 넘었다.

杰克逊出庭的当天, 停在法院门外的卫星**转播车**有20多辆。

중앙 방송 中央放送 **全国广播**

지방 방송 地方放送 **本地广播**

공중파가 닿지 않는 지역에서 지방 방송을 시청하기란 거의 불가능하다.

在无线电波无法覆盖到的地区, 收视**本地广播**几乎是不可能的。

지상파 방송 地上波放送 **地面广播**

위성 DMB는 지상파 방송, 위성 방송, 인터넷 등 다양한 전송 수단을 통해 서비스를 제공한다.

卫星DMB可通过**地面广播**、卫星广播、互联网等多种传输手段提供服务。

채널 **频道**

캐스터 **主持人，主播**

코미디 프로그램 **搞笑节目**

퀴즈 프로그램 **(猜谜)益智游戏类节目**

토크 쇼 **脱口秀**

트랜디 드라마 **偶像剧**

프로그램 개편 **节目改版**

프로그램 편성 기획 **编排电视节目**

한국방송광고진흥공사 韓國放送廣告振興公社 **韩国放送(广播)广告振兴公社**

한국콘텐츠진흥원 **韩国内容振兴院**

AM 방송 **AM 调幅广播**

AM(调幅广播)이란?

AM은 Amplitude Modulation의 약자로서 진폭 변조라는 뜻. AM은 반송파(搬送波)에 신호를 단순히 혼합하여 겹치게 하는 방식으로서, AM 라디오 방송과 TV의 영상 신호는 AM 방식으로 송출되고 있다.

FM 방송 **FM 调频广播**

FM(调频广播)이란?

FM은 Frequency Modulation의 약자로서 주파수 변조라는 뜻. 원신호가 변할 때 신호의 강약 · 고저로 반송파(搬送波)의 주파수를 변화시키는 방식이다. FM 라디오와 TV 방송의 음성 신호는 FM 방식으로 송출된다.

NG **NG，重拍，花絮**

청룽은 영화 뒷부분에 NG 장면을 내보내는 것을 좋아한다.

成龙喜欢把一些**NG**镜头放在片尾播放。

TV 프로그램 편성표 **电视节目播出表**

광고 广告

가두선전 街頭宣傳 **街头广告**

간판 看板 **招牌，广告牌**

공익 광고 公益廣告 **公益广告**

에이즈 예방을 위한 공익 광고가 어제 CCTV에서 처음 방영되었다.
预防艾滋病的**公益广告**昨天在CCTV首次播放。

과장 광고 誇張廣告 **夸大性广告**

광고 **广告**

양 방향성은 인터넷 광고의 가장 큰 장점이다.
可交互性是网络**广告**不可替代的优势。

— 내다 **投放, 发布(广告)**

신문과 TV를 통해 광고를 내면 판촉 효과가 즉시 나타난다.
在报刊和电视上**投放广告**, 其销售促进的效果会立刻呈现出来。

—하다 **进行, 执行(广告)**

신제품이 출시되면 해당 제품을 집중 광고한다.
新产品面世后, 对产品集中**进行广告**宣传。

광고 노출 廣告露出 **广告暴露**

광고 대상 廣告對象 **广告受众, 广告目标群体**

광고 대상의 심리 파악이 광고 제작의 기본 전제이다.
理解**广告受众**的心理是制作广告的基本前提。

광고 대행사 廣告代行社 **广告代理商, 广告公司**

검색 엔진이 브랜드 홍보의 주요 수단이 되면서 인터넷 광고 대행사가 이 분야에 적극 진출하고 있다.
搜索引擎已成为品牌推广的重要手段, 网络**广告代理商**正在积极投入到这一新的领域。

광고 도달 廣告到達 **广告到达**

광고 도달률 廣告到達率 **广告到达率**

광고를 접한 사람이 많아질수록 광고 도달률은 높아진다.
接触广告信息的人数越多, **广告到达率**就越高。

광고 매체 廣告媒體 **广告媒体**

교통 광고 매체의 최대 장점은 높은 노출 빈도이다.
交通**广告媒体**的最大优势在于较高的暴露频次。

광고 모델 **广告模特, 形象代言人**

광고 출연 廣告出演 **出演广告**

일본 여배우와 배용준이 처음으로 함께 광고에 출연했다.
日本女明星与裴勇俊首次共同**出演广告**。

출연료 出演料 **(广告)酬劳**

천후이린은 출연료 400만 홍콩달러를 받고 한국의 모 기업 광고 모델이 되었다.
陈慧琳成为韩国某企业的形象代言人, 所获**酬劳**四百万港元。

광고물 廣告物 **广告**

자본주의 사회에서는 어디에서나 광고물을 접하게 된다.
在资本主义社会，产品**广告**几乎 随处可见。

광고비 廣告費 **广告费**

상반기 매체 광고비가 천억 위안을 넘어섰다.
上半年媒体**广告费**超过千亿元。

광고사의 매출액 **广告公司总销售额**

광고 수입 廣告收入 **广告收入**

현재 인터넷 광고 수입은 잡지 광고 수입을 능가하고 있다.
现在网络**广告收入**已经超过杂志媒体。

광고 애드벌룬 **广告气球**

광고 제작 廣告製作 **制作广告**

그는 우리에게 TV 광고 제작 과정을 소개해주었다.
他给我们介绍了电视**广告**的**制作**流程。

광고 제작부 廣告製作部 **广告制作部**

크리에이티브 디렉터 **创意总监**

그는 실전 경험이 풍부한 크리에이티브 디렉터이다.
他是具有丰富实战经验的**创意总监**。

크리에이티브(Creative, 創意)란?

원래는 형용사이나 광고 제작 또는 광고 창작을 일컫는 명사로 사용되고 있다. 과거에 광고 대행사의 업무는 주로 매체의 지면이나 시간을 광고주에게 파는 것이었으나, 오늘날은 제작까지 하므로 ad agency 대신 흔히 creative agency라고 부른다.

광고주 廣告主 **广告主**

중국 국가 대표팀의 선전으로 광고주는 예상 밖의 광고 효과를 얻었다.
随着中国国家队一路高歌猛进，**广告主**获得了"额外"收获。

광고 카피 **广告词**

좋은 광고 카피는 강한 설득력과 높은 신뢰성을 갖춰야 한다.
好的**广告词**应满足说服力强、可信度高的条件。

광고 캠페인 **广告宣传活动**

홍콩은 전 세계적으로 관광 홍보 캠페인을 벌일 계획이다.
香港将在全球进行旅游**广告宣传活动**。

광고 표절 廣告剽竊 **广告抄袭，剽窃**

중국은 광고 표절로 인한 피해가 심각하다.
中国因**广告抄袭**损失严重。

광고 효과 廣告效果 **广告效果**

교통 광고 交通廣告 **交通广告**

교통 광고의 주력 광고 대상은 고정 승객이다.

交通广告的主要受众对象是固定的乘客。

버스 측면 광고 **车外广告, 车身广告**

지하철 광고 地下鐵廣告 **地铁广告**

차량 게시 광고 車輛揭示廣告 **车内广告**

차량 게시 광고는 강제성을 띤다.

车内广告具有强制性的特点。

구매 시점 광고 購買時點廣告 **销售点广告, 店面广告**

구매 시점 광고(POP Advertising, 销售点广告, 店面广告)란?

상품이 구매되는 매장 내부에서 실행하는 광고. POS(Point of Sales) 광고라고도 한다. 윈도 디스플레이, 상품 전시대, 선반 전시, 벽면 전시 등.

기사성 광고 記事性廣告 **社论式广告, 软广告**

기사성 광고(Advertorial, 社论式广告, 软广告)란?

신문이나 잡지에 기사처럼 보이도록 제작된 광고.

기업 PR **企业公关**

많은 기업이 기업 PR을 그다지 중시하지 않고 있다.

很多企业不太重视**企业公关**活动。

네온사인 광고 **霓虹灯广告**

로고 **商标**

매체 계획 媒體計劃 **媒体策划**

매체 접촉 媒體接觸 **媒体接触**

광고 효과는 매체 접촉, 인지, 태도 변화, 구매 단계로 나누어 측정된다.

广告效果的测定可分为**媒体接触**阶段、认知阶段、态度改变阶段、购买阶段。

미디어 바이어 **媒体购买公司**

광고업이 발달하면서 미디어 사업이 전문 기획과 전문 바이어로 나뉘고 있다.

随着广告业的发展, **媒体**业务逐渐形成了专门的媒体策划及**购买公司**。

브랜드 **品牌**

브랜드 가치 **品牌价值**

기업에 있어서 매출액은 브랜드 가치를 가늠하는 주요 기준이다.

对于企业来说, 销售收入是衡量**品牌价值**的重要标准。

브랜드 구축 **树立品牌, 建立品牌**

브랜드 선호도 品牌偏好度
브랜드 이미지 品牌形象
브랜드 인지도 品牌认知度
3년 이내에 A사의 브랜드 인지도가 B사를 추월할 것이다.
3年内A公司的**品牌认知度**将超过B公司。
브랜드 충실도 品牌忠诚度
고객의 마음을 읽는 것이 브랜드 충실도를 높이는 핵심이다.
摸透顾客心理是提升**品牌忠诚度**的关键因素。
브랜드 파워 品牌力量
신용과 실력이 브랜드 파워 형성의 관건이다.
诚信与实力是打造**品牌力量**的关键因素。
브랜드 평판 品牌评估
브랜드 포지셔닝 品牌定位
비교 광고 比較廣告 比较类广告
상업 광고 商业广告
CF 广告片
광고주는 가장 인기 있는 스타와 CF를 찍고 싶어한다.
广告主希望与人气最旺的明星合作拍摄**广告片**。
CM송 广告主打曲, 广告曲
이 음료의 CM송은 제품보다 훨씬 유명하다.
这款饮料的**广告曲**比产品更有名。
소구(력) 訴求(力) 诉求, 吸引力
우리는 유명 브랜드가 소구력을 갖는 이유를 집중 분석해야 한다.
我们要集中分析知名品牌的**诉求**点在哪里。
수수료 手數料 佣金, 代理佣金
광고 매체는 광고사에 10%의 수수료를 지급한다.
目前媒介给**广告公司**的**佣金**为10%。
스폰서 광고 赞助广告
슬로건 标语, 口号
시리즈 광고 系列广告
옥외 광고 屋外廣告 户外广告
옥외 광고가 읽히는 시간은 매우 짧다.
户外广告被阅读到的时间很短 。
옥외 광고판 屋外廣告板 户外广告牌, 户外广告板
인쇄 광고 印刷廣告 印刷广告
인쇄 광고 단가가 TV 광고보다 저렴하다.

印刷广告的成本低于电视广告。

광고 전단 廣告傳單 **广告传单, 广告纸**

거리가 온통 광고 전단 쓰레기로 가득하다.

街上到处是**广告纸**垃圾。

광고 포스터 **广告海报**

전면 광고 全面廣告 **通栏广告**

쿠폰 광고 **赠券广告**

인지도 認知度 **认知度**

비보조 인지도 非補助認知度 **未提示知名度**

인터넷 광고 **网络广告**

검색 광고 檢索廣告 **搜索广告**

돌출 광고 突出廣告 **插播广告, 插页式广告**

다른 광고 형식과 비교해볼 때 돌출 광고에 대한 시선 집중도가 높다.

与其他广告形式相比, **插播广告**的关注度较高。

방문자 대비 클릭률 **点阅次数**

방문자 대비 클릭률(CTR : Click-through Rate, 点阅次数)이란?

CTR은 광고가 게재된 사이트에서 배너 등의 온라인 광고가 방문자에게 노출된 횟수 중 몇 번의 클릭이 일어났는지를 나타내는 백분율이다. 예를 들어, 한 온라인 광고가 게재된 사이트를 방문한 사람이 100명이라고 할 때, 그 광고를 클릭하여 광고주가 원하는 곳으로 이동한 사람이 1명이라면 CTR은 1%가 된다. 따라서 CTR이 높다면 그만큼 방문자의 호기심을 유발한 것이므로 광고의 효과가 크다는 의미가 된다.

배너 광고 **横幅广告**

방문자 대비 클릭률(CTR)은 배너 광고 효과를 평가하는 주요 지표이다.

用户点阅次数是评估**横幅广告**有效性的重要指标。

이메일 광고 **电邮广告**

팝업 광고 **弹出式广告**

플래시 광고 **动漫广告**

플로팅 광고 **浮动式广告**

인포모셜 **广告新闻, 新闻广告化**

인포모셜(Infommercial, 广告新闻, 新闻广告化)이란?

상품을 판매하는 업체에서 유선 방송 채널의 시간을 사서 하는 광고 쇼. 대부분 새로운 상품을 소개하는 내용이라는 뜻에서 'information'과 'commercial'의 합성어로 만들어짐. 10~20초 단위의 일반 TV 광고와는 달리 19~30분가량 상품을 집중적으로 광고한다.

자유 연상 自由聯想 **自由联想**

대뇌는 자유 연상을 할 때 매우 활성화된다.

大脑在**自由联想**时会变得异常活跃。

전화번호부 광고 電話番號簿廣告 **黄页广告**

점두 광고 店頭廣告 **店内广告**

제품 광고 製品廣告 **产品广告**

중국의 인터넷 광고 중 IT 관련 제품 광고가 1/4을 차지했다.

中国网络广告中, IT**产品广告**占1/4。

취급고 取扱庫 **广告经营额**

허위 광고 虛僞廣告 **虚假广告**

헤드라인 **标题**

기업들은 광고 헤드라인으로 기업의 성격과 브랜드 특징을 천명한다.

企业会利用广告**标题**来阐明企业的性质和品牌特征。

현수막 광고 懸垂幕廣告 **悬垂幕广告, 直幅广告**

현수막 광고는 무역 촉진회나 전시회에서 자주 사용된다.

悬垂幕广告为一般交易会、展览会等所常用。

홍보 弘報 **宣传**

화려한 재기를 위해 국민당은 홍보 활동을 강화했다.

为争取东山再起, 国民党加强了**宣传**活动。

홍보 부장 弘報部長 **宣传主任**

CPM **千人成本, 每千人次访问的收费**

CPM(Cost per Mill, 千人成本, 每千人次访问的收费)이란?

1,000명에게 또는 1,000가구에게 광고 메시지를 전달하는 데 드는 비용. Mill은 로마 숫자로 1,000을 의미한다.

DM 캠페인 **直邮行销**

DM 캠페인(Direct Mailing Campaign, 直邮行销)이란?

판촉물을 고객 또는 잠재 고객에게 우편물로 발송하는 판촉 운동. 외부 기관의 데이터 베이스 또는 CRM 등 내부 고객 정보 데이터 베이스를 이용해서 발송 대상자를 선정한다.

PPM 광고 **植入式营销**

PPM 광고(Product Placement Marketing, 植入式营销)란?

영화나 드라마에 소품이나 소도구로 제품을 끼워넣는 방식으로 하는 간접 광고.

PR **公共关系, 公关**

기획과 집행 능력이 PR 수준을 결정짓는다.
策略与执行能力决定**公关**业务的水平。

☞ 03. 언론의 <신문> 부분 '홍보' 참조.

TV 광고, 라디오 광고 **电视广告, 广播(电台)广告**

광고주는 라디오 광고를 통해 적은 비용으로 높은 광고 효과를 얻을 수 있다.
广告主可通过**广播广告**获得低投入高回报的效果。

국내 신문사 国内报社	
경향신문	京乡新闻
국민일보	国民日报
동아일보	东亚日报
매일경제	每日经济
서울경제	首尔经济
조선일보	朝鲜日报
중앙일보	中央日报
한겨레	韩民族日报
한국경제	韩国经济
한국일보	韩国日报

국내 방송사 国内电视台	
극동방송	极东广播公司
아리랑 국제방송	阿里郎国际电视台
연합뉴스TV	联合新闻电视
채널A	A频道
BBS불교방송	佛教电视台
EBS	韩国教育电视台
JTBC	JTBC电视台(中央东洋放送株式会社)
KBS	韩国放送公社
MBC	韩国文化放送

MBN	每日经济电视台
SBS	首尔电视台
TBN 한국교통방송	TBN韩国交通放送
TBS	TBS交通台
TV 조선	TV朝鲜电视台
YTN	YTN电视台

04 스포츠·레저 体育与休闲活动

스포츠 体育

개최국 開催國 **东道国, 主办国**

제33회 올림픽 개최국은 프랑스이다.
第33届奥运会的**东道国**是法国。

결승전 決勝戰 **决赛**

경기장 競技場 **运动场馆**

올림픽 개막일이 다가오면서 각 종목 경기장 건설이 마무리 단계로 접어들었다.
随着奥运开幕日期的临近, **各项场馆**建设都已经渐入收尾阶段。

경기 종목 競技種目 **竞赛项目**

태권도는 1988년에 올림픽 공식 경기 종목으로 채택되었다.
跆拳道在1988年正式成为奥运**竞赛项目**。

경기 중계 競技中繼 **转播竞赛**

실황 중계 實況中繼, **생중계** 生中繼 **现场直播**

CCTV가 월드컵 경기를 생중계하고 있다.
中央电视台正在**现场直播**世界杯足球赛。

위성 중계 衛星中繼 **卫星转播**

관중석 觀衆席 **观众席**

광고판 廣告板 **广告牌**

그라운드 경계선은 관중, 광고판과 적어도 2미터 이상 간격을 유지해야 한다.
球场界线与观众、**广告牌**至少要相隔2米。

구단 球團 **球队**

구단주 球團主 **球队老板**

이적 移籍 **转会**

호나우두는 이적 문제로 많은 어려움을 겪었다.
罗纳尔多在**转会**问题上饱受了折磨。

입단 入團 **加盟球队**

국민체육진흥공단 國民體育振興公團 **国民体育振兴公团**

그라운드 **场地, 球场**

근대 5종 경기 近代五種競技 **现代五项**

당구 撞球 **台球, 撞球**

대한체육회 大韓體育會 **大韩体育会**

대회 大會 **竞赛, 比赛**

개막식 開幕式 **开幕式**

개막식은 늘 올림픽의 하이라이트였다.

开幕式历来都是奥运会的重头戏。

폐막식 閉幕式 **闭幕式**

대회 유치 大會誘致 **申办体育竞赛**

IOC는 올림픽 유치 과정에서 발생한 뇌물 수수 스캔들에 대해 조사를 벌이고 있다.

国际奥委会正在就奥运会**申办**过程中的贿赂丑闻展开调查。

유치 경쟁 誘致競爭 **申办竞争**

유치 성공 誘致成功 **成功申办**

베이징이 제24회 동계 올림픽 대회 유치에 성공했다.

北京**成功申办**了第24届冬奥会。

유치 위원회 誘致委員會 **申办委员会**

드래프트 **选秀**

NBA 드래프트에 참가하는 신인은 보통 미국 대학농구리그(NCAA)에서 활약하는 우수한 선수들이다.

参加NBA "**选秀**" 的新人一般是全美大学生篮球联赛(NCAA)上的佼佼者。

득점 得點 **得分**

라크로스 **长曲棍球**

무승부 無勝負 **打平, 平局**

중국 팀은 상대 팀과 2 : 2 무승부로 경기를 끝냈다.

中国队以2比2与对手**打平**。

무실점 無失點 **无失分**

무패 기록 無敗記錄 **无败纪录**

한국 축구 팀은 중국 팀에 20년 무패 기록을 갖고 있다.

韩国足球队对中国队有20年**无败纪录**。

본선 本選 **总决赛, 决赛**

진출 進出 **进入, 打进**

한국은 2002년 월드컵 4강에 진출했다.

韩国队在2002年世界杯足球赛**打进**4强。

삼판 양승제 三判兩勝制 **三局二胜制**

스쿼시 **壁球**

스포츠 경기 **体育竞赛**

개인 경기 個人競技 **个人竞赛**

단체 경기 團體競技 **团体竞赛, 集体竞赛**

올림픽은 개인 혹은 단체 경기 종목에서 선수들간의 경기일 뿐 국가간 경기는 아니다.

奥运会是**个人**或**团体竞赛**项目中运动员间的比赛, 不是国家间的比赛。

스포츠 대회 **体育大赛, 体育赛事**

스포츠 마케팅 **体育营销**

공식 파트너 **官方合作伙伴**

IOC의 공식 파트너 선정 기준은 매우 까다로우며 배타적 원칙을 적용하고 있다.

国际奥委会选择**官方合作伙伴**的条件十分挑剔并设定排他原则。

공식 후원 公式後援 **正式赞助**

공식 후원사 公式後援社 **正式赞助商**

스포츠맨십 **运动家精神, 体育道德**

스포츠 스타 **体育明星**

몸값, 계약 금액 契約金額 **身价, 合同额**

야오밍은 가장 인기 있는 스포츠 스타로 몸값이 억대가 넘는다.

姚明**身价**过亿美元, 是最受欢迎的体育明星。

스포츠 캐스터 **体育节目主持人**

CCTV는 전국에서 우수한 스포츠 캐스터를 선발할 예정이다.

中央电视台将在全国范围内选拔优秀的**体育节目主持人**。

승마 乘馬 **骑马, 马术运动**

승마의 올림픽 경기 종목으로는 마장 마술, 종합 마술, 장애물 비월 경기가 있다.

马术运动的奥运比赛项目有花样骑术、三日赛和障碍赛。

승마 대회 乘馬大會 **骑马比赛, 马术比赛**

기수 騎手 **骑手**

종마 種馬 **种马**

승부 勝負 **胜负**

가까스로 이기다 **险胜**

석패 惜敗 **惜负, 惜败**

역전승 逆轉勝 **反败为胜**

프랑스는 2 : 1로 역전승을 거두고 금메달을 땄다.

法国以2:1**反败为胜**, 获得了金牌。

시범 경기 示範競技 **表演赛**

실점 失點 **失分**

경기를 하다 보면 득점왕도 실점을 하는 경우가 있다.

在比赛的过程中, 得分王也有**失分**的时候。

10종 경기 十種競技 **十项全能**

씨름 韩国传统摔跤
　씨름 선수 韩国传统摔跤选手
아유를 보내다 发出嘘声
예선 豫選 预赛
　탈락 脫落 淘汰
　　중국 핸드볼 팀이 예선전에서 탈락했다.
　　中国手球队在预赛被**淘汰**。
올스타 경기 全明星赛
우승 타이틀 冠军
　2연패 二連覇 二连霸, 连续2次夺冠
전광판 電光板 电子记分牌
전력 비교 戰力比較 比较实力
　열세 劣勢 劣势
　　중국 팀은 최선을 다했지만 전력의 열세를 만회하지 못했다.
　　中国队竭尽了全力, 但并未能挽回实力上的**劣势**。
　일방적 우세 一方的優勢 一边倒的比赛
　　사람들은 일방적 우세로 전개되는 경기 관람을 좋아하지 않는다.
　　人们不喜欢看到任何一方**一边倒的比赛**。
점수판 點數板 记分牌
조직위원회 組織委員會 组织委员会
주관사 主管社 主办单位
준결승전 準決勝戰 半决赛, 四强
준준결승전 準準決勝戰 四分之一决赛, 八强
줄다리기 拔河
진행자 進行者 主持人
참가 參加 参加
　　국제올림픽위원회는 트랜스젠더의 올림픽 참가를 허용했다.
　　国际奥委会宣布允许变性人**参加**奥运会。
참가국 參加國 参赛国
초청 경기 招請競技 邀请赛
출전 出戰 参赛
　　오늘 배드민턴 경기에 출전한 혼합 복식조가 탈락했다.
　　在今天的羽毛球比赛, **参赛**的混双组合惨遭淘汰。
친선 경기 親善競技 友谊赛
　　한일 친선 경기에서 일본 팀이 1 : 0으로 승리를 거두었다.
　　韩日**友谊赛中**, 日本足球队以1 : 0取得胜利。

트랙 레이싱 **场地赛**

패자 부활전 敗者復活戰 **复活赛**

한국 축구 팀은 패자 부활전에 진출할 가능성이 높아졌다.
韩国足球队很有希望进入**复活赛**。

평가전 評價戰 **热身赛**

폴로 **马球**

프로 선수 **职业运动员**

타이거 우즈는 18세에 프로 선수가 되었다.
泰格·伍兹18岁就成为了**职业运动员**。

올림픽 대회 奥林匹克运动会, 奥运会

대회기 이양식 大會旗移讓式 **接旗仪式, 会旗交接仪式**

더 빠르게, 더 높게, 더 힘차게 Citius, Altius, Fortius **更快, 更高, 更强**

"더 빠르게, 더 높게, 더 힘차게"라는 올림픽 표어는 끝없이 비상하는 진취적인 올림픽 정신을 잘 나타내고 있다.
"**更快、更高、更强**" 的奥林匹克格言充分表达了不断进取向上的奥林匹克精神。

동계 올림픽 **冬季奥运会**

메달 순위 **奖牌榜**

금 · 은 · 동메달 **金, 银, 铜牌**

메달 시상식 **颁奖仪式**

시상식에서 금메달리스트는 국기를 바라보며 뜨거운 감격의 눈물을 흘렸다.
金牌得主在**颁奖仪式**上望着国旗热泪盈眶。

선수촌 選手村 **选手村, 奥运村**

선수촌의 여러 시설 가운데 역시 인터넷 카페가 단연 인기 최고이다.
奥运村的各种设施中, 还是网吧最受欢迎。

세계 기록 보유자 世界記錄保有者 **世界纪录保持者**

실격 失格 **失去资格, 取消资格**

한 이탈리아 선수가 약물 검사 양성 반응을 보여 실격됐다.
一位意大利球员因药检呈阳性反应, 被**取消**了参赛**资格**。

약물 검사 藥物檢査 **药检**

올림픽 참가 선수는 모두 약물 검사를 엄격하게 받아야 한다.
参加奥运会的运动员一律要接受严格的**药检**。

약물 복용 藥物服用 **服用药物**

올림픽 금메달리스트가 약물 복용으로 2년간 출전 금지 처분을 받았다.

奥运金牌得主因**服用**违禁**药物**被禁赛两年。

오륜기 五輪旗 **五环旗**

오륜기가 개막식장으로 막 들어서고 있다.

奥运**五环旗**正进入开幕式会场。

올림픽 기념 주화 **奥运纪念币**

올림픽 마스코트 **奥运吉祥物**

올림픽 성화 **奥运圣火**

올림픽 성화는 역사적 시공을 초월해 평화·우정·용기의 빛을 발하고 있다.

奥运圣火穿透历史的时空, 四射着和平、友谊、勇气的光芒。

성화 봉송 聖火奉送 **圣火传递**

성화 점화 聖火點火 **点燃圣火**

올림픽 엠블렘 **奥运徽标, 奥运会徽**

올림픽위원회(IOC) **国际奥林匹克委员会, 国际奥委会**

IOC는 아테네 올림픽 경기의 인터넷 생방송을 허용했다.

国际奥委会准许在网上直播雅典奥运会比赛。

국가올림픽위원회(NOC) **国家奥委会**

대한올림픽위원회(KOC) **大韩奥林匹克委员会**

아시아올림픽평의회(OCA) **亚洲奥林匹克理事会**

IOC 위원 **国际奥委会委员**

올림픽의 상업화 **奥运商业化**

수천 명이 런던에 모여 올림픽의 지나친 상업화에 항의했다.

数千人聚集在伦敦抗议**奥运**过度的**商业化**。

방송권 放送權 **播放权**

올림픽 헌장 **奥林匹克宪章**

장애인 올림픽 **残疾人奥运会(残奥会)**

하계 올림픽 **夏季奥运会**

북한은 77명으로 구성된 대표단을 파견하여 아테네 하계 올림픽에 참가했다.

朝鲜派遣由77人组成的体育代表团, 参加了雅典**夏季奥运会**。

하계 올림픽 종목 夏季奥运比赛项目	
권투	拳击
플라이급	特轻量级
라이트 플라이급	次特轻量级
밴텀급	最轻量级
페더급	次轻量级

라이트급	轻量级
라이트 웰터급	轻中量级
라이트 미들급	次中量级
미들급	中量级
라이트 헤비급	轻重量级
헤비급	重量级
슈퍼 헤비급	超重量级
근대 5종	现代五项
농구	篮球
레슬링	摔跤, 角力
그레코로만형	古典式摔跤
자유형	自由式摔跤
배구	排球
비치 발리볼	沙滩排球
배드민턴	羽毛球
사격	射击
공기 권총	气手枪
공기 소총	气步枪
권총	手枪
더블 트랩	双不定向飞靶
러닝 타깃	移动靶
소총 3자세	步枪三姿
속사 권총	手枪速射
스키트	飞碟双向
트랩	飞碟多向
사이클	自行车
소프트볼	垒球
수상 경기	水上运动
다이빙	跳水
스프링 보드	跳板跳水

싱크로나이즈드 다이빙	双人跳水
플랫폼	跳台跳水
수구	水球
수영	游泳
개인 혼영	个人混合泳
계영	自由泳接力
배영	仰泳
자유형	自由泳
접영	蝶泳
평영	蛙泳, 胸泳
싱크로나이즈드 스위밍(수중 발레)	花样游泳, 水上芭蕾
승마	马术
마장 마술	盛装舞步, 花样骑术
장애물 비월 경기	障碍赛
종합 마술(삼일경기)	三日赛
야구	棒球
양궁	射箭
개인전	个人赛
단체전	集体赛
역도	举重
요트	帆船
유도	柔道
육상 경기	田径
도로 경기	公路跑项目
경보(남성)	男子竞走 (20km, 50km)
경보(여성)	女子竞走 (10km)
마라톤	马拉松
종합 경기	全能运动项目
10종 경기	男子十项全能
7종 경기	女子七项全能

트랙 경기	径赛项目
단거리 달리기	短跑
릴레이	接力
장거리 달리기	长跑
중거리 달리기	中跑
허들	跨栏
필드 경기	田赛项目
높이뛰기	跳高
멀리뛰기	跳远
3단뛰기	三级跳远
원반던지기	掷铁饼
장대높이뛰기	撑竿跳高
투창	掷标枪
투포환	推铅球
해머 던지기	掷链球
조정	赛艇
체조	体操
기계 체조	竞技体操
개인 경기	个人赛
단체 경기	集体赛
도마	跳马
링	吊环 (男子)
마루 운동	自由体操
안마	鞍马 (男子)
이단 평행봉	高低杠 (女子)
철봉	单杠 (男子)
평균대	平衡木 (女子)
평행봉	双杠 (男子)
리듬 체조	艺术体操 (女子)
개인 경기	个人赛

곤봉	棒(操)
단체 경기	集体赛
리본	带(操)
볼	球(操)
줄	绳(操)
후프	圈(操)
트램펄린	蹦床
축구	足球
카누	皮划艇, 独木舟
탁구	乒乓球
태권도	跆拳道
테니스	网球
트라이애슬론, 철인 3종 경기	铁人三项
펜싱	击剑
사브르	佩剑
에페	重剑
플뢰레	花剑
하키	曲棍球
핸드볼	手球

동계 올림픽 종목 冬季奥运比赛项目	
루지	雪橇
바이애슬론	冬季两项
봅슬레이	雪车
스케이팅	滑冰
쇼트 트랙	短道速滑(短跑道速度滑冰)
스피드 스케이팅	速度滑冰
피겨 스케이팅	花样滑冰
스키	滑雪
노르딕 복합경기	北欧两项

스노보드	滑雪板
스키 점프	跳台滑雪
알파인	高山滑雪, 阿尔卑斯式滑雪
크로스컨트리	越野滑雪
프리스타일 스키	自由式滑雪
아이스하키	冰球
컬링	冰壶

축구 足球

감독 監督 **教练**

한국 팀이 월드컵 4강에 진출하자 히딩크 감독은 한국의 영웅이 되었다.
韩国队进入世界杯4强之后, 希丁克**教练**成为韩国的英雄人物。

개인기 個人技 **个人技巧**

골 라인 **球门线**

FIFA는 골 라인에 고정된 카메라를 설치하지 않기로 결정했다.
国际足联决定不设置专门对准**球门线**的摄像监控装置。

골 문 **球门**

골 세리머니 **进球庆祝**

골 킥 **球门球**

골 포스트 **球门柱**

교체 선수 交替選手 **替补队员**

X선수는 교체 명단에 포함됐지만 출전 기회를 얻지 못했다.
X队员进入了**替补**名单, 但是没有获得上场机会。

국가 대표팀 **国家队**

드리블 **盘球**

득점 得點 **进球, 得分**

하칸 수쿠르가 경기 시작 후 11초 만에 월드컵 역사상 가장 빠른 득점을 올렸다.
哈坎·苏克开赛第11秒踢进世界杯历史上最快的**进球**。

골든 골 **金球**

연장전에서 안정환 선수가 골든 골을 넣어 2대 1로 이탈리아를 이겼다.
安贞焕在加时赛中打进“**金球**”, 以2比1淘汰意大利。

결승 골 **决胜球**

동점 골 **扳平球**

설기현 선수가 16강전에서 소중한 동점골을 터트렸다.
薛琦铉在16强比赛中打进珍贵的**扳平球**。

선취 골, 선제 골 **领先进球**

상대팀이 선제골을 넣었지만 승리는 우리 것임을 확신한다.
虽然对方**领先进球**, 但我相信最后的胜利是属于我们的。

자책 골 **乌龙球**

롱 패스 **长传**

리턴 패스 **回传**

미드 필드 **中场**

바나나킥 **弧线球**

반칙(파울) 反則 **犯规**

가로채기(인터셉트) **截球**

경고 警告, **옐로 카드** **警告, 出示黄牌**

반칙 선언 反則宣言 **吹犯规**

이 골은 심판에 의해 먼저 반칙이 선언됐기 때문에 골로 인정되지 않는다.
此球被裁判**吹犯规**在先, 进球无效。

시뮬레이션 **假摔**

주심은 이탈리아 선수가 시뮬레이션을 했다고 판정하고 옐로 카드를 내밀었다.
主裁判判定意大利球员**假摔**, 出示了黄牌。

오프사이드 **越位**

퇴장 退場, **레드 카드** **罚下场, 出示红牌**

VAR(Video Assistant Referee) **视频助理裁判**

발리 패스 **凌空传球**

백 패스 **后传**

볼 컨트롤 **控球**

상대 선수는 뛰어난 볼 컨트롤 능력을 갖추었다.
对方球员具有良好的**控球**能力。

브라질 포메이션 **巴西阵型**

선수 選手 **队员, 球员**

센터링 **传中**

슛팅 **射门**

슬라이딩 태클 **铲球**

승부차기 **点球(决战)**

한국 축구 팀은 승부차기로 스페인 팀을 이겼다.
韩国足球队**点球**战胜西班牙队。

심판 審判 **裁判**

주심 主審 **主裁**

이탈리아 선수가 주심에게 항의했다.

意大利队球员向**主裁**提出抗议。

부심 副審 **副裁**

선심 線審 **边裁**

심판 판정 審判判定 **裁判的判决, 判罚**

부당한 — **不公正的**

터키 팀은 심판의 부당한 판정으로 무승부이어야 할 경기에서 지고 말았다.

裁判**不公正的判罚**使土耳其队输了本该平局的比赛。

애매한 — **模糊的**

주심의 애매한 판정이 양 팀 선수의 불만을 샀다.

主裁**模糊的判决**招致双方球员的不满。

편파적 偏頗的 — **偏袒**

주심의 판정은 명백히 편파성을 띤 오심이다.

主裁判的判罚是明显带有**偏袒**性质的"误判"。

오버헤드 킥 **倒钩球**

유니폼 **队服, 球衣**

정면 태클 **正面抢截**

주장 主將 **队长**

홍명보는 한국 국가 대표 팀의 주장이었다.

洪明普曾经是韩国足球队的**队长**。

주전 선수 主戰選手 **首发队员**

골키퍼 **守门员**

공격수 攻擊手 **前锋, 攻击手, 射手**

라이트 백 **右后卫**

라이트 윙 **右锋线**

레프트 백 **左后卫**

레프트 윙 **左锋线**

레프트 하프백 **左中卫**

센터 포워드 **中锋**

수비수 守備手 **后卫, 防守队员**

축구 경기 蹴球競技 **足球赛**

제1회 월드컵 축구 경기가 1930년 우루과이에서 개최되었다.

第一届世界杯**足球赛**于1930年在乌拉圭举办。

본경기 本競技 **全场比赛**

축구 경기는 본경기 90분으로 진행된다.

足球赛**全场比赛**为90分钟。

연장전 延長戰 **加时赛, 延长赛**

한국 팀은 세계 최강 팀과의 연장전에서 승부차기까지 갔다.
韩国队与世界一流强队拼到**加时赛**和点球。

전반전 前半戰 **上半场**

중일 축구 대항전 전반전에서 양 팀은 0 : 0으로 비겼다.
在中日足球对抗赛**上半场**双方踢成0:0。

하프 타임 **中场休息**

후반전 後半戰 **下半场**

코너 킥 **角球**

코너 킥 기회가 수차례 주어졌지만 한 골도 넣지 못했다.
数次**角球**但无一破门。

코치 **教练**

크로스 바 **横梁**

패널티킥 **点球, 罚球**

프리 킥 **任意球**

헤딩 **头顶球, 头球**

헤딩 슛 **顶射**

훌리건 **足球流氓**

경찰은 훌리건의 폭동에 엄중히 대처할 것이다.
警方将严打**足球流氓**的打架闹事。

월드컵 대회 世界杯足球赛

경기 競技 **比赛**

녹 아웃 방식 **淘汰赛**

라운드 로빈 방식 **循环赛**

월드컵은 예선에서 라운드 로빈 방식으로 경기를 갖는다.
世界杯足球赛预选赛实行**循环赛制**。

라운드 로빈 방식(Round-Robin, 循环赛) vs. 녹 아웃 방식(Knock Out, 淘汰赛)이란?

라운드 로빈 방식에서는 한 팀이 같은 조의 모든 팀과 경기를 한다. 승리, 무승부, 패배의 경우 각각 다른 점수가 주어지는데, 점수가 높은 팀이 다음 경기에 진출한다. 점수가 같을 경우, 골 선별력, 득점골 등으로 결정한다. 반면 녹 아웃 방식은 두 팀씩 경기를 하면서 한 번이라도 패하면 자동 탈락하는 방식이다.

경기 일정 競技日程 **赛程**

본선 本選 **决赛**

조별 리그 **小组赛**

지역 예선 地域豫選 **地区预选赛**

16강전 十六强戰 **十六强**

일본은 16강전에 진출했다.
日本队进入了**十六强**。

8강전 八强戰 **八强, 四分之一决赛**

4강전 四强戰 **四强, 半决赛**

한국 팀은 4강 진출이라는 경이로운 성적을 올려 세계인의 감탄을 자아냈다.
韩国队进入**四强**的惊人成绩令世人感叹。

3, 4위전 **三、四名决赛**

양 팀 모두 3, 4위전 경기에서 높은 기량을 발휘했다.
双方在**三、四名决赛**都表现出了高超的技术水平。

결승전 決勝戰 **决赛**

국제축구연맹 國際蹴球聯盟 **国际足球联盟, 国际足联**

국제축구연맹(FIFA, 国际足联)이란?

Fédération Internationale de Football Association. 1904년 5월 21일, 프랑스·벨기에·덴마크·네덜란드·스페인·스웨덴·스위스 7개국이 파리에 모여 각국 축구 연맹을 국제적인 연합체로 조직했다. FIFA는 스포츠 집행 기구로서, 축구의 발전, 경기 추진, 각국 협회 간 우호 증진, 경기 규칙의 준수 등을 목적으로 여러 프로그램 및 대회를 추진하는데, 그중 가장 유명한 것이 월드컵이다. FIFA는 회원국을 현재 200개 넘게 보유하고 있다.

월드컵 대회 **世界杯足球赛**

월드컵은 축구 스타를 만들어내는 무대이다.
世界杯足球赛是制造足球巨星的舞台。

조 추첨 組抽籤 **分组抽签**

2002 한일 월드컵 조 추첨 행사가 부산에서 열렸다.
2002韩日世界杯足球赛**分组抽签**仪式在釜山进行。

본선 조 추첨 本選組抽籤 **决赛分组抽签**

예선 조 추첨 豫選組抽籤 **预赛分组抽签**

조 組 **小组**

야구 棒球

공격 팀 进攻方

메이저리그 美国职业棒球大联盟

그는 다시 메이저리그로 돌아와 LA 다저스와 계약했다.
他重返**美国职业棒球大联盟**, 与洛杉矶道奇签约。

명예의 전당 棒球名人堂

2000년 명예의 전당에 헌액된 피스크는 레드삭스 역사상 최고의 포수이다.
2000年选入**棒球名人堂**的费斯科(Fisk), 是波士顿红袜队史上最佳捕手。

삼관왕 三冠王 三冠王

테드 윌리엄스는 평균 타율 3할 2푼 6리, 홈런 44개, 121타점으로 타격 삼관왕의 영예를 안았다.
特德·威廉姆斯(Ted Williams)以3成26打击率, 44支全垒打, 121分打点获得打击**三冠王**的殊荣。

수비 팀 防守方

내야수 內野手 内场手, 内野手

이탈리아 팀은 그리스 팀 내야수의 두 차례 실책으로 연속 3득점을 올렸다.
意大利队利用希腊队**内场手**的两次失误连得3分。

외야수 外野手 外场手, 外野手

빠른 발은 외야수의 첫째 조건이다.
跑得快是**外场手**的第一条件。

포수 捕手 捕手

1루수 一壘手 一垒手

2루수 二壘手 二垒手

유격수와 2루수 모두 내야 수비를 책임지는 주요 선수이다.
游击手和**二垒手**都是担任内场防守的重要队员。

3루수 三壘手 三垒手

유격수 遊擊手 游击手

좌익수 左翼手 左外野手

중견수 中堅手 中外野手

우익수 右翼手 右外野手

심판 審判 裁判

부심 副審 司垒裁判员

주심 主審 主裁判, 司球裁判员

야구장 野球場 棒球场

일본의 야구장에서 팬들이 난동을 부려 30여 명이 병원에 실려 갔다.

日本**棒球场**内发生球迷骚乱，30多人被送入医院。

내야 內野 **内场**

루 壘 **垒**

불펜 **候补投手练习区**

외야 外野 **外场**

야구장은 내야와 외야로 나뉜다.
棒球场分为内场和**外场**。

투수 마운드 **(棒球)投手土墩**

홈 플레이트 **本垒板**

어웨이 경기 **客场比赛**

연장전 延長戰 **加时局，延长局**

경기는 9회 말에 동점을 이뤄 연장전에 들어갔다.
比赛在第九局下半局打成平局，因此进入**加时局**。

타자 打者 **击球手**

가장 위대한 타자로 꼽히는 테드 윌리엄스는 모두 521개의 홈런을 날렸다.
威廉姆斯被认为是最伟大的**击球手**，总共打出过521个本垒打。

대타 代打 **代替击球员，代打**

벤치에 앉아 있던 소년이 지정 대타 자격으로 타석에 들어선다.
坐在长凳的少年，以指定**代打**的身份走向打击区。

지명 타자 指名打者 **指名击球员**

타석 打席 **打击区，击球员区**

타순 打順 **击球次序**

평균 타율 平均打率 **打击率，安打率**

타점 打點(RBI) **打点**

X선수는 이번 시즌 총 53회 출전, 평균 타율 .247, 타점 26점을 올렸다.
X选手本赛季出赛53场，**打击率**.247，拿下26分**打点**。

도루 盜壘 **偷垒，盗垒**

X선수가 1루에 안착한 뒤 진루, 도루, 득점으로 이어졌다.
X选手安全到达一垒后继续进行进垒、**偷垒**、得分。

땅볼 **地滚球，滚地球**

뜬 공 **腾空球**

만루 滿壘 **满垒**

만루 홈런 **满垒本垒打**

그는 만루 홈런을 날렸다.
他击出**满垒本垒打**。

무안타 無安打 **无安打**

번트 **触击球**

배트를 휘두르지 않고 날아오는 공을 살짝 건드려 공이 천천히 내야로 굴러가게 하는 것을 '번트'라고 한다.

不挥动球棒但有意使棒轻触来球，使球缓慢地滚入内场的击球叫"**触击球**"。

삼진 三振 **三振(出局)**

야구장에서 삼진은 가장 가슴 뛰게 하는 장면 중 하나이다.

在棒球场上**三振**是最激动人心的事件之一。

안타 安打 **安打**

시애틀 매리너스는 11안타로 보스턴 레드삭스를 격파했다.

西雅图水手队以11支**安打**击败波士顿红袜队。

잔루 殘壘**(LOB)** **残垒**

대만 팀은 안타 여섯 개를 쳤지만 뒷심 부족으로 잔루를 몇 차례나 남겼다.

中华队虽然有六支安打，可惜后继无力，多次以**残垒**结束。

중계 플레이 **中继**

X투수가 한쪽에서 중계 플레이를 준비하고 있다.

投手X在一旁备战，准备登板**中继**。

홈런 **本垒打, 全垒打**

X선수는 2회와 6회 각각 3점과 2점 홈런을 날려 5타점을 기록했다.

X选手分别在2局及6局打出3分及2分**全垒打**，拿下5分打点。

투수 投手 **投手**

그는 L.A. 다저스 팀에서 한때 명성을 날렸던 훌륭한 투수였다.

他在洛杉矶道奇队曾是名躁一时的优秀**投手**。

구원 투수 救援投手 **救援投手**

등판 登板 **投球, 上场**

방어율 防禦率**(ERA)** **投手责任失分率, 投手防御率, 自责分率**

투수의 방어율 계산 방식은 투수가 허용한 자책점에 9를 곱한 후 투구 이닝 수로 나누면 된다.

自责分率(ERA)的计算方法是投手责任失分乘九除以投球局数。

선발 투수 先發投手 **先发投手**

내년 시즌에서는 선발 투수인 숀 차콘을 구원 투수로 바꿀 계획이다.

明年球季，将**先发投手**查康(Shawn Chacon)转为救援投手。

승리 투수 勝利投手 **胜利投手**

야구 팬의 최대 관심은 누가 홈런을 쳤고 누가 승리 투수인가에 있다.

棒球迷最关心的是谁打了本垒打，谁是**胜利投手**。

완봉 完封 **完封**

뉴욕 양키스는 필라델피아 필리스에 5 : 0 완봉승을 거두었다.

纽约大都会以5:0**完封**费城人。

완투 完投 **完投**

그는 9회까지 완투했다.
他**完投**9局。

자책점 自責點 **投手责任失分**

패전 투수 敗戰投手 **败战投手**

퍼펙트게임 **无安打无得分获胜的比赛**

퍼펙트게임은 모든 투수의 꿈이다.
无安打无得分获胜的比赛是每位投手的心愿梦想。

프로 야구 **职业棒球**

홈그라운드 경기 **主场比赛**

베이징 팀은 올 리그 첫 번째 홈그라운드 경기를 갖는다.
北京队将进行今年棒球联赛的首场**主场比赛**。

회 回 **局次**

X회 말 回末 **X局下半**

X회 초 回初 **X局上半**

2회 초 1 : 0으로 앞선 상황에서 톈진 팀의 반격을 막아내지 못했다.
在**第二局上半局**以1比0领先的情况下, 未能控制住天津队的反扑局面。

스키 滑雪

고글 **雪镜**

곤돌라 **厢式缆车, 贡多拉**

드라이 슬로프 **滑旱冰**

리프트 **滑雪缆车**

오늘 발생한 리프트 추락 사고로 한 명이 숨졌다.
今天发生**滑雪缆车**坠落事故, 导致一人死亡。

바인딩 **鞋套, 固定器**

부츠 **滑雪靴**

스노보드 **单板滑雪, 滑雪板**

스키복 **滑雪衣**

스키복은 방수와 통기성이 매우 중요하다.
滑雪衣的防水透气性能非常重要。

스키폴 **滑雪杆**

슬로프 **斜坡**

가파른 슬로프일수록 스키어에게 짜릿한 쾌감을 선사한다.

越是陡峭的**斜坡**越能给滑雪者带来惊险刺激的滑雪乐趣。

활강 滑降 **滑降**

농구 篮球

가드 **后卫**

대인 방어(맨투맨 디펜스) 對人防禦 **人盯人防守**

대인 방어란 가장 일찍이 선을 보였으며 가장 일반적으로 활용되는 방어술이다.

人盯人防守是出现最早而且运用最普遍的防守战术。

드로 인 **发球入场**

드리블 **运球**

득점 得點 **得分**

디펜스 **防守**

리바운드 **抢篮板球**

블로킹 **阻挡**

선수 교체 選手交替 **换人**

센터 **中锋**

슛 **投篮, 进球**

그는 패스, 드리블, 슛, 리바운드에 모두 뛰어난 만능 플레이어이다.

他擅长传球、运球、**投篮**、抢篮板, 是几乎无所不能的"全能战士"。

덩크 슛 **灌篮, 扣篮**

레이업 슛 **带球上篮**

우리는 조던의 매끄러운 레이업 슛과 현란한 덩크 슛을 영원히 잊지 못할 것이다.

我们将会永远记得乔丹行云流水的**带球上篮**和花样搞尽的扣篮。

뱅크 슛 **擦板球**

3점 슛 **三分球**

오늘밤 경기에서 모두 38개의 3점 슛이 성공했다.

在今天晚上的比赛, 一共投中38个**三分球**。

중거리 슛 **中距离投篮**

훅 슛 **钩射投篮**

10초 룰 **十秒违例**

어시스트 **助攻**

자유투(프리 드로) 自由投 **罚球**

그의 자유투 성공률은 매우 낮다.

他的**罚球**命中率很低。

전적 戰績 **战绩**
지역 방어(존 디펜스) 地域防禦 **区域防守, 区域联防**
파울 **犯规**
더블 드리블 **两次运球**
5반칙 퇴장 五反則退場 **犯满离场**
워킹 **走步**
인텐셔널 파울 **恶性犯规**
차징 **撞人犯规**
출장 정지 出場停止 **停止出赛**
테크니컬 파울 **技术犯规**
퍼스널 파울 **侵人犯规**

퍼스널 파울이든 테크니컬 파울이든 한 선수가 다섯 번 파울을 범하면 무조건 퇴장당한다.

无论是**侵人犯规**还是技术犯规, 一名球员犯规5次后必须离开球场。

패스 **传球**
홈 팀 **主队**

골프 高尔夫球

경기 진행 요원 競技進行要員 **督导员, 巡场员**
골프 연습장 **高尔夫球练习场**

골프 연습장은 스윙 자세를 연습하는 곳이다.

高尔夫球练习场是专门练习挥杆的场地。

골프장 **高尔夫球场**
퍼블릭 골프장 **公共高尔夫球场**
골프채 **球杆**
아이언 **铁杆**
우드 **木杆**
퍼터 **推杆**

프로 선수의 골프채는 우드 4개, 아이언 9개, 퍼터 1개로 이루어지는 것이 이상적이다.

职业选手的球杆应以如下配置为宜:4根**木杆**、9根**铁杆**和1根**推杆**。

골프 회원권 **俱乐部会籍**

허베이성 모 골프장 회원권은 8만7천2백 달러로 회원권에 별장까지 딸려 있다.

河北某高尔夫球场的**会籍**报价是8.72万美元, 购买会籍同时获得联排别墅一套。

분양 分讓 **会籍买卖**

대회 大會 **高尔夫球赛**
　브리티시 오픈 **英国高尔夫球公开赛**
　상금액 賞金額 **奖金**
　US 오픈 **美国高尔夫球公开赛**
벙커 **沙坑**
선두 先頭 **领先**
　공동 선두 共同先頭 **共同领先**
　단독 선두 單獨先頭 **单独领先, 独自领先**
연장전 延長戰 **延长赛**
점수 點數 **分数, 点分**
　타수 打數 **杆数**
　트리플 **高于标准杆三杆**
　더블 **比标准杆多两杆**
　보기 **柏忌, 高于标准杆一杆**
　　브리티시 오픈 2라운드 경기에서 타이거 우즈는 보기를 범해 총72타로 고전을 면치 못했다.
　　泰格伍兹在第二轮英国公开赛依然打得辛苦, 第二轮是以**高于标准杆一杆**, 72杆的成绩做收。
　파 **标准杆**
　버디 **小鸟球, 博蒂**
　　그는 마지막 홀에서 버디 하나를 잡아 2라운드 합계 1언더파 71타를 기록했다.
　　他在最后一洞打出**小鸟球**, 第二轮成绩是71杆, 低于标准杆一杆。
　이글 **老鹰球**
　더블 이글 **双鹰**
　알바트로스 **低于标准杆三杆**
　언더파 **低于标准杆**
　이븐파 **平标准杆**
　　US 오픈 1라운드 경기에서 타이거 우즈는 이븐파로 5타 뒤졌다.
　　美国公开赛首轮伍兹只打**平标准杆**落后五杆。
　오버파 **超标准杆**
캐디 **球童**
컷오프 **打不进决赛, 一负**
　　국제 경험을 좀더 쌓을 수만 있다면 컷오프에서 탈락하거나 상금 한푼 못 타도 괜찮다는 생각으로 경기에 임한다.
　　每一回参赛, 心态上都是只想积累一些国际比赛的经验, 就算**打不进决赛**, 一分钱奖金都没有也没关系。

코스 **球场**

그린 **果岭**

높은 티박스에서 티샷을 할 때는 페어웨이 왼쪽으로 쳐야 두 번째 샷에서 그린에 올리기가 쉽다.

从高高的发球台发球, 宜打向球道左侧, 为第二杆打上**果岭**作最佳准备。

러프 **长草区**

롱 아이언은 러프에서 공을 쳐내는 데 부적합하다.

长铁杆是不适宜在**长草区**里击球的。

티박스 **发球台**

페어웨이 **球道**

페어웨이 안착률 **开球成功率, 开球准确度**

10개 중 하나만 성공해도 페어웨이 안착률이 괜찮은 편이다.

10次成功一次已经算是不错的**开球成功率**了。

해저드 **障碍**

워터 해저드 **水障碍**

5개의 워터 해저드가 있는 페어웨이에서는 방심하면 안 된다.

面对5个**水障碍**的球道切不可掉以轻心。

핸디 **差点**

골프 선수가 USGA 핸디를 얻으려면 일단 USGA의 위임을 받은 골프 협회에서 승인한 핸디 시스템에 가입해야 한다.

球员要想取得正式的USGA**差点**指数, 首先需要加入一个安装了经USGA授权的高尔夫球协会认可的差点系统。

홀 **球洞**

롱 홀 **长洞**

쇼트 홀 **短洞**

회원제 會員制 **会员制**

취미·여가 爱好, 休闲活动

경륜 競輪 **自行车竞赛**

경마 競馬 **赛马**

경마장 競馬場 **赛马场**

야간 경마 夜間競馬 **夜间赛马**

내년 1월부터는 매월 둘째 주, 넷째 주 금요일 저녁에만 야간 경마가 있을 예정이다.

明年1月开始, 只在每个月的第二和第四个星期五的晚上举行**夜间赛马**。

경정 競艇 **赛艇竞赛**

이번에도 유럽 국가들이 경정의 메달을 독식했다.
欧洲国家一如既往垄断了**赛艇**奖牌。

공예 工藝 **工艺**

꽃꽂이 **插花**

수반 水盤 **水盘**

침봉 針峰 **插脚**

낚시 **钓鱼**

바다낚시 **海钓**

배낚시 **乘船钓鱼**

도자기 陶瓷器 **陶瓷**

가마 **陶瓷窑炉**

유약 釉藥 **釉料**

독서 讀書 **读书, 看书**

동양화 東洋畵 **东洋画, 水墨画**

먹 **墨**

벼루 **砚**

한지 韓紙 **韩纸, 宣纸**

등산 登山 **爬山, 登山, 攀登**

가을은 등산하기 좋은 계절이다.
秋天正是**爬山**的好季节。

등반대 登攀隊 **登山队**

암벽 등반 岩壁登攀 **攀岩**

레저 산업 **休闲业**

레저 활동 **休闲活动**

과학자들은 레저 활동이 동맥 경화의 속도를 늦춘다는 사실을 발견했다.
科学家发现**休闲活动**可以延缓动脉硬化的速度。

레크리에이션 **文娱活动**

로드 바이크 **公路自行车**

명상 瞑想 **冥想**

명상 수련자는 음주·흡연 등 건강에 해로운 나쁜 습관을 고치기 쉽다.
冥想练习者更容易放弃饮酒、吸烟等有害于健康的坏习惯。

무술 武術 **武术**

검도 劍道 **剑道**

공수도 空手道 **空手道**

기공 체조 氣功體操 **气功,气功体操**

유도 柔道 柔道
태권도 跆拳道 跆拳道
한국은 태권도 종주국이다.
韩国是**跆拳道**的发祥地。
태극권 太極拳 太极拳
합기도 合氣道 合气道
바둑 围棋
번지 점프 蹦极, 高空弹跳
볼링 保龄球
상하이, 베이징 같은 도시에서 먼저 시작된 볼링은 1990년대 중반부터 충칭에서도 발전하기 시작했다.
保龄球运动首先在上海、北京等城市兴起, 上个世纪90年代中期开始在重庆发展起来。
볼링장 保龄球场
사냥, 수렵 狩獵 打猎
사진 寫眞 摄影
사진은 게으른 사람들을 위해 발명된 예술이다.
摄影是为懒人发明的艺术。
광학 렌즈 光学镜头
디지털카메라 数码相机
삼각대 三角臺 三角架
수동 카메라 手动对焦相机
암실 暗室 暗室
ASA 감도 ASA感光度
역광 逆光 背光
인화 印畵 冲印
인화지 印畵紙 冲印纸
자동카메라 自动对焦相机
현상 現像 胶卷冲洗
현상소 現像所 冲洗店
산악자전거 山岳自轉車(MTB) 山地车
서예 書藝 书法
서핑, 파도타기 冲浪
수상 스키 滑水
수집 蒐集 收集, 收藏
나의 취미는 각국의 골동품을 수집하는 것이다.

我的爱好是**收集**各国的古董。

수집가 蒐集家 **收藏家**

스노클링 **浮潜**

스카이 다이빙 **高空跳伞, 跳伞**

스케이트보드 **滑板**

스쿠버 다이빙 **水肺潜水, 深潜**

스트레칭 **拉伸(运动)**

스피드보트 **快艇**

요가 **瑜伽**

요리 料理 **烹饪, 烹调**

미식가 美食家 **美食家**

자네는 미식가가 아닌가? 안 먹어 본 것 없는 자네의 경험을 조금만 발휘하면 된다네.

你不是**美食家**吗? 把你吃遍天下的经验拿一点出来就行。

소믈리에 **侍酒师, 品酒师**

요리 학교 料理學校 **烹饪学校**

음식 평론가 飮食評論家 **美食评论家**

원예 園藝 **园艺**

윈드서핑 **帆板, 风浪板**

윈드서핑은 1960년대 말 하와이에서 처음 시작되었다.

帆板运动在20世纪60年代末起源于夏威夷。

음악 감상 音樂鑑賞 **欣赏音乐**

익스트림 스포츠 **极限运动**

익스트림 스포츠의 무대는 높은 산에서 깊은 바다까지 다양하다.

极限运动的运动领域涉及从高山到海洋多维空间。

인라인 스케이트 **直排轮滑, 单排轮滑, 轮滑**

자전거 모터크로스(BMX) **自行车越野**

장기 將棋 **象棋**

서양 장기 西洋將棋 **国际象棋**

카이트서핑 **风筝冲浪**

패러글라이딩 **滑翔伞, 飞行伞**

행글라이딩 **滑翔**

05 교육 教育

교육 제도 教育制度

공교육 公教育　　公共教育
공립 학교 公立學校　　公立学校
교육 관련 기관 教育關聯機關　　教育相关机构
　한국교육학술정보원 韓國教育學術情報院　　韩国教育学术情报院
　한국교육개발원 韓國教育開發院　　韩国教育开发院
　한국교육과정평가원 韓國教育課程評價院　　韩国教育课程评价院
　한국직업능력연구원 韓國職業能力研究院　　韩国职业能力研究院
　한국학중앙연구원 韓國學中央研究院　　韩国学中央研究院
교육부 教育部　　教育部
교육청 教育廳　　教育厅
　교육감 教育監　　教育官员
　교육지원청 教育支援廳　　教育支援厅
　서울특별시 교육청　　首尔市教育厅
　시도 교육청 市道教育廳　　市道教育厅
교육 행정 정보 시스템(NEIS)　　国家教育行政信息系统
남녀 공학 男女共學　　男女合校, 男女同校
　여학생은 여학교에서 더 좋은 성적을 내는 반면, 남학생은 남녀 공학에서 기량을 발휘하는 것으로 나타났다.
　女孩在女子学校学得更好, 而男孩在**男女合校**的环境中表现更出色。
대안 교육 代案教育　　选择性教育
독학 獨學　　自学
면대면 교육 面對面教育　　面对面教育
　저명한 원격 교육 전문가는 사이버 교육을 '원격 면대면 교육'으로 묘사했다.
　一位著名远程教育专家把虚拟教学描述为"远程**面对面教学**"。
비정규 교육 非正規教育　　非正规教育
　기업 연수 企業研修　　在职培训

기업 연수는 효과적인 연수 방식이다.
在职培训是一种有效的培训手段。

도제 제도 徒弟制度 **师徒制**

중세 때부터 이어져온 스위스 도제 제도는 우수한 초콜릿 전문가를 양성해내는 훈련 방식이다.
自中世纪以来流传至今的瑞士**师徒制**是训练高素质巧克力师傅的有效方式。

산업 연수 産業硏修 **工业培训**

직업 기술 교육 職業技術敎育 **职业技术教育**

직업 훈련 職業訓練 **职业培训**

사교육 私敎育 **私人教育**

과외 課外 **家教, 课外辅导**

사교육비 私敎育費 **私人教育支出, 私人教育费**

현재 GDP에서 사교육비가 차지하는 비중은 2.96%로, 과도한 교육열을 반영하고 있다.
目前在GDP中**私人教育费**所占的比重到达2.96%, 反映出过分的教育熱。

입시 학원 入試學院 **高考补习班**

학원 學院 **补习班**

사립 학교 私立學校 **私立学校, 民办学校**

유럽과 기타 국가에서는 정부가 사립 학교의 주요 지원 역할을 담당한다.
在欧洲和其他国家, 国家对**私立学校**常常起着重要的支持作用。

성인 교육 成人敎育 **成人教育**

스팀 교육(융합 교육) **STEAM教育, 融合教育**

암기식 학습 暗記式學習 **死记硬背式学习, 机械式学习**

열린 학교 **开放式学校**

영재 교육 英才敎育 **英才教育**

영재 교육이 확산되고 있으나 대규모 조기 교육이 이루어지지 않는다면 좋은 성과를 내기 힘들 것이다.
随着**英才教育**的逐渐推广, 若没有大规模早期教育的展开, 很难获得最佳成果。

영재 학급 英才學級 **英才班, 资优班**

원격 교육 遠隔敎育 **远程教育**

정보 기술 응용의 다양화, 특히 네트워크 기술과 인터넷의 발달은 원격 교육 방식에 큰 변화를 가져왔다.
信息技术的应用多样化, 特别是网络技术和因特网的发展使**远程教育**的方式发生了很大的变化。

온라인 수업 **线上课程**

e-러닝 **数字(化)学习, 电子(化)学习, 网络(化)学习**

의무 교육 義務教育 **义务教育**

인도는 2010년부터 전국의 6세부터 14세까지의 어린이에 대해 9년간 의무 교육을 실시해왔다.

印度从2010年开始为全国所有6～14岁的孩子普及9年**义务教育**。

인성 교육 人性教育 **人性教育, 品德教育, 素质教育**

재택 학습 在宅學習 **在家上课**

유럽과 미국에서 재택 학습을 하는 아동 수는 200만 명을 넘어섰다.

欧美**在家上课**的儿童已经超过了200万。

전인 교육 全人教育 **全人教育, 德智教育**

전인 교육 이념에 따라 윤리 전공 과정이 개설되었다.

在**全人教育**的理念下, 设立了专业伦理课程。

정규 교육 正規教育 **正规教育**

미국의 평생 교육 시스템은 정규 교육, 비정규 교육, 비공식 교육 세 가지로 나뉜다.

美国终身教育体系分为**正规教育**、非正规教育和非正式教育三种形式。

중등 교육 中等教育 **中等教育**

초등 교육 初等教育 **初等教育**

조기 교육 早期教育 **超前教育**

주입식 교육 注入式教育 **填鸭式教育**

아이들의 이해나 흥미 여부와 상관 없이 무조건 암기할 것을 요구하는 학습 방법을 주입식 교육이라 한다.

我们把不管孩子能不能理解、是不是感兴趣、要求孩子用死记硬背的方式学习知识的教育方式叫做**填鸭式教育**。

취학 就學 **就学, 入学**

취학률 就學率 **就学率, 入学率**

일본 정부는 1900년에 6세부터 4년제 의무 교육을 실시했는데 그 해 취학률이 90%에 달했다.

日本政府于1900年规定了从6岁起的4年制义务教育制度, 这一年**就学率**达90%。

취학 연령 就學年齡 **就学年龄, 入学年龄**

통합 교육 統合教育 **综合教育, 融合教育**

특수 교육 特殊教育 **特殊教育**

특수 교육이란 시각, 언어 청각, 지능 장애와 복합 장애를 가진 사람을 대상으로 실시하는 교육이다.

特殊教育是指对视力、听力言语、智力有残疾的人和有多重残疾的人实施的教育。

시각 장애아 視覺障碍兒 **视障儿童**
장애아 障碍兒 **残疾儿童**
지적 장애아 知的障碍兒 **智障儿童**
청각 장애아 聽覺障碍兒 **听障儿童**
특수 아동 特殊兒童 **特殊儿童**
평생 교육 平生教育 **终身教育**
평생 교육은 1960년대에 출현한 교육 사조이다.
终身教育是20世纪60年代出现的一种教育思潮。
플립 러닝 **翻转课堂**
학령 아동 學齡兒童 **学龄儿童**
학령 아동이란 6~12세의 초등학교 취학 단계 아동을 지칭한다.
学龄儿童指的是6~12岁进入小学阶段的儿童。
학령전 교육 學齡前教育 **学前教育**
유치원 幼稚園 **幼儿园**
학령전 아동 學齡前兒童 **学前儿童**
학습 장애 學習障碍 **学习障碍, 学障**
학습 장애를 겪는 아동의 수가 증가하는 이유는 무엇인가?
为什么越来越多的孩子患有**学习障碍**呢?
독서 장애 讀書障碍 **失读症, 诵读困难**
주의력 결핍 과잉 행동 장애 注意力缺乏過剩行動障碍(ADHD) **注意缺陷与多动障碍, 多动症**
주의력 결핍 장애 注意力缺乏障碍(ADD) **注意缺陷障碍**

학교 学校

결석 缺席 **缺课, 缺席**
무단결석 無斷缺席 **旷课**
선생님께서 아이가 무단결석을 자주 한다고 일러주셨다.
老师告诉我孩子经常**旷课**。
고교 평준화 高校平準化 **高中教育平均化政策**
중학교 입학시험 폐지와 고교 평준화 정책을 실시했다.
实施初中免试入学制和**高中教育平均化政策**。
복수 지원 추첨제 複數志願抽籤制 **多重申请抽签方式**
하향 평준화 下向平準化 **(学生综合素质)普遍降低**
과학 교육 보편화 科學教育普遍化 **科普教育**
교과서 教科書 **教科书**

교재 教材 **教材**

다른 교재에 비해 교과서는 어느 정도 공공성과 통일성을 갖는다.

比起其他**教材**, 教科书在一定程度上具有公共性和统一性。

교과목 科目	
과학	科学
물리학	物理学
생명과학	生命科学
지구과학	地球科学
화학	化学
국어	国语
고전	古典文学
문학	文学
작문	写作
기술 · 가정	技术家政
사회	社会
경제	经济
사회 · 문화	社会文化
역사	历史
윤리	伦理道德
정치와 법	政治法律
지리	地理
수학	数学
기하	几何
대수	代数
미적분	微积分
확률과 통계	概率统计
예능	艺术
미술	美术
음악	音乐
체육	体育

담임 선생 擔任先生 **班主任, 导师**

매 학기 담임 선생의 가정 방문을 받는 학생은 반 전체 학생의 2/3 이상이어야 한다.

班主任每学期家访学生必须达到班级人数的三分之二。

동창 同窓 **同学, 同窗**

동창회 同窓會 **同学会, 同窗会**

모교 母校 **母校**

비행 청소년 非行靑少年 **青少年罪犯, 问题青少年**

탈선 脫線 **脱轨**

상담 교사 相談敎師 **心理辅导教师, 心理咨询教师**

자격증을 갓 취득한 학생 상담 교사 11명이 정식으로 부임했다.

11名刚刚获得资格的**学生心理辅导教师**正式挂牌上岗。

성적 成績 **成绩**

불합격 不合格 **不及格**

통과 通過, **합격** 合格 **及格, 合格**

평균 학점 平均學點 **平均学分绩点**

평균 학점 1.7점 미만일 경우, 학위가 수여되지 않는다.

学生**平均学分绩点**低于1.7将无学位。

수학여행 修學旅行 **修学旅行**

여행사에게 있어 수학여행단 유치는 직접적인 수입원이 될 뿐만 아니라 회사 홍보의 기회가 되기도 한다.

对旅行社来说, 组织**修学旅行**不但能直接赢利, 而且会带来良好的宣传作用。

시청각 교재 視聽覺敎材 **视听教材**

일부 시청각 교재의 경우, 교과서 내용 중 표현하기 쉬운 이론만을 기계적으로 화면에 옮겨놓았을 뿐이다.

有些**视听教材**只是机械地将教科书中易于表现的理论重述在画面里。

시험 試驗 **考试**

객관식 客觀式 **选择题**

기말시험 期末試驗 **期末考试**

기말시험은 6월 5일에 실시되며 '여기'를 누르시면 시험 시간과 시험 장소를 보실 수 있습니다.

期末考试安排在6月5日举行, 考试时间与考试地点请按此查看。

모의고사 模擬考査 **模拟考试**

문제 유형 問題類型 **考题类型, 试题类型**

문제 유형은 빈 칸 채우기 15%, 객관식 15%, OX 문제 10%, 분석 및 계산 문제 40%, 종합 문제 20%로 구성되어 있다.

试题类型及试卷结构：填空15%、单项选择题15%、判断10%、分析及计算40%、综合题20%。

OX형 문제 **判断正误, 正误选择题, 是非题**
정답 모두 고르기 문제 **多项选择题**
주관식 主觀式 **问答题, 简答题**
중간시험 中間試驗 **期中考试**
야간 학교 夜間學校 **夜间学校, 夜校**

그는 낮에는 공장에서 일하고 밤에는 야간 학교에서 가르친다.
他白天在工厂上班, 晚上在**夜校**教书。

자퇴 自退 **自愿退学**

개학 후 한 달이 지나면 자퇴·전학·퇴학생에 대한 학비 환불은 없다.
开学1个月后, **自愿退学**、转学或被开除者一律不退还学费。

전국교직원노동조합 全國教職員勞動組合 **全国教员工会**
전자 교과서 **电子课本, 电子教科书**
전자 칠판 **电子黑板**
전학 轉學 **转学**
편입생 編入生 **插班生**
정학 停學 **停学处分**

싱가포르에서 선생님을 모독한 학생이 학교 당국으로부터 정학 처분을 받았다.
在新加坡, 辱骂老师的学生被学校当局施以**停学处分**。

졸업 卒業 **毕业**
졸업식 卒業式 **毕业典礼**
졸업장 卒業狀 **毕业证书**
중·고등학교 中高等學校 **初中高中**
고등학교 高等學校 **高中**
문과 文科 **文科**
이과 理科 **理科**

고등학교는 문과와 이과로 나뉜다.
高中分**文科**和**理科**。

중학교 中學校 **初中**
체벌 體罰 **体罚, 处分**
초등학교 初等學校 **小学**
출석 出席 **出席**
퇴학 조치 退學措置 **退学令, 开除**
특성화 고등학교 特性化高等學校 **职业高中**
공업 고등학교 工業高等學校 **工业高中**

농업 고등학교 農業高等學校 **农业高中**
상업 고등학교 商業高等學校 **商业高中**
수산 고등학교 水産高等學校 **渔业高中**
대안 학교 代案學校 **替代性学校**
특수 목적 고등학교 特殊目的高等學校 **特殊高中**
과학 고등학교 科學高等學校 **科学高中**
외국어 고등학교 外國語高等學校 **外国语高中**

폐교 閉校 **学校停办, 停办学校**

X초등학교 학부모 200명은 다음 학기로 폐교한다는 통지서를 받았다.
X小学200名学生家长接到通知, 下学期学校将**停办**。

학교 급식 學校給食 **学校午餐**

미국은 삼천만 명에 이르는 저소득층 가정의 아동에 대해 무료 학교 급식을 제공한다.
美国对国内大约三千万低收入家庭儿童供应免费**学校午餐**。

학교 배정 學校配定 **分配学校**

교육부에서 학교를 배정할 때 성적순에 따라 배정한다.
教育部在**分配学校**时, 先按学生的成绩排名。

학군 學群 **学区**

X학군 부동산 가격은 매우 비싸 Y초등학교 주변 지역의 경우, 7500위안/m^2나 한다.
X**学区**房价极高, 如Y小学周边地区, 价格达到7500元/平方米。

교내 校园	
강당	礼堂
과학 실험실	科学实验室
교감실	副校长室
교내 식당	学校食堂
교무실	教务处, 教师办公室
교사 휴게실	教师休息室
교장실	校长室
도서관	图书馆
미술실	美术室
보건실, 양호실	医务室
상담실	心理咨询室

서무실	总务处
시청각 교육실	视听室
자습실	自习室
체육실(관)	体育馆
컴퓨터실	电脑室
학생 휴게실	学生休息室
훈육실	训导处, 惩罚室

학부모 면담 學父母面談 **家长面谈**

학부모회 學父母會 **家长会**

교사학부모회 教師學父母會 **教师家长会**

학생 상담 學生相談 **校园心理咨询活动, 校园心理辅导**

학원 폭력 學園暴力 **校园暴力**

집단 따돌림, 왕따 **校园欺凌(现象)**

집단 따돌림은 가장 빈번하게 발생하는 학원 폭력이다.
校园欺凌成为校园暴力最为经常的表现形式。

학원 불량배 學園不良輩, **불량 집단** 不良集團 **校园不良团伙**

한국교원노동조합 韓國教員勞動組合 **韩国教员工会**

현장 학습 現場學習 **校外教学, 现场学习**

훈육 조치 訓育措置 **惩罚, 训导**

교사의 훈육 조치는 근거 없이 남용되어서는 안 된다.
教师在**惩罚**学生时, 不能凭空滥罚。

휴교 休校 **学校暂时关闭**

어제 저녁 폭설로 인해 오늘 학교 수백 곳이 휴교에 들어갔다.
昨晚一场大雪在今天迫使数百所**学校暂时关闭**。

입시 高考

검정고시 檢定考試 **资格考试**

기부 입학 寄附入學 **捐资入学**

현재 한국에서는 기부 입학이 엄격히 금지되고 있다.
目前在韩国严禁**捐资入学**。

논술 시험 論述試驗 **论述考试**

대입 인문계 종합 시험의 정치 논술 시험 수준이 높아지고 있다.

高考文科综合试卷中政治材料式**论述考试**的命题日趋成熟。

대학수학능력시험 大學修學能力試驗 **大学入学考试**

면접 面接 **面试**

구술시험 口述試驗 **口试**

면접 및 구술시험에는 대입 수험표, 신체검사표, 사진 2장을 지참해야 한다.

面试、**口试**时必须携带高考报名卡、体检通知书、照片2张。

실기 시험 實技試驗 **术科考试**

광둥성 체육 전공 대입 실기 시험이 오늘 끝난다.

广东高考体育专业**术科考试**将于今天结束。

필기시험 筆記試驗 **笔试**

모집 募集 **招收学生, 招生**

올해도 학생 모집 규모는 2,100명으로 예년과 같다.

今年学校**招生**规模不变, 招生人数仍为2100人。

수시 모집 隨時募集 **随时招生**

정시 모집 定時募集 **统一招生, 统招**

특차 모집 特次募集 **特别招生, 特别招收, 特招**

서류 전형 書類銓衡 **审核申请资料**

내신 성적 內申成績 **高中学业成绩**

봉사 점수 奉事點數 **社会公益活动记录**

앞으로의 대입 시험은 봉사 점수 등을 참고로 한 종합 평가로 이루어질 것이다.

今后的高考将参考**社会公益活动记录**等其他资料, 通过综合评价进行录取。

원서 접수 願書接受 **报名**

수험표 受驗票 **报名卡, 准考证**

입학 入學 **入学**

응시자 應試者 **参考人员, 应试人员**

응시자는 시험 시작 15분 전에 수험표와 신분증을 확인받고 고사장에 입실해야 한다.

应试人员应在考试前十五分钟凭准考证和身份证件进入指定的考场。

입학 경쟁률 入學競爭率 **入学竞争率, 入学竞争比例**

입학 정원 入學定員 **招生名额**

올해 1학년 입학 정원은 40명이다.

今年一年级**招生名额**是40人。

지원자 志願者 **报考人员**

아직 온라인 등록을 하지 않은 지원자는 속히 온라인 등록을 해주십시오.

请尚未进行网上报名的**报考人员**尽快到网上报名。

학업 능력 평가 시험 약어 学术评估考试英文缩写		
GMAT	Graduate Management Admission Test	研究生管理科学入学考试
GRE	Graduate Records Examination	美国研究生入学考试
IB	International Baccalaureate	国际学士课程
IELTS	The International English Language Testing System	雅思考试
IGCSE	The International General Certificate of Secondary Education	国际普通中等教育证书
LSAT	Law School Admissions Test	法学院入学考试
SAT	Scholastic Aptitude Test	美国高中毕业生学术能力水平考试(美国高考)
TOEFL	Test of English as a Foreign Language	托福
TOEIC	Test of English for International Communication	托业

입학 서류 入學書類 **入学申请材料**

성적 증명서 成績證明書 **成绩单**

재학 증명서 在學證明書 **在学证明**

졸업 증명서 卒業證明書 **毕业证书**

입학시험 入學試驗 **入学考试**

합격선 合格線, **커트라인** **录取分数线, 高考分数线**

의외로 일부 명문대 합격선이 지명도가 낮은 대학에 못 미치는 경우가 있다.
一些名牌大学的**录取分数线**竟然低于名不见经传的大学。

합격자 발표 合格者發表 **录取通知, 公布录取名单**

대학 大学

강사 講師 **讲师**

전임 강사 專任講師 **专任讲师**

계열 系列 **科**

공학 계열 工學系列 **工科**

고등 교육 高等教育 **高等教育**

미국 사립 고등 교육에 대한 연구는 중국의 사립 고등 교육 발전에 유익한 시사점을 던져줄 것이다.
探讨美国私立**高等教育**的特点, 能给中国民办高等教育的发展以有益启示。

교과 과정 教科課程 **课程**

교수직 教授職 **教授职位**

객원 교수 客員教授 **客座教授**

각 학교는 객원 교수 초빙으로 국제 교류를 촉진시켰다.

各学院通过聘请**客座教授**，促进了学院的国际交流。

교환 교수 交換教授 **交换教授**

명예 교수 名譽教授 **名誉教授**

우리 학과에서는 국내외 저명 학자 네 분을 명예 교수로 초빙했다.

我系聘请了4位国内外知名学者担任**名誉教授**。

부교수 副教授 **副教授**

석좌 교수 碩座教授 **教席教授, 讲座教授**

안식년 安息年 **安息年, 研究年, 学术休假**

그는 안식년을 이용한 교수의 해외 연수에 지지 의사를 밝혔다.

他对教授利用**安息年**到外国进修表示支持。

임용 任用 **任用, 聘请**

총장의 교수 임용에 앞서 교수 회의 심의를 통과해야 한다.

大学校长**任用**教授时，必须先通过教授会议的审查。

정교수 正教授 **正教授**

조교수 助教授 **助理教授**

교수진 教授陣 **全体教员**

교직원 教職員 **学校职员, 学校教职工**

교양 과목 教養科目 **公共课**

교양 과목과 전공 과목의 복습 시간을 효과적으로 분배할 필요가 있다.

应有效分配**公共课**和专业课的复习時间。

교환 학생 交換學生 **交换学生**

국제 교환 학생 프로그램을 통해 학생은 다른 문화를 접하고 식견을 넓힐 수 있다.

通过国际**交换学生**计划，学生可接受不同文化的熏陶以开阔眼界。

대학 大學 **大学**

대학원 과정 大學院課程 **研究生课程, 研究生院**

석사 과정 碩士課程 **硕士课程**

박사 과정 博士課程 **博士课程**

박사후 과정 博士後課程 **博士后课程**

전문 대학원 專門大學院 **专门研究生院**

'일반 대학원'은 연구와 조사를 통해 학술적인 학자를 양성하는 과정이라면, '전문 대학원'은 연구된 학술 분야를 실제로 적용하고, 활용하는 전문가를 육성하는 대학원이다.

"普通研究生院"旨在通过研究和调查培养学术研究者,而"**专门研究生院**"则致力于培养能够将学术领域的知识应用于实际的专家。

대학 진학률 大學進學率 **大学升学率**

동아리, 서클 **社团, 兴趣小组**

동아리 연맹에서는 '동아리 수첩' 발행을 준비하고 있다.

社团联准备发行"**社团**手册"。

본교 本校 **校本部**

분교 分校 **分校, 校区**

베이징사범대학 주하이 분교는 베이징사범대학과 주하이 시 인민 정부가 교육부의 인가를 받아 공동 설립한 고등 교육 기관이다.

北京师范大学珠海**分校**是经教育部批准由北京师范大学和珠海市人民政府共同设立的高等教育机构。

사범 대학 師範大學 **师范大学**

교육 실습 教育實習 **教育实习, 教学实习**

산업 대학 産業大學 **工业大学, 工业学院**

선수 과목 先修科目 **先修课程**

선수 과목이란 어떤 과목을 듣기 전에 먼저 이수해야 하는 과목이다.

先修课程指学习某门课程之前, 先要学习的课程。

선택 과목 選擇科目 **选修课**

이공계 理工系 **理工科**

인문 과학 人文科學 **人文科学**

자연 과학 自然科學 **理科, 自然科学**

전공 專攻 **专业, 主修专业**

복수 전공 複數專攻 **双专业, 双学位**

부전공 副專攻 **辅修专业, 副专业**

전문 대학 專門大學 **专科大学**

졸업 정원제 卒業定員制 **定额毕业制度**

과락 科落 **不及格**

재수강 再受講 **重修**

결석으로 인한 과락의 경우, 재시험을 볼 수 없고 필히 재수강을 해야 한다.

因缺课**不及格**的, 不能补考必须**重修**。

종합 대학 綜合大學 **综合大学**

칭화대학은 교육부에 속한 이공계 중심의 종합 대학이다.

清华大学隶属教育部, 是一所以理工科为主的**综合大学**。

직원 職員 **职员**

청강생 聽講生 **旁听生**

처음에는 청강생 신분으로 수업에 참가하게 되지만, 교사의 허락을 받으면 정규 수강생으로 변경이 가능하다.

以**旁听生**身份参加课程的学生, 经老师确认允许后可变更为正式听课学生。

총장 總長 **大学校长**

필수 과목 必須科目 **必修课**

학과 學科 **系**

학과장 學科長 **系主任**

학기 學期 **学期**

3학기제 三學期制 **三学期制**

2학기제 二學期制 **二学期制**

학력 學歷 **学历**

당신이 능력 있고 성실하기만 하다면, 학력은 중요하지 않다.

只要有能力且勤奋, **学历**并不重要 。

학부 學部 **本科**

학사 일정 學事日程 **校历, 校历表**

학교의 전체 계획에 따라 학사 일정과 교과 일정이 마련되었다.

根据学校的总体安排 制定了**校历表**和课程表。

학위 學位 **学位**

학위 논문 學位論文 **学位论文**

학자금 융자 學資金融資 **学生贷款, 助学贷款**

필요하면 무이자 학자금 융자를 신청할 수 있다.

需要的人可以申请免息**学生贷款**。

학위 学位		
B.A.	Bachelor of Arts	文学学士
B.F.A.	Bachelor of Fine Arts	艺术学士
B.S.	Bachelor of Science	理学学士
D.Th.	Doctor of Theology	神学博士
LL.D.	Legum Doctor (Doctor of Laws)	法学博士
M.A.	Master of Arts	文学硕士
M.D.	Doctor of Medicine	医学博士
M.S.	Master of Science	理学硕士
Ph.D.	Doctor of Philosophy	哲学博士
Sc.D.	Doctor of Science	科学博士

S.J.D.	Scientiae Juridicae Doctor (Doctor of Juridical Science)	法律科学博士

장학금 奬學金　**奖学金**

우리 학교는 학생의 10~20%가 장학금 혜택을 받고 있다.
我校有10～20%左右的学生拿到**奖学金**。

장학생 奬學生　**获得奖学金的学生**

학장 學長　**院长, 学院院长**

학점 學點　**学分**

학점 교환 제도 學點交換制度　**学分互认制度**

학점 교환 제도는 서로 다른 학교들간의 교류 증진에 도움이 된다.
学分互认制度有利于各种不同类型学校之间的交流。

주요 대학교	
가톨릭대학교	天主教大学
건국대학교	建国大学
경기대학교	京畿大学
경남대학교	庆南大学
경북대학교	庆北大学
가천대학교	嘉泉大学
경희대학교	庆熙大学
경찰대학	国立警察大学
계명대학교	启明大学
고려대학교	高丽大学
공군사관학교	空军士官学校
광운대학교	光云大学
국민대학교	国民大学
국방대학교	国防大学
단국대학교	檀国大学
덕성여자대학교	德成女子大学
동국대학교	东国大学
동덕여자대학교	同德女子大学
명지대학교	明知大学
목원대학교	牧园大学

부산외국어대학교	釜山外国语大学
삼육대학교	三育大学
상명대학교	祥明大学
서강대학교	西江大学
서울대학교	国立首尔大学
서울시립대학교	首尔市立大学
서울여자대학교	首尔女子大学
선문대학교	鲜文大学
성균관대학교	成均馆大学
성신여자대학교	诚信女子大学
세종대학교	世宗大学
숙명여자대학교	淑明女子大学
순천향대학교	顺天乡大学
숭실대학교	崇实大学
아주대학교	亚洲大学
연세대학교	延世大学
영남대학교	岭南大学
우석대학교	又石大学
원광대학교	圆光大学
육군사관학교	陆军士官学校
이화여자대학교	梨花女子大学
인하대학교	仁荷大学
전남대학교	全南大学
전북대학교	全北大学
제주대학교	济州大学
조선대학교	朝鲜大学
중앙대학교	中央大学
차의과대학교	CHA医科大学(原抱川中文医科大学)
총신대학교	总神大学
추계예술대학교	秋溪艺术大学
충남대학교	忠南大学

충북대학교	忠北大学
포항공과대학교	浦项工科大学
한국방송통신대학교	韩国放送通信大学
한국외국어대학교	韩国外国语大学
한국항공대학교	韩国航空大学
한림대학교	翰林大学
한밭대학교	HANBAT大学
한성대학교	汉城大学
한양대학교	汉阳大学
해군사관학교	海军士官学校
홍익대학교	弘益大学
KAIST	韩国科学技术院(KAIST)

학문 学问

인문 사회계 人文社会学科

가정학	家政学
경영학	工商管理学
경제학	经济学
고고학	考古学
교육심리학	教育心理学
교육학	教育学
국문학	韩国文学
국어국문학	韩语语文文学
국제정치학	国际政治学
국제학	国际关系研究
기독교학	基督教学
문학	文学
법학	法学
불교학	佛教学
비서학	秘书学
사회언어학	社会语言学

사회학	社会学
신문방송학	新闻传播研究学, 新闻学
신학	神学
언어심리학	语言心理学
언어학	语言学
역사학	历史学
유교학	儒教学
의류학	时装研究,时装学
인류학	人类学
종교학	宗教学
지리학	地理学
지역학	区域研究
철학	哲学
특수교육학	特殊教育学
행정학	行政学
예체능계 艺术及体育科	
그래픽디자인	平面设计
기악	器乐
도예	陶艺
사진학	摄影学
섬유예술	纤维艺术
성악	声乐
영상학	电影学
응용미술	应用美术, 实用美术
작곡	作曲
조각	雕刻
종교음악	宗教音乐
체육학	体育学
회화	绘画
이공계 理工科	
건축학	建筑学

기계공학	机械工程学
물리학	物理学
생명공학, 생물공학	生物技术, 生物工艺学, 生物工程学
생물학	生物学
식품공학	食品工艺学
약학	药学
의예과	医预科, 医学预科
의학	医学
전기공학	电气工程学
전산학	计算机科学, 电脑工程学
전자공학	电子工程学
환경학	环境学

중국의 유명 대학	
난징대학	南京大学
베이징대학	北京大学
베이징사범대학	北京师范大学
상하이교통대학	上海交通大学
시안교통대학	西安交通大学
저장대학	浙江大学
중국과학기술대학	中国科学技术大学
중국농업대학	中国农业大学
중국시에허의과대학	中国协和医科大学
중국인민대학	中国人民大学
칭화대학	清华大学
톈진대학	天津大学
푸단대학	复旦大学
하얼빈공업대학	哈尔滨工业大学
화중과기대학	华中科技大学

출처: 『중국대학평가(中国大学评价)』

06 종교 宗教

종교 宗教

경전 經典	**经典**
광신도 집단 狂信徒集團	**邪教徒集团**
광신도 狂信徒	**邪教徒, 狂热宗教徒, 盲信者**
교리 教理	**教理**
천주교 교리 天主敎教理	**天主教教理**
다신교 多神敎	**多神教**
무신론 無神論	**无神论**

마르크시즘을 신봉하는 사회주의 국가는 과학적 무신론을 지지한다.
以马克思主义为指导思想的社会主义国家支持科学**无神论**。

무신론자 無神論者	**无神论者**
비교도 非敎徒	**非信徒, 非教徒**
사이비 종교 似而非宗敎	**邪教, 伪教**

사이비 종교 집단의 교주가 교묘하게 공포 분위기를 조성하기 때문에 신도들의 맹목적인 추종이 가능한 것이다.
邪教教主别有用心地制造恐怖心理，使信徒们盲目地追随他。

3대 종교 三大宗敎	**三大宗教**
시크교	**锡克教**

시크교는 힌두교의 다신론과 불평등한 카스트 제도를 반대한다.
锡克教反对印度教的多神论和不平等的种姓制度。

시크교도	**锡克教徒**
신도 信徒, 교도 敎徒	**信徒, 教徒**
유신론 有神論	**有神论**
유대교 猶太敎	**犹太教**
일신교 一神敎	**一神教**

세계 모든 종교는 다신교와 일신교 두 부류로 나누어진다.
全世界宗教可以归纳为两大类: 多神教和**一神教**。

자이나교	**耆那教**
제정 분리 祭政分離	**政教分离, 政治与宗教分离**

제정 분리는 새로운 시대의 필연적인 흐름이다.

政治与宗教分离是新时代的必然趋势。

조로아스터교	**琐罗亚斯特教**
종교 宗教	**宗教**
개종 改宗	**改信宗教, 改变宗教, 改变信仰**

기독교로 개종하다.
改信基督教。

전파 傳播	**传播(宗教)**
종교 및 신앙의 자유	**宗教信仰自由**
종교 분쟁 宗教紛爭	**宗教纠纷**
종교 집단 宗教集團, **종교 단체** 宗教團體	**宗教团体**
교주 教主	**教主**
종교 탄압 宗教彈壓	**宗教迫害, 宗教镇压**

미국의 초기 이주민 중에는 영국의 종교 탄압을 피해 온 사람들이 많다.
早期移居美国的人不少是在英国遭受**宗教迫害**的出逃者。

통일교 統一教	**统一教**

문선명 씨는 통일교 교주로 2012년 사망했다.
文鲜明是**统一教**的教主, 于2012年死亡。

힌두교	**印度教**
카스트 제도	**种姓制度**
힌두교도	**印度教徒**

기독교 基督教

개신교 改新教	**新教(基督教)**
감리교 監理教	**循道卫理会,卫理会**
— **신자** 信者	**教徒**
장로교 長老教	**长老教会**
고해 성사 告解聖事	**忏悔**

어서 가서 신부님께 고해 성사를 드리렴.
去吧, 去到神父那里**忏悔**。

교구 教區	**教区**
주교 主教	**主教**
교파 教派	**教派**
교황 教皇	**教皇, 天主教教宗**

아르헨티나 출신의 베르고글리오 추기경이 제266대 프란치스코 교황이 되었다.
阿根廷籍的贝尔戈里奥枢机主教成为第266任天主教**教皇**。

교황청 敎皇廳 **教皇厅**

교황 선종 敎皇善終 **教皇去世, 善终**

류젠차오 중국 외교부 대변인은 3일, 교황 요한 바오로 2세의 선종에 애도의 뜻을 전했다.

中国外交部发言人刘建超3日表示, 中国对**教皇**约翰-保罗二世因病**去世**表示哀悼。

바티칸 교황청 **梵蒂冈城国**

테베레강 우측, 이탈리아 수도 로마의 서북쪽 삼각형 모양의 고지대가 바로 바티칸 교황청이다.

台伯河右岸, 意大利首都罗马西北角呈三角形的高地就是**梵蒂冈城国**。

바티칸 교황청 대사관 **梵蒂冈城国大使馆**

콘클라베 **教皇选举会议, 秘密会议, 闭门投票**

그리스 정교 **希腊正教**

기독교 基督敎 **基督教**

신자 信者 **基督教徒**

그는 독실한 기독교 신자이다.

他是个虔诚的**基督教徒**。

대주교구 大主敎區 **大主教区**

대주교 大主敎 **大主教**

러시아 정교 **俄罗斯东正教**

루터교 **路德会, 信义会**

말일성도교회 **末世圣徒教会**

목사 牧師 **牧师**

장로 長老 **长老**

전도사 傳道師 **传教士**

집사 執事 **执事**

일반 신도들은 장로의 지위가 목사보다 낮고 집사의 지위는 장로보다 낮다고 생각한다.

一般信徒都认为, **长老**的地位低于**牧师**, **执事**的地位又低于长老。

복음 福音 **福音**

부활절 復活節 **复活节**

사순절 四旬節 **四旬斋, 四旬节, 四旬期**

부활절 전 40일 동안 금식과 참회로 예수의 고난을 기리는 절기를 사순절이라 한다.

复活节前的四十天, 守斋悔罪, 以纪念耶稣在荒野禁食, 称为**四旬斋**。

성탄절 聖誕節 **圣诞节**

십계명 十诫
1. 나 외에는 다른 신을 섬기지 말라 除了我以外, 你不可有别的神(不许拜别神)。
2. 우상을 만들지 말라 不可敬拜偶像(不许制造和敬拜偶像)。
3. 여호와의 이름을 망령되이 일컫지 말라 不可妄称神的名(不许妄称耶和华名)。
4. 안식일을 기억하여 거룩히 지키라 当纪念安息日, 守为圣日(须守安息日为圣日)。
5. 네 부모를 공경하라 当孝敬父母(须孝父母)。
6. 살인하지 말라 不可杀人(不许杀人)。
7. 간음하지 말라 不可奸淫(不许奸淫)。
8. 도둑질하지 말라 不可偷盗(不许偷盗)。
9. 거짓 증거하지 말라 不可作假见证陷害人(不许作假见证)。
10. 탐내지 말라 不可贪婪(不许贪恋他人财物)。

부흥회 復興會 — **基督教复兴会**

사도 신경 使徒信經 — **使徒信经**

삼위일체 三位一體 — **三位一体**

삼위일체란 성부·성자·성신을 말한다.
“**三位一体**”是指圣父、圣子、圣灵这三位。

성령 聖靈, **성신** 聖神 — **圣灵**

성부 聖父 — **圣父**

성자 聖子 — **圣子**

선교 宣教 — **传教**

최근 수십 년간 이곳의 선교사 다수가 선교를 위해 아프리카와 남미로 떠났다.
最近几十年来, 这里的传教士多数去非洲和南美州**传教**。

선교사 宣教師 — **宣教士, 传教士**

그동안 지속적인 경제 발전을 이룩한 한국이 파견한 선교사 수가 3만 명 가까이 된다.

实现了经济持续发展的韩国向海外差派的**宣教士**数目已将近三万名。

성경 聖經 **圣经**

—**장** 章 —**절** 節 **章-节**

구약 舊約 **旧约**

유대인이 전 세계 인류에게 남긴 위대한 유산은 『구약 성경』을 중심으로 한 일신교 신앙이다.

犹太民族贡献给全人类的最伟大财富是以《圣经·**旧约**》为核心的一神教信仰。

신약 新約 **新约**

구약 旧约			
창세기	创世纪	전도서	传道书
출애굽기	出埃及记	아가	雅歌
레위기	利未记	이사야	以赛亚书
민수기	民数记	예레미야	耶利米书
신명기	申命记	예레미야애가	耶利米哀歌
여호수아	约书亚记	에스겔	以西结书
사사기	士师记	다니엘	但以理书
룻	路得记	호세아	何西阿书
사무엘상	撒母耳记上	요엘	约珥书
사무엘하	撒母耳记下	아모스	啊摩司书
열왕기상	列王记上	오바댜	俄巴fd亚书
열왕기하	列王记下	요나	约拿书
역대상	历代志上	미가	弥迦书
역대하	历代志下	나훔	那鸿书
에스라	以斯拉记	하박국	哈巴谷书
느헤미야	尼希米记	스바냐	西番雅书
에스더	以斯帖记	학개	哈该书, 哈盖
욥기	约伯记	스가랴	撒迦利亚
시편	诗篇	말라기	玛拉基书
잠언	箴言		
신약 新约			
마태복음	马太福音	디모데전서	提摩太前书
마가복음	马可福音	디모데후서	提摩太后书

누가복음	路加福音	디도서	提多书
요한복음	约翰福音	빌레몬서	腓利门书
사도행전	使徒行传	히브리서	希伯来书
로마서	罗马书	야고보서	雅各书
고린도전서	歌林多前书	베드로전서	彼得前书
고린도후서	歌林多后书	베드로후서	彼得后书
갈라디아서	加拉太书	요한일서	约翰一书
에베소서	以弗所书	요한이서	约翰二书
빌립보서	腓利比书	요한삼서	约翰三书
골로새서	歌罗西书	유다서	犹大书
데살로니가전서	帖撒罗尼迦前书	요한계시록	约翰启示录
데살로니가후서	帖撒罗尼迦后书		

성공회 聖公會 **圣公会**

성찬식 聖餐式 **圣餐礼**

성찬식은 경건하게 거행되어야 한다.

圣餐礼须虔诚举行。

세계성체대회 世界聖體大會 **国际圣体大会**

세례 洗禮 **洗礼**

세례명 洗禮名 **教名, 圣名**

유아 세례를 받을 때 목사님이나 부모님이 이름을 지어주게 되는데 이를 세례명이라 한다.

一般在婴儿接受洗礼的时候, 由牧师或父母为其取名, 称为**教名**。

수녀 修女 **修女**

수녀원 修女院 **修女院**

어릴 때 수녀원에서 자란 그녀의 꿈은 본래 가수가 되는 것이었다.

她小时侯在**修女院**长大, 原来的梦想是成为一名歌手。

수도원 修道院 **修道院**

수도승 修道僧 **修道僧**

순복음교회 純福音敎會 **纯福音教会, 全备福音教会**

신부 神父 **神父**

서품 敍品 **晋铎**

1988년부터 1999년까지 20명이 신부 서품을 받았다.

1988年至1999年, 先后**晋铎**祝圣神父20人。

신학 대학 神學大學 **神学学院**

에덴동산 **伊甸园**

아담과 하와는 하늘의 율법을 어겨 에덴동산에서 쫓겨났다.
亚当和夏娃违反天规，被逐出**伊甸园**。

여호와의 증인 **耶和华见证会**

예배 禮拜 **礼拜**

1990년대 말부터 매주 교회에 나가 예배를 보는 사람들이 갈수록 줄고 있다.
20世纪90年代末以来，坚持每周都去教堂做**礼拜**的人数每况愈下。

예수 **耶稣**

예수는 기원전 1세기 초에 탄생했다.
耶稣出生于公元前1世纪初叶。

부활 復活 **(耶稣)复活**

그의 부활은 기독교의 기원이 되었을 뿐 아니라 2천 년간 역사학자들을 사로잡은 신비였다.
他的**复活**不仅成了基督教的起源，还成为了迷惑历史学家2000年的谜。

성배 聖杯 **圣杯**

12제자 **12位宗徒**

십자가 十字架 **十字架**

예수는 십자가에 못 박혀 죽었다.
耶稣被钉死在**十字架**上。

최후의 만찬 **最后的晚餐**

예수회 **耶稣会教会**

예언자 豫言者 **预言者**

전파 傳播 **宗教传播**

제7일안식일 예수재림교 **基督复临安息日会**

종교학 宗教學, **신학** 神學 **宗教学, 神学**

주기도문 主祈禱文 **主祷文**

천주교 天主敎 **天主教**

미사 彌撒 **天主教弥撒, 弥撒**

매주 일요일 신자들로 가득 찬 성당에서 신부님이 미사를 주재하신다.
每逢星期天，教堂内信徒满座，由神父主持做**弥撒**。

성당 聖堂 **天主教堂**

성베드로 대성당은 세계 최대 성당으로 5만 명을 수용할 수 있다.
圣彼得大教堂是全世界最大的**天主教堂**，能容纳5万人。

— **신자** 信者 **天主教徒**

천지 창조 天地創造 **创造天地**

태초에 하나님이 천지를 창조하시니라.

起初, 神**创造天地**。

최후의 심판 **最后的审判**

추기경 樞機卿 **枢机, 红衣主教**

염수정 대주교는 2014년에 추기경이 되었다.

廉洙政主教于2014年成为**枢机主教**。

침례교 浸禮敎 **浸信教会**

한국기독교교회협의회 韓國基督敎敎會協議會 **韩国基督教教会协议会**

불교 佛教

대승 불교 大乘佛敎 **大乘佛教**

조계종 曹溪宗 **曹溪宗**

1998년 현재 한국에 공식 등록된 불교 단체는 54개로 이중 조계종·태고종·천태종·보문종·진각종 그리고 원불교가 대표적이다.

至1998年止, 韩国已登记立案的佛教团体有五十四个, 其中以**曹溪宗**、太古宗、天台宗、普门宗、真觉宗及圆佛教最具有代表性。

만 卍 **卍字, 万字**

미륵 彌勒 **弥勒**

보살 菩薩 **菩萨**

관세음보살 觀世音菩薩 **观世音菩萨**

지장보살 地藏菩薩 **地藏菩萨**

부처 **佛陀**

불경 佛經 **佛经**

대장경 大藏經 **大藏经**

팔만대장경 八萬大藏經 **八万大藏经**

불교 성지 해인사에 소장되어 있는 팔만대장경은 일찍이 유네스코에 의해 세계 유산으로 지정되었다.

收藏于佛教圣地海印寺的**八万大藏经**, 早已被联合国教科文组织列入世界文化遗产之列。

불교 신도 佛敎信徒 **佛教徒**

불경 佛经	
금강경	金刚经
무구정광대다라니경	无垢净光大陀罗尼经
반야심경	般若心经

법구경	法句经
법화경	法华经
불경	佛经
원각경	圆觉经
인왕경	仁王经
지장경	地藏经
천수경	千手经
화엄경	华严经

공양 供養 **供养, 奉养**

불법 佛法 **佛法**

깨달음 **彻悟, 醒悟**

불법에서는 우주 삼라만상의 진리를 깨달은 자만이 부처가 될 수 있다.
在佛法中, 只有**彻悟**宇宙一切真理的人才可称为佛。

백팔 번뇌 百八煩惱 **百八烦恼**

업보 業報 **业报**

열반 涅槃 **涅盘**

해탈 解脫 **解脱**

석가모니 釋迦牟尼 **释迦牟尼**

석가모니는 불교의 창시자로 성은 고타마 이름은 싯다르타이다.
释迦牟尼是佛教的创始人, 姓乔答摩, 名悉达多。

석가 탄신일 釋迦誕辰日 **佛诞节, 佛诞日**

방생 放生 **放生**

북송의 진종은 1016년에 석가 탄신일을 방생하는 날로 정했다.
北宋真宗在1016年定**佛诞日**为**放生**日。

연등 축제 燃燈祝祭 **燃灯供佛**

선불교 禪佛敎 **禅佛教, 禅宗**

소승 불교 小乘佛敎 **小乘佛教**

염불 念佛 **念佛, 诵经**

염불을 통해 죄업을 피할 수는 있으나 과거에 지은 업보를 씻을 수는 없다.
念佛可以避免再造业, 但不能消除过去所造之业。

예불 禮佛, **불공** 佛供 **礼佛, 佛供**

정월 초하루 아침에 천불 법회를 하고 부처님께 예불을 드린다.
正月初一早上礼千佛法会, 上**佛供**。

원불교 圓佛敎 **圆佛教**

윤회 輪廻	**轮回**

생과 사가 끊임없이 반복된다는 생각은 원래 힌두교에서 시작되었으나 불교에서 이를 '윤회' 사상으로 발전시켰다.
生死相续这个观念原属印度教, 佛教取之过来加以发挥, 是为**轮回**。

이생	**现生, 今生**
전생 前生	**前生**

불교에서는 부자는 전생에 덕을 쌓아 이생에서 부를 누리고 가난한 자는 전생에 덕을 쌓지 않아 가난한 것이라 말한다.
佛教说富人是**前生**修的, 所以今生该富, 贫人是前生未修, 所以今生该贫。

환생 還生	**还生**
인과응보 因果應報	**因果应报, 善有善报、恶有恶报**
절, 사찰 寺刹	**寺庙**
대웅전 大雄殿	**大雄殿**
마애불 磨崖佛	**摩崖佛, 摩崖石刻**
사리탑 舍利塔	**舍利塔**
사천왕 四天王	**四天王**
18나한 十八羅漢	**十八罗汉**
중	**僧侣, 僧师**
동자승 童子僧	**童僧**
비구니	**比丘尼, 尼姑**

출가한 남자 스님을 '비구'라 하고 출가한 여자 스님을 '비구니'라 한다.
出家男众名为"比丘", 出家女众名为"**比丘尼**"。

스님	**大师, 法师, 禅师**
주지스님	**大主持**
참선 參禪	**参禅**
선사 禪師	**禅师**
선원 禪院	**禅院**
좌선 坐禪	**坐禅, 盘坐参禅**

좌선은 일종의 정심법이다.
盘坐参禅是一种净心的方法。

티베트 불교	**西藏佛教**
달라이 라마	**达赖喇嘛**

달라이 라마는 티베트 불교의 정신적 지도자이다.
达赖喇嘛是**西藏佛教**的精神领袖。

이슬람교 伊斯兰教, 回教, 穆斯林

기도 의식 祈禱儀式 **拜功, 祈告**

매일 다섯 차례의 기도 의식을 치른다.
每日守五次的**拜功**。

라마단 **斋月**

라마단 금식 **斋月禁食**

이스라엘 사람들은 아랍 병사들이 라마단 금식 기간 동안 군사 행동을 하지 않을 것이라 생각했다.
以色列人认为阿拉伯士兵不会在**斋月禁食**期间发动军事行动。

선지자 무함마드 **穆罕默德**

성지 순례 聖地巡禮 **朝圣**

조건이 허락한다면 모든 신도가 한 번쯤 메카 성지 순례를 해야 한다.
凡是有条件的信徒, 都要去麦加**朝圣**一次。

메디나 **麦地那**

메카 **麦加**

수니파 **逊尼派**

시아파 **什叶派**

수니파와 시아파는 이슬람교의 양대 종파이다.
逊尼派和**什叶派**是伊斯兰教的两大派别。

신앙 고백 信仰告白 **念功, 信念**

알라 **阿拉**

이슬람 과격 단체 **伊斯兰过激派**

이슬람교도 **伊斯兰教徒**

이슬람국가 **伊斯兰国**

미국에서 가장 유명한 흑인 이슬람 단체는 1935년 무함마드가 창건한 종교 단체 '이슬람국가'이다.
美国最著名的黑人穆斯林组织就是1935年穆罕默德创建的宗教组织"**伊斯兰国**"。

이슬람 법 **伊斯兰法**

이슬람 부흥 운동 **伊斯兰复兴运动**

세계적인 이슬람 부흥 운동은 오늘날 미국 정객의 최대 골칫거리가 되었다.
世界性的**伊斯兰复兴运动**现已成为令美国政客最为头痛的问题。

이슬람 원리주의자 **伊斯兰原教旨主义者**

자선의 의무(자카트) **天课**

자선의 의무 - 이슬람 교도들이 매년 한 차례 의무적으로 하는 자선 행위로, 빈곤층과 도움의 손길이 필요한 사람들을 돕는 것이다.

天课 – 伊斯兰教徒每年一次的义务慈善捐款，用来帮助贫困者及社会中需要援助的人。

지하드 **圣战**

최근 아랍 국가의 지하드를 살펴보면 이슬람교를 보호하고 알라의 뜻을 널리 알리기 위해 공격과 방어를 병행하는 특징을 보이고 있다.
最近阿拉伯国家的**圣战**(jihad)主要是为了护教与宣扬阿拉旨意，兼具防卫与进攻的特色。

칼리프 **卡利夫**

칼리프(Caliph, 卡利夫・哈里发)란?

칼리프란 이슬람 제국의 통치자를 가리키는 칭호이다. '대행자'라는 뜻의 아라비아어 '하리파'가 와전된 말로, 예언자 무함마드가 죽은 후 아부 바크르가 '신의 사도의 대행자'라고 칭한 이래 '대행자' 즉 칼리프가 이슬람 제국의 통치자를 가리키는 칭호가 되었다. 단, 이는 무함마드 같은 예언자 성격으로서의 통치자가 아니라 정치 군사 지도자 성격으로서의 대행자였다. 이 칭호는 우마이야 왕조, 아바스 왕조로 계승되고 10세기에는 에스파냐의 후(後)우마이야 왕조 군주와 이집트의 파티마 왕조의 군주도 칼리프라고 칭했으며 한때 바그다드의 아바스 왕조의 칼리프와 함께 이슬람 세계에 3명의 칼리프가 공존하기도 했다.

코란, 이슬람 경전 **古兰经, 伊斯兰经典**

회교 사원 回教寺院 **清真寺**

회교 사원은 이슬람교도의 마음에 신성하고도 경건한 장소이다.
清真寺是伊斯兰教徒心目中神圣而安详的场所。

동양 사상 东方思想

도교 道教 **道教**

노자 老子 **老子**

도덕경 道德經 **道德经**

노자의 『도덕경』은 후에 도교의 경전이 되었다.
老子的《**道德经**》，后来被奉为道教的经典。

무위자연 無爲自然 **无为自然**

장자 莊子 **庄子**

호접몽 蝴蝶夢 **蝴蝶梦**

호접몽(蝴蝶梦)이란?

호접지몽(蝴蝶之梦)의 줄임말로, 중국 전국 시대(戰國時代) 사상가인 장자(莊子)

의 「제물론편(齊物論篇)」에서 나온 말이다. 장자가 어느 날 꿈속에서 나비가 되어 꽃들 사이를 즐겁게 날아다녔다. 그러다가 문득 깨어보니 자기는 분명 장자가 되어 있었다. 그는 대체 장자인 자기가 꿈속에서 나비가 된 것인지 아니면 나비가 꿈에 장자가 된 것인지를 구분할 수 없었다. 장자가 곧 나비이고, 나비가 곧 장자라는 경지, 이것이 바로 여기서 말하고자 하는 세계이다. 물아(物我)의 구별이 없는 만물일체의 절대 경지에서 보면 장자도 나비도, 꿈도 현실도 구별이 없다. 다만 보이는 것은 만물의 변화에 불과할 뿐인 것이다. 이처럼 피아(彼我)의 구별을 잊는 것, 또는 물아일체의 경지를 비유해 호접지몽이라 한다. 오늘날에는 인생의 덧없음을 비유해서 쓰이기도 한다.

무속 신앙(샤머니즘) 巫俗信仰 **萨满教**

무당 巫堂 **巫婆, 巫女**

박수무당 **男巫, 巫师**

부적 符籍 **护身符, 咒符**

묵가 墨家 **墨家**

백가쟁명 百家爭鳴 **百家争鸣**

백가쟁명이란 춘추전국시대 지식인들이 서로 다른 학파간에 벌였던 학문적 논쟁을 일컫는 말이다.

百家争鸣是指春秋战国时期不同流派的知识分子争芳斗艳的局面。

법가 사상 法家思想 **法家思想**

분서갱유 焚書坑儒 **焚书坑儒**

진시황의 천하 통일은 법가 사상의 승리이나 분서갱유는 유교에 엄청난 타격을 입혔다.

秦始皇统一天下是法家的胜利, **焚书坑儒**是对儒家的沉重打击。

한비자 韓非子 **韩非子**

법륜공 法輪功, 파룬궁 **法轮功**

중국에서 파룬궁이 당국의 탄압을 받은 지 벌써 5년째이다.

在中国, **法轮功**被当局镇压已经近五个年头了。

삼강오륜 三綱五倫 **三纲五伦**

군위신강 君爲臣綱 **君为臣纲**

부위자강 父爲子綱 **父为子纲**

부위부강 夫爲婦綱 **夫为妇纲**

부자유친 父子有親 **父子有亲**

군신유의 君臣有義 **君臣有义**

부부유별 夫婦有別 **夫妇有别**

장유유서 長幼有序 **长幼有序**

붕우유신 朋友有信 **朋友有信**

역경 易經	**易经**
역술	**算命占卜**
관상 觀相	**面相**
사주 四柱	**四柱(算命, 预测)**

사주란 사주간지를 통해 과거·현재·미래의 삶을 알아내고 예측하는 것이다.
四柱预测以四柱干支为载体, 寻找过去、现在和将来的人的活动生存信息。

수상 手相	**手相**

주역 팔괘를 사람의 얼굴 형상에 적용하여 점을 치는 것을 관상이라 하고, 손바닥에 적용하여 점을 치는 것을 수상이라고 한다.
将周易八卦用于人之面部形体进行预测是为观面相, 用于手掌预测是为观**手相**。

유교 儒敎	**儒教**
공자 孔子	**孔子**
기대승 奇大升	**奇大升**
사서삼경 四書三經	**四书三经**

그녀는 어릴 때부터 서당에서 중국 고대 『사서삼경』(사서 : 대학·논어·맹자·중용, 삼경 : 시경·서경·주역)을 읽었다.
她从小上学堂就学中国古代的《**四书三经**》(《四书》: 大学·论语·孟子·中庸, 三经 : 诗经·书经·周易)。

대학 大學	**大学**
논어 論語	**论语**
맹자 孟子	**孟子**
중용 中庸	**中庸**
시경 詩經	**诗经**
서경 書經	**书经**
주역 周易	**周易**
주자 朱子	**朱子**
춘추 春秋	**春秋**
효경 孝經	**孝经**
음양오행설 陰陽五行說	**阴阳五行说**

음양오행설의 기원에 대해 학계에서도 아직 정설이 확립되지 못했다.
关于**阴阳五行说**的起源, 学术界至今尚未有定论。

태극 太極	**太极**
팔괘 八卦	**八卦**
제자백가 諸子百家	**诸子百家**
풍수지리 風水地理	**风水地理**

풍수지리를 따진다.

讲究“**风水地理**”。

12지신 12生肖	
자	鼠
축	牛
인	虎
묘	兔
진	龙
사	蛇
오	马
미	羊
신	猴
유	鸡
술	狗
해	猪

07 행정 行政

행정 行政

광역 자치 단체 廣域自治團體　**省级地方政府, 广域自治体**
기초 자치 단체 基礎自治團體　**省级以下的地方政府, 基础自治体**
중앙 정부 中央政府　**中央政府**
중앙 집권 체제 中央集權體制　**中央集权制**
지방 분권 체제 地方分權體制　**地方分权制**

최근 프랑스는 지방 분권 체제 국가의 교육 관리 노하우를 받아들여 일부 권한을 지방으로 이양했다.
近年来, 法国借鉴**地方分权制**国家的教育管理经验, 将部分权利下放给地方。

지방 분권화 地方分權化　**地方分权化**
권한 이양 權限移讓　**下放权力, 转授权力**

물론 이와 같은 권한 이양을 위해 절차상의 규정과 실체법이 마련되어야 한다.
当然这种**转授权力**, 要制定一套完整的程序和实体法规。

행정 기능 분산 行政機能分散　**行政职能分权, 划分行政职能, 行政职能下放**

정부의 일부 행정 기능을 중앙에서 지방으로 분산시킨다.
将部分政府**行政职能**由中央政府**下放**到地方政府。

행정 기능 이전 行政機能移轉　**行政职能转移**
지방 의회 地方議會　**地方议会**

북아일랜드 지방 의회 선거가 올가을에 있을 예정이다.
北爱尔兰**地方议会**选举将在今年秋天举行。

지방 자치 단체 地方自治團體　**地方政府, 地方自治体**
자치 단체장 地方團體長　**地方政府领导**
지방 자치제 地方自治制　**地方自治制**
자치구 自治區　**自治区**
행정 구역 行政區域　**行政区域**
— **개편** 改編　**调整**

행정 구역 개편으로 많은 농촌 지역이 도시 건설 계획에 포함되었다.
行政区域调整, 使较多的乡村纳入城市建设规划。

민원 사무 民政事务

민원 民願 **民政事务, 群众信访**

  민원 창구 民願窓口 **民政事务处**

민원 업무 民願業務 **民政工作**

  서류 발급 書類發給 **签发文件**

  수입 인지 收入印紙 **税收印花**

  전출입 신고 轉出入申告 **住址变更, 地址变更**

  출생 신고 出生申告 **出生登记**

  혼인 신고 婚姻申告 **婚姻登记**

혼인 신고는 전통적인 민원 업무이다.
婚姻登记是一项传统的民政工作。

본적 本籍 **原籍, 籍贯**

운전면허 運轉免許 **驾驶执照**

  국제 면허증 國際免許證 **国际驾照, 国际驾驶执照**

중국이 아직 UN '도로교통협약'에 가입하지 않았기 때문에 중국 대륙에서 국제 면허증은 인정받지 못한다.
因为中国政府尚未在联合国 "道路交通公约"上签字, 所以大陆地区不承认**国际驾驶执照**。

  운전면허 시험장 運轉免許試驗場 **驾照考场**

자동차 민원 自動車民願 **有关机动车的民政事务**

  자동차 등록증 自動車登錄證 **机动车登记证书**

주민 등록 住民登錄 **户口, 住民登录**

  도장 圖章 **印章**

  인감 증명서 印鑑證明書 **印鉴证明书**

  주민 등록 등본 住民登錄謄本 **户口副本, 住民登录证核证副本**

  주민 등록 번호 住民登錄番號 **户口号码, 住民登录证号码**

  주민 등록증 住民登錄證 **户口本, 住民登录证**

불법 전입, 주민 등록증(신분증) 위조 혐의로 하이난성에서 대입에 응시한 외지 학생 18명의 응시 자격이 박탈되었다.
因非法入户, 伪造**户口**或**身份证**等原因, 18名来海南参加高考的省外借读生被取消了今年高考资格。

주민 소송제 住民訴訟制 **居民上诉, 居民诉讼**

주민 소송제는 전후 일본이 미국의 '납세자 소송제'를 본떠 만든 주민 참정 제도이다.
居民诉讼是日本战后模仿美国的 "纳税人诉讼" 建立起来的居民参政制度。

토지 등기 土地登記 | **土地登记证书**
토지 등기부 등본 土地登記簿謄本 | **土地登记证书副本**
행정 서비스 | **行政服务**
호적 戶籍 | **户籍**
호적 등본 戶籍謄本 | **户籍副本**
승인 신청서를 제출하면서 호적 등본도 함께 제출해주십시오.
提出认定申请书的同时, 请一并提出**户籍副本**。

도시 행정 城市行政

도시 계획 都市計劃 | **城市规划**
도시 공학 都市工學 | **城市工程**
도시 재개발 都市再開發 | **旧城改建, 市区重建**
도시 재개발이란 구도심에 대한 토지 이용의 최적화, 인프라 정비 등의 건설 사업을 뜻한다.
旧城改建是对城市旧区进行的优化城市用地布局, 改善和更新基础设施等的建设活动。
도시 재생 都市再生 | **市区重修**
서울연구원(The Seoul Institute) | **首尔研究院**
도시 공동화 都市空洞化 | **城市中心空洞化, 城市空心化**
도시 공동화 현상이 나타났다.
出现了**城市中心的空洞化**。
도시 교통 억제 정책 都市交通抑制政策 | **城市交通控制政策**
버스 전용 차선 | **公交车专用道**
혼잡 통행료 混雜通行料 | **交通拥挤费, 道路拥挤费**
혼잡 통행료 징수는 베이징 교통 혼잡 해결을 위한 조치의 일환이다.
征收**道路拥挤费**是解决北京交通拥挤的措施之一。
☞ 19. 교통의 <도시 교통> 참조.
도시 인구 都市人口 | **城市人口**
과밀 현상 過密現象 | **人口过密**
신흥 주거지 건설은 구(舊)도시 인구 과밀을 해소하게 된다.
新兴住宅区的建设能够逐步解决旧城**人口过密**问题。
수도권 집중 억제 정책 首都圈集中抑制政策 **CRCCP(Capital Region Concentration Control Policy)** | **首都圈集中化现象控制政策**
유동 인구 流動人口 | **流动人口**
인구 유입 人口流入 | **人口流入**

인구 집중 人口集中 **人口集中**

도시화 都市化 **城市化**

도심 都心 **城市中心区, 市中心**

빈민가 貧民街 **贫民区**

도시 빈민가 주민들의 생활의 질을 적극적으로 개선해야 한다.
应积极改善城市**贫民区**居民的生活质量。

시내 市內 **市中心, 内城区**

외곽 지역 外廓地域 **城市外围, 域郊区**

도시 확산 都市擴散 **城市扩展**

도시 환경 都市環境 **城市环境**

환경미화원 環境美化員 **清洁员, 卫生清洁工**

도청 소재지 道廳所在地 **道厅所在地**

강원도 행정 구역은 7개 시, 11개 군으로 나뉘며 도청 소재지는 춘천이다.
江原道行政区划为7市, 11郡, **道厅所在地**为春川。
☞ 도청 소재지는 중국의 **省会**에 해당된다.

서울특별시청 **首尔特别市厅**

서울시청 **首尔市厅**

수도 首都 **首都**

수도권 광역 도시 계획 首都圈廣域都市計劃 **首都圈广域都市计划**

수도권 首都圈 **首都圈**

신도시 新都市 **新城, 新城镇**

뉴욕 시 주변 외곽에 주거·쇼핑·엔터테인먼트 등의 기능을 갖춘 신도시를 세운다.
在纽约周边郊区建立具备居住、购物、娱乐等城市功能的**新城镇**。

조경 사업 造景事業 **城市园林绿化, 城市绿化**

근린공원 近隣公園 **街区公园, 社区公园**

그들은 현재 동네 주변 녹지대를 이용하여 근린공원을 조성하고 있다.
他们现在正利用社区周边的绿化带, 把它建成**社区公园**。

녹지 조성 綠地造成 **绿化建设**

X시는 '도시녹화표준'에 따라 녹지 조성에 박차를 가하여, 매년 녹지 200만m^2를 확충하고 있다.
X市严格按照"国家园林城市标准", 加大园林**绿化建设**力度, 争取每年扩绿200万平方米。

주차난 駐車難 **停车难**

거주민 우선 주차제 居住民優先駐車制 **巷道居民优先停车制度**

행정 수도 이전 行政首都移轉 **搬迁/迁移行政首都, 迁都**

신행정 수도 건설 특별법 新行政首都建設特別法 **新行政首都特别法**

환경 복원 사업 環境復原事業 **生态环境建设, 生态环境修复工程**

청계천 복원 清溪川復原 **清溪川复原工程**

2003년 7월 1일 청계천 복원 공사가 착공되면서 청계고가도로가 철거되었다.
2003年7月1日, **清溪川复原工程**正式动工, 清溪高架公路被拆除。

정부 政府

공공 정책 公共政策 **公共政策**

정책 시행 政策施行 **实施政策, 执行政策**

정책 입안 政策立案 **创建政策议程**

정책 입안자 政策立案者 **政策议程创建者**

정책 조율 政策調律 **政策协调**

공무원 公務員, **공직자** 公職者 **公务员**

고위 공무원 高位公務員, **고위 공직자** 高位公職者 **高级公务员, 高级官员**

일선 공무원 一線公務員 **基层公务员**

정치적 임명직 政治的任命職 **政治任命官, 政务官**

직업 공무원 職業公務員 **职业文官, 事务官**

미국 공무원은 정치적 임명직과 직업 공무원 두 부류로 구분된다.
美国的公务员分为**政治任命官**和**职业文官**两类。

하위직 공무원 下位職公務員 **低级公务员**

행정 고시 行政考試 **公务员考试**

공직자 윤리법 公職者倫理法 **公务员伦理法, 公务员行为规范**

관료 官僚 **官僚**

관료 조직 官僚組織 **官僚组织**

기술 관료 技術官僚 **技术官员, 技术官僚**

관료주의 官僚主義 **官僚主义**

관료주의는 상급 기관에서 범하기 쉬운 정치적 증후군이다.
官僚主义是领导机关最容易犯的一种政治病症。

관존민비 官尊民卑 **官尊民卑**

무사안일 無事安逸 **贪图安逸**

일부 간부 사이에 무사안일 풍조가 생겨나고 있으며 공금을 유용하여 과소비를 즐기는 이들도 있다.

少数干部中滋长着**贪图安逸**的现象, 有的拿公款搞高消费。

대한민국 행정부 조직표 大韩民国行政机构组成(2022년 현재)	
대통령 总统	
대통령비서실	总统秘书室
국가안보실	国家安保室
대통령경호처	总统警护处
대통령 직속기관 总统直属机构	
국가정보원	国家情报院
감사원	监查院
방송통신위원회	放送通信委员会
대통령 자문위원회 总统顾问委员会	
국가안전보장회의	国家安全保障会议
민주평화통일자문회의	民主和平统一顾问会议
국민경제자문회의	国民经济顾问会议
국가과학기술자문회의	国家科学技术顾问会议
독립위원회 独立委员会	
국가인권위원회	国家人权委员会
고위공직자 범죄수사처	高级公职人员犯罪调查处
국무총리 国务总理	
국무조정실	国务调整室
국무총리비서실	总理秘书室
국가보훈처	国家报勋处
인사혁신처	人事革新处
법제처	法制处
식품의약품안전처	食品医药品安全处
공정거래위원회	公正交易委员会, 公平交易委员会
금융위원회	金融委员会
국민권익위원회	国民权益委员会
개인정보보호위원회	个人情报保护委员会, 个人信息保护委员会
원자력안전위원회	核能安全委员会

정부부처 및 산하기관 政府部门及下属机构	
기획재정부	企划财政部
국세청	国税厅
관세청	关税厅
조달청	采购厅
통계청	统计厅
교육부	教育部
과학기술정보통신부	科学技术情报通信部
외교부	外交部
통일부	统一部
법무부	法务部
검찰청	检察厅
국방부	国防部
병무청	兵务厅
방위사업청	防卫事业厅
행정안전부	行政安全部
경찰청	警察厅
소방청	消防厅
문화체육관광부	文化体育观光部
문화재청	文化财厅, 文物厅
농림축산식품부	农林畜产食品部
농촌진흥청	农村振兴厅
산림청	山林厅
산업통상자원부	产业通商资源部
특허청	特许厅, 专利厅
보건복지부	保健福祉部
질병관리청	疾病管理厅
환경부	环境部
기상청	气象厅
고용노동부	雇佣劳动部
여성가족부	女性家族部

국토교통부	国土交通部
행정중심복합도시건설청	行政中心复合城市建设厅
새만금개발청	新万金开发厅
해양수산부	海洋水产部
해양경찰청	海洋警察厅
중소벤처기업부	中小创投企业部

국가 원수 國家元首 **国家元首, 国家领导, 国家首脑**

국무총리 國務總理 **国务总理**

국장 局長 **局长**

국제투명성기구 國際透明性機構(TI) **国际透明组织, 透明国际**

최근 세계적인 반부패 기구인 '국제투명성기구'에서 금년도 세계 부패지수를 발표했다.

最近, 世界著名反腐败组织 "**透明国际**" 发布了今年度全球行贿指数报告。

반부패국민연대 反腐敗國民連帶 **反腐败国民联盟**

부패체감지수 腐敗體感指數(CPI) **腐败感知指数, 清廉指数**

내각 內閣 **内阁**

각료 閣僚 **阁员**

각료를 임명하다.

任命**阁员**。

개각 改閣 **改阁**

재야 내각 在野內閣 **影子内阁, 在野内阁**

블레어는 1988년부터 1994년까지 재야 내각의 에너지·노동·내무장관을 지냈다.

布莱尔1988至1994年历任**影子内阁**能源、就业、内政大臣。

재야 내각(Shadow Cabinet, 影子內閣)이란?

야당이 정권 획득에 대비하여 예정해두는 내각. 양대(兩大) 정당제가 발달되어 있는 영국에서는 야당이 정권 획득에 대비하여 수상 이하 각 각료로 예정된 멤버를 정해둔다. 그리고 정권을 획득하면 그 멤버가 내각을 구성한다. 이를 섀도 캐비닛, 즉 재야 내각이라 한다. 이런 제도가 발족된 것은 1876년부터이며, '섀도 캐비닛'이라는 말은 1907년 영국 보수당의 체임벌린이 최초로 사용했다.

대통령 大統領 **总统**

단임 單任 **单任, 单任制总统任期制度**

5년 임기의 단임제.

以5年为一个轮回的**单任制总统任期制度**。

연임 連任 连任
전 대통령 前大統領 前任总统
취임 就任 总统就职
취임식 就任式 总统就职典礼, 总统就职大典
새 대통령이 선출될 때마다 대통령 취임식을 거행한다.
每当新总统当选后, 便要举行**总统就职典礼**。
대통령실 大統領室 总统室,总统办公室
비서실 秘書室 秘书室
비서실장 秘書室長 秘书室长, 秘书室主任
부정부패 不正腐敗 腐败, 贪污腐败
중국 정부는 적극적으로 반부패 투쟁에 나섰다.
中国政府积极展开反**腐败**斗争。
뇌물 수수 賂物授受 受贿, 行贿
조사 과정에서 다른 병원 책임자의 뇌물 수수 혐의도 포착되었다.
在审查中发现, 还有其他医院负责人有**受贿**嫌疑。
부정 不正 非法行为, 不正当行为
부패 척결 腐敗剔抉, 반부패 反腐敗 反腐败工作, 反腐败斗争
비리 非理 失当行为, 过错行为
비자금 秘資金 秘密资金
사임 辭任 辞职
사표 辭表 辞职信, 辞呈
인준 認准 国会的同意, 批准
임명 任命 任命
신임 新任 新任
임기 任期 任期
전임자 前任者 前任
전직 前職 前任
현직 現職 现任
후임자 後任者 后任, 继任者
장관 長官 长官, 部长
새로 취임한 대통령은 국무총리와 장관을 임명했다.
新上任的总统任命了总理和**部长**。
장관의 직책 部长(长官)的职责
정무 장관 政務長官 政务长官

정무 장관(Minister without Portfolio, 政务长官)이란?

원(院)·부(部)·처(處)의 장관이 아닌 국무위원. 종전에는 '무임소 장관(無任所長官)' 또는 '무임소 국무위원'으로 지칭했다. 국무회의에서 정무 장관은 다른 행정 각 부 장관인 국무위원과 동일한 지위에서 국무를 심의하며 그 수는 2인 이내이다.

전자 정부 電子政府 **电子政府**

전자 정부 구현 이후 정책에 대한 신속한 피드백을 통해 정부의 업무 효율이 대폭 향상되었다.

组建**电子政府**之后, 通过对政策的及时反馈, 大大提高了政府的办公效率。

전자 구매 電子購買 **电子采购**

'종합 전자 구매 시스템'의 목표는 효율 향상, 경비 절약, 투명성 제고, 표준화된 조달 시스템의 구축이다.

"国家综合**电子采购**系统"的目的是提高效率、节约经费、增加透明度、建立标准化采购体系。

전자 민원 電子民願 **电子民政**

종이 없는 정부 **政府无纸化办公, 无纸化政府(电子政府)**

G4C 서비스 **面向公众的服务, 公众导向服务**

G4C(Government for Citizen, 公众导向服务)란?

'시민(국민)을 위한 정부'라는 의미이다. 행정안전부는 G4C사업으로 인터넷 사이트 정부24(www.gov. kr/portal/main)에서 행정 기관이 보유한 민원 업무에 대한 안내, 신청, 열람 서비스를 제공하고 있다. 2003년 10월부터는 토지(임야)대장, 개별 공시지가 확인원 등 3종의 민원 서류에 대한 인터넷 발급 서비스도 실시하고 있으며 현재는 국민들이 가장 많이 발급받는 주민등록등·초본 등 민원 서류에 대한 인터넷 발급 서비스까지 확대했다. 또한 행정 기관간에 주민등록, 토지대장, 호적 등 행정 정보를 공유함으로써 국민들이 행정 기관에서 발급받은 제증명 서류를 다른 행정 기관에 민원 구비 서류로 제출하지 않도록 하고 있다. 이러한 서비스를 통해 국민들이 행정 기관을 직접 방문할 필요성이 대폭 감축되고, 행정 기관 민원 부서의 업무량이 경감되었다.

정부 출연 기관 政府出捐機關 **政府资助机构**

정부 출자 기관 政府出資機關 **政府出资机构**

정부 투자 기관 政府投資機關 **政府投资机构**

준정부 기관 準政府機關 **准政府组织, 半官方组织**

외국의 국유 기업은 준정부 기관으로 국유 기업 직원은 정부의 공무원이다.

在国外, 国有企业是**准政府组织**, 企业员工列入政府的公务员系列。

주요 공공 기관 主要公共机构	
공무원연금공단	公务员年金公团
건강보험심사평가원	健康保险审查评价院
국립공원공단	国立公园公团
국립생태원	国立生态园
국민건강보험공단	国民健康保险公团
국민연금공단	国民年金公团
국민체육진흥공단	国民体育振兴公团
근로복지공단	勤劳福祉公团
기술보증기금(KOTEC)	技术担保・保证基金, 科技担保基金
NH농협	NH农协
대한무역투자진흥공사(KOTRA)	大韩贸易投资振兴公社
대한상사중재원	大韩商事仲裁院
대한석탄공사	大韩煤矿公社
대한송유관공사	大韩送油管公社
도로교통공단	道路交通公团
사립학교교직원연금공단	私立学校校职员年金公团
KDB산업은행	KDB韩国产业银行
새마을금고중앙회	新村金库中央会
소상공인시장진흥공단	小商工人市场振兴公团
수산업협동조합중앙회	水产业协同组合中央会
신용보증기금	信用保证基金
여수광양항만공사	丽水光阳港湾公社
예금보험공사	存款保险公社
울산항만공사	蔚山港湾公社
인천국제공항공사	仁川国际空港公社
전력거래소	电力交易所
주택도시보증공사	住宅城市保证公社
중소벤처기업진흥공단	中小风险企业振兴公团
중소기업협동조합	中小企业协同组合
축산물품질평가원	畜产物品质评价院

한국가스공사	韩国煤气公社
한국가스안전공사	韩国煤气安全公社
한국거래소	韩国交易所
한국공항공사	韩国空港公社
한국관광공사	韩国观光公社
한국광해광업공단	韩国矿害矿业公团
한국교육학술정보원	韩国教育学术情报院
한국교통안전공단	韩国交通安全公团
한국국토정보공사	韩国国土情报公社
한국농수산식품유통공사	韩国农水产食品流通公社
한국농어촌공사	韩国农渔村公社
한국도로공사	韩国道路公社
한국마사회	韩国马事会
한국무역보험공사	韩国贸易保险公社
한국방송공사(KBS)	韩国放送公社
한국방송광고진흥공사	韩国放送广告振兴公社
한국보훈복지의료공단	韩国报勋福祉医疗公团
한국부동산원	韩国不动产院
한국산업기술진흥원	韩国产业技术振兴院
한국산업단지공단	韩国工业园区公团
한국산업인력공단	韩国产业人力公团
한국석유공사	韩国石油公社
한국석유관리원	韩国石油管理院
한국소비자원	韩国消费者院
한국수력원자력	韩国水力核能
한국수산자원공단	韩国水产资源公团
한국수자원공사(K-water)	韩国水资源公社
한국수출입은행	韩国输出入银行
한국에너지공단	韩国能源公团
한국에너지기술평가원	韩国能源技术评价院
한국연구재단	韩国研究财团

한국원자력안전기술원	韩国核能安全技术院
한국인터넷진흥원	韩国互联网振兴院
한국장애인고용공단	韩国残疾人雇佣公团
한국전기안전공사	韩国电气安全公社
한국전력공사	韩国电力公社
한국조폐공사	韩国造币公社
한국중부발전	韩国中部发电
한국지역난방공사	韩国地域暖房公社
한국철도공사	韩国铁道公社
한국청소년상담복지개발원	韩国青少年相谈福祉开发院
한국토지주택공사	韩国土地住宅公社
한국해양수산개발원	韩国海洋水产开发院
한국환경공단	韩国环境公团

정부 출연 연구 기관 政府资助研究机构	
KDI국제정책대학원	KDI国际政策大学院
건축공간연구원	建筑空间研究院
과학기술정책연구원	科学技术政策研究院
국가기술표준원	国家技术标准院
국가보안기술연구소	国家保安技术研究所
국가핵융합연구소	国家核融合研究所
국립농업과학원	国立农业科学院
국립수산과학원	国立水产科学院
국립해양조사원	国立海洋调查院
국방과학연구소	国防科学研究所
국제금융센터	国际金融中心
국토연구원	国土研究院
녹색기술센터	绿色技术中心
대외경제정책연구원	对外经济政策研究院
산업연구원	产业研究院
세계김치연구소	世界辛奇研究所

안전성평가연구소	安全性评价研究所
에너지경제연구원	能源经济研究院
원자력병원	原子力医院
육아정책연구소	育儿政策研究所
전력연구원	电力研究院
정보통신산업진흥원	情报通信产业振兴院
정보통신정책연구원	情报通信政策研究院
통일연구원	统一研究院
한국개발연구원	韩国开发研究院
한국건설기술연구원	韩国建设技术研究院
한국경제연구원	韩国经济研究院
한국과학기술연구원(KIST)	韩国科学技术研究院
한국과학기술정보연구원(KISTI)	韩国科学技术情报研究院
한국과학기술원(KAIST)	韩国科学技术院
한국과학기술기획평가원	韩国科学技术企划评价院
한국교육개발원	韩国教育开发院
한국교육과정평가원	韩国教育课程评价院
한국교통연구원	韩国交通研究院
한국국방연구원	韩国国防研究院
한국금융연구원	韩国金融研究院
한국기계연구원	韩国机械研究院
한국기초과학지원연구원	韩国基础科学支援研究院
한국노동연구원	韩国劳动研究院
한국농촌경제연구원	韩国农村经济研究院
한국문화관광연구원	韩国文化观光研究院
한국법제연구원	韩国法制研究院
한국보건사회연구원	韩国保健社会研究院
한국생명공학연구원	韩国生物工程学研究院
한국생산기술연구원	韩国生产技术研究院
한국생산성본부	韩国生产性本部
한국스포츠정책과학원	韩国体育政策科学院

한국식품연구원	韩国食品研究院
한국언론진흥재단	韩国言论振兴财团
한국에너지기술연구원	韩国能源技术研究院
한국여성정책연구원	韩国女性政策研究院
한국연구재단	韩国研究财团
FITI시험연구원 * 한국원사직물시험연구원	FITI测试研究院 * 原韩国原丝织物试验研究院
한국원자력안전기술원	韩国原子力安全技术院
한국원자력연구원	韩国原子力研究院
한국자동차연구원	韩国汽车研究院
한국재료연구원	韩国材料研究院
한국전기연구원	韩国电气研究院
한국지능정보사회진흥원	韩国智能情报社会振兴院
한국전자통신연구원	韩国电子通信研究院
한국정보기술연구원	韩国情报技术研究院
한국조세재정연구원	韩国租税财政研究院
한국지방행정연구원	韩国地方行政研究院
한국지질자원연구원	韩国地质资源研究院
한국직업능력연구원	韩国职业能力研究院
한국천문연구원	韩国天文研究院
한국철도기술연구원	韩国铁道技术研究院
한국청소년정책연구원	韩国青少年政策研究院
한국표준과학연구원	韩国标准科学研究院
한국한의학연구원	韩国韩医学研究院
한국항공우주연구원	韩国航空宇宙研究院
한국해양과학기술원	韩国海洋科学技术院
한국해양수산개발원	韩国海洋水产开发院
한국핵융합에너지연구원	韩国核聚变能源研究院
한국행정연구원	韩国行政研究院
한국형사・법무정책연구원	韩国刑事・法务政策研究院
한국화학연구원	韩国化学研究院

한국환경연구원	韩国环境研究院
지방자치단체 출연 연구 기관 地方政府资助研究机构	
강원도여성가족연구원	江原道女性家庭研究院
강원연구원	江原研究院
경기도여성가족재단	京畿道女性家庭财团
경기연구원	京畿研究院
경남연구원	庆南研究院
고양시정연구원	高阳市研究院
대구경북연구원	大邱庆北研究院
대전세종연구원	大田世宗研究院
부산여성가족개발원	釜山女性家庭开发院
서울기술연구원	首尔技术研究院
서울연구원	首尔研究院
수원시정연구원	首尔市研究院
인천여성가족재단	仁川女性家庭财团
전남여성가족재단	全南女性家庭财团
전북연구원	全北研究院
제주연구원	济州研究院
충남연구원	忠南研究院
충북연구원	忠北研究院

차관 次官　　**次官, 副部长**

차관보 次官補　　**次官辅, 次官助理**

행정 수반 行政首班　　**政府领导**

행정 실책 行政失策　　**行政管理不善, 行政失误**

미봉책 彌縫策　　**权宜之计**

농촌 출신 노동자에 대한 임시적인 임금 인상은 고용주의 미봉책일 뿐이다.
暂时提高农民工的工资, 只是雇主的**权宜之计**。

졸속 행정 拙速行政　　**草卒行政**

대통령실 조직 总统室下设机构(2022년 현재)

재정 财政

공공 지출 公共支出 **公共开支**

선진국의 공공 지출 규모가 대폭 증가해 GDP에서 차지하는 비중이 27%에서 48%로 높아졌다.

发达国家的**公共开支**大幅增加，在国内生产总值中所占比重由27%上升到48%。

재량적 재정 정책 裁量的財政政策 **自由裁量的财政政策**

재량적 재정 정책이란 기획재정부가 자율적으로 정부의 지출과 조세를 조절하는 것으로 충분한 고용 실현과 물가 안정에 목적이 있다.

自由裁量的财政政策：由政府的企划财政部自由操作政府的支出和租税，目的在促进充分就业和价格稳定。

재량적 지출 裁量的支出 **可自由支配的开支**

기획재정부 企劃財政部 **企划财政部**

한국 국방부는 기획재정부에 2021년도 국방비 예산안을 제출했다.

韩国国防部向**企划财政部**提交了2021年度国防预算案。

예산 豫算 **预算**

— **조기 집행** 早期執行 **提前执行预算**

한국 정부는 상반기에 예산의 64%를 조기 집행하여 연내 6% 성장 목표를 달성할 계획이다.

韩国政府拟定上半年**提前执行预算**64%以期实现年内6%的增长目标。

— **집행** 執行 **执行预算**

톈진 시 감사원은 2021년 시 예산 집행 감사 결과를 발표했다.

天津市审计部门向公众公布了2021年市级**预算执行**审计情况。

— **책정** 策定 **制定预算，制订预算**

— **편성** 編成 **编制预算**

예산안 豫算案 **预算案**

일반 회계 一般會計 **普通会计，一般会计**

재정 건전성 財政健全性 **财政健全，财政健全程度**

X부처에서는 주로 재정 건전성 확보를 위한 예산 편성 절차와 원칙에 대해 연구한다.

X部门主要研究应该采用什么样的预算编制程序及规则，以确保**财政健全**。

재정 상태 財政狀態 **财政情况，财政状况**

균형 예산 均衡豫算 **平衡预算**

예산 적자 豫算赤字 **预算赤字**

금년도 미국 예산 적자 규모는 사상 최대치인 4,200억 달러에 달할 것이다.

美国今年的**预算赤字**总额将达创记录的4200亿美元。

재정 적자 財政赤字 **财政赤字**

신화사는 2021년도 중앙 정부 재정 적자에 대해 심층 분석했다.
新华社就2021年中国中央**财政赤字**进行了分析解读。

적자 예산 赤字豫算 **赤字预算**

흑자 예산 黑字豫算 **盈余预算**

재정 운용 財政運用 **财政管理**

재정 수요 財政需要 **财政需求**

재정 수입 財政收入 **财政收入**

재정 지출 총액 財政支出總額 **财政开支总额**

준재정 활동 準財政活動 **准财政活动**

준재정 활동이란 중앙 은행 혹은 국유 은행이 수행하는 정책 실현을 목적으로 한 정부의 재정 거래를 말한다.
准财政活动指由中央银行或国有银行采取的，旨在实现政府政策目标的财政交易。

총수입 總收入 **总收入**

재정 정책 財政政策 **财政政策**

긴축 재정 정책 緊縮財政政策 **紧缩性财政政策**

발생주의 예산 發生主義豫算 **权责发生制预算**

사업 예산 제도 事業豫算制度 **事业项目预算，事业单位预算**

성과주의 예산 제도 成果主義豫算制度 **绩效预算，以绩效为基础的预算制度**

성과주의 예산 제도(Performance Based Budget, 绩效预算)란?

정부 각 기관의 기본 업무와 중장기 전략 목표를 달성하기 위해 예산 사업의 성과 목표와 달성 방법을 제시하고 예산 당국이 매년 성과 결과를 평가해 다음 회계연도에 반영하는 제도를 말한다. 1913~1915년 미국 뉴욕시정연구회가 뉴욕시 리치먼드에서 시행한 원가 예산제(cost data budget)에서 유래했다.

총액 예산제 總額豫算制 **总额预算制**

통합 재정 統合財政 **财政综合预算**

우리 시 통합 재정 관리 제도의 정비를 위해…….
为进一步规范和完善我市**财政综合预算**管理……。

항목별 예산제 項目別豫算制 **项目预算**

확대 재정 정책 擴大財政政策 **扩张性财政政策**

1998년 아시아 금융 위기가 전 세계 경제에 파장을 가져온 이후 중국은 줄곧 확대 재정 정책을 실시하고 있다.
1998年亚洲金融风暴对全球经济威胁日益明显后，中国就一直推行**扩张性财**

政政策。

정부 예산 政府豫算 **政府预算**

중국은 지금 정부 예산 제도 개혁을 추진하고 있다.

中国当前正在进行**政府预算**制度改革。

추가 경정 예산 追加更正豫算 **增补预算案**

일본 집권 자민당의 정책 담당자는 경제 회복을 위해 정부가 추가 경정 예산안을 검토할 가능성이 있음을 내비쳤다.

日本执政自民党的政策负责人日前暗示, 为了支持经济复苏, 政府可能会考虑草拟制订**增补预算案**。

특별 회계 特別會計 **特别会计**

조세 租稅

과세 소득 課稅所得 **应纳税收入**

소득세 산출 시 일부 지출은 과세 소득에서 공제된다.

在估算所得税时, 有些费用支出可以从**应纳税收入**中扣除。

과세 표준 課稅標準 **课税标准**

세율 및 과세 표준에 대한 정부의 조정이 이루어지지 않은 상황에서…….

政府在未对税率和**课税标准**进行调整的情况下……。

국세 國稅 **国税**

국세청 國稅廳 **国税厅**

납세 의무 納稅義務 **纳税义务**

과세 소득 세액 課稅所得稅額 **应缴所得税额**

결정 세액 決定稅額 **应缴税额**

납부 세액 納付稅額 **应纳税额**

체납 세액 滯納稅額 **滞纳税款**

납세자가 정해진 기한 내에 세금을 납부하지 않는 경우 세무 당국은 기한 내 납부를 명령하고 체납일을 기준으로 매일 0.05%의 체납세를 부과한다.

纳税人未按照规定期限缴纳, 税务机关除责令限期缴纳外, 从滞纳税款之日起, 按日加收**滞纳税款**0.05%的滞纳金。

납세자 納稅者 **纳税人**

납세 상품 納稅商品 **应税产品**

혈세 血稅 **苛税, 苛刻繁重的赋税**

면세 免稅 **免税**

명목세 名目稅 **名义税收**

국내 세수 정책에 대해 재계와 학계는 불만이다. 그들은 명목 세율이 지나치게 높다고 주장한다.
企业界和学界对国内税收政策有意见, 他们主张**名义税收**负担偏高。

목적세 目的稅 **目的税**

세금 稅金 **税款**

계정 과목 計定科目 **科目**

공동 과세 종목 共同課稅種目 **共享税种**

과세 대상 課稅對象 **课税对象**

교차 징수 交叉徵收 **交叉征收**

— **부과** 賦課 **对~进行课税**

유통 단계인 상품에 대해 세금을 부과할 때는 먼저 물품의 성질, 용도, 유통 과정 등을 고려해야 한다.
对流通过程中的商品**进行课税**, 首先应该研究商品的性质及其用途和流转环节等。

세목 稅目 **税种**

세수 稅收 **税收**

경제가 활황일 때는 실업률이 낮아지기 때문에 기업과 개인의 소득이 증가하고 사회 보험의 세수도 증가한다.
在经济高涨时期, 由于失业率下降, 公司和个人所得上升, 社会保险的**税收**增加。

— **징수** 徵收 **征收税款**

시안 세관의 세금 징수 규모는 작년 동기 대비 6.7% 증가한 6억1천만 위안으로 역대 최고 기록을 세웠다.
西安海关**征收税款**6.1亿元, 比去年同期增长6.7%, 创建关以来最好水平。

세금 공제 稅金控除 **减扣税款, 扣除税款**

세금 공제 대상 稅金控除對象 **准予扣除项目**

세금 납부 稅金納付 **缴纳税款**

납부 기한 納付期限 **纳税期限**

납부 기한은 세목의 특성에 따라 결정된다.
纳税期限一般是根据各税种的不同特点而决定。

사업자 등록증 事業者登錄證 **公司注册证, 税务登记证书**

세금 납부 고지서 稅金納付告知書 **纳税通知书**

세금 환급 稅金還給 **退税**

환급률 조정과 함께 환급 절차가 빨라져 기업이 제때에 세금 환급을 받을 수 있게 되었다.
退税率调整的同时, 退税进度有所加快, 企业能及时得到**退税**。

세무 조사 稅務調査 **税务调查, 税收调查**

미국은 줄곧 세무 조사에 치중해왔으며 특히 국제적인 탈세 조사에 역점을 두고 있다.

美国一向注重**税务调查**, 特别着重于国际逃避税的调查工作。

자금 출처 조사 資金出處調査 **资金来源调查**

세액 감면 税額減免 **税款(税收)减免, 减税免税**

납세자는 세액 감면 혜택을 받는 동안 정해진 날짜에 성실하게 납세 신고를 이행해야 하며 세무서에 감면세 현황을 보고해야 한다.

纳税人在享受**减税免税**优惠期间, 应当如实按期进行纳税申报, 向税务机关报告减税免税的情况。

부양가족 공제 扶養家族控除 **供养家属免税额**

자녀 양육비 세액 공제 子女養育費税額控除 **抚育费免税额**

세율 税率 **税率**

누진세 累進税 **累进税**

급여 및 근로 소득 등 소득을 합산하고 법정 감면 및 공제 금액을 뺀 나머지 금액에 대해 누진 세율을 적용하여 징수한다.

对工薪收入、劳务收入等收入合并, 减去法定减免和扣除项目的数额, 就其余额按**累进税**征收。

단일 세율 單一税率 **单一比例税率**

세율표 税率表 **税率表**

역진세 逆進税 **累退税, 递减税**

역진세(Regressive Tax, 累退税)란?

누진세(累進税)와 대립되는 개념이다. 과세 물건의 크기에 따라 상대적 부담을 배분하는 방법에는 비례 세율·누진 세율 및 역진 세율에 의한 3가지 과세 방법이 있다. 과세 물건의 수량 또는 금액을 B, 세율을 R, 조세액을 T로 표시하면 삼자간에는 다음과 같은 관계가 성립한다. B×R=T, 또는 R=T/B ① B의 증가에 따라 R이 변화하지 않으면 비례 세율, ② B의 증가에 따라 R도 증가하면 누진 세율, ③ B의 증가에 따라 R이 적어지면 역진 세율, ④ B의 증가에 따라 R의 증가율이 점차적으로 감소하면 누퇴 세율(累退税率)이라 한다. 현행 세제(税制)에 역진세는 거의 존재하지 않으나, 조세액과 소득과의 관계에서 볼 때 역진적인 관계가 성립하는 조세가 있다. 즉 생활 필수품에 간접세(소비세)를 과하면 소득이 많은 사람이나 적은 사람이나 똑같은 세액을 부담하게 되어 조세 부담률은 저소득자일수록 높아지므로 간접세는 사실상 역진세적 성격을 갖게 된다.

표준 세율 標準税率 **标准税率**

세율 구간 税率區間 **税率范围, 税基, 税收等级**

세제 감면 税制減免 **税收减免**

국가세무총국은 금년도 세제 감면 현황에 대해 7월 전국적으로 일제 조사에 들어갈 예정이다.
国家税务总局将于7月开始对今年的**税收减免**情况进行一次全国性的普查。

과세 면제 課稅免除 **免税**
과세 특례 課稅特例 **税收优惠**
비과세 非課稅 **免税, 免征~税, 免付~税**
세제 감면 기간 稅制減免期間 **免税期**

세제 감면 기간(Tax Holiday, 免稅期)이란?

개발도상국 등이 경제 개발을 위해 투자를 촉진시키려고 법령에 의해 인가된 사업에 대해 일정 기간 동안 일정 소득에 대하여 과세를 면제해주는 제도를 말한다. 법령에 따라 다르지만 인가를 받은 사업체들은 수출에 기여하는 경우가 대부분이다. 지역 경제 활성화나 고용 창출의 목적으로 투자를 유치하는 경우 반드시 수출용 생산이 아니라도 장기간의 세제 감면 기간을 인센티브로 제공한다.

소득세 所得稅 **所得税**
근로 소득세 勤勞所得稅 **工资税, 工薪税**
금융 소득 종합 과세 金融所得綜合課稅 **金融所得综合课税**
불로 소득세 不勞所得稅 **非劳动所得税**
소득 신고 所得申告 **所得申报**

납세자는 관할 세무서에 소득 신고를 한다.
纳税人向当地主管税务机关办理**所得申报**。

간이 세금 계산서 簡易稅金計算書 **简易税单**
세금 계산서 稅金計算書, **세금 영수증** 稅金領收證 **税单**
원천 징수세 源泉徵收稅 **代扣代缴税, 预扣税, 预提税**
원천 과세 源泉課稅 **源泉扣缴**

일본은 원천 징수 규정에 따라 봉급 생활자에 대해 원천 과세를 하며 세무 당국은 이들 수입의 90% 정도를 파악하고 있다.
在日本, 由于根据预提所得税的规定, 对工薪阶层完全是**源泉扣缴**, 他们的所得几乎全部(90%)为税务当局知晓。

이중과세 二重課稅 **双重课税**
일반세 一般稅 **普通税**

WTO 가입 후 중국은 다른 회원국과 마찬가지로 최혜국 대우를 받게 되며 WTO 회원국은 중국 수출 상품에 대해 더 이상 일반세를 징수하지 않는다.
中国加入WTO后, 便和所有的WTO成员国一样充分享受相同的最惠国待遇, WTO各成员国对中国出口产品不再收**普通税**。

조세 부담 租稅負擔 税收负担, 税负

조세 부담률 租稅負擔率 税收负担率

조세 부담률을 통해 조세 부담이 상대적으로 줄어들었는가 여부를 판단한다.
通常以**税收负担率**来衡量是否相对减少了税负。

조세 정책 租稅政策 税收政策

세율 인상 稅率引上 提高税率

세율 인하 稅率引下 降低税率

조세권 租稅權 征税权

조세 제도 租稅制度 税收制度, 税制

조세 피난처 租稅避難處 避税港, 避税天堂

다국적 기업은 어떻게 조세 피난처를 활용하는가?
跨国公司如何利用**避税港**?

조세 피난처(Tax Haven, 避税港, 避税天堂)란?

낮은 소득 세율을 적용해 조세 회피를 꾀하는 기업들이 자금 운용이나 거래 서류 처리 기지로 이용하는 지역 또는 국가. 이런 지역에서는 법인세, 개인 소득세에 대한 원천 과세가 없거나 과세를 한다 해도 세율이 아주 낮다. 조세 피난 지역들은 세제상의 우대 조치뿐만 아니라 외국환 관리법, 회사법 등의 규제가 거의 없고 기업 경영상의 장애 요인이 적은 곳이다. 상당수 다국적 기업들은 카리브해 연안이나 중남미의 조세 피난 지역에 명목 회사 형태의 법인을 설립하여 세금을 회피하거나 자금을 운용하는 수단으로 사용하고 있다.

준조세 準租稅 准税收

중국의 행정 요금은 준조세의 일종으로 세수와 더불어 정부의 수입원이 된다.
在中国行政性收费是一种**准税收**, 它和税收一起构成政府收入。

지방세 地方稅 地方税

세금 종류 税种	
갑근세(갑종근로세)	甲种工薪税, 甲种勤劳所得税
공동시설세	公共设施税
교통세	交通税
근로소득세	工薪税, 工资税, 勤劳所得税
농어촌특별세	农渔村(渔农村)特别税
농지세	耕地税
담배소비세	烟草消费税
도시계획세	城市规划税

도축세	屠宰税
등록세	注册税, 登记税
마권세	赛马税
면허세	牌照税, 执照税
방위세	战争防御税, 防卫税
법인세, 법인소득세	公司税, 公司所得税
부가가치세	增值税
부당이득세	超额利润税
상속세	遗产继承税
소비세	消费税
양도소득세	资本收益税, 转让所得税
유류특소세	油类特别消费税
이자배당소득세	利息收入所得税
이전세	转让税
인지세	印花税
자동차세	车辆税
자본이득세	资本利益税
재산세	财产税
재평가세	重估税
전화세	电话税
종합부동산세	综合房地产税
종합소득세	综合所得税
종합토지세	综合土地税
주민세	居民税
주세	酒税
주식양도차익세	股权转让所得税
증권거래세	证券交易所得税
증여세	赠与税
지역개발세	区域开发税
토지초과이득세	土地超额增值税

특별소비세	特别消费税
판매세	销售税

탈세 脫稅　　**偷税, 偷漏税**

올해 들어 중국의 세무 부처는 집중적으로 부자들의 탈세 혐의를 색출하기 위해 단속을 강화하고 있다.

今年以来, 中国的税务部门加大打击力度, 重点是查找**偷漏税**的富人。

가산세 加算稅　　**罚税**

대만의 한 상장 기업이 투자한 공장이 가산세 800만 위안을 물게 되었다.

一家台湾上市公司投资的工厂, 已被**罚税**八百万元。

토지 개발 土地开发

개발 제한 구역 제도 開發制限區域制度　　**土地开发限制制度, 绿带开发限制制度**

상수원 보호 구역 上水原保護區域　　**水源保护区**

풍치 지구 風致地區　　**风景区**

북에서 남으로, 서에서 동으로, 독특하고도 매력적인 풍치 지구가 끝없이 펼쳐진다.

从北到南, 自西向东分布着数不清各具特色、引人入胜的**风景区**。

그린벨트　　**绿化带, 城市绿化带**

그린벨트 제도를 통해 국민의 생명과 재산에 대한 자연재해의 위협을 최소화한다.

建立**绿化带**制度, 减少自然灾害对国人生命财产所造成的威胁。

— **해제** 解除　　**废除, 取消**

난개발 亂開發　　**乱开发**

지구 온난화, 삼림 남벌, 수자원 오염, 동식물 개체 수 감소 등은 모두 인류가 무리하게 자연 자원을 난개발함으로써 초래된 결과이다.

地球转暖、砍伐森林、水源遭污染、动植物的种类减少等, 所有这些都是人类不合理地**乱开发**自然资源造成的恶果。

농지 農地　　**耕地**

임야 林野　　**林野, 森林**

전답 田畓　　**田地**

토지 감정 평가 土地鑑定評價　　**土地评价, 土地评估**

지가 확정과 토지 감정 평가는 성공적인 도시 개발 전략의 핵심이다.

确定土地价格和进行**土地评估**, 是成功实施城市发展战略至关重要的环节。

토지 개발 土地開發　　**开发土地**

산업 단지 개발 産業團地開發 **开发工业园区**

택지 개발 宅地開發 **开发居住区**

향후 몇 년간 항저우시 택지 개발은 동부와 북부 지역을 중심으로 전개될 것이다.

今后几年, 杭州城市**开发居住区**的重点主要集中在东部和北部。

토지 소유권 土地所有權 **土地所有权**

토지 공개념 土地公概念 **土地公有制**

중국은 사회주의 토지 공개념을 도입하여 토지 소유권과 사용권을 분리했다.

中国对土地所有权, 采取社会主义**土地公有制**, 将土地所有权及使用权分开。

토지 이용 土地利用 **利用土地**

공업 용지 工業用地 **工业用地**

공장 용지 工場用地 **工厂用地**

상업 용지 商業用地 **商业用地**

토지 측량 土地測量 **测量土地**

건설 사업 建筑, 工程项目

공사 기간 工事期間 **施工期, 工程施工期**

구조물 構造物 **建筑物**

안전 검사 安全檢査 **安全检查**

대형 토목 공사 大型土木工事 **大规模土木工程**

국내 대형 토목 공사는 대부분 공공사업인 경우가 많다.

国内**大规模土木工程**多半均属公共工程。

보강 공사 補强工事 **补强工程, 修缮工程**

부실 공사 不實工事 **豆腐渣工程**

사회 간접 자본 社會間接資本 **SOC(Social Overhead Capital)** **社会基础设施**

최근 경제가 빠른 속도로 발전함에 따라 시정부에서는 사회 간접 자본 확충에 박차를 가하고 있다.

近年来, 为适应经济快速发展的需要, 市政府不断加大**社会基础设施**建设力度。

— **확충** 擴充 **扩建社会基础设施**

설계 設計 **设计**

단면도 斷面圖 **横断面图, 断面图**

설계 도면 設計圖面 **设计图**

설계 업체 設計業體 **设计公司, 设计单位**

입면도 立面圖 **立面图**

조감도 鳥瞰圖 鸟瞰图
평면도 平面圖 平面图
시공 施工 施工
도급 업체 都給業體 承包商
치열한 각축을 벌인 끝에 이라크 재건 사업의 주요 도급 업체(주계약자)의 윤곽이 드러났다.
在经过了一番激烈的角逐后, 伊拉克重建工程的主**承包商**终于浮出了水面。
시공 업체 施工業體 施工公司, 施工单位
일괄 도급 계약 一括都給契約 单一责任合同
총괄 시공자 總括施工者 总承包商
하도급 업체 下都給業體 分包商
시공 감리 施工監理 工程施工监理
인프라 사업 基础设施建设项目, 基建项目

BOO, BOT, BOOT, BTO란?

BOO(Build, Own and Operate, 建造-拥有-营运)
사회 간접 자본 시설의 준공과 동시에 사업자에게 시설의 소유권이 인정된다.
BOT(Build, Operate, and Transfer, 建造-拥有-移交)
대부 기간 만료 시 기부 채납. 사회 간접 자본 시설 준공 후 일정 기간 동안 사업자에게 시설의 소유권이 인정되지만 기간 만료 시 시설 소유권이 국가 또는 지방 자치 단체에 귀속된다.
BOOT(Build, Own, Operate and Transfer, 建造-拥有-营运-移交)
BTO(Build, Transfer and Operate, 建造-移交-营运)
선기부 채납. 사회 간접 자본 시설의 준공과 동시에 시설의 소유권이 국가 또는 지방 자치 단체에 귀속되지만 사업자에게 일정 기간의 시설 관리 운영권을 인정한다.

조달 사업 采购事业

공개 입찰 公開入札 公开招标
국제 경쟁 입찰 國際競爭入札 国际竞标
첫 번째 유형은 국제 경쟁 입찰로 대규모 프로젝트 특히 계약금 규모가 크고 전문적이며 기술 수준이 높은 경우가 이에 해당한다.
第一类是**国际竞标**项目, 一般是大型专业项目, 特点是合同额大, 专业性强, 技术含量高。
과업 지시서 課業指示書(TOR) 职权范围

낙찰 落札	**中标, 得标**
종합 낙찰제 綜合落札制	**综合中标制**
최저 낙찰제 最低落札制	**最低价得标, 最低价中标**
네덜란드식 경매	**荷式拍卖**

네덜란드식 경매(Dutch Auction, 荷式拍卖)란?

미리 정해둔 가격에 따라 입찰가가 자동으로 변한다. 일반 경매의 경우에는 시간이 감에 따라 입찰가가 내려가고, 역경매의 경우 입찰가가 올라간다.

우선 협상자 優先協商者 — **首选投标人**

중국 란싱 그룹은 한국 쌍용자동차 인수를 위한 우선 협상자 지위를 잃었다.
中国蓝星集团失去收购韩国双龙汽车**首选投标人**地位。

영국식 경매 英國式競賣 — **英式拍卖**

영국식 경매(English Auction, 英式拍卖)란?

가격·시간·수량 순으로 더 나은 조건을 제시한 입찰자에게 낙찰되는 가장 일반적인 경매 형식이다. 두 입찰자가 같은 가격으로 입찰가를 낸 경우, 먼저 입찰한 입찰자로 낙찰되고, 가격과 시간이 같으면 수량의 과다 여부에 따라 낙찰자가 선정된다.

유찰 流札 — **落标**

평가위원회는 유찰자에게 유찰 이유에 대한 설명, 입찰 서류에 대한 반송을 하지 않는다.
评标委员会不向落标方解释**落标**原因, 不退还投标文件。

입찰 안내서 入札案內書(RFP)	**方案征询书, 投标征询书**
입찰자 入札者, **응찰자** 應札者	**投标者, 投标方, 投标商**
자격 심사 요청서 資格審査要請書(RFQ)	**询价请求, 询价(单)**
정부 조달 政府調達	**政府采购**

정부 조달이란 구체적인 조달 과정을 지칭할 뿐 아니라 조달 정책, 조달 관리에 대한 총칭이다.
政府采购不仅是指具体的采购过程, 而且是采购政策及采购管理的总称。

전자 구매 電子購買	**电子采购**

재난 통제 防灾减灾

구조견 救助犬	**救援犬**
구조대 救助隊	**救援队, 急救队, 救急队**

이란 남부 도시 밤에서 리히터 규모 7의 강진이 발생하여 대규모 사상자가 발생함에 따라 중국 정부는 국제 구조대를 즉각 이란 지진 현장으로 파견했다.
伊朗南部巴姆发生七级强烈地震，造成巨大人员伤亡，中国政府立即派出国际**救援队**赶赴伊地震灾区。

구조 대원 救助隊員 **救助队员，救援队员**
대형 사고 大型事故 **大规模灾难，大型事故**
사망자 수 死亡者數 **死亡人数**
아프가니스탄 북부 지방에서 발생한 지진으로 인한 사망자는 2,047명, 부상자는 8,626명으로 늘었다.
阿富汗北部地区地震造成的**死亡人数**上升到2047人，受伤人数为8626人。

소방청 消防廳 **消防厅**
중앙119구조본부 中央119救助本部 **中央119救助本部**
생존자 生存者 **幸存者，生还者**
소화 消火, **진화** 鎭火 **灭火**
가정용 소화기 家庭用消火器 **家用灭火器**
화재 발생 초기에 가정용 소화기를 불꽃을 향해 분사시키면 진화할 수 있다.
火灾初起时，使用**家用灭火器**对准着火点进行喷射就能将火扑灭。

소방대원 消防隊員 **消防队员**
소방 사다리 **消防云梯，消防云台**
소방차 消防車 **消防车**
소화기 消火器 **灭火器**
소화전 消火栓 **消火栓，消火栓箱**
수색 구조 搜索救助(SAR) **搜救活动**
시신 발굴 屍身發掘 **挖掘尸体**
시신 발굴 작업이 오늘로 마무리 단계에 접어들었다.
挖掘尸体工作今天已经接近尾声。

안전사고 安全事故 **意外事故，安全事故**
안전 수칙 安全守則 **安全规则**
안전 의식 安全意識 **安全意识**
자가용이 늘면서 사람들의 안전 의식도 높아져, 지금은 안전띠의 중요성을 모르는 사람이 거의 없다.
私家车增多了，人们的**安全意识**增强了，现在几乎没有人不知道安全带的重要性。

인위 재난 人爲災難 **人为灾难，人祸，人灾**
자연재해에는 태풍·지진·홍수 등이 있으며 인위 재난에는 폭동·방화·교통 사고 등이 있다.

自然灾难包括台风、地震及洪水泛滥等, 而**人为灾难**包括暴动、纵火及车祸等。
☞ 23. 환경의 <기후> 참조.

자연재해 自然災害 **自然灾害, 自然灾难**
재난안전관리본부 災難安全管理本部 **灾难安全管理本部**
재난 재해 지역 災難災害地域 **灾区**
— **선포** 宣布 **宣布~为灾区**
부시 미 대통령은 허리케인 '이자벨'이 휩쓸고 간 노스캐롤라이나 주와 버지니아 주를 주요 재해 지역으로 선포했다.
美国总统布什**宣布**飓风 "伊莎贝尔" 肆虐的北卡罗莱纳州和弗吉尼亚州大部分地区**为**重**灾区**。
재해 복구 사업 災害復舊事業 **灾区重建工作, 救灾工作**
재해 예방 災害豫防 **防灾**
지진 해일 地震海溢, 쓰나미 **地震海啸**
리히터 규모 **里氏**
수인성 전염병 水因性傳染病 **介水传染病, 水致传染病**
남아시아 지진 해일 피해 지역에 이미 수인성 전염병이 돌고 있다.
南亚大海啸的灾区现已出现**水致传染病**。
수직 단층 垂直斷層 **垂直断层**
지진으로 인해 발생하는 해일을 지진 해일이라고 한다. 그러나 모든 지진이 해일을 동반하지는 않는다. 진원지가 바닷속 10~60킬로미터 깊이이며 수직 단층 운동으로 인한 지진일 때에만 해수가 상승하여 해일이 발생한다.
由地震引起的海啸称之为**地震海啸**。但是, 并不是所有的地震都会导致海啸, 只有当震源位于10~60公里的海洋深处, 而且发生**垂直断层**, 以致海水上涌, 形成海啸。
여진 餘震 **余震**
지진 해일 경보 체계 地震海溢警報體系 **海啸预警体系**
태평양지진해일경보센터(PTWC) **太平洋海啸警报中心**
파고 波高 **浪高, 潮高**
폭풍 해일 暴風海溢 **暴风潮, 暴风海啸**
화산 해일 火山海溢 **火山海啸**
화재 火災 **火灾**
— **경보기** 警報器 **火灾警报(器)**
불꽃놀이용 폭죽 때문에 소방용 경보기가 자주 울린다.
烟花爆竹让**火灾警报器**频频拉响。
— **대피로** 待避路 **紧急出口**

비상구 非常口 安全出口
소방 사업 消防事業 消防工作, 消防控制
화재 예방 火災豫防 预防火灾

공공사업 公共事业

공익 사업 公益事業 公益事宜, 公益事业
공공요금 公共料金 公共性服务收费, 公共性项目收费
물·전기·가스 등 국민들의 생활에 직접적으로 영향을 미치는 공공요금은 명확한 요금 기준이 있어야 한다.
水、电、煤气等直接影响人民生活的**公共性服务收费**, 应有明确的收费标准。
수도 사업 水道事業 水务事业
상수도 사업 上水道事業 给水事业
상수도 시설 上水道施設 给水设施
폐수 처리 시설 廢水處理施設 污水处理设施
도시 하수도 및 폐수 처리 시설의 증·개축은 더 이상 정부의 투자에만 의존할 수 없게 되었다.
对于城市排水和**污水处理设施**的增加及改造已不能仅仅求助于政府的投资。
하수도 사업 下水道事業 排水事业
전기 가스 수도 사업 水电气, 供水供电供气事业
☞ 18. 에너지의 <가스>, <전력> 참조.

체신 사업 邮政事业

국내 우편 國內郵便 国内邮件
등기 우편 登記郵便 挂号邮件
속달 速達 邮件快递
마약상은 싸고 리스크가 적은 속달과 탁송을 이용해 마약을 운반하고 있다.
毒贩利用**邮件快递**和托运物品等成本低、风险小的特点大肆贩运毒品。
우편엽서 郵便葉書 明信片
국제 우편 國際郵便 国际邮件
국제 소포 國際小包 国际包裹, 海外包裹
국제 특급 우편 國際特級郵便 国际特快专递
항공 엽서 航空葉書 航空明信片
항공 우편 航空郵便 航空邮件
만국우편연합 萬國郵便聯合(UPU) 万国邮政联盟

만국우편연합은 유엔 산하 국제 우편 관련 담당 기구이다.
万国邮政联盟是联合国关于国际邮政事务的专门机构。

민간 사송 업체 民間私送業體 **私人运递公司**

체신 업무량의 감소는 통신 네트워크의 발전, 은행 서비스의 보급, 민간 사송 업체의 우정 시장 진출 때문이다.
邮政业务量下降由于来自于迅猛发展的电信网络、银行业务的普及和**私人运递公司**向邮政市场渗透的影响。

배달 配達 **邮件递送, 送达**

발송인 發送人 **发信人**

— 사고 事故 **递送错误**

수취인 受取人 **收信人, 收件人**

집배원 集配員 **邮递员**

소포 우편물 小包郵便物 **包裹**

대학 졸업생을 위한 소포 우편물 발송 및 수취 서비스가 학생들 사이에서 인기다.
为高校毕业生提供收寄**包裹**服务, 受到学生欢迎。

우정 郵政, **체신 사업** 遞信事業 **邮政, 邮政事业**

우정사업본부 郵政事業本部(OPS) **邮政事业总部**

올 1월 한국 우정사업본부에서 '독도 우표'를 발행했다. 이에 대해 일본 정부는 외교 채널을 통해 한국 정부에 항의의 뜻을 전달했다.
今年1月韩国**邮政事业总部**曾发行 "独岛邮票", 对此日本政府通过外交途径向韩国政府提出抗议。

우체국 예금 郵遞局預金 **邮局储蓄, 邮局存储**

금융청이 일본 우정공사에 대한 감사를 벌여 우체국 예금 규정을 어긴 79만 명을 적발했다.
金融厅搜查日本邮政公社, 查出79万人违反了**邮局储蓄**规定。

우편환 郵便換 **邮件汇票**

우편 사서함 郵便私書函 **邮局信箱**

전신 電信 **电信**

전보 電報 **电报**

2001년도 중국의 전보 발송량이 사상 최저 수준으로 떨어졌다.
2001年中国的**电报**发送量已经跌到历史最低点。

전신기 電信機 **电信机**

전신환 電信換 **电汇**

체신 업무 遞信業務 **邮政业务**

우체국 郵遞局 **邮局**

우체통 郵遞筒 **信箱, 邮箱**

우편량 郵便量 **邮件量**

금년도 항공 우편량은 12만 4천 톤에 이르러 작년에 비해 11.3% 증가했다.

今年航空**邮件量**达到12.4万吨, 比去年增长11.3%。

우편 번호 郵便番號 **邮政编码, 邮编**

우편 요금 郵便料金 **邮费**

우편원 郵便員 **邮政员**

우편 취급소 郵便取扱所 **邮政支局, 邮政代办点**

우표 郵票 **邮票**

지방 체신청 地方遞信廳 **地方递信厅, 地方邮局**

08 사법 司法

사법 제도 司法制度

가정 법원 家庭法院 **家庭法院, 家事审判庭**

재산 분배 및 자녀 양육권을 둘러싼 분쟁이 발생할 경우, 가정 법원은 청문회를 열기도 한다.

如果在财产分配和孩子抚养权问题上存在争议, **家庭法院**还会举行专门的听证会。

고등 법원 高等法院 **高等法院**

서울고등법원 **首尔高等法院**

공소 시효 公訴時效 **追诉时效**

관할 법원 管轄法院 **管辖法院**

규정 規定 **规定**

대법원 大法院 **最高法院**

대법관 大法官 **大法官**

대법원장 大法院長 **最高法院院长**

대통령은 집무실에서 대법원장 일행을 접견했다.

总统在办公室会见了**最高法院院长**一行。

대통령령 大統領令 **总统行政命令**

당시 미국 대통령은 제 12882호 대통령령으로 해당 위원회 성립을 선포했다.

当时的美国总统以第12882号**总统行政命令**的形式宣布成立该委员会。

법령 法令 **法令**

공무원법 公務員法 **公务员法**

민사법 民事法 **民法**

변호사법 辯護士法 **律师法**

상법 商法 **商法**

세법 稅法 **税法**

특허법 特許法 **专利法**

특허법 57조에 의거, 특허 분쟁 사안의 경우, 성·자치구·직할시의 특허 전담 부처에 사안 처리를 청구할 수 있다.

根据**专利法**第五十七条的规定, 专利纠纷案件可以请求省、自治区、直辖市政府的专利工作机关处理。

행정법 行政法 **行政法**

형사법 刑事法 **刑法**

법률 法律 **法律**

공법 公法 **公法**

관습법 慣習法 **习惯法**

관습법의 적용으로 성문법 및 사법 직권에 대한 재판관의 전횡을 견제할 수 있다.

运用**习惯法**可以抑制法官对成文法和司法职权的专横垄断。

사법 私法 **私法**

성문법 成文法 **成文法, 制定法**

판례법 判例法 **判例法**

법률 회사 法律會社(로펌) **法律服务所, 律师事务所**

법적 구속력 法的拘束力 **法律约束力**

거짓 서류에 근거하여 체결된 노동 계약은 법적 구속력이 없다.

靠虚假材料订的劳动合同没有**法律约束力**。

법적 효력 法的效力 **法律效力**

법치주의 法治主義 **法治主义**

법치 국가 法治國家 **法治国家**

변리사 辨理士 **专利律师, 专利代理师**

변호사 辯護士 **律师**

개업 변호사 開業辯護士 **执业律师, 开业律师**

앞으로 각 지역 변호사 협회 회장은 개업 변호사가 맡아야 한다.

今后各地律师协会的会长要由**执业律师**担任。

관선 변호사 官選辯護士 **公设律师, 公设辩护律师**

90여 개 사법 관할구 중 12개 구에만 관선 변호사가 없고, 나머지는 모두 관선 변호사가 있다.

90多个司法管辖区只有12个区没有**公设律师**, 其他的区都有**公设辩护律师**。

국선 변호사 國選 辯護士 **国选律师, 法院指派的免费律师**

노동 변호사 勞動辯護士 **劳动律师**

변호사 개업 辯護士開業 **律师开业**

변호사 선임 辯護士選任 **聘请律师**

변호사 수임료 辯護士受任料 **律师服务费, 律师费**

변호사 사무소는 시간당 정해진 표준 요율에 따라 의뢰인으로부터 변호사 수임료를 받는다.

律师事务所按确定的每小时收费标准向委托人收取**律师服务费**。

변호사 시험 辯護士試驗法 **律师资格考试**

변호사 협회 辯護士協會 **律师协会**

개업 변호사가 아닌 경우, 변호사 협회 리더가 될 수 없다.

非执业律师不得担任**律师协会**领导。

사법 고시 司法考試 **司法考试**

사법 고시의 투명성을 제고하기 위해 사법부는 올해부터 참고 답안에 대한 이의 및 심사 제도를 시행한다.

为进一步提高**司法考试**透明度，司法部今年实行对试题参考答案的异议与审查制度。

사법 관할권 司法管轄權 **司法管辖权**

연합군은 30일 사담 후세인의 사법 관할권을 이라크 정부에 이양했다.

联军于30日向伊政府移交了萨达姆的**司法管辖权**。

초심 재판 관할권 初審裁判管轄權 **初审权**

사법권 司法權 **司法权**

행정·입법·사법 삼권 분립의 상호 견제.

行政、立法、**司法**三权分立，互相制衡。

사법 제도 司法制度 **司法制度**

소급법 遡及法 **追溯法, 回溯法(溯及既往的法律)**

유전자 조작 농산물에 대한 검사는 소급법을 적용한다.

对转基因农产品检查可采取**追溯法**。

속지주의 屬地主義 **属地主义**

속지주의(属地主义)란?

법령, 특히 형법의 장소적 적용 범위에 관한 원칙. 자국의 영토 주권이 미치는 범위의 영역에서 범한 죄에 대해서는 범인이 어느 나라의 국민이든 관계 없이 모두 그곳의 형법을 적용하는 것이 속지주의이다.

시행령 施行令 **执行令**

시행 세칙 施行細則 **实施细则**

일몰 조항 日沒條項 **日落条款**

일몰 조항(Sunset Clause, 日落条款)이란?

특정 법이나 규정을 도입하면서 법의 시효를 명시하여, 일정 기간이 지나면 해당 법이 자동으로 소멸되도록 하는 조항.

일사부재리 一事不再理 **一事不再理**

적법성 適法性 **合法性**

위법 違法 **违法**

적법 절차 適法節次 **正当程序**

준법 遵法 **守法**

자발적인 법 준수는 현대 시민이 꼭 지켜야 할 덕목이다.

自觉**守法**是现代公民恪守的一种道德信条。

조례 條例 **条例**

'돈황 막고굴 보호 조례'로 돈황 석굴 보호 방침이 확정되었다.

"敦煌莫高窟保护**条例**"确定了敦煌石窟的保护方针。

지방 조례 地方條例 **地方条例**

행정 조례 行政條例 **行政条例**

준거법 準據法 **准据法**

본 사이트로 인한 소송은 중화민국 법률을 준거법으로 한다.

因本网站造成之争讼均以中华民国法律为**准据法**。

지방 법원 地方法院 **地方法院**

대구 지방 법원은 8월 6일 대구 지하철 참사 피고인에 대한 판결을 내렸다.

大邱**地方法院**于八月六日对大邱地铁火灾惨案的被告人作出了判决。

최상위법 最上位法 **最高法律**

상위법 上位法 **上位法**

하위법 下位法 **下位法**

하위법은 상위법을 따른다.

下位法服从上位法。

판사 判事 **法官, 审判员**

사법 과정에서 판사·당사자·검사·변호사 간 건전한 상호 관계 수립 여부는 사법 정의 실현에 매우 중요하다.

在司法过程中, **法官**、当事人、检察官、律师之间是否形成一种健全的互动关系, 乃是能否实现司法正义的关键。

배석 판사 陪席判事 **陪审法官**

부장 판사 部長判事 **审判长**

주심 판사 主審判事 **主审法官**

행정 법원 行政法院 **行政法院**

헌법 憲法 **宪法**

헌법이 자유 민주 정치 질서를 규정한다.

宪法规定了自由民主的政治秩序。

개헌 改憲 **修宪, 修改宪法**

한국의 헌법은 9차례 개헌되었는데 1987년 10월 27일 최종 개헌되었다.

韩国宪法先后经9次修改, 最后一次**修宪**为1987年10月27日。

헌법재판소 憲法裁判所 **宪法裁判所**
위헌 違憲 **违宪**
재판관 裁判官 **法官**
헌법 소원 憲法訴願 **宪法诉讼, 宪法控诉, 宪法诉愿**
헌법재판소장 憲法裁判所長 **宪法裁判所所长**
훈령 訓令 **训令, 指令**

형사 刑事

경범죄 輕犯罪 **轻罪**
중국은 경범죄 소년 사범에 대해 사회 봉사를 명하는 '의무 봉사 제도'를 시범 운영하고 있다.
中国试行对**轻罪**少年实施服务社会的"义工"制度。
교통 범죄 交通犯罪 **交通犯罪**
무면허 운전 無免許運轉 **无证驾驶**
음주 운전 飮酒運轉 **DUI(Driving Under the Influence of Alcohol)** **酒后开车, 酒后驾驶**
앞으로는 음주 운전뿐 아니라, 만취한 상태로 자전거를 몰 경우에도 처벌을 받게 된다.
今后, 不仅**酒后开车**要受到严惩, 醉酒骑车的也会受到处罚。
차량 도난 車輛盜難 **盗窃车辆**
마약 痲藥 **毒品**
골든 트라이앵글 **金三角**
단약 斷藥 **戒毒**
마약 단속 痲藥團束 **缉毒**
윈난 공안 국경 수비대는 마약 단속 경찰견을 이용하여 마약 사건 4건을 연이어 적발했다.
云南公安边防总队利用**缉毒**警犬连破四起毒案。
마약 복용 痲藥服用 **吸毒, 吸食毒品**
마약 재복용률 痲藥再服用率 **复吸率, 戒毒复吸率**
중국 마약 복용자의 재복용률이 높은 것은 마약 단속이 실효를 거두지 못하고 있다는 것을 반영한다.
中国吸毒者**复吸率**过高显示缉毒工作成效不彰。
마약 판매 두목 痲藥販賣頭目 **大毒枭**
마피아 **黑手党**
엑스터시(도리도리) **摇头丸**

필로폰(히로뽕) 冰毒
합성 마약 合成痲藥 化学合成毒品
향정신성 의약품 向精神性醫藥品 精神药品

범죄 犯罪 犯罪, 犯罪行为
계획적 범죄 計劃的犯罪 预谋性犯罪, 计划性犯罪
공범 共犯 同谋者, 帮凶, 共犯

호텔 CCTV에 근거하여 공범의 정면 몽타주를 작성했다.
根据饭店的监控录像绘制出这名**同谋者**的正面画像。

범죄 은닉 犯罪隱匿 隐匿犯罪事实
범행 방조 犯行幫助 协助犯罪
우발적 범죄 偶發的犯罪 偶发犯罪

우발적 범죄 건수가 계획적 범죄 건수보다 훨씬 많다.
偶发犯罪的数量远远高于有计划的犯罪行为。

증거 인멸 證據湮滅 毁灭物证, 毁灭证据

범죄 犯罪	
강력 범죄 暴力犯罪	
강도	抢劫, 强盗
경절도	轻盗窃
공갈	恐吓
공갈 협박	胁迫
납치	绑架
무기 소지	携带武器
무단 침입	无故侵入, 非法侵入
무장 강도	持械抢劫
방화	放火, 纵火
절도	盗窃
총기 사범	涉枪罪犯
총기 소지	携带枪支
폭행	暴行
살인 杀人	
과실 치사	过失致死
살인 미수	杀人未遂

상해 치사	伤害致死
연쇄 살인	连锁杀人, 连环杀人
존속 살인	杀害父母
경제 관련 범죄 经济类犯罪	
경제 사범	经济犯
뇌물 공여	贿赂
밀수	走私
배임	渎职
사기	欺诈
지폐 위조	伪造货币, 伪钞
카드 사기	信用卡诈骗
탈세	漏税, 逃税, 偷税
횡령	贪污, 侵吞
마약 범죄 毒品犯罪	
마약 밀거래	毒品走私, 贩毒
마약 사범	毒品罪犯
마약 소지	携带毒品
마약 제조	制毒
가정 범죄 家庭犯罪	
가정 폭력	家庭暴力
아동 유괴	拐卖儿童, 儿童绑架
아동 유기	遗弃儿童
아동 학대	虐待儿童
성폭력 범죄 性暴力犯罪	
강제 매춘	强制卖淫
성범죄	性犯罪
성 착취	性剥削
성폭행	性侵害, 强奸
성희롱	性骚扰
교통 범죄 交通犯罪	
무면허 운전	无证驾驶

음주 운전	酒后开车
차량 도난	盗窃车辆
행정 관련 범죄 行政犯罪	
공무 집행 방해	妨碍执行公务罪, 妨害公务罪
문서 위조	伪造文件
문서 파기	毁灭公文
인감 위조	伪造印章
직무 태만	玩忽职守

음란퇴폐업소 淫亂頹廢業所 **色情娱乐场所**

조직범죄 組織犯罪 **有组织犯罪, 团伙犯罪**

중국과 아세안은 국제적인 조직범죄에 공동 대응해나갈 방침이다.

中国与东盟将共同打击跨国**有组织犯罪**。

폭력 조직 暴力組織, **조직 폭력단** 組織暴力團 **暴力团伙**

중죄 重罪 **重罪**

최근 강간, 살인 등 중죄 사건이 소폭 증가했다.

最近强奸杀人等**重罪**案略有上升。

형사법 刑事法 **刑法**

형사소송법 刑事訴訟法 **刑事诉讼法**

형사 처벌 刑事处罚

가해자 加害者 **加害者**

감시 監視 **监视, 监控**

주차장 입구에는 '감시 카메라 작동 중'이라는 팻말이 걸려 있다.

在停车场入口高挂招牌说明"录像**监控**中"。

거짓말 탐지기 **测谎器**

법집행 기관의 일부 검사는 거짓말 탐지기를 이용하여 수사의 효율을 높이고 있다.

一些执法机构的检察官, 成功地运用**测谎器**提高侦查效率。

검거 檢擧 **拘捕**

미국은 중국인 밀입국자 32명을 검거했다.

美国**拘捕**32名中国偷渡者。

검사 檢事 **检察官**

지방 검사 地方檢事 **地方检察官**

검찰청 檢察廳 **检察厅**

대검찰청 大檢察廳 **大检察厅, 最高检察厅**

고등검찰청 **高等检察厅**

지방 검찰청 **地方检察厅**

검찰총장 檢察總長 **检察厅长**

교통경찰 交通警察 **交通警察**

구속 영장 拘束令狀 **逮捕令**

칠레 판사는 전직 대통령에게 구속 영장을 발부했다.
智利法官对前总统发**逮捕令**。

국립과학수사연구원 國立科學搜查硏究院 **国立科学搜查研究院**

기소 起訴 **起诉**

기소 유예 起訴猶豫 **暂缓起诉**

기소 중지 起訴中止 **停止起诉**

영국 검사는 기소 중지를 결정했다.
英国检察官决定**停止起诉**。

불구속 기소 不拘束起訴 **不拘留起诉**

적발된 사람 중 32명이 구속 기소되고, 15명은 불구속 기소되었다.
被查获的人中, 有32人被“拘留起诉”, 15人被“**不拘留起诉**”。

긴급 체포 緊急逮捕 **紧急逮捕**

수원지방검찰청은 사이비 종교 집단 교주 조 모씨를 살인 교사 혐의로 긴급 체포했다.
水原地方检察厅**紧急逮捕**了涉嫌教唆杀人的邪教团体教主赵某。

누범 累犯 **累犯**

도청 盜聽 **窃听**

핸드폰 도청 어플을 통해 수집된 증거를 재판부에 제출을 하게 되면 상대방은 그 사실에 대해서 형사 고소를 취할 수 있다.
将通过手机**窃听**软件收集的证据提交给法庭时, 对方可以就此提起刑事诉讼。

몽타주 **罪犯素描, 素描画像**

증인의 묘사를 토대로 곧 용의자의 몽타주를 공개할 예정이다.
根据证人的描述, 将很快公布嫌疑犯的**素描画像**。

인상착의 人相着衣 **衣着相貌特征**

미행 尾行 **跟踪**

용의자가 눈치채지 못하도록 사복 경찰이 교대로 미행했다.
为了不引起嫌疑犯的警觉, 便衣们轮流**跟踪**。

범법자 犯法者 **罪犯, 犯罪者, 不法分子, 违法分子**

범죄와의 전쟁 **打黑除恶**

공안부는 작년 12월부터 전국에 걸쳐 10개월간 '범죄와의 전쟁'을 펼쳤다.

公安部从去年十二月开始，在全国范围内开展了为期十个月的"**打黑除恶**"专项斗争。

법의학 法醫學 **法医学**

부검 기록 剖檢記錄 **解剖记录**

사체 부검 死體剖檢 **尸检，验尸**

양 모 씨의 사망 원인은 사체 부검을 해봐야 알 수 있다.

导致杨某死亡的原因只有通过做**尸检**才能确定。

지문 감식 指紋鑑識 **指纹识别，指纹鉴别**

DNA 지문 감식이 유죄 여부를 증명할 수 있다면 판결은 더욱 설득력을 갖게 될 것이다.

假使DNA**指纹识别**果真能够证明有罪或者无罪，那么对于判罪会更有说服力。

보호 시설 保護施設 **救助站，庇护所**

불법 무기 소탕 작전 不法武器掃蕩作戰 **整顿非法枪支专项斗争**

불법 무기 자진 신고 기간 不法武器自進申告期間 **非法枪支主动申报期限**

사건 현장 조사 事件現場調査 **现场勘查**

일본 경찰은 본 사건에 대해 현장 조사를 실시했다.

日本警察对此案进行**现场勘查**。

사복 경찰 私服警察 **便衣民警**

경찰 10여 명이 출구를 봉쇄하고, 사복 경찰의 수색이 이어졌다.

10余名民警守住出口，**便衣民警**搜寻。

상습범 常習犯 **惯犯**

영국은 위성 기술을 이용하여 상습범 5,000명에 대한 추적에 들어갈 것이다.

英国会利用卫星技术追踪5000名**惯犯**。

소년범 少年犯 **少年犯**

수배 手配 **通缉**

현지 경찰은 고액의 현상금을 내걸고 그들을 수배했다.

当地警察竟以高额悬赏**通缉**他们。

순찰 巡察 **巡察，巡逻**

필리핀 대통령은 어제 세부 시로 날아가 15분 동안 현장을 순찰했다.

菲国总统昨天飞往宿雾市(Cebu City)**巡察**了当地十五分钟。

순찰 차량 巡察車輛 **警察巡逻车，巡警车**

연행 連行 **逮捕，逮走**

X는 탈세 혐의로 연행되었다.

X因涉嫌偷税被**逮捕**。

원천 봉쇄 源泉封鎖 **堵源截流, 从源头上封锁**

입건 立件 **立案**

강제 자백 强制自白 **逼供**

경찰도 때론 고문이나 강제 자백 등 위법 행위를 저지른다.

民警有时也会犯刑讯**逼供**等违法行为。

고문에 의한 허위 자백 강요 **酷刑逼供**

자백 自白 **供认**

이라크가 알 카에다에 생화학 무기 제조를 위한 원료를 제공한 적이 있다고 한 알 카에다 조직원이 자백했다.

一位基地组织成员**供认**说, 伊拉克曾向基地组织提供过用于制造生化武器的原料。

자수 自首 **投案自首**

12월 들어, 도주범 13명이 고향으로 돌아와 자수했다.

12月份以来, 先后有13名逃犯回乡**投案自首**。

잠복근무 潛伏勤務 **潜伏, 埋伏**

장물 贓物 **赃物**

재범 再犯 **重犯, 再犯**

적발 摘發 **破获, 揭发**

국무원은 어제 최근 적발된 새로운 수법의 마약 사건 6건을 발표했다.

国务院昨日公布了近期**破获**的 6 起新型毒品大案。

제보 提報 **举报, 报案**

제보를 받고 경찰이 살인 사건 현장에 출동했다.

接到**报案**, 警察们赶到杀人现场。

제보자 提報者 **举报人, 报案人**

주범 主犯 **主犯**

지방 검찰청 地方檢察廳 **地方检察厅**

진술 陳述 **陈述**

각 당사자의 진술이 일치할 경우, 당사자의 진술을 사실 인정의 근거로 삼을 수 있다.

如果各方当事人**陈述**的事实一致, 可以将当事人的陈述作为认定事实的根据。

집중 단속 集中團束 **专项打击**

청소년 범죄 青少年犯罪 **青少年犯罪**

통계에 따르면 청소년 범죄의 60%는 패거리 범죄에 속한다.

据统计, 60%的**青少年犯罪**案件属于团伙作案。

체포 명령 逮捕命令 **逮捕命令**

사건 발생 직후, 대통령은 즉각 체포 명령을 내렸다.
事件发生后, 总统立即下达了**逮捕命令**。

초범 初犯　　**初犯, 初犯者**

초범의 경우, 벌금 1,500위안으로 재발 방지 효과를 충분히 거두고 있다.
对**初犯**来说, 罚款1,500元已起足够阻吓作用。

취조 取調　　**审问**

치안 治安　　**治安**

먼저 청소년이 밀집되어 있는 학교 주변 치안을 강화해야 한다.
首先加强对青少年较集中的学校周边**治安**环境的治理。

특검제 特檢制　　**特检制, 特别检察官制度**

한나라당이 대선 자금 조사를 위한 특검제 도입을 제안했다.
大国家党提议引入**特检制**调查总统大选资金。

경찰 警察	
경찰청	警察厅
경찰청장	警察厅长
서울특별시 경찰청	首尔特别市警察厅
서울특별시 경찰청장	首尔特别市警察厅厅长
수사관	侦查员, 调查员
형사	刑警(刑事警察)
총경, 경찰서장	总警, 警察局局长
경정	警正
경감	警监
경위	警卫
경사	警查
경장	警长
순경	巡警
경찰서	警察局
파출소	派出所

피의자 被疑者, **용의자** 容疑者　　**嫌疑犯**

살인 용의자 殺人容疑者　　**杀人嫌疑犯**

피해자 被害者　　**被害人, 受害人**

2심 법원은 원고의 상소가 이유 있음을 인정하고, 피해자를 위해 배상금을 증액하라는 최종 판결을 내렸다.

二审法院认定原告的上诉理由成立，做出了为**被害人**增加赔偿金额的终审判决。

현금 장물 現金贓物 **赃款**

혐의 嫌疑 **嫌疑**

형사 소송 刑事訴訟 **刑事诉讼**

본 사건은 사이버상의 권리 침해와 관련된 베이징 최초의 형사 소송 사건이 될 것이다.

此案可能成为北京首例因网络侵权而提起的**刑事诉讼**案。

형사 소추 刑事訴追 **刑事追诉**

공소 시효가 지난 민간 기업 경영자의 창업 초기 범죄 행위에 대해 사법 기관이 형사 소추를 할 수 없음이 처음 제기되었다.

首次提出民营企业经营者创业初期的犯罪行为，超过追诉时效的，司法机关不得启动**刑事追诉**程序。

형사 처벌 刑事處罰 **刑事处罚**

원고는 피고인 하 모씨가 형사 처벌을 받지 않도록 법원에 청원했다.

原告人建议法院对被告人何某免于**刑事处罚**。

고발 告發 **告发**

고소 告訴 **控告**

형사학 刑事學 **刑事学**

국제 범죄 跨国犯罪

국제 조직범죄 國際組織犯罪 **跨国有组织犯罪, 有组织跨国犯罪**

양측은 국제 조직범죄·마약 밀매·밀수 단속을 위한 법 집행 관련 협력을 한층 강화해야 한다.

双方应该进一步加强在打击**跨国有组织犯罪**、贩毒、走私中的执法合作。

국제형사경찰기구 國際刑事警察機構 **Interpol(International Criminal Police Organization)** **国际刑警组织**

국제형사경찰기구는 남아시아 해일 피해자 신원 파악을 돕기 위한 지원 팀을 구성할 계획이라고 밝혔다.

国际刑警组织表示，他们将成立支持小组，帮助确认南亚海啸受害者的身份。

국제형사재판소 國際刑事裁判所 **ICC(International Criminal Court)** **国际刑事法院**

인신매매 人身賣買 **拐卖人口**

강제 노동 强制勞動 **强制劳动, 强迫劳动**

판결에서 제2차 세계 대전 중 일본 정부가 중국 노동자를 강제 노동에 동원한 사실이 인정되었다.

判决认定了二次大战中日本政府抓中国劳工, **强制劳动**的事实。

강제 매춘 强制賣春 **强制卖淫**

돈세탁 **洗钱**

보도에 따르면 중국의 돈세탁 관련 범죄가 상당히 심각하다.

据报道, 中国面临的**洗钱**犯罪局势相当严峻。

마약 밀거래 痲藥密去來 **毒品走私**

UN은 구소련 국가들에게 마약 밀거래와 범죄 단속을 강화해줄 것을 호소했다.

联合国呼吁前苏联国家加大打击**毒品走私**和犯罪的力度。

월경 마약 판매 단속 越境痲藥販賣團束 **查禁过境贩毒**

무기 밀거래 武器密去來 **武器走私**

마약 협약 毒品公约	
국제 스테로이드 대회	国际类固醇专家会议
유엔 마약통제 기구(INCB)	联合国禁毒机构
유엔 마약통제 본부(UNDCP)	联合国禁毒署
1961년 마약단일 협약	1961年麻醉品单一公约
1971년 향정신성물질 협약	1971年精神药物公约

밀수 密輸 **走私**

범죄인 인도 犯罪人引渡 **引渡罪犯**

남아프리카공화국은 앞으로 사형 선고가 내려질 가능성이 있는 국가에 대해서는 범죄인 인도를 불허할 계획이다.

南非今后将不准**引渡罪犯**到可能被判处死刑的国家。

범죄인 인도 조약 犯罪人引渡條約 **引渡罪犯条约**

위조지폐 僞造紙幣 **伪造货币, 假币**

USSS는 미국에서 지폐 위조 용의자 3,640여 명을 체포했다.

美国密勤局在美国逮捕3,640多名涉嫌从事**伪造货币**活动的人。

워터마킹 **水印**

은선 銀線 **金属线**

형벌 刑罚

가석방 假釋放 **假释**

그는 가석방으로 예정보다 일찍 출소했다.

他被**假释**提前出狱。

가택 연금 家宅軟禁 **居家监禁**

아버지는 가택 연금을 당하셨다.
我父亲被**居家监禁**。

감옥 監獄, **교도소** 矯導所 — **监狱**
카불 시 외곽의 한 교도소에서 오늘 아침 폭동이 일어났다.
喀布尔市郊一所**监狱**今天早晨发生暴动。

교도관 矯導官 — **看守, 狱警**
수감되어 있던 알 카에다 공작원 11명이 교도관을 살해하고 무기를 탈취했다.
11名在押的“基地”组织成员杀死**看守**，抢夺武器。

교정 기관 矯正機關 — **教养所, 改造所**

유치장 留置場 — **拘留所**

갱생 更生, **자활** 自活 — **改过自新**

구금 拘禁 — **拘禁, 关押**

면책 특권 免責特權 — **豁免权**
이탈리아 헌법재판소는 13일 이탈리아 총리의 면책 특권을 박탈했다.
意大利宪法法院13日废除了意大利总理的**豁免权**。

면허 정지 免許停止 — **暂扣执照**

면허 취소 免許取消 — **吊销执照**
당국은 조례를 위반한 업자에 대해 벌금을 부과하고, 면허를 취소 혹은 정지시킬 수 있는 권리가 있다.
当局有权对触犯条例的业者，收取罚款、**吊销**或**暂扣执照**。

모범수 模範囚 — **模范囚犯**

무기 징역 無期懲役, **종신형** 終身刑 — **无期徒刑**
총알 밀수범이 무기 징역을 선고받았다.
走私枪弹男子被判**无期徒刑**。

벌금형 罰金刑 — **罚金刑**
사법계는 미성년자에게 벌금형을 적용하는 것에 대해 긍정적이다.
司法界对未成年人适用**罚金刑**是持肯定态度的。

보석(금) 保釋(金) — **保释, 保释金**
증거 불충분으로 인해 그들은 모두 보석으로 풀려났다.
由于目前缺乏有力证据，他们均获得法庭**保释**。

보호 감찰관 保護監察官 — **监护官**

보호 관찰 保護觀察 — **管制刑**
실제 재판에서 보호 관찰 적용률은 매우 낮다.
审判实践中**管制刑**的适用率极低。

복역 服役 — **服役**

사면 赦免 — **赦免**

감형 減刑 **减刑**

그는 모범적인 생활로 세 차례 감형되었다.

他由于表现良好, 三次获得**减刑**。

대통령 특별 사면 大統領特別赦免 **总统特赦令**

대통령 특별 사면으로 여죄수 20명이 석방될 예정이다.

总统发布**总统特赦令**将释放20名女囚犯。

복권 復權 **平反, 恢复权力**

사형 死刑 **死刑**

사형 제도 폐지 死刑制度廢止 **废除死刑**

대만은 입법원의 조례 수정을 거쳐 점차 사형 제도를 폐지할 방침이다.

在台湾, 立法院通过修订条例, 将逐渐**废除死刑**。

사형수 死刑囚 **死囚**

사회 복귀 社會復歸 **重返社会**

교도소의 목적은 재범을 방지하고 재소자의 사회 복귀를 돕는 것이다.

监狱的目的是减少再度犯罪和协助罪犯**重返社会**。

사회봉사 社會奉仕 **社会义工, 社区服务**

사회봉사 제도는 사회 공공 질서 유지를 위해 긍정적인 역할을 하고 있다.

社会义工制度目前对维护社会公共秩序发挥着积极的作用。

신체형 身體刑 **肉刑, 体罚**

외교 특권 外交特權 **外交特权**

재소자 在所者 **在押人员, 服刑人员**

징역형 懲役刑 **徒刑**

금고형 禁錮刑 **监禁刑**

ㅡ년 이하 **ㅡ年以下**

제140조에 의거, 여성에게 매춘을 강요한 경우 3년 이상 10년 이하의 유기 징역에 처한다.

第一百四十条:强迫妇女卖淫的, 处3年以上10**年以下**有期徒刑。

처벌 면제 處罰免除 **免罚**

총살형 銃殺刑 **枪毙**

출소 出所, **석방** 釋放 **释放, 出狱**

무장 괴한은 어제 또 다시 필리핀 정부에게 인질 석방을 위한 새로운 조건을 제시했다.

武装分子昨天又向菲政府提出了**释放**人质的新条件。

훈방 조치 訓放措置 **训戒**

행정 처벌에는 훈방 조치, 벌금, 구류 등이 있다.

行政处罚有**训戒**、罚款、拘留等。

재판 审判

공소 기각 公訴棄却 **驳回公诉**

합법적 절차 위반을 근거로 공소가 기각되었다.
以违反正当程序为依据**驳回公诉**。

구두 변론 口頭辯論 **口头答辩**

국제 관할 원칙 國際管轄原則 **国际管辖原则**

국제 상사 중재 國際商事仲裁 **国际商事仲裁**

국제 상사 중재원 國際商事仲裁院 **国际商事仲裁院**

국제 재판소 國際裁判所 **国际法院**

네덜란드 헤이그 소재 국제 재판소.
位于荷兰海牙的**国际法院**。

궐석 재판 闕席裁判 **缺席审判**

궐석 재판은 주로 피고가 불참하는 경우가 많다.
缺席审判主要是被告不到庭。

금치산자 禁治産者 **禁治产人**

기피 忌避 **回避**

중재 기관이나 법원에서 선임한 중재인에 대해 당사자는 중재인 기피를 청구할 수 있다.
对于仲裁机构或法院选定的仲裁人, 当事人可以请求仲裁人**回避**。

묵비권 默秘權 **沉默权**

민사 소송 民事訴訟 **民事诉讼**

배심원 陪審員 **陪审员**

12명의 배심원은 의견 일치를 보지 못했다.
12名**陪审员**无法达成一致协议。

대배심원 大陪審員 **大陪审团, 大陪审员**

법정 모독죄 法庭冒瀆罪 **扰乱法庭秩序罪**

경찰이든 누구든, 소란을 피우면 법정 모독죄로 처벌받습니다.
不论是警察还是什么人, 吵闹要以**扰乱法庭秩序罪**受到处罚。

법정 판결 法庭判決 **判决, 裁决**

상소 법원은 1심 법원의 판결을 뒤집었다.
上诉法院推翻了初审法院的**判决**。

무죄 판결 無罪判決 **无罪判决**

배심원은 무죄 판결을 자주 내린다.
陪审团经常做出**无罪判决**。

유죄 판결 有罪判決 **有罪判决**

이행 판결 履行判決 **履行判决**

이행 판결(履行判決)이란?

민사 소송법상에서의 이행 판결은 원고의 주장대로 피고에게 일정한 급여를 명령하는 판결이다. 학설에 따라서는 피고에게 이행 의무가 존재한다는 것을 선언하는 판결이라고도 한다. 행정 소송법상에서의 이행 판결은 행정청에 대하여 일정한 행위를 할 것을 명하는 판결로서, 급부 판결이라고도 한다. 당사자 소송에서 가장 일반적인 판결이며 항고 소송에서는 위법한 행정 행위를 취소할 수 있을 뿐이고 이행 판결은 할 수 없다는 것이 통설이다.

1심 판결 一審判決 **一审裁决, 初审判决**

보호 명령 保護命令 **保护令**

법원이 내린 보호 명령에는 폭력 가해자의 특정 영역에 대한 접근 금지 명령과 면회권 정지 등의 내용이 포함되어 있다.

法院下达的**保护令**的内容包括禁止施暴者进入一定的领域, 终止施暴者的探视权等。

상고 上告 **上告**

난징 시 소비자가 까르푸(Carrefour)를 상대로 낸 재판의 상고심에서 두 배로 배상 판결을 받았다.

南京消费者**上告**家乐福被判双倍赔偿。

상소 上訴 **上诉**

기한 마지막 날 상소를 제기했다.

在上诉期最后一天提出**上诉**。

1심 법원 一審法院 **第一审法院, 初审法院**

소장 訴狀 **诉状**

소장은 필히 법에 의거하여 작성되어야 한다.

诉状一定要依法书写。

소집 명령 召集命令 **传唤**

소환장 召喚狀, **소환 영장** 召喚令狀 **传票**

도요타는 즉각 소환장을 접수하고 정해진 시간에 전문가를 법정에 출두시켜 문제를 해결했다.

丰田公司立即接受**传票**并派专人按时出庭解决问题。

승소 勝訴 **胜诉**

심리 審理 **审理**

알선 斡旋 **斡旋, 介绍**

원고 原告 **原告**

위증 僞證 **伪证**

증인이 출두하지 않거나 법정에서 위증을 하면 처벌을 받게 된다.
如果证人不出庭或者出庭而作**伪证**要加以惩罚。

자율 증거 채택 自律證據採擇 **自行取证**

제소 提訴 **提起诉讼, 起诉**

한국GM은 지적 재산권 침해 건으로 오늘 공식 소송을 제기했다.
因其知识产权受到侵犯, 通用韩国今天正式**提起诉讼**。

조정 調停 **调停**

조정관 調停官 **调停员**

의료 분쟁 조정관에 대한 관리가 강화되어야 한다.
要加强对医疗纠纷**调停员**的管理。

중재 약정 조항 仲裁約定條項 **仲裁协议条款**

양측의 중재 약정 조항에 의거, 신청인은 해당 시 중재위원회에 중재를 신청한다.
根据双方的**仲裁协议条款**, 申请人向该市仲裁委员会申请仲裁。

중재인 仲裁人, **중재자** 仲裁者 **仲裁人**

중재 법정은 아래 세 명의 지정 중재인으로 구성된다.
仲裁法庭由如下三名指定的**仲裁人**组成。

중재 판정 仲裁判定 **仲裁判定**

증거 證據 **证据, 证物**

증언 證言 **证词**

사병과 고관의 증언이 크게 어긋나다.
士兵与高官**证词**大相径庭。

증언 녹취 證言錄取 **庭外证言笔录, 录取证言**

증언 녹취(Deposition, 庭外证言笔录, 录取证言)란?

재판 전 선서하에 증인이 하는 증언을 녹취하여 후에 사용하는데, 이 과정을 '선서공술서에 의한 증언' 또는 '증언 녹취'라고 하며 법정에서의 증언과 같은 효력을 갖는다.

증인 證人 **证人**

증인은 검사와 사법 경찰의 보호만으로는 부족하다.
证人仅靠检察官和司法警察的 保护 还远远不够。

증인 심문 證人審問 **问讯证人**

대질 심문 對質審問 **对质**

그는 폭행을 당한 카메라 기자로 하여금 법정에서 대질 심문을 받게 했다.
他让被打的摄影记者当庭**对质**。

반대 심문 反對審問 交叉问讯
진술서 陳述書 供词, 书面陈述
집행 유예 執行猶豫 缓刑

법원은 그녀에게 고의 상해죄로 징역 2년에 집행 유예 3년을 선고했다.
她被法院以故意伤害罪判处有期徒刑两年**缓刑**三年。

참고인 參考人 见证人
최종 변론 最終辯論 总结性发言

판사는 양측 변호사에게 최종 변론을 요구했다.
法官要求双方律师作**总结性发言**。

판례 判例 判例
패소 敗訴 败诉
피고 被告 被告
자백 自白 认罪
항고 抗告 申诉
형사 소송 刑事訴訟 刑事诉讼
형사 재판 刑事裁判 刑事审判
구형 求刑 求刑

주범은 8년을 구형받았다.
主犯被**求刑**8年。

형 刑 刑, 课刑
— 선고 宣告 宣判

대입 시험지 절도 사건으로 고3 학생이 징역 7년형을 선고받았다.
因高考卷被盗案, 高三学生被**宣判**处以7年刑。

— 집행 執行 执行

A는 최고 법원의 승인을 거쳐 주사 방식으로 사형이 집행되었다.
经最高法院核准,A被以注射的方式**执行**死刑。

민사 民事

가압류 假押留 临时扣押, 假扣押
가처분 假處分 诉讼保全

민사 소송에서 원고가 기소 후 가처분 신청을 하는 경우가 많다.
在民事诉讼中, 经常有原告起诉后申请**诉讼保全**。

계약 契約 合同, 契约

계약 체결 여부는 당사자가 스스로 선택하도록 해야 한다.
是否签定**合同**, 应该让当事人自己选择。

계약 기간 契約期間 **合同期限**

계약 당사자 契約當事者 **合同当事人**

계약 소지자란 본 법에 근거하여 계약 당사자와 계약을 체결한 자연인 또는 법인을 말한다.

"合同持有人"指按本法规与**合同当事人**签定合同的自然人或法人。

계약 위반 契約違反 **违约, 违反合同**

계약 체결 契約締結 **签定合同**

계약 취소 契約取消 **取消合同**

위약금 違約金 **违约金**

그는 위약금으로 4만 위안을 지불해야 한다.

他需支付**违约金**4万元。

공서 양속 公序良俗 **公序良俗**

공서 양속(公序良俗)이란?

공공 질서와 선량한 풍속을 의미하는데 일반적으로 우리 사회에 통용되는 선량한 풍속이나 사회 질서를 말한다.

공시 송달 公示送達 **公告送达**

공증 公證 **公证**

번역본은 모두 공증을 받아야 한다.

所有翻译文件需经**公证**。

공증인 公證人 **公证人**

공탁 供託 **担保, 提存**

관재인 管財人, **재산 관리인** 財産管理人 **管财人, 财产代管人**

관재인(管财人)이란?

타인의 재산을 관리하는 자로서, 재산 관리인이라고도 한다. 가장 대표적인 예가 파산 재단의 관리인으로서 이를 파산 관재인이라 하는데, 이밖에 화의(和議)에서도 관재인을 인정한다. 관재인은 관리 행위를 하면서 재산의 원상(原狀)을 유지할 권한을 가지며, 법률적인 관리 행위를 하기 위해서는 대리권을 가지는 것이 보통이다.

관할 법원 이송 管轄法院移送 **把案件移送到管辖法院**

구상권 求償權 **追偿权**

주주는 구상권을 갖는다.

股东享有**追偿权**。

담보권 擔保權 **担保权**

명예 훼손 소송 名譽毁損訴訟 **(侵犯)名誉权诉讼, 诽谤诉讼**

명예 훼손 名譽毁損 **侵犯名誉, 损坏名誉, 诽谤**

명예 훼손죄의 경우 형량이 3년을 넘지 않는다.

损坏名誉罪量刑一般不会超过3年。

무효화 無效化 **无效**

민사 소송 民事訴訟 **民事诉讼**

원고가 민사 소송을 제기했다.

原告提出了**民事诉讼**。

민사 소송법 民事訴訟法 **民事诉讼法**

반소 反訴 **反诉**

배상 賠償 **赔偿, 赔款**

민간 항공기 탑승 승객의 사망 또는 상해 시 최고 배상액은 7만 위안이다.

民用航空运输旅客伤亡**赔偿**最高限额为7万元人民币。

배상권 賠償權 **赔偿权**

소구권 遡求權 **追索权**

소송 訴訟 **诉讼**

— **제기** 提起 **提起**

노벨 사는 금주 내 MS사를 상대로 반독점 소송을 제기할 계획이다.

网威公司计划在本周末前**提起**针对微软的反垄断诉讼。

— **취하** 取下 **撤回, 驳回**

EU는 중국 라이터에 대한 반덤핑 소송을 취하했다.

欧盟已经**撤回**对中国打火机的反倾销诉讼。

소송인 訴訟人 **诉讼人**

손해 배상 損害賠償 **赔偿损失**

징벌적 보상 懲罰的補償 **惩罚性赔偿**

피해 보상 被害補償 **补偿性赔偿**

S사는 피해 보상금 1,000만 달러, 징벌적 보상금 2,000만 달러를 희망한다.

S公司希望获得1000万美元的**补偿性赔偿**金以及2000万**惩罚性赔偿**。

손해 청구 損害請求 **损失索赔**

압수 押收 **查扣**

이혼 소송 離婚訴訟 **离婚诉讼**

남편 쪽에서 이혼 소송을 제기했다.

男方提起**离婚诉讼**。

저당권 抵當權 **抵押权**

증빙 서류 證憑書類 **单据, 证件, 凭证文件**

집단 소송 集團訴訟 **共同起诉, 集体诉讼**

AOL 타임 워너사의 주주들이 텍사스 연방법원에 집단 소송을 제기했다.
美国在线时代华纳股东向德克萨斯联邦法庭提起**共同起诉**。

차압 差押 **查封**

피고의 재산에 대한 차압·압류 등의 조치를 요구했다.
要求对被告的财产进行**查封**、扣押等措施。

청구권 請求權 **要求权, 请求权**

원고의 소송 청구권을 포기했다.
放弃了原告的诉讼**要求权**。

친자 확인 소송 親子確認訴訟 **确认亲子关系的诉讼**

관계 부처에서 친자 확인 소송을 위한 DNA 샘플 제출을 요구했다.
有关部门要求提供DNA样本, 以完成"**确认亲子关系诉讼程序**"。

합의 合議 **调解, 和解, 协议**

양측은 서울지방법원의 합의를 받아들이기로 동의했다.
双方已同意接受首尔地方法院的**调解**。

민사 합의부 民事合議部 **民事协议部**

해약 解約 **解约, 合同终止**

중도 해약 中途解約 **中途解约**

중도 해약을 위해 생명 보험사는 해약자에게 즉각 지불할 수 있도록 일정액을 적립해야 한다.
由于**中途解约**, 寿险公司必须累积一定数量的金额以便及时支付给解约者。

해약금 解約金 **解约金**

행정 소송 行政訴訟 **行政诉讼**

1990년 행정 소송법 시행 이후 13년 동안 전국 법원에서 80여만 건의 행정 소송이 수리되었다.
自1990年行政诉讼法正式施行13年以来, 全国法院共受理了80多万件**行政诉讼**案件。

화해 和解 **和解, 调解**

MS사는 경쟁사인 노벨사와의 반독점 소송에서 5억3천6백만 달러에 화해하기로 했음을 발표했다.
微软公司宣布, 与竞争对手网威公司(Novell)以5.36亿美元就一项反垄断诉讼达成**和解**。

지적 재산권법 知识产权法

각하 却下 **驳回, 拒绝受理**

특허 출원인이 특허 출원 각하 결정에 불복할 경우, 통지를 받은 날로부터 3개월 이내에 특허재심위원회에 재심을 청구할 수 있다.

专利申请人对**驳回**申请的决定不服的, 可以自收到通知之日起三个月内, 向专利复审委员会请求复审。

개량 발명 改良發明, **실용 신안** 實用新案 **实用新型专利**

개척 발명 開拓發明, **원천 발명** 源泉發明 **发明专利**

공고 公告 **公告**

국가 지적재산국을 통해 법에 의거 등록 및 공고된 발명과 창조 행위(발명·실용신안·의장)만이 특허권을 누릴 수 있다.

只有经过国家知识产权局依法登记并**公告**的发明创造(包括发明、实用新型、外观设计), 才能享有专利权。

공정 사용 公正使用(Fair Use) **合理使用**

'공정 사용'은 권리자의 허가 없이도 지적 재산권을 쓸 수 있고 그에 대한 대가를 지불할 필요가 없는 상황을 의미한다.

"**合理使用**" 指的就是使用知识产权时, 无需获得知识产权权利人许可, 也不需要向其支付报酬的情形。

권리 범위 확인 심판 權利範圍確認審判 **专利权范围确认审判**

기속력 羈束力 **羁束力**

기속력이란 판결 선고 후, 원칙상 법원이 임의로 판결 내용을 취소하거나 변경할 수 없음을 뜻한다.

羁束力是指判决宣告后, 法院原则上不得任意撤销或变更该判决。

기술의 공유 자산(Public Domain) **公共领域**

공유 자산이란 저작권의 보호 기간이 지난 후, 작품의 권리가 전 인류에게 부여되는 것을 말한다.

公共领域是指著作权过了保护期限, 作品的权利赋予给全人类共同拥有。

기술 평가 제도 技術評價制度 **技术评估制**

기술 혁신의 보호 **保护技术创新**

특허 제도는 시장 경제의 공정 경쟁 및 기술 혁신을 보호하고 촉진하기 위한 법률 제도이다.

专利制度是维护市场经济公平有序竞争, 推动和**保护技术创新**的法律制度。

기술 혁신의 직접 보호 제도(Direct Protection Of Innovation) **直接保护技术创新的制度**

기업 직무 발명 企業職務發明 **企业职务发明**

기업 연구 개발 투자가 해마다 증가함에 따라 기업 직무 발명 특허 수도 함께 증가하고 있다.

随着企业研发投入逐年增加, **企业职务发明**专利数量也日益增加。

기판력 既判力 **既判力**

독점 규제법 獨占規制法 **反垄断法**

크로스 라이선스와 특허 풀은 반독점법의 규제를 받아야 하는 지적 재산권 남용행위이다.

交叉许可证和专利联营是应当受到**反垄断法**规制的知识产权滥用行为。

등록 무효 심판 登錄無效審判 **注册无效审判**

등록성 登錄性(Registrability) **授权可能性**

변리사는 특허 등록성이 적은 출원에 대해 출원인 철회를 권유한다.

专利代理人会对专利**授权可能性**很小的申请将建议申请人撤回。

등록 제도 登錄制度(National Registration System) **登记制度**

중국에서는 특허권 취득을 위한 등록 제도를 실시하고 있다.

在中国为专利权的取得实行**登记制度**。

몰수 沒收 **没收**

무심사 등록 제도 無審査登錄制度 **未经审查授权制度**

무심사 실용 신안권 無審査實用新案權(Unexamined Utility Model) **未经审查的实用新型**

변리사 辨理士(Patent Agent) **专利代理人**

훌륭한 변리사라면 반은 발명인이어야 한다.

好的**专利代理人**应该是半个发明人。

병행 수입 竝行輸入 **平行进口**

특허품의 병행 수입이 수입국의 특허권을 침해하는가 여부는 세계 각국에서 뜨거운 감자이다.

专利产品的**平行进口**是否侵犯进口国专利权是世界各国面临的很棘手的问题。

병행 수입(Parallel Import, 平行进口)이란?

병행 수입제란 국내 독점 판매권을 갖고 있는 업체 외에 다른 유통 경로를 통한 같은 상품 수입을 전면 허용하는 제도이다. 우리 나라에서는 1995년 9월부터 수입 공산품 가격 인하를 위해 시행됐다. 따라서 국내 독점 판매권자나 수입 상표의 전용 사용권자는 단지 위조품에 대해서만 그 권리를 보호받게 된다. 재정부가 마련한 병행 수입 허용 기준을 보면 원칙적으로 상표의 고유 기능인 출처 표시 및 품질 보증 기능을 해치지 않는 범위 내에서 모든 수입품에 대한 병행 수입을 허용한다는 것인데, 국내외 상표권자가 동일인이거나 같은 계열사 또는 본·지사 관계, 독점 수입 대리점 등 자본 거래가 있는 특수 관계의 경우에는 상표권이 소진된 것으로 간주, 다른 수입업자가 이 상품을 수입해 판매할 수 있다. 그러나 외국 상품의 국내 상표권자가 국내에서 독자적인 제조 및 영업망을 갖고 있는 경우에는 기존의 영업권을 보호한다는 차원에서 병행 수입이 허용되지 않는다.

보상 책임 체제 補償責任體制(Compensatory Liability Regime)	赔偿责任制
보전 처분 항고 사건 保全處分抗告事件	保全处分上诉案件
불공정 거래 행위 不公正去來行爲	不公正交易行为
불복 심판 不服審判	不服裁定(请求复审)
비자명성 非自明性(Non-obviousness)	非显而易见性
상대적 신규성 相對的新規性	相对的独创性(改良)
상표권 소진 商標權消盡(Exhaustion of Rights)	权利穷竭, 权利用尽

상표권 소진 개념은 불합리한 저작권 행사에 대한 방패막이다.
权利穷竭概念作为防止不合理行使版权的壁垒。

서치 리포트	调查报告
선발명주의 先發明主義	先发明主义
선출원주의 先出願主義	先申请原则

선출원주의는 두 명 이상의 출원인이 각각 같은 발명에 대해 특허 출원을 할 경우, 먼저 출원한 사람에게 특허권을 부여하는 원칙이다.
先申请原则是指, 两个以上的申请人分别就同样的发明创造申请专利的, 专利权授予最先申请的人。

선행 기술 조사 보고서 先行技術調查報告書	先行技术调查报告
설정 등록일 設定登錄日	注册日, 登记日, 授权日
섭외적 사건 涉外的事件	涉外案件
성문법 成文法	成文法
소송 외적 해결 訴訟外的解決(ADR)	非诉讼程序, 非诉讼纠纷解决机制
손해 배상 산정 損害賠償算定	计算损害赔偿
송달 送達	送达
실용신안 선등록 제도-심사후 등록 제도 實用新案先登錄制度-審查後登錄制度	实用新型先登记制度-审查后登记制度
실용신안 숲(Utility Model Thicket)	实用新型丛林
실질적 관련성 實質的關聯性	实际关联性
심결 審決	审决
심결 취소 소송 審決取消訴訟	取消审决的诉讼
심사 청구 제도 審查請求制度	请求审查制
압류 押留	扣押
영상 심문 影像審問	远程视频审讯
영역적 한계 領域的限界(Territorial Limits)	

地域性原则

유럽 공동체 특허 협정(CPC) 欧洲经济共同体专利公约

유럽 특허청(EPO) 欧洲专利局

응소 관할 應訴管轄 **应诉管辖**

국제 민사 소송의 피고가 중국 법원 관할에 항변을 제출하지 않고 변론 또는 진술한 경우, 해당 법원에 관할권이 있음을 인정해주는 것을 응소 관할이라 한다.

涉外民事诉讼的被告对中国法院管辖不提出异议, 并应诉答辩的, 视为承认该法院为有管辖权的法院, 这就是所谓的"**应诉管辖**"。

위조 상품 僞造商品(Counterfeit Goods)

假冒品, 赝品, 假货, 冒牌货

인지대 印紙代 **印花费**

전용 사용권자 專用使用權者, **상표권자** 商標權者

专用使用权者, 商标权者

상표권자 또는 전용 사용권자는 자신의 상표권이나 전용 사용권이 침해되거나 그럴 가능성이 있을 때 침해 중지 및 방지를 요청할 수 있다.

商标权者或**专用使用权者**在自己的商标权或专用使用权被侵害或有可能被侵害时, 可以请求其停止或预防这种侵害。

통상 사용권자 通常使用權者 **通常使用权者**

전용 실시권자 專用實施權者 **专用实施权所有人**

절대적 상대성 絶對的相對性(Absolute Novelty)

绝对的相对性(新颖性)

정보 제공 제도 情報提供制度 **信息报备制**

중국 국제경제무역중재위원회 中國國際經濟貿易仲裁委員會(CIETAC)

中国国际经济贸易仲裁委员会

증거 조사 證據調査 **证据调查**

진보성 기준 進步性基準(Inventive Step) **造性标准**

특허 제도의 폐단을 극복하기 위해 각국의 특허법은 진보성 기준을 도입했다.

为了克服专利制度的弊端, 各国专利法相继引入了创**造性标准**。

진정 상품 眞正商品(Genuine Goods) **真品**

책임 체제 責任體制(Liability Regime) **责任制**

최초 판매 最初販賣 **首次销售**

출원일 出願日 **申请日**

출처 표시 기능 出處標示機能 **来源标示功能**

침해 소송 법원의 진보성 판단 **侵权诉讼法院对创造性标准的判决**

크로스 라이선스(상호 특허 공유) **交叉许可证**

토지 관할 土地管轄 **属地管辖**

재산 소재지 관할의 주된 근거는 토지 관할 원칙이다.

财产所在地管辖的主要根据是**属地管辖**原则。

특허권 特許權 **专利权**

특허권은 국가 특허 주관 부처에서 일정 기간 동안 특허 출원인에게 그의 발명과 창작에 대해 독점적 실시권을 부여하는 것이다.

专利权是指由国家专利主管机关授予申请人的在一定期限内对其发明创造所享有的独占实施的权利。

발명 특허 發明特許 **发明专利**

실용 신안권 實用新案權 **实用新型专利**

의장권 意匠權 **外观设计专利**

중국 법률이 규정한 특허에 대한 최장 보호 기간은 발명 특허 20년, 실용 신안과 의장 각각 10년이다.

中国法律规定的对专利的最长保护期限为:**发明专利**20年, **实用新型**和**外观设计**各为10年。

상표권 商標權 **商标权**

저작 인접권 著作隣接權 **著作邻接权**

저작 인접권은 출판자권과 실연자권, 녹화 및 녹음자권, 방송 사업자권으로 구성된다.

著作邻接权包括出版者权、表演者权、录制者权、广播电视组织权。

특허 덤불, 특허 숲(Patent Thicket) **专利丛林**

연구 과정에서 얻은 발전적 아이디어가 발명자 자신도 모르는 기존 특허를 침해할 수 있음을 우려하는 소위 '특허 덤불' 역시 혁신을 지연시킬 수 있다.

所谓的"**专利丛林**"也就是害怕研究过程中的某些进展会侵犯业已存在, 但可 能连创新者自己都不知情的专利, 也会阻碍创新。

특허 무효 심판 特許無效審判 **专利无效审判**

특허 침해 소송 特許侵害訴訟 **专利侵权诉讼**

중국의 특허법 규정에 따르면 특허 침해 소송 시효는 2년이다.

根据中国专利法的规定, **专利侵权诉讼**时效为两年。

특허 풀 **专利联营, 专利权人联盟的联合许可, 专利池**

포럼 쇼핑(Forum Shopping) **选择法院**

☞ 어느 관할(forum)이 가장 자신에게 유리할지 두루 검토하고 선택(shopping)하는 것.

품질 보증 기능 品質保證機能 **产品质量保证功能**

합의 관할 合議管轄 **协议管辖**

합의 관할 원칙이란 당사자의 합의에 의해서 국내 또는 국외 관할 법원을 선택하도록 하는 것이다.

协议管辖原则是指允许当事人协议选择确定国内或者国外的管辖法院。

헤이그 증거 조사 협약	**海牙送达公约, 关于向国外送达民事或商事司法文书或司法外文书公约**
확인 대상 발명 確認對象發明	**确认发明专利**
EPC(European Patent Convention)	**欧洲专利公约**
ESRC(Economic Social Research Council, UK)	**英国国家经济与社会研究基金会**

09 정치 政治

의회 议会

개정 시안 改定試案 — **修改草案, 修正草案**

거수기 擧手機 — **橡皮图章, 不加思考就赞同的人或机关**

많은 분석가들이 중국의 전인대를 '거수기'로 표현한다.
不少分析家都把中国人大形容为"**橡皮图章**"。

거수기(Rubber Stamp, 橡皮图章, 不加以思考就赞同的人或机关)란?

표결에서 "일정한 주견이 없이 남이 시키는 대로 손을 드는 사람"을 비꼬아 이르는 말.

견제와 균형 — **制衡**

거부권 拒否權 — **否决权**

대통령의 거부권 행사로 특검법이 부결되었다.
总统动用**否决权**否决了这项特检法。

탄핵 彈劾 — **弹劾**

필리핀 야당은 25일 아로요 대통령에 대한 탄핵안을 제출했다.
菲律宾反对党25日对总统阿罗约提出了**弹劾**案。

공청회 公聽會 — **公开听证会, 公听会**

인사 청문회 人事聽聞會 — **任命听证会, 聘任听证会**

미 국회는 이틀에 걸친 인사 청문회 토론을 거쳐 오늘 라이스의 국무장관 임명에 동의하는 결의안을 통과시켰다.
美国国会经过连续两日的**任命听证会**讨论后, 今天通过决议, 同意莱斯出任美国国务卿。

청문회 聽聞會 — **听证会**

미 국방부는 국회에서 미사일 방어 계획 관련 청문회를 열었다.
美国防部在国会举行了导弹防御计划**听证会**。

국립묘지 참배 國立墓地參拜 — **参拜国家公墓**

새로 당선된 한국의 윤석열 대통령이 국립묘지를 참배했다.
韩国新总统尹锡悦**参拜国家公墓**。

국장 國葬 — **国葬**

미국 정부는 워싱턴 대성당에서 장엄하게 레이건 대통령의 국장을 치렀다.
美国政府在华盛顿国家大教堂为里根举行隆重的**国葬**仪式。

시신 안치 屍身安置 **遗体安置**

조문 사절 弔問使節 **吊唁特使**

다른 국가의 조문을 정중히 사절하다.
婉谢其他国家**特使**的**吊唁**。

국정 감사 國政監査 **国政监查**

국회가 매년 정부 기관에 대한 국정 감사를 실시할 때, 감사원 역시 감사 대상에 포함된다.
在国会每年对政府机关进行**国政监查**时, 监查院也是被监查的对象。

국정 조사권 國政調査權 **国政调查权**

법리적 차원에서 볼 때, 국정 조사권은 당연히 의회가 행사해야 한다.
从法理上来说, **国政调查权**应当由议院行使。

국회 國會 **国会, 议会**

회기 會期 **会期**

세계 각국 의회 회기와 비교해볼 때, 중국 전인대는 회기가 가장 짧은 축에 속한다.
与世界各国议会**会期**相比, 中国全国人大可以说是**会期**最短的。

국회의원 國會議員 **国会议员**

원자바오는 일본 국회의원 대표단을 접견했다.
温家宝会见了日本**国会议员**代表团。

초선 의원 初選議員 **初选议员**

열린우리당 초·재선 의원들은 21일 미국의 이라크 전쟁에 대한 비난 성명을 발표했다.
开放国民党的**初选**、再选**议员**于21日发表了批评美国发动伊拉克战争的声明。

국회의장 國會議長 **国会议长, 议会主席**

날치기 통과 **草率通过, 快速通过**

여당이 국회에서 특수 이익과 관련된 법안을 날치기 통과시켰다.
执政党在国会中**快速通过**了一项含特殊利益的议案。

삼권 분립 三權分立 **三权分立**

사법부 司法府 **司法部门**

사법부의 독립과 외부 간섭의 배제는 대단히 중요하다.
司法部门独立而不受外部干涉是至关重要的。

입법부 立法府 **立法部门**

행정부 行政府 **行政部门**

세력의 균형 **均势, 权力平衡**

심의 審議 **审议**

예산안 심의 豫算案審議 **预算(案)审议**

국회의 각종 위원회는 권한 범위 내에서 대통령의 예산안에 대해 심의하고 건의 사항을 제출한다.

国会各委员会在各自的权限内, 对总统的**预算案**进行**审议**并提出建议。

원내 교섭 단체 院內交涉團體 **院内交涉团体**

21대 국회에는 원내 교섭 단체인 정당으로 더불어민주당과 국민의힘이 있다.

在第二十一届国会内组成了**院内交涉团体**的政党有共同民主党和国民力量党。

원내 교섭 단체(Negotiating Group, 院内交涉团体)란?

국회에서 의사 진행에 관한 중요한 안건을 협의하기 위하여 일정 수 이상의 의원들로 구성된 의원 단체. 국회법 제33조에 의하면 "국회에 20인 이상의 소속 의원을 가진 정당은 하나의 교섭 단체가 된다. 그러나 다른 교섭 단체에 속하지 않는 20인 이상의 의원으로 따로 교섭 단체를 구성할 수 있다(1항)."

원내 총무 院內總務 **(议会内)党干事, 院内总务**

원내 총무는 일반적으로 그 당의 총재가 임명한다.

院内总务一般由该党总裁任命。

의원 議員 **议员**

미 국무부는 "대표단은 의원 신분으로 방북하는 것이며 미국 정부를 대표하지 않는다"고 밝혔다.

美国国务院表示, "代表团以**议员**身份访朝, 不代表美国政府"。

상원 의원 上院議員 **参议员**

하원 의원 下院議員 **众议员**

의회 議會 **议会**

의석 議席 **议席, 席位**

현재 의회에서 여성의 의석 점유율은 10.5%에 불과하다.

目前议会中女性只占有10.5%的**议席**。

의회 민주주의 議會民主主義 **议会民主(主义), 议会民主制**

다수결의 원칙 **多数决定原则, 多数表决制**

민주주의는 다수결의 원칙으로 구현되는 국가 형식이다.

民主就是实行**多数决定原则**的国家形式。

다수의 횡포 **多数人暴政, 暴民政治**

대의 민주주의 代議民主主義 **代议民主(主义)**

의회의 권한 **议会的权力**

면책 특권 免責特權 **豁免权**

국회의원에게도 외교관과 같은 면책 특권이 있다.
国会议员享有与外交官一样的**豁免权**。

각국 의회 各国议会(2022년 현재)			
국가 国家	의회 명칭 议会名称		임기 任期
러시아 俄国	의회 议会	상원(联邦委员会)	없음
		하원(国家杜马)	5년
미국 美国	의회 国会	상원(参议院)	6년
		하원(众议院)	2년
북한 朝鲜	최고인민회의 最高人民会议		5년
영국 英国	의회 议会	상원(上议院)	6년
		하원(下议院)	4년
일본 日本	의회 国会	참의원(参议院)	6년
		중의원(众议院)	4년
중국 中国	전국인민대표회의 全国人民代表大会		5년
프랑스 法国	의회 议会	상원(参议院)	6년
		하원(国民议会)	5년
한국 韩国	국회 国会		4년

원내 발언 표결의 자유 **议会中发言与表决的自由, 言论免责权**

의회 제도 議會制度 **议会制(度)**

양원제 兩院制 **两议院制, 两院制**

미국 국회는 양원제를 채택하고 있으며 상원과 하원으로 구성되어 있다.
美国国会为**两院制**, 由参议院和众议院组成。

일원제 一院制 **单议院制, 单院制, 一院制**

임시 국회 臨時國會 **国会特别会议**

입법 立法 **立法, 制定法律**

입법 예고 立法豫告 **立法预告**

과학기술정보통신부는 위와 같은 내용을 중심으로 개정안을 제정하고 입법 예고했다.
科学技术信息通信部制定了以上述内容为主的修改案, 并进行了**立法预告**。

입법 예고(Announcement, 立法预告)란?

입법(법의 제정 · 개정 · 폐지)하고자 하는 법률안과 그 내용을 국민에게 알리고 국민들로부터 의견을 듣는 절차.

입법 절차 立法節次 **立法程序**

법안 法案 **法案**

미국 하원이 압도적 다수의 찬성으로 새로운 에너지 법안을 통과시켰다.

美国国会众议院以压倒多数通过一项新的能源**法案**。

입법 활동 立法活動 **立法活动, 立法行为**

입안 立案 **提交议案, 提案**

자유 투표 自由投票 **自由投票**

유권자들이 자신의 의지에 따라 자유 투표를 할 수 있기 바란다.

我们希望选民能够根据自己的意志**自由投票**。

정기 국회 定期國會 **国会定期会议, 定期国会**

국회는 정기 국회와 임시 국회로 나뉜다.

国会分**定期会议**和特别会议两种。

대한민국 국회 大韩民国国会	
의장단	议长团
국회의장	国会议长
부의장	副议长
본회의	全体大会
위원회	委员会
상임위원회	常任委员会
과학기술정보방송통신위원회	科学技术信息放送通信委员会
교육위원회	教育委员会
국방위원회	国防委员会
국토교통위원회	国土交通委员会
국회운영위원회	国会运营委员会
기획재정위원회	企划财政委员会
농림축산식품해양수산위원회	农林畜产食品海洋水产委员会
문화체육관광위원회	文化体育观光委员会
법제사법위원회	法制司法委员会
보건복지위원회	保健福利委员会
산업통상자원중소벤처기업위원회	产业通商资源中小风创企业委员会
여성가족위원회	女性家庭委员会
외교통일위원회	外交统一委员会
정무위원회	政务委员会

정보위원회	情报委员会
행정안전위원회	行政安全委员会
환경노동위원회	环境劳动委员会
특별위원회	特别委员会, 专门委员会
예산결산위원회	预算决算委员会
윤리특별위원회	伦理特别委员会
인사청문특별위원회	人事听证特别委员会
기타특별위원회	其他特别委员会
교섭 단체	交涉团体
입법 지원 조직	立法支援组织
국회도서관	国会图书馆
국회사무처	国会事务处
국회예산정책처	国会预算政策处

제정 制定 **制定**

홍콩 특별행정구 정부는 전인대의 반국가 분열법 제정을 지지한다고 밝혔다.
香港特区政府表示支持全国人大**制定**反分裂国家法。

제헌 국회 制憲國會 **立宪会议, 制宪会议, 宪法制定会议**

조약 비준 條約批准 **批准条约, 批准协议**

작년 12월 26일, 러시아 두마는 절대 다수의 찬성으로 본 조약을 비준시켰다.
去年12月26日, 俄国家杜马以绝对多数票**批准**了该**条约** 。

표결 票決 **表决**

공포 公布 **公布, 颁布**

발효 發效 **生效**

영국에서 운전중에 휴대폰 통화를 금지하는 법률이 월요일부터 발효된다.
英国的一项禁止驾车时使用手机的法律从星期一开始**生效**。

통과 通過 **通过**

일본 국회가 14일 7개 법안을 통과시켰다.
日本国会14日**通过**了7项法案。

휴회 休會 **休会**

미국 하원의장은 국회 휴회 기간을 이용하여 중국을 방문할 예정이다.
美国众院议长将利用国会**休会**期间访华。

정당 정치 政党政治

국민의힘 **国民力量党**

권력 쟁탈전 權力爭奪戰 **政治权利斗争**

중국 내부의 정치 권력 쟁탈전은 많은 해외 옵서버들이 말하는 것만큼 심각하지 않다.
中国内部的**政治权利斗争**, 并不如多数国外观察家所说的严重。

금권 정치 金權政治 **金权政治**

대중을 동원하여 금권 정치를 감시하고 신고토록 해야 한다.
要动员群众, 对**金权政治**行为进行监督和举报。

다당제 多黨制 **多党制**

당론 분열 黨論分裂 **党内分歧**

동성애자 결혼 문제에 관한 당론 분열은 케리가 극복해야 할 난제가 될 것이다.
如何应对同性婚姻问题上的**党内分歧**, 将是克里面临的一个难题。

당론 투표 黨論投票 **按照党的路线投票**

당론 투표(voting along party lines, 按照党的路线投票)란?

의회에서 투표를 할 때 당의 노선에 따라 투표하는 것.

당의 정강, 정치 강령 政治綱領 **党纲, 政治纲领**

정치 노선 政治路線 **政治路线**

당의 정치 노선은 당 정강의 구체적인 발현이다.
党的**政治路线**是党的纲领的具体体现。

당정 개편 黨政改編 **政党重组**

선거 결과와 상관 없이 친민당은 당정 개편에 참여할 의사가 없다.
不论选后结果如何, 亲民党都无意参与**政党重组**。

당파적 黨派的 **党派性**

더불어민주당 **共同民主党**

동거 정부 同居政府 **同居政府**

그렇게 된다면 대통령과 총리의 소속 정당이 다른 '동거 정부'가 탄생될 것이다.
如果真能如此, 将出现总统与总理属于不同政党的"**同居政府**"。

무소속 의원 無所屬議員 **独立议员, 无党派议员**

녹색당은 무소속 의원과의 연합을 통해 다수표를 획득했다.
绿党通过与**独立议员**联盟已经赢得了大多数选票。

밀실 정치 密室政治 **密室政治, 暗箱政治**

공산당은 밀실 정치를 선호한다.

共产党喜欢**暗箱政治**。

비정파적 非政派的 **非党派**

야당 野黨 **在野党**

소수당 少數黨 **少数党**

정의당은 국회에서 소수당이다.
正义党在国会处于**少数党**地位。

집권 소수당 執權少數黨 **少数党执政**

양당제 兩黨制 **两党制**

여당 與黨 **执政党**

다수당 多數黨 **多数党**

다수당 총재 多數黨總裁 **多数党领袖**

집권당 執權黨 **执政党**

여소 야대 與小野大 **朝小野大**

여소 야대란 대통령이 의회 다수당 소속이 아닌 것을 말한다.
所谓的**朝小野大**就是说总统不属于在议会当中占多数的政党。

연합당 聯合黨 **联合党**

교섭 단체 交涉團體 **交涉团体**

연립 정부 聯立政府 **联合政府**

이스라엘의 새 연립 정부는 평화 문제에 관하여 강경한 입장을 취할 것이다.
以色列新**联合政府**将在和平问题上采取强硬立场.

영수 회담 領袖會談 **领袖会晤**

김대중 대통령은 한나라당 이회창 총재를 초청하여 청와대에서 여야 영수 회담을 가졌다.
金大中总统邀请大国家党总裁李会昌在青瓦台进行朝野**领袖会晤**。

의회 장악 議會掌握 **控制议会**

이란 보수파가 다시 의회를 장악하리라는 것은 이미 기정 사실이 되었다.
伊朗保守派重新**控制议会**已成定局。

일당제 一黨制 **一党制**

일당제는 중국 현대화의 가장 큰 걸림돌이다.
一党制是中国实现现代化的最大障碍。

입당 入黨 **入党**

전당 대회 全黨大會 **全国(党)代表大会, 全党大会**

미국 민주당은 이달 26일 보스턴에서 4일간의 전당 대회를 열 계획이다.
美国民主党将于本月26日在波士顿举行为期4天的**全国代表大会**。

정계 개편 政界改編 **政界重组, 政界改组**

젊은 의원들은 당파를 초월하여 정계 개편을 적극 추진하고 있다.

年轻议员已经超越党派界限, 积极推动**政界改组**。

정당 政黨 **政党**

당 간부 黨幹部 **党干部**

당 대표 黨代表 **党主席, 党代表**

이준석은 2021년 국민의힘 제1차 정당대회에 당대표 후보로 출마하여 36세의 나이로 최연소 제1야당 대표가 되었다.

三十六岁的李俊锡作为党代表候选人参加了2021年国民力量党第一届全党大会, 成为最大在野党最年轻**党代表**。

당원 黨員 **党员**

원내 대표 院內代表 **院内代表**

최고 위원 最高委員 **最高委员**

정당 정치 政黨政治 **政党政治**

정의당 **正义党**

정치 성향 政治性向 **政治观点, 政治倾向**

강경파 强硬派 **强硬派, 鹰派**

개혁파 改革派 **改革派**

과격파 過激派 **极端派**

급진파 急進派 **激进派**

민족주의파 民族主義派 **民族主义派**

보수파 保守派 **保守派**

소장파 少壯派 **青壮派**

온건파 穩健派 **温和派, 鸽派**

우파 右派 **右翼, 右派**

좌파 左派 **左翼, 左派**

중도파 中道派 **中间派**

이탈리아 대선 초반 개표 결과, 중도파의 승리로 나타났다.

意大利大选初步开票结果显示**中间派**获得胜利。

진보파 進步派 **进步派, 自由派, 开明派**

정치권 政治圈 **政治圈**

불신 不信 **不信任感**

정치 무관심은 잠재적인 민심 이반과, 불신의 골이 깊어지고 있음을 보여주는 것이다.

政治冷漠暗示着人们一种潜在的离心倾向, **不信任感**的加剧。

정치 무관심 政治無關心 **对政治漠不关心**

낮은 투표율은 미국인의 정치적 무관심을 보여 준다.

投票率低说明美国人**对政治漠不关心**。

정치의식 政治意識 **政治意识**

정치인 政治人, **정치가** 政治家 **政治家, 政治人物, 政客, 从政人**

정계 복귀 政界復歸 **重返政界**

정계 입문 政界入門 **进入政界, 进入政坛**

중국의 민영 기업가들이 속속 정계에 입문하고 있다.
目前中國民营企业家纷纷**进入政坛**。

정치 참여 政治參與 **政治参与**

여성의 정치 참여도가 높은 편이다.
妇女**政治参与**程度较高。

정치 파벌 政治派閥 **政治派别**

계보 系譜 **派别**

후진타오는 장쩌민 계보의 대표를 제치고 …….
胡锦涛成功地排除了一个江泽民**派别**的代表……。

후견인 後見人 **赞助人, 资助人**

중앙당 中央黨 **中央党部**

지부 支部 **党支部**

지역주의 地域主義 **地方主义**

한국 정계는 지역주의 성향이 매우 강하다고 말할 수 있다.
韩国国内政坛的**地方主义**色彩非常强烈。

창당 創黨 **创党, 组党**

— **발기인 대회** 發起人大會 **发起人大会**

발기인 대회를 갖다.
举行**发起人大会**。

초당적 超黨的 **跨党派, 超党派**

탈당 脫黨 **退党, 脱党**

그는 당내 후보 경선에서 낙선하자, 탈당 후 무소속으로 지역구 국회의원 선거에 출마할 것을 선언했다.
他在党内候选人竟选中落选后宣布**退党**, 以无党派身份参加地区国会议员选举。

합종연횡 合縱連衡 **合纵连横**

정계의 합종연횡이 앞으로 한동안 더 심해질 것으로 보인다.
预计政坛的**合纵连横**在近期内将会愈演愈烈。

선거 选举

개표 開票 **开票**

수개표 手開票 **手工开票**

재검표 再檢票 **重新检票**

전자 개표 電子開票 **电子开票**

전자 개표에 착오가 있을 수 있기 때문에 재검표를 통해 의혹을 확실히 해소한다.
由于**电子开票**可能出现错误，因此通过重新检票来彻底消除这种疑惑。

전자 개표(electronic voting , 电子开票)란?

일종의 전자 투표로서 집계뿐만 아니라 투표 자체를 터치 스크린(触摸式屏幕) 등을 통해 하는 것을 말한다.

집계 集計 **计票**

결선 투표 決選投票 **决选投票**

프랑스는 일주일 후 대선 결선 투표를 실시할 예정이다.
法国即将在一周后举行总统大选**决选投票**。

경선제 競選制 **竞选制**

국민 참여 경선 國民參與競選 **国民参与竞选**

당내 후보 경선 黨內候補競選 **党内总统候选人提名竞选**

케리는 민주당 당내 경선 참가를 선언했다.
克里宣布参加民主**党内总统候选人提名竞选**。

후보 지방 경선 候補地方競選 **候选人地方竞选**

공명선거 公明選擧 **公正的选举**

중앙선거관리위원회 中央選擧管理委員會 **中央选举管理委员会**

한국 중앙선거관리위원회는 8월 초 조사 결과를 최종 발표할 계획이다.
韩国**中央选举管理委员会**计划，在8月初最终公布调查结果。

공천 公薦 **推荐, 公开推举**

법에 의해 설립된 정당은 공직자 선거에 출마할 후보자를 공천해야 한다.
依法设立的政党得**推荐**候选人参加公职人员选举。

국민 투표 國民投票 **全民公决**

정부는 반드시 수도 이전 문제에 대해 국민 투표를 실시해야 한다.
中央政府必须在迁都问题上举行**全民公决**。

낙선 운동 落選運動 **落选运动**

한국 시민 단체는 다시 한번 '낙선 운동'을 시작했다.
韩国民间团体再次发起"**落选运动**"。

다수 대표제 多數代表制 **多数代表制**

다수 득표제 多數得票制 **相对多数选举制, 领先者当选制**

대선 大選 **总统大选**

미국 대선의 열기가 여름이 다가옴에 따라 더욱 뜨거워지고 있다.
美国**总统大选**的战火随着夏季的到来愈烧愈烈了。

대통령 당선자 大統領當選者 **总统当选人**

미국 바이든 대통령은 오늘 한국 대통령 당선자에게 축전을 보냈다.
美国总统拜登今天向韩国**总统当选人**致电祝贺。

대통령 후보자 大統領候補者 **总统候选人**

선거 유세에 한창인 두 대선 후보자는 이미지 홍보에도 힘을 쏟기 시작했다.
拉票正酣的两位**总统候选人**在形象上也开始大做文章。

득표 得票 **获取选票, 得到选票, 得票**

부동표 浮動票 **摇摆选票, 浮动选民**

부동표의 최종 향방이 11월 대선 결과를 결정하게 될 것이다.
这些**摇摆选票**的最终走向, 将真正左右11月举行的大选的结局。

보궐 선거 補闕選擧 **补缺选举, 弥补选举**

야당이 보궐 선거에서 압승을 거두었다.
在野党在**补缺选举**中获得压倒性胜利。

부정 선거 不正選擧 **违法选举, 不公正选举**

선거 비리 選擧非理 **选举丑闻**

필리핀 정부는 진상위원회를 설립해 선거 비리를 조사하기 시작했다.
菲律宾政府设立了真相委员会开始调查**选举丑闻**。

비례 대표제 比例代表制 **比例代表制**

비례 대표제는 유권자가 정당을 뽑으면 각 정당이 득표율에 따라 의석을 배분하는 방식이다.
比例代表制是指选民投政党票, 各政党按得票比例多少分配议席的方式。

비례 대표제(比例代表制)란?

복수 정당이 있는 경우 개개 정당에 대하여 그 정당이 획득한 득표 수에 비례하여 의석이 배분되도록 한 선거 제도를 말한다.

선거 選擧 **选举**

— 실시 實施 **举行选举**

한국 제21대 국회의원 선거가 4월 15일에 실시되었다.
韩国第21届国会议员**选举**于4月15日**举行**。

선거 강령 選擧綱領 **选举纲领**

국민당은 실질적이고 합리적인 선거 강령으로 유권자의 지지를 얻었다.
国民党以其务实合理的**选举纲领**获得了选民的支持。

선거 결과 選擧結果 **选举结果**

근소한 차이 **微弱差距**

그는 30만 표의 근소한 차이로 낙선했다.

他最后以30多万票的**微弱差距**落选。

낙선 落選 **落选**

당선 當選 **当选**

박빙의 승부 **势均力敌**

박빙의 승부가 될 것이다.

这是一场**势均力敌**的选举。

압승 壓勝 **压倒性胜利**

AOL의 여론 조사 결과, 부시의 압승이 예상된다.

美国在线的民调显示布什将赢得**压倒性胜利**。

선거 공약 選擧公約 **选举承诺**

정치인들은 마땅히 선거 공약을 지켜야 한다.

政治人物应兑现**选举承诺**。

선거구 選擧區 **选举区, 选区**

게리맨더링 **不公平的选区划分, 格里蝾螈**

선거 기술 및 절차의 상대적인 낙후는 낮은 투표율과 게리멘더링 분쟁을 야기한다.

选举技术和程序的相对滞后引发低投票率及**不公平划分选区**的争议。

대선거구제 大選擧區制 **大选区制**

선거구민 選擧區民 **选区居民**

선거구 획정 選擧區劃定 **划分选区**

소선거구제 小選擧區制 **小选区制, 单名选区制**

소선거구제(小选区制, 单名选区制)란?

한 선거구에서 의원 1명을 선출하는 제도. 1인 1투표제이며 후보자 중에서 최다 득표자 1명만 당선된다. 당선자는 결과적으로 다수 대표가 된다.

전국구 全國區 **全国区**

중대선거구제 中大選擧區制 **中大选区制**

중대선거구제(中大选区制)란?

한 선거구에서 2인 이상을 선출하는 제도. 중선거구제란 2인에서 5인 이하를 선출하는 제도이며 넓은 의미의 대선거구제이다. 1인 2투표제가 가능하며, 최다 득표를 하지 않은 후보자도 당선될 수 있다.

중선거구제 中選擧區制　**中选区制, 复名选区制度**

지역구 地域區　**地区**

국회의원 총 273명 중 소선거구제로 선출한 지역구 의원이 227명, 비례 대표제로 선출한 전국구 의원이 46명이다.

在全部273名国会议员中, 以小选区制选出的**地区**国会议员为227名, 以比例代表制选出的**全国区**国会议员为46名。

선거법 選擧法　**选举法**

선거 부정 選擧不正　**选举舞弊**

이번 대선에서 선거 부정행위가 있었다.

此次总统大选存在**舞弊行为**。

표 사기　**拉买选票**

유권자에게 뇌물을 주어 표를 사다.

贿赂选民**拉买选票**。

선거 여론 조사 選擧輿論調査　**民意调查**

최근 선거 여론 조사에 따르면 이 후보는 젊은 세대 지지율에서 열세를 보이고 있다.

最新**民意调查**显示, 这位候选人在年轻人群的支持率上处于劣势。

갤럽 조사　**盖洛普调查**

오차 범위 誤差範圍　**误差幅度**

본 조사의 정확도는 95%에 달하며 오차 범위는 4.5%이다.

本调查的准确率达95%, 上下**误差幅度**为4.5%。

출구 조사 出口調査　**投票站出口民调, 投票所外民调**

출구 조사에 따르면…….

根据**投票所外**所做的**民调**……。

선거 연령 選擧年齡　**选举年龄**

선거 운동 選擧運動　**选举运动, 竞选活动**

선거 운동원 選擧運動員　**竞选班子, 助选员**

그 대통령 후보자의 선거 운동원은 일선에서 전방위 선거 운동을 펴고 있다.

那位总统候选人的**竞选班子**在基层展开全方位的选战。

선거 자금 選擧資金　**选举资金, 选举经费**

— **모금 운동** 募金運動　**筹款活动**

그 후보자는 한발 앞서 경선 모금 운동에 박차를 가했다.

那位候选人率先加紧了竞选**筹款活动**。

정치 후원금 政治後援金　**政治资助, 政治捐款**

250여 명의 국회의원이 엔론사로부터 정치 후원금을 받았다.

250多位国会议员曾收取来自安龙公司的**政治资助**。

정치 후원회 政治後援會 **后援会, 后援团体**

당원 모집에 필요한 자금은 보통 정치 후원회의 도움에 의지한다.

募集党员所需资金一般都靠那些**后援团体**的援助。

선거 제도 選擧制度 **选举制度**

간접 선거 間接選擧 **间接选举**

보통 선거 普通選擧 **普遍选举, 普选**

비밀 선거 秘密選擧 **秘密选举**

대만 선거 제도의 기본 원칙은 보통·평등·직접·비밀 선거이다.

台湾选举制度的基本原则是普遍、平等、直接和**秘密选举**。

직접 선거 直接選擧 **直接选举**

직접 선거는 유권자가 직접 투표하여 공직자를 선출하는 선거 원칙을 말한다.

直接选举是指由选民直接投票选出公职人员的选举原则。

소수 대표제 少數代表制 **少数代表制**

소환 투표 召喚投票 **罢免投票**

예비 선거 豫備選擧 **预选, 初选**

예비 선거란 당의 대선 후보 선출을 위해 동일 정당 지지자들간에 이루어지는 선거를 말한다.

预选指的是同一政党支持者之间的选举, 以选拔该党参加总统大选的候选人。

유권자 有權者 **选民**

여성은 유권자 중 53%를 차지한다.

妇女在**选民**中占53%。

1인 1표제 一人一票制 **一人一票制**

유세 遊說 **拉票活动**

전국 유세 全國遊說 **全国拉票造势活动**

민주당과 공화당의 대선 후보는 현재 선거전 전국 유세 중이다.

民主共和两党的总统候选人正展开选举前的**全国拉票活动**。

홍보전 弘報戰 **媒体宣传活动, 广告宣传**

입후보 立候補 **参加选举, 参选**

이번에 입후보한 대선 후보는 6명뿐이다.

这次获准**参选**的总统候选人只有6人。

입후보 자격 立候補資格 **参选资格**

후보자 候補者 **候选人**

이 나라의 대통령이 될 만한 능력을 갖춘 사람은 X당 Y후보뿐이다.

真正有实力成为该国新任总统的只有X党**候选人**Y。

자치 단체장 선거 自治團體長選擧 **自治团体首长选举, 地方政府首长选举, 市级选举**

지방 자치 단체장이나 지방 의회 의원 선거 입후보자는 해당 지역에 3개월 이상 거주한 사람이어야 한다.
参加**地方首长**与地方议会议员**选举**者须在该地区已居住3个月以上。

광역 단체장 선거 廣域團體長選擧 **广域地方自治团体首长选举**
도지사 선거 道知事選擧 **道知事选举**
시장 선거 市長選擧 **市长选举**

전자 민주주의 電子民主主義 **电子民主主义**

대의 민주주의의 보완책으로 전자 민주주의는 직접 민주주의의 발전에 도움이 될 것이다.
作为代议民主主义的补充, **电子民主主义**有助于发展直接民主主义。

정당 명부제 政黨名簿制, **1인 2표제,** 一人二票制 **政党名单制, 政党名簿式比例代表制, 双选票制, 两票制**

독일에서 실시되고 있는 1인 2표제는 1표는 지역구에 출마한 후보자에게 투표를 하고 나머지 1표는 정당에 투표하는 것을 말한다.
德国实行**两票制**, 选民的第一票是投给本选区以个人名义参选的候选人的, 第二票是投给政党的。

정당 명부제(政党名单制, 政党名簿式比例代表制, 双选票制, 两票制)란?

정당 명부제란 지역구 의원과 비례 대표 의원을 같이 선출하는 방식이다. 각 정당은 지역구 후보와 함께 비례 대표 후보들의 명단을 사전에 발표하며 유권자들은 지역구 후보를 선출하는 투표와 함께 정당의 비례 대표 명단을 보고 지지 정당에 투표하므로 두 번의 투표를 하게 된다. 같은 후보자가 지역구 후보와 비례 대표 후보를 겸할 수 있어 지역구 선거에서 낙선하더라도 비례 대표에 의해 당선될 수 있다. 독일에서 시행되는 의원 선출 방식이다.

중간 선거 中間選擧 **中期选举**

지방 선거 地方選擧 **地方选举**

지방 선거에서 보수 진영이 유례없는 참패를 당했다.
在**地方选举**中, 保守阵营遭受了前所未有的惨败。

직능 대표제 職能代表制 **职能代表制**

직능 대표제 전면 실시를 검토해볼 만하다.
全面推行**职能代表制**是一个值得探索的途径。

직능 대표제(职能代表制)란?

현행 모든 대표제는 당선 방식이나 투표 방식만 다를 뿐 지역 단위로 대표를 뽑는 지역 대표제이다. 그러나 직능 대표제는 직업별로 선거인단을 조직하여 의회에 그 업계 또는 직업을 대표하는 사람을 보내는 대표 선출 방식이다. 지역 대표제는 사회 계층이나 직업을 고려하지 않으므로 진정한 국민 대표일 수 없다는 입장에서 이 제도가 주장되었다. 오늘날 지역의 공동 이익보다 직능에 따른 공동 이익이 강해져 전통적인 대의 제도에 대한 수정안으로 대두되고 있다.

총선 總選 **国会议员选举**

투표 投票 **投票**

— **개시** 開始 **开始**

— **마감** **结束**

현지 시간으로 오전 6시에 투표를 개시하여 오후 6시 정도에 끝날 예정이다.
投票将从当地时间上午6点开始，预计在晚上6点左右**结束**。

부재자 투표 不在者投票 **缺席投票**

해외에 주둔하고 있는 많은 미군은 우편 방식으로 부재자 투표를 한다.
很多驻扎在海外的美国官兵以邮寄方式进行**缺席投票**。

투표소 投票所 **投票所, 投票站**

투표용지 投票用紙 **投票纸, 选票**

유권자는 서명 없이 직접 투표용지에 기입한 다음 그것을 투표함에 넣어야 한다.
选民不用署名，一般须亲自书写**选票**并将已填好的选票投入投票箱。

투표율 投票率 **投票率**

그중 18~24세 연령대의 투표율은 고작 16.7%에 불과했다.
其中18到24岁年龄段的**投票率**只有16.7%。

투표함 投票函 **投票箱**

피선거권 被選擧權 **被选举权**

출마 出馬 **出马, 参选**

노무현은 부산 시장 후보로 경선에 출마하여 민자당 후보에게 패한 적이 있다.
卢武铉以釜山市长候选人身份**出马**竞选，败给了民自党候选人。

흑색선전 黑色宣傳 **黑色宣传**

색깔론 **意识形态攻击**

중국의 국내 정치 발전이 미국으로 하여금 더 이상 색깔론으로 중국을 공격하기 어렵게 만들고 있다.
中国国内政治发展使美国很难再搞**意识形态攻击**。

흠집 내기, 인신공격 人身攻擊 **诽谤, 人身攻击**

흑색선전, 흠집 내기 및 인신공격을 엄격히 금한다.
严禁**黑色宣传**、**诽谤**或**人身攻击**。

정권 政权

계엄령 戒嚴令 **戒严令**

이라크 임시 정부는 국정 안정을 위해 이라크 전역에 걸친 계엄령 선포를 검토 중이다.
伊拉克临时政府考虑在伊拉克全国实施**戒严令**, 以便稳定国内局势。

국가 전복 國家顚覆 **颠覆, 推翻国家政权**

국민 지지도 國民支持度 **民意支持度**

바이든 대통령에 대한 국민 지지도가 계속 떨어졌다.
拜登在国内的**民意支持度**便一路下滑。

지지율 支持率 **支持率**

김 후보자에 대한 유권자의 지지율이 매우 높다.
金候选的选民**支持率**很高。

국정 國政 **国家管理, 国家治理**

국정 운영 國政運營 **国家治理**

미래의 국가 경쟁력은 상당 부분 정부의 국정 운영 능력에 달려 있다.
未来的国家竞争力的强弱很大程度上取决于政府的**治理**能力。

굿 거버넌스, 선정 善政 **善治**

인류의 굿 거버넌스 실현에 정부는 결정적인 역할을 한다.
政府对人类实现**善治**有着决定性的作用。

권력 승계 權力承繼 **权力继承**

이번 사건은 북한의 권력 승계가 결코 순탄하지 않을 것임을 예고하고 있다.
这件事预示着朝鲜的**权力继承**不会一帆风顺。

권력 승계자 權力承繼者 **权力继承人**

후계자 後繼者 **(被挑选的)继承人, 接班人**

후진타오의 후계자 시진핑이 국가 주석이 되었다.
作为胡锦涛**继承人**的习近平成为了国家主席。

독재 정권 獨裁政權 **独裁政权, 专制政权, 集权政权**

미국의 이라크 전 승패는 분명 전 세계 모든 독재 정권에 엄중한 교훈을 줄 것이다.
美国对伊战争的胜败, 确实给了世界所有**专制独裁政权**一个严重教训。

개발 독재 開發獨裁 **开发独裁, 开发专制**

박정희 정부는 경제 입법과 강권 정치로 20여 년간 개발 독재를 폈다.
朴正熙政府通过经济立法及一些强权措施, 形成了20多年的**开发专制**时期。

군사 정부 軍事政府 **军事政府**

그는 일본 식민 통치자와 남한의 군사 정부에 협조하여 이득을 본 사람들에 대해 전면적인 조사를 벌이겠다고 발표했다.
他宣布全面调查曾经跟日本殖民统治者与南韩**军事政府**合作而获利的人员。

독재자 獨裁者 **独裁者**
나치의 박해를 당한 유대인들은 미국에서 독일의 독재자 히틀러를 기소했다.
遭受纳粹迫害的犹太人在美国起诉德国**独裁者**希特勒。

망명 亡命 **流亡, 政治避难**
후세인은 이라크에서 죽을지언정 망명을 선택하지는 않을 것이다.
萨达姆宁愿死在伊拉克也不会选择**流亡**。

망명 요청 亡命要請 **向～提出政治避难请求, 向～申请政治避难**
비행기 납치범이 수단 정부에 정치적 망명을 요청했다.
劫机者已**向**苏丹政府**提出政治避难的请求**。

망명 인사 亡命人士 **流亡人士**
친미 시아파 망명 인사가 이라크 신임 총리로 선출되었다.
亲美什叶派**流亡人士**被选为伊拉克新总理。

민주화 民主化 **民主化**

민주화 운동 民主化運動 **民主化运动**
1988년 한국의 민주화 운동이 고조되었다.
1988年, 韩国**民主化运动**高涨。

반란 叛亂 **叛乱, 起义, 造反**

반정부 시위 反政府示威 **反政府示威**
한국 수도 서울에서 반정부 시위가 일어났다.
韩国首都首尔爆发**反政府示威**游行。

반정부 인사 反政府人士 **异议分子, 反政府人士**
반정부 인사가 심한 탄압을 받다.
异议人士遭受严厉镇压。

숙청 肅淸 **肃清**

전투 경찰 戰鬪警察 **防暴警察**

최루탄 催淚彈 **催泪弹**
전투 경찰이 파업 시위 중인 군중을 해산시키기 위해 공중에 최루탄을 쏘았다.
防暴警察向空中发射**催泪弹**, 以驱散罢工人群。

화염병 火焰甁 **火焰瓶**
폭동자들은 정부 청사에 화염병을 던졌다.
暴民向政府大楼投掷了**火焰瓶**。

불신임 투표 不信任投票 **不信任投票**
오스트리아 연립 정부는 국회에서 실시한 불신임 투표에서 무사히 위기를 넘겼다.
奥地利联合政府在该国议会举行的一次**不信任投票**中顺利过关。

비민주 정권 非民主政權 **非民主政权**

비상사태 非常事態 **紧急状态**

사퇴 辭退 **辞职, 让位, 下台**

대통령의 사퇴를 요구하는 필리핀 사람들이 늘고 있다.
越来越多的菲律宾人要求总统**辞职**。

신임 투표 信任投票 **信任投票**

실권 失權 **失去权力**

위정자 爲政者 **从政人**

의회 해산 議會解散 **解散议会**

그는 국가 비상사태를 선포하고 의회를 해산시킬 계획이다.
他将宣布进入国家紧急状态并**解散议会**。

정권 교체 政權交替 **政权交替**

정권 이양 政權移讓 **移交政权**

평화적 정권 교체 平和的政權交替 **和平实现政权交替**

정권 복귀 政權復歸 **重返政权**

X의 정권 복귀를 위해 싸우다.
为让X**重返政权**而战。

정권 재창출 政權再創出, **재집권** 再執權 **再次夺得政权, 再次掌权, 重新掌权**

천수이볜은 재집권에 성공했지만 민심을 잃었다.
陈水扁虽然**再一次夺得政权**, 但却失去了人心。

정권 축출 政權逐出 **驱逐政权**

미군은 이라크를 기습 공격하여 후세인과 그의 독재 정권을 축출했다.
美国军队突袭伊拉克, 将萨达姆和他的独裁**政权驱逐**。

정치 불안정 政治不安定 **政治不稳定**

정치 불안정은 수출 주도형 의류 산업에 심각한 타격을 주었다.
政治不稳定对出口导向型服装部门带来了严重的打击。

정치적 혼란 政治的混亂 **政治动荡不安**

정치 체제 政治體制 **政治体系, 政治体制**

내각 책임제 內閣責任制 **责任内阁制**

현 영국 정부는 입헌 군주제와 내각 책임제를 실시하고 있다.
现英国政府实行君主立宪、**责任内阁制**。

대통령 단임제 大統領單任制 **总统单任制**

대통령 중임제 大統領重任制 **总统复任制**

대통령(중심)제 大統領(中心)制 **总统(中心)制**

분권형 대통령제 分權型大統領制 **分权型总统制**

분권형 대통령제 도입이야말로 민주당과 정책 협력이 필요한 시급한 사안이다.

引入**分权型总统制**才是与民主党进行政策合作的当务之急。

의원 내각제 議院內閣制 **议会内阁制**

중국의 정부 체제는 의원 내각제와 비슷하다.
中国的政府体制与**议会内阁制**类似。

이원 집정부제 二元執政府制 **半总统制**

세 번째 개혁 방안은 프랑스식 이원 집정부제로 가는 것이다.
第三种改革的方向则是朝法国式的**半总统制**发展。

이원 집정부제(Semi-presidentialism, 半总统制)란?

대통령제와 의원 내각제가 절충된 제3의 정부 형태. 대통령이 통일·외교·국방 등 안정적 국정 수행이 요구되는 분야를 맡고, 총리는 내정에 관한 행정권을 책임지는 것으로, 이 제도를 시행하고 있는 대표적인 국가는 프랑스이다.

총리 책임제 總理責任制 **总理负责制**

집권 執權 **执政**

장기 집권은 당에 부정적인 영향을 미치게 된다.
长期**执政**会给党带来负效应。

레임덕 기간 **跛鸭时期**

레임덕 상태에 있었던 포드 대통령은 중미 관계에서 힘을 발휘하기 어려웠다.
作为“**跛鸭**总统”的福特在中美关系上难有作为。

레임덕(Lame Duck, 跛鸭)이란?

임기 말 권력 누수 현상.

밀월 기간 蜜月期間 **蜜月期**

반테러로 생겨난 백악관과 국회 간의 밀월기는 이미 끝났다.
因反恐而出现的白宫与国会之间的“**蜜月期**”已经基本结束。

연임 連任 **连任**

부시 대통령이 연임에 성공한다면…….
如果布什总统获得**连任**……。

임기 만료 任期滿了 **任期期满**

그는 2004년 임기 만료까지 계속 대통령직을 수행할 예정이다.
他将继续担任总统, 直到2004年**任期期满**。

취임 就任 **就任, 宣誓就职**

윤석열이 대한민국 제20대 대통령에 취임했다.
尹锡悦**宣誓就职**大韩民国第20届总统。

퇴임 退任 **退任, 卸任**

그는 퇴임 후 한국 정계를 떠나기로 결정했다.
退任后, 他决定退出韩国政坛。

폭동 暴動 **暴动, 暴乱**
태국 남부의 이슬람 지역에서 보기 드문 대규모 폭동이 일어났다.
泰国南部的穆斯林地区发生了罕见的大规模**暴乱**。

풀뿌리 민주주의 **草根民主, 基层民主**
풀뿌리 민주주의가 중국에서 뿌리를 내리고 싹을 틔웠다.
"**草根民主**"在中国生根发芽。

대한민국 정부 역사 大韩民国政府历史	
상해 임시 정부	上海临时政府
해방	解放
신탁통치	托管统治
'48건국	48年建国
제1공화국	第一共和国(李承晚政府 1948~60)
한국전쟁	朝鲜战争
4·19혁명	四一九起义
제2공화국	第二共和国(张勉政府 1960~61)
5·16혁명	五一六政变
제3공화국	第三共和国(朴正熙政府 1961~72)
제4공화국	第四共和国(朴正熙维新政府 1972~82)
유신체제	维新体制
광주항쟁	光州民众抗争
제5공화국	第五共和国(全斗焕政府 1983~87)
6·29선언	六二九宣言
제6공화국	第六共和国(卢泰愚政府 1988~92)
문민 정부	文民政府(金泳三政府 1993~97)
국민의 정부	国民政府(金大中政府 1998~2002)
참여 정부	参与政府(卢武铉政府 2003~08)
이명박 정부	李明博政府(2008~13)
박근혜 정부	朴槿惠政府(2013~17)
문재인 정부	文在寅政府(2017~22)
윤석열 정부	尹锡悦政府(2022~)

10 국제 정치 国际政治

국가 国家

건국 建國 — **建国**

국가의 재건 — **国家重建**

동티모르가 주권을 회복한 후 가장 시급히 해결해야 할 임무는 국가의 재건이었다.
东帝汶恢复独立后，面临的迫切任务是**国家的重建**。

정부 수립 政府樹立 — **成立政府**

국가 國家 — **国家**

국경 國境 — **边境, 国境**

윈난성은 동남아의 베트남·라오스·미얀마 등 3개국과 접하고 있으며 국경선이 4,000여 킬로미터에 달한다.
云南与东南亚的越南、老挝和缅甸三国接壤，**边境**线长达4000多公里。

국토 國土 — **国土**

국토 면적 國土面積 — **国土面积**

현재 전국적으로 사막화된 토지 면적이 262.2만km^{2}에 달하며 이는 국토 총면적의 27.3%에 달하는 규모이다.
目前全国荒漠化土地面积超过262.2万平方公里，占**国土**总**面积**的27.3%。

독립 獨立 — **独立**

독립 국가 獨立國家 — **独立国家**

대만이 외몽골을 독립 국가로 인정했다.
台湾承认外蒙古为**独立国家**。

망명 정부 亡命政府 — **流亡政府**

티베트 망명 정부가 돌연 내각 개편을 선포했다.
西藏**流亡政府**突然宣布对内阁进行改组。

민족 국가 民族國家 — **民族国家**

세계화는 각 민족 국가의 비약적인 발전을 촉진했다.
全球化带动了各个**民族国家**的飞速发展。

국수주의 國粹主義 — **国粹主义**

나는 편협한 국수주의자가 아니다.
我不是一个狭隘的**国粹主义**者。

단일 민족 單一民族 **单一民族**

역사적으로 볼 때 일본 민족은 혼혈 민족이며 결코 단일 민족이 아니다.

从历史角度看，日本民族属混血民族，而绝非**单一民族**。

민족의식 民族意識 **民族意识**

민족주의 民族主義 **民族主义**

한민족 韓民族 **韩民族**

분리 分離 **脱离，分离，分裂**

분리주의자 分離主義者 **分离主义者，分裂主义者**

중국은 신장 위구르의 분리주의자가 중앙 아시아 이슬람 조직의 지원을 받고 있다고 판단하고 있다.

中国相信新疆维吾尔**分离主义者**受到中亚穆斯林组织的援助。

분할 分割 **分割，划分，分裂**

분단국가 分斷國家 **分裂国家**

분단국가와 고도의 자치는 다르다.

分裂国家和高度自治不一样。

소국 분할 小國分割 **巴尔干化，分割成小国**

발칸화란 제1차 세계 대전 당시 서구의 열강들이 발칸 반도 지역의 각국에 행했던 것과 같이 하나의 지역을 여러 개의 적대적인 작은 구역으로 분할한 후, 그들간의 상호 견제 속에서 이익을 취하는 방식을 말한다.

"**巴尔干化**"系指像在一战期间，西方强国对巴尔干半岛地区各国所做的那样，把一个地区划分为若干对立的小块区域，使其互相牵制，以便从中取利。

신탁 정부 信託政府 **托管政府**

신탁 통치 信託統治 **托管统治**

미국과 소련은 한반도의 남북 지역을 각기 점령하고 신탁 통치를 실시했다.

美国和苏联分别占领了朝鲜半岛的南北地区，实行**托管统治**。

연방 聯邦 **联邦**

미국은 세계에서 처음으로 현대적인 연방 제도를 구축한 나라이다.

美国是第一个建立起现代**联邦**制的国家。

독일연방공화국 獨逸聯邦共和國 **德意志联邦共和国**

말레이시아연방 **马来西亚联邦**

미합중국 美合衆國 **美利坚合众国**

영연방 英聯邦 **英联邦**

연합 聯合 **联盟**

1994년 7월 24일 카리브국가연합이 설립되었다.

1994年7月24日，加勒比国家**联盟**正式成立。

영공 領空 **领空**

— **침입** 侵入 **侵入领空**

주한 미군은 미군 전투기 2대가 북한 영공을 침입한 사건에 대해 사과를 표명했다.

驻韩美军就两架美军战斗机**侵入**朝鲜**领空**一事向朝鲜表示道歉。

영토 領土 **领土**

영유권 領有權 **领土主权**

독도 영유권 분쟁은 한일 관계에 있어서 가장 민감한 문제 중 하나이다.

独岛**领土主权**之争是韩日关系中最为敏感的问题之一。

영토 반환 領土返還 **返还领土, 归还领土**

독일은 이미 수차례에 걸쳐 폴란드에 영토 반환을 촉구한 바 있다.

德国曾多次向波兰提出**归还领土**的要求。

영토 보전 領土保全 **维护国家领土完整**

영토 분쟁 領土紛爭 **领土纠纷, 领土纷争, 领土争议**

영토 분쟁을 평화롭게 해결하는 방식은 보통 네 가지로 나누어볼 수 있다.

和平解决**领土纠纷**的方法通常有四种。

영해 領海 **领海**

북방 한계선 北方限界線 **北方界线**

— **침범** 侵犯 **侵犯领海**

이라크는 미국 군함이 자국 영해를 침범한 데에 대해 항의를 표시했다.

伊拉克抗议美国军舰**侵犯**其**领海**。

임시 정부 臨時政府 **临时政府**

임시 정부는 아프가니스탄의 평화 회복과 재건 등 여러 방면에 있어서 착실히 임무를 수행했다.

临时政府在恢复阿富汗和平与重建等方面进行了大量扎实的工作。

자결 自決 **自决**

자결권 自決權 **自决权**

자주 自主 **自主**

주권 主權 **主权**

미국이 이라크에게 이양한 것은 상징적인 주권일 뿐이다.

美国向伊拉克移交的是象征性**主权**。

주권 국가 主權國家 **主权国家**

주권 국가는 국제 사회의 가장 기본적인 구성원이다.

主权国家是国际社会的最基本成员。

보호령 保護領 **被保护国, 受保护国**

이 밀약은 사실상 중국을 스탈린 통치하의 소련의 보호령이자 속국으로 만들었다.

这一密约, 实际上是把中国作为斯大林统治下的苏联的一个**受保护国**和附属国。

속국 屬國 **属国, 属地**
식민지 植民地 **殖民地**
종주국 宗主國 **宗主国**

합병 合倂 **合并, 并吞**

만약 남한이 북한을 합병했다면 이는 결과적으로 주한 미군이 압록강변까지 북상하는 상황을 초래했을 것이다.
若南韩**合并**朝鲜, 最终可能导致驻韩美军北移至鸭绿江边。

합병 조약 合倂條約 **合并条约, 吞并条约**

테라우치 통감은 조선의 총리대신 이완용과 결탁하여 합병 조약을 체결하려는 음모를 꾸몄다.
统监寺内勾结朝鲜总理大臣李完用策划签订**合并条约**。

국민 国民

강제 출국 强制出國, **추방** 追放 **驱逐出境**

이 사람은 우리 나라의 법을 위반했기 때문에 강제 출국될 것이다.
此人因违反我国法律, 将被**驱逐出境**。

거주국 居住國 **居住国**

거주자 居住者 **居民**

거주지 居住地 **居住地**

실제 거주지에 의거하여 호적을 등록하는 제도를 실시한다.
实行以实际**居住地**登记户口的制度。

거주지 외국인 居住地外國人 **外侨, 外国人**

재미 교포 在美僑胞 **美国韩侨, 美籍韩侨, 旅美韩裔**

재미 교포 골퍼 위성미가 골프계의 주목을 받고 있다.
美籍韩裔球手魏圣美正在被高尔夫球界关注。

화교 華僑 **华侨**

국기 國旗 **国旗**

다른 깃발과 함께 게양될 때, 국기는 가장 먼저 게양되고 가장 늦게 내려져야 한다.
当与其他旗帜一起排列时, **国旗**应当最早升起, 最晚降下。

국기 게양 國旗揭揚 **升旗**

반기 半旗, **조기** 弔旗 **半旗**

나토 본부는 조기를 게양하여 마드리드 열차 테러의 희생자들에게 조의를 표했다.
北约总部降**半旗**向马德里爆炸案的遇难者致哀。

각국 국기 各国的国旗	
성조기	**星条旗, 美国国旗**
영국 국기	**联合王国国旗, 英国国旗**
오성홍기	**五星红旗, 中国国旗**
인공기	**人共旗, 朝鲜国旗**
일장기	**日之丸旗, 日章旗, 太阳旗, 日本国旗**
청천백일기	**青天白日旗, 台湾国旗**
태극기	**太极旗, 韩国国旗**

국민 國民 **国民, 公民**

'중국 국민'이란 중국 국적의 개인, 중국의 법인과 비법인 단체 등을 가리킨다.

"中国**国民**"是指具有中国国籍的个人、中国法人和中国非法人团体。

국민의례 國民儀禮 **升旗仪式**

국가 國歌 **国歌**

국가는 한 나라를 대표하는 노래이다.

国歌是代表一个国家的歌曲。

국기에 대한 경례 **向国旗敬礼**

국위 선양 國威宣揚 **宣扬国威**

정화가 남양을 원정한 목적은 국위를 선양하고 외국과의 관계를 강화하기 위함이었다.

郑和下西洋是为了**宣扬国威**, 加强与海外诸国联系。

국적 國籍 **国籍**

국적법 國籍法 **国籍法**

귀화 歸化 **入籍, 改变国籍, 成为公民**

신청인이 네덜란드 국민의 배우자나 동거인인 경우, 네덜란드 국내에서 합법적으로 3년 이상 체류하면 귀화를 신청할 수 있다.

申请人若是荷兰籍人士的配偶或同居伴侣, 在荷兰连续合法居留了3年, 就可以申请**入籍**。

— **유지** 維持 **保持国籍, 维持国籍**

이중 국적 二重國籍 **双重国籍**

국가는 대다수 교민들의 이익을 위해 이중 국적을 인정하지 않기로 결정했다.

国家决定为了大多数侨胞的利益着想而不承认**双重国籍**。

— **포기** 抛棄 **放弃国籍**

후지모리는 절대 페루 국적을 포기하지 않겠다고 밝혔다.

藤森表示决不**放弃**秘鲁**国籍**。

국제 위상 國際位相 **国际地位**

중국이 WTO 가입에 성공함에 따라 국제적 위상도 현저히 제고되었다.
中国成功加入世界贸易组织, **国际地位**显著提高。

불법 입국 不法入國 **非法入境**

불법 체류자 不法滯留者 **非法居留者**

이민국과 경찰이 합동 단속을 통해 불법 체류자 10명을 체포했다.
移民局和警方联合行动, 逮捕了10名**非法居留者**。

비거주 외국인 非居住外國人 **非居民, 非居住外国人**

시민권 市民權 **公民权, 公民资格, 公民身份**

— **취득** 取得 **取得公民资格, 获得公民权**

미국에서 자리를 잡으려면, 미국 시민권을 취득해야 한다.
要在美国立足, 必须**取得美国公民资格**。

애국심 愛國心 **爱国心, 爱国主义, 爱国精神**

애국자 愛國者 **爱国者**

위대한 지도자들이 오늘 당장은 반역자일지 모르지만, 내일 성공을 거두게 되면 시대의 영웅이자 애국자가 된다.
伟大的领袖也许是今天的叛徒, 可是明天他们得到了成功,他们就成为时代的英雄和**爱国者**。

영주권 永住權 **永久居留权**

앞으로 일정 자격을 갖추고 장기간 한국에 체류하거나 투자를 하는 외국인은 영주권을 취득할 수 있게 된다.
今后, 具备一定资格的长期在韩国居留或投资的外国人可以获得**永久居留权**。

이민 移民, **이주인** 移住人 **移民, 移民者, 侨民**

정부의 재정 수입은 국민과 이민으로부터 징수된다.
政府的财政收入来自公民和**移民**。

이민국 移民局 **移民局**

미국 이민국이 불법 입국으로 의심되는 중국인 여성 사업가를 구류했다.
美国**移民局**拘留了一名被怀疑为非法入境的中国女商人。

이민법 移民法 **移民法**

국제 관계 国际关系

긴밀한 관계 **紧密的关系**

양국은 정보 분야에서도 줄곧 긴밀한 협력 관계를 유지해왔다.
两国在情报领域亦一直存在着**紧密的**合作**关系**。

긴장 관계 緊張關係 **紧张关系**

양국간의 긴장 관계가 더욱 고조되고 있다.
两国之间的**紧张关系**正进一步**升级**。

— **고조** 高潮　　**紧张升级**

— **완화** 緩和　　**缓和紧张局势**

두 지도자는 긴장 완화를 위해 계속 노력할 것을 약속했다.
两位领导人都同意继续努力, **缓和紧张局势**。

도발 행위 挑發行爲　　**挑衅行为**

시위대는 미국의 대이라크 전쟁 도발 행위를 반대했다.
示威者反对美国对伊拉克的战争**挑衅行为**。

상호 비방 相互誹謗　　**互相诽谤**

북한을 6자 회담에 복귀시키기 위해서는 북미 양국간에 상호 비방을 중단하고 진지한 대화 자세를 보여야 한다.
为了让朝鲜回到6方会谈, 朝美应停止**互相诽谤**, 要用诚意对话。

소원한 관계　　**冷淡的关系, 疏远的关系**

미국과 캐나다의 소원한 관계가 언제 회복될 수 있을 것인가?
美加**冷淡的关系**何时才能升温?

양자 관계 兩者關係　　**双边关系**

— **개선** 改善, **증진** 增進　　**改善, 增进**

양국은 양자 관계 개선을 위한 역사적인 첫걸음을 내디뎠다.
两国为**改善双边关系**迈出了历史性的一步。

— **악화** 惡化　　**恶化**

적국 敵國　　**敌国**

인도와 파키스탄은 원수지간으로 불구대천의 적국이다.
印巴是世仇, 不共戴天的**敌国**。

적대적 관계 敵對的關係　　**敌对关系**

북미간의 반 세기에 걸친 적대적 관계가 청산되었다.
美朝已正式结束半世纪的**敌对关系**。

적대국 敵對國　　**敌对国家**

본 보고서는 테러리스트와 적대국에 대한 선제공격 전략을 공식 제기했다.
这份报告正式提出了向恐怖分子和**敌对国家**采取"先发制人"战略。

전략적 경쟁자 관계 戰略的競爭者關係　　**战略竞争关系**

미국은 중국이 전략적 경쟁자로 등장할 가능성에 대해 철저한 대비를 해야 한다.
美国应该就中国将成为**战略竞争关系**的可能性做出充分准备。

전략적 동반자 관계 戰略的同伴者關係　　**战略合作伙伴关系**

아시아와 아프리카 국가들 사이에 전략적 동반자 관계를 수립하는 것이 두 대륙의 평화와 안보, 공동 발전을 이룩하는 데 있어 매우 중요하다.
亚非国家建立**战略合作伙伴关系**对两个大陆的和平安全和共同进步非常重要。

전쟁 위협 戰爭威脅 **战争威胁**
미국의 대북한 전쟁 위협 시도가 한반도의 긴장을 고조시키고 있다.
美国试图对朝鲜施加的**战争威胁**增加了朝鲜半岛的紧张。

평화 공존 5개 원칙 平和共存五個原則 **和平共处五项原则**
'주권과 영토의 상호 존중, 상호 불가침, 내정 불간섭, 호혜 평등, 평화 공존'의 5개 원칙.
"互相尊重主权和领土完整、互不侵犯、互不干涉内政、平等互利和**和平共处"五项原则**。

협력 관계 協力關係 **合作关系**
— **강화** 强化 **加强**
중일 양국은 21세기를 향한 진정한 동반자 관계 구축을 위해 상호 신뢰를 증진시키고 협력을 강화해나갈 것이다.
日中两国将进一步增进相互信任、**加强合作**, 以建立两国之间面向21世纪的真正的友好合作关系。

대외 정책 对外政策

강경책 强硬策 **强硬政策**
미국의 대북 강경책에 대해 어떻게 생각하는가?
你如何看待美国对朝鲜的**强硬政策**?

강경파 强硬派 **强硬派, 鹰派**
미국 정부 내 강경파는 대중국 정책에 대한 변화를 거부한다.
美国政府内**强硬派**拒绝改变对华政策。

강온 양면 정책 强穩兩面政策 **软硬兼施政策**
당근과 채찍 정책 **胡萝卜加大棒政策**
미군은 또 다시 당근과 채찍 정책을 쓸 수밖에 없다.
美军不得不又使出**胡萝卜加大棒政策**。

대외 정책 對外政策 **对外政策**
미국의 대외 정책은 오랫동안 매파에 의해 움직여왔다.
美国的**对外政策**长期为鹰派控制。

보복 조치 報復措置 **报复措施**
EU는 유럽과 미국의 철강 무역 분쟁에 있어 미국에 대한 보복 조치를 준비하고 있다.
欧盟准备就欧美钢铁贸易争端对美国采取**报复措施**。

봉쇄 정책 封鎖政策 **封锁政策**

경제 봉쇄 經濟封鎖 **经济封锁**

무기 금수 조치 武器禁輸措置 **武器禁运政策**

EU는 이라크에 대한 무기 금수 조치를 완화했다.

欧盟已经放松了对伊拉克的**武器禁运政策**。

무역 봉쇄 貿易封鎖 **贸易封锁**

미국은 쿠바에 대해 60년 가까이 경제 무역 봉쇄 정책을 펴고 있다.

美国对古巴实施长达60年的经济**贸易封锁**。

온건파 穩健派 **温和派, 鸽派**

유화 정책 宥和政策 **柔和政策**

정부의 유화 정책은 현명한 조치라 할 수 있다.

政府采取**柔和政策**, 不失明智之举。

제재 조치 制裁措置 **制裁措施**

인도는 파키스탄에 일련의 제재 조치를 가하겠다고 선언했다.

印度宣布对巴基斯坦采取一系列**制裁措施**。

— 가하다 **加以制裁**

경제 제재 經濟制裁 **经济制裁**

무역 제재 貿易制裁 **贸易制裁**

EU는 미국에 대해 무역 제재를 가했다.

欧盟对美实施**贸易制裁**。

— 완화 緩和 **放宽**

미국은 지진 피해 긴급 구호를 위해 이란에 대한 제재 조치를 완화했다.

美国**放宽**对伊朗制裁措施, 以加快地震救灾援助。

— 해제 解除 **解除, 取消**

유엔 안보리는 이라크에 대한 대부분의 제재 조치를 해제했다.

联合国安理会**取消**对伊拉克实行的大部分制裁措施。

포용 정책 包容政策 **包容政策**

한국 내에서는 대북 포용 정책을 둘러싼 공방전이 치열하다.

韩国国内围绕对朝鲜**包容政策**的辩论空前激烈。

외교 外交

경제 외교 經濟外交 **经济外交**

경제 글로벌화가 급속히 진행되고 있는 현 시대에 경제 외교는 각국 외교에 있어 갈수록 더 중요시되고 있다.

在目前经济全球化快速发展的时代, **经济外交**正日益成为各国外交最重要的内容之一。

교차 승인 交叉承認 **交叉承认**

당시 교차 승인을 하자는 주장에 따라 소련과 중국이 한국과 수교했다.

根据早年的"**交叉承认**"倡议, 苏联、中国先后与韩国建立了外交关系。

국가 승인 國家承認 **国家承认, 承认国家**

미국 정부는 티베트를 독립 국가로 승인한 적이 없다.

美国政府从来没有**承认**西藏是一个独立**国家**。

법률상 승인 法律上承認 **法律上的承认**

사실상 승인 事實上承認 **事实上的承认**

미국은 아프가니스탄 라바니 정부에 대한 사실상 승인에 반대했다.

美国反对对阿富汗拉巴尼政府的**事实上的承认**。

다자 외교 多者外交 **多边外交**

미국은 앞으로도 다자 외교를 통한 북핵 문제 해결을 고집할 것이다.

美国将坚持通过**多边外交**方式解决朝鲜核危机。

단교 斷交, **국교 단절,** 國交斷絶 **断绝外交关系, 断交**

중국과 수교하는 국가는 대만 당국과 일체의 외교 관계 단절을 표명해야 한다.

凡与中国建交的国家, 要表明与台湾当局**断绝**一切**外交关系**。

등거리 외교 等距離外交 **等距离外交**

중국은 1992년 한국과 수교한 이래 줄곧 남북에 대한 등거리 외교 정책을 펴고 있다.

中国在1992年与韩国建交后, 一直对南北朝鲜采取"**等距离外交**"。

복교 復交, **관계 복원** 關係復原 **恢复外交关系**

한국은 이달 말 아프가니스탄과 24년간 단절되었던 외교 관계를 복원할 계획이다.

韩国和阿富汗将于本月底**恢复**已经中断了24年的**外交关系**。

상호 승인 相互承認 **互相承认**

1993년 8월 팔레스타인과 이스라엘은 오슬로 협정을 체결하고 상호 승인을 했다.

1993年8月巴以签署奥斯陆协议, 双方**互相承认**。

수교 修交 **建立外交关系, 建交**

국교 정상화 國交正常化 **建交正常化, 邦交正常化**

2025년은 한일 국교 정상화 60주년이다.

2025年是韩日**邦交正常化**60周年。

실리 외교 實利外交 **务实外交**

후진타오의 실리 외교는 칭찬할 만하다.

胡锦涛的**务实外交**可圈可点。

예방 외교 豫防外交 **预防性外交**

왕복 외교 往復外交 **穿梭外交**

외교 관계 外交關系 **外交关系**

중국은 '이웃 국가와의 우호 관계 우선' 원칙에 따라 주변 국가와의 외교 관계를 처리한다.

中国基于"与邻为善, 以邻为伴"的原则处理与周边国家的**外交关系**。

각국 외무부 各国的外交部门	
미 국	国务院
영 국	外务院
일 본	外务省
중 국	外交部
한 국	外交部

전방위 외교 全方位外交 **全方位外交**

정상 외교 頂上外交 **首脑外交**

각국이 정상 외교를 이처럼 중시하는 것은 무엇보다도 국가 정상이 양국 관계 발전에 특수한 역할을 하기 때문이다.

各国之所以对**首脑外交**如此重视, 主要在于首脑对两国关系的发展有特殊作用。

정상 회담 頂上會談 **首脑会谈, 峰会**

이번 회담은 한반도 분단 이래 처음 열린 정상 회담이다.

这次会谈是朝鲜半岛分裂以来的首次**首脑会谈**。

줄타기 외교 **走钢丝外交**

북한의 외교 정책은 벼랑 끝 줄타기 외교이다.

朝鲜的外交政策是站在悬崖边的**走钢丝外交**。

외교 사절 外交使节

기피 인물 忌避人物(persona non grata) **不受欢迎的人物**

아라파트가 백악관의 기피 인물이었다는 것은 분명한 사실이다.

阿拉法特被列为白宫"**不受欢迎的人物**"是不争的事实。

외교관 外交官 **外交官, 外交人员**

정치 임명직 政治任命職 **政治任命公职人员, 政务官**

직업 외교관 職業外交官 **职业外交官**

외교단 外交團 **外交使团**

이라크 주재 프랑스·러시아 등의 외교단은 한결같이 이 사건에 대해 금시초문이라고 밝혔다.

法国、俄国等国家驻伊拉克的**外交使团**对比案都表示并不知情。

외교단장 外交團長 **外交使团团长**

외교 사절 外交使節 **外交使节, 外交代表**

외교 사절은 접수국에서 파견국을 대표한다.

外交使节在接受国代表派遣国。

— **소환** 召還 **召回**

한국 정부는 주일 대사를 소환하여 일본 정부의 우익 역사 교과서 검정 통과에 항의했다.

韩国政府**召回**驻日本大使, 以抗议日本政府审定通过右翼历史教科书。

— **임명** 任命 **任命**

대통령은 대사와 내각 구성원을 임명할 수 있다.

总统可以**任命**大使和内阁成员。

— **추방** 追放 **驱逐**

러시아는 한국 외교관 한 명을 추방했다.

俄罗斯**驱逐**了一名韩国外交官。

외교 특사 外交特使 **特使**

미국은 북한에 특사를 파견했다.

美国向朝鲜派遣**特使**。

재외 공관 驻外使领馆

경제관 經濟官 **经济专员**

공관장 公館長 **使馆馆长**

공관 차석 公館次席(DCM) **使馆副馆长**

공보관 公報官 **新闻专员**

공사 公使 **公使**

제2차 세계 대전 이후 공사급 외교 대표를 임명하는 경우는 점차 줄고 있다.

第二次世界大战以后, 任命**公使**一级外交代表已越来越少。

공식 만찬 公式晚餐 **正式晚宴**

건배 제의 乾杯提議 **提议干杯**

답사 答辭 **答词**

만찬사 晚餐辭 **晚宴致辞**

좌석 배열 座席排列 **安排座位**

주빈 主賓 **主宾**

연회 시작 시 호스트의 환영사가 있은 후, 주빈의 답사가 끝나면 식사를 시작해도 된다.

宴会开始时, 主人致欢迎词, 然后**主宾**致答词之后,既可以开始用餐。

환영사 歡迎辭 **欢迎词**

공식 수행원 公式隨行員 **正式随行人员**

공식 수행원 중에는 정부의 고위 공무원도 있다.

正式随行人员中有的还是政府的高级官员。

관할지 管轄地 **领区**

노무관 勞務官 **劳动专员**

대사 大使 **大使**

싱하이밍 주한 중국 대사는 한중 수교 30주년을 맞이하여 더욱 발전하는 양국 관계를 소망했다.

中国驻韩国**大使**邢海明在中韩建交30周年之际表示, 希望两国关系能够得到进一步发展。

대리 대사 代理大使 **代办, 临时代办**

대리 대사는 외교 사절이 휴가·이직·사고로 직무를 수행할 수 없을 때, 임시로 외교 사절을 대신하여 대사 직무를 수행하는 외교관을 말한다.

临时代办是在外交使节休假、离职、因故不能视事时, 临时代理外交使节主持馆务的外交人员。

대외 특명 전권 대사 對外特命全權大使 **特命全权大使**

대외 특명 전권 대사란 약칭 대사로서 최고 직책의 외교 사절이다.

特命全权大使, 简称大使, 是最高一级的外交代表。

순회 대사 巡廻大使, **대기 대사** 待機大使 **巡回大使, 无任所大使**

대기 대사는 국가 원수를 대표하여 유관국 정부와 중요 문제를 상의, 국가 원수의 친필 서한 전달, 재외 공관 시찰 등의 임무를 맡는다.

无任所大使的任务是代表国家元首与有关国政府商谈重要问题, 递交国家元首亲笔信件或者视察驻外使领馆的工作等。

신임장 信任狀 **国书**

신임장의 전달과 접수는 외교 대표의 공식 취임을 뜻하는 것이다.

国书的递交和接受, 是外交代表正式就职的表示。

아그레망 **同意**

외교 사절의 임명을 위해서는 먼저 접수국의 아그레망을 받아야 한다.

使节的任命须先征得接受国的**同意**。

예방 禮訪 **礼节性拜会, 拜访**

방한한 왕치산 국가 부주석은 윤석열 대통령을 예방했다.

中国国家副主席王岐山访韩, **礼节性拜会**韩国总统尹锡悦。

무관 武官 **武官**
문관 文官 **文官**
비자 **签证**
비자 발급 불허 **拒绝发给签证**
착지 비자 **落地签证**
통과 비자 **过境签证**
한국 비자 대리 수속 업무 **赴韩签证代办业务**
상무관 商務官 **商务专员**
서기관 書記官 **秘书**
1등 서기관 一等書記官 **一等秘书**

그는 주중 미국 대사관에서 1등 서기관과 상무관을 역임했다.
他在美国驻华大使馆担任**一等秘书**及商务专员。

2등 서기관 二等書記官 **二等秘书**
3등 서기관 三等書記官 **三等秘书**
여권 旅券 **护照**
관용 여권 官用旅券 **因公护照**
여권 분실 증명서 旅券紛失證明書 **护照丢失证**
영사 확인 서명인 領事確認署名人 **领事认证签署人**
외교관 여권 外交官旅券 **外交护照**
일반(보통) 여권 一般旅券 **因私护照**
영사 업무 領事業務 **领事职务**
외교 문서 外交文書 **外交函件**
공문 公文 **公函, 照会**

충칭 시 인민정부 외사 판공실은 귀관에 다음과 같은 공문을 보냅니다.
重庆市人民政府外事办公室向贵馆致意, 并谨**照会**如下。

비밀문서 秘密文書 **秘密外交函件**
전문 電文 **外交电报**
회신 回信 **答复**

귀관의 2005-088호 공문에 대한 회신은 다음과 같습니다.
谨就贵馆领字2005-088号照会**答复**如下。

외교 채널 **外交途径**
외교 특권 및 면제 **外交特权和豁免**
면책 특권 免責特權 **外交豁免**

외교관은 형사 재판권으로부터 면제된다.
外交代表享有刑事管辖**豁免**。

신체의 불가침성 **外交代表人身不受侵犯**

외교 공관의 문서·서류의 불가침성 **使馆的档案和文件不受侵犯**

외교 공관의 불가침성 **使馆馆舍不受侵犯**

외교 공관, 공관 내의 설비 및 기타 재산, 공관의 수송 수단은 '수색·징발·압수 또는 강제 집행'으로부터 면제된다.

使馆的馆舍, 设备及馆舍内其他财产和使馆交通工具免受搜查、征用、扣押或者强制执行。

통신의 불가침성 **使馆来往的公文不受侵犯**

외교 행낭(파우치) 外交行囊 **外交邮袋**

외교 행낭은 개봉하거나 압수할 수 없다.

外交邮袋不得开拆或者扣留。

외빈 방문 外賓訪問 **外宾访问**

공식 방문 公式訪問 **正式访问**

중국 총리는 대통령의 초청을 받고 한국을 공식 방문했다.

中国国务院总理应总统邀请对韩国进行**正式访问**。

국빈 방문 國賓訪問 **国事访问**

답방 答訪 **回访**

비공식 방문 非公式訪問 **非正式访问**

사적 방문 私的訪問 **私人访问**

실무 방문 實務訪問 **工作访问**

의전 儀典 **礼仪**

공항 의전 空港儀典 **机场礼仪**

의장대 사열 儀仗隊査閱 **检阅仪仗队**

김정은 국무위원장은 의장대의 사열을 받았다.

金正恩国务委员长**检阅仪仗队**。

의전장 儀典長 **礼宾司司长**

외교부에는 의전장이 있어 각국의 외교 사절을 영접하는 의전을 담당한다.

外交部有**礼宾司司长**, 专管接待各国外交使节的礼仪。

재외 공관 在外公館 **驻外使领馆**

— 개설 開設 **开设使馆**

공관 개설은 현지 상황 파악에 도움이 된다.

开设使馆有助于把握当地的情况。

대사관 大使館 **大使馆**

최근 주중 한국 대사관에 망명을 요청하는 북한 난민 수가 급증했다.

最近前往韩国驻华**大使馆**寻求政治庇护的朝鲜难民人数急剧上升。

대표부 代表部 **代表处**

무역 대표부 貿易代表部　**贸易代表处**

연락 사무소 連絡事務所　**联络事务所**

일본은 평양에 연락 사무소를 설치할 계획이다.
日本将在平壤设立**联络事务所**。

영사관 領事館　**领事馆**

— 철수 撤收　**关闭使馆**

리비아는 이라크와 단교한 후, 대사관을 철수하고 외교관을 소환했다.
利比亚与伊拉克断交之后, **关闭大使馆**, 召回外交人员。

총영사관 總領事館　**总领事馆**

참사관 參事官　**参赞**

초청장 招請狀　**请柬**

☞ 초청장의 "RSVP"(**请答复**): Répondez S'il Vous Plaît의 약자로 참석 여부 통보 요망의 뜻.

☞ "Regrets Only"(**不能出席请复**): 불참시 통보를 요망한다는 뜻.

총영사 總領事　**总领事**

영사 領事　**领事**

주선양 대한민국 총영사관 X총영사는 조만간 이임하여 본국으로 돌아갈 예정이다.
大韩民国驻沈阳总领事馆总**领事**X将于近期离任回国。

외교 협상 外交谈判

고위 관리 회의 高位官吏會議(SOM)　**高级官员会议, 高官会**

공동 선언문 共同宣言文　**共同宣言, 联合宣言**

미국은 남북의 공동 선언문 서명에 환영의 뜻을 밝혔다.
美国对朝韩签署**共同宣言**表示欢迎。

공동 성명서 共同聲明書　**共同声明, 联合公报**

국제법 國際法　**国际法**

국제 관습법 國際慣習法　**国际习惯法**

'민족 자결의 원칙'은 국제 관습법의 일부분이 되었다.
"民族自决权" 原则成为**国际习惯法**的一部分。

규정 規程　**规程, 规章**

우선 優先　**优先于**

국제법은 국내법에 우선한다.
国际法**优先于**国内法。

규약 規約, **협약** 協約　**公约**

기자 회견 記者會見　**记者招待会**

기조연설 基調演說 **主旨发言**

대변인 代辯人 **发言人**

중국 외교부 대변인은 일본 역사 왜곡 교과서 문제에 대한 기자들의 질문에 답했다.

中国外交部**发言人**就日本新教科书歪曲历史答记者问。

발효 發效 **生效**

유보 철회 통지는 2002년 7월 9일부터 발효된다.

撤消保留的通知自2002年7月9日起**生效**。

본문 本文 **本文**

부칙 附則 **附录, 附则**

장 章 **章**

조 條 **条**

조항 條項 **条款**

항 項 **款, 节, 项**

부속서 附屬書 **附属协议, 附件**

부속 의정서 附屬議定書 **附加议定书**

비공개 회담 非公開會談 **闭门会议**

비공식 회의 非公式會議 **非正式会议**

비준 批准 **批准**

유보 留保 **保留**

의정서 제88조 제2항은 유보 조항이다.

对议定书第88条第2款持有**保留**。

사전 정지 작업 事前整地作業 **筹备工作**

제2차 6자 회담의 사전 정지 작업이 순조롭게 진행되고 있다.

第二轮六方会谈**筹备工作**不断取得进展。

사전 협의 事前協議 **事前磋商**

미국은 WTO의 다른 회원국과 사전 협의를 원했다.

美国要和世贸组织其他成员进行**事前磋商**。

서명 署名 **签字, 签名, 签署**

가서명 假署名 **草签**

한국과 미국은 용산 미군 기지 이전에 관한 협정에 가서명했다.

韩国和美国**草签**关于龙山美军基地迁移的协议。

실무급 회의 實務級會議 **工作组会议**

제4차 6자 회담의 사전 정지 작업을 위한 3차 실무급 회의가 9월에 열릴 예정이다.

第三次**工作组会议**预计于9月召开, 为第四轮六方会谈作准备。

양해 각서 諒解覺書(MOU) **谅解备忘录**

현대자동차와 장화이자동차가 양해 각서를 체결했다.

现代汽车与江淮汽车签署**谅解备忘录**。

언론 브리핑 **新闻发布会**

예비회담 豫備會談 **预备会谈**

외교 협상 外交協商 **外交谈判, 外交磋商**

다자 회담 多者會談 **多边会谈**

3자 회담 三者會談 **三方会谈**

양자 회담 兩者會談, **쌍무 회담** 雙務會談 **双边会谈**

중미 양국 대표단은 중국의 WTO 가입에 관해 쌍무 회담을 벌였다.

中美两国代表团就中国加入世贸组织进行了**双边会谈**。

6자 회담 六者會談 **六方会谈**

일본은 북핵 문제에 관한 6자 회담에서 납치 사건을 거론할 계획이다.

日本打算在朝核问题**六方会谈**上提出绑架事件。

의정서 議定書 **议定书**

장관 회의 長官會議 **部长级会议**

전문 前文 **序言, 导言**

조약 條約 **条约**

다자 조약 多者條約 **多边条约**

동맹 조약 同盟條約 **同盟条约**

방위 조약 防衛條約 **防御条约**

양자 조약 兩者條約 **双边条约**

우호 조약 友好條約 **友好条约**

평화 조약 平和條約 **和平条约**

한미 상호 방위 조약 韓美相互防衛條約 **韩美相互防御条约**

조인국 調印國 **签署国**

이 조약이 발효되려면 22개의 조인국이 필요하다.

该条约如要生效, 一共需要22个**签署国**。

체약국 締約國 **缔约国**

헌장 憲章 **宪章, 章程**

협상 協商 **谈判, 磋商**

— **결렬** 決裂 **破裂**

콜롬비아 게릴라는 정부와의 3년에 걸친 평화 협상이 결렬되었음을 선포했다.

哥伦比亚游击队宣布与政府的三年和平谈判**破裂**。

— **재개** 再開 **重开**

블레어는 이스라엘과 팔레스타인의 조속한 평화 회담 재개를 호소했다.

布莱尔呼吁以色列和巴勒斯坦尽早**重开**和平谈判。

협상 입장 協商立場 **谈判立场**

— **견지** 堅持 **坚持**

터키는 미국과의 협상에서 자신의 입장을 견지할 것이다.

土耳其在与美谈判中将**坚持**自己的立场。

— **변화** 變化 **改变**

EU의 기본적인 협상 입장은 변하지 않았다.

欧盟基本的谈判立场并没有**改变**。

불리한 입장 **劣势, 不利地位**

주택 매입자는 계약 협상에서 종종 불리한 입장에 놓인다.

购房人在合同谈判时往往处于**不利地位**。

유리한 입장 **优势, 有利地位**

협상력에서 러시아가 유리하다.

俄罗斯在谈判实力上处于**优势**。

— **철회** 撤回 **取消, 放弃**

사실상 이는 러시아의 입장 철회를 의미한다.

这实际上意味着俄国已经**放弃**原来的立场。

협상 전략 協商戰略 **谈判战略**

물밑 협상, 물밑 접촉 **幕后协商, 幕后接触**

양측이 물밑 접촉을 하고 있음은 주지의 사실이다.

双方进行**幕后接触**, 早已众所周知。

벼랑 끝 외교 **边缘外交**

벼랑 끝 전술 **边缘政策**

중국은 북한의 벼랑 끝 전술에 인내심을 잃기 시작했다.

中国对朝鲜的**边缘政策**开始失去耐心。

비장의 카드 **底牌**

시간 끌기 **拖延时间**

계속 시간을 끌게 되면, 북한은 더 많은 협상 카드를 벌게 된다.

如果继续**拖延时间**, 朝鲜会获得更多讨价还价的筹码。

이중 협상 二重協商 **双轨协商**

협상 카드 **谈判筹码**

북한은 핵무기 보유 사실을 증명하고 협상 테이블에서 협상 카드를 좀더 확보하고자 한다.

朝鲜想证明朝鲜确实拥有核武器, 并加大其在**谈判**桌上的**筹码**。

협상 진척 協商進陟 **谈判进展**

교착 상태 膠着狀態 **僵局**

에너지 문제로 인해 러시아의 WTO 가입 협상이 교착 상태에 빠졌다.
能源问题使俄罗斯入世谈判陷入**僵局**。

지지부진 遲遲不進 **停滞不前, 裹足不前**

국제 군비 통제 및 군축 협상이 최근 들어 지지부진하다.
国际军控与裁军谈判近年来**停滞不前**。

대한민국이 가입한 주요 다자 조약 명칭 및 가입 연도 韩国签署的主要多边条约一览表名称和签订日期	
경제적·사회적 및 문화적 권리에 관한 국제 규약(A규약) 1990	经济、社会和文化权利国际公约
경제협력개발기구에 관한 협약(OECD) 1996	经济合作与发展组织公约
공업소유권의 보호를 위한 파리 협약 1980	保护工业产权巴黎公约
관세와 무역에 관한 일반 협정(GATT) 1967	关税与贸易总协定
국제노동기구 헌장(ILO) 1991	国际劳工组织宪章
국제농업개발기금 설립 협정 1977	建立国际农业发展基金的协定
국제민간항공 협약 1952	国际民用航空公约
국제박람회에 관한 협약 1987 (1972년 개정의정서 포함)	1987年巴黎国际展览会公约及1972年议定书
국제 부흥개발은행 협정(IBRD) 1955	国际复兴开发银行协定
국제 사법에 관한 헤이그 회의 규정 1997	海牙国际司法会议章程
국제연합 교육과학문화기구 헌장(UNESCO) 1950	联合国教育科学及文化组织法
국제연합공업개발기구 헌장(UNIDO) 1980	联合国工业发展组织章程
국제연합헌장 및 국제사법재판소 규정 1991	联合国宪章、国际法庭法规
국제이동위성기구에 관한 운영 협정 (INMARSAT) 1994	国际移动卫星组织业务协定
국제전기통신연합 헌장(ITU) 1994	国际电信联盟组织法
국제전기통신연합 헌장(1992년, 제네바)	国际电信联盟组织法
국제전기통신위성기구에 관한 협정 (INTELSAT) 1972	国际通信卫星组织协定
국제전기통신 협약 1976	国际电信公约
국제통화기금 협정(IMF) 1955	国际货币基金组织协定
국제포경규제 협약 1978	国际管制捕鲸公约

국제 해사기구에 관한 협약(IMO) 1962	国际海事组织公约
난민의 지위에 관한 협약 1992	关于难民地位的公约
남극 조약 1986	南极条约
마약 및 향정신성물질의 불법거래방지에 관한 국제연합 협약 1998	联合国禁止非法贩运麻醉药品和精神药物公约
만국우편연합헌장 및 최종의 정서(UPU) 1966	万国邮政联盟组织法及盟约议定书
문학 · 예술적 저작물의 보호를 위한 베른 협약 1996	保护文学艺术作品的伯尔尼公约
세계 기상 기구 협약(WMO) 1955	世界气象组织公约
세계무역기구 설립을 위한 마라케시 협정(WTO) 1994	GATT 1994马拉喀什议定书
세계문화유산 및 자연유산의 보호에 관한 협약 1988	保护世界文化和自然遗产公约(简称世界遗产公约)
세계보건기구 헌장(WHO) 1949	世界卫生组织法
세계저작권 협약 1987	世界版权公约
세계지적소유권기구 설립 협약(WIPO) 1978	建立世界知识产权组织公约
세균무기(생물무기) 및 독소무기의 개발 · 생산 및 비축의 금지와 그 폐기에 관한 협약(BWC) 1972	禁止细菌(生物)及毒素武器的发展, 生产及储存以及销毁这类武器的公约
시민적 및 정치적 권리에 관한 국제 규약(B규약) 1990	公民权利和政治权利国际公约
아동의 권리에 관한 협약 1991	儿童权利公约
여성에 대한 모든 형태의 차별 철폐에 관한 협약 1984	消除对妇女一切形式歧视公约
외교관계에 관한 비엔나 협약 1970	维也纳外交关系公约
외국 중재판정의 승인 및 집행에 관한 협약 1973	承认和执行外国仲裁裁决的公约
유럽 부흥개발은행 설립 협정(EBRD) 1990	建立欧洲复兴开发银行的协定
조약법에 관한 비엔나 협약 1969	维也纳条约法公约
1990년 유류오염의 대비, 대응 및 협력에 관한 국제 협약(OPRC, 1990)	1990年国际油污防备、反应和合作公约
포로의 대우에 관한 1949년 8월 12일자 제네바 협약(제3협약) 1966	关于战俘待遇之日内瓦公约
해양법에 관한 국제 연합 협약 1983	联合国海洋法公约
핵무기의 비확산에 관한 조약(NPT) 1975	不扩散核武器条约

화학무기의 개발・생산・비축・사용 금지 및 폐기에 관한 협약(CWC) 1993	关于禁止发展、生产、储存和使用化学武器及销毁此种武器的公约
파리협정 2016	巴黎协定
수은에 관한 미나마타협약 2020	关于汞的水俣公约
만국우편협약 2019	万国邮政公约
시청각 실연에 관한 베이징 조약 2020	视听表演北京条约
중앙 북극해 공해상 비규제 어업 방지 협정 2021	预防中北冰洋不管制公海渔业协定
대한민국과 유럽연합 및 그 회원국 간의 자유무역협정 2015	韩国与欧盟自由贸易协定
식량원조협약 2018	粮食协助公约
유전자원에 대한 접근 및 그 이용으로부터 발생하는 이익의 공정하고 공평한 공유에 대한 생물다양성에 관한 협약 나고야 의정서 2017	《生物多样性公约》关于获取遗传资源和公正公平分享其利用所产生惠益的名古屋议定书
제4세대 원자력시스템의 연구 및 개발에 관한 국제협력을 위한 기본협정 2005	第四代核能系统研究和开发国际合作框架协议
아세안 및 한・중・일 거시경제조사기구(AMRO) 설립 협정 2016	设立东盟与中日韩宏观经济研究办公室协议
아시아 인프라 투자은행 협정 2015	亚洲基础设施投资银行协定
국제기구로서의 국제반부패아카데미 설립을 위한 협정 2012	建立国际反腐败学院的协定
기후변화에 관한 국제연합 기본협약에 대한 교토의정서 2005	联合国气候变化框架公约的京都议定书(简称京都协议书)
잔류성유기오염물질에 관한 스톡홀름협약 2007	关于持久性有机污染物的斯德哥尔摩公约
국제연합 초국가적 조직범죄 방지 협약을 보충하는 인신매매, 특히 여성과 아동의 인신매매 방지, 억제 및 처벌을 위한 의정서 2015	联合国打击跨国有组织犯罪公约关于预防、禁止和惩治贩运人口,特别是妇女和儿童行为的补充议定书

대한민국이 체결한 주요 양자 조약 韩国签署的主要双边条约一览表	
한미 상호방위 조약 1953	韩美相互防御条约
한일간 기본 관계에 관한 조약	韩日基本关系协定

협상력 協商力　　**谈判实力**

중일 협력으로 국제 협상력을 강화시킬 수 있다.
中日合作可以增强国际**谈判实力**。

협상 태도 協商態度 **谈判态度**

강압적 强壓的 **强硬的, 咄咄逼人**

협상 시 지나치게 강압적인 태도는 역효과를 가져올 수 있다.
谈判时太过**咄咄逼人**, 会招致反效果。

비타협적 非妥協的 **不调和, 不妥协, 针锋相对, 互不相让**

중일 양측이 자기 의견만 고집하는 비타협적인 태도 때문에 협상에 진전이 없다.
中日双方各持己见、**互不相让**, 谈判陷于停顿。

양보 讓步 **让步**

펜타곤의 강경파 인사들은 북한에 대한 양보에 반대한다.
五角大楼的强硬派人士反对对朝鲜作出**让步**。

저자세 低姿勢 **低调态度, 低姿态**

필립 모리스는 손해 배상 소송에서 늘 저자세를 취했다.
菲利普 · 莫里斯集团在索赔官司中大都采取**低调态度**。

조급 躁急 **操之过急**

무역 협상은 조급해서도 경솔해서도 안 된다.
贸易谈判, 既不能**操之过急**, 也不能粗心大意。

타협적 妥協的 **妥协, 灵活**

협정 協定 **协议**

— **불이행** 不履行 **不履行**

— **위반** 違反 **违反**

— **이행** 履行 **履行**

— **체결** 締結 **缔结, 签署, 签定**

중·미간 정전 협정 체결로 전쟁은 끝났다.
中美**签定**了停战**协议**, 战争结束了。

— **파기** 破棄, **무효화** 無效化 **取消, 撤消, 废除**

국제 체제 国际格局

고립주의 孤立主義 **孤立主义**

고립주의란 미국의 초기 대외 정책으로서 미국의 대외 관계에서 유럽의 정치 및 군사 충돌에 말려들지 말자는 주장이다.
孤立主义是美国早期的一种对外政策思想, 即主张美国在对外关系中避免卷入欧洲的政治和军事冲突。

국익 國益 **国家利益**

이라크 파병은 중국의 국익에 부합된다.
出兵伊拉克符合中国的**国家利益**。

국제 정세 國際情勢 **国际局势, 国际形势**

이라크 전쟁이 국제 정세에 미친 영향.
伊拉克战争对**国际局势**的影响。

국제 정치 國際政治 **国际政治**

국제 정치의 중심이 아시아로 이동하고 있다.
国际政治的中心正向亚洲转移。

국제 질서 國際秩序 **国际秩序**

불합리한 국제 경제 질서 아래 '남북 문제'가 아직도 심각하다.
不合理的**国际经济秩序**下的"南北矛盾"依然突出。

국제 체제 國際體制 **国际体系, 国际政治格局**

다극 체제 多極體制 **多极格局**

세계 정치 구도가 다극화됨에 따라 유엔의 역할도 강화되고 있다.
随着世界政治格局**多极化**趋势的发展, 联合国的作用不断加强。

베르사유-워싱턴 체제 **凡尔赛－华盛顿体系**

베르사유-워싱턴 체제(Versailles-Washington System, 凡尔赛–华盛顿体系) 란?

제1차 세계 대전 이후 1920년대의 국제 질서. 베르사유 조약의 체결로 형성된 제1차 세계 대전 이후 유럽의 국제 질서를 베르사유 체제라고 하며, 제1차 세계 대전 이후 워싱턴회의의 결과로 성립된 일련의 조약·결의로 이루어진 전후 동아시아·태평양에서의 국제 질서 체제를 워싱턴 체제라고 한다.

빈 체제 **维也纳体系**

빈 체제(Wiener System, 维也纳体系)란?

1814~15년에 걸쳐 빈 회의를 중심으로 성립된 프랑스 혁명 이래의 유럽 전쟁 처리에 관한 국제 정치 체제. 이는 혁명에 반대하고, 군주제를 유지하여 강대국의 협조를 도모하는 복고적(復古的) 성격을 띠었다.

얄타 체제 **雅尔塔体系**

얄타 체제는 미소 양극 체제를 기초로 수립되었다.
雅尔塔体系是建立在美苏两极格局基础上的。

얄타 체제(Yalta System, 雅尔塔体系)란?

제2차 세계 대전 이후 얄타 회담에 따라 형성된 국제 질서.

양극 체제 兩極體制 **两极格局**

양극 체제가 무너진 후 국제 체제는 다극화되고 있다.
两极格局解体后, 国际格局出现多极化趋势。

일극 체제 一極體制 **单极格局**

세계의 세력 균형은 깨지고 슈퍼파워 미국이 독주하는 일극 체제가 출현했다.
世界的均势被打破, 出现了所谓的**单极格局**, 即美国的一超独大。

초강대국 超强大國 **超级大国, 超级强国**

냉전 종식 후, 미국은 세계 유일의 초강대국이 되었다.
冷战结束后, 美国成为世界唯一超级大国。

냉전 冷戰 **冷战**

미국의 대이라크 전은 냉전 종식 이후, 가장 심각한 지구 차원의 위기이다.
美国对伊拉克发动战争是**冷战**结束以来最严重的全球性危机。

냉전 구도 冷戰構圖 **冷战格局, 冷战体制**

한반도의 냉전 구도는 북핵 위기 재연의 주요 배경이 되고 있다.
朝鲜半岛的**冷战体制**是朝核危机再度出现的重要背景。

동서 진영 東西陣營 **东西阵营**

중립국 中立國 **中立国**

탈냉전 시대 脫冷戰時代 **后冷战时代**

미·영 연합군의 이라크 공격의 포화는 탈냉전 시대의 종언을 나타낸다.
美英联军进攻伊拉克的炮火成为**后冷战时代**终结的标志。

탈-탈냉전 시대 脫脫冷戰時代 **后后冷战时代**

다자주의 多者主義 **多边主义**

각국은 여전히 다자주의보다 일방주의·쌍무주의·지역주의를 선호한다.
各国追求单边主义、双边主义和区域主义的热情依然高于**多边主义**。

다자 협력체 多者協力體 **多边合作机制**

비동맹회의 非同盟會議(NAM) **不结盟运动**

비동맹회의는 제3세계 최대의 국제적 정치 기구이다.
不结盟运动为第三世界最大的政治性国际组织。

비동맹회의(NAM: Non Aligned Movement, 不结盟运动)란?

동서 냉전 체제하의 비동맹주의·반식민주의 사상을 중심으로 결성되었다. 현재 120개 회원국을 두고 있으며, 1955년 인도네시아의 반둥에서 열린 아시아-아프리카회의에서 시작되었다. 당시 제3세계의 지도자들이었던 네루 수상, 나세르 대통령 등이 주도하여 비동맹회의가 창설되었고, 첫 정상 회의는 유고슬라비아의 티토 대통령이 추진하여 1961년 벨그라드에서 개최되었다. 그 후 비동맹회의는 정치뿐만 아니라 제3세계의 경제 문제, 빈곤 문제 등으로 관심 영역을 확대했다. 2019년에는 제18차 정상회의가 아제르바이잔에서 열렸다.(http://csstc.org/)

비동맹국가 非同盟國家 **不结盟国家**

비동맹주의 非同盟主義 **不结盟主义**

상호주의 相互主義, 호혜주의 互惠主義 **相互主义, 互利互惠**

북미 대화 재개에 있어서 호혜적인 상호주의에 입각해야 한다.
在重开朝美对话问题上, 应该实行互惠的**相互主义**。

세력 균형 勢力均衡 **均势, 均势平衡, 势力均衡**

미국의 이라크 전쟁은 중동의 기존 세력 균형을 변화시켰다.
美对伊动武改变中东原有**均势平衡**。

강대국 强大國 **强大国家**

소프트 파워 **软实力**

이와 동시에 외교력 같은 소프트 파워 역시 강화시켜야 한다.
另一方面也要加强我们的**软实力**, 外交实力。

약소국 弱小國 **弱小国家**

힘의 배분 **权力分配**

힘의 정치 **强权政治**

힘의 정치가 여전히 현실 세계를 지배하는 오늘날…….
在**强权政治**仍充斥现实世界的今天……。

쌍무주의 雙務主義 **双边主义**

아시아태평양경제협력체 亞細亞太平洋經濟協力體(APEC) **亚太经济合作组织, 亚太经合组织**

상호 존중, 다자 협력, 호혜 평등, 상호 개방, 공동 번영이 APEC의 취지이자 목표가 되었다.
相互尊重、多边合作、平等互利、彼此开放、共同繁荣, 成了**APEC**的宗旨和目标。

아시아태평양경제협력체 APEC(Asia Pacific Economic Cooperation, 亚洲太平洋经济合作组织, 亚太经合组织)란?

1989년 오스트레일리아의 호크(霍克) 수상이 아·태지역의 경제 협력을 위한 협의체로 제의하여 같은 해 11월에 공식적으로 출범. 제1차 APEC 각료회의는 캔버라에서, 1차 정상회의는 1993년 미국 시애틀에서 개최되었다. 역내 교역 및 투자 촉진과 함께 광범위한 분야에서 협력 사업을 추진하고 있다. 창설 회원국은 한국·미국·일본·캐나다·호주·뉴질랜드와 아세안 6개국(태국·말레이지아·인도네시아·싱가포르·필리핀·브루나이)이며 그 후에 중국·대만·홍콩·멕시코·파푸아뉴기니·칠레·러시아·베트남·페루가 가입하여 현재 총 21개 회원국이 있다. 상설 사무국은 싱가포르에 있다.

동남아시아국가연합 東南亞細亞國家聯合(ASEAN) **东南亚国家联盟, 东盟, 亚细安**

아세안은 동아시아를 틀로 하는 동남아와 동북아의 협력 메커니즘을 추진하고 있다.
东盟推动以东亚为框架的东南亚与东北亚合作机制。

아세안(ASEAN)+3, 10+3 **东盟加三, 十加三**

ASEAN + 3(Association of Southeast Asian Nations +3 , 东盟加三)란?

아세안 10개국, 즉 인도네시아 · 브루나이 · 말레이시아 · 베트남 · 싱가포르 · 필리핀 · 태국 · 라오스 · 미얀마 · 캄보디아(东盟10国:印尼 · 文莱 · 马来西亚 · 越南 · 新加坡 · 菲律宾 · 泰国 · 老挝 · 缅甸 · 柬埔寨)가 동아시아와의 협력을 증진시키기 위해 한국 · 일본 · 중국과 함께 개최하는 정상회의. 1999년부터는 ASEAN+3 각료회의도 개최되고 있다.

아시아-유럽 정상회의 ASEM(Asia-Europe頂上會議) **亚欧首脑会议**

아시아-유럽 정상회의 ASEM(亚欧首脑会议)란?

세계 경제 질서가 북미 · EU · 동아시아로의 3극화 현상이 심화되면서 상대적으로 협력 관계가 미약하였던 EU와 아시아간 협력 강화가 필요하다는 인식하에 1995년에 1차 방콕 ASEM 정상회의를 시작으로 출범했다. 그 후 무역 원활화 행동 계획(贸易便利行动计划), 투자 촉진 행동 계획(投资促进行动计划) 등의 사업을 중심으로 실질적 성과를 도출하는 협의체로 발전하고 있다. 회원국은 49개국과 유럽연합(EU), 동남아시아국가연합(ASEAN)이며, 아시아에서는 한국 · 중국 · 일본 · 말레이시아 · 필리핀 · 인도네시아 · 태국 · 브루나이 · 싱가포르 · 베트남 등이 참여하고 있다. ASEM의 특성은 지역간 협력대화체(地区间), 포괄성(全面性)과 비공식성(非正式)이다.

APEC 기업인 여행 카드(ABTC) **APEC商务旅行卡**

ABTC 소지자는 가입된 회원국 여행 시, 신속한 출입국 서비스를 받을 수 있다.
APEC商务旅行卡的持有人如果想去加入该计划的成员体旅行, 可以享受快速出入境服务。

— **회원국** 會員國 **成员体**

이해관계 利害關係 **利害关系, 利益关系**

양국은 테러 억제에 있어 공동의 이해관계를 가지고 있다.
两国在打击恐怖主义方面有着共同的**利害关系**。

일국 패권주의 一國覇權主義 **单极霸权, 单极独霸**

구소련이 붕괴한 후, 언론에서는 미국을 일국 패권 국가라 부른다.
前苏联垮台之后, 舆论界就说美国是**单极独霸**。

일방주의 一方主義 **单边主义**

일방주의와 힘의 정치가 일부 국가의 외교 전통이다.

单边主义和强权政治是一些国家外交的传统。

팽창주의 膨脹主義 **膨胀主义**

한반도 정세 韓半島情勢 **韩半岛局势**

주변 4강 周邊四强 **周边四强**

한반도 문제는 남북이 주도할 것이며 주변 4강은 남북의 노력에 지원과 협조를 제공할 것이다.

朝鲜半岛问题将由两韩主导, **四强**则从旁为两韩努力提供适当的支持与协助。

한반도 주변 정세 韓半島周邊情勢 **韩半岛周边局势**

국제 연합(UN) 联合国

국제 연합 國際聯合 **联合国**

국제 연맹 國際聯盟 **国际联盟**

사무국 事務局 **联合国秘书处**

사무총장 事務總長 **联合国秘书长**

현재 유엔 사무총장은 포르투갈 출신의 안토니우 구테흐스다.

联合国的现任**秘书长**是葡萄牙的安东尼奥·古特雷斯。

안전보장이사회 安全保障理事會 **安全理事会**

거부권 拒否權 **否决权**

중국은 상임 이사국 거부권 폐지에 찬성하지 않는다.

中国不赞成废除常任理事国的**否决权**。

비상임 이사국 非常任理事國 **非常任理事国**

유엔은 새로운 안보리 비상임 이사국을 선출했다.

联合国选出新的安理会**非常任理事国**。

상임 이사국 常任理事國 **常任理事国**

안보리 상정 安保理上程 **提交安理会**

IAEA는 조만간 북핵 문제의 UN 안보리 상정을 위한 결의안을 통과시킬 것이다.

国际原子能机构短期内会通过决议, **将**朝核问题**提交联合国安理会**处理。

UN 결의안 **联合国决议**

UN 총회 總會(UNGA) **联合国大会**

58차 유엔 총회가 개막되었다.

第58届**联合国大会**开幕。

의장 議長 **主席**

의장국 議長國 **主席国**

싱가포르가 처음으로 UN 안보리 의장국에 선출되었다.
新加坡首次当选联合国安理会**主席国**。

UN 헌장 **联合国宪章**

헌장 전문 憲章前文 **宪章序言, 导言**

UN 헌장 전문에서는 ……라고 명시하고 있다.
《**联合国宪章**》**序言**部分开宗明义地说……。

주UN 대한민국 대표부 **大韩民国驻联合国代表部**

UN 조직 联合国机构	
총회 联合国大会	
안전보장이사회 联合国安全理事会(简称安理会)	
군사참모위원회	军事参谋团
반테러위원회	反恐怖主义委员会
상임위원회 및 임시기구	常设委员会和特设机构
유엔 보상위원회	联合国赔偿委员会
평화유지활동 워킹그룹	维持和平行动工作组
신탁통치이사회 联合国托管理事会	
경제사회이사회 联合国经济及社会理事会	
지역경제위원회	区域委员会
구주유럽경제위원회(ECE)	欧洲经济委员会
라틴아메리카 카리브해경제위원회(ECLAC)	拉丁美洲和加勒比经济委员会
서아시아경제사회위원회(ESCWA)	西亚经济社会委员会
아태경제사회이사회(ESCAP)	亚洲及太平洋经济社会委员会
아프리카경제 위원회(ECA)	非洲经济委员会
유엔국제사법재판소(ICJ) 联合国国际法院	
유엔 사무국 联合国秘书处	
경제사회국(DESA)	经济和社会事务部
공보실(DGC)	全球传播部
군축사무소(ODA)	裁军事务厅
법률실(OLA)	法律事务厅
사무국 사무소(OSG)	秘书长办公厅
유엔 나이로비 사무소(UNON)	联合国内罗毕办事处
유엔마약범죄사무소 (UNODC)	联合国毒品和犯罪问题办公室

유엔 비엔나 사무소(UNOV)	联合国维也纳办事处
유엔 사무국 감사실(OIOS)	内部监督事务厅
유엔 인권고등판무관실(OHCHR)	联合国人权事务高级专员办事处
유엔 제네바 사무소(UNOG)	联合国日内瓦办事处
안전보안국(UNDSS)	安全和安保部
인도적 문제 조정실(DCHA)	人道主义事务协调厅
정무평화구축국(DPPA)	政治和建设和平事务部
총회회의운영국(DGACM)	大会和会议管理部
평화유지활동국(DPKO)	和平行动部
유엔대테러실 (OCT)	反恐怖主义办公室
유엔 운영전략·정책·감사국	管理战略、政策和合规部
기능위원회 职司委员会	
개발을 위한 과학기술위원회	科学和技术促进发展委员会
마약위원회	麻醉药品委员会
범죄예방 및 사법정의위원회	预防犯罪和刑事司法委员会
사회개발위원회	社会发展委员会
여성지위위원회	妇女地位委员会
인구개발위원회	人口与发展委员会
통계위원회	统计委员会
유엔산림포럼	联合国森林论坛
전문 기구 专门机构	
세계은행(WB)	世界银行
국제개발부흥은행(IBRD)	国际复兴开发银行
국제개발협회(IDA)	国际开发协会
국제금융공사(IFC)	国际金融公司
국제농업개발기금(IFAD)	国际农业发展基金
국제민간항공기구(ICAO)	国际民用航空组织
국제통신연합(ITU)	国际电信联盟
국제통화기금(IMF)	国际货币基金组织
국제해사기구(IMCO)	国际海事组织
만국우편연합(UPU)	万国邮政联盟
세계관광기구(WTO)	世界旅游组织

세계기상기구(WMO)	世界气象组织
세계노동기구(ILO)	国际劳工组织
세계보건기구(WHO)	世界卫生组织
세계지적소유권재산기구(WIPO)	世界知识产权组织
유엔공업개발기구(UNIDO)	联合国工业发展组织
유엔교육과학문화기구(UNESCO)	联合国教科文组织
유엔식량농업기구(FAO)	联合国粮食及农业组织
보조기구 및 기금 方案和基金	
세계식량계획(WFP)	世界粮食计划署
유엔개발계획(UNDP)	联合国开发计划署
유엔 아동기금(UNICEF)	联合国儿童基金会
유엔 인간거주위원회 (UNHSP, UN-HABITAT)	联合国人类住区规划署
유엔 인구기금(UNPFA, UNFPA)	联合国人口基金
유엔 자원봉사단대(UNV)	联合国支援人员组织
유엔자본개발기금(UNCDF)	联合国资本发展基金
유엔 환경계획(UNEP)	联合国环境规划署
기타 유엔 산하 기구 其他联合国实体	
유엔 팔레스타인 난민구호사업 기구 (UNRWA)	联合国近东巴勒斯坦难民救济和工程处
유엔 난민고등판무관실(UNHCR)	联合国难民事务高级专员办事处
국제무역센터(ITC)	国际贸易中心
유엔 무역개발회의(UNCTAD)	联合国贸易和发展会议
유엔에이즈계획(UNAIDS)	联合国艾滋病毒/艾滋病联合规划署
유엔여성기구	联合国妇女署
유엔 연구사업소(UNOPS)	联合国项目事务署
연구 및 훈련 研究和训练	
유엔 대학(UNU)	联合国大学
유엔 군축연구소(UNIDIR)	联合国裁军研究所
유엔 사회개발연구원(UNRISD)	联合国社会发展研究所
유엔 지역간범죄처벌조사기관(UNICRI)	联合国区域间犯罪和司法研究所
유엔 참모양성학교(UNSSC)	联合国系统职员学院
유엔 훈련조사연구원(UNITAR)	联合国训练研究所

유엔 관련 기구 联合国相关组织	
국제 원자력 기구(IAEA)	国际原子能机构
국제이주기구(IOM)	国际移民组织
세계무역기구(WTO)	世界贸易组织
포괄적핵실험금지조약 기구(CTBTO)	全面禁止核试验条约组织
화학무기금지 기구(OPCW)	禁止化学武器组织

평화 유지군 平和維持軍　**维和部队**

유엔 평화 유지군이 시에라리온 북부 도시에 주둔했다.
联合国**维和部队**进驻塞拉利昂北部城市。

다국적군 多國籍軍　**多国部队**

평화 유지 활동 平和維持活動(PKO)　**维持和平活动**

일본은 동티모르에 자위대를 파견하여 유엔의 평화 유지 활동에 참여할 계획이다.
日本将向东帝汶派遣自卫队参加联合国**维和活动**。

회원국 會員國　**成员国, 会员国**

동시 가입 同時加入　**同时加入**

남북은 1991년 UN에 동시 가입했다.
南北韩于1991年**同时加入**联合国。

회비 會費　**会费**

미국이 계속 UN 회비를 체납하면 UN에서 투표권을 상실할지도 모른다.
如果美国继续拖欠联合国**会费**, 美国有可能在联合国内失去投票权。

미국 美国

9・11 테러 사태　**9・11恐怖袭击事件**

9·11 테러 사태를 계기로 많은 사람들은 어떻게 하면 더 안전하고 좋은 세상을 만들 수 있을까를 생각하기 시작했다.
9・11恐怖袭击事件的发生使得许多人都开始思索如何才能让世界更美好和安全。

국무 장관 國務長官　**国务卿**

국무 차관 國務次官　**副国务卿**

국방 차관 國防次官　**副国防部长**

대통령 大統領　**总统**

미국 대통령은 미국의 행정 수반이자 삼군의 총사령관이다.
美国**总统**是美国的最高行政官员以及三军总司令。

미국 국가안보회의 美國國家安保會議(NSC) **美国国家安全保障会议**

미국 국가안전보장국 美國國家安全保障局(NSA) **美国国家安全局**

미국 국토안보국 美國國土安保局(DHS) **美国国土安全部**

미국 상원은 부시 대통령이 제의한 국토안보국 설립 법안을 다수표로 통과시켰다.

美国参议院以大比数通过总统布什提议成立**国土安全部**的法案。

미국 노총연맹 산업별회의 美國勞總聯盟産業別會議(AFL-CIO) **美国劳工联盟及产业工会联合会**

미국 연방수사국 美國聯邦捜査局(FBI) **美国联邦调查局**

미국 중앙정보국 美國中央情報局(CIA) **美国中央情报局**

미군 철수 美軍撤收 **美军撤走**

일본 민간에서는 미군 철수를 요구하는 목소리가 날로 커지고 있다.

日本民间要求**美军撤走**的呼声日益高涨。

미군 기지 美軍基地 **美军基地**

오키나와 미군 기지 문제는 계속될 것이다.

冲绳**美军基地**问题将会一直持续下去。

미 의회 美議會 **美国国会**

공화당 共和黨 **共和党**

상원 上院 **美国参议院**

상원 의원 上院議員 **参议员**

하원 下院 **美国众议院**

하원 의원 下院議員 **众议员**

미국 네바다 주 연방 하원 의원이 중국의 인권 유린을 비난했다.

美国内华达州联邦**众议员**谴责中国政府践踏人权。

미합중국 美合衆國 **美利坚合众国**

시 市 **市**

연방 聯邦 **联邦**

미국은 50개 주로 이루어져 있으며 미연방법은 각 주에서 제정한 법률에 우선한다.

美国由50个州组成, 美国**联邦**法律要高于各州所制订的不同的法律。

주 州 **州**

미국의 주 정부는 비교적 큰 자치권을 행사한다.

美国**州**政府具有较大的自治权。

민주당 民主黨 **民主党**

반미 감정 反美感情 **反美情绪**

반미주의 反美主義 **反美主义**

반미 촛불 시위 反美烛光示威
부통령 副統領 美国副总统
시민권이민서비스국(USCIS) 美国移民局
남미계 미국인 拉丁裔美国人
아시아계 미국인 亚裔美国人
인디언 美国原住民, 印第安人
흑인계 미국인 非裔美国人, 美国黑人
인종 문제 人種問題 种族问题
소수 민족 및 여성 고용 촉진법 平权法案

케네디 대통령은 소수 민족 및 여성 고용 촉진법을 추진했다.
肯尼迪总统推出了**平权法案**。

인종 다양성 人種多樣性 种族多样性
인종 차별 人種差別 种族歧视
재미 교포 在美僑胞 旅美韩裔, 韩裔美国人, 美国韩裔

재미 교포 백여 명이 미국 수도 워싱턴 백악관 주변에서 시위를 벌였다.
近百名**韩裔美国人**在美国首都华盛顿白宫周围举行游行示威。

교포 3세 僑胞三世 第三代美国韩裔
한인 상인 韓人商人 韩裔商人
테러와의 전쟁 反恐战争
테러 지원국 支持恐怖主义的国家, 恐怖支援国

미국 국무부는 '테러리즘 연례 보고서'에서 북한을 재차 테러 지원국으로 지목했다.
美国国务院在"年度恐怖主义报告"中再次将朝鲜列为**恐怖支援国**。

불량국 不良國 流氓国家, 无赖政权
악의 축 邪恶轴心
한미 관계 韓美關係 韩美关系
동맹 同盟 同盟
한미상호방위조약 韓美相互防衛條約 韩美相互防御条约
혈맹국 血盟國 血盟国

미국은 한국에게 있어서 혈맹국이다.
美国对韩国来说是**血盟国**。

미국 50개 주 美国50个州	
네바다(Nevada)	内华达州
네브래스카(Nebraska)	内布拉斯加州
노스다코타(North Dakota)	北达科他州

노스캐롤라이나(North Carolina)	北卡罗莱那州
뉴멕시코(New Mexico)	新墨西哥州
뉴욕(New York)	纽约州
뉴저지(New Jersey)	新泽西州
뉴햄프셔(New Hampshire)	新罕布尔州
델라웨어(Delaware)	特拉华州
로드아일랜드(Rhode Island)	罗德岛州
루이지애나(Louisiana)	路易斯安那州
매사추세츠(Massachusetts)	麻萨诸塞州
메릴랜드(Maryland)	马里兰州
메인(Maine)	缅因州
몬태나(Montana)	蒙大拿州
미네소타(Minnesota)	明尼苏达州
미시건(Michigan)	密歇根州
미시시피(Mississippi)	密西西比州
미주리(Missouri)	密苏里州
버몬트(Vermont)	佛蒙特州
버지니아(Virginia)	维吉尼亚州
사우스다코타(South Dakota)	南达科他州
사우스캐롤라이나(South Carolina)	南卡罗莱那州
아이다호(Idaho)	爱德华州
아이오와(Iowa)	爱荷华州
아칸소(Arkansas)	阿肯色州
알래스카(Alaska)	阿拉斯加州
애리조나(Arizona)	亚利桑那州
앨라배마(Alabama)	阿拉巴马州
오리건(Oregon)	俄勒冈州
오클라호마(Oklahoma)	奥克拉荷马州
오하이오(Ohio)	俄亥俄州
와이오밍(Wyoming)	怀俄明州
워싱턴(Washington)	华盛顿州
웨스트버지니아(West Virginia)	西弗吉尼亚州

위스콘신(Wisconsin)	威士顿康星州
유타(Utah)	犹他州
인디애나(Indiana)	印第安那州
일리노이(Illinois)	伊利诺州
조지아(Georgia)	乔治亚州
캔자스(Kansas)	堪萨斯州
캘리포니아(California)	加利福尼亚州
켄터키(Kentucky)	肯塔基州
코네티컷(Connecticut)	康涅狄格州
콜로라도(Colorado)	科罗拉多州
테네시(Tennessee)	田纳西州
텍사스(Texas)	德克萨斯州
펜실베이니아(Pennsylvania)	宾西法尼亚州
플로리다(Florida)	佛罗里达州
하와이(Hawaii)	夏威夷州

미국의 정부 美国政府	
대통령실 Executive Office of the President	总统府, 总统办公厅
통상대표부 Office of the U.S. Trade Representative (USTR)	贸易代表办公室
국가안전보장회의 National Security Council(NSC)	国家安全委员会
경제자문위원회 Council of Economic Advisers(CEA)	经济顾问委员会
환경위원회Council on Environmental Quality(CEQ)	环境质量委员
국내정책위원회 Domestic Policy Council (DPC)	国内政策委员会
젠더정책위원회 Gender Policy Council (GPC)	性别政策委员会
국가경제위원회 National Economic Council (NEC)	国家经济委员会
국가우주위원회 National Space Council (NSpC)	国家太空委员会
국내기후정책실 Office of Domestic Climate Policy (ODCP)	国内气候政策办公室
정부간사무국 Office of Intergovernmental Affairs	政府间事务办公室
예산관리국 Office of Management and Budget(OMB)	管理和预算办公室

마약관리정책국 Office of National Drug Control Policy (ONDCP)	国家药品策略控制办公室
공공업무실 Office of Public Engagement(OPE)	公共联络办公室
과학기술정책실 Office of Science and Technology Policy (OSTP)	科技政策办公室
정부 부처	政府部门
공군성 Department of Air Force	空军部
교육부 Department of Education	教育部
교통부 Department of Transportation	运输部, 交通部
국무부 Department of State	国务院
국방부 Department of Defense(DOD)	国防部
국토안보부 Department of Homeland Security	国土安全部
내무부 Department of the Interior	内政部
노동부 Department of Labor	劳工部
농무부 Department of Agriculture	农业部
법무부 Department of Justice	司法部
보건사회부 Department of Health and Human Services	卫生与公众服务部
상무부 Department of Commerce	商务部
에너지부 Department of Energy	能源部
육군성 Department of Army	陆军部
재무부 Department of the Treasury	财政部
재향군인부 Department of Veterans Affair	退役军人事务部
주택도시개발부 Department of Housing and Urban Development	住居和城市发展部
합참본부 Joint Chiefs of Staff	参谋长联席会议
해군성 Department of Navy	海军部
환경부 Department of Environment	环境部
독립 행정기관	独立行政机构
국세청 IRA, Internal Revenue Agency	国税局
독립감독기관 Independent Regulatory Commissions	独立管制委员会

식품의약국 FDA, Food and Drug Administration	食品药品管理局
알코올 담배 및 무기 관리국 ATF, Bureau of Alcohol, Tabacco and Firearms	酒精烟草和火器管理局
연방거래위원회 FEC, Federal Trade Commission	联邦贸易委员会
연방수사국 FBI, Federal Investigation Bureau	联邦调查局
연방준비위원회 FRB, Federal Reserve Board	联邦储备委员会
연방통신위원회 FCC, Federal Communicatins Commission	联邦通信委员会
중앙정보국 CIA, Central Intelligence Agency	中央情报局
증권거래위원회 SEC, Security and Exchange Commission	证券交易委员会
환경보호국 EPA, Environmental Protection Agency	环境保护局

WASP **盎格鲁-撒克逊新教白人**

WASP(White Anglosaxon Protestant, 盎格鲁-撒克逊新教白人)란?

백인 앵글로색슨 개신교도.

중국 中国

개혁 개방 改革開放 **改革开放**

1978년 개혁 개방 이래로 중국은 시장 경제 체제로 진입했으며 중국 경제는 고속 성장을 이룩했다.

继78年的**改革开放**以来，中国步入了市场经济体制，实现了经济的腾飞。

경제특구 經濟特區 **经济特区**

1984년 덩샤오핑은 경제특구를 시찰했다.

1984年邓小平考察了**经济特区**。

계급 용인 戒急用忍 **戒急用忍**

계급 용인(戒急用忍)이란?

서두르지 않고 참고 기다린다는 뜻. 대만의 대외 교역 총액에서 중국과의 교역이 차지하는 비중이 10%를 상회하게 되자, 전면적인 양안 교류를 통하여 일국 2체제 목표를 달성하려는 중국의 공세에 대처하기 위해 대만 정부는 1996년부터 대만 기업인의 중국 투자 한도와 범위를 제한한다는 내용의 '戒急用忍' 정책을 채택했다.

고-왕 회담 汪辜会谈

고-왕 회담(汪辜会谈)이란?

매년 개최되는 중국과 대만 민간 조직의 고위급 회담이다. 민간 주도의 사업적인 성격을 가지며 양안 관계에 있어 중요한 역할을 하고 있다.

과학적 발전관 科學的發展觀 科学发展观

과학적 발전관(科学发展观)이란?

2003년 10월 당 16기 중앙위원회 제3차 총회에서 후진타오가 발표한 정책. "사람을 근본으로 삼아 전면적이고 균형적인 지속 가능한 발전을 추구한다"는 내용이다.

남사군도 南沙群島 南沙群岛

남사군도의 영유권 분쟁 원인은 주로 이 일대에 매장되어 있는 풍부한 석유·천연가스·광물 자원 때문이다.

南沙群岛之所以会引起主权纠纷，主要是这一带拥有丰富的石油、天然气和矿物。

남지나해 南支那海 南支那海(南海)

대만 臺灣 台湾

☞ 중국은 "台湾"이란 국가 명칭을 인정하지 않으므로 정부간 국제회의에서 "台湾省"이라 부른다. 민간 부문의 국제회의에서는 "台湾"이라고 한다.

국민당 國民黨(KMT) 国民党

사법원 司法院 司法院

입법원 立法院 立法院

총통 總統 总统

행정원 行政院 行政院

행정원은 입법원에 대해 책임을 진다.

行政院对立法院负责。

대만의 주요 인물 台湾的主要人物	
장제스	蒋介石
장징궈	蒋经国
리덩후이	李登辉
롄잔	连战
쑹추위	宋楚瑜

천수이볜	陈水扁
마잉지우	马英九
차이잉원	蔡英文

대만 독립 臺灣獨立 **"台独"**

쑹추위는 '대만 독립'이 대만을 중국에서 분리하려는 기도임을 강조했다.
宋楚瑜强调,"**台独**"是企图将台湾从中国分裂出去。

대만 독립 세력 臺灣獨立勢力 **"台独"势力**

국민당 주석 롄잔은 "대만 독립 세력은 대만 사회의 일부일 뿐 대만 전체 인민을 대표하지는 않는다"고 말했다.
国民党主席连战曾表示, "**台独"势力**只是台湾社会一小部分人, "台独"势力不代表台湾人民。

문화적인 대만 독립 **"文化台独"**

점진식 대만 독립 漸進式臺灣獨立 **"渐进式台独"**

중국화 버리기 **"去中国化"**

대만의 일부 분리 세력들은 '중국화 버리기', '점진식 대만 독립'과 같은 '문화 독립'으로 대만을 중화 문화에서 분리시키려는 망상을 품고 있다.
一些台独分子妄想用 "**去中国化**", "渐进式台独" 等文化台独, 想把台湾从中华文化中分离出去。

대만산 지대공 미사일 티엔궁 **天弓**

대만 주요 정치 단체 台湾的主要政治团体	
국민당	国民党
민주진보당	民进党
신당	新党
친민당	亲民党

대만의 군비 증강 軍備增强 **台湾增强军备**

대만 해협 사태 臺灣海峽事態 **台海局势**

대약진 운동 大躍進運動 **大跃进运动**

1958년 마오쩌둥이 일으켜 전국을 휩쓸었던 대약진 운동은 이상향을 꿈꾸는 유토피아적 정치 운동이었다.
1958年由毛泽东亲自发动, 席卷全国的**大跃进运动**, 是一场具有空想乌托邦性质的政治运动。

두 개의 중국 **两个中国**

디젤 추진 잠수함 **柴油动力潜艇**

마카오 특별 행정구 澳门特别行政区

— 반환 返還 回归

홍콩·마카오가 반환됨에 따라 이들 지역의 스포츠 역시 활기를 띠고 있다.

随着香港、澳门行政区的**回归**, 港澳地区的体育运动也展示了勃勃生机的局面。

행정 장관 行政長官 行政长官

중국의 행정 구역표 中国行政区划

직할시(直辖市)	약칭	성도
베이징시(北京市)	경(京)	—
상하이시(上海市)	호(沪)	—
충칭시(重庆市)	유(渝)	—
톈진시(天津市)	진(津)	—
성(省)		
간쑤성(甘肃省)	감(甘), 농(陇)	란저우(兰州市)
광둥성(广东省)	월(粤)	광저우(广州市)
구이저우성(贵州省)	금(黔)	구이양(贵阳市)
랴오닝성(辽宁省)	요(辽)	선양(沈阳市)
산둥성(山东省)	노(鲁)	지난(济南市)
산시성(陕西省)	섬(陕), 진(秦)	시안(西安市)
산시성(山西省)	진(晋)	타이위엔(太原市)
쓰촨성(四川省)	천(川), 촉(蜀)	청두(成都市)
안후이성(安徽省)	완(皖)	허페이(合肥市)
윈난성(云南省)	전(滇), 운(云)	쿤밍(昆明市)
장시성(江西省)	감(赣)	난창(南昌市)
장쑤성(江苏省)	소(苏)	난징(南京市)
지린성(吉林省)	길(吉)	창춘(长春市)
칭하이성(青海省)	청(青)	시닝(西宁市)
타이완성(台湾省)	대(台)	타이베이(台北市)
푸젠성(福建省)	민(闽)	푸저우(福州市)
하이난성(海南省)	경(琼)	하이커우(海口市)
허난성(河南省)	예(豫)	정저우(郑州市)
허베이성(河北省)	기(冀)	스자좡(石家庄市)
헤이룽장성(黑龙江省)	흑(黑)	하얼빈(哈尔滨市)

후난성(湖南省)	상(湘)	창사(长沙市)
후베이성(湖北省)	악(鄂)	우한(武汉市)
자치구(自治区)		
광시장족자치구(广西壮族自治区)	계(桂)	난닝(南宁市)
내몽고자치구(内蒙古自治区)	몽(蒙)	훅호트(呼和浩特市)
닝샤회족자치구(宁夏回族自治区)	영(宁)	인촨(银川市)
신장위구르족 자치구 (新疆维吾尔族自治区)	신(新)	우루무치(乌鲁木齐市)
티베트장족자치구(西藏自治区)	장(藏)	라싸(拉萨市)
특별행정구(特别行政区)		
마카오(澳门特别行政区)	오(澳)	—
홍콩(香港特别行政区)	항(港)	—

행정 구역 : 4개 직할시, 22개 성, 5개 자치구, 2개 특별행정구 (중국은 대만을 23번째 성으로 간주)	
직할시(直辖市) 4개	北京, 天津, 上海, 重庆
화북구(华北区)	河北省, 山西省
서북구(西北区)	陕西省, 甘肃省, 青海省
동북구(东北区)	辽宁省, 吉林省, 黑龙江省
화동구(华东区)	江苏省, 浙江省, 安徽省, 福建省, 山东省
중남구(中南区)	河南省, 湖北省, 湖南省, 江西省
서남구(西南区)	四川省, 云南省, 贵州省
화남구(华南区)	广东省, 海南省
자치구(自治区) 5개	内蒙古, 新疆维吾尔, 西藏, 广西壮族, 宁夏回族
특별행정구 (特别行政区) 2개	香港, 澳门
기타 특수 지역	
경제특구(经济特区)	深圳, 珠海, 汕头, 厦门, 海南
서부대개발 지역 (西部大开发)	四川省, 贵州省, 云南省, 陕西省, 甘肃省, 青海省, 宁夏自治区, 新疆自治区, 内蒙古自治区, 广西自治区, 西藏自治区, 重庆市
동북3성 공업진흥기지 (东北三省工业振兴基地)	辽宁省, 吉林省, 黑龙江省

만리장성 萬里長城 **万里长城**

문화 혁명 文化革命 **文化大革命**

반국가 분열법 反國家分裂法 **反分裂国家法**

중국은 대만 독립 세력을 반대하고 견제하기 위해서 '반국가 분열법'을 제정했다.

中国为了反对和遏制"台独"分裂势力制定了"**反分裂国家法**"。

반국가 분열법(反分裂国家法)이란?

대만이 실질적으로 독립을 추진하거나 평화적인 통일의 틀을 파괴할 경우, 중국 인민해방군이 무력을 사용할 수 있도록 규정한 법으로 2005년 3월 14일 전국 인민대표대회에서 통과되었다. 법의 핵심은 대만의 독립을 막고 양안 통일을 실현하는 것이다.

사회주의 시장 경제 社會主義市場經濟 **社会主义市场经济**

인민폐 人民幣, **위안화** **人民币(RMB)**

중국은 인민폐 평가 절하 불가 방침을 고수할 것이다.

中国会坚持**人民币**不贬值的方针。

3개 대표론 三個代表論 **三个代表思想**

3개 대표론(三个代表思想)이란?

장쩌민 주석이 2000년 2월 발표한 지도 사상. "공산당은 선진 생산력, 선진 문화, 광대 인민의 이익을 대표해야 한다"는 것이 핵심이다. 2002년 11월 제16차 당대회에서 당 규약에 포함되었다. 3개 대표론은 마르크스·레닌주의와 마오쩌둥(毛泽东) 사상, 덩샤오핑(邓小平) 이론과 함께 당의 지도 사상으로 격상됐으며 헌법 전문에 삽입됐다.

3불 정책 三不政策 **三不政策**

3불 정책(三不政策)이란?

양국론 헌법 삽입 불가, 국민 투표 불가, 국호 변경 불가.

삼통 三通 **三通**

양안의 직접적인 통신·통항·통상을 의미하는 삼통은 양안의 경제 발전에 객관적으로 꼭 필요하다.

两岸直接通邮、通航、通商的**三通**是两岸经济发展的客观需要。

삼협댐 **三峡大坝, 三峡库**

삼협댐 표면에 발생한 균열은 대략 80여 군데 정도 된다.

三峡大坝上出现的表面裂缝总数大约是80条左右。

소3통 小三通(**제한적인 삼통**) **小三通**

천수이볜은 취임 후 중국 본토와 대만의 펑후·진먼·마쭈 3개 섬 간의 여객 및 화물 운송을 허용하는 '소삼통(小三通)'은 물론 전면적인 '삼통'까지 검토하겠다고 밝혔다.

陈水扁称其上任后将考虑"**小三通**"问题, 也包括更为全面的 "大三通", "小三通"即中国大陆与台湾的彭湖、金门、马祖3岛的客货往来运作。

신5불 원칙 新五不原 **新"五不"原则**

신5불 원칙(新五不原则)이란?

천수이볜이 발표한 정책. "미국 무기 수입과 미국 경유는 중공에 대한 도발이 아니다. 대만은 양안 정세에 대해 잘못된 판단을 내리지 않을 것이다. 대만은 결코 다른 나라의 카드가 아니다. 대만은 양안 관계의 개선을 포기하지 않을 것이며 노력과 성의를 다할 것이다. 양안 관계는 절대 제로섬 게임이 아니다."

신화사 新華社 **新华社**

신화사는 중국 관영 통신 '신화통신사'의 약칭이다.

新华社是中国政府的官方通讯社 "新华通讯社" 的简称。

양국론 兩國論 **两国论**

양국론(两国论)이란?

리덩후이가 발표한 이론으로 중국과 대만은 서로 다른 두 개의 국가라는 주장. 양국론의 발표로 인해 중국과 대만 관계가 급속히 악화, 일촉즉발의 위기를 맞기까지 했다.

양안 관계 협회 兩岸關係協會 **海峡两岸关系协会**

양안 교류 기금회 兩岸交流基金會 **海峡交流基金会**

양안 관계 兩岸關係 **两岸关系**

대만 해협 臺灣海峽 **台湾海峡**

최근 대만 해협의 정세가 급격히 변화함에 따라 양안 관계도 풍파가 끊이지 않고 있다.

近年, **台湾海峡**风云变幻, 两岸关系波谲云诡。

양안 해협 兩岸海峽 **海峡两岸**

오리온잠수함 초계기 **猎户座反潜侦察机**

5불 정책 五不政策 **五不政策, 四不一沒有**

5불 정책(五不政策, 四不一没有)이란?

독립 선포 불가, 국호 변경 불가, 양국론 헌법 삽입 불가, 국민 투표 불가, 국가 통일 강령 및 국가통일위원회를 폐지한 적 없음.

인민일보 人民日報 **人民日报**

인민해방군 人民解放軍 **人民解放军**

중국은 인민해방군의 현대화에 박차를 가하고 있다.
中国加快**人民解放军**现代化的步伐。

자금성 紫禁城 **紫禁城, 故宫**

장강 삼각주 長江三角洲 **长江三角洲**

전국인민대표대회 全國人民代表大會, **전인대** 全人大 **全国人民代表大会, 全国人大**

인민 대표 人民代表 **人大代表**

중국 전인대 대표 선거는 합리화·현대화 궤도에 들어섰다.
中国人大代表选举已经步入合理化、现代化轨道。

조선족 朝鮮族 **朝鲜族**

연변 延邊 **延边**

조선족 자치주 朝鮮族自治州 **朝鲜族自治州**

연변 조선족 자치주는 중국 지린성 동부에 위치하고 있다.
延边**朝鲜族自治州**位于中国吉林省东部。

중국의 소수 민족 中国少数民族

민족	주요 분포 지역
가오산족(高山族)	타이완(台湾), 푸젠(福建)
거라오족(仡佬族)	구이저우(贵州)
나시족(纳西族)	윈난(云南)
누족(怒族)	윈난(云南)
다우르족(达斡尔族)	네이멍구(内蒙古), 헤이룽장(黑龙江)
다이족(傣族)	윈난(云南)
더앙족(德昂族)	윈난(云南)
두룽족(独龙族)	윈난(云南)
둥샹족(东乡族)	간쑤(甘肃), 신장(新疆)
둥족(侗族)	구이저우(贵州), 후난(湖南), 광시(广西), 후베이(湖北)
라후족(拉祜族)	윈난(云南)

러시아족(俄罗斯族)	신장(新疆), 헤이룽장(黑龙江)
뤄바족(珞巴族)	티베트(西藏)
리족(黎族)	하이난(海南), 구이저우(贵州)
마오난족(毛南族)	광시(广西)
만주족(满族)	랴오닝(辽宁), 허베이(河北), 지린(吉林), 네이멍구(内蒙古), 헤이룽장(黑龙江), 베이징(北京)
먀오족(苗族)	구이저우(贵州), 후난(湖南), 윈난(云南), 광시(广西), 후베이(湖北), 쓰촨(四川)
먼바족(门巴族)	티베트(西藏)
몽고족(蒙古族)	네이멍구(内蒙古), 랴오닝(辽宁), 지린(吉林), 허베이(河北), 헤이룽장(黑龙江), 신장(新疆), 칭하이(青海), 간쑤(甘肃)
무라오족(仫佬族)	광시(广西), 구이저우(贵州)
바오안족(保安族)	간쑤(甘肃)
바이족(白族)	윈난(云南), 구이저우(贵州), 후난(湖南)
부랑족(布朗族)	윈난(云南)
부이족(布依族)	구이저우(贵州), 윈난(云南)
리쑤족(傈僳族)	윈난(云南), 쓰촨(四川)
서족(畲族)	푸젠(福建), 저장(浙江), 장시(江西), 광둥(广东)
수이족(水族)	구이저우(贵州), 광시(广西)
시버족(锡伯族)	랴오닝(辽宁), 신장(新疆)
싸라족(撒拉族)	칭하이(青海), 간쑤(甘肃)
아창족(阿昌族)	윈난(云南)
야오족(瑶族)	광시(广西), 후난(湖南), 윈난(云南), 광둥(广东), 구이저우(贵州)
에벵크족(鄂温克族)	네이멍구(内蒙古)
오르죤족(鄂伦春族)	헤이룽장(黑龙江), 네이멍구(内蒙古)
와족(佤族)	윈난(云南)
우즈베크족(乌孜别克族)	신장(新疆)
위구르족(维吾尔族)	신장(新疆)
위구족(裕固族)	간쑤(甘肃)
이족(彝族)	윈난(云南), 쓰촨(四川), 구이저우(贵州)
장족(藏族)	티베트(西藏), 쓰촨(四川), 칭하이(青海), 간쑤(甘肃), 윈난(云南)

조선족(朝鲜族)	지린(吉林), 헤이룽장(黑龙江), 랴오닝(辽宁), 네이멍구(内蒙古)
좡족(壮族)	광시(广西), 윈난(云南), 광둥(广东)
지눠족(基诺族)	윈난(云南)
징족(京族)	광시(广西)
징퍼족(景颇族)	윈난(云南)
창족(羌族)	쓰촨(四川)
카자흐족(哈萨克族)	신장(新疆), 간쑤(甘肃)
키르기스족(柯尔克孜族)	신장(新疆)
타지크족(塔吉克族)	신장(新疆)
타타르족(塔塔尔族)	신장(新疆)
투자족(土家族)	후난(湖南), 후베이(湖北), 쓰촨(四川), 구이저우(贵州), 충칭(重庆)
투족(土族)	칭하이(青海), 간쑤(甘肃)
푸미족(普米族)	윈난(云南)
하니족(哈尼族)	윈난(云南)
허저족(赫哲族)	헤이룽장(黑龙江)
후이족(回族)	닝샤(宁夏), 간쑤(甘肃), 허난(河南), 신장(新疆), 칭하이(青海), 윈난(云南), 허베이(河北), 산둥(山东), 안후이(安徽), 랴오닝(辽宁), 베이징(北京), 네이멍구(内蒙古), 톈진(天津), 헤이룽장(黑龙江), 산시(陕西), 구이저우(贵州), 지린(吉林), 장쑤(江苏), 쓰촨(四川)

주강 삼각주 珠江三角洲 — **珠江三角洲**

주석 主席 — **主席**

중국공산당 中國共産黨 — **中国共产党**

- **상무위원회** 常務委員會 — **常务委员会**
- **중앙군사위원회** 中央軍事委員會 — **中央军事委员会**
- **중앙위원회** 中央委員會 — **中央委员会**
- **총서기** 總書記 — **总书记**

1989년 이후, 장쩌민은 국가 주석·당총서기·중앙군사위원회 위원장직을 겸임했다.

1989年以后, 江泽民集国家主席、党的**总书记**和军委主席三职于一身。

중국 정부 中国政府	
국무원	国务院
총리	总理
부총리	副总理
국무위원	国务委员
비서장	秘书长
국무원 구성 国务院组成部门	
외교부	外交部
국방부	国防部
국가발전개혁위원회	国家发展和改革委员会
교육부	教育部
과학기술부	科学技术部
공업정보화부	工业和信息化部
국가민족사무위원회	国家民族事务委员会
공안부	公安部
민정부	民政部
사법부	司法部
재정부	财政部
인력자원사회보장부	人力资源和社会保障部
자연자원	自然资源部
생태환경	生态环境部
주택도농건설부	住房和城乡建设部
교통운수부	交通运输部
수리부	水利部
농업농촌부	农业农村部
상무부	商务部
문화관광부	文化和旅游部
국가위생건강위원회	国家卫生健康委员会
퇴역군인사무부	退役军人事务部
응급관리부	应急管理部
중국인민은행	中国人民银行
심계서	审计署

국무원 직속기구 国务院直属机构	
해관총서	海关总署
국가세무총국	国家税务总局
국가시장감독관리총국	国家市场监督管理总局
국가광파전시총국	国家广播电视总局
국가체육총국	国家体育总局
국가통계국	国家统计局
국가국제발전합작서	国家国际发展合作署
국가의료보장국	国家医疗保障局
국무원참사실	国务院参事室
국가기관사무관리국	国家机关事务管理局
국무원 직속사업단위 国务院直属事业单位	
신화통신사	新华通讯社
중국과학원	中国科学院
중국사회과학원	中国社会科学院
중국공정원	中国工程院
국무원발전연구중심	国务院发展研究中心
중앙광파전시총국	中央广播电视总台
중국기상국	中国气象局
중국은행보험감독관리위원회	中国银行保险监督管理委员会
중국증권감독관리위원회	中国证券监督管理委员会
국가국 国务院部委管理的国家局	
국가신방국	国家信访局
국가양식물자비축국	国家粮食和物资储备局
국가에너지국	国家能源局
국가국방과기공업국	国家国防科技工业局
국가연초전매국	国家烟草专卖局
국가이민관리국	国家移民管理局
국가임업초원국	国家林业和草原局
국가철로국	国家铁路局
중국민용항공국	中国民用航空局
국가우정국	国家邮政局

국가문물국	国家文物局
국가중의약관리국	国家中医药管理局
국가탄광안전감찰국	国家矿山安全监察局
국가외화관리국	国家外汇管理局
국가약품감독관리국	国家药品监督管理局
국가지식산권국	国家知识产权局

중국 붐 **大陆热, 汉潮, 汉风**

중국 특색의 사회주의 **有中国特色的社会主义**

인민일보는 "개혁 개방과 현대화 건설을 가속화하여 중국 특색의 사회주의 사업의 더 큰 승리를 쟁취하자"라는 표제로 기사를 내보냈다.

人民日报报道了题目为"加快改革开放和现代化建设步伐, 夺取**有中国特色社会主义**事业的更大胜利"的新闻。

중화인민공화국 中華人民共和國 **中华人民共和国**

1949년 10월 1일 중화인민공화국이 수립되었다.

1949年10月1日, **中华人民共和国**成立。

증권감독위원회 證券監督委員會(CSRC) **中国证券监督管理委员会**

지뢰 제거 헬기 **扫雷直升机**

천안문 天安門 **天安门**

천안문 사태 天安門事態 **六四天安门事件**

6·4천안문 사태는 1989년에 중국에서 발생한 정치 사건이다.

六四天安门事件是1989年发生在中国的政治事件。

총리 總理 **总理**

리커창 중국 국무원 총리가 유럽 5개국 순방을 마쳤다.

中国国务院**总理**李克强结束了对欧洲五国的访问。

부부장 副部長 **副部长**

부장 部長 **部长**

최고인민검찰원 最高人民檢察院 **最高人民检察院**

최고인민법원 最高人民法院 **最高人民法院**

7개 중국론 **中国7块论**

7개 중국론(中国7块论)이란?

1999년 리덩후이(李登辉)는 그의 저서 『중국의 주장(中国的主张)』에서 중국을 대만 · 신강(新疆) · 티베트(西藏) · 내몽고(內蒙古) · 동북 등 7개로 나누어 안정적으로 발전시켜야 한다고 주장했다.

투자 적격 외국 기관 투자가 投資適格外國機關投資家(QFII) **合格境外机构投资者**

기관 투자가 인가 제도 機關投資家認可制度 **合格境外机构投资者机制**

투자 기회 投資機會 **商机**

대만 상인들은 중국 붐을 따라 투자 기회를 찾고 있다.
台商在大陆热里寻找**商机**。

파룬궁 法輪功 **法轮功**

'파룬궁' 수련자들이 정부에 대해 조직적으로 저항함으로써 정부가 그 위험성을 인식하게 되었다.
"**法轮功**"修炼者有组织性地对政府抵抗, 使政府认识到其危险性。

푸동 단지 浦東團地 **浦东园区**

하나의 중국 **一个中国**

미국측은 하나의 중국 정책을 견지하고 3개 공동 성명을 준수할 것을 재천명했다.
美方重申坚持**一个中国**政策, 遵守三个联合公报。

92공식 九二共識 **92共识**

후 주석은 "우리는 대만 독립을 반대하고 '92공식'을 인정하는 대만의 모든 정당이나 단체와의 교류 및 대화를 환영한다"고 밝혔다.
胡主席称"我们欢迎与任何反对台独, 承认**92共识**的台湾的政党和团体交流和对话"。

92공식(92共识, 1992년 양안 합의서)이란?

중국과 대만이 1992년 '하나의 중국 원칙에 대한 공통된 인식'에 대해 합의한 것으로서 그 후 10년간 중국과 대만 교류의 기본 방침이 되었다.

일국 이체제 一國二體制 **一国两制**

대만은 '일국 이체제'에 반대한다.
台湾方面反对 "**一国两制**"。

하나의 중국, 하나의 대만 **一中一台**

중국 정부는 '두 개의 중국', '하나의 중국, 하나의 대만' 등 분리 주장에 대해 결연히 반대한다.
中国政府坚决反对 "两个中国", "**一中一台**" 等分裂主张。

한 자녀 낳기 정책 **独生子女政策, 一胎化政策**

한 자녀 낳기 정책은 중국이라는 인구 대국이 당시 특수한 상황에서 내린 역사적 선택이었다.

独生子女政策的实施是中国这个人口大国在当时特殊条件下的历史选择。

홍콩 특별 행정구 香港特 行政區 — **香港特别行政区**

화교 華僑 — **华侨**

화교 경제권 華僑經濟圈, **중화 경제권** 中華經濟圈 — **大中华经济圈**

중화 경제권이 북미 및 서구와 어깨를 나란히 하며 21세기의 세계 경제를 주름잡을 것이 틀림없다.

大中华经济圈必可与北美及西欧并驾齐驱, 共同主宰21世纪的世界经济。

환발해 지구 環渤海地區 — **环渤海地区**

A주, B주 — **A股, B股**

A주, B주(A股, B股)란?

중국의 증시에 상장된 주식은 A주와 B주가 있다. QFII 제도 도입 이전에는 외국인 투자자의 경우 시가 총액이나 상장사가 상대적으로 적은 B주 시장에만 참여가 가능했다. 그러나 QFII 제도 도입으로 증권감독위원회의 인가를 받은 외국인 투자 기관들은 시가 총액이 4조 위안이 넘는 A주에 대해서도 투자가 가능해졌다.

중국의 주요 인물 中国的主要人物	
마오쩌둥	毛泽东
저우언라이	周恩来
덩샤오핑	邓小平
리펑	李鹏
주룽지	朱镕基
장쩌민	江泽民
후진타오	胡锦涛
원자바오	温家宝
자춘왕	贾春旺
쩡칭훙	曾庆洪
우방궈	吴邦国
리커창	李克强
시진핑	习近平

일본 日本

과거 청산 過去淸算 **清算过去**

사죄 謝罪 **道歉, 谢罪**

중일 관계의 발전을 가로막는 근본적인 문제는 역사 문제, 즉 일본의 전쟁 책임 인정, 사죄 및 배상의 문제이다.

中日关系发展受阻的症结在于历史问题, 即日本对战争罪责的认罪、**道歉**和赔偿。

교과서 왜곡 敎科書歪曲 **歪曲教科书**

역사를 왜곡한 교과서 문제가 21세기 한일 협력 관계의 발전을 크게 훼손시킬 것이다.

歪曲历史的**教科书**问题将严重损害21世纪韩日合作关系。

교과서 검정 敎科書檢定 **教科书审定, 鉴定**

교과서 왜곡 사건 敎科書歪曲事件 **日本历史教科书歪曲事件**

새로운 역사 교과서를 만드는 모임 **新历史教科书编撰会**

일본 '새역모'의 우익 교과서는 아시아 침략을 해방이라고 미화시키고 있다.

日本"**编撰会**"的右翼教科书把对亚洲的侵略美化成解放。

후쇼사 扶桑社 **扶桑社**

국가 방위 대강 國家防衛大綱 **国家防卫大纲**

미일 공동 안보 美日共同安保 **美日共同安全**

방위 지침 防衛指針 **防卫指针**

일본의 신방위 지침은 일본 군대가 위기 시 취할 수 있는 행동 범위를 확대시켰다.

新的日本**防卫指针**扩大了日本军队在危机时期采取行动的范围。

국가 신교 國家神敎 **国家神道**

기미가요 **日本国歌,《君之代》**

납북 일본인 拉北日本人 **被朝鲜绑架的日本人**

일본 정부는 납북자의 자녀를 전부 받아들여 피해자들이 일본에서 영구 거주할 수 있도록 책임져야 한다.

日本政府要负责将**被绑架者**子女全部接回日本, 实现绑架受害者在日永久定居。

민단 民團 **在日大韩民国民团(简称民团)**

민주당 民主黨 **民主党**

북방 영토 北方領土 **北方领土**

푸틴 정권의 장기적 안정은 일본과 러시아 간 북방 영토 분쟁 해결을 위한 새로운 계기가 될 수 있다.

一个长期稳定的普京政权能为解决日俄间的**北方领土**争端提供新的契机。

쿠릴 열도 **千岛群岛**

1945년 2월 일본의 패전 직전, 미·소·영은 전후 일본 문제에 관한 얄타 회담에서 쿠릴 열도를 소련에 귀속시켰다.

1945年2月，日本战败前，苏美英关于战后日本问题的《雅尔塔协定》规定，整个**千岛群岛**都划归苏联。

홋카이도 **北海道**

사회민주당 社會民主黨 **社会民主党**

신사 참배 神社參拜 **参拜神社**

중국은 일본 소수 정계 인사의 야스쿠니 신사 참배에 대해 깊은 유감을 표시했다.

中国对日本少数政要**参拜**靖国**神社**的举动深表遗憾。

의회 議會 **议会**

중의원 衆議院 **众议院，下院**

일본 의회 중의원은 북한에 대한 송금 규제 법안을 비준했다.

日本议会**下院**批准一项限制向朝鲜汇款的法案。

참의원 參議院 **参议院，上院**

일본 문화 개방 日本文化開放 **向日本开放文化市场**

일본 문화 개방 이후 다양한 일본 문화가 국내에 들어왔다.

向日本开放文化市场后，各类日本文化商品进入国内市场。

일본공산당 日本共産黨 **日本共产党**

일본해 日本海 **日本海**

자위대 自衛隊(JASDF) **自卫队**

일본 자위대는 정규군·국방군에 가까운 이미지로 변모될 것이다.

日本**自卫队**的形象将有一个转变，变得更象“正规军”和“国防军”。

지상 자위대 地上自衛隊(GSDF) **陆上自卫队**

항공 자위대 航空自衛隊(ASDF) **航空自卫队**

해상 자위대 海上自衛隊(MSDF) **海上自卫队**

자유당 自由黨 **自由党**

자유민주당 自由民主黨 **自由民主党**

재일 교포 在日僑胞 **旅日韩侨，日籍韩裔，韩裔日本人**

재일 교포는 자신의 고향, 한반도의 번영과 발전을 위해 많은 기여를 하고 있다.

旅日韩侨为自己的故乡，朝鲜半岛的繁荣发展贡献着力量。

적군파 赤軍派 **日本赤军**

미국은 북한의 일본 적군파 비호 행위를 북한 테러리즘의 증거로 본다.

美国将朝鲜“庇护**日本赤军**”作为朝鲜恐怖主义的罪状。

조총련 朝總聯 **在日朝鲜人总联合会(简称朝总联)**

조총련은 한국 민단과 재일 교포의 일본인과의 평등한 지위 쟁취를 위해 많은 활동을 했다.

朝总联与**韩国民团**为争取**旅日韩侨**与日本人平等的地位开展了大量的工作。

종군 위안부 從軍慰安婦 **从军慰安妇, 随军慰安妇**

위안부란 제2차 세계 대전 당시 일본 군대에 강제로 성적 복무를 강요당해 성적 노예가 되었던 여성을 말한다.

慰安妇是指第二次世界大战时期, 被迫为日本军人提供性服务, 充当性奴隶的妇女。

천황 天皇 **天皇**

궁내청 宮內廳 **宫内厅**

일본 궁내청은 15일 저녁 황태자비의 회임 소식을 공식 발표했다.

日本**宫内厅**于15日傍晚正式公布了关于皇太子妃怀孕的消息。

천황비 天皇妃 **天皇妃, 皇后**

아키히토 천황과 미치코 천황비가 1992년 10월 중국을 공식 방문했다.

1992年10月, 明仁**天皇**及**皇后**美智子对中国进行正式访问。

황실 皇室 **皇室**

황위 皇位 **皇位**

총리 總理 **首相**

최고 재판소 最高裁判所 **最高裁判所**

평화신당 平和新黨 **和平新党**

일본 정부 日本政府 (2022년 현재)	
내각부 内阁府	
궁내청	宫内厅
공정거래위원회	公正交易委员会
국가공안위원회	国家公安委员会
경찰청	警察厅
금융청	金融厅
소비자청	消费者厅
내각 内阁(中央省厅)	
경제산업성	经济产业省
국토교통성	国土交通省
농림수산성	农林水产省
문부과학성	文部科学省
법무성	法务省

외무성	外务省
재무성	财务省
총무성	总务省
환경성	环境省
후생노동성	厚生劳动省
방위성	防卫省
그 외 其他	
금융청	金融厅
문화청	文化厅
수산청	水产厅
식량청	食粮厅
임야청	林野厅
소방청	消防厅
국세청	国税厅
자원에너지청	资源能源厅
특허청	特许厅
중소기업청	中小企业厅
관광청	观光厅
기상청	气象厅
해상보안청	海上保安厅

평화 헌법 平和憲法 **和平宪法**

평화주의 헌법 平和主義憲法 **和平主义宪法**

일본의 현 정부는 지난 정부보다 평화주의 헌법 해석에 보다 유연한 태도를 보이고 있다.

日本现政府较其前任在解释**和平主义宪法**上更加灵活。

한일 어업 협정 韓日漁業協定 **韩日渔业协定**

배타적 경제 수역 排他的經濟水域(EEZ) **专属经济水域**

현 縣 **县**

현지사 縣知事 **县知事**

후지타 유잔 일본 히로시마 현지사는 고이즈미 준이치로 수상의 신사 참배 계획을 비난했다.

日本广岛**县知事**藤田雄山批评首相小泉纯一郎的靖国神社参拜计划。

히노마루 **日本国旗, “日之丸”旗**

많은 일본인들은 히노마루와 기미가요를 일본 군국주의의 상징으로 여긴다.
很多日本人已将“**日之丸**”旗与《**君之代**》视为旧日本军国主义的象征。

북한 朝鲜(北韩)

개인숭배 個人崇拜 **个人崇拜**

덩샤오핑은 평양을 국빈 방문하면서 북한 정부가 조장한 김일성 개인숭배를 보고 심한 거부감을 느꼈다.
邓小平到平壤进行国事访问，看到朝鲜政府制造的金日成**个人崇拜**现象，深感厌恶。

위대한 수령 **伟大的领袖**

친애하는 지도자 **敬爱的领袖**

태양절 太陽節 **太阳节**

☞ 태양절은 매년 4월 15일 고(故) 김일성 주석의 생일을 기념하는 북한의 최대 명절이다.

국가안전보위부 國家安全保衛部 **国家安全保卫部**

☞ 국가정치보위부(國家政治保衛部)가 1993년 국가안전보위부로 개칭되었다.

국방위원회 國防委員會 **国防委员会**

☞ 북한의 4대 군사 노선은 전군의 간부화, 전군의 현대화, 전인민의 무장화, 전국의 요새화이다 (全军干部化, 全军现代化, 全人民武装化, 全国土要塞化).

국방위원회 위원장 **国防委员会委员长**

김정일이 국방위원회 위원장에 재선됐다.
金正日再次当选为朝鲜**国防委员会委员长**。

김일성사회주의청년동맹 金日成社會主義青年同盟 **金日成社会主义青年同盟**

김일성종합대학 金日成綜合大學 **金日成综合大学**

김일성종합대학은 평양시 대성구에 위치한 북한의 최고 학부이다.
金日成综合大学位于平壤市大城区，是朝鲜的最高学府。

내각 內閣 **内阁**

북한의 내각 기관지가 평론을 통해 미사일 수출은 북한의 자주 권리라고 주장했다.
朝鲜**内阁**机关报评论说出口导弹是朝鲜的自主权利。

☞ 1998년 정무원이 폐지되고 내각으로 개칭되었다.

노동당 勞動黨 **劳动党**

김정일 북한 노동당 총서기 겸 국방위원회 위원장이 중국을 공식 방문했다.
朝鲜**劳动党**总书记，国防委员会委员长金正日对中国进行正式访问。

북한의 정치 체제 朝鲜(北韩)的政治体制	
위원장 委员长	
부위원장	副委员长
국무위원회	国务委员会
국방성	国防省
국가보위성	国家保卫省
사회안정성	社会安全省
조선노동당 朝鲜劳动党	
당대회	党代会
당중앙위원회	党中央委员会
최고인민회의 最高人民会议	
상임위원회	常任委员会
예산위원회	预算委员会
법제위원회	法制委员会
외교위원회	外交委员会
내각 内阁	
총리	总理
부총리	副总理
건설건재공업성	建设建材工业省
경공업성	轻工业省
교육위원회	教育委员会
보통교육성/고등교육성	普通教育省/高等教育省
국가가격위원회	国家价格委员会
국가건설감독성	国家建设监督省
국가검열위원회	国家检阅委员会
국가계획위원회	国家计划委员会
국가과학기술위원회	国家科学技术委员会
국가과학원	国家科学院
국가우주개발국	国家宇宙开发局
국가품질감독위원회	国家品质监督委员会
국토환경보호성	国土环境保护省

금속공업성	金属工业省
기계공업성	机械工业省
내각사무국	内阁秘书局
노동성	劳动省
농업위원회	农业委员会
대외경제성	对外经济省
도시경영성	城市经营省
문화성	文化省
보건성	保健省
상업성	商业省
석탄공업성	煤炭工业省
수도건설위원회	水道建设委员会
수산성	水产省
식료공업성	食品工业省
외무성	外务省
원자력공업성	原子能工业省
육해운성	陆海运省
임업성	林业省
자원개발성	资源开发省
재정성	财政省
전력공업성	电力工业省
정보산업성	信息产业省
조국평화통일위원회	祖国和平统一委员会
중앙은행	中央银行
중앙통계국	中央统计局
채취공업성	采掘工业省
철도성	铁道省
체육성	体育省
화학공업성	化学工业省
중앙재판소 中央裁判所	
중앙검찰소	中央检察所

만경대 萬景臺 **万景台**
북한적십자회 北韓赤十字會 **朝鲜红十字会**
북한조선중앙통신 北韓朝鮮中央通信(KCNA) **朝鲜中央通信社**
북한특수부대 北韓特殊部隊(SOF) **北朝鲜特别行动部队**
선군 정치 先軍政治 **先军政治**

북한은 전군민이 군사 위주의 '선군 정치 사상' 노선을 관철시킬 것을 요구한다.
朝鲜要求全国军民继续贯彻重视军事的"**先军政治**思想"路线。

옥류관 玉流館 **玉流馆**
조선노동당 기관지 朝鮮勞動黨機關紙
노동신문 勞動新聞 **劳动新闻**
조선민주주의인민공화국 朝鮮民主主義人民共和國 **朝鲜民主主义人民共和国**

중국은 일본과 조선민주주의인민공화국의 관계 개선을 환영한다.
中国欢迎日本和**朝鲜民主主义人民共和国**改善关系。

조선소년단 朝鮮少年團 **朝鲜少年团**
주체사상 主體思想 **主体思想**

김일성의 주체사상은 언뜻 오묘한 듯 들리지만 기실 같은 부류의 이론 가운데 가장 저속하다.
金日成的"**主体思想**"听上去虽然有些玄妙，实际可能是所有那些"理论"中最恶俗的一种。

최고인민회의 最高人民會議 **最高人民会议**
통일각 統一閣 **统一阁**
판문점 板門店 **板门店**

남북 관계 南北韩关系，韩朝关系

개성 공단 開城工團 **开城工业园区**
경의선 철도 연결 사업 京義線鐵道連結事業 **京义线铁路连接工程**

남북한간 합의에 따르면, 경의선 철도 연결 공사가 올해 말 완공될 예정이다.
根据韩朝达成的协议，**京义线铁路连接工程**将于今年年底完工。

복구 작업 復舊作業 **修复工程**
지뢰 제거 地雷除去 **扫除地雷，扫雷**
경제 관리 개선 조치 經濟管理改善措置 **经济管理改善措施**

2002년 7월 북한은 경제 관리 개선 조치를 공표했다.
2002年7月，朝鲜发布"**经济管理改善措施**"。

경제 협력 經濟協力	**经济合作**
남북 경제 협력 南北經濟協力	**朝韩经济合作, 南北经济合作**
정경 분리의 원칙	**政企分离原则, 官商分离**
교류 협력 交流協力	**交流合作**
9월 평양공동선언	**9月平壤共同宣言**

9월 평양공동선언(9月平壤共同宣言)이란?

2018년 9월 19일 문재인 대통령과 김정은 국무위원장이 2018 남북정상회담 결과 발표한 선언이다. 평양 공동 선언은 비핵화, 군사, 경제, 이산가족, 문화 체육, 다섯 가지 분야에 대한 구체적인 실천 방안에 대한 양국 정상간의 합의 내용이다. 하지만, 해당 합의 이후에도 북한은 계속해서 미사일을 발사하는 등 합의를 정면으로 위반하는 행위를 계속하다가, 2020년 6월 17일 북한측의 일방적인 조치로 인해 파기되었다.

군사 분계선 軍事分界線(38선)　　**军事分界线(三八线)**

한국전쟁이 끝난 후, 남북은 군사 분계선을 사이에 두고 각각 정권을 유지하고 있다.

朝鲜战争结束后南北以三八**军事分界线**为界, 各自执政。

금강산 관광 사업 金剛山觀光事業　　**金刚山旅游项目**

금강산 관광 사업은 남북간 교류와 협력을 촉진시켰지만 경영상 많은 어려움에 직면했다.

金刚山旅游项目促进了韩朝之间的交流与合作, 但其经营却面临较大困难。

육로 관광 陸路觀光　　**陆路旅游**

남북은 금강산 관광 협력을 더욱 활성화하기 위해 육로 관광을 개발할 예정이다.

朝韩双方将进一步开展金刚山旅游合作, 开辟**陆路旅游**。

긴장 완화 緊張緩和　　**缓和紧张局势**

6·15공동선언 이후 남북 관계의 개선은 교류와 협력, 긴장 완화와 평화 정착을 목표로 추진되었다.

6·15共同宣言后南北关系的改善是围绕交流合作、**缓和紧张局势**和半岛和平进行的。

나진 선봉 경제특구 羅津先鋒經濟特區　　**罗津-先锋贸易区**

남북 경제 협력 합의서 南北經濟協力合議書　　**韩朝(南北)经济合作协议书**

남북 경협 제도 실무 협의회 南北經協制度實務協議會　　**韩朝经济合作制度事务协议会**

북한 개성에서 열린 남북 경협 제도 실무 협의회 2차 회의에서 양측은 남북 경제 협력의 중요성을 다시 한 번 강조했다.

韩朝经济合作制度事务协议会第二次会议在朝鲜开城举行，双方在会上强调了开展双边经济合作的重要性。

남북 관계 南北關係 **南北关系**

남북 기본 합의서 南北基本合議書 **南北基本协议书，关于北南和解、互不侵犯与合作与交流协议书**

남북 기본 합의서(남북 사이의 화해와 불가침 및 교류 협력에 관한 합의서, 关于北南和解、互不侵犯与合作与交流协议书)란?

1991년 12월 3일, 서울에서 열린 제5차 고위급 회담에서 남북한이 화해 및 불가침, 교류 협력 등에 관해 공동 합의한 기본 문서이다. 이 기본 합의서 채택으로 남북한이 상대방의 실체를 인정하고 군사적 침략이나 파괴·전복 행위를 하지 않으며 상호 교류 협력을 통해 민족 공동 발전과 점진적·단계적 통일을 실현할 수 있는 기틀이 마련되었다.

남북 대화 南北對話 **南北对话**

한국 정부는 남북 대화를 통해 평화적으로 북핵 문제를 해결하겠다고 밝혔다.
韩国政府表示要通过**南北对话**和平解决朝核问题。

— **재개** 再開 **重开南北对话**

— **중단** 中斷 **停止南北对话**

남북 장관급 회의 南北長官級會議 **南北部长级会谈**

한국은 남북 화해와 기타 현안들에 대한 논의를 위해 남북 장관급 회의를 제안했다.
韩国建议举行**南北部长级会谈**，讨论朝韩和解问题以及其它悬而未决的问题。

고위급 회담 高位級會談 **高级别会谈**

남북 정상 회담 南北頂上會談 **南北首脑会谈，南北峰会**

김대중 대통령은 북한에 남북 정상 회담 개최를 여러 차례 호소했다.
金大中多次呼吁朝鲜举行**南北首脑会谈**。

남북한 직통 전화 南北韓直通電話 **南北直通电话**

군사 직통 전화 軍事直通電話 **军事热线电话**

남북한이 군사 직통 전화를 개통했다.
韩国与朝鲜开通了**军事热线电话**。

단일 팀 구성 **联合组队**

1991년 남북은 단일 팀을 구성해 세계 탁구 대회에 참가했다.
1991年韩朝**联合组队**参加了世乒赛。

대북 지원 對北支援 **对朝援助**

대북 지원 방안을 협의하기 위한 제4차 대북 협력 국제 NGO 대회가 이틀간의 비공개 회의 일정을 마치고 베이징에서 폐막되었다.

为协定**对朝援助**方案的第四次对朝合作国际NGO会议经两天的非公开会议日程在京闭会。

대북 비밀 지원 對北秘密支援 **对朝秘密援助**

대북 송금 의혹 사건 對北送金疑惑事件 **对朝汇款疑案**

대북 비밀 지원으로 파문을 일으킨 '현대 그룹 대북 송금 의혹' 사건은 김대중 대통령의 대국민 사과 성명을 통해 의혹이 해소되었다.

掀起**对朝秘密援助**风波的"现代集团**对朝汇款疑案**", 通过金大中总统向国民发表的道歉声明得到了解释。

대북 식량 지원 對北食糧支援 **对朝粮食援助**

대북 식량 지원에 대한 여론 조사 결과 찬성과 반대가 엇비슷했다.

关于**对朝粮食援助**问题的舆论调查结果显示, 赞成和反对意见不相上下。

대북 협력 사업 對北協力事業 **对朝合作事业**

남한은 북한에 남한 기업 전용 공단을 세워 대북 협력 사업을 확대시켜나가고 있다.

韩国在朝鲜建设韩国企业专用工团, 以进一步扩大**对朝合作事业**。

두만강 유역 개발 계획 豆滿江流域開發計劃 **图们江(或豆满江)流域经济发展计划**

배급제 配給制 **配给制度**

북한은 국가 배급제를 폐지하고 시장 경제를 향한 발걸음을 내딛었다.

朝鲜取消国家**配给制度**向市场经济迈进一大步。

북한조국평화통일위원회 北韓祖國平和統一委員會 **朝鲜祖国和平统一委员会**

비전향 장기수 非轉向長期囚 **未转变思想的长期在押犯, 非转向长期囚**

비전향 장기수 송환 추진위원회는 성명을 통해 "비전향 장기수의 송환이 계속되어져야 함"을 강조했다.

未转向长期囚送归促进委员会发表声明称"**非转向长期囚**送归必须继续进行"。

식량난 食糧難 **粮食危机, 粮荒**

X국은 북한이 식량난으로 붕괴되기를 바란다.

X国希望北朝鲜因为**粮荒**而崩溃。

신의주 특별 행정 구역 新義州特別行政區域 **新义州特别行政区**

6·25 전쟁 **朝鲜战争**

6·15남북공동선언 **6·15南北联合宣言**

6·15남북공동선언(6·15南北联合宣言)이란?

2000년 6월 15일 김대중 대통령과 김정일 국방위원장이 합의하여 발표한 공동

선언이다. 내용은 첫째, 통일 문제의 자주적 해결, 둘째, 1국가 2체제의 통일 방안 협의, 셋째, 이산가족 문제의 조속한 해결, 넷째, 경제 협력 등을 비롯한 남북 간 교류의 활성화 등이다. 또 합의 사항을 조속히 실천에 옮기기 위한 실무 회담을 열 것과 북한의 김정일 국방위원장의 서울 방문 등에 관한 합의 사항도 포함되어 있다.

이산가족 離散家族 **离散家属**

개별 상봉 個別相逢 **个别会面, 单独会面**

생사 확인 生死確認 **确认在世**

서신 교환 書信交換 **交换书函, 书信往来**

이산가족 방문단 離散家族訪問團 **离散家属访问团**

남북한은 어제 각각 100명으로 구성된 이산가족 방문단을 교환했다.
朝鲜和韩国昨天交换分别由100人组成的**离散家属访问团**。

이산가족 상봉 離散家族相逢 **离散家属重逢, 离散家属团聚**

이산가족 상봉소 離散家族相逢所 **离散家属重逢团圆站**

이중과세 방지 협정 二重課稅防止協定 **防止双重收税协定**

1994외자법 **1994外资法**

적대 관계 敵對關係 **敌对关系**

남북 정상의 만남이 반세기에 걸친 남북 적대 관계를 청산하고 남북 화해를 가져왔다.
南北首脑会晤清算了半个世纪以来南北的**敌对关系**, 令南北双方得到和解。

적대 상황 敵對狀況 **敌对状态**

청산 결제에 관한 합의서 **财务结算协议书**

7·4남북공동성명 **7·4南北联合声明**

7·4남북공동성명(7·4南北联合声明)이란?

1972년 7월 4일 남북한 당국이 국토 분단 이후 최초로 통일과 관련하여 합의 발표한 역사적인 공동 성명으로 자주·평화·민족 대단결의 조국 통일 3대 원칙을 공식 천명했다.

탈북자 脫北者 **脱北者, 逃离北朝鲜的居民**

탈북자 10명이 주일 한국 대사관에 진입했다.
10名**脱北者**闯入韩国驻日本使馆。

대사관 진입 사건 大使館進入事件 **闯使馆事件**

통일 방안 統一方案 **统一方案**

고려민주연방공화국 高麗民主聯邦共和國

고려민주연방공화국 **高丽民主联邦共和国**

낮은 단계의 연방제(북한측) **初级阶段联邦制, 低阶段联邦制**

연방제 聯邦制(북한측) **联邦制**

연합제 聯合制(남한측) **联合制, 邦联制**

남측이 제시한 통일을 위한 연합제와 북측이 제시한 낮은 단계의 연방제는 공통점이 있다.

南方提出的旨在实现统一的**邦联制**方案和北方提出的初级阶段**联邦制**方案具有共同点。

통일부 統一部 **统一部**

적화 통일 赤化統一 **赤化统一**

흡수 통일 吸收統一 **吸收统一**

김대중은 한반도의 분단 현실을 인정하고 독일식의 '흡수 통일 정책'을 포기했다.

金大中承认朝鲜半岛分裂的事实, 摒弃仿照德国模式的 "**吸收统一**" 政策。

통일 비용 統一費用 **统一费用**

통일 후 10년 동안 최소한 7,700억 달러의 통일 비용이 소요될 것으로 보인다.

在统一后的10年内, 南北韩**统一费用**至少需要7700亿美元。

투자 보장 협정 投資保障協定 **投资保障协定**

평화 유지 平和維持 **维护和平**

평화 체제 平和體制 **和平机制**

한반도 비핵화 공동 선언 韓半島非核化共同宣言 **朝鲜半岛无核化共同宣言**

역사적인 회담 **历史性会晤**

후속 회담 後續會談 **后续会谈, 下一轮会谈**

한반도 통일 韓半島統一 **朝鲜半岛统一, 半岛统一**

한반도 통일은 말처럼 쉽지 않다.

朝鲜半岛统一谈何容易。

합영법 合營法 **合营法**

1984년 당시 평양은 외자 유치를 위해 합영법을 제정했으나 일부 재일 교포들만 투자했을 뿐 별 성과를 거두지 못했다.

1984年, 当时平壤通过 "**合营法**"以吸收外资, 只有少数在日朝鲜人投资, 效果不彰。

대북 정책 对朝政策, 对北政策

대북 정책 對北政策 **对朝政策**

부시 정부가 출범하자마자 채택된 대북 강경 정책은 쉽게 바뀌지 않을 것으로 보인다.
布什政府一上台就采取的**对朝强硬政策**不会轻易改变。

공조 체제 共助體制 **协调机制**
한일 양국은 미국과 공조 체제를 유지해나갈 계획이다.
韩日两国将保持与美国的**协调机制**。

대북 정책 조정 감독 그룹(TCOG) **三边监督协调小组**
한·미·일 삼국은 2003년 1월 초 대북 정책 조정 감독 그룹 회의를 개최했다.
韩国、美国和日本三国于2003年1月初举行**三边监督协调小组**会议。

대북 정책 조율 對北政策調律 **协调对朝政策**

대북 포용 정책 對北包容政策 **对朝包容政策**

대북 포용 정책(对朝包容政策)이란?

대북 포용 정책은 '전쟁 재발 방지'와 '한반도 평화 정착'을 위한 정책으로서 '평화와 화해 · 협력'을 통해 남북 관계를 개선하고 평화 공존의 실현을 목표로 한다. ① 무력 도발 불용 ② 흡수 통일 배제 ③ 화해 · 협력 추진 3원칙에 의거해 대북 정책을 추진하는 것을 말한다.

동방 정책 東方政策 **东进政策**

북방 정책 北方政策 **北方政策**
북방 정책과 관련된 문제 중 하나가 바로 금강산 관광 사업이다.
北方政策涉及的一个问题就是金刚山旅游业。

햇볕 정책 **阳光政策**
☞ 평화 번영 정책(Peace and Prosperity Policy, 和平繁荣政策): 햇볕 정책을 계승 발전시킨 노무현 정부의 대북 정책.
김대중 대통령은 대북 화해·협력을 위한 햇볕 정책을 추진했다.
金大中总统推行了对朝和解合作的"**阳光政策**"。

햇볕 정책(阳光政策)이란?

김대중 정부가 추진한 정책. 안보를 튼튼히 하는 가운데 화해 · 협력을 추진하면서 남북관계를 개선해 북한이 스스로 변화할 수 있도록 유도해가자는 정책이다.

북미 관계 朝美关系

경수로 사업 輕水爐事業 **朝鲜轻水反应堆项目**
북한 경수로 사업이 10년 6개월 만에 공식적으로 중단됐다.

朝鲜轻水反应堆项目在十年零六个月后正式停止。

중유 공급 重油供給(HFO) **提供重油**

미국은 북한에 대한 중유 공급을 중단하기로 결정했다.

美国决定停止向朝鲜**提供重油**。

경제 제재 經濟制裁 **经济封锁, 经济制裁**

유엔은 핵무기를 개발하고 있다는 이유로 북한에 경제 제재를 가했다.

联合国因朝鲜开发核武器对朝鲜实行**经济封锁**。

깡패 국가 **无赖国家, 流氓国家**

대북 적대 정책 對北敵對政策 **对朝鲜敌对政策**

미국이 대북 적대 정책을 철회하고 북미 상호 불가침 조약을 체결해야만 북핵 문제가 해결될 수 있다.

美国只有放弃**对朝鲜的敌对政策**并与朝鲜签署互不侵犯条约, 朝鲜的核问题才能得到解决。

미국 대북 정책 조정관 美國對北政策調整官 **美国对朝鲜政策协调员**

미국 대북 조정관 윌리엄 페리는 북한의 핵개발이 미국과 여타국에 위협이 된다고 밝혔다.

美国对朝鲜政策协调员威廉 · 佩里表示, 朝鲜发展核项目对美国以及其它国家构成了威胁。

미사일 개발 프로그램 **导弹发展计划**

북한은 외국의 우주 기술 원조를 받는 대가로 국제적으로 말썽 많은 미사일 개발 프로그램을 포기하겠다는 의사를 밝혔다.

朝鲜已表示愿意放弃具有国际争议的**导弹发展计划**以换取外国的空间技术援助。

노동호 미사일 **劳动号导弹**

대포동 미사일 **大埔洞导弹**

북한이 1998년 시험 발사한 대포동 미사일은 일본을 지나 태평양에 떨어졌다.

朝鲜在1998年试射一枚**大埔洞导弹**飞越日本进入太平洋。

미사일 위협 **导弹威胁**

북미 상호 불가침 조약 北美相互不可侵條約 **朝美互不侵略条约**

북미 양자 회담 北美兩者會談 **朝美双边会谈**

북미 제네바 기본 합의 **朝美日内瓦核框架协议**

1994년 제네바에서 체결된 북미 기본 합의에 따라…….

根据**美朝**1994年在**日内瓦**签署的**核框架协议**,……。

북한 핵문제 北韓核問題 **朝鲜核问题**

핵위기 核危機 **朝核危机**

북한은 미국에게 북핵 위기 해소를 위한 협상 방안을 받아들이도록 촉구했다.
朝鲜敦促美国接受解决**朝核危机**的谈判方案。

악의 축 **邪恶轴心**

부시 행정부는 북한을 '악의 축'으로 규정하고 핵 선제공격 대상에 포함시켰다.
布什政府把朝鲜列为"**邪恶轴心**"与先发制人的核打击对象。

완전하고 검증 가능하며 돌이킬 수 없는 핵 폐기(CVID) **完全地、可验证地、不可逆转地弃核**

완전하고 검증 가능하며 돌이킬 수 없는 핵 폐기(CVID: Complete, Verifiable and Irreversible Dismantlement, 完全地、可验证地、不可逆转地弃核)란?

북한이 94년 제네바 합의에서 합의된 핵 동결 약속을 이행하지 않자 2002년에 집권한 부시 정부는 대북 정책을 전면 재검토하며 'verifiable and irreversible'이라는 표현을 쓰기 시작했으며 이는 후에 CVID라는 표현으로 발전되었다.

6자 회담 六者會談 **六方会谈**

미국은 북한의 6자 회담 복귀를 촉구했다.
美国呼吁朝鲜重新回到**六方会谈**。

베이징 6자 회담(北京六方会谈)이란?

북핵 6자 회담은 북한 핵문제의 평화적 해결 방안을 논의하기 위해 남북한과 주변 4강(미국 · 중국 · 일본 · 러시아)이 참여하는 다자간 회담이다. 북한의 핵개발 문제와 관련하여 그 동안 북 · 미 양자 회담에서부터 북 · 미 · 중 3자 회담, 북 · 남 · 미 · 중의 4자 회담, 일본을 포함한 5자 회담, 여기에 러시아를 추가한 6자 회담까지 거의 모든 경우의 수가 제시되어왔으며 2003년 4월엔 북 · 미 · 중 3자 회담이 개최된 바 있다.

6 • 12북미공동성명 **6 • 12朝美共同声明**

6 · 12북미공동성명(6 • 12朝美共同声明)이란?

2018년 6월 12일 도널드 트럼프 미국 대통령과 김정은 북한 국무위원장은 싱가포르 센토사섬에서 열린 정상회담에서 완전한 한반도 비핵화와 미국의 대북 안전보장 제공을 약속하는 내용을 담은 공동성명 형식의 4개항 합의문에 서명했다. 내용은 첫째, 평화와 번영을 위한 양국 국민의 바람에 맞춰 새로운 관계를 수립, 둘째, 한반도의 지속적이고 안정적인 평화 체제를 구축, 셋째, 한반도의 완전한 비핵화, 넷째, 전쟁 포로, 전쟁 실종자들의 유해 수습 등이다.

한반도 비핵화 韓半島非核化 **朝鲜半岛无核化**

북한은 미국의 핵 위협이 제거되면, 한반도 비핵화도 가능하다고 주장한다.

朝鲜称如果美国的核威胁解除, **朝鲜半岛无核化**就有可能性。

한반도에너지개발기구(KEDO) **朝鲜半岛能源开发组织**

한반도에너지개발기구(KEDO: Korean Peninsula Energy Development Organization, 朝鲜半岛能源开发组织)란?

북한 경수로 사업 추진을 지원하기 위한 국제 컨소시엄. 1994년 북한과 미국 간의 준고위급 회담에서 경수로 협상이 타결되면서 1995년 3월에 발족. 경수로 제공 목적 외에도 대체 에너지 제공, 폐연료봉 처리, 기존 핵시설 해체 등을 담당한다. 한국·일본·미국 3개국으로 시작했으나, 추후 EU·캐나다 등도 참여했다. 그러나 북한의 핵개발 재개가 알려진 후 경수로 사업과 중유 공급이 일시 중단되었다가 북한의 관련 협정 위반으로 2006년 5월 31일 공식 해체되었다.

핵개발 프로그램 **核发展计划**

북한의 핵개발 프로그램 관련 시설은 검증 가능하고 돌이킬 수 없는 방법으로 폐기되어야 한다.

朝鲜的**核发展计划**设施必须以可以验证和不可逆转的方式加以拆除。

핵동결 核凍結 **核冻结**

북한은 핵동결을 해제한 것이 미국의 제네바 기본 합의 위반에 따른 어쩔 수 없는 선택이었다고 주장한다.

朝鲜主张, 朝鲜采取解除**核冻结**的措施是因美国违反朝美核框架协议而作出的必然选择。

☞ 11. 안보의 <국제 안보> 부분 '국제원자력기구' 참조.

핵사찰단 核査察團 **核查团**

— **수용** 受容 **接受核检查**

미 국무장관은 북한에 핵사찰 수용을 요구했다.

美国务卿要求朝鲜**接受核检查**。

핵시설 核施設 **核设施**

감시 카메라 **监测摄像机**

고농축 우라늄(HEU) **高浓缩铀**

무기급 금속 플루토늄 **武器级金属钚**

봉인 封印 **封条**

북한은 벌써 핵시설의 봉인과 감시 카메라를 제거하기 시작했다.

朝鲜已开始拆除**核设施的封条**和**监测摄像机**。

원자로 原子爐 **核反应堆**

재가동 再稼動 **重新启动**

천연 우라늄 天然铀
크립톤 85가스 氪85
폐연료봉 廢燃料棒 废核燃料棒
플루토늄 钚
핵연료봉 재처리 核燃料棒再處理 核燃料棒再处理

핵억제력 核抑制力, **핵억지력** 核抑止力 **核遏制力, 核威慑力量**

북미간 대결의 본질은 적대 정책을 포기하라는 북의 요구와 핵억제력을 포기하라는 미국측 요구의 충돌이다.

朝美双方斗争的本质是要求美国停止对朝敌对政策和要求朝鲜放弃**核威慑力量**的冲突。

핵위협 核威脅, **핵협박** 核脅迫 **核讹诈**

북한이 핵협박으로 협상에서 유리해지리라는 판단을 했다면 이는 잘못된 판단이다.

朝鲜认为**核讹诈**能让他们在协商中更有利是错误的判断。

핵카드 **核牌**

영국 英国

노동당 勞動黨 **工党**

블레어는 1994년 7월 21일 영국 노동당 당수로 당선되었다.

布莱尔是在1994年7月21日当选为英国**工党**领袖的。

대영박물관 大英博物館 **大英博物馆**

대영박물관은 풍부한 소장품으로 유명하다.

大英博物馆因其收藏品丰富而闻名于世。

대영제국 大英帝國 **大英帝国**

그들이 발명한 일련의 성과가 '해가 지지 않는' 대영제국 발전의 기초가 되었다.

他们所发明的一系列成果奠定了"日不落"**大英帝国**发展壮大的基础。

도버 해협 **多佛尔海峡**
해저 터널 海底隧道
런던 국제 금융 선물・옵션 거래소 **伦敦国际金融期货及期权交易所**
런던 시경 **伦敦警察厅**
런던 증권 거래소 **伦敦证券交易所**
로드 메이어 **伦敦城市长勋爵**

로드 메이어(Lord Mayor of the City of London, 伦敦城市长勋爵)란?

시티 오브 런던 시장 또는 로드 메이어라고 한다. 런던 시에는 두 종류의 시장이 있다. 그중 하나는 민선 시장인 "the Mayor of London"으로서 런던 광역시(Greater London Authority)의 행정 · 치안 · 교통 · 개발 · 환경 등을 책임진다. 반면 "The Lord Mayor of the City of London"은 "the Corporation of London"의 장으로서 일반 행정에도 일부 관여를 하지만, 특히 금융 기관이 밀집된 금융가("the Square Mile", "the City")를 대표하며 대내외적으로 국제 금융의 중심으로서의 런던 시를 홍보하는 대사의 역할을 수행한다.

보수당 保守黨 **保守党**
북아일랜드 혁명군(IRA) **爱尔兰共和军**
신페인당 **新芬党**
북아일랜드 혁명군(IRA) 정치 분파인 신페인당.
爱尔兰共和军的政治分支**新芬党**。
브렉시트 **英国退出欧盟, 英国脱欧**
여왕 모후 女王母后 **王太后**
영국 英國 **英国, 大不列颠及北爱尔兰联合王国**
영국 공영 방송 英國公營放送**(BBC)** **英国广播公司**
BBC는 5일 자체 제작한 다큐멘터리를 방영했다.
英国广播公司(BBC)5日播放了该公司摄制的一个纪录片。
영국군 英國軍 **英国军**
영국 공군 英國空軍 **英国皇家空军**
영국 해군 英國海軍 **英国皇家海军**
영국 해군의 핵잠수함 HMS Splendid가 스코틀랜드로 회항했다.
英国皇家海军"辉煌"号核潜艇返回苏格兰。
영국 해병대 英國海兵隊 **英国皇家陆战队**
영국 대사관 英國大使館 **英国大使馆, 联合王国大使馆**
영국 문화원 英國文化院 **英国文化协会**
영국 성공회 英國聖公會 **英国国教会, 安立甘教会, 英国圣公会**
영국 여왕 엘리자베스 2세 **英国女王伊丽莎白二世**
즉위 卽位 **加冕**
즉위식 卽位式 **加冕仪式**
즉위 70주년 卽位七十周年 **加冕七十周年**
올해는 영국 여왕 엘리자베스 2세의 즉위 70주년이 되는 해로 6월에 성대한 경축 행사가 열릴 예정이다.
今年是**英国女王伊丽莎白二世加冕七十周年**, 将于六月举行隆重的庆祝仪式。
영국 왕실 英國王室 **英国皇室**
영국 왕실이 최근 들어 언론 매체의 과장 보도에 시달리고 있다.

英国皇室近来受到媒体大肆渲染。

영국 정부 英國政府 **英国政府**

외무 장관 外務長官 **英国外长**

장관 長官 **大臣, 部长**

총리 總理 **首相**

재무 장관 財務長官 **财政大臣**

차관 次官 **副大臣, 副部长**

영국 정부가 제시한 기업의 사회 책임은 통상산업부 차관 소관이다.
英国政府提出的企业社会责任, 由贸工部一位**副大臣**负责。

통상산업부 장관 通商産業部長官 **英国贸工部国务大臣**

영국중앙은행(영란은행) 英國中央銀行 **英国央行**

영국 통신 英國通信(BT) **英国电信公司**

영연방 英聯邦 **英联邦, 大英国协**

그레이트 브리튼 북아일랜드 연합국은 브리튼과 북아일랜드, 영국의 해외 속령으로 이루어진다.
大不列颠及北爱尔兰联合王国由大不列颠和北爱尔兰组成, 还包括一些**英国海外领地**。

영국 정부 英国政府	
추밀원 枢密院	
총리실 首相办公室	
내각 사무처 内阁办公室	
교육기술부	教育与技能部
교통부	交通部
국방부	国防部
국제개발부	国际发展部
내무부	内务部
노동복지부	就业及退休保障部, 就业及养老金事务部
문화, 미디어, 스포츠부	文化、媒体与体育部
보건부	卫生部
외무부	外交部
재무부	财政部
통산부	贸工部
헌법부	宪法事务部

환경식품농촌부	环境、食品和农村事务部, 环境食物农业部

왕립예술학교 王立藝術學校　皇家艺术学院
의원 내각제 議院內閣制　议院内阁制
의회 議會　议会
상원 上院　上议院, 上院, 贵族院
상원 의원 上院議員　上议院议员
하원 下院　众议院, 下院, 平民院
하원 의원 下院議員　众议院议员
입헌 군주제 立憲君主制　君主立宪制

영국이 채택하고 있는 민주적 정치 체제는 입헌 군주제이다.
英国采用的民主政体是**君主立宪制**。

자유민주당 自由民主黨　自由民主党
찰스 왕세자　查尔斯王储
다이애나 왕세자비　黛安娜王妃

다이애나 왕세자비는 1997년 8월 파리에서 교통 사고로 사망했다.
黛安娜王妃1997年8月在巴黎的一场车祸丧生。

다우닝가 10번지　唐宁街10号

다우닝가 10번지(10 Downing Street, 唐宁街10号)란?

다우닝가는 런던에 있는 영국의 관청가로서 외무성과 내무성 등이 있고 10번지에는 총리 관저와 사무실이, 11번지에는 재무장관 관저가 있다. 다우닝가 10번지는 영국 총리실의 대명사로 쓰이고 있다.

화이트 홀　白厅

화이트 홀(White Hall, 白厅)이란?

런던 시내 웨스트민스터 의사당(西敏寺议会) 인근의 백색 건물들이 밀집한 화이트 홀에 다우닝가 10번지인 수상 관저(首相府)를 포함한 정부 중앙 부처들이 소재하고 있어 영국 중앙 정부를 일컬을 때 '화이트 홀'이라고 부르기도 한다.

유럽 연합 欧洲联盟

가중 다수결 加重多數決　加权投票制, 加权票数
경제 화폐 동맹 經濟貨幣同盟(EMU)　经济和货币联盟
단일 통화 單一通貨　单一货币

공동 농업 정책 共同農業政策(CAP) **共同农业政策**

공동 농업 정책은 EU가 실시하는 첫 번째 공동 정책이다.

共同农业政策是欧盟实施的第一项共同政策。

공동 외교 안보 정책 共同外交安保政策(CFSP) **欧盟共同外交和安全政策**

공동 안보 방위 정책 共同安保防衛政策(ESDP) **欧洲安全防务政策**

유럽군 **欧洲军团**

유럽군은 현 유럽 신속 대응군의 전신이다.

欧洲军团正是现在欧洲快速反应部队的前身。

집단 안보 集團安保 **集体安全**

관세 동맹 關稅同盟 **关税同盟**

아시아 유럽 정상회의(ASEM) **亚欧会议**

유럽 경제 사회 이사회(ECOSOC) **欧洲经济和社会委员会**

유럽 경제 지역(EEA) **欧洲经济区**

유럽 단일 시장 **欧洲单一市场**

유럽 단일 시장의 현 상황은 유럽 경제 통합이 통화 통합보다 더디다는 것을 보여준다.

欧洲单一市场发展的现状表明，欧洲经济一体化进程明显滞后于货币一体化的发展。

유럽 사법 재판소 **欧洲法院**

유럽 연합 **欧洲联盟**

유럽 단일 의정서 **单一欧洲法案**

유럽 연합 조약 **欧洲联盟条约，马斯特里赫特条约，马约**

유럽 연합은 기존 유럽 공동체 회원국이 마스트리히트 조약에 따라 설립한 기구이다.

欧洲联盟是由原欧洲共同体成员国家根据“马约”组成的国际组织。

유럽 연합(EU: European Union, 欧洲联盟)이란?

유럽 연합은 유럽 공동체(EC) 12개국 정상들이 1991년 12월 네덜란드 마스트리히트에서 경제 통화 통합 및 정치 통합을 추진하기 위한 유럽 연합 조약(欧洲联盟条约, 일명 마스트리히트 조약)을 체결함으로써, EC를 통칭하여 출범된 유럽의 정치·경제 공동체이다. 각국의 비준 절차를 거쳐 1993년 11월부터 동 조약이 발효됨에 따라 EU 회원국 수는 프랑스·독일·이탈리아·벨기에·네덜란드·룩셈부르크·영국·아일랜드·덴마크·그리스·스페인·포르투갈·노르웨이·오스트리아·스웨덴 등 27개국이 되었다.

유럽 의회 **欧洲议会**

국제 협정 체결, 신 회원국 가입 등 그밖의 주요 사안에 대해서는 이사회가 유럽의회의 동의 절차를 구해야 한다.

在另一些重要领域, 如签署国际协议, 新成员加入欧盟, 理事会必须征得**欧洲议会**同意。

공동 결정 共同決定 **共同决定, 共同决策**

동의 절차 同意節次 **同意程序**

유럽 공동체(EC: European Community, 欧洲共同体)란?

1967년 유럽 경제 공동체(欧洲经济共同体, EEC), 유럽 석탄 철강 공동체(欧洲煤钢共同体, ECSC), 유럽 원자력 공동체(欧洲原子能共同体, EURATOM)가 유럽 공동체(European Community)로 개편되어 설립되었다. 이렇게 경제 통합으로 시작한 유럽 통합이 마스트리히트 조약으로 확대되면서 EU가 출범했으며 본 조약에 의해 경제 공동체인 EEC가 EC로 명칭이 바뀌었다. 그러나 아직도 'European Communities'라는 복수 형태로 EEC, Euratom, ESCS 등의 공동체를 포괄적으로 지칭하는 데 사용되고 있다.

유럽 의회 의원 議員 **欧洲议会成员**

유럽 의회 의원은 732명으로 축소될 것이다.

欧洲议会成员将减少到732人。

자문 절차 諮問節次 **咨询程序**

공동 결정 방식과 자문 절차 방식의 가장 큰 차이점은 공동 결정 방식이 유럽 의회와 이사회에 동등한 정책 결정권을 부여한다는 점이다.

共同决定方式与**咨询程序**最大的不同之处在于, 这种方式赋予欧盟议会与理事会同样的决策权力。

제안권 提案權 **提案权**

협력 절차 協力節次 **合作程序**

유럽 이사회 **欧洲理事会**

유럽 이사회는 EU 최고의 정책 결정 기구이다.

欧洲理事会是欧盟的最高决策机构。

유럽 이사회(European Council, 欧洲理事会)란?

각국의 정상 또는 행정 수반과 집행위 위원장으로 구성된다. 1년에 최소한 2회 개최되는 유럽 이사회에서는 유럽 연합의 발전을 위한 여러 가지 제안과 정책이 논의되며 포괄적인 지침들이 제시된다. 각국 외무 장관이 동행하며 의장국의 정상 또는 행정 수반이 회의 의장직을 수행한다.

순환 의장국 循環議長國 **轮值主席国, 轮任主席国**

EU는 현행 순환 의장국을 대신할 유럽 이사회 의장을 선출해야 할 이유가 없다.
欧盟没有理由选举欧洲理事会主席来替代目前的**欧盟轮值主席**。

의장국 議長國 **欧洲理事会主席**

유럽 자유 무역 연합(EFTA) **欧洲自由贸易联盟**

유럽 중앙 은행 **欧洲中央银行**

유럽 투자 은행 **欧洲投资银行**

유럽 투자 은행은 주로 저금리 혹은 무이자 차관을 통해 EU 공공 기구 및 민간 기업 프로젝트에 자금 조달의 편의를 제공한다.
欧洲投资银行主要通过提供低息或无息贷款, 为欧盟公共机构和私营企业的项目提供资金便利。

유럽 회의(COE) **欧洲议会**

유럽 회의(Council of Europe, 欧洲议会)란?

일종의 국제 기구로서 EU와는 다른 독립적인 기구이다. 제2차 세계 대전 후 유럽의 단결을 위하여 1949년 5월 5일 벨기에 · 덴마크 · 프랑스 · 아일랜드 · 룩셈부르크 · 이탈리아 · 네덜란드 · 노르웨이 · 스웨덴과 영국 등 10개국이 런던 조약(Treaty of London)에 조인하면서 출범했다. 민주주의 · 법치주의 · 인권 등의 원칙 아래 사회 · 문화 등 다양한 분야에서 범유럽적 협력을 모색한다.

유로화 **欧元**

2002년 1월 1일 유로화가 유로랜드 12개국 3억 인구의 단일 통화가 되었다.
2002年1月1日, **欧元**变成了欧盟12国(欧元区)里3亿人口的单一货币。

유로 통화권(지역) **欧元区**

영국이 유로 통화권에 가입하면 유럽 금융 센터로서의 런던의 위상이 더욱 강화될 것이다.
英国加入**欧元区**会进一步加强伦敦作为欧洲金融中心的地位。

이사회 理事會 **欧洲联盟理事会**

이사회(Council of the European Union, 欧洲联盟理事会)란?

EU의 각료급 회의로서 유럽 의회와 함께 공동 결정 절차를 통해 입법권 및 예산 심의권을 갖는다. 이사회는 또한 회원국의 경제 정책을 조율하고, 회원국 및 국제 기구 국제 협정을 체결한다.

EU 감사원 **欧盟审计院**

EU 옴부즈맨 **欧盟监察专员署**

EU 확대 **欧盟扩大**

EU의 확대는 EU라는 FTA와 관세 동맹의 확대를 의미한다.
欧盟的扩大, 意味着欧盟这一自由贸易区和关税同盟的扩大。

가입 전 지원 加入前支援 **援助候选国, 入盟前的扶持工作**

EU는 이들 신 회원국의 가입 이전에 이미 지원금으로 300여 억 유로를 지출했다.
在这批新成员**入盟前**, 欧盟已为**扶持**它们花费了300多亿欧元。

이중 다수결 二重多數決 **双重多数表决**

EU는 니스 조약에 근거한 가중 다수결이 아닌 새로운 이중 다수결 제도를 실시할 예정이다.
欧盟将实行“新的**双重多数表决制**”, 而不再依据尼斯条约形成的所谓加权票数。

주한 EU 대표부 **欧洲委员会驻韩国代表团**

☞ 공식 명칭은 '유럽 연합 유럽 위원회 대표부(欧洲联盟欧洲委员会驻韩代表团)'이다.

주한 EU 상공회의소 **欧盟驻韩商会**

지역사회 이사회 地域社會理事會 **欧洲地区委员会**

집행위 위원장 執行委委員長 **欧盟执委会主席**

유럽 의회는 신임 집행 위원회 위원장을 선출할 예정이다.
欧洲议会将投票选出新任**执委会主席**。

집행 위원회 執行委員會 **欧盟执委会**

공동체법, 관행의 집적 **共同体既存典章制度, 欧盟法, 欧体既存原则**

공동체법, 관행의 집적(Community Acquis, Acquis Communautaire, 共同体 既存典章制度, 欧盟法, 欧体既存原则)이란?

EU의 법안 및 관행을 포괄적으로 지칭하는 용어. EU의 신규 회원국들은 1958년 이후 로마 조약과 개정 조약을 기반으로 EU 각료 이사회와 집행 위원회가 제정하고 적용하는 모든 법안 및 관행을 수용해야 한다. 총 100,000페이지에 달하는 유럽 연합 조약, 법제 및 관행 모음집으로 공동체법 및 관행의 집적이라고 한다.

아프리카, 카리브, 태평양 국가 연합(ACP) **非洲、加勒比和太平洋地区国家集团, 非加太地区国家**

아프리카, 카리브, 태평양 국가 연합(ACP, 非加太地区国家)이란?

1975년 당시 EC 9개국은 아프리카(非洲), 카리브 연안(加勒比海) 그리고 태평양 도서국 (太平洋地区) 45개국과 토고(多哥)의 수도 로메(洛美)에서 유럽과 구식민지 국가 간의 협력과 효과적인 발전 논의를 위한 이른바 로메 협정을 체결했다.

유럽 연합 관련 약자 欧盟常用缩语		
ACP	ACP 국가	非加太地区国家
ASEM	아시아유럽 정상회의	亚欧会议
BIC	정부간 쌍무회의	政府间双边会议
BRITE-EURAM	기반산업기술과 응용기술 개발 정책	工业技术基础研究计划
CAP	공동농업정책	共同农业政策
CE	유럽 회의	欧洲会议
EBRD	유럽 개발부흥은행	欧洲复兴开发银行
EC	유럽 공동체(EEC의 전신)	欧洲共同体
ECHO	유럽 인권사무국	欧洲委员会人道主义援助办公室
ECSC	유럽 석탄철강공동체	欧洲煤钢共同体
EEA	유럽 경제지역	欧洲经济区
EEC	유럽 경제공동체	欧洲经济共同体
EAGGF	유럽 농업지도 보장기금	欧洲农业指导与保证基金
ECOSOC	유럽 경제사회이사회	欧洲经济和社会理事会
EIB	유럽 투자은행	欧洲投资银行
EMCF	유럽 통화협력기금	欧洲货币合作基金
EMS	유럽 통화제도	欧洲货币体系
EMU	유럽 통화동맹	欧洲货币联盟
EPC	유럽 정치협력	欧洲政治合作
EPO	유럽 특허국	欧洲专利局
ESCB	유럽 중앙은행시스템	欧洲中央银行体系
ESDP	공동안보방위정책	共同安全防卫政策
ESF	유럽 사회기금	欧洲社会基金
Euratom	유럽 원자력공동체	欧洲原子能共同体
ESPRIT	유럽 정보통신 개발전략	欧洲信息技术研究发展战略计划
EUREKA	유레카프로젝트	尤里卡计划, 欧洲科研协调机构
EUROFER	유럽 철강산업연합	欧洲钢铁工业联盟
Europol	유럽 경찰국	欧洲警察局
ESA	유럽 우주기구	欧洲空间局

IGC	정부간회의	政府间会议
INCO	국제협력	国际合作
JHA	공동내무치안정책	司法和内政事务政策
MCA	국경조정금	货币补偿额
OLAF	유럽 반부패국	欧洲反欺诈局
RACE	신정보통신기술개발정책	欧洲先进通信技术研究和开发计划
TAIEX	기술지원교환국	技术支援交换办公机构

이스라엘 以色列

가자-예리코 자치 협정 **加沙杰里克协议**

가자·예리코 자치 협정은 가자·예리코 지역이 팔레스타인 자치 정부가 우선적으로 권력을 행사하는 지역이 되었음을 의미한다.

加沙杰里克协议意味着加沙、杰里克将是巴勒斯坦自治政府首先实行其权利的地区。

가자-예리코 자치 협정(Gaza Strip-Jericho 自治协定, 加沙杰里克协议)이란?

이스라엘과 팔레스타인해방기구(PLO) 사이에 1993년 10월에 체결된 가자 지구와 요르단 강 서안에 있는 예리코 시에 대한 팔레스타인인의 자치에 관한 협정. 협정의 주요 내용은 팔레스타인이 ① 가자 지구와 예리코 시에 대해 5년간 자치를 실시하며 ② 보건 · 교육 · 직접세 징수 · 복지 · 관광 5개 분야를 관할하고 ③ 경찰을 창설해 역내의 치안을 유지하되 이스라엘군은 팔레스타인인 밀집 지역에서의 철수 협정 체결 후 4개월 이내에 철수하며 ④ 합의안의 제원칙을 최소한 9개월간 이행한 후 자치를 위한 행정 위원회를 설치할 수 있다는 내용이다. 협정 체결 후 양측은 자치 이행 협정을 맺기 위한 협상 과정에서 헤브론 학살 사건 등 걸림돌에 봉착하기도 했으나 94년 5월에 이행 협정을 체결해 중동 평화 정착의 초석을 마련했다.

리쿠드 **利库德集团**

이스라엘 리쿠드당 당원 300명이 샤론의 퇴진을 요구했다.

以色列**利库德集团**300名成员请求罢免沙龙。

리쿠드(Likud, 利库德集团)란?

이스라엘의 양대 정당 중 하나. 1977년의 총선거에서 처음으로 여당이 되었으며 당수 베나헴 베긴이 수상이 되었다. 중산 계급, 군부, 동양계 유대인 사이에 강력한 지지층을 가진 강경파이며 점령지 병합론을 고수하고 있다. 1983년 8월에 베긴 수상이 사임하고, 1984년 7월의 총선거에서 노동당에게 제1당 자리를 빼앗겼으나 거국 내각이 이루어짐으로써 정권을 일부 장악하고 있다. 페레즈 수상(노동당)과 샤미르 외무장관(리쿠드)은 약속대로 1986년 10월에 수상과 외무 장관 자리를 서로 교환했다.

쇼비니즘, 배타적 애국주의 排他的愛國主義 **沙文主义**

이스라엘의 건국에는 유대 민족의 배타적 애국주의 사상이 작용했다.
以色列国的建立有"犹太民族**沙文主义**"思想的驱使。

시오니스트 **犹太复国主义分子**

미국에 대한 시오니스트의 영향력은 만만치 않다.
犹太复国主义分子对美国的影响非同小可。

시오니즘 **犹太复国主义**

시오니즘(Zionism, 犹太复国主义)이란?

"시온(팔레스타인)으로 돌아가자"는 운동으로 19세기 후반에 나타난 유대 국가 설립 운동을 가리킨다.

오슬로 협정 **奥斯陆协议**

오슬로 협정(Oslo Accords, 奥斯陆协议)이란?

이스라엘과 팔레스타인 간 평화 회담의 근간으로서 가자 지구와 요르단 강 서안에서의 이스라엘 군의 완전 철수 및 팔레스타인의 자치권을 포함한 장기적 목표들을 규정하고 있다. '원칙의 선언(Declaration of Principles)'이라 불리는 오슬로 협정은 1993년 11월 13일 노르웨이 오슬로에서 빌 클린턴 미국 대통령의 주재하에 협정 서명이 이루어졌고, 야세르 아라파트 팔레스타인 지도자와 이츠하크 라빈 이스라엘 총리는 수십 년 간의 적대 관계를 종식시키며 악수를 나눴다.

유대인 猶太人 **犹太人**

이스라엘은 유대인들이 세운 나라이다.
以色列是**犹太人**建立的国家。

유대인 정착촌 猶太人定着村 **犹太定居点**

이스라엘 **以色列**

중동 평화 로드맵 **中东和平路线图计划**

중동 평화 로드맵(中东和平路线图计划)이란?

중동 평화 로드맵(단계적 이행 방안)은 유엔 · 미국 · 러시아 · EU가 공동으로 마련한 이스라엘-팔레스타인 평화안으로 2005년까지 팔레스타인 독립 국가 수립을 목표로 단계적인 평화 이행 방안을 담고 있다. 로드맵은 이스라엘에 대해 팔레스타인 자치 지역에 불법적으로 설치된 유대인 정착촌을 철거하고 팔레스타인의 테러 기반을 분쇄할 것을 규정하고 있다.

친이스라엘 반팔레스타인 정책 **袒以压巴政策**

미국은 오랜 세월 중동 지역에서 친이스라엘 반팔레스타인 정책을 펴왔다.

美国长期在中东地区推行**袒以压巴政策**。

캠프데이비드 협정 **戴维营协议**

팔레스타인 巴勒斯坦

가자 지구 **加沙地带**

가자 지구는 지중해 연안에 위치하고 있으며 120여만 팔레스타인인과 7,500여 명의 유대인 정착자들이 거주하고 있다.

加沙地带位于地中海沿岸，居住着120多万巴勒斯坦人和7500多名犹太人定居者。

라파 난민촌 **拉法难民营**

이스라엘군의 라파 난민촌 기습으로 팔레스타인인 6명이 사망하고 18명이 부상당했다.

以军在**拉法难民营**大规模突袭，造成巴方6死18伤。

무슬림, 회교도 回敎徒 **穆斯林, 回教徒**

팔레스타인 인구의 70%가 무슬림이다.

巴勒斯坦人口的70%是**穆斯林**。

알라 **阿拉**

코란 **可兰经**

알 아크사 순교자 여단 **阿克萨烈士旅**

예루살렘 문제 **耶路撒冷问题**

예루살렘 문제(耶路撒冷问题)란?

유대교·그리스도교·이슬람교 공통의 성지인 예루살렘의 귀속 문제로서, 아랍-이스라엘 분쟁의 최대 난제 중 하나이다. 이곳은 유대 교도에게는 기원전 유대 왕국의 영광의 땅인 동시에 수난과 슬픔의 상징인 최고의 성지 '통곡의 벽'이 있는 곳이며, 그리스도 교도에게는 성묘 교회, 십자가의 길 등 수많은 성지가 있는 곳이다. 또한 무슬림에게도 메카·메디나 다음가는 성지이며, '바위돔' 사원과 알악사 사원이 있는 곳이다. 1947년의 UN 팔레스타인 분할 결의에서는 이와 같은 중요성을 고려하여 예루살렘을 특별 국제 관리 지구로 정했다. 그러나 1948년의 팔레스타인 전쟁 결과, 예루살렘은 이스라엘 점령하의 서쪽 반(신시가지)과 요르단 점령하의 동쪽 반(구시가지)으로 분할되었다. 또 67년의 제4차 중동 전쟁으로 이스라엘은 동예루살렘과 요르단 강의 서안 전역을 점령함으로써 예루살렘 전체를 점령하게 되었다. 그 후로 이스라엘은 정부 기관과 국회를 모두 예루살렘에 집중시켰고, 1980년 7월 30일에는 예루살렘을 수도로 하는 예루살렘 법을 제정했다. 그러나 대부분의 국가들은 이를 인정하지 않고 있다.

요르단 강 **约旦河**

이슬람 근본주의, 이슬람 원리주의 **伊斯兰原教旨主义**

인티파다(Intifada) **起义, 巴勒斯坦人对以色列占领的反抗运动**

강경 우익 세력 지도자 샤론의 알 아크사 사원 진입은 인티파다 봉기를 촉발시켰다.

强硬的右翼派首领沙龙闯入阿克萨清真寺院内而爆发了反以色列**起义**。

자폭 테러 사건 **自杀性爆炸事件**

이스라엘의 팔레스타인 무슬림 학대에 항의하는 자폭 테러 사건이 또 한 차례 발생했다.

抗议以色列迫害巴勒斯坦穆斯林的**自杀性爆炸事件**又一次发生。

파라분드, 멀티민족해방전선(FMLN) **马蒂民族解放阵线**

파타하(FATAH) **法塔赫**

파타하 조직의 무장 세력이 가자 지구에서 이집트 국경으로 통하는 도로를 봉쇄했다.

法塔赫下属武装人员封锁了从加沙通往埃及边境的一条道路。

팔레스타인 **巴勒斯坦**

팔레스타인 이스라엘 분쟁 **巴以冲突**

팔레스타인 이슬람 지하드(PIJ) **巴勒斯坦伊斯兰圣战组织**

팔레스타인 인민해방전선 총사령부 **巴勒斯坦人民解放阵线总指挥部**

팔레스타인 자치정부 **巴勒斯坦民族权力机构, 巴勒斯坦自治政府**

팔레스타인해방기구(PLO) **巴勒斯坦解放组织**

팔레스타인해방대중전선(PFLP) **解放巴勒斯坦人民阵线**

팔레스타인해방전선(PLF) **巴勒斯坦解放阵线**

이라크 伊拉克

그린 존(green zone), 안전 지대 **绿区**

루마일라 유전 **鲁迈拉油田**

사담 페다인 민병대 **萨达姆敢死队**

미 국방장관은 사담 페다인 민병대의 완강한 저항이 예상 밖이라고 전했다.
美国防部长称**萨达姆敢死队**顽抗之久出乎意料。

수니 삼각 지역 **逊尼三角区**

수니파 **逊尼派**

시아파 **什叶派**

이라크 시아파 중 가장 영향력 있는 종교 지도자…….
伊拉克**什叶派**最有影响力的宗教领袖……。

아랍부흥사회당(바트당) **阿拉伯复兴社会党(复兴党)**

아부 그라이브 포로 수용소 捕虜收容所 **阿布格莱布监狱**

아부 그라이브 포로 수용소에서의 미군의 이라크 포로 학대 사건은 전 세계의 지탄을 받았다.
美军在**阿布格莱布监狱**的伊拉克俘虏虐待事件引起全世界的谴责。

알파우 반도 **法奥半岛**

알파우 반도를 점령해야만 이라크 남부의 주요 석유 시설을 차지할 수 있다.
控制**法奥半岛**就能控制伊南部的重要石油设施。

이라크 **伊拉克**

이라크는 고대 바빌론이 있던 메소포타미아 평원에 위치해 있다.
伊拉克位于古巴比伦的故土美索不达米亚平原。

이라크 과도정부 **伊拉克过度政府**

이라크 과도통치위원회 **伊拉克临时管理委员会, 临管会**

미국을 위시한 연합군은 스케줄에 맞춰 이라크 과도통치위원회에 정권을 이양할 예정이다.
以美国为首的联军当局将按时向**临管会**移交政权。

이라크 국경수비대 **伊拉克国境守卫队**

이라크 국민회의 (INC) **伊拉克国民大会**

이라크 분할 통치 계획 **伊拉克割据计划**

이라크 연합군 임시 행정처 (CPA) **伊拉克联军临时行政当局**

이라크 재건 **重建伊拉克**

이라크 파병 **向伊拉克派兵**

한국의 이라크 파병 목적은 이라크의 국가 재건을 돕기 위한 것이다.
韩国**向伊拉克派兵**的目的是帮助伊拉克重建。

이라크 포로 학대 사건 **伊拉克虐俘事件**

자이툰 부대 **宰桐部队**

한국 정부는 8월 초에 먼저 자이툰 부대 선발대 900여 명을 파견키로 했다.
韩国政府计划于8月初首先派遣**宰桐部队**的先遣部队900多人。

쿠르드 민주당(KDP) **库尔德民主党**

쿠르드 애국연합(PUK) 库尔德爱国联盟
쿠르드 자치 정부 库尔德自治政府
쿠르드족 库尔德族

탈리바니는 이라크 역사상 최초로 쿠르드족 출신의 대통령이 되었다.
塔拉巴尼成为伊拉克历史上第一位**库尔德**人总统。

페시메르가(쿠르드 민병대) 民兵队 "自由斗士"

이라크 지명 伊拉克地名	
나자프	纳杰夫
디얄라	迪亚拉
디와니야	迪瓦尼亚
라마디	拉马迪
메소포타미아	美索不达米亚
모술	摩苏尔
무싸나	穆萨纳
바그다드	巴格达
바빌론	巴比伦
바스라	巴士拉
바쿠바	巴克拜
사드르시티	萨德尔城
사마라	萨马瓦
아르빌	埃尔比勒
아말라	阿马拉
아자미야흐	阿扎米耶赫
안바르	安巴尔
알-디와니아	迪瓦尼
움카스르	乌姆盖斯尔
유프라테스 강	幼发拉底河
카르발라	卡尔巴拉
티크리트	提克里特
팔루자	费卢杰, 法鲁贾
페르시아 만	波斯湾

이라크 주요 인물 伊拉克的主要人物	
사담 후세인	萨达姆・侯赛因
마수드 바르자니(KDP 당수)	马苏德・巴尔扎尼
아흐메드 찰라비	艾哈迈德・沙拉比
알 시스타니(시아파 최고 성직자)	阿里・西斯塔尼
잘랄 탈리바니(PUK 당수)	塔拉巴尼

혁명평의회 革命評議會(RCC)	革命指导委员会
바트당	复兴党

바트당(复兴党)이란?

아랍부흥사회당(The Arab Baath Socialist Party, 阿拉伯复兴社会党)의 다른 이름. 바트(Baath)는 '부흥'이라는 뜻으로 1947년 시리아에서 결성된 아랍부흥당이 1953년 아랍사회당과 합쳐서 바트당이 되었다. 아랍의 통일 및 사회주의와 자유를 슬로건으로 삼았다. 바트당은 1963년 시리아에서, 1968년 이라크에서 실권을 장악했으며 시리아의 아사드 정권과 이라크의 사담 후세인 정권이 서로 정통 바트당임을 내세우면서 치열한 주도권 다툼을 벌였다. 심지어 이라크와 이란이 전쟁을 일으키자 시리아는 반이라크의 입장에서 비아랍국인 이란을 지지했을 정도이다. 1987년 이란의 힘이 커지자 아랍 세계에 위기감이 대두되어 시리아와 이라크의 수뇌 회의가 실현되었지만 진정한 화해까지는 이르지 못했다.

11 안보 安全

국제 안보 国际安全

국제원자력기구 國際原子力機構(IAEA) **国际原子能机构**

안전 규정 安全規程 **核安全协定**

북한은 NPT를 탈퇴할 것이며 국제원자력기구와 체결한 안전 규정을 지키지 않겠다는 내용의 성명을 발표했다.

朝鲜政府发表声明宣布，它将退出“不扩散核武器条约”，完全不受朝鲜与国际原子能机构签订的**核安全协定**的约束。

핵사찰 核査察 **核检查, 核查**

북한은 국제원자력기구의 여섯 차례에 걸친 비정기 핵사찰을 받았다.

朝鲜接受了国际原子能机构6次不定期**核检查**。

국제원자력기구(IAEA: International Atomic Energy Agency, 国际原子能机构)란?

UN 산하 준독립 기구로서, 원자력 발전의 경제성 및 안전성 제고를 위한 국제적 협력을 목적으로 한다. 회원은 2021년 기준 173개국이며 한국은 1957년에 가입, 북한은 1974년에 가입했다가 1994년 탈퇴했다. 핵무기 개발 의혹이 있는 핵확산금지조약(NPT) 가입국의 관련 시설에 대해 국제법적 의무에 따라 사찰 활동을 하고 있다.

군비 경쟁 軍備競爭 **军备竞赛, 军备竞争**

9·11 사태 후 미국의 국방력 강화 방침 결정이 새로운 군비 경쟁을 촉발시킬 가능성이 있다.

美国在9·11事件后决定加强国防的行动可能会引发新一轮的**军备竞赛**。

군비 증강 軍備增强 **军备增强**

병력 증강 兵力增强 **兵力增强**

최근 주한 미군의 병력 증강으로 한반도의 긴장이 더욱 심화되었다.

最近驻韩美军**兵力增强**，加剧了朝鲜半岛的紧张气氛。

군비 통제 軍備統制 **军备控制**

전략 무기 감축 협정 戰略武器減縮協定(START)

削减战略武器条约

미·러 간 2단계 전략 무기 감축 협정에 따라 2007년까지 러시아는 전략 핵탄두를 총 3,000개로 감축했다.

按美俄第二阶段**削减战略武器条约**的规定，截至2007年，俄罗斯把战略核弹头总数减少至3,000枚。

전략 무기제한협정 戰略武器制限協定(SALT) **限制战略武器条约**

상호 확증 파괴 相互確證破壞 **相互确保摧毁**

상호 확증 파괴(MAD: Mutual Assured Destruction , 相互确保摧毁)란?

1960년대부터 생겨난 미국과 소련의 전략 개념으로 두 핵 강대국이 모두 확증 파괴 능력을 보유할 때는 핵 공포 때문에 서로 핵 공격을 못하게 된다는 것. 적국의 선제 핵 공격을 받더라도 적국에 대해 보복 반격을 가하므로 결국 양국 모두 생산 능력과 사회 유지 능력이 파괴된다.

군축 軍縮 **裁军**

다자간 군비 통제, 군축, 비확산 조치 등은 세계 안보 정세의 향방에 중요한 영향을 미친다.

多边军控、**裁军**与防扩散努力对世界安全形势的走向有重要影响。

유럽 재래식 무기 감축 협정(CFE조약) **欧洲常规武装力量条约**

2단계 전략 무기 감축 조약 二段階戰略武器減縮條約 **第二阶段削减战略武器公约**

제네바 군축회의 **日内瓦裁军谈判会议**

남태평양 비핵지대 조약 南太平洋非核地帶條約(Treaty of Rarotonga) **拉罗汤加条约, 南太平洋无核武器区条约**

다자간 안보 관계 多者間安保關係 **多边安全关系**

다자 안보 협력 체제 多者安保協力體制 **多边安全合作机制**

중·일간의 지속적이고 안정적인 상호 협력 관계는 동북아의 다자간 안보 협력 체제 구축에 매우 중요한 영향을 미치게 될 것이다.

中日保持稳定与合作的相互关系，将对东北亚**多边安全合作机制**的建立产生重要影响。

북대서양조약 기구 北大西洋條約機構 **北大西洋公约组织, 北约**

북대서양조약기구(NATO: North Atlantic Treaty Organization , 北大西洋公约组织, 北约)란?

북대서양조약의 수행 기구로서 제2차 세계 대전 이후 동유럽에 주둔하고 있던 소련군과 군사적 균형을 맞추기 위해 서유럽 국가들을 회원으로 하여 출범했다. 본래 목적은 소련에 대한 집단 안전 보장이었으나 1980년대 말 냉전 종식으로 NATO는 군사 동맹에서 벗어나 유럽의 국제적 안정을 위한 정치 기구로 재탄생했다. 이어 체코·폴란드·헝가리 등 동유럽 국가들도 회원으로 가입했다.

서유럽 동맹(WEU) **西欧联盟**

유럽 안보 협력 기구(OSCE) **欧洲安全和合作组织, 欧安组织**

OSCE는 모든 회원국의 만장일치가 있어야 역할을 발휘할 수 있다.

欧安组织只有在所有成员国达成一致的情况下才能起作用。

유럽 안보 협력 기구(OSCE: Organization for Security and Cooperation in Euroup, 欧洲安全和合作组织)란?

최대 규모의 지역 안보 기구로서 유럽, 중앙 아시아, 북미 지역에 회원국을 보유하고 있다. 조기 경보, 분쟁 방지, 위기 관리의 역할을 담당하며 '협력적 안보'와 '포괄적 안보'의 개념으로 접근하고 있다.

지역 안보 협력 체제 地域安保協力體制 **地区安全合作机制**

대량 살상 무기 大量殺傷武器**(WMD)** **大规模杀伤性武器**

아랍 국가들은 이스라엘에 대량 살상 무기의 폐기를 요구한다.

阿拉伯世界要求以色列销毁其**大规模杀伤性武器**。

동남아시아 비핵지대 조약 東南亞細亞非核地帶條約**(Treaty of Bangkok)**

曼谷条约, 东南亚无核武器区条约

미사일 기술 수출 통제 체제 **国际导弹技术控制制度**

미사일 기술 수출 통제 체제(MTCR: Missile Technology Control Regime, 国际导弹技术控制制度)란?

대량 살상 무기의 비확산을 목표로 비공식적·자발적으로 모인 국가 연합. 국가별 무기 수출 인가의 조정을 담당하고 있다. MTCR은 캐나다·프랑스·독일·이탈리아·일본·미국과 영국에 의해 1987년에 마련되었다. 회원국들은 협회 내에서 모두 평등한 지위를 누린다.

비핵 3원칙 非核三原則**(일본)** **非核三原则**

비핵 3원칙이란 "핵무기를 제조하지 않고, 보유하지 않으며, 반입을 허용하지 않는다"는 것이다.

非核三原则指 "不制造, 不拥有, 不接纳核武器"。

비핵 지대 非核地帶 **无核武器区**

상호 불가침 조약 相互不可侵條約 **互不侵犯条约**

클린턴 전 미국 대통령은 미국과 북한의 상호 불가침 조약 체결을 호소했다.

美国前总统克林顿呼吁美国与朝鲜签定**互不侵犯条约**。

생물 무기 금지 협약 生物武器禁止協約**(BWC)**

禁止生物武器公约

부시는 '생물 무기 금지 협약'은 지지하지만 협약의 구체적인 이행 방안에 대해서는 반대한다.

布什虽然支持"**禁止生物武器公约**", 但是对该公约的具体执行方案表示反对。

신뢰 구축 信賴構築 **建立信任**

군사 직통 전화 軍事直通電話 **军事热线电话**

남북은 경의선 철도 연결 사업 통제실간 군사 직통 전화 연결 사안에 합의한 바 있다.

韩朝双方曾就接通京义线铁路对接工程控制室之间的**军事热线电话**一事达成协议。

군사 활동의 사전 통보 **事先通报军事活动**

군사 훈련 참관 軍事訓練參觀 **参观军事演习**

신뢰 구축 조치 信賴構築措直 **建立信任措施**

ARF는 추진 중인 신뢰 구축 조치와 예방 외교의 중복성을 검토하고 있다.

东盟地区论坛目前正在审议它所推行的**建立信任措施**和预防性外交之间的重叠。

신뢰 및 안보 구축 **建立信任及安全措施**

쌍무적 안보 관계 雙務的安保關系 **双边安全关系**

양자간 경제 마찰이 심해질 경우, 쌍무적 안보 관계에까지 영향을 미치게 된다.

双边经济摩擦如果严重的话,还会影响**双边安全关系**。

아프리카 비핵지대 조약(Treaty of Pelindaba)

佩林达巴条约, 非洲无核武器区条约

안보 위협 安保威脅 **安全威胁**

9·11 사건은 오늘날 세계 안보 위협이 다양화·글로벌화되고 있음을 극명하게 보여준다.

"9·11" 事件突出表明, 当今世界**安全威胁**呈现多元化、全球化的趋势。

안보 정책 安保政策 **安全政策**

안보 질서 安保秩序 **安全秩序**

반테러와 탈냉전 세계 안보 질서의 확립을 위해서는 글로벌 차원의 협력이 필요하다.

反恐和建立冷战后世界**安全秩序**仍有待于全球合作。

안보 협력 安保協力 **安全合作**

북태평양 안보 협력 대화 北太平洋安保協力對話(NPCSD)

北太平洋合作安全对话

아세안 지역 안보 포럼(ARF) **东盟地区论坛**

중국은 아세안 지역 안보 포럼에서 다자간 안보 대화를 주창했다.

中国在**东盟地区论坛**中倡导多边安全对话。

안보 대화 安保對話 **安全对话**

한미 안보 협의 회의 韓美安保協議會議(SCM) **韩美安全合作会议**

한미 양국의 국방부 장관은 한국 국방부에서 개최된 제35차 한미 안보 협의 회의에 참석했다.

韩美两国国防部长参加了在韩国国防部举行的第35次**韩美安全合作会议**。

한미 군사 위원회 회의 韓美軍事委員會會議(MCM) **韩美军事委员会会议**

아세안 지역 안보 포럼(ARF: ASEAN Regional Forum, 东盟地区论坛)이란?

ARF는 정치 · 안보 문제에 대하여 상호 신뢰와 이해를 증진함으로써 지역의 평화와 안정을 추구하는 역내 유일한 정부간 안보 협의체이다. 회원국은 아세안 10개국(인도네시아 · 브루나이 · 말레이시아 · 베트남 · 싱가포르 · 필리핀 · 태국 · 라오스 · 미얀마 · 캄보디아), 아세안 대화 상대국 10개국(한국 · 미국 · 일본 · 캐나다 · 호주 · 뉴질랜드 · EU 의장국 · 중국 · 러시아 · 인도)과 기타 국가 7개국(몽골 · 파푸아뉴기니 · 북한 · 파키스탄 · 동티모르 · 방글라데시 · 스리랑카)이다. 아세안 지역 안보 포럼은 1993년 7월 싱가포르에서 개최된 18개국 외무장관 회의에서 아 · 태 지역 정치 및 안보 협력 문제에 대한 협의체를 개최키로 합의함에 따라 1994년 태국에서 역사적인 출범을 가졌다.

안보 동맹 安保同盟 **安全同盟**

고이즈미는 부시와의 회담에서 양국간 안보 동맹 관계 강화를 희망하고 있다.

小泉希望在与布什的会谈中加强两国的**安全同盟**关系。

군사 동맹 軍事同盟 **军事同盟**

군사 동맹국 軍事同盟國 **军事同盟国**

동맹군 同盟軍 **同盟军**

ABM 조약 **反导条约, 反弹道导弹条约**

외기권 우주 조약 外氣圈宇宙條約(Outer-Space Treaty) **外层空间条约**

중남미 비핵지대 조약 中南美非核地帶條約(Treaty of Tlatelolco) **拉丁美洲禁止核武器条约**

평화 상태 平和狀態 **和平状态**

평화 체제 平和體制 **和平机制**

우리는 한반도의 조속한 평화 체제 구축을 통해 한반도 및 동북아의 항구적 평화가 실현되기를 바란다.

我们希望半岛早日建立**和平机制**, 实现半岛乃至东北亚地区的永久和平。

안보

■ 국제 안보

평화 협상 平和協商 **和平协商, 和平谈判**

평화 협정 平和協定 **和平协定**

남북은 평화 협정으로 기존의 정전 협정을 대체하는 것에 대해 합의할 예정이다.

韩朝将达成协议, 以**和平协定**取代现有的停战协定。

포괄적 핵실험 금지 조약 包括的核實驗禁止條約(CTBT) **全面禁止核试验条约**

포괄적 핵실험 금지 조약(CTBT: Comprehensive Test Ban Treaty, 全面禁止核试验条约)이란?

1996년 UN 총회에서 어떠한 형태·규모·장소에서도 핵폭발 실험을 금지한다는 내용으로 결의한 전면적·포괄적 핵실험 금지 조약이다. 기존 핵무기의 안전 여부를 점검하는 안전 실험과 임계치(臨界値) 이하의 극소 규모 실험도 금지하고 있다. 그러나 기존 5대 핵보유국 및 잠재적 핵개발 가능국, 그리고 원자로 시설 보유국 중 조약을 비준하지 않은 국가들이 있어 아직 정식으로 발효되지 않은 상태이다.

해저 비핵지대화 조약 海底非核地帶化條約(Sea-Bed Treaty) **海床条约**

핵기본 합의 核基本合議 **核框架协议**

핵무기 核武器 **核武器**

무기급 우라늄 **武器级铀**

미국은 유고슬라비아의 노후 원자로에서 추출한 무기급 우라늄 100파운드를 러시아로 운반했다.

美国将南斯拉夫一座老旧核反应堆的100磅**武器级铀**运往俄罗斯。

무기급 플루토늄 **武器级钚**

핵보유국 核保有國 **核武器拥有国, 有核国家**

핵비보유국 核非保有國 **无核武器国家, 无核国家**

5개 핵보유국은 핵비보유국에 핵무기 제조 기술이나 핵무기를 수출해서는 안 되며, 핵비보유국에 대해 핵무기를 사용해서도 안 된다.

五个核武器拥有国不得向**无核武器国家**输出核武器制造技术和核武器, 保证不向无核武器国家使用核武器。

핵선제공격 核先制攻擊(first-strike) **首先使用核武器**

핵선제 불사용 核先制不使用(non first use) **不首先使用核武**

핵탄두 核彈頭 **核弹头**

인도는 핵탄두가 탑재 가능한 단거리 지대공 미사일을 적어도 30기 이상 제조할 계획이다.

印度计划至少制造30枚可以携带**核弹头**的短程地对空导弹。

핵폭탄 核爆彈 **核炸弹, 核弹**

핵실험 核實驗 **核试验**

미국과 영국은 처음으로 공동 핵실험을 단행하여 성공을 거두었다.
美国和英国进行了首次联合**核试验**并取得成功。

핵확산 금지 조약 核擴散禁止條約(NPT) **不扩散核武器条约, 核不扩散条约**

핵확산 금지 조약(NPT: Nuclear Non-proliferation Treaty , 核不扩散条约)이란?

핵확산 금지 협정으로서 1968년 미국·소련·영국 주도로 체결되었다. 2000년 현재 조인국은 185개국이며 한국은 1975년 4월 23일 정식 조인국이 되었다. 북한은 1985년 12월 12일에 가입했으나 1993년 3월 12일 탈퇴를 선언했다.

화학 무기 금지 기구 化學武器禁止機構(OPCW) **禁止化学武器公约组织**

화학 무기 금지 협약 化學武器禁止協約(CWC) **禁止化学武器公约**

국제 분쟁 国际纠纷

국제 분쟁 國際紛爭 **国际纠纷, 国际争端**

— **개입** 介入 **介入**

주변국은 러시아가 소련처럼 국제 분쟁에 개입할까 우려하고 있다.
周边国家担心, 俄罗斯会像苏联那样**介入**国际纠纷。

— **중재** 仲裁 **斡旋, 调解**

중국은 회담과 협상, 중재와 조정이라는 정치적 수단으로 국제 분쟁을 해결한다.
中国以谈判和协商、**斡旋**和调停的政治方式解决国际争端。

평화 중재자 平和仲裁者 **调解人, 斡旋方**

미국은 줄곧 중동의 평화 진전에 있어서 주요 중재자였다.
美国一直是中东和平进程的重要**斡旋方**。

— **해결** 解決 **解决**

국제 분쟁의 평화적 해결은 UN의 설립 취지이자 국제법의 기본 원칙이다.
和平**解决**国际争端是联合国的宗旨和国际法基本原则。

내전 內戰 **内战**

아프리카연맹이 공식 발족하면서 아프리카 내전을 종식시키기 위한 지도자 그룹을 결성하기로 결정했다.
非洲联盟正式诞生, 决定成立旨在结束非洲**内战**的领导小组。

민병대 民兵隊 **民兵队**
반항군 反抗軍 **叛乱军, 造反军**
분파 分派 **分派, 党派, 派别**

무력 도발 武力挑發 **武力挑衅**

미국은 한국에 대한 북한의 무력 도발을 비난했다.
美国谴责朝鲜对韩国**武力挑衅**。

무력 침공 武力侵攻 **动用武力, 武力侵犯**

이스라엘이 팔레스타인 자치 지역을 무력 침공하여 많은 사상자를 냈다.
以色列**武力侵犯**巴勒斯坦控制区并造成大量人员伤亡。

문명 충돌론 文明衝突論 **文明冲突论**

문명 충돌론(文明冲突论)이란?

새뮤얼 헌팅턴의 이론. 냉전의 종언과 함께 세계는 문명 대 문명의 충돌 국면으로 접어들게 됐다는 주장과 선진적인 서구 문명이 직면한 가장 큰 위기는 열등한 여타 문명권과의 충돌이며, 특히 서구 기독교 문명권과 오랜 갈등을 겪고 있는 이슬람 문명권이 가장 위협적인 존재라는 이론이다.

영토 분쟁 領土紛爭 **领土纠纷, 领土争端**

우리 살아생전에 남사 군도의 영토 분쟁 해결을 목도하기는 힘들 것이다.
我们在有生之年可能无法看到南沙群岛的**领土纠纷**得到解决。

경계선 境界線 **分界线**
국경 國境 **国境**
무력 분쟁 武力紛爭 **武力交火, 武力争端**

만약 대만 해협에서 무력 분쟁이 발생한다면 미국은 분명 개입할 것이다.
如果台湾海峡出现**武力纠纷**, 美国势必参战。

인종 갈등 人種葛藤 **种族矛盾**

소수 민족 少數民族 **少数民族**

소수 민족 문제가 제대로 해결되지 않으면 국방 문제는 해결될 수 없다.
少数民族问题解决得不好, 国防问题就不可能解决好。

인종 청소 人種淸掃 **种族清洗**

수단 서부 지역의 아랍 민병대가 이 지역의 흑인들에 대해 조직적인 인종 청소를 자행하고 있다.
苏丹西部地区的阿拉伯民兵队正在对该地区的黑人进行有组织的**种族清洗**。

인종 학살 人種虐殺 **种族灭绝, 种族灭绝屠杀**

지역 분쟁 地域紛爭 **地区纠纷, 地区争端, 地区冲突**

세계적으로 지역 분쟁이 늘고 있는 추세이다.
地区纠纷在世界上有增加倾向。

국제 테러 国际恐怖

납치 拉致 — **绑架**

인질 납치 人質拉致 — **绑架人质**

이라크 무장 세력이 이라크 파병국의 인질을 납치하여 살해했다.
伊拉克武装组织杀害了向伊派兵国家的被**绑架人质**。

하이재킹, 공중 납치 空中拉致 — **空中骑劫, 劫机**

1961년 미국에서 처음으로 한 남자가 항공기를 쿠바로 납치한 하이재킹 사건이 발생했다.
1961年在美国第一次发生了一男子劫持飞机到古巴的**空中骑劫**事件。

도주 逃走 — **潜逃**

독극물 毒劇物 — **毒物**

독가스 — **毒气**

일본의 종교 단체 옴진리교는 도쿄 지하철에 독가스를 살포하는 테러를 자행, 전세계를 경악시켰다.
日本宗教组织奥姆真理教向东京地铁施行**毒气**恐怖袭击, 震惊了全世界。

독극물 살포 毒劇物撒布 — **投毒**

미국은 세균 및 독극물 살포 방식의 농업 테러가 계속 발생할 경우…….
美国宣称, 如果以细菌和**投毒**方式发动的农业恐怖袭击持续发生……。

리신 — **蓖麻毒素**

미란성 독가스(Lewisite) — **路易士毒气**

바칠루스 탄저균 — **炭疽热细菌**

브루셀라 — **布鲁氏杆菌**

신경가스 — **神经毒气**

에르시니아 페스티스 — **鼠疫杆菌**

질식제 窒息劑 — **窒息性毒剂**

탄저균 炭疽菌 — **炭疽菌**

마약 痲藥 — **毒品**

골든 트라이앵글 마약 조직 — **"金三角"地区贩毒组织**

국제 마약 조직 國際痲藥組織 — **国际贩毒集团**

중·미 양국은 연합하여 국제 마약 조직을 분쇄하고 용의자 18명을 체포했다.
中美联合摧毁一个**国际贩毒集团**抓获18名嫌疑人。

마약 단속 痲藥團束 — **缉毒**

마약 밀거래 痲藥密去來 — **毒品走私**

알 카에다는 마약 밀거래를 통해 활동 자금을 마련한다.
基地组织以**毒品走私**赚取活动经费。

마약 밀수 조직 痲藥密輸組織 毒品走私团伙
마약에 중독되다 吸毒上瘾
마약 운반 痲藥運搬 运毒
마약 제조 痲藥製造 制毒
마약 퇴치 痲藥退治 扫毒, 反毒, 禁毒

전 세계적인 마약 퇴치 운동에 힘입어 6월 26일이 국제 마약 금지의 날로 정해졌다.
全世界性的**扫毒、反毒、禁毒**运动全面展开, 将每年6月26日定为国际禁毒日。

마약 판매자 痲藥販賣者 毒贩子
엑스터시(MDMA) 摇头丸
헤로인 海洛因
황금의 초승달 지대 金新月
무기 반입 금지 武器搬入禁止 武器禁运
무장 단체 武裝團體 武装组织

이라크의 무장 단체가 납치한 12명의 네팔 인질을 살해했다.
伊拉克**武装组织**杀害了12名被绑架的尼泊尔人质。

반테러 反恐怖
반테러법 反恐怖法案

미국의 반테러법은 법 집행 기구의 테러 활동 단속 권한을 강화할 방침이다.
美国政府的**反恐怖法案**将扩大执法机构打击恐怖活动的权力。

반테러 부대 反恐部队
반테러 전쟁 反恐战争

부시는 9·11 참사를 명분으로 반테러 전쟁을 일으켰다.
布什以9·11事件为由, 发动**反恐战争**。

반테러주의 反恐怖主义
불량 국가 不良國家, 깡패 국가 流氓国家, 无赖国家

깡패 국가는 화학·생물·핵무기 확산의 근원지일 가능성이 가장 크다.
"**无赖国家**"是化学、生物和核武器扩散最可能的源头。

블랙리스트 黑名单
세계 테러리즘 유형 보고(미국 연례 테러 보고서) 全球恐怖主义形势报告
여행 금지 조치 旅行禁止措置 旅游禁令
연쇄 폭발 連鎖爆發 连环爆炸

인도네시아에서 연쇄 폭발 사고가 발생하여 22명이 사망하고 10명이 부상당했다.
印尼发生**连环爆炸**, 22人死亡10人受伤。

안보 ■ 국제 테러

오사마 빈 라덴 **奥萨马·本·拉登**

용의자 容疑者 **嫌疑人**

경찰은 도주 중인 테러 사건 용의자 두 명에 대해 체포령을 내렸다.
警方对潜逃的两名恐怖袭击**嫌疑人**下了逮捕令。

은신처 隱身處 **藏身处**

금번 소탕 목표는 사카이 산 계곡에 감춰진 알 카에다 훈련 캠프와 은신처 두 곳이다.
此次扫荡的目标是萨凯伊山谷内隐藏的一个"基地"训练营和两个**藏身处**。

자동차 폭탄 테러 **汽车炸弹袭击**

지하드는 1983년 4월 18일 미국 대사관에 자동차 폭탄 테러를 감행했다.
1983年4月18日圣战组织杰哈德对美国大使馆进行了**汽车炸弹袭击**。

자산 동결 資産凍結 **冻结资产**

자살 폭탄 自殺爆彈 **自杀式爆炸, 自杀式炸弹袭击**

최근 잇따른 자살 폭탄 테러로 현지 안보 상황이 더욱 우려되고 있다.
近来的一连串**自杀式炸弹袭击**让人们更加担心那里的安全局势。

재앙적 테러 **灾难性恐怖主义**

재앙적 테러(Catastrophic Terrorism, 灾难性恐怖主义)란?

생물·화학 무기·핵무기를 사용하거나 혹은 사이버 수단을 이용하여 가장 중요한 생명과 재산에 엄청난 영향을 미치는 것으로 전쟁을 하지 않고도 치명적인 피해를 가하는 것을 말한다.

지명 수배범 指名手配犯 **通缉犯**

탈레반 **塔利班**

아프가니스탄의 탈레반 정권이 오사마 빈 라덴의 지휘하에 9·11 테러 사건을 일으켰다.
阿富汗的**塔利班**政权在奥萨马·本·拉登的领导下制造了9·11恐怖袭击事件。

테러 경계 수준 **反恐警戒级别**

미국 정부가 테러 경계 수준을 높이는 것은 테러 공격 위험이 있음을 예고하는 것이다.
美国调高**反恐警戒级别**预示着将有恐怖袭击的危险。

테러 대비 훈련 **防恐演习**

미국은 탄저균 테러에 대비해 테러 대비 훈련을 본격화하고 있다.
美国针对炭疽菌袭击加强了**防恐演习**。

테러리즘 **恐怖主义**

민족 분열주의 民族分裂主義 **民族分裂主义**

사이버 테러리즘 网络恐怖主义
적색 테러리즘 红色恐怖主义
테러리스트 **恐怖分子**

1972년 팔레스타인 테러리스트가 뮌헨 올림픽에서 이스라엘 선수 11명을 살해했다.
1972年巴勒斯坦**恐怖分子**在慕尼黑奥运期间杀害了11名以色列选手。

해상 테러리즘 海上恐怖主义
테러리즘 방지와 처벌에 관한 회의 防止和惩治具有国际性质的恐怖主义会议

테러리즘 방지와 처벌에 관한 회의(防止和惩治具有国际性质的恐怖主义会议)란?

1937년 11월 16일 국제 연맹이 주최하고 27개국이 참가한 회의로서 처음으로 국제적 차원에서 테러리즘의 개념을 정의했다.

테러 조직 **恐怖组织, 恐怖集团**

9·11 테러 사건이 있은 후 세계 각국은 테러 조직을 근절하기 위한 행동을 개시했다.
自从9·11恐怖袭击事件发生后, 世界各国相继开展了大力清除**恐怖组织**的行动。

테러 지원국 **支持恐怖主义国家**

쿠바는 미국이 자국을 테러 지원국 명단에 포함시킨 것에 대해 비난했다.
古巴谴责美国将其列入**支持恐怖主义的国家**名单。

테러 활동 **恐怖活动**

테러 활동이 단시일 내에 종적을 감추지는 않을 것이다.
恐怖活动短期内不会销声匿迹。

암살 暗殺 **暗杀**

테러리스트는 암살·폭발·하이재킹·인질 납치 등의 방법으로 자신의 목적을 달성한다.
恐怖分子用**暗杀**、爆炸、劫机、绑架人质等手段达到自己的目的。

약탈 掠奪 抢劫
절도 竊盜 盗窃
절취 竊取 窃取
폭탄 공격 爆彈攻擊 炸弹袭击
폭탄 테러 **恐怖爆炸事件**

모스크바 시내 한가운데에서 폭탄 테러가 발생했다.
莫斯科市中心发生**恐怖爆炸事件**。

프랑스 대테러 부대(GIGN) 法国国家宪兵特勤队

프랑스 대테러 부대는 테러 전문 부대이다.
法国国家宪兵特勤队是一支专门从事反恐怖活动的部队。

피해자 被害者 **遇难者**

국제 테러 조직 리스트 国际恐怖组织名单	
검은6월단	黑色六月团
네팔 공산당	尼泊尔共产党
동 투르키스탄 이슬람 운동(ETIM)	东突厥斯坦伊斯兰运动
라시카-에-타이바	拉什卡-塔伊巴组织
로열리스트 볼런티어 포스(LVF)	忠英志愿军
리얼 북아일랜드 공화군(REAL IRA, RIRA)	真爱尔兰共和军
모로 이슬람 해방전선(MILF)	摩洛伊斯兰解放阵线
무자헤딘-에-칼크(MEK)	人民圣战者组织
무자헤딘 할크 (Mojahedin Khalq)	伊朗反政府武装
민족해방군(ELN)	民族解放军组织
바더마인호프단(Baadermeinhof Gang)	巴德尔・迈因霍夫团伙
바스크분리주의(ETA: 바스크 조국과 해방)	巴斯克民族和自由组织
반범죄조직 및 마약 단체(PAGAD)	人民反强盗和毒品组织
붉은여단(Brigate Rosse)	意大利红旅
빛나는 길(Sendero Luminoso)	光辉道路
살라피스트 설교・전투 그룹	萨拉菲斯特呼声与战斗组织
스리랑카 타밀엘람 해방 호랑이(LTTE)	泰米尔独立猛虎解放组织
시파-이-사하바(Sipah-I-Sahaba)	西帕-萨哈巴组织
신의 저항군(LRA)	圣主抵抗军
신인민군(NPA)	新人民军
아르메니아 해방군	亚美尼亚解放军
아부 사이야프 그룹(ASG)	阿布・萨耶夫组织
아부니달 기구(ANO)	阿布尼达尔组织
아일랜드 민족해방군	爱尔兰民族解放军
악시옹 디렉트 그룹(Action Directe Group)	法国直接行动组织
안사르 알 이슬람 조직(Ansar-Alislam)	昂塞尔-阿尔伊斯兰
알 와파(al-Igathaal-Islamia)	瓦法伊斯兰救援组织
알 지하드(이슬람 이집트 지하드)(IG)	埃及伊斯兰组织

알 카에다	基地恐怖组织, 盖达组织
얼스터 방위연합(UDA)	阿尔斯特防卫协会
얼스터 의용군, 자유군(UVF)	阿尔斯特自由斗士
연합민주세력- 우간다의 게릴라 단체(ADF)	民主同盟军
이슬람 구제전선, 이슬람 구국전선(FIS)	伊斯兰救国阵线, 伊斯兰拯救阵线
이슬람 국제여단	伊斯兰国际旅
이슬람 부흥운동(와하비 운동)	伊斯兰复兴运动
이슬람 특명군단	特别使命伊斯兰军团
자이셰모하메드(JEM: Jaish-e-Mohammed)	穆罕默德军
적군파(JRA: Japanese Red Army)	日本赤军
적군파(RAF: Rote Armee Fraktion)	红军团
지구해방전선	地球解放阵线
캄보디아 자유전사들(CFF)	柬埔寨自由斗士
코소보 해방군(KLA)	科索沃解放军
콜롬비아 민족해방군(ELN)	哥伦比亚民族解放军
콜롬비아 연합 자위군(AUC)	哥伦比亚联合自卫力量
콜롬비아의 M-19(April 19 Movement)	哥伦比亚M-19运动
쿠르드 노동당(PKK)	库尔德工人党
쿰프란 무자헤딘 말레이시아(KMM)	大马圣战组织
투팍 아마루 혁명운동(MRTA)	图帕克阿马鲁革命运动组织
팔레스타인 인민해방전선 총사령부(PFLP-CG)	解放巴勒斯坦人民阵线总指挥部
팔레스타인 인민해방전선(PFLP)	解放巴勒斯坦人民阵线
팔레스타인의 M-15그룹	巴勒斯坦M-15组织
푸에르토리코 AFNR	波多里阁武装民族抵抗力量
필리핀 공산당	菲律宾共产党
하라캇 울-무야히딘(HUM)	圣战者运动
하마스(이슬람 저항운동)	哈马斯, 伊斯兰抵抗运动
헤즈볼라(신의 당)	真主党游击队
혁명세포(RZ: Revolutionary Cells)	德国RZ
혁명연합전선(RUF)	革命联合阵线
혁명인민해방군전선(DHKP-C)	革命人民解放阵线

BKI(Babbar Khalsa International)	巴巴尔・哈尔萨国际
DHDS	萨拉菲斯特宣教保卫者组织
NTA(Anti-Imperialist Territorial Nuclei)	反帝国主义本土核心
Red Hand Defenders(RHD)	红手保卫者
Riyadh-us-Saliheen	里亚杜斯-萨利欣车臣烈士侦察破坏营
10월1일 반파시즘 저항조직(GRAPO)	10月1日反法西斯抵抗组织
11월 17일 혁명기구	11月17日革命组织

국가 안보 国家安全

가상의 적 **假想敌**

한·미 양국 해군은 동해에서 북한을 가상의 적으로 한 대규모 한미 합동 군사 훈련을 실시했다.

韩美两国海军在东海以朝鲜为**假想敌**展开了大规模联合演习。

괴뢰 정권 傀儡政權 **傀儡政权**

미국은 이라크에 괴뢰 정권 수립을 위한 토대를 마련하고 있다.

美国正为建立伊拉克**傀儡政权**铺平道路。

국가 안보 國家安保 **国家安全**

국가안전보장회의 國家安全保障會議 **国家安全保障会议**

국가정보원 國家情報院 **国家情报院**

국가정보원은 황장엽 씨에 대한 특별 보호 조치 해제를 선포했다.

国家情报院正式宣布解除对黄长烨的“特别保护”。

국방과학연구소 國防科學研究所(ADD) **国防科学研究所**

블루생커 어뢰 방어 미사일은 국방과학연구소에서 개발했다.

蓝鲨反潜鱼雷由**国防科学研究所**研制。

국방부 조달청 國防部調達廳 **国防采购署**

국방조달본부 國防調達本部 **国防采购机构**

한국국방연구원 韓國國防硏究院(KIDA) **韩国国防研究院**

군사 대치 상황 軍事對峙狀況 **军事对峙状态**

군사 대치 상황을 청산하고 군사 대화 루트를 구축하지 않는 한 문제를 해결하기 어렵다.

不消除**军事对峙状态**, 不建立军事对话渠道, 难以解决问题。

군사 분계선 軍事分界線 **军事分界线**

한 한국 병사가 남북 군사 분계선의 한국 쪽에서 보초를 서고 있다.

一名韩国士兵在韩朝**军事分界线**韩国一方值勤。

군사 정전 협정, 軍事停戰協定, **휴전 협정** 休戰協定 **停战协定, 休战协定**

북한은 정전 협정에서 탈퇴하겠다고 경고했다.
朝鲜警告要退出**停战协定**。

군사정전위원회 軍事停戰委員會 **军事停战委员会, 军停会**

중립국감시위원회 中立國監視委員會 **中立国监督委员会**

독수리 연습(Foal Eagle) **鹞鹰演习**

2005년 3월19일부터 25일까지 한반도 전역에서 독수리 연습이 실시된다.
鹞鹰演习于2005年3月19日-25日在朝鲜半岛启动。

반공주의 反共主義 **反共主义**

미국의 정치 문화에는 아직도 반공주의가 깊이 각인되어 있다.
在美国政治文化中, 还存在着深刻的**反共主义**烙印。

고무 鼓舞 **鼓吹, 鼓舞**

공안 사범 公安事犯 **公安犯, 危害国家安全罪犯**

국가보안법 國家保安法 **国家保安法**

대부분의 한국 국민들은 국가보안법의 일부 수정이나 보완에 찬성한다.
大多数韩国国民支持修改**国家保安法**部分条款或对其进行完善。

매카시즘 **麦卡西主义**

매카시즘(McCarthyism , 麦卡西主义)이란?

1950~54년 미국을 휩쓴 일련의 반(反)공산주의 선풍. 미국 위스콘신 주(州) 출신의 공화당 상원의원 J. R.매카시의 이름에서 따온 말로 1950년 2월 “국무성 안에는 205명의 공산주의자가 있다”는 매카시의 폭탄적인 연설에서 발단한 것이다. 1949년 이래 수년에 걸쳐 매카시가 상원의 비미(非美) 활동 특별조사위원회를 무대로 하여 행한 공산주의자 적발 추방의 선풍을 의미하는 것이지만 제2차 세계대전 후의 냉전이 심각해지던 상황에서 전통적인 미국 자본의 시장이던 중국의 공산화와 잇달아 발생한 한국의 6·25 전쟁 등 공산 세력의 급격한 팽창에 위협을 느낀 미국 국민으로부터 그의 주장이 광범한 지지를 받았다.
매카시즘이 먼저 공격 목표로 삼은 것은 중국 정책에 영향력이 컸던 외교관, 국무성 및 중국통 정치학자 오언 래티모어, 국제 법학자 제삽 등이었는데 대통령 H. S. 트루먼도 공산주의자에게 약하다는 비난을 받았다. 당시 국무장관 J. F. 덜레스를 비롯한 많은 사람들이 매카시즘의 공포에 떨었고, 그 때문에 미국의 외교 정책이 필요 이상으로 경색된 반공 노선을 걷게 되었다.

선전 宣傳 **宣传**

주사파 主思派 **主思派 , 主体思想派**

책동 策動 **煽动**

그는 반혁명 선전 및 책동죄로 징역 15년을 선고받았다.
他被以"反革命宣传和**煽动**罪"判处15年徒刑。

찬양 讚揚 **赞扬**

북방 한계선 北方限界線 **北方限界线, 北方界线**

북한 어선 몇 척이 당일 북방 한계선을 넘어 남한 해역으로 진입했다.
几艘朝鲜渔船当天越过了所谓的**北方限界线**进入韩方海域。

북방 한계선(NLL: Northern Limit Line , 北方界线)이란?

1953년 8월 30일 유엔군 사령관이 해상 충돌을 방지하기 위해 설정한 이후 남북한 양측이 준수해온 사실상의 남북간 해상 군사 분계선. 1992년 채택된 남북기본합의서에 의해 육상에서는 군사 분계선을 남북한의 경계선으로 하고 해상에서는 북방 한계선을 관할 구역으로 사실상 인정했다. 그러나 1999년 6월 북한이 북방 한계선을 침범함으로써 긴장이 조성되었다.

분단국가 分斷國家 **分裂国家**

한반도 분단은 중국에게도 득이고 일본에게도 득이 된다.
朝鲜半岛**分裂**对中国有利, 对日本也有利。

비무장 지대 非武裝地帶 **非武装地带, 非军事区**

중국과 일본은 비무장 지대에 있는 주둔군을 철수시켰다.
中日双方撤出在**非武装地带**内的驻军。

유엔군 사령부 **联合国军司令部**

유엔군 사령관 **联合国军司令官**

작전 통제권 作戰統制權 **作战控制权**

전시 작전 통제권 戰時作戰統制權 **战时作战控制权**

평시 작전 통제권 平時作戰統制權 **平时作战控制权**

주한 미군이 한국에게 점차 평시 작전 지휘권을 이양하기 시작했다.
驻韩美军开始逐步向韩国移交**平时作战指挥权**。

주적 개념 主敵概念 **主敌概念**

국방백서는 주적 개념을 북한으로부터의 현실적인 군사 위협이 사라질 때까지 유지할 것임을 명시하고 있다.
国防白皮书声称要将所谓的**主敌概念**维持到来自朝鲜的"现实军事威胁"消除为止。

주한 미군 駐韓美軍(USFK) **驻韩美军**

주한 미군의 역할은 한반도에 국한되어서는 안 되며 동북아 전체에 연관되어야 한다.
驻韩美军的作用不应只局限于朝鲜半岛, 而应涉及整个东北亚。

미8군 美八軍 **美陆军第八军, 美第八军**
— 기지 이전 基地移轉 **迁移驻韩美军基地**
— 재배치 再配置 **重新部署驻韩美军**
주한 미군 사령관 駐韓美軍司令官 **驻韩美军司令官**
주한 미군 사령부 駐韓美軍司令部 **驻韩美军司令部**
차기 유도 무기 次期誘導武器(SAM-X) **新一代诱导武器**
국방부는 '2006~2010 국방 프로젝트'에 차기 유도 무기(SAM-X) 계획과 관련하여 1조 1천억 원의 예산을 편성했다.
韩国防部在2006~2010国防计划中对**新一代诱导武器**计划有1兆1千亿韩元的预算。
차세대 전투기(FX) 次世代戰鬪機 **韩国空军新一代战斗机**
한국 정부는 차세대 전투기로 2009년까지 미국 보잉사의 F15-K를 40대 구입하기로 내부 결정했다.
韩国政府已内定在2009年以前购入40架美国波音公司生产的F15－K战斗机作为**韩国空军新一代战斗机**。
판문점 공동 경비 구역 板門店共同警備區域 **板门店共同警备区**
판문점의 공동 경비 구역은 한반도 분단과 긴장의 상징이다.
板门店共同警备区就是朝鲜半岛分裂和紧张局势的象征。
판문점 板門店 **板门店**
한불 군사 비밀 보호 협정 韓佛軍事秘密保護協定 **韩法军事秘密保护协定**
한미 군사 위원회 韓美軍事委員會 **韩美军事委员会**
한미 군사 지위 협정 韓美軍事地位協定(SOFA) **驻韩美军地位协定, 驻军地位协定**
반미 물결이 세지면서 SOFA 협정을 수정해야 한다는 목소리가 높아졌다.
反美浪潮愈演愈烈, 要求修改**驻韩美军地位协定**的呼声越来越高。
한미 상호 방위 조약 韓美相互防衛條約 **韩美相互防卫条约, 韩美相互防御条约**
1953년 10월 1일 한국과 미국은 워싱턴에서 한미 상호 방위 조약을 체결했다.
1953年10月1日, 韩美在华盛顿签署大韩民国与美利坚合众国**相互防卫条约**。
한미 연례 안보 협의회 韓美年例安保協議會 **韩美年度安保会议**
양측은 12월 5일 워싱턴에서 북핵 문제를 논의하기 위해 한미 연례 안보 협의회를 열기로 했다.
双方商定12月5日在华盛顿举行**韩美年度安保会议**, 讨论朝鲜的核问题。

한미 연합군 韓美聯合軍 **韩美联合军**

연합 사령관 聯合司令官 **联合司令官**

한미 연합사 韓美聯合司 **韩美联合部队司令部, 韩美联合军司令部**

미국측은 한미 연합사를 포함한 잔여 부대를 용산 기지에 남겨놓아야 한다는 입장을 고수하고 있다.

美方坚持包括**韩美联合军司令部**在内的余留部队必须保留在龙山基地。

한미 연합 합동 지휘소 韓美聯合合同指揮所 **韩美联合共同指挥所**

합동 군사 훈련 合同軍事訓練 **联合军事演习**

북한은 북한을 겨냥한 한·미 합동 군사 훈련을 비난했다.

朝鲜谴责韩美举行针对朝鲜的**联合军事演习**。

한미 을지포커스렌즈 합동 군사 훈련(UFL) **韩美"乙支焦点透镜"联合军事演习**

(한미)연합 전시 증원 연습 聯合戰時增援演習(RSOI) **联合战时增援演习**

2005 한미 연합 전시 증원 연습이 3월 19일 한반도 전역에서 시작됐다.

2005年**韩美联合战时增援演习**3月19日在朝鲜半岛战域全面拉开。

한미 합동 군사 훈련 韓美合同軍事訓練 **韩美联合军事演习, 韩美联合军演**

북한은 한·미 합동 군사 훈련 계획의 즉시 중단을 강력하게 요구했다.

朝鲜强烈要求美国立即取消**韩美联合军演**计划。

항일 빨치산 **抗日游击队**

도문은 김일성 주석이 당시 항일 빨치산 대원을 이끌고 전투를 벌였던 곳이다.

图们是金日成主席当年率领**抗日游击队**战斗过的地方。

군대 军队

가상의 계급 階級 **军衔**

계급장 階級章 **军衔徽章**

각 계급마다 독특한 계급장이 있다.

每个等级的军衔都有自己独特的**军衔徽章**。

공병대 工兵隊 **工兵部队**

공수 부대 空輸部隊 **空降部队**

교관 教官 **教官**

국방 國防 **国防**

국방의 의무 **国防义务**

국가 안보는 국민들이 적극적으로 국방의 의무를 다할 때 지켜진다.

国家安全的实现, 要靠公民积极地履行**国防义务**。

군 軍, **군부** 軍部 **军队**

민병대 民兵隊 **民兵队伍**

미·영 연합군과 이라크 임시 정부는 이라크 민병대 설립에 관해 논의 중이다.
美英联军与伊拉克临时政府正在商讨建立一支伊拉克的**民兵队伍**。

비상군 非常軍 **应急军**

미 육군은 신속하게 본토로부터 세계 각지에 비상군을 투입할 수 있다.
美陆军可以迅速从本土向世界任何地区投送**应急军**。

비정규군 非正規軍 **非正规军**

상비군 常備軍 **常备军**

정규군 正規軍 **正规军**

군대 軍隊 **军队**

또 하나의 문제는 군대의 기강 해이이다.
再一个问题是**军队**的纪律很差。

군복무 기간 軍服務期間 **服兵役期, 服役期限**

군복무 기간을 마치지 않은 자는 출국할 수 없으며, 출국할 시 법의 추궁을 받는다.
未**服**满**兵役期限**的, 不准出境, 否则依法追究。

군사 재판 軍事裁判 **军事审判**

그들에 대한 군사 재판은 관타나모에서 열린다.
对他们的**军事审判**将在关塔那摩举行。

군인 軍人 **军人**

직업 군인 職業軍人 **职业军人**

정규 교육과 훈련을 받은 직업 군인을 계획적으로 양성해야 한다.
必须有计划地培植接受正规教育与训练的**职业军人**。

병과 兵科 **兵科, 军种**

정규군은 육·해·공군의 세 개 병과와 의무대로 나뉜다.
正规军分陆、海、空三个**军种**和医务部队。

병무청 兵務廳(MMA) **兵务厅**

원빈이 병무청으로부터 입영 통지서를 받았다고 한다.
据悉, 元斌收到了**兵务厅**的入伍通知。

병역 兵役 **兵役**

병역 의무 兵役義務 **服兵役的义务**

헌법에 따라 우리 나라 국민은 조국 수호와 병역의 의무가 있다.
依照宪法, 我国公民有保卫祖国, 依法**服兵役的义务**。

의무 병역 제도 義務兵役制度 **义务兵役制**

내년에 프랑스는 의무 병역 제도를 폐지할 예정이다.
明年法国将取消**义务兵役制**。

지원제 志願制 **志愿兵役制, 募兵制**

징병제 徵兵制 **征兵制**

미국이 강제 징병제를 부활시킬 리 없다.
美国不会恢复强制**征兵制**。

병역 기피 兵役忌避 **逃避兵役**

한국 언론은 스포츠, 연예계 스타들이 각종 수단을 동원해 병역을 기피한 비리 사실을 터뜨렸다.
韩国媒体曝光了众多体育和娱乐明星利用各种手段**逃避兵役**的大丑闻。

병역 기피자 兵役忌避者 **逃兵役者**

병역 비리 兵役非理 **逃兵役丑闻**

병역 특례 제도 兵役特例制度 **兵役特例制度**

정부는 게임 연구 개발 업체에 대한 병역 특례 제도를 실시한다.
政府对游戏研发公司实行**兵役特例制度**。

공익 근무 요원 公益勤務要員 **公益勤务要员, 服社会役**

산업 기능 요원 産業技能要員 **产业技能要员**

의무 경찰 義務警察 **义务警察**

전투 경찰 戰鬪警察 **战斗警察, 防爆警察**

보급 부대 補給部隊 **陆军军需兵**

보급 장교 補給將校 **军需官**

보병 步兵 **步兵**

사막 작전에 능한 미 육군 제3기계화 보병 사단이 걸프 지역에 진지를 구축했다.
目前擅长沙漠作战的美陆军第 3 机械化**步兵**师已在海湾安营扎寨。

부사관 副士官 **军士长**

사관 학교 士官學校 **军官学校**

공군사관학교 空軍士官學校 **空军军官学校**

육군사관학교 陸軍士官學校 **陆军军官学校**

해군사관학교 海軍士官學校 **海军军官学校**

사관 후보생 士官候補生 **军校学生, 军校学员**

올해 사관 후보생 모집 인원이 대폭 늘어났다.
今年**军校学员**招生数量大幅增加。

사병 士兵 **士兵**

수송대 輸送隊 **运输部队**

신체검사 身體檢査 **体检**

신체검사를 받은 20명 중에서 3명의 학생만 합격했다.
接受**体检**的20人中只有3位同学体检合格。

야전 부대 野戰部隊 **野战部队**

예비역 豫備役 **预备役**

민방위대 民防衛隊 **民防部队**

예비군 豫備軍 **预备军, 预备役部队**

예비군 훈련은 계급에 관계 없이 전역 후 7년간 실시된다.
预备军的训练在转役后连续实施7年, 不分阶级。

향토 예비군 鄕土豫備軍 **乡土预备军**

의무대 醫務隊 **医务部队**

군의관 軍醫官 **军医官**

위생병 衛生兵 **卫生兵**

의장대 儀仗隊 **仪仗队**

임관 任官 **任官, 被任命为军官**

현재 육군사관학교 졸업생은 군 입대 시 소위로 임관된다.
目前陆军军官学校的毕业生进入军队后会**被任命为**少尉。

입영 入營, **입대** 入隊 **当兵入伍**

그 시대에 입대는 젊은이의 마음에 가장 영광스러운 일이었다.
那个时代**当兵入伍**是年轻人心目中最光荣的事。

입영 연기 入營延期 **拖延当兵, 拖延入伍时间**

젊은 남자 연예인은 어떻게 해서든 병역을 기피하거나 입영을 연기하려고 한다.
年轻男星想尽办法逃避兵役或**拖延入伍时间**。

잠수함 부대 潛水艦部隊 **潜艇部队**

장교 將校 **军官**

장교 후보생 將校候補生 **军官候补生**

장성 將星, **장군** 將軍 **将军, 将领, 上将**

한국의 4성 장군이 공금으로 아내에게 옷을 사준 혐의로 체포당할 처지에 놓였다.
韩国四星**将军**因被疑用公款为妻买衣服面临逮捕。

전역 조치 轉役措置 **转役**

그들은 형사 처벌 외에 강등·전역 등의 처벌을 받게 된다.
他们除接受刑事处罚外, 还将受到降级、**转役**等惩罚。

제대 除隊 **退伍**

한국의 사병은 신병 훈련부터 제대할 때까지 정기적으로 헌혈한다.
韩国士兵自参加新兵训练起到**退伍**为止, 都要定期献血。

탈영 脫營 **逃离部队, 擅自离营**

탈영병 脫營兵 **逃兵, 离营士兵**

심지어 잡혀 온 다음에도 다시 탈영을 계획하는 탈영병이 있다.

甚至有**逃兵**被抓回来后计划再次逃跑。

통신대 通信隊 **通信部队**

퇴역 退役, **예편** 豫編 **退役**

퇴역 후의 진로 문제가 많은 현역 군인의 걱정거리이다.

退役后何去何从, 成了很多现役军人心中的一块阴影。

퇴역 장성 退役將星 **退役将军, 退役上将**

펜타곤은 미국 퇴역 장성 출신인 제이 가너에게 이라크 전후 복구 사업의 지휘를 맡겼다.

五角大楼任命**退役上将**杰伊·加纳领导在伊拉克的战后重建工作。

특공대 特攻隊 **突击队**

특수 부대 特殊部隊 **特种部队**

기계화 부대가 작전을 펴기 어려운 곳에는 잘 훈련된 특수 부대가 먼저 투입된다.

在机械化部队无法施展手脚的地区, 训练有素的**特种部队**将是首选力量。

편제 編制 **军队编制, 编组**

군대 편제는 기계화 작전에 적합하도록 해야 한다.

军队**编组**要适应机械化作战的要求。

포병 砲兵 **炮兵**

학군단 學軍團(ROTC) **预备军官团, 大学储备军官训练团, 后备役军官训练团, 预备军官培训项目**

ROTC가 육성하는 것은 군의 미래 지도자이다.

后备役军官训练团培养的是军队未来的领导者。

강제 소집 强制召集 **强行征召**

교관 敎官 **军人教官, 军训教官**

교련 敎鍊 **练兵, 军训**

소집 영장 召集令狀 **征召通知书, 入伍通知书**

긴급 소집 영장이 당일 발급되었다.

紧急**征召通知书**已于当天发出。

합동참모본부 合同參謀本部 **参谋长联席会议, 参谋首长联席会**

공군 空軍 **空军**

군사안보지원사령부 軍事安保支援司令部 **韩国军事安保支援司令部**

올들어 인터넷 기밀 누설 사건이 급증하고 있는 것에 대해 군사안보지원사령부는 한국 국회에 긴급 대응 조치 마련을 요구했다.

针对今年以来互联网泄密事件剧增的情况, **韩国军事安保支援司令部**已要求韩国国会制定相应的紧急应对措施。

수도방위사령부 首都防衛司令部	**首都防卫司令部**
육군 陸軍	**陆军**
특수전사령부 特殊戰司令部(SWC)	**特种作战司令部**
합참의장 合參議長	**参谋长联席会议主席**
해군 海軍	**海军**
해병대 海兵隊	**海军陆战队**

제대 梯队, 梯次配置		단장 司令官	
군단	军团, 军	군단장	军长
사단	师	사단장	师长
여단	旅	여단장	旅长
연대	团	연대장	团长
대대	营	대대장	营长
중대	连	중대장	连长
소대	排	소대장	排长
분대	班	분대장	班长

장교 军官				
	육군 陆军	해군 海军	공군 空军	해병대 海军陆战队
대령	上校	上校	上校	上校
대위	上尉	上尉	上尉	上尉
대장	上将	上将	上将	—
소령	少校	少校	少校	少校
소위	少尉	少尉	少尉	少尉
소장	少将	少将	少将	少将
준위	准尉	准尉	准尉	准尉
준장	准将	准将	准将	准将
중령	中校	中校	中校	中校
중위	中尉	中尉	中尉	中尉
중장	中将	中将	中将	中将
부사관 军士长				
원사	参谋军士长	高级军士长	高级军士长	一级军士长
상사	军士长	二级军士长	二级军士长	军士长

중사	上士	军士长	军士长	上士
하사	上士	上士	上士	上士
사병	士兵	士兵	士兵	士兵
병장	中士	中士	中士	军士
상병	下士	下士	下士	下士
일등병	上等兵	上等兵	上等兵	一等兵
이등병	列兵	列兵	列兵	列兵
신병	新兵	三等兵	三等兵	列兵

☞ 한국과 중국의 군 계급 체계의 상이성으로 인해 완전한 대응어로 볼 수 없다.

특수 부대 特种部队	
수중폭파대(UDT)	蛙人部队
검은베레모	黑色贝雷帽
그린베레	绿色贝雷帽部队
레인저	美国陆军游骑兵
델타포스	三角洲部队
해군특수전여단(UDT・SEAL팀)	海军特种战团(水下爆破队-UDT, SEAL)

미국 델타포스 특수 부대가 아프가니스탄에서 탈레반 잔당을 섬멸했다.
美国**三角洲特种部队**在阿富汗清剿了塔利班残匪。

항공대 航空隊 **航空兵部队**

헌병 憲兵 **宪兵**

현역 現役 **现役**

화학대 化學隊 **化学部队**

훈련 訓練 **训练**

신병 훈련소 新兵訓練所 **新兵训练营**

국군의 모든 사단에는 자체 신병 훈련소가 있다.
韩国军队的每一个师都有自己的**新兵训练营**。

군사력 军事实力

공중 경보 지휘 통제 체계 空中警報指揮統制體系 **机载预警和控制系统, 空中预警与指挥系统**

중국은 현재 공중 경보 지휘 통제 체계 연구 개발 프로젝트를 진행하고 있다.

中国当前正在实施一项**机载预警和控制系统**研发计划。

공중 병력 空中兵力 **空中兵力**

제공권 制空權 **制空权**

6월부터 대만 군은 지속적으로 제공권 장악 훈련을 해왔다.

自6月份以来, 台军就一直在演练如何夺取**制空权**。

공중 폭격 空中爆擊 **空中袭击, 空袭, 轰炸**

이라크 주둔 미군은 20일 새벽 1차 공중 폭격을 감행했다.

驻伊美军20日凌晨发动了第一次**空中袭击**。

국방력 國防力 **国防实力**

군사력 軍事力 **军事实力**

일본의 군사력은 자위에 필요한 만큼의 낮은 수준으로 유지되어야 한다.

日本的**军事实力**只能维持在自卫所需的低水平。

방위력 防衛力 **防卫实力**

자주 국방력 自主國防力 **自主国防实力, 自主国防力量, 自主国防能力**

한국은 앞으로 자주 국방력을 갖추기 위해 노력할 계획이다.

韩国未来将致力于发展**自主的国防能力**。

병력 兵力 **兵力**

현재 미군 신속 대응군의 총 병력은 38만 명에 달한다.

目前, 美军快速反应部队的总**兵力**达38万人。

— **규모** 規模 **兵力规模**

미국이 주일 미군 병력 규모를 대폭 감축할 가능성은 적다.

美国不太可能对驻日美军的**兵力规模**进行大幅裁减。

— **배치** 配置 **部署**

— **전진 배치** 前進配置 **前进部署**

한미 방어 역할 전환의 가장 큰 특징은 미군의 '전략적 후방 철수'와 국군의 '전진배치'에 있다.

韩美防务角色转换的最主要特征是美军 "战略后撤" 和韩军 "**前进部署**"。

비행 금지 구역 飛行禁止區域 **禁飞区**

소형 항공기가 실수로 워싱턴의 비행 금지 구역을 침범했다.

一架小型飞机不慎闯入了华盛顿的**禁飞区**。

전력 戰力 **战斗实力**

현대 공중전을 보면, 항공 전투력을 먼저 확보한 쪽이 승리하게 되어 있다.

现代空战实践证明, 谁能抢先增强航空兵**战斗实力**, 谁就能获得胜利。

지상 병력 地上兵力 **地面部队**

기갑 사단 機甲師團 **机械化步兵师**

이라크의 제51 기갑 사단은 저항을 멈추고 연합군에 전원 항복했다.

伊拉克第51**机械化步兵师**停止抵抗, 全部向联军投降。

기계화 부대 機械化部隊 **机械化部队**

전투 부대 戰鬪部隊 **作战部队**

지원 부대 支援部隊 **支援部队**

탱크 부대 **坦克部队**

항공 촬영 航空撮影 **航空摄影, 航空拍摄**

미군은 정찰기를 보내 특정 시간대에 항공 촬영을 했다.

美军派出了侦察机在特定时间进行**航空拍摄**。

해상 병력 海上兵力 **海上兵力**

대양 해군 大洋海軍 **大洋海军**

소함대 小艦隊 **小舰队**

연안 해군 沿岸海軍 **沿海海军**

금번 잠수함 조달 결정은 중국이 해군력을 연안 해군에서 대양 해군으로 확대하기 위한 첫걸음이다.

这次采购潜舰的决定是中国希望将海军势力从**沿海海军**扩大到**大洋海军**的重要一步。

전함대 戰艦隊 **作战舰队**

함대 艦隊 **舰队**

해상권 海上權, **제해권** 制海權 **海上权, 制海权**

미국은 21세기에도 해상권을 유지할 자신이 있다.

美国有把握继续拥有21世纪**制海权**。

전쟁 战争

게릴라전 **游击战**

교전 交戰 **交战, 交火**

서해 교전으로 한때 남북 관계가 긴장되었다.

黄海**交火**事件曾一度导致朝韩两国关系紧张。

교전국 交戰國 **交战国**

어떤 전쟁이든 전쟁은 교전국 쌍방 모두에게 막대한 피해를 입힌다.

任何战争都会给**交战国**双方带来巨大损失。

국지전 局地戰 **局部战争, 有限战争**

기동 훈련 機動訓練 **机动训练**

그들은 산악 지대와 밀림에서 기동 훈련을 마쳤다.

他们顺利结束了山地丛林等地的**机动训练**。

대리전 代理戰 **代理人战争**

그들은 현지의 극단주의 조직을 이용하여 파키스탄을 겨냥한 대리전을 기도하고 있다.
他们正试图利用本地极端组织打一场针对巴基斯坦的**代理人战争**。

디지털 전쟁 **数码战争**

컴퓨터로 디지털 전쟁을 일으키고 키보드로 명령을 내리는 시대가 왔다.
用电脑发动**数码战争**、键盘下达命令的时代已经到来。

모의 전쟁 模擬戰爭, **전쟁 시뮬레이션** **模拟战争, 仿真战争**

첨단 컴퓨터 시뮬레이션 기술 덕분에 모의 전쟁이 군사 분야에서 더욱 두각을 나타내고 있다.
先进的计算机仿真技术使**模拟战争**在军事领域更加大显身手。

미래전 未來戰 **未来战**

민방공 훈련 民防空訓練 **人民防空演习**

하이닝 시는 도시 민방공 훈련을 실시했다.
海宁市举行城市**人民防空演习**。

방어 태세 防禦態勢 **防御态势**

세계 방어 태세 일람(GPR)은 미군의 해외 주둔군의 정예화, 신축적인 운용을 요구하고 있다.
全球**防御态势**评估要求美军海外部队精简灵活。

비상 태세 非常態勢 **非常状态**

OSCE와 EU는 세르비아가 비상 태세를 해제할 것이라는 소식에 반색했다.
欧安组织和欧盟对塞尔维亚即将取消**非常状态**感到满意和高兴。

선전 포고 宣戰布告 **向～宣战**

최후통첩 最後通牒 **最后通牒**

오스트리아·헝가리 제국은 1914년 7월 23일 세르비아에 최후통첩을 보내고 28일에 선전 포고를 했다.
奥匈帝国于1914年7月23日向塞尔维亚发出**最后通牒**, 并于28日向它宣战。

소모전 消耗戰 **消耗战**

전쟁의 형태가 산업 시대의 소모전에서 정보화 시대의 마비전으로 바뀌고 있다.
战争的形态由工业时代的**消耗战**向信息时代的瘫痪战转变。

승전국 勝戰國 **战胜国**

시가전 市街戰 **城市战**

이라크 주둔 미군 병사들이 이스라엘 중부의 한 군사 기지에서 시가전과 유격전 훈련을 받고 있다.
一些驻伊美军士兵正在以色列中部的一个军事基地接受**城市战**和游击战的训练。

심리전 心理戰 **心理战**

사기 士氣 **士气**

언론전은 적군의 사기 저하에 효과를 발휘해 적군을 와해시킬 수 있다.

新闻舆论战可以有效打击敌方**士气**, 从而瓦解敌军。

억지력 抑止力 **威慑力**

주한 미군 감축 계획이 미국의 대북 억지력을 약화시키지는 않을 것이다.

削减驻韩美军人数的计划不会削弱美国对朝鲜的**威慑力**。

육탄전 肉彈戰 **肉搏战**

인도에 반하는 죄 **反人类罪, 反人道罪**

인명 피해 人命被害 **人员伤亡**

민간인 피해 民間人被害 **平民伤亡**

전쟁 중 때때로 민간인 피해가 발생하는 것은 불행한 현실이다.

战争中不时出现的**平民伤亡**是一种不幸的现实。

사상자 死傷者 **伤亡人员**

실종자 失踪者 **失踪人员, 下落不明者**

미국은 실종자와 전쟁 포로의 행방을 찾는 작업을 하고 있다.

美国正在推动寻找**失踪人员**和战俘下落的工作。

전쟁 난민 戰爭難民 **战争难民**

전쟁 포로 戰爭捕虜(POW) **战争俘虏, 战俘**

미군의 전쟁 포로 학대는 결국 국제 여론의 한결같은 비난을 받았다.

美军虐待**战俘**行为终于遭到国际舆论的一致谴责。

임전 태세 臨戰態勢 **临战状态**

감시 태세 監視態勢 **警戒状态**

작전 대응 태세 作戰對應態勢 **作战态势**

전투 준비 태세 戰鬪準備態勢 **备战态势**

정보 감시 태세 情報監視態勢 **情报监视态势**

입체전 立體戰 **立体战**

공간 차원에서 전쟁은 고전적인 평면전에서 3차원(육·해·공) 입체전으로 전환되었다.

在空间上, 战争由古典的平面战争, 转变为三维(陆、海、空)的**立体战**。

장기전 長期戰, **지구전** 持久戰 **长期战, 持久战**

미국의 아프가니스탄 군사 작전은 지구전이 될 전망이다.

美国在阿富汗的军事行动将是一场**持久战**。

테러리스트들은 행동 반경을 좁히고 장기전으로 돌입할 것이다.

恐怖分子可能缩小行动规模, 展开**长期战**。

재래전 在來戰 **常规战争**

재래 병력 在來兵力 **常规兵力**

바르샤바조약기구와 소련의 해체 이후, 러시아와 나토 간 재래 병력 비중에 큰 변화가 생겼다.
华约和苏联解体后，俄罗斯同北约的**常规兵力**对比发生很大变化。

전격전 電擊戰 **闪电战, 闪击战, 突袭**
전격전에서 탱크와 비행기의 합동 작전은 탱크와 보병의 합동 작전보다 훨씬 중요하다.
闪击战中，坦克和飞机的协同远比坦克和步兵的协同重要。

전면전 全面戰 **全面战争**
미군이 일단 대만 해협 전쟁에 개입하면 국지전이 즉각 전면전으로 확대될 것이다.
一旦美军介入台海战争，这场局部战争马上会升级为**全面战争**。

전범 재판 戰犯裁判 **战犯审判**
헤이그 국제 재판소는 밀로셰비치에 대한 전범 재판을 재개했다.
海牙国际法庭恢复对米洛塞维奇的**战犯审判**。

전시 체제 戰時體制 **战时体制**

전자전 電子戰 **电子战**

전쟁 戰爭 **战争**

개전 開戰 **开战**

— **도발** 挑發 **挑衅战争**

— **상태** 狀態 **战争状态**
남북한은 엄밀히 말하면 아직도 전쟁 상태이다.
南北韩严格来说仍然处于**战争状态**。

— **수행** 遂行 **实施战争**
군사란 전쟁 준비와 전쟁 수행을 핵심으로 하는 사회 활동이다.
军事是以准备和**实施战争**为中心内容的社会活动。

— **장기화** 長期化 **战争长期化**
전쟁의 장기화는 유럽과 미국 경제의 발목을 잡으며 대외 무역에 간접적인 영향을 미친다.
战争长期化使美、欧经济受到拖累，间接影响对外贸易。

전쟁 배상금 戰爭賠償金 **战争赔偿金**
독일은 전쟁 배상으로 거액을 지불했지만 이는 가치 있는 일이다.
德国虽然为**战争赔偿**付出了巨额资金，但这是值得的。

전쟁 범죄 戰爭犯罪 **战争犯罪, 战争罪**

전범 戰犯 **战争罪犯, 战犯**

정보전 情報戰 **信息战**

정전 停戰, **휴전** 休戰 **停战, 休战**

휴전 상태 休戰狀態 **停战状态**

북미 양국은 여전히 불안정한 휴전 상태에 놓여 있다.
朝美两国目前仍处于不稳定的**停战状态**。

휴전 협정 休戰協定 **停战协定**

준비 태세 準備態勢 **备战状态**

준전시 체제 準戰時體制 **准战时体制**

국제 원유 시장은 준전시 체제에 돌입했다.
国际原油市场已经进入了“**准战时体制**”。

지역전 地域戰 **地区战**

집단 살해죄(제노사이드) 集團殺害罪 **种族灭绝罪, 群体灭绝罪**

밀로셰비치에 대한 혐의는 제노사이드, 전쟁 범죄 및 인도에 반하는 죄이다.
米洛塞维奇目前面临的指控包括**种族灭绝罪**、**战争罪**和**反人类罪**等。

총력전 總力戰 **全线战争, 总动员作战**

패전국 敗戰國 **战败国**

패전국에 대한 약탈이 승전국과 패전국 간의 갈등을 심화시켰다.
对**战败国**的掠夺加深了**战胜国**与**战败国**的矛盾。

핵전쟁 核戰爭 **核战争**

인도와 파키스탄 간 위기가 일촉즉발에 처해 핵전쟁 가능성이 매우 높다.
印巴战争一触即发, **核战争**爆发的可能性极大。

화생방전 化生放戰(CBR) **化生放作战**

생화학전 生化學戰 **生化战争**

미국은 테러리스트의 생화학전 도발 가능성을 우려한다.
美国担心恐怖分子发动**生化战争**。

세균전 細菌戰 **细菌战**

화학전 化學戰 **化学战**

확전 擴戰, **전쟁 격화** 戰爭激化 **战争升级**

미국과 이라크의 교전이 3일째로 접어들면서 이라크전이 격화되고 있다.
美伊交战进入第三天, 伊拉克**战争升级**。

군사 작전 军事作战计划

격추 擊墜 **击落**

우리 군이 미사일로 적기를 격추시켰다.
我军用导弹**击落**了敌机。

공격 攻擊 **进攻, 攻击**

진격 進擊 **进击**

돌격 突擊 突击

유엔 군이 대구에서 대전·서울 방향으로 돌격했다.

联合国军由大邱地域向大田、首尔方向实施了**突击**。

공습 空襲 空袭

공습경보 空襲警報 空袭警报

이라크 수도 바그다드에 또 다시 공습경보가 울리기 시작했다.

伊拉克首都巴格达再次响起**空袭警报**。

야간 공습 夜間空襲 夜间空袭

국가 미사일 방어 체제(NMD) 国家导弹防御系统

국가 미사일 방어 체제(NMD: National Missile Defense System , 国家导弹防御系统)란?

미국이 추진하는 NMD 체제는 북한·이라크 등 미국에 적대적인 국가들이 미국 본토를 향해 미사일을 발사할 때, 이를 공중에서 요격하는 방어망을 뜻한다. 미사일 탐지 위성과 조기 경보기 등으로 날아오는 미사일을 탐지한 후, 지상에서 요격 미사일을 쏘아 본토 도달 전에 폭발시킨다는 것이다. 조지 부시 미 행정부의 강력한 추진 의사와 중국·러시아의 반대로 군사적 긴장감이 고조되었다.

군 기지 軍基地 军队基地

이라크 주둔 영국군 기지가 박격포 습격을 받았다.

英国驻伊**军队基地**遭到了迫击炮弹袭击。

군사 작전 軍事作戰 军事作战计划

미군은 각지의 충돌에 신속히 대응하기 위해 군사 작전을 대폭 수정했다.

美军大幅修改**军事作战计划**以快速应对各地冲突。

전쟁 이외의 군사 작전(MOOTW) 非战争军事行动, 除战争以外的一切军事作为

전쟁 이외의 군사 작전(MOOTW: Military Operations Other than War, 非战争军事行动, 除战争以外的一切军事作为)란?

대 테러 활동 등 전쟁 이외의 군사 작전.

궤멸 潰滅, 섬멸 殲滅 歼灭, 彻底击溃, 毁灭

새로 설립된 안보총국은 테러 조직들을 섬멸시킬 계획이다.

新成立的安全总局将**歼灭**那些恐怖组织。

기습 공격 奇襲攻擊 偷袭, 突然袭击

일본은 미국의 진주만을 기습 공격했다.

日本**偷袭**了美国珍珠港。

방어 防禦 防守, 防御

공중 방어 空中防禦 **防空**

방공호 防空壕 **防空壕**

인간 방패 人間防牌 **人体盾牌**

외출했다가 붙잡혀서 이라크의 인간 방패가 될 뻔했다.
出门被抓, 差点成为伊拉克的**人体盾牌**。

참호 塹壕 **战壕, 堑壕**

개전 초 쌍방은 서부 전선에 길고 긴 참호를 팠다.
开战之初, 双方在西部战线开挖了很长很长的**堑壕**。

병참 兵站 **后勤**

공수 空輸 **空运**

미군은 운송기를 빌려 독일에서 불가리아로 군수 물자를 공수했다.
美军租用运输机从德国向保加利亚**空运**军需物资。

군수 보급 기지 軍需補給基地 **后勤补给基地**

군수품 軍需品 **军需品**

무기창 武器廠 **军火库, 武器库**

병참부 兵站部 **后勤军需库**

아프가니스탄 국방부의 병참부에 불이 났다.
阿富汗国防部**后勤军需库**起火。

보급 補給 **补给**

봉쇄 전략 封鎖戰略 **封锁战略**

이와 같은 정세를 고려하여 군은 대대만 봉쇄 전략을 검토 중이다.
鉴于这种形势, 军方正在研究对台湾的**封锁战略**。

상륙 작전 上陸作戰 **登陆作战**

수륙 양동 작전 水陸陽動作戰 **水陆两栖作战**

미국 해병대 원정 부대는 수륙 양동 작전력을 갖춘 신속 대응군이다.
美国的陆战队远征部队是具有**水陆两栖作战**能力的快速反应部队。

선제공격 先制攻擊 **先发制人攻击**

대대적 공격 大大的攻擊 **全面攻击**

미군의 대대적 공격은 더 많은 목숨을 죽음으로 몰고 갈 뿐이다.
如果美军发动**全面攻击**, 只会导致更多人死亡。

아군 我軍 **我军, 友军**

야전 병원 野戰病院 **野战医院**

허름해 보이는 이 야전 병원들이 수천 명의 생명을 구해냈다.
这些看似简陋的**野战医院**却挽救了数以千计的生命。

야전 본부 野戰本部 **野战指挥部**

엄호 사격 掩護射擊 **掩护射击**

트럭이 있는 전방 10미터까지 엄호 사격을 했다.
到卡车前10米做了**掩护射击**。

역습 逆襲, **반격** 反擊 **反攻, 反击, 还击**
중국 군이 즉각 사격을 하자 적이 반격을 해왔다.
中队立即射击, 敌军**反击**。

격퇴 擊退 **击退**

보복 報復 **报复**

잠복 공격 潛伏攻擊 **伏击**

복병 伏兵 **伏兵**
대군은 철수시 복병을 배치한다.
大军撤退时, 布置**伏兵**。

적군 敵軍 **敌军**

아군 사격 我軍射擊 **友军误伤, 友军误射, 友军炮火**
이라크 전에서 비행기 추락 사고와 아군 사격 사고가 현저히 감소했다.
伊拉克战争中飞机坠毁和**友军误伤**事故明显减少。

피아 식별 彼我識別(IFF) **敌我识别**
이때 피아 식별을 어떻게 하느냐가 매우 중요하다.
这时候如何进行**敌我识别**就很重要。

전략 戰略 **战略**

전략 요충지 戰略要衝地 **战略要地**
주요 전략 요충지는 하나도 놓쳐서는 안 된다.
重要的**战略要地**一个都不能放过。

전선 戰線 **战线**

전방 前方 **前方, 前线**

후방 後方 **后方**
전방의 보병이든 후방의 병참 대원이든 모두가 이라크 무장 세력의 매복 공격에 대비하지 않으면 안 된다.
无论是前线的步兵还是**后方**的后勤人员, 几乎都不得不防备伊拉克武装分子的伏击。

전술 戰術 **战术**

교란 전술 攪亂戰術 **扰乱战术**

군사 교리 軍事教理 **军事准则**
중국 군은 새로운 군사 교리를 제정할 가능성이 있다.
中国军队有可能制定新的**军事准则**。

양동 전술 陽動戰術 **佯攻战术**

양동 전술(佯攻战术)이란?

'양동(陽動)'은 '움직이는 척하다', '속임수' 등을 뜻하는 말이다. 양동 전술이란 아군의 작전을 오인하도록 하기 위해 적의 관심과 행동을 다른 곳으로 돌리는 전술을 말한다.

지연 전술 遲延戰術 **拖延战术**

미국이 북핵 문제에서 실질적으로 취한 것은 지연 전술이다.
美国在朝鲜核问题上实际采取的是一种**拖延战术**。

전역 戰域 **战区**

전역 방위 戰域防衛 **战区防御**

리덩후이는 대만이 미국의 전역 방위 체제에 가입하여 준군사 동맹을 구축할 의사가 있음을 밝혔다.
李登辉表示台湾要加入美国**战区防御**系统, 以形成一种准军事同盟。

전장 戰場 **战场**

전역 미사일 방어 체제 **战区导弹防御系统**

전역 미사일 방어 체제(TMD: Theatre Missile Defense System, 战区导弹防御系统)란?

NMD 체제의 한 형태로 적국이 발사한 미사일을 공중에서 요격해 공격을 무력화하는 미국의 미사일 저지 시스템. 1983년 레이건 대통령의 핵, 생화학 탄두 탑재 미사일을 우주에서 요격한다는 '전략 방위 구상(SDI)'에서 출발했다. 이후 '전역 미사일 방어 체제', '국가 미사일 방어 체제' 등으로 이름이 바뀌면서 구체화되었다.

점령 占領 **占领**

점령군 占領軍 **占领军**

점령군이 쿠웨이트의 모든 국제 통신 선로를 끊어버렸다.
占领军切断了科威特所有的国际通信线路。

정찰 偵察 **侦察**

정찰기 偵察機 **侦察机**

정찰대(군) 偵察隊(軍) **侦察队**

정찰 위성 偵察衛星 **侦察卫星**

정찰 위성이란 군사 정보를 비밀리에 수집하는 위성이다.
侦察卫星, 就是窃取军事情报的卫星。

차단 遮斷 **截断**

6·25 전쟁시 미군은 압록강과 두만강을 넘는 보급선을 차단하지 못했다.

朝鲜战争时美军未能**截断**跨越鸭绿江和图门江的补给线。

포위 包圍 **包围**

포위된 무장 반군 중에는 체첸 무장 반군의 두목 마스하도프가 있었다.

在被**包围**的武装分子中，有车臣匪首马斯哈多夫。

폭격 爆擊 **轰炸**

공중 폭격 空中爆擊 **空中轰炸**

융단 폭격 絨緞爆擊 **地毯式轰炸**

미군 B-1B 폭격기가 융단 폭격을 감행했다.

美军B-1B轰炸机展开了**地毯式轰炸**。

함락 陷落 **陷落**

베이징과 상하이가 차례로 함락되고 수도 난징도 곧 함락될 위기에 처했다.

北京、上海相继**陷落**，首都南京也危在旦夕。

후퇴 後退 **撤退, 后退**

이번 일은 국제 관계에까지 연루되니 그냥 철수하게 내버려 두시오.

此事牵涉到国际关系，就让他们**撤退**算了。

무기 武器

군사 장비 軍事裝備 **军事装备**

군용기 軍用機 **军用机**

공중 경보 관제기 空中警報管制機 **空中预警飞机**

공중 급유기 空中給油機 **空中加油机**

무차별 폭격 無差別爆擊 **无差别轰炸**

미국 폭격기가 바그다드에 무차별 폭격을 가했다.

美国轰炸机对巴格达进行了**无差别轰炸**。

보잉 F-15K **波音 F-15K**

미국 보잉 사의 F-15K 전투기가 한국 차세대 전투기로 선정되었다.

美国**波音**公司**F-15K**中选韩国下一代主力战斗机。

B-2장거리 스텔스 폭격기 **B-2远程隐形战备轰炸机**

수송기 輸送機 **运输机**

군용 수송기는 병력과 장비를 수송하고 낙하산병과 군사 장비를 공중 투하하는 비행기이다.

军用**运输机**是用于空运兵员、武器装备，并能空投伞兵和军事装备的飞机。

연합 공격 전투기 聯合攻擊戰鬪機(JSF) **联合攻击战斗机**

요격기 邀擊機 **截击机**

유러파이터 타이푼 **欧洲台风战斗机**

전투기 戰鬪機 — 战斗机

정찰기 偵察機 — 侦察机

　　북한 전투기가 미군 정찰기를 가로막았다.
　　朝鲜战斗机拦截了美国**侦察机**。

초음속 전투기 超音速戰鬪機 — 超音速战斗机

폭격기 爆擊機 — 轰炸机

훈련기 訓練機 — 训练机

다탄두 각개 목표 재돌입 미사일(MIRV) — 多弹头分导再入飞行器

대규모 살상 무기 大規模殺傷武器(WMD) — 大规模杀伤性武器

　　☞ 11. 안보의 <국제 안보> 부분 'WMD' 및 '핵무기' 참조.

대포 大砲 — 火炮, 大炮

고사포 高射砲 — 高射炮

곡사포 曲射砲 — 榴弹炮

다련장 로켓포 — 多管火箭炮

　　제2차 세계 대전 당시 사용된 다련장 로켓포는 소련 로켓 포병의 상징이다.
　　二战时期运用的**多管火箭炮**是苏联火箭炮兵的象征。

대공포 對空砲(AAA) — 对空炮

대전차포 對戰車砲 — 反坦克火炮

바주카포 — 反坦克火箭炮

박격포 迫擊砲 — 迫击炮

　　11일 이라크 병사가 발사한 박격포가 쿠웨이트 땅에 떨어졌다.
　　伊拉克士兵11日发射的**迫击炮**落入科威特境内。

방공포 防空砲 — 防空炮

야포 野砲 — 野炮

자주포 自走砲 — 自行火炮

포대 砲隊 — 炮队

포차 砲車 — 炮车

포탄 砲彈 — 炮弹

포탄 발사 공격 砲彈發射攻擊 — 炮弹射击

　　탄약수가 포탄을 장전하자 발사 명령과 함께 포탄 발사 공격이 시작되었다.
　　弹药手装完炮弹，随着发射命令开始了**炮弹射击**。

포탑 砲塔 — 炮塔

현대식 유탄포 現代式榴彈砲 — 现代榴弹炮

디니트로톨루엔(DNT) — 二硝基甲苯

레이더 — 雷达

공중 수색 레이더 — 对空搜索雷达

도플러 레이더 多普勒雷达

레이더 추적 방식(호밍 방식) 追踪雷达

레이더 탐지 雷达探测

목표물 탐측 레이더 目标探测雷达

방공 레이더 防空雷达

수색 레이더 搜索雷达

에이파(APAR) 主动相控阵雷达

정찰 목표 획득 레이더(SOSTAR) 防区外监视与目标捕获雷达

착륙 레이더 着陆雷达

합동 감시 표적 공격 레이더 체계(JSTARS) 联合监视目标攻击雷达系统

JSTARS는 수백 킬로미터 밖 장사정포의 위치 이동까지 탐지할 수 있다.
监视目标攻击雷达系统可以探测到数百公里外远程炮的位置的变化。

항공 관제용 레이더 航空管制用雷达

해상 수색용 레이더 水上搜索用雷达

레이저 激光

에어본 레이저(ABL), 항공 탑재 레이저 机载激光器

미국 미사일 방어국은 항공 탑재 레이저 기능 개선 프로젝트를 계속하고 있다.
美国导弹防御局继续实施**机载激光器**改进项目。

레이저 거리계 激光测距仪

로켓 火箭

로켓 발사기 火箭筒

로켓포 火箭炮

반동 추진 엔진 助推器

발사관 發射管 发射管

발사체 發射體 发射器

무기 武器 武器

무기고 武器庫 武器库

공중 폭격만으로는 이라크 무기고를 완전히 파괴시킬 수 없다.
单靠空中打击不能摧毁伊拉克**武器库**。

무기 조달 武器調達 武器采购

미국은 내년도 군비 예산에서 무기 조달과 연구 개발비를 증액할 계획이다.
美国明年军费预算将增加**武器采购**与研发费用。

무기 체계 武器體系 武器体系

각종 전자 장비와 무기 체계를 갖춘 이지스함의 한 척당 건조비는 1조 원에 이른다.

包含各种电子装备和**武器体系**的宙斯盾驱逐舰每艘的制造费用为1万亿韩元。

미사일 **导弹**

미군은 특수 탄두가 장착된 미사일을 사용할 예정이다.
美军将使用装载特殊弹头的**导弹**。

격발 장치 擊發裝置 **扳机, 引爆器**
고공 미사일 **高空飞弹**
공대공 미사일 **空对空导弹**
공대지 미사일 **空对地导弹**
공중 발사 탄도 미사일 (ALBM) **空基弹道导弹**
기폭제 起爆劑 **起爆剂**
뇌관 雷管 **雷管**
대공 미사일 **对空导弹**
미사일 발사기 **导弹发射器**
미사일 발사대 **导弹发射台**
미사일 방어 **导弹拦截**
미사일 실험 발사 **飞弹试射**
미사일 자체에 장착된 감지 장치 **弹载探测器**
미스트랄 미사일 **西北风导弹**
방공 미사일 **防空导弹**
사정거리 射程距離 **射程**

이스라엘 전역이 이란의 최신형 탄도 미사일 사정거리 안에 들어간다.
伊朗最新型的弹道导弹**射程**可以覆盖以色列全境。

순항 미사일 **巡航导弹**
스커드 미사일 **飞毛腿导弹**
요격 미사일 **拦截导弹**
위장 미사일 **仿真导弹**
유도 미사일 **导航导弹**
지대공 미사일 **地对空导弹**

지대공 패트리어트는 미국의 4세대 미사일로 걸프전에서 처음 사용되었다.
“爱国者”**地对空导弹**属美国第四代导弹, 海湾战争中首次实战应用。

지대잠 미사일 **地对潜水导弹**
지대지 미사일 **地对地导弹**
추적 장치 追跡裝置 **追踪装置**
탄도탄 요격 미사일(ABM) **反弹道导弹**

☞ 탄도탄 요격 미사일 조약(ABM Treaty, 反弹道导弹条约): 1972년 미소간에 체결된 조약.

탄두 彈頭 **弹头**

텀블링 미사일 剧烈晃震翻转的导弹, 翻滚导弹
토마호크 미사일 战斧巡航导弹
패트리어트 미사일 爱国者导弹
해상 발사 미사일 海基导弹, 海上发射导弹
토마호크 해상 발사 크루즈 미사일은 해상 발사형이다.
"战斧" **海上发射巡航导弹**是海射型。
해상 발사 탄도 미사일(SLBM) 海基弹道导弹
북한은 핵탄두 탑재 가능한 신형 지상 및 해상 발사 탄도 미사일을 배치 중이다.
朝鲜正在部署可携载核弹头的新型陆基和**海基弹道导弹**。
호크 미사일 鹰式导弹
미사일 요격 실험 导弹拦截试验
미국은 신형 패트리어트 미사일 요격 실험을 했다.
美国进行了新型"爱国者"**导弹拦截试验**。
고공 전역 방어망, 고도 미사일 방어 체제 (THAAD) 高空戰域防禦網 战区高空区域防御系统
국가 미사일 방어 체제(NMD) 国家导弹防御系统
전역 미사일 방어망(TMD) 战区导弹防御系统
탄도 미사일 방어 계획(BMD) 弹道导弹防御计划
해상 전역 확대 海上戰域擴大(NTW) 海军全战区防御系统
방위 산업 防衛産業 防卫产业
록히드 마틴 사 洛克希德-马丁导弹与空间公司
미국 국가철강조선사 美國國家鐵鋼造船社(NASSCO) 美国国家钢铁与造船公司
방산업체 防産業體 国防工业厂商
MD 체제의 구축에 있어 수혜자는 보잉, 레이시온과 같은 방산업체가 될 것이다.
在部署导弹防御系统上受惠的包括波音、雷神等**国防工业厂商**。
수호이 설계국 Su-35 俄罗斯苏霍伊工业局 Su-35
방탄복 防彈服 防弹衣
상호 확증 파괴 相互確證破壞(MAD) 相互确保摧毁
중국은 상호 확증 파괴 능력을 구축 중에 있다.
中国正在形成**相互确保摧毁**能力。
생화학 무기 生化學武器 生化武器, 生物化学武器
고엽제 枯葉劑 枯叶剂, 橘剂, 橙色剂
베트남 게릴라의 은신처를 없애기 위해 미군은 베트남 각지에 밀림 고사용 고엽제를 마구 살포했다.
为消除越南游击队的藏身之所, 美军在越南各地大肆使用会导致树木大面积

枯死的**枯叶剂**。

사린 가스 | 沙林毒气
살모넬라균 | 沙门氏菌
이콜리 균 | 大肠杆菌
질식성 작용제 窒息性作用劑 | 窒息性毒剂
최루탄 催淚彈 | 催泪弹
탄저균 炭疽菌 | 炭疽菌
피부(수포) 작용제 皮膚(水疱)作用劑 | 皮肤糜烂性毒气
혈액성 작용제 血液性作用劑 | 血液性毒剂
수류탄 手榴彈 | 手榴弹
스텔스형 | 隐形型

스텔스(Stealth , 隐形技术)란?

상대의 레이더, 적외선 탐지기, 음향 탐지기 및 육안에 의한 탐지까지를 포함한 모든 탐지 기능에 대항하는 은폐 기술. 스텔스 기의 종류로는 F-117, B-2, F-22 등이 있다.

신경 무능화 작용탄 神經無能化作用彈(stun grenade) | 闪光手榴弹, 晕眩手榴弹
RDX 화약 | 旋风炸药
야간 투시 장비 夜間透視裝備 | 夜视装备
열화우라늄탄(BDU) | 贫油弹
무인 항공기 無人航空機 | 无人驾驶飞行器(UAV), 遥控飞行器(RPV)
방사능 폭탄 放射能爆彈(RDD) | 放射性炸弹
유인체 발사기 誘引體發射器 | 引诱发射器
지하 벙커 파괴용 폭탄 | 钻地炸弹
외기권 킬비클(EKV) | 外空截杀器
우주 적외선 시스템(SBIRS) | 天基红外系统
우주 고궤도 적외선 시스템(SBIRS-High) | 高轨天基红外系统
우주 저궤도 적외선 시스템(SBIRS-Low) | 低轨天基红外系统
위성 衛星 | 卫星
군용 전술 위성 통신 체계 軍用戰術衛星通信體系(MILSTAR) | 军事卫星系统
리소스셋 1호(인도) | 资源一号

안보 ■ 무기

무궁화 위성 無窮花衛星　　无穷花卫星
방위 지원 위성 防衛支援衛星(DSP), 조기 경보 위성 早期警報衛星　　国防支援计划卫星, 早期预警卫星
원격 감지 위성 遠隔感知衛星　　遥感卫星
위치 추적 시스템　　定位系统, GPS定位系统
정찰 위성 偵察衛星　　侦察卫星
음파 무기 音波武器(LRAD)　　远程声波装置
일방적 확증 파괴 一方的確證破壞(UAD)　　确保单方面摧毁

공중 대전차 시스템은 먼 거리에서 접촉 없이 일방적 확증 파괴의 공격 방식을 구사한다.

空中反坦系统, 是远距离、不接触、**确保单方面摧毁**的打击样式。

잠수함 潛水艦　　潜水舰
공격용 잠망경 攻擊用潛望鏡　　攻击用潜望镜
기뢰, 수뢰 機雷, 水雷　　机雷, 水雷
기뢰 부설함 機雷敷設艦　　布雷舰
기뢰 탐색함 機雷探索艦　　探雷舰
기뢰함 機雷艦　　机雷舰
소해정 掃海艇　　扫雷舰
어뢰 魚雷　　鱼雷
오야시오급 잠수함　　亲潮级潜艇
유시오급 잠수함　　夕潮级潜艇
212급 잠수함　　212级潜艇

오야시오급 잠수함은 독일의 212급 잠수함과 더불어 세계 최고의 재래식 잠수함으로 꼽힌다.

亲潮级潜艇和德国的**212级潜艇**被誉为世界第一的常规潜艇。

잠수정 潛水艇　　潜艇, 小型潜艇, 袖珍潜艇
항해용 잠망경 航海用潛望鏡　　航海用潜望镜
핵잠수함 核潛水艦　　核潜水舰

베이징은 대륙간 탄도 미사일과 전략 미사일 발사 핵잠수함 개발을 위해 더 많은 자금을 투입했다.

北京投入了更多的财力研制洲际弹道导弹、战略导弹**核潜水舰**。

잠수함 발사 탄도 미사일(SLBM)　　潜艇发射的弹道导弹
장갑차 裝甲車　　装甲车

올 6월 한국 여중생 두 명이 주한 미군 장갑차에 깔려 사망했다.

今年6月, 两名韩国女中学生被驻韩美军**装甲车**碾压致死。

상륙 장갑차 上陸裝甲車(AAV)　　两栖突击车

재래식 무기 在來式武器 **常规武器**

재래 병력 在來兵力 **常规兵力**

재래 병력이 부족한 상황에서 핵무기는 최후의 보루가 될 것이다.
在**常规兵力**不足的情况下, 核武器将是最后一道屏障。

저공 방어 미사일 **低空防卫飞弹**

적외선 영상 장치 赤外線影像裝置 **红外图像增强器**

적외선 탐지기 赤外線探知機 **红外探测器**

전차 戰車 **坦克**

제트기 **喷射机**

조명탄 照明彈 **照明弹**

미군은 조명탄을 쏘아 올렸다.
美军向空中发射了**照明弹**。

주야간 탐측 시스템 **昼夜观瞄系统**

지뢰 地雷 **地雷**

대인 지뢰 對人地雷 **杀伤人员地雷, 反步兵地雷**

대인지뢰 금지 조약 對人地雷禁止條約 **禁止杀伤人员地雷公约**

대전차 지뢰 對戰車地雷 **反坦克地雷**

지뢰 제거 地雷除去 **扫雷**

현재 군사 분계선 DMZ의 지뢰 제거 작업이 순조롭게 진행되고 있다.
目前正在军事分界线非军事区内进行的**扫雷**工作进展顺利。

지뢰 탐지기 地雷探知機 **地雷探测器**

지상 요격 미사일 **陆基拦截弹**

첨단 무기 尖端武器 **尖端武器, 先进武器**

극초단파 폭탄 極超短波爆彈, **e-폭탄** **电子炸弹**

크루즈 미사일 탄두가 터뜨린 e-폭탄은 극초단파를 발사하여 사정거리 안에 있는 모든 전자 장비를 무력화시킨다.
由巡航导弹弹头引爆的"**电子炸弹**"能释放出高能量微波脉冲, 使射程范围内的所有电器设备瘫痪。

모아브 탄 **MOAB炸弹, 高威力空爆炸弹**

모아브 탄(MOAB: Massive Ordnance Air Burst , 高威力空爆炸弹)이란?

공중 폭발 대형 폭탄의 약어이나 '모든 폭탄의 어머니(Mother of All Bombs, 炸弹之母)'라는 별명이 있다.

스마트 폭탄 **聪明炸弹**

합동 유도탄 合同誘導彈**(JDAM)** **联合直接攻击弹药**

총 銃	枪支
경기관총 輕機關銃	轻机关枪
구경 口徑	口径, 直径
권총 拳銃	手枪
기관총 機關銃	机关枪
명중 命中	命中
명중률 命中率	命中率
반자동 소총 半自動小銃	半自动步枪
발사 發射	发射, 开(枪)
발포 發砲	发炮, 开火
방아쇠	扳机
소총 小銃	步枪

제1차 세계 대전 후 많은 국가가 소총의 자동 장전에 대한 연구에 박차를 가했다.
第一次世界大战后, 许多国家加紧对**步枪**自动装填的研制。

자동 소총 自動小銃	自动步枪
장전 裝塡	装填
저격병 狙擊兵	狙击兵, 狙击手
총개머리	枪托
총구 銃口, 총부리	枪口
총알	子弹, 枪弹, 弹丸
탄약 彈藥	弹药
회전식 권총 回轉式拳銃	转轮手枪, 左轮手枪
탄도탄 彈道彈	弹道导弹
단거리 탄도탄 短距離彈道彈(SRBM)	短程弹道导弹
대륙간 탄도탄 大陸間彈道彈(ICBM)	洲际弹道导弹
미사일 기술 통제 체제(MTCR)	导弹及其技术控制制度
장거리 탄도탄 長距離彈道彈(LRBM)	远程弹道导弹
중거리 탄도탄 中距離彈道彈(IRBM)	中程弹道导弹
탄도 미사일 방어 계획(BMD)	弹道导弹防御计划
탄도 미사일 방어 조직(BMDO)	弹道导弹防御组织
통신 장비 通信裝備	通信装备
C3	指挥、控制与通信系统

C3(Command, Control and Communication, 指挥、控制与通信系统)란?

지휘 · 통제 · 통신.

C4I 指挥、控制、通信、计算机和情报

C4I(Command, Control, Communication, Computer and Intelligence 또는 Information Technology, 指挥、控制、通信、计算机和情报)란?

지휘 · 통제 · 통신 · 컴퓨터 · 정보(기술).

C4ISR 指挥、控制、通信、计算机、智能、监督和侦察系统

대만은 육·해·공군의 정보 시스템을 통합하기 위해 미국의 록히드 마틴사가 생산하는 C4ISR 시스템을 구매하기로 했다.
台湾已与美国洛克希德·马丁公司接洽，将购买该公司生产的**C4ISR系统**，以便连结陆、海、空军的情报系统。

C4ISR(Command, Control, Communication, Computer, Intelligence, Surveillance and Reconnaissance, 指挥、控制、通信、计算机、智能、监督和侦察系统)이란?

지휘 · 통제 · 통신 · 컴퓨터 · 정보 · 감시 · 정찰.

범세계 지휘 통제 체계 汎世界指揮統制體系**(GCCS)** 全球指挥控制系统

비행중 요격 통신 시스템(IFICS) 飞行间拦截通讯系统

저가 자동 공격 시스템(LOCAAS) 低成本自主攻击系统

정보 情報**, 감시** 監視**, 정찰** 偵察 **(ISR)** 情报、监视和侦察

나토 군은 ISR 체계를 통해 많은 양의 정보를 얻었다.
情报、监视和侦察系统给NATO军队提供了大量的信息。

전장 관리/지휘 통제 통신 戰場管理/指揮統制通信**(BM・C3I)** 战斗操控/指挥、控制、通讯及信息系统

통합 전술 정보 분배 체계 統合戰術情報分配體系**(JTIDS)** 联合战术信息分发系统

팬텀 F-4 鬼怪

팬텀(F-4 Phantom, 鬼怪)이란?

F-4 팬텀 Ⅱ(F-4 팬텀 Ⅱ라는 닉네임 중 로마 숫자 Ⅱ는 그 훨씬 이전 FH-1 전투기에 이미 팬텀이란 명칭을 사용했었기 때문에 붙여진 것이나, 일반적으로 F-4 팬텀 Ⅱ라는 정식 명칭보다는 F-4 팬텀이란 명칭을 더 많이 사용함)은 1950년대에 미 해군이 맥도널 더글라스(후에 보잉 사에 합병됨) 사에 개발을 의뢰한 4발의 스패로우 중거리 미사일을 탑재한 쌍발 엔진의 전천후 장거리 복좌 함대 방공 전투기

이다. 개발 당시 속도, 상승률 및 고고도 비행 성능에 있어 세계 최고의 전투기로서 "더 이상의 전투기는 없다"는 극찬을 받았다.

차세대 전투기 사업 次世代戰鬪機事業 **韩国下一代主力战斗机项目**

차세대 전투기 사업(FX 사업: Fighter Experimentation, 韩国下一代主力战斗机项目)이란?

현재 약 560여 대 보유 중인 공군 전투기종 중에서 이미 노후된 F-5기종과 2008년 F-4 기종의 수명이 마감되면서 적정 수준의 공군 전력 유지를 위해 추진되었다. 선정 과정에 의혹이 제기되면서 논쟁의 대상이 되었으나 결국 예정대로 F-15K로 선정되었다.

한국 전투기 사업 韓國戰鬪機事業 **韩国战斗机项目**

한국 전투기 사업(KFP: Korea Fighter Program, 韩国战斗机项目)이란?

전에는 FX 계획으로 불렀지만, 후에 KFP로 바뀌었다. 군 전력 증강 사업 중 율곡 사업에 최대 역점을 두고 1992년부터 1998년까지 전투기 120대를 구매하거나 합작 생산하는 것이 주요 사업 내용이다.

폭약 爆藥**, 다이너마이트** **炸药**

더러운 폭탄 **脏弹**

더러운 폭탄(Dirty Bomb, 脏弹)이란?

'더러운 폭탄'은 다이너마이트와 같은 재래식 폭탄에 방사능 물질을 채운 일종의 방사능 무기로 폭발 시 일반적인 폭탄 폭발 현상과 더불어 방사능 물질이 유포되기 때문에 '더럽다'는 수식어가 붙었다.

벙어리 폭탄 **哑弹**

셈텍스(SEMTEX) **塞姆汀塑胶炸药**

소형 핵폭탄 小型核爆彈**, 미니누크** **迷你核弹**

시한폭탄 時限爆彈 **定时炸弹**

테러리스트들은 홀에 설치한 시한폭탄으로 위협을 가했다.

恐怖分子用设置在大厅的**定时炸弹**进行威胁。

플라스틱 폭탄 **塑料炸弹**

휴대폰 폭탄 **手机炸弹**

함대 艦隊 **舰队**

소해정 함대 掃海艇艦隊 **扫海艇舰队**

일본은 일찍이 미국과 동남아 해군의 합동 훈련에 소해정 함대를 파견했다.
日本曾向美国和东南亚海军联合军演派遣**扫海艇舰队**。

함정 艦艇 **舰艇**
고속정 高速艇 **高速艇, 快艇轮**
구축함 驅逐艦 **驱逐舰**
다목적 상륙주정 多目的上陸舟艇 **通用登陆艇**
대잠 능력 對潛能力 **反潜能力**
대잠함 對潛艦 **反潜舰**
미사일 구축함 **导弹驱逐舰**
비행갑판 飛行甲板 **降落甲板**
수륙 양용정 水陸兩用艇 **水路两用船, 两栖攻击舰**
순양함 巡洋艦 **巡洋舰, 巡航艇**

이번에 대만 군이 관심을 보이고 있는 것은 이미 20년간 미군이 사용한 타이콘데로가급 이지스 순양함이다.
此次台军感兴趣的是在美军服役20多年的"提康德罗加"级"宙斯盾"**巡洋舰**。

이지스 구축함 **宙斯顿驱逐舰**

대양 해군(大洋海军)이란?

- 구축함 : 배수량은 4,000~10,000톤 미만. 원래 2차 대전 당시 독일의 U-보트를 잡기 위한 대잠함이었으나 현대에는 당당한 해군의 주력으로 함대의 지휘와 대함·대공·대잠 전투의 핵심으로 떠올랐다. 한국에는 KD-1 광개토대왕급과 KD-2 충무공 이순신급이 있다.
- 순양함 : 배수량은 10,000톤 이상. 호위함이 구축함의 축소라면 순양함은 구축함의 확대판이다. 전함이 없어진 지금 순양함은 단일 전투 수상함 중 가장 큰 함이다. 우리 나라에는 아직 없지만 KD-3 이지스 순양함이 건조중에 있다.
- 이지스함 : 미국의 3차원 대공 레이더인 이지스 레이더를 탑재한 함을 말한다. 주로 순양함과 구축함에 탑재된다. 360도로 도는 일반 레이더에 비해 이지스 레이더는 한 개당 120도 이상의 범위를 갖고 있어 함교 4방향에 붙이면 레이더가 돌아가는 시간도 줄이고 훨씬 더 정확한 미사일 요격 정보 및 정보 획득이 가능하다. 비슷한 레이더로는 유럽의 에이파(APAR)가 있다.

전함 戰艦 **战列舰, 军舰**
초계정 哨戒艇 **哨戒艇, 巡逻艇**

남한측은 초계정 한 척과 고속정 한 척의 일부 손상을 입었다.
南韩方面则有一艘**哨戒艇**与一艘快艇轮受到部分损伤。

초계함 哨戒艦 **哨戒舰, 巡逻舰**
키드급 구축함 **基德级驱逐舰**

미국은 대만에 이지스함뿐만 아니라 키드급 구축함 네 척과 P-3 정찰기 판매도 계획하고 있다.

美国不仅要向台湾出售宙斯顿驱逐舰, 还要出售4艘**基德级驱逐舰**和P-3侦察机。

프리깃 함, 호위함 護衛艦 **护航舰, 护卫舰**

호위함은 주로 함정 편대의 호송 및 정찰·경계·순회·기뢰 부설과 상륙 지원에 사용한다.

护卫舰主要用于舰艇编队护航, 以及侦察、警戒、巡逻、布雷和支援登陆等。

연안 해군(沿岸海军)이란?

- 경비정 : 배수량은 100만 톤 미만. 가장 작은 군함. 해경도 쓰지만 아직도 몇몇 나라에서는 항만 경비용으로 쓰이며 한국에는 현재 '가'급 경비정을 쓴다.
- 고속정 : 배수량은 100~400톤. 경비정과 비슷한 항만 경비용으로 쓰이지만 제한적인 대함 전투와 대공 전투가 가능하다. 한국은 현재 참수리급 고속정을 쓰고 차기 미사일 고속정 사업을 추진하고 있다.
- 초계함(코르벳함) : 배수량은 800~1,200톤. 대형함에 속하며 빠른 속도로 고속정들을 지휘한다. 대함 미사일과 대공 미사일을 탑재하며 한국에는 동해급과 포항급 초계함이 있다(한국의 대형함 중 가장 많은 수를 차지한다).
- 호위함(프리깃함) : 배수량은 1,200~3,900톤. 강력한 대함 · 대공 · 대잠 미사일 등으로 함대를 호위하는 것이 주목적으로서 한마디로 구축함의 축소형이라고 할 수 있다. 한국에는 울산급 호위함이 있고 차기 호위함 사업이 진행되고 있다.

함포 艦砲 **舰炮**

호버 크래프트 **气垫船**

항공모함 航空母艦 **航空母舰, 航母**

항모 니미츠 호 **"尼米兹" 号航空母舰**

항모 엔터프라이즈 호 **"企业" 号航空母舰**

항모 칼빈슨 호 **"卡尔 · 文森" 号航空母舰**

항모 키티호크 호 **"小鹰" 号航空母舰**

미항모 키티호크 호가 30일 일본 항으로 회항한다.

美**小鹰号航空母舰**将于三十号回到日本港。

항공모함(航空母舰, 航母)이란?

바다 위에 떠다니는 공군 기지. 현재 미국의 니미츠가 세계 최강이다. 사실 대형 항모와 초대형 항모는 미국밖에 없다. 세계 해군 2, 3위인 러시아와 영국도 중형 항모뿐이며 다른 나라는 경항모나 헬기 상륙함 개조 항모를 이용한다. 현재 우리 나라의 항공모함 계획은 2015년으로 결정되었다.

헬기 **直升机**

공격 헬기 **攻击直升机**
대잠 헬기 **反潜直升机**
블랙호크 헬기 **黑鹰直升机**
수직 이착륙 비행기 垂直離着陸飛行機 **垂直起落飞机**
아파치(Apache) **阿帕奇**

아파치는 '첨단공격 헬기 개발 계획(AAH)'을 위해 개발한 공격용 첨단 헬기이다.

"**阿帕奇**" 是为"先进攻击直升机"(AAH)计划研制的先进攻击直升机。

치누크 헬기 **支努干直升机**
프로펠러 **螺旋桨**

화력 火力 **火力**

군대가 분계선에서 후방으로 철수한 것은 분명 북한의 화력 범위에서 벗어나기 위함이다.

军队从分界线后撤, 这显然是为了脱离朝鲜**火力**的威胁范围。

12 경제 经济

경제 经济

가계 경제 家計經濟 **家庭经济**

가계 부채 家計負債 **家庭债务**

막대한 가계 부채로 인해 개인 파산 신청 건수가 또 다시 사상 최고치를 기록했다.

由于**家庭债务**负担沉重, 个人破产申请案再创历史新高。

가계 소득 家計所得 **家庭收入**

가계 지출 家計支出 **家庭开支**

거시 경제 巨視經濟 **宏观经济**

거시 경제학 巨視經濟學 **宏观经济学**

국제수지 國際收支(BOP) **国际收支**

기초 여건 基礎與件 **经济基础**

우리는 한국 경제의 기초 여건이 여전히 튼튼하다고 확신한다.

我们相信韩国的**经济基础**仍然稳固。

경제 經濟 **经济**

현재 한국 경제의 어려움은 구조적 문제에서 기인한다.

韩国目前的**经济**困难归根于其结构性错误。

경제력 經濟力 **经济力, 经济实力**

중국의 경제력은 미국·일본에 이어 세계 3위이다.

中国**经济实力**仅次于美日列世界第三。

경제인 經濟人 **经济人, 经济人士, 工商人士**

중국의 경제력이 높아짐에 따라 중국에 대한 미국 경제인의 관심도 커지고 있다.

随着中国经济实力的增强, 美国**工商人士**对中国的关注程度越来越高。

경제적 經濟的 **经济合算, 省钱, 节约的**

유럽의 주요 도시를 여행하려는 관광객은 유레일 패스를 이용하면 경제적일 뿐 아니라 표 구매 시간도 절약할 수 있다.

需要在欧洲主要城市旅游的游客可以购买欧洲铁路通票, 既**经济合算**, 也可节省购票时间。

— 논리 論理 **经济逻辑**

양안 경제 무역의 경제 논리가 정치 논리로 대체되었다.

两岸经贸往来的**经济逻辑**已被政治逻辑所取代。

경제성 經濟性 **经济性, 经济合算的程度**

규모의 경제 **规模经济**

규모의 경제와 브랜드 전략이 많은 기업의 목표가 되고 있다.

规模经济和品牌战略成为相当多企业追求的理想目标。

규모의 경제(Economy of Scale, 规模经济)란?

각종 생산 요소의 투입량을 증가시킴으로써 이익이 증가되는 현상을 말한다. 대량 생산에 의하여 단위당 비용을 줄이고 이익을 늘리는 방법이 일반적인데 최근에는 특히 설비의 증강으로 생산비를 낮추는 데 주안점을 두고 있다. 이 경우에는 기술 혁신을 수반하는 것이 보통이며 이를 '규모의 이익'이라고 한다.

무중량 경제 無重量經濟 **无重量经济**

범위의 경제 **范畴经济**

범위의 경제(Economy of Scope , 范畴经济)란?

한 기업이 2종 이상의 제품을 함께 생산할 경우, 각 제품을 다른 기업이 각각 생산할 때보다 평균 비용이 적게 드는 현상을 말한다. 즉 생산 요소의 기능을 조절하여 효율적으로 생산하는 것으로 연구 개발·판매·생산 등은 공동으로 이용하면서 제품의 종류만 달리할 경우 비용은 적게 들이고 효과는 극대화할 수 있는 장점이 있다. 또 기업 다각화의 경우 기존 산업과 비슷한 산업에 진출함으로써 시너지 효과를 얻을 수도 있다.

비용 효과 費用效果 **费用效果, 成本效果**

최상의 비용 효과를 거둘 수 없다.

无法达到最佳的**费用效果**。

경제 5단체 經濟五團體 **韩国五大经济团体**

경제 5단체 대표는 공동 뉴스 브리핑을 통해 남북정상 회담을 진심으로 환영한다고 발표했다.

五大经济团体的负责人发表联合新闻公报, 表示热烈欢迎南北首脑会谈。

경제 5단체 韩国五大经济团体	
대한상공회의소 (KCCI) Korean Chamber of Commerce and Industry	大韩商工会议所
전국경제인연합회 (FKI) Federation of Korean Industries	全国经济人联合会
중소기업중앙회 (KFSB) Korea Federation of Small and Medium Businesses	中小企业中央会

경제

■ 경제

한국경영자총협회 (KEF) Korea Employers Federation	韩国经营者总协会
한국무역협회 (KITA) Korea International Trade Association	韩国贸易协会

경제 주체 經濟主體 **经济主体**
- 가계 家計 **家庭**
- 기업 企業 **企业**
- 정부 政府 **政府**
  - 정부·기업·개인은 현대 시장 경제의 3대 경제 행위 주체이다.
  - **政府**、企业和个人是现代市场经济中的三个经济行为主体。

경제학 經濟學 **经济学**
- 계량 경제학 計量經濟學 **经济计量学, 计量经济学**
- 고전학파 古典學派 **古典学派**
- 케인스학파 **凯恩斯学派**

경제 이론 经济理论	
교환의 최적성(자원의 효율적 배분)	帕累托最优
구매력 평가 가설	购买力评价理论
구축 효과	挤出效应
규모에 대한 보수	规模收益
규모의 경제	规模经济
근린궁핍화 정책(보호주의)	"以邻为壑" 策略, "以邻为壑" 政策
래퍼 곡선	拉佛曲线
레버리지 효과	杠杆作用
범위의 경제	广度经济, 范畴经济
보이지 않는 손	看不见的手, 无形的手
보호주의	保护主义
부의 손실	财富损失
부의 효과	财富效应
비용과 편익	成本效益, 成本收益
수확체감의 법칙	收益递减律, 收获递减律
위험부담과 보상	风险和报酬
임의보행 가설	随机理论, 随机走势理论
자동안전화 장치	自动(或内在)稳定器

자유방임주의	放任主义
전방 효과	前向关联效应
전시 효과	示范效应
절약의 역설	节约悖论
정보의 비대칭	信息不对称, 非对称信息
조세의 귀착	租税归宿
중상주의	重商主义, 商业主义, 营利主义
지니계수	基尼系数
톱니 효과	棘轮效应
통화주의자	货币主义者
필립스 곡선	菲利普斯曲线
필립스의 상충	菲利普斯曲线的取舍关系
한계비용	边际成本
한계소비성향	边际消费倾向
한계이윤	边际利润
한계효용	边际效用
한계효용의 법칙	边际效用法则
화폐수량설	货币数量说
효용의 극대화	效用最大化
후생의 손실(조세의 결과)	福利损失
희소성의 법칙	稀缺法则

공공재 公共財 **公共品, 公共产品, 公共财货, 公共物品**

개인에 의해 공급되는 공공재가 턱없이 부족하기 때문에 공공재 생산 장려를 위한 정부의 개입이 필요하다.

由于私人提供**公共品**普遍不足, 政府必须介入以鼓励公共品生产。

무임 승차 無賃乘車 **免费搭车, 搭便车**

구독경제 購讀經濟 **订阅经济**

구매력 購買力 **购买力**

미국은 발달된 신용 시스템, 높은 구매력, 강한 정보화 의식을 자랑한다.

美国商业信用机制健全、**购买力**高、信息意识强。

가처분 소득 可處分所得 **可支配收入**

구매력 평가 기준 購買力平價基準 **PPP(Purchasing Power Parity)**

购买力评价

대만은 1999년에 벌써 구매력 평가 기준으로 일인당 GDP가 2만 달러를 넘었다.

台湾早在1999年，以**购买力评价**换算的每人GDP(PPP)即已突破20000美元。

빅맥 지수 **巨无霸指数, 大麦克指数**

빅맥 지수로 볼 때 위안화는 57% 저평가되어 있다.

从**大麦克指数**看，人民币被低估57%。

빅맥 지수(Big Mac Index, 巨无霸指数)란?

일정 시점에서 미국 맥도날드 사(社)의 빅맥 가격을 달러로 환산한 후, 미국 내 가격과 비교한 지수로 영국의 『이코노미스트』지(誌)가 분기마다 한 번씩 발표한다. 세계적으로 빅맥은 품질 · 크기 · 재료가 표준화되어 있어 어느 곳에서나 값이 거의 일정한 빅맥 가격을 기준으로 비교할 경우 각국의 통화 가치를 가늠할 수 있다는 것이다. 즉 환율은 각국 통화의 구매력에 따라 결정된다는 '구매력 평가설'과 동일 제품의 가치는 세계 어디서나 같다는 '일물일가의 법칙'을 전제로 한 산출 방식이다.

내구재 耐久財 **耐用品**

8월분 내구재 주문이 0.9% 감소하여 1,733억 달러를 기록했다.

8月份**耐用品**订单额下降0.9%至1733亿美元。

대체재 代替財 **替代品**

미시 경제 微視經濟 **微观经济**

미시 경제 조정은 각국의 현대 시장 경제 발전에 매우 중요하다.

国家调节**微观经济**是各国现代市场经济发展的重要内容。

미시 경제학 微視經濟學 **微观经济学**

반제품 半製品 **半成品**

1차 상품가가 대폭 오르면서 생산 원가가 높아지자, 일부 제조업체는 완제품과 반제품의 가격 인상을 단행했다.

初级产品价格大幅上扬引起生产成本的提高，导致一些制造商提高成品和**半成品**的价格。

보완재 補完財 **互补品**

비용 費用 **成本**

간접 비용 間接費用 **间接成本**

명시적 비용 明示的費用 **名义成本**

잠재 비용 潛在費用 **隐含成本**

상품 商品 **货物, 商品**

상품 시장이 포화 상태에 이르면서 하이테크 관련 기업은 냉혹한 상품 개발 경쟁을 치르게 되었다.

随着**商品**市场的饱和, 高新技术企业展开了严酷的商品开发竞争。

상품화 商品化 **商业化, 商品化**

고객의 입장에서 볼 때, 고객 스스로 제품 사용이 간편하다고 느낀다면 이미 그것이 상품화 단계에 들어섰음을 의미한다.

从客户观点来看, 只要客户觉得产品简单易用就已经进入**商品化**阶段。

상품 거래소 商品去來所 **商品交易所**

국무원은 다롄 상품 거래소의 옥수수 선물 거래 업무를 공식 허가했다.

国务院已正式批准大连**商品交易所**进行玉米期货交易业务。

상품과 서비스, 재화와 용역 **商品与服务, 货物与服务**

이라크 재건을 위한 상품과 서비스 수요가 시급하다.

伊拉克重建急需**商品与服务**。

생산 生産 **生产**

— **요소** 要素 **要素, 因素**

생산이란 생산자가 토지·노동력·자본·관리 등의 생산 요소를 투입하고, 재화와 용역을 이용하여 새로운 재화와 용역을 만들어내는 과정을 말한다.

生产是指生产者利用土地、劳动、资本和管理等**生产要素**的投入以及对货物和服务的全部消耗, 创造出新的货物和服务的过程。

거시 경제 지표 宏观经济指标	
개인가처분소득 (DPI) Disposable Personal Income	个人可支配收入
개인소득 PI Personal Income	个人收入
경상계정	经常帐户
경상수지	经常收支, 经常项目收支
관광계정	旅游帐户
관광수지	旅游收支
국내총생산량 (GDP) Gross Domestic Product	国内生产总值
국민계정	国民核算(帐户)
국민소득 NI National Income	国民收入
국민순생산(GNP-감가상각비) NNP Net National Product	国民生产净值
국민총생산량 GNP Gross National Product	国民生产总值
명목소득	名义收入

명목 GNP	名义国民生产总值(名义GNP)
생산자물가	生产者物价
실질 GNP	实际国民生产总值(实际GNP)
GDP 갭	GDP 缺口
GNP 디플레이터	GNP平减指数, 国民生产总值平减指数
1인당 국민소득	人均收入

소득 所得　　**收入, 所得**

명목 소득 名目所得　　**名义收入**

실질 소득 實質所得　　**实际收入**

X시의 최저 생계비는 468위안으로 가계의 실질 소득이 468위안에 못 미칠 경우 차액만큼 보조해준다.

X市的最低生活保障线为468元, 家庭**实际收入**不足468元的按差额补足。

1인당 소득 一人當所得　　**人均收入**

한국인은 고속 철도 개통으로 소득 2만 달러 시대를 열어 모두가 잘사는 사회를 만드는 계기가 되기를 바란다.

韩国人希望, 高速铁路的开通能成为韩国迈入国民**人均收入**达2万美元的全民富裕社会的契机。

소득 격차 所得隔差　　**收入差距, 所得差距**

중국의 도농간 소득 격차는 20년 전보다 3배 가까이 늘어났다.

中国城乡**收入差距**较二十年前拉大近三倍。

— 늘다　　**扩大, 拉大**

소득 격차가 더 벌어지면 사회에 어떠한 악영향을 미칠지 예측하기 어렵다.

收入差距的进一步**扩大**会带来何种社会后果很难预测。

— 줄다　　**缩小**

농촌의 세제 개혁은 소득 격차를 줄이는 데 일조했다.

农村的税费改革在一定程度上起到了**缩小**收入差距的作用。

소득 분배 所得分配　　**收入分配, 所得分配**

교육 수준과 소득 분배 사이에 반비례 관계가 성립된다.

教育水平与**收入分配**间存在着一种反比例关系。

부의 분배　　**财富分配**

어떤 나라든 내부 소요 사태나 전쟁이 발생하는 기본 원인은 바로 부의 불공정하고 불균형한 분배 때문이다.

不论任何国家, **财富分配**的不均衡和不公正才是引起内部动乱、战火产生的根本原因。

부의 편중 **财富集中**

미국의 부는 소수의 사람에게 편중되어 있다.

在美国, **财富**高度**集中**在一小部分人手中。

소득 재분배 所得再分配 **收入再分配, 收入重新分配**

누진세 징수는 소득 재분배와 관련이 있다.

国家征收累进税, 主要涉及**收入的重新分配**。

소득 불균형 所得不均衡 **收入不平衡, 所得不均衡**

소득 불균형을 해소하다.

消除**所得不均衡**问题。

소비재 消費財 **消费品**

소비재란 직접 소비자의 욕구를 만족시키는 재화를 가리킨다.

消费品是指所有用以直接满足消费者欲求的物品。

실물 경제 實物經濟 **实物经济**

80년대 이래 미국의 실물 경제는 계속 위축되어왔다.

80年代以来, 美国的**实物经济**一直在萎缩。

자본재 資本財 **资本货物**

6월분 자본재 수입이 4.1% 증가했다.

6月份的**资本货物**进口增加了4.1%。

지하 경제 地下經濟 **地下经济**

시장 市场

가격 價格 **价格**

— **결정** 決定 **决定价格**

원가와 수요·공급이 가격을 결정하고 시장의 협상력이 가격에 영향을 준다.

成本和供需**决定价格**, 市场谈判力量影响价格。

— **수용자** 受容者 **价格接受者**

경쟁 시장에서 매매 쌍방은 모두 가격 결정자가 아니라 가격 수용자이며 가격은 100% 수급 관계에 의해 결정된다.

在竞争的市场上, 买卖双方都只是**价格的接受者**, 而不是价格的决定者, 价格完全由供求关系决定。

— **인상** 引上 **涨价**

철강재 가격 인상으로 인해 최근 온수기 시장 가격이 오를 조짐을 보이고 있다.

由于钢材**涨价**, 最近热水器市场价格有攀升的苗头。

— **인하** 引下 **降价**

— **조정** 調整 **调价**

기자가 어제 관련 기관으로부터 들은 소식에 따르면 난징 시 택시는 당분간 가격 조정을 하지 않을 것이다.
记者昨天从有关部门获得的消息称, 南京出租车将暂不**调价**。

— 조회 照會 **询价**

— 탄력성 彈力性 **价格弹性, 价格灵活性**

갤러핑 인플레이션 **奔腾(急剧)的通货膨胀**

도미노 현상 **骨牌效应**

디플레이션 **通货紧缩**

과거 몇 년 동안 디플레이션은 줄곧 일본 경제의 전유물이었으나 최근 들어 독일과 미국도 디플레이션 위험을 우려하기 시작했다.
过去几年间, **通货紧缩**一直只为日本经济所担忧, 但最近德国和美国也开始担心这种风险。

리디노미네이션 **货币改值, 更改面额**

리디노미네이션(Redenomination, 货币改值, 更改面额)이란?

한 나라에서 통용되는 모든 지폐 및 동전의 액면(額面)을 동일한 비율의 낮은 숫자로 변경하는 조치를 말한다. 예컨대 1,000원을 1환(가칭)으로 바꾸는 식이다. 흔히 '디노미네이션(denomination)'이라고 불러왔지만, 정확히 말하면 디노미네이션은 화폐 · 채권 · 주식 등의 액면 금액 자체를 의미하며 액면 금액을 변경하는 것은 리디노미네이션이다.

매수자 시장 買受者市場 **买方市场**

자동차 시장은 이미 매수자 시장으로 돌아섰다.
汽车市场已进入**买方市场**。

물가 物價 **物价**

소비는 서서히 늘어나는 반면 물가는 급격한 상승세를 보인다.
消费平稳增长, **物价**显著上升。

소비자 물가지수 消費者物價指數 **CPI(Consumer Price Index)** **消费者物价指数**

물가 동향 物價動向 **物价走势**

물가 등락 物價騰落 **物价涨落**

물가 등락은 시장의 제약을 받는다.
物价的**涨落**是受市场制约的。

물가 상승 物價上昇 **通货膨胀, 物价上涨**

물가 상승 압력 物價上昇壓力 **通货膨胀压力**

중국은 현재 물가 상승 압력을 받고 있다.
中国目前面临着**通货膨胀**的**压力**。

물가 상승률 物價上昇率 **通胀率**

— **감안** 勘案 **考虑**

유럽 중앙 은행의 또 한 번의 금리 인하 조치는 미국의 9·11 사건이 세계 경제에 미친 영향과 하락세를 지속하고 있는 물가 상승률을 감안한 것이다.
欧洲中央银行日前再次降低利率，一方面**考虑**到美国遇袭事件对世界经济的影响，另一方面也**考虑**到了通账率不断下降的因素。

— **목표치** 目標値 **目标值**

5%대의 물가 상승은 사회에 별 다른 영향을 미치지 않기 때문에 물가 상승률 목표치를 5% 정도로 잡는 것이 바람직하다.
物价上涨5%左右对社会影响不甚明显，5%基本可以作为我国通货膨胀的**目标值**。

— **반영** 反映 **反映**

물가 상승의 재현은 경기 호전이 반영된 것이다.
通账再出现**反映**经济向好。

수급 불균형 需給不均衡 **供求矛盾，供求不均衡**

가수요 假需要 **虚假需求**

거품 경제가 붕괴되면서 가수요도 급속히 사라졌다.
随着泡沫经济的爆裂，**虚假需求**也迅速烟消云散。

공급 과잉 供給過剩 **供过于求**

액정 TV가 공급 과잉으로 인한 가격 하락 조짐이 있다.
液晶电视**供过于求**有跌价压力。

수요 과잉 需要過剩 **供不应求，求过于供**

수요와 공급 **供求，供需**

정부는 최근 정책 조정을 통해 주택 공급을 늘림으로써 수급 불균형을 해소하겠다고 발표했다.
政府最近表示将通过政策调控，增加住房供应，解决**供求**矛盾。

총수요 總需要 **总需求**

대폭적인 체제 개혁이야말로 총수요 증가를 촉진시키기 위한 최우선 과제이다.
大刀阔斧地深化体制改革是促进**总需求**增长的首要任务。

스태그플레이션 **停滞膨胀**

시장 市場 **市场**

시장 경제 市場經濟 **市场经济**

시장 경제의 활력은 창업 의지가 강한 민간 자본의 성장으로부터 나온다.
市场经济的活力主要来自具有强烈创业冲动的民间资本的发展。

시장 기능 市場機能 **市场调节功能，市场法则**

시장 기능의 실패 **市场失灵**

시장 기능이 실패했을 때 정부는 적절한 개입을 통해 합리적인 메커니즘을 구축해야 한다.
在**市场失灵**的情况下, 政府要适度介入, 建立一种合理的机制。

시장 원리 市場原理 **市场原理**
60% 이상의 주민이 행정력 대신 시장 원리에 따른 민항의 구조 조정을 희망했다.
6成以上的居民希望按**市场原理**进行民航重组, 避免使用行政手段。

시장의 비효율성 **市场无效率, 市场低效率**

시장의 효율성 **市场效率**
우리는 시장의 유동성을 증대시킴으로써 시장의 효율성을 개선할 수 있다.
我们可以通过增加市场流动性改进**市场效率**。

초(超)인플레이션, 하이퍼 인플레이션 **恶性通货膨胀**

코스트 인플레이션 **成本膨胀**

투자 포트폴리오 **投资组合**

투자 회수율 投資回收率 **投资回报率**

판매자 시장 販賣者市場 **卖方市场**

평가 비율 評價比率 **估价比率**

경기 景气

거품 경기 **泡沫景气**
아시아 외환 위기가 발생하자 장기간 거품 경기에 가려 있던 홍콩의 산업 구조적인 문제가 한꺼번에 표출되었다.
在亚洲金融危机的触发下, 长期以来被**泡沫景气**所掩盖的香港产业结构中的问题一下都显露了出来。

거품 경제 **泡沫经济**
최근 아시아의 거품 경제 과열로 외환 위기가 초래되었다.
近年来亚洲**泡沫经济**过热导致了金融危机的爆发。

경기 景氣 **景气**
경기가 나쁘다.
景气不好。

— 탄다 **易受景气影响, 受景气影响大**
소비재는 경기를 많이 탄다.
消费性产品**易受景气**波动之**影响**。

경기 과열 景氣過熱 **经济过热**

경기의 경착륙 **硬着陆**

경기의 연착륙 **软着陆**

아시아개발은행은 중국 경기의 연착륙에 대해 낙관적이다.

亚行对中国经济**软着陆**持乐观态度。

경기 변동 景氣變動 **景气变动, 景气循环, 景气波动**

일부 서구 학자들은 아예 물가 변동을 이용하여 거시적 경기 변동을 설명하기도 한다.

有些西方学者干脆用物价变动来描述宏观经济**景气变动**。

— **둔화** 鈍化 **放慢**

미국 경제가 계속 둔화될 경우 일본의 금년도 성장 목표 1.7%는 달성되기 어려울 것이다.

如果美国经济持续**放慢**, 日本本年度经济也许将不能达到增长1.7%的目标。

— **상승** 上昇 **上升, 好转**

— **침체** 沈滯 **经济萧条, 经济停滞**

경기 침체로 인해 중소기업과 지방 기업인은 경영에 어려움을 겪고 있다.

经济萧条使得中小企业、地方商家经营困难。

— **하강** 下降 **下滑**

— **하강률** 下降率 **经济下滑率**

— **회복** 回復, 恢復 **经济复苏, 经济回升, 经济反弹**

미국 경제의 회복 조짐이 보인다.

美国**经济**释放**复苏**信号。

경기 부양책 景氣浮揚策 **经济刺激政策**

정부는 경기 부양책을 전면적으로 실시할 예정이다.

政府预对**经济**采取全面**刺激政策**。

경기 부양 景氣浮揚 **刺激经济, 提振经济**

경기 저점 景氣低點 **景气谷底, 景气底点**

경기가 저점을 통과했다.

景气谷底已过。

경기적 실업 景氣的失業 **周期性失业**

경기 정점 景氣頂點 **景气顶点**

경기가 정점에 도달했다.

景气达到**顶点**。

경제 대공황 經濟大恐慌 **经济大萧条**

경제 바로미터 **经济晴雨表**

부동산이 경제의 바로미터가 되었다.

房地产成为**经济晴雨表**。

경제 변수 經濟變數 **经济变数**

반테러리즘이 세계 경제에 새로운 변수로 등장했다.
反恐给世界**经济**增添了新的**变数**。

경제적 익스포저 **经济风险(暴露)**

경제적 익스포저(Economic Exposure, 经济风险(暴露))란?

예상치 못한 환율 변동으로 기업의 기대 현금 흐름의 현재 가치가 변할 가능성을 말한다. 경제적 익스포저는 환산 익스포저나 거래 익스포저보다 기업의 장기적 경영에 보다 중요하다. 그러나 경제적 익스포저는 임의적인 시간 범위 내에서 거래의 현금 흐름을 계산하기 때문에 주관적으로 흐를 가능성이 높다. 따라서 경제적 익스포저는 회계 과정에서 발생하는 것이 아니라 경제적 분석에서 발생한다고 할 수 있다.

경제 지표 經濟指標 **经济指标**

경기실사지수 景氣實査指數 **BSI(Business Survey Index)** **企业景气指数, 企业信心指数**

산업 신뢰 지수 産業信賴指數 **工商业信心指数**

선행 지표 先行指標 **先行指标**

선행 지표는 단기 경기 판단에 주로 이용된다.
先行指标主要用于判断短期景气状况。

후행 지표 後行指標 **滞后指标**

내수 부진 內需不振 **内需萎缩**

내수 부진으로 인해 도·소매업과 요식 및 숙박업 종사자 수가 2개월 연속 감소했다.
由于**内需萎缩**, 批发零售业和饮食住宿业就业人数连续两个月减少。

경제 지표 经济指标	
경기동향지수 (DI) Diffusion Index	景气动向指数, 扩散指数
기업경기실사지수 (BSI) Business Survey Index	企业景气指数
경기지표 (BI) Business Cycle Indicator	景气周期指数
경제고통지수 Economic Misery Index	经济痛苦指数
기업신뢰지수	企业信心指数
도매물가지수(WPI) Wholesale Price Index	批发物价指数
물가지수 Price Index	物价指数
생산자물가지수 (PPI)	生产价格指数
생활물가지수 (Living Price Index)	生活物价指数
선행지수 Leading Composite Indicator	领先指数

설비투자 (CAPEX) Capital Spending, Expenditure	设备投资
소비자물가지수 (CPI) Consumer Price Index	居民消费价格指数
소비자신뢰, 확신지수 (CCI) Consumer Confidence Index	消费者信心指数
실업률 Unemployment Rate	失业率
종합지수, 선행경기지수 (CI) Composite Index	综合指数, 合成指数
핵심물가지수 Core CPI	核心物价指数

더블 딥 **双谷经济衰退**

더블 딥(Double Dip, 双谷经济衰退)이란?

경기가 저점을 통과하고 회복하다가 다시 하강하여 저점을 두 번째 통과한 후에야 상승 곡선을 그리는 경제 회복 양상. 双底·双谷底·双重衰退라고도 한다.

불경기 不景氣 **不景气**

항공 산업의 계속되는 불경기로 영국 항공 회사는 5,800여 명을 추가로 해고할 예정이다.

航空业持续**不景气**, 英国航空公司将再裁员5800人。

불황 不况 **不景气, 景气衰退**

홍콩의 관광 산업이 불황에 빠질 경우 대량 실업이 예상된다.

一旦香港的旅游业出现**衰退**现象, 预期将有大量从业人员失业。

설비 투자 設備投資 **设备投资, 资本支出**

한국의 4대 기업은 2002년도 설비 투자를 삭감 혹은 동결할 방침이다.

韩国四大企业集团纷纷计划2002年减少或冻结**设备投资**。

— **부진** 不振 **不振**

설비 투자가 부진하다.

设备投资**不振**。

— **활발** 活潑 **活跃**

설비 투자는 여전히 활발하다.

设备投资依然**活跃**。

소비자 기대 심리 消費者期待心理 **消费者期待心理**

소비자 기대 지수 消費者期待指數 **消费者期待指数**

경기, 생활 수준, 소비 지출 등 소비자의 기대 심리를 반영하는 소비자 기대 지수가 89.6%를 기록했다.

反映景气、生活水平、消费支出等消费者期待心理的**消费者期待指数**达到89.6%。

소비 패턴 **消费模式**

호황 好況 **经济繁荣**

평론가들은 경제가 장기 호황을 누리지 못하고 빈부 격차가 더욱 커질 것이라고 지적했다.

评论家指出**经济**不可能长期**繁荣**, 而贫富悬殊将越来越大。

성장 增长

개발 도상국 開發途上國 **发展中国家**

중국은 세계에서 가장 큰 개발 도상국이다.

中国是世界上最大的**发展中国家**。

경제 개발 정책 經濟開發政策 **经济发展政策**

국가균형발전위원회 國家均衡發展委員會 **国家均衡发展委员会**

10차 5개년 계획 十次五個年計劃 **十五计划, 十个五年计划**

서기동수는 서부 대개발의 상징적인 프로젝트로서 10차 5개년 계획의 4대 프로젝트 중 하나이다.

西气东输工程是国家实施西部大开发的标志性工程, 也是**十五**期间四大工程之一。

☞ 西气东输란 서부의 천연가스를 동부 연안 지역으로 공급하는 프로젝트.

5개년 경제개발 계획 五個年經濟開發計劃 **经济发展5年计划**

한국 정부는 1962년~1971년까지 1차·2차 5개년 경제 개발 계획을 실시했다.

韩国政府自1962到1971年实施了第一、二个**经济发展5年计划**。

경제 규모 經濟規模 **经济规模**

한국의 경제 규모는 세계 10위이다.

韩国**经济规模**位居全球第10位。

— **위축** 萎縮 **萎缩**

프랑스는 소비자마저 소비를 줄이면서 경제가 위축되었다.

法国消费者也开始减少消费, 因此导致法国经济的**萎缩**。

— **확대** 擴大 **扩大**

향후 50년 동안 세계 경제 규모는 4배가량 확대될 전망이다.

未来50年全球经济规模将有可能**扩大**4倍。

경제 대국 經濟大國 **经济大国**

2050년에 중국은 세계 제2의 경제 대국이 될 것이다.

2050年中国有望成为世界第二大**经济大国**。

경제 도약 經濟跳躍 **经济跳跃**

인적 자원은 경제 도약 실현의 결정적 요소이다.
人才资源是实现**经济跳跃**的决定性因素。

경제 성장 經濟成長 **经济增长**

— **둔화** 鈍化 **放缓, 缓慢**

— **저해** 沮害 **阻碍, 抑制, 阻止**

비효율적인 제도가 경제 성장과 발전을 저해한다.
低效率的制度**阻碍经济增长**和发展。

— **촉진** 促進 **促进, 推动**

관광 산업의 발전은 경제 성장을 촉진시킨다.
发展旅游业**促进经济增长**。

경제 성장률 經濟成長率 **经济增长率**

아시아개발 은행에 따르면, 올해 동아시아 지역 경제 성장률은 7.3%에 달할 전망이다.
亚行预测, 东亚地区**经济增长率**将达7.3%。

마이너스 성장 **负增长**

2003년 3/4분기부터 경제가 서서히 마이너스 성장에서 벗어나 회복세를 보이고 있다.
从2003年第三季度开始, 经济缓慢走出**负增长**阴影, 出现复苏迹象。

연성장률 年成長率 **年增长率**

인도의 연경제 성장률이 15년 만에 최고치인 8.2%를 기록했다.
印度经济**年增长率**创下15年以来新高达到8.2%。

경제 성장 전망치 經濟成長展望值 **经济增长预测(值)**

상향 조정 上向調整 **向上调整, 调高**

하향 조정 下向調整 **向下调整, 调低**

IMF는 각국의 경제 성장 전망치를 대부분 하향 조정했다.
国际货币基金组织对各国的经济增长预测值大多**向下调整**。

경제 전망 經濟展望 **经济展望**

— **낙관** 樂觀 **乐观**

— **불확실** 不確實 **不确定**

— **비관** 悲觀 **悲观**

제조업자들은 앞으로 6개월간의 경제 전망을 어둡게 보고 금년 4/4분기 생산량이 크게 줄 것으로 전망했다.
厂家们对未来半年的经济前景展望持**悲观**态度，大部分认为今年第四季度的生产量将大幅减少。

경제협력개발기구(OECD) **经合发组织, 经济合作发展组织**

경제협력개발기구(OECD: Organization for Economic Cooperation and Development, 经合发组织)란?

1961년에 미국·캐나다·서유럽 국가·일본·오스트레일리아·뉴질랜드가 출범시켰다. 전신은 Organization for European Economic Cooperation(OEEC, 欧洲经济合作组织). 1990년대 이후 한국·터키·그리스·멕시코 등 비선진국까지 회원국으로 가입하여 2021년 기준 회원국은 38개국이다. 대륙별로는 유럽 27개, 아시아 3개, 오세아니아 2개, 북미 2개, 중남미 4개가 속해 있으며 아프리카의 국가는 속해 있지 않다. OECD는 “가장 높은 수준의 지속 가능한 발전, 회원국의 생활 수준 향상, 금융 안정을 통한 경제 기여”를 목적으로 하는 국가간 경제 사회 정책 협의체이다. 파리에 본부가 있다.

계획 경제 計劃經濟 **计划经济**

계획 경제가 실패를 거듭하고 자연재해까지 겹친 북한은 장기간의 극심한 식량난을 겪고 있다.

朝鲜中央**计划经济**陆续遭到挫败, 加上天灾频繁, 致使国内长期面临严重粮荒。

고용 없는 성장 **无就业复苏, 没有就业的增长, 失业型复苏**

극심한 취업 문제를 안고 있는 개도국 중국은 지금 고용 없는 성장을 보이고 있다.

在中国这样一个有着严峻就业压力的发展中国家, 正在事实上出现**没有就业的增长**的格局。

국내 총생산량 國內總生産量 **GDP(Gross Domestic Product)** **国内生产总值**

국내 총소득 國內總所得 **GNI(Gross National Income)** **国民总收入**

- **국민 계정** 國民計定 **国民核算, 国民账户**
- **상품 계정** 商品計定 **货物帐户**
- **자본 계정** 資本計定 **资本帐户**

국민 총생산량 國民總生産量 **GNP(Gross National Product)** **国民生产总值**

대외 지향적 개발 정책 對外指向的開發政策 **出口导向型政策**

선발 개도국 先發開途國 **先发国家**

선진국 先進國 **发达国家, 先进国家**

1960년대 올림픽을 개최한 후 불과 20년 만에 일본은 선진국 대열에 합류했다.

20世纪60年代日本举办奥运会后不到20年的时间, 就跻身于**发达国家**之列。

성장 원동력 成長原動力 **增长的原动力**

제조업은 여전히 말레이시아의 경제 성장 원동력이 되고 있다.

制造业继续成为马来西亚经济**增长的原动力**。

신국민 계정 新國民計定 **新国民核算(帐户)**
신흥 경제국 新興經濟國 **新兴经济国**
신흥 공업국 新興工業國 **新兴工业国**

신흥 공업국(NICs: Newly Industrializing Countries, 新兴工业国)이란?

당초 OECD에서 나온 명칭으로 후진국 중 급속한 경제 성장을 통해 중진국 수준에 오른 국가들로 싱가포르·한국·홍콩·브라질·멕시코·대만 등이 있다. 요즈음은 이들 국가들을 NICs보다는 신흥 시장(이머징 마켓)이라고 부르는 추세이다.

신흥 시장, 이머징 마켓 新興市場 **新兴市场**
MS사는 자사의 판매 전략이 전 세계 신흥 시장에서 실효를 거두지 못하고 있음을 알고 있다.
微软知道它的销售模式对全球**新兴市场**不起作用。

압축 성장 壓縮成長 **压缩增长**
연평균 성장률 年平均成長率 **年均增长率**
분기별 성장률 分期別成長率 **每季度增长率**
한국의 작년 분기별 GDP 성장률을 살펴보면, 1/4분기는 3.7%, ……를 기록했다.
去年韩国**每季度**GDP**增长率**为:第一季度3.7%,……。

오일 쇼크 **石油危机, 石油冲击**
올림픽 특수 **奥运特需**
한국의 대기업들도 베이징 올림픽 특수를 겨냥하여 철저한 준비를 했다.
韩国的一批大型企业集团也作好充分准备, 瞄准了北京**奥运特需**市场。

인프라 **基础设施**
— **구축** 構築 **建设, 建立, 构建**
상하이의 인프라 구축 사업이 훌륭한 성과를 거두었다.
上海的基础设施**建设**取得了卓越成效。

— **부족** 不足 **不足, 缺乏, 匮乏**
서북 지역 인프라 부족 문제가 더욱 심각해졌다.
西北地区基础设施严重**不足**的局面有所加剧。

— **확충** 擴充 **扩充, 加强**
환경 인프라를 확충하고 환경 개선에 대한 민간 차원의 투자를 늘려야 한다.
要**扩充**环境基础设施, 促进民间部门对环境改善的投资。

전년 대비 성장률 前年對比成長率 **去年同期相比的增长率**
중국 강제 인증 제도 中國强制認證制度(CCC) **中国强制认证**
중진국 中進國 **中等发达国家**

차이나 쇼크 **中国震撼, 中国冲击波**

차이나 쇼크(中国震撼, 中国冲击波)란?

2004년 4월 28일 중국 국무원 상무 회의에서 원자바오(溫家寶) 국무원 총리가 중국 경제의 긴축 정책을 시사하면서 세계 각국 특히 동아시아 각국의 증시가 급락한 것을 말한다.

최빈국 最貧國 **最不发达国家**

최빈국(LLDC: Least Less Developed Countries, 最不发达国家, 特別贫穷国家)이란?

1971년 UN의 개발계획위원회('99년 개발정책위원회로 개칭)가 대외 원조 지침으로 분류했다. LLDC 분류 항목은 1인당 소득 · 문해율 · 전체 GDP에서 제조 부문이 차지하는 비중 등이다. 기준은 매년 조정된다.

후발 개도국 後發開途國 **后起发展中国家**

후발 개도국이 세계적인 대기업 육성을 위한 대책을 마련하지 않는다면, 국제 분업에서 더욱 수동적인 입장이 될 것이다.

如果**后起发展中国家**不采取相应对策大力培育国际级大企业,必然会在国际分工中处于更加被动的地位。

후진국 後進國 **不发达国家**

에이즈 감염자 절대 다수가 후진국 사람들이다.

感染艾滋病毒的人群绝大多数在**不发达国家**。

후진국(LDC: Less Developed Country , 不发达国家)이란?

LDC는 1인당 GNP가 매우 낮은 국가로서 '제3세계'로 불리는 국가들이다.

BRICs **四大发展中国家, 布利克, 金砖四国**

BRICs(四大发展中国家, 布利克, 金砖四国)란?

BRICs란 브라질 · 러시아 · 인도 · 중국을 말한다. 국토가 넓고 천연 자원이 풍부하며 인구가 많다는 공통점을 갖고 있는 이들 나라는 세계적인 경기 침체에도 불구하고 GDP가 계속 성장하는 국가로서 향후 세계 경제 성장의 견인차 역할을 할 것으로 전망되고 있다.

G7 **七国集团**

G7(七国集团)이란?

미국 · 캐나다 · 프랑스 · 독일 · 영국 · 이탈리아 · 일본 7개국. 1975년 석유 파동 직후에 결성된 G6에 1976년 캐나다가 합류하여 G7이 되었다. 한동안 러시아가 옵저버로 참석하며 G7+1로 부르다가 이제는 G8이 되었다.

G8 **八国集团**

G8(八国集团)이란?

미국 · 캐나다 · 프랑스 · 독일 · 영국 · 이탈리아 · 일본 · 러시아 8개국의 재무 장관과 중앙은행 총재들이 회동해 균형 발전과 환율 안정을 목표로 세계 경제 방향과 정책 협조 등을 논의한다. 1년에 한 차례씩 각국 대통령과 총리가 참석하는 G8 정상회담도 개최하고 있다.

G10 **十国集团**

G10(十国集团)이란?

G10은 G7에 스웨덴 · 스위스 · 네덜란드 · 벨기에가 추가된 선진국 모임. 독일과 스웨덴은 중앙은행 총재만 참석하여 모두 11개국이지만 G10으로 불린다.

G22 **二十二国集团, 二十二集团**

G22(二十二国集团, 二十二集团)란?

G7에 15개의 NIC들이 참석. 아르헨티나 · 오스트레일리아 · 브라질 · 중국 · 홍콩 · 인도 · 말레이시아 · 멕시코 · 폴란드 · 러시아 · 싱가포르 · 남아공화국 · 태국 · 인도네시아 · 한국 + G7.

G26 **二十六国集团**

G26(二十六国集团)이란?

G22에 벨기에 · 네덜란드 · 스위스 · 스웨덴이 추가된 모임.

G77 **七十七国集团**

G77(七十七国集团)이란?

1964년 제네바에서 공동 선언을 한 77개 개발 도상국 모임. 주로 선진국들과의 협상에서 개도국간의 공동 입장을 정리하기 위해 협력하는 것을 목적으로 한다. G77 회원국은 현재 130여 개국으로 늘었다. 한국은 OECD에 가입하면서 탈퇴했다.

NIEs 东亚新兴工业经济体

NIEs(东亚新兴工业经济体)란?

홍콩 · 한국 · 싱가포르 · 대만(때로는 인도네시아나 태국도 포함된다) 등 주로 동아시아의 선발 개도국을 지칭한다.

경쟁력 竞争力

경쟁 競爭 **竞争**

경쟁의 심화 **竞争加剧**

새로운 판매업자의 가세는 경쟁만 심화시킬 뿐이다.
新的经销商加入只会**加剧竞争**。

출혈 경쟁 出血競爭 **流血竞争, 亏损竞争**

경쟁력 競爭力 **竞争力**

국가 경쟁력 國家競爭力 **国家竞争力**

국제 경쟁력 國際競爭力 **国际竞争力**

경쟁 우위 競爭優位 **竞争优势**

하이얼 제품은 중국 내수 시장에서 상대적 경쟁 우위를 갖고 있다.
海尔的产品在国内市场上具有相对的**竞争优势**。

비교 우위 比較優位 **比较优势**

절대 우위 絶對優位 **绝对优势**

무한 경쟁 無限競爭 **无限竞争**

21세기는 무한 경쟁의 시대이다.
21世纪是**无限竞争**的时代。

경제 개혁 经济改革

가족 소유 경영 家族所有經營 **家族经营**

가족 소유 경영 제도는 가족의 힘을 응집시키므로 창업 초기의 어려움을 극복하는 데 도움이 된다.
实行**家族经营**制有凝聚家族力量的作用, 在企业初创阶段便于克服困难。

경직된 구조 **僵硬的结构**

문어발식 경영 **章鱼足式的扩张模式**

상호 지급 보증 相互支給保證 **互相担保**

모자 기업간 상호 지급 보증.

母子公司之间**互相**提供**担保**。

상호 출자 相互出資 **互相出资**

정부가 규제하는 자회사간 상호 출자 담보 규정을 위반했다.

违反了政府限制同一集团子公司之间**互相出资**担保的规定。

선단식 경영 船團式經營 **船队式经营, 雁型经营模式**

한국 경제의 대기업 그룹 구조와 선단식 경영은 이제 개선되어야만 하는 시기를 맞고 있다.

韩国经济的大企业集团结构和**船队式经营**已经到了非彻底整改不可的时候了。

순환 출자 循環出資 **循环出资**

오너 경영 **业主经营**

경제 개혁 經濟改革 **经济改革**

새 정부는 지속적인 경제 개혁을 추진할 예정이다.

新政府将继续推行**经济改革**。

경제 관행 經濟慣行 **经济惯例**

정경 유착 政經癒着 **政商勾结, 官商勾结**

정경 유착으로 기업 경영자가 집권자의 세력을 등에 업고 대재벌이 되었다.

政商勾结使得商业经营者藉由执政者的势力而转变为大财阀。

정실 자본주의 情實資本主義 **裙带资本主义, 权贵资本主义**

경제력 집중 經濟力集中 **经济力量集中**

경제력이 재벌에 집중되어 있기는 하지만 일본은 시장 중심적인 미국을 벤치마킹했고 또 시장 원리에 따른 경영을 충실히 이행하고 있다.

虽然**经济力量集中**于财阀, 但是, 日本向以市场为中心的美国学习, 并且忠实地依照市场进行经营。

경제의 글로벌화 **经济全球化**

경제 통합 經濟統合 **经济整合**

글로벌 경제 **全球经济**

동조화 同調化 **同步化, 趋同化**

세계 경제의 글로벌화에 발맞춰 주요 선진국의 경기 순환 주기가 동조화 추세를 보이고 있다.

随着世界经济日益全球化, 主要发达国家的经济周期也出现了**同步化**的趋势。

경제 정의 經濟正義 **经济正义**

정부와 사회는 모든 사람이 경제 정의를 누리도록 해야 할 책임과 의무가 있다.

政府及社会有责任及义务让每一个人都享受**经济正义**。

부정 축재 不正蓄財 **违法谋财, 非法谋财**

불로 소득 不勞所得 **不劳而获的(财产)**

상속인에게 있어 유산은 불로 소득이기 때문에 (세금) 징수폭이 크다.

遗产对继承人而言是**不劳而获**, 税金征收力度相对较大。

경제정의실천시민연합 經濟正義實踐市民聯合 **经济正义实践市民联合**

공기업 公企業 **国有企业, 国营企业**

중국은 날로 비대해지는 국영 기업과 막대한 부채를 안고 있는 은행에 대한 개혁을 실시해야 한다.

中国应对日益膨胀的**国营企业**及负债沉重的银行进行改革。

관 주도 경제 官主導經濟 **政府主导型经济**

관 주도 경제에서 시장 주도형 경제로의 전환은 시장화 개혁의 필연적인 추세이다.

从**政府主导型经济**向市场主导型经济转变是市场化改革的必然趋势。

관치 금융 官治金融 **官治金融**

한국 중앙 은행은 보다 큰 독립성을 확보함으로써 관치 금융에서 완전히 벗어났다.

韩国中央银行获得了更大的独立性, 彻底脱离**官治金融**的状态。

자원 배분 資源配分 **资源分配**

중국의 토지 자원 배분 문제가 아직도 심각하다.

中国土地**资源分配**问题仍严重。

정책 금융 政策金融 **政策金融**

특혜 배분 特惠配分 **倾斜分配**

국제 정합성 國際整合性 **国际整合性**

군살 빼기 **减肥消肿, 消肿**

수년간의 부단한 노력을 통해 일본 기업의 군살 빼기는 어느 정도 효과를 보았다.

经过近几年不懈的努力, 日本企业的**减肥消肿**已初见成效。

규제 規制 **限制, 管制**

— **완화** 緩和 **放开, 放宽, 放松**

— **철폐** 撤廢 **取消, 废止, 废除**

불필요한 시장 진입 규제를 철폐하다.

取消不必要的市场进入限制。

진입 규제 進入規制 **准入限制, 进入限制**

진입 규제가 산업의 활력을 떨어뜨려 경쟁력을 상실한 기업의 퇴출을 어렵게 만든다.

准入限制减少了产业的活力, 落后企业难以退出。

금융 실명제 金融實名制 **金融实名制, 金融真名制**

금융 실명제는 재산 신고 제도의 핵심이다.

金融实名制是实行财产申报制度的关键环节。

기업 구조 조정 企業構造調整 **企业结构调整, 企业重组**

차입 위주의 경영 **借款为主的经营**

대규모 기업 집단 大規模企業集團 **大企业集团**

민간 주도 民間主導 **民间主导**

중국의 투자는 정부 주도에서 민간 투자 주도로 바뀌었다.
中国的投资已经开始由政府主导全面转向**民间**投资**主导**了。

민영화 民營化 **私营化, 民营化**

중소 국유 기업의 민영화는 기업 발전의 원동력이 되었다.
中小国有企业**私营化**给企业发展带来了巨大的动力。

시장 개방 市場開放 **开放市场**

일부 국가가 석유 시장 개방시 자국 석유 회사 보호를 위해 마련한 구체적인 방안을 수집했다.
收集到一些国家在**开放**石油**市场**时保护本国石油公司的具体做法。

시장 자유화 市場自由化 **市场自由化**

전 세계 보험 시장 자유화의 거센 물결을 막을 수 없다.
全球范围内的保险**市场自由化**趋势势不可挡。

재벌 財閥 **财阀**

재벌 역시 외국 기업과의 제휴를 통해 경제 구조를 바꾸었다.
财阀通过同外国企业结盟改变了自己的经济结构。

재벌 개혁 財閥改革 **财阀改革**

경영 소유 분리 經營所有分離 **经营权与所有权的分离**

현대 기업 제도의 최대 특징은 기업의 경영과 소유의 분리이다.
现代企业制度最大的特点就是企业**经营权和所有权的分离**。

대마 불사론 大馬不死論 **大马不死**

한국 여론은 김우중 회장의 사퇴로 '대마 불사'의 신화가 완전히 무너졌다고 생각한다.
韩国舆论认为, 金宇中的辞职 彻底打破了"**大马不死**"的神话。

배 째라 **要钱没有、要命有一条**

중국의 건설 시장이 무질서한 원인은 시장 주체의 신용이 낮아 사고 발생 혹은 계약 위반시 '배 째라'는 식으로 나와도 소정의 형사 처벌이나 행정 처벌에 그치기 때문이다.
中国建筑市场之所以无序, 主要原因就是市场主体信用差, 发生事故或违约后, 往往是"**要钱没有、要命有一条**", 只能给予一定的刑事惩罚或行政处罚。

빅 딜 **产业交换**

삼성 그룹은 삼성자동차를 대우자동차에 넘기고 그 대가로 대우그룹은 대우전자를 삼성전자에 넘기는 '빅 딜'을 단행했다.
三星集团已将三星汽车交给大宇汽车经营, 其条件是大宇集团将大宇电子交给三星电子经营, 实行所谓的"**产业交换**"。

재벌 정책 財閥政策 **财阀政策**

재벌 해체 財閥解體 **解散财阀, 财阀解体**

족벌 회사 族閥會社 **家族式企业**

족벌 회사의 규모가 점차 확장될수록 관리상의 문제점들은 점점 더 많아진다.
随着**家族式企业**规模的逐渐扩张, 在管理中暴露出来的问题越来越多。

체질 강화 體質强化 **提高整体素质, 增强体力**

공정 거래 公平贸易, 公正交易

경매 競賣 **竞价销售, 拍卖, 竞卖**

오피스텔의 경매가가 주택보다 더 낮다.
写字楼的**拍卖**价格比住宅类物业更便宜。

경매 낙찰 競賣落札 **拍卖成交**

경매 처분 競賣處分 **强制拍卖**

공정 거래법 公正去來法 **公平交易法, 公正交易法**

공정거래위원회 公正去來委員會 **KFTC(Korea Fair Trade Commission)** **公正交易委员会**

공정거래위원회는 5개 정유 회사에 대해 벌금 1,901억 원을 징수하기로 결정했다.
公正交易委员会作出对5家炼油企业罚款1901亿韩元的决定。

공정한 경쟁 조건 **公平竞争环境**

공정한 경쟁 조건(Level Playing Field, 公平竞争环境)이란?

공정 거래를 저해하거나 경쟁을 왜곡하는 조건이 없는 상태. 시장에서의 경쟁 환경을 야구장에 비유하여 피처 마운드처럼 다른 선수들과 높이가 다른 경쟁자가 없도록 지면이 평평하다는 뜻이다.

독점 獨占 **垄断**

독점을 막고, 공정한 시장 경쟁 질서를 세우는 것이야말로 중국 특유의 사회주의 시장 경제 건설을 위해 반드시 거쳐야 하는 길이다.
遏止**垄断**、建立公平的市场竞争是建设具有中国特色社会主义市场经济的必由之路。

과점 寡占 **寡头**

독과점 獨寡占 **寡头垄断**

독과점은 경쟁을 저해할 수 있다.
寡头垄断会阻碍竞争。

반독점법 反獨占法 **反垄断法**

판사는 MS사가 미국의 반독점법을 위반했다고 선포했다.
法官宣布微软违反了美国**反垄断法**。

복점 複占 **两家卖主垄断市场, 双头垄断**

특히 복점일 경우, 비교성 광고는 분명 다른 한 회사를 겨냥한 것이다.
特别是在只有**两家卖主垄断市场**的时候, 毫无疑问, 这时候的对比广告显然是针对另一家。

매점(사재기) 買占 **抢购风, 囤积**

매점매석 買占賣惜 **囤积库存**

원자재 가격의 지속적인 상승 추세 속에서는 매점매석을 통해 투매 시기를 저울질하는 투기꾼이 생겨난다.
在原材料价格持续攀升的情况下, 出现部分投机商**囤积库存**等待时机抛售的现象。

바스켓 거래 **篮子交易**

> **바스켓 거래(Basket Trade , 篮子交易)란?**
>
> 개별 주식의 거래가 아닌 다수 기업의 주식을 바스켓으로 구성해 동시에 거래하는 것을 나타내는 용어로 특히 차익 거래에 있어서는 코스피 200지수를 복제하는 다수의 주식으로 인덱스 바스켓을 구성하여 현물 바스켓 매도, 선물 매수 또는 현물 바스켓 매수, 선물 매도의 차익 거래를 시행한다.

반경쟁 행위 反競爭行爲 **反竞争行为**

불공정 거래 不公正去來 **非法交易, 不公正交易**

가격 담합 價格談合 **价格串通, 勾结定价**

공정거래위원회(FTC)는 몇몇 주요 광대역 서비스 업체간에 존재할지도 모르는 가격 담합에 대해 대책을 강구하고 있다.
FTC正在设法弄清楚这几家重要宽带服务供应商之间可能存在的**价格串通**问题。

담합 談合 **共谋, 勾结**

A사와 B사가 담합했다.
A公司与B公司**勾结**。

카르텔 **卡特尔**

세계에서 가장 성공한 카르텔로서 이윤 추구의 극대화가 바로 OPEC의 궁극적인 목표이다.

作为世界上最成功的**卡特尔**，尽可能追求利润才是欧佩克的最终目的。

실물 거래 實物去來 **现货交易**

입찰 入札 **招标**

경쟁 입찰 競爭入札 **竞标**

몇몇 업체가 경쟁 입찰에 참여했다.

几家公司都参与了**竞标**。

공개 입찰 公開入札 **公开投标**

담합 입찰 談合入札 **围标**

독점 입찰 獨占入札 **绑标**

정형 거래 조건 定型去來條件 **国际贸易术语解释通则**

정형 거래 조건(INCOTERMS，国际贸易术语解释通则)이란?

International Commercial Terms의 약자로서 국제간 무역에서의 상품 운송, 수출입 절차의 이행과 수출입 당사자간의 위험 및 비용의 분배에 대하여 규정한 국제 무역 계약의 핵심 요소이다.

외국인 투자 外国人投资

고급 인력 高級人力 **高级人才**

중국 금융업의 개방이 가장 늦었기 때문에 경험이 풍부한 고급 인력이 부족하다.

因为中国的金融业开放最晚，所以缺乏具有足够经验的**高级人才**。

과실 송금 果實送金, **이익금 본국 송환** 利益金本國送還 **利润汇回本国**

투자 기업에 대한 무역 규제를 완화하고 외국 투자자들의 과실 송금을 허가한다.

对投资企业减少贸易限制，允许外国投资者把**利润汇回本国**。

금융 지원 혜택 金融支援惠澤 **金融优惠**

노동 시장 유연성 勞動市場柔軟性 **劳动市场的灵活性**

중국은 노동 시장의 유연성이 크기 때문에 외국 기업체는 보통 1~2년 계약직으로 직원을 선발하여 매년 실적에 따라 재계약 여부를 결정한다.

因中国**劳动市场灵活性**高，外资企业采用1~2年合同制来招聘职员，按每年业绩决定续签与否。

동북아 비즈니스 중심 **东北亚商务中心**

한국은 장차 전 세계에 지대한 공헌을 하는 신동북아 비즈니스 중심이 될 것이다.

韩国将成为对全球做出巨大贡献的新**东北亚商务中心**。

디지털 미디어시티(DMC) **数码媒体中心，数码媒体城市**

송도 미디어밸리 **松岛媒体园区**
아시안 프리미엄 **亚洲溢价**

아시안 프리미엄(Asian Premium, 亚洲溢价)이란?

아시안 프리미엄은 중동 석유 수출국들이 한·중·일을 비롯한 아시아 국가에 원유를 수출할 때 미국·유럽에 비해 배럴당 1달러 이상의 '웃돈'을 얹어 파는 행위를 말한다.

양자 투자 협정 兩者投資協定 (BIT) **双边投资协议, 双方投资协定**
외국인 소유 지분 한도 外國人所有持分限度 **外国人持股限额**
외국인 소유 지분 한도는 40%이다.
外国人持股限额是40%。
외국인 전용 단지 外國人專用團地 (FIC) **外国人专用园区, 外国企业专用公团, 外商投资企业专用园区**
외국인 기업 전용 단지는 '외국인 투자 촉진법'에 따라 관리된다.
外国企业专用公团按"外国人投资促进法"来进行管理。
경제특구 經濟特區 (SEZ) **经济特区**
경제특구에 들어온 외자에 대해 우대 정책을 실시한다.
对进入**经济特区**的外资实行优惠政策。
외국인 투자 外國人投資 **外国人投资, 外资**
외국인 직접 투자 外國人直接投資 FDI(Foreign Direct Investment) **外商直接投资**
금년 상반기에 한국에 유입된 외국인 직접 투자액은 50억 달러이다.
今年上半年, 进入韩国的**外商直接投资**(FDI)为五十亿美元。
외국인 포트폴리오 투자 **外国间接投资**
라틴 아메리카는 경제 개혁이 심화되고 대외 개방이 가속화되면서 증권 시장 개방을 통해 외국인 포트폴리오 투자를 대량 유치했다.
拉美随着经济改革的深入和对外开放的加快, 开放证券市场, 大量吸引**外国间接投资**。
— **유치** 誘致 **吸引, 引进, 招商引资**
한국은 투자 유치를 위해 국내외 투자자에게 많은 혜택을 주었다.
为了**吸引投资**, 韩国向国内外投资者提供了诸多优惠政策。
외국인 투자 기업 外國人投資企業 **外国人投资企业**
외국인 투자 비율 外國人投資比率 **外国人投资比率, 外国人投资比例**
태국 국회는 태국 통신 회사의 외국 투자 비율 최고 한도를 25%로 변경하는 법안을 통과시켰다.

泰国国会通过一项法案，决定将泰国通信公司的**外国人投资比率**的最高限额变更为25%。

외자 外資 **外资**

1978년 개혁 개방을 실시한 이래, 적극적인 외자 유치는 중국 경제의 외향적 성장전략의 핵심을 이룬다.

自从1978年改革开放以来，积极引进**外资**成为中国经济发展外向型战略的一个核心组成元素。

외환 규제 철폐 外換規制撤廢 **消除外汇限制，取消外汇限制**

이중과세 방지 협정 二重課稅防止協定 **避免双重征税协定**

자본 유입 증대 資本流入增大 **资金流入的增加**

미국 경제의 호전으로 인한 경상수지 적자 폭 확대가 자본 유입의 증대로 이어질 수 있다.

以美国经济好转为背景的经常收支赤字扩大可能会带来**资金流入的增加**。

자유 경제 지역 自由經濟地域 (FEZ: Free Economic Zone) **自由经济区**

자유 무역 지대 自由貿易地帶 **自由贸易区**

조세 감면 혜택 租稅減免惠澤 **减免税优惠**

태양 에너지 이용 제품에 대한 조세 감면 혜택 부여를 제안한다.

建议对利用太阳能能源产品实行**减免税优惠**。

조세 감면 기간 租稅減免期間 **减免税期限**

조세 감면 기간은 2022년 1월 1일부터 2022년 12월 31일까지이다.

减免税期限为2022年1月1日至2022年12月31日。

코리아 디스카운트 **韩国折价**

시장이 하락세를 보이는 주요 원인은 남북한 관계의 긴장 국면으로 파생된 북한 디스카운트 때문이다.

市场呈现走跌，主要是因为受到南北韩紧张关系的打击而产生**北朝鲜折价**。

토지 취득 자유화 土地取得自由化 **土地自由化**

토지취득 자유화의 목표는 우선 토지 소유권 형태 변경에 있다.

为达成**土地自由化**的目标，首先要改变土地所有权形式。

장기 저리 임대 長期低利賃貸 **长期低息租赁**

선발을 통해 창업 센터에 입주한 신규 기업체에게는 장기 저리로 건물과 사무 설비가 임대된다.

为通过选拔进入孵化器的新建企业提供**长期低息租赁**的房屋和办公设备。

투자 대상국 投資對象國 **投资对象国**

중국이 미국을 제치고 한국의 최대 투자 대상국으로 부상했다.

中国超过美国成了韩国最大**投资对象国**。

투자 보장 협정 投資保障協定 **投资保证协定, 投资保证协议**

양자간 투자 보장 협정을 통해 외국 자본을 보호한다.
通过双边**投资保证协定**保护外国投资。

투자 유치 정책 投資誘致政策 **吸引投资政策, 招商引资政策**

외국인 투자 촉진법 外國人投資促進法 **外国人投资促进法**

한국의 산업통상자원부는 국가간에 날로 치열해지는 외자 유치 경쟁에 대응하기 위해서 '외국인 투자 촉진법' 개정안을 발표했다.
韩国产业通商资源部公布了"**外国人投资促进法**"修正案, 旨在应对国家间日益激烈的引进外资竞争。

투자 설명회 投資說明會 **投资说明会**

투자 옴부즈맨 사무소 **投资咨询办事处**

한국 투자 센터 **韩国投资中心**

투자 자유화 投資自由化 **投资自由化**

투자 자유화는 APEC 경제 전반에 유리한 여건을 조성할 것이다.
投资自由化将为APEC经济整体创造有利条件。

투자 제약 요소 投資制約要素 **制约投资的因素**

수출 의무 규정 輸出義務規定 **出口义务规定**

외자 기업법에 명시된 외자 기업 수출 의무 규정은 외자 기업의 외화 수지 균형을 맞추기 위한 것이다.
外资企业法对于外资企业**出口义务的规定**是为了促使外资企业保持外汇收支平衡。

예측성 豫測性 **预测性**

인허가 제도 認許可制度 **批准制度, 许可制度**

투자 환경을 개선하기 위해서는 인허가 제도에 대한 개혁이 필요하다.
为改善投资环境有必要改革**许可制度**。

투명성 透明性 **透明度**

투명성 부족은 외국인 직접 투자를 저해한다.
缺乏**透明度**阻碍外国人直接投资。

현지 조달 규정 現地調達規定 **当地采购规定**

현지 조달률 現地調達率 **当地采购比例**

투자 환경 投資環境 **投资环境**

올 상반기 칭다오 시는 대외 개방 확대로 투자 환경을 한층 개선했다.
今年上半年, 青岛市扩大对外开放, **投资环境**得到进一步改善。

규제 환경 規制環境 **监管环境**

외부의 규제 환경이 개선된다 할지라도 이와 같은 현상이 바뀌기는 어렵다.
即使外部**监管环境**有所调整, 也难以改变该现象。

사업 규정과 관행 **商务通用的规则与惯例**

중국의 경제 정책 및 법규, 국제 사업 규정 및 관행에 대한 이해가 필요하다.

需了解中国的经济政策和法规, 以及国际**商务通用的规则与惯例**。

시장 접근성 市場接近性 **市场易接近性, 市场可接近性**

장강 삼각주 지역은 국내외 시장과의 접근성이 매우 좋다.

长江三角洲地区与国际国内**市场**具有良好的**可接近性**。

행정 절차 간소화 行政節次簡素化 **简化行政手续, 简化行政程序**

서류 절차 간소화 書類節次簡素化 **简化文件手续**

일괄 처리 제도 一括處理制度 **一站式服务, 一条龙服务, 一条龙制度**

투자 심사 서비스 센터에서는 투자 항목 일괄 심의 처리 제도를 실시하고 있다.

投资项目审批服务中心实行投资项目审批**一条龙服务**。

13 경영 经营

기업 경영 企业经营

기업 企業 — **企业**

기업가(창업) 정신 企業家精神 — **企业家精神**

혁신력은 기업가 정신의 핵심이다.
创新能力是**企业家精神**的精髓。

기업 문화 企業文化 — **企业文化**

기업 문화는 기업의 오랜 경영을 통하여 형성된 가치관과 행위 규범의 총합체이다.
企业文化是企业在长期生产经营过程中形成的价值观和行为规范的总和。

기업 시민 企業市民 — **企业公民**

삼성은 앞선 기술과 상품, 서비스를 사회에 제공할 뿐만 아니라 다양한 사회 활동에 적극 참여하여 훌륭한 기업 시민이 되기 위해 노력하고 있다.
三星除了为社会提供先进的科技、产品和服务外, 还积极投身于多种社会活动, 努力成为一个优秀的**企业公民**。

기업 윤리 企業倫理 — **企业道德**

기업 윤리는 기업의 자율적인 규범이다.
企业道德是企业自律的规范。

대기업 大企業 — **大企业**

향후 5년간 30~50개의 대기업이 해외에서 상장될 예정이다.
未来5年将有30~50家**大企业**在海外上市。

법인화 法人化, **법인 설립** 法人設立 — **设立企业法人**

법인체 法人體 — **法人实体, 法人单位**

7월 TCL 가전 유한공사 법인체가 설립되었다.
TCL家庭电器有限公司**法人实体**于7月成立。

벤처 기업 — **风险企业**

벤처 기업은 전문 지식과 새로운 기술을 기반으로 만들어진 기업이다.
风险企业是以专业知识和新技术为基础创建的企业。

벤처 캐피털 — **风险投资, 风险资本**

벤처 캐피털(Venture Capital, 风险投资)이란?

고도의 기술력을 갖고 있지만 자금이 없는 기업에 주식 취득 등의 형식으로 투자

하는 기업 또는 이런 목적을 위한 자금.

본사 本社 **总公司, 总部**

계열사 系列社, **자회사** 子會社 **子公司**

지사 支社 **分公司**

베이징에 지사를 설립하려면 어떻게 세무 등록 절차를 밟아야 하는가?
要在北京设立**分公司**, 应如何办理税务登记手续?

신생 기업 新生企業 **初创企业**

국가 세무총국에서 신생 기업에 대한 소득세 우대 정책을 실시하고 있지만 모든 신생 기업이 혜택을 받는 것은 아니다.
国家税务总局对初创企业在所得税方面给予了优惠政策, 但并非所有**初创企业**都可以享受。

중소기업 中小企業 **中小企业**

중소기업 인력의 빈번한 이직이 인력 시장의 수급 상황에 큰 영향을 미치고 있다.
中小企业人才的频繁跳槽严重影响了人才市场的供求关系。

영세 기업 零細企業 **小微企业, "低小散"企业**

근해 수질 오염의 최대 원인은 각지에 퍼져 있는 영세 기업들이 하수 처리를 거치지 않은 폐수와 폐기물을 강과 바다로 내보내기 때문이다.
最大的近海污染源就是各地**"低小散"企业**群把未经处理的工业污水和各种废弃物倾入江海所致。

— **육성책** 育成策 **培育政策, 支援政策**

중견 기업 中堅企業 **中坚企业**

창업 創業 **创业**

창업 붐 **创业热潮**

창업 자본 創業資本 **创业资本**

현재 중국의 창업 투자는 정체 상태를 보이고 있으며 창업 자본 총액도 크게 줄어들었다.
目前中国的创业投资发展相对停滞, **创业资本**总量大幅缩减。

회사 설립 會社設立 **创办公司, 创立公司**

하이얼 그룹은 1984년에 설립되었다.
海尔集团**创立于**1984年。

창립자 創立者 **创立人**

회사 정관 會社定款 **公司章程**

이사회가 회사 정관에 대한 개정 권한을 갖는가?
董事会有权修改**公司章程**吗?

한국 30대 기업 및 대표적 계열사 韩国 30强企业集团以及其子公司	
삼성 그룹 三星集团	
삼성물산(주)	三星物产
삼성생명보험(주)	三星生命保险
삼성SDI(주)	三星SDI
삼성전기(주)	三星电气
삼성전자(주)	三星电子
삼성중공업(주)	三星重工业
삼성카드(주)	三星信用卡
삼성화재해상보험(주)	三星火灾海上保险
(주)제일기획	第一企划
(주)호텔신라	新罗酒店
SK 그룹 SK 集团	
SK(주)	SK股份有限公司
SK 가스(주)	SK燃气
SK 네트웍스(주)	SK网络
SK 이노베이션(주)	SK创新(SK innovation)
SK 텔레콤(주)	SK电信
SK 하이닉스(주)	SK海力士
현대자동차 现代汽车	
기아자동차(주)	起亚汽车
현대제철(주)	现代制铁
현대모비스(주)	现代摩比斯
현대자동차(주)	现代汽车
LG 그룹 LG(乐金) 集团	
(주)LG생활건강	LG生活健康
LG전자(주)	LG电子
LG유플러스(주)	LG U+
LG디스플레이(주)	LG显示
(주)LG화학	LG化学
롯데 그룹 乐天集团	

롯데건설(주)	乐天建设
롯데쇼핑(주)	乐天购物
롯데제과(주)	乐天制果
롯데칠성음료(주)	乐天七星饮料
롯데케미칼(주)	乐天化学
(주)호텔롯데	乐天大酒店
포스코 그룹 POSCO(浦项制铁)集团	
(주)포스코	POSCO(浦项制铁) 股份有限公司
(주)포스코건설	浦项建设
(주)포스코경영연구소	浦项经营研究所
(주)포스코인터내셔널	浦项国际
한화 그룹 韩华集团	
한화생명보험(주)	韩华生命保险公司
(주)한화	韩华股份有限公司
(주)한화갤러리아	韩华Galleria(格乐利雅)
GS 그룹 GS集团	
GS 건설(주)	GS 建设
GS 칼텍스(주)	GS 加德士石油公司
GS 홈쇼핑(주)	GS 电视购物
현대중공업 现代重工业	
현대삼호중공업(주)	现代三湖重工业
현대중공업(주)	现代重工业
농협 그룹 农协集团	
NH투자증권(주)	NH投资证券
농협생명보험(주)	农协生命保险
농협은행(주)	农协银行
신세계 그룹 新世界集团	
(주)신세계	新世界股份有限公司
(주)신세계건설	新世界建设
(주)이마트	易买得(E-mart)
(주)조선호텔앤리조트	朝鲜酒店集团
KT 그룹 KT 集团	

(주)KT	KT股份有限公司
CJ 그룹 CJ(希杰)集团(原第一制糖集团)	
CJ(주)	CJ(希杰)股份有限公司
CJ 프레시웨이(주)	希杰富乐味(CJ Freshway)
한진 그룹 韩进集团	
(주)대한항공	大韩航空
(주)HJ중공업	HJ重工业
카카오 그룹 Kakao集团	
카카오(주)	Kakao
카카오게임즈(주)	Kakao游戏
카카오뱅크(주)	Kakao银行
카카오페이(주)	Kakao Pay
카카오페이증권(주)	Kakao Pay证券
두산 그룹 斗山集团	
(주)두산	斗山股份有限公司
두산건설(주)	斗山建设
두산중공업(주)	斗山重工业
LS 그룹 LS(乐星)集团	
LS 네트웍스(주)	乐星内拓斯(LSNetworks)
LS 전선(주)	LS(乐星)电缆
DL 그룹 DL集团 (原大林集团)	
DL건설(주)	DL建设
DL이앤씨(주)	DL E&C
부영 그룹 富荣集团	
(주)부영주택	富荣住宅
중흥건설 中兴建设	
중흥건설(주)	中兴建设
중흥산업개발(주)	中兴产业开发
미래에셋 그룹 未来资产集团	
미래에셋증권(주)	未来资产证券
미래에셋자산운용(주)	未来资产基金管理
네이버 그룹 Naver集团	

네이버(주)	Naver股份有限公司
네이버파이낸셜(주)	Naver金融
네이버웹툰(유)	Naver网漫
네이버클라우드(주)	Naver网盘(Naver cloud)
라인플러스(주)	LINE Plus
S-OIL 그룹 S-OIL(埃斯)集团	
S-OIL(주)	埃斯股份有限公司
에쓰-오일토탈윤활유(주)	S-OIL TOTAL润滑油
현대백화점 现代百货集团	
(주)현대백화점	现代百货店股份有限公司
(주)현대리바트	现代livart
에이치엠엠 HMM	
에이치엠엠(주)	HMM(前现代商船)
에이치엠엠퍼시픽(주)	HMM PACIFIC
금호아시아나 그룹 锦湖韩亚集团	
금호건설(주)	锦湖建设
금호고속(주)	锦湖高速
하림 夏林(Harim)	
하림(주)	夏林(Harim)
하림푸드(주)	夏林(Harim)食品
HDC 그룹 HDC(现代产业开发)集团	
HDC현대산업개발(주)	HDC现代产业开发
HDC아이파크몰(주)	HDC IPark购物中心
효성 그룹 晓星集团	
(주)효성	晓星股份有限公司
효성중공업(주)	晓星重工业
효성첨단소재(주)	晓星高新材料
영풍 그룹 永丰集团	
(주)영풍문고	永丰文库
고려아연(주)	韩国锌业(Korea Zinc)

참고: 공정거래위원회 2022년 공시대상기업집단 지정결과(www.ftc.go.kr)

경영 经营

감량 경영 減量經營	消肿经营, 精简经营
경영 經營	经营
경영 능력 經營能力	经营管理能力
가치 경영 價值經營	价值管理, 价值经营, 基于价值的经营
지식 경영 知識經營	知识管理, 知识经营, 基于知识的经营
경영 스타일	经营方式, 管理风格
경영인 經營人	经营者
전문 경영인 專門經營人	专职经营者
경영 정보 시스템(MIS)	管理信息系统
경영 철학 經營哲學	经营理念
경영관 經營觀	经营观
경영목표 經營目標	经营目标
윤리경영 倫理經營	道德经营
경영 판단 經營判斷	经营判断, 商业判断

기업 경영자는 결정의 순간에 반드시 타당하고 적절한 경영 판단을 내려야 한다.
企业经营者下决策时, 必须要做出妥善的**商业判断**。

경영 프로세스 혁신, 업무 프로세스 재설계(BPR) 业务流程重组

여러 나라의 많은 기업들이 시대의 변화에 발맞추어 경영 프로세스 혁신을 추진하고 있다.
世界各国许多企业都在审时度势, 纷纷实行**业务流程重组**。

경영 프로세스 혁신(BPR: Business Process Reengineering , 业务流程重组)이란?

회사 업무 처리 프로세스를 할 수 있는 것에서 해야 하는 것으로의 혁신적인 사고 전환을 통해 목적 추구형으로 혁신시키는 것.

경영 합리화 經營合理化	经营管理合理化
경쟁 競爭	竞争
과당 경쟁 過當競爭	过度竞争

1990년대 중반부터 기업 경쟁이 과열 양상을 띠어왔다.
自20世纪90年代中期以来, 企业竞争已呈现出**过度竞争**的趋势。

출혈 경쟁 出血競爭	流血竞争, 亏损竞争

글로벌 다국적 기업들이 출혈 경쟁 체제로 들어서면서 중국과 미국의 경제는 점점 더 긴밀한 상호 의존 관계로 변모하고 있다.

随着全球化跨国企业进入**割喉式竞争**的局面，中美的经济已愈来愈不可分割及互相依赖。

고객 관계 관리 顧客關係管理(CRM) **客户关系管理**

고객 상호 관리 顧客相互管理(CIM) **客户交互管理**

국제 분업 國際分業 **国际分工**

기업 구조 조정 企業構造調整 **企业结构调整**

매각 賣却 **出售**

IBM은 20억5천만 달러에 하드디스크 부문을 일본 최대 전자업체 히타치에 매각했다.

IBM以20.5亿美元的价格把其硬盘部门**出售**给日本最大的电子产品制造商日立。

사업 구조 개편 事業構造改編 **事业重组, 业务重组**

NEC는 금년부터 내년에 걸쳐 사업 구조 개편에 착수하기로 결정했다.

NEC公司决定在今年到明年开始进行**事业重组**。

사업 단위 事業單位 **业务单位**

기업 목표 企業目標 **企业目标**

기업 실적 企業實績 **企业业绩**

판매와 마케팅에서 성공을 거두기 위해서는 업무 확장과 기업 실적 제고를 위한 완벽한 플랜이 필요하다.

要做好销售和市场营销的工作，对于应该如何拓展业务、提高**企业业绩**，要有一个完整的计划。

경상 이익 經常利益 **经常利润**

매출액 賣出額 **销售额**

2004년 상반기 상하이의 집적 회로(IC) 산업 매출액은 동기 대비 99.69% 증가했다.

2004年上半年上海地区的集成电路产业**销售额**同比增长了99.69%。

영업외 이익 營業外利益 **营业外利润**

영업 이익 營業利益 **营业利润**

다국적 기업 多國籍企業 **跨国公司**

다국적 기업(MNC: Multinational Company, 跨国公司)이란?

세계 각지에 자회사(子會社)·지사·합병 회사·공장 등을 확보하고 생산·판매 활동을 국제적 규모로 수행하는 기업. 다국적 유연성과 세계적 통합 네트워크를 특징으로 하는 기업으로 세계화의 이상적 형태.

맞춤 서비스 **量身定做式服务, 定制化服务**

벤치마킹 **定点赶超, 标杆管理**

사업 事業 **事业, 经营范围**

— **운영** 運營 **经营**

— **인수** 引受 **收购**

기업 인수 합병이 중국 외자 유치의 새로운 트랜드로 자리잡을 것이다.
兼并**收购**企业将成为中国吸引外资的新趋势。

확장 擴張 **扩大, 拓展**

그들은 사업을 확장하려고 한다.
他们要**扩大**经营范围。

사업 다각화 事業多角化 **多元化经营**

사업 다각화란 기업이 동시에 두 개 이상의 업종을 경영하는 전략을 말한다.
多元化经营是指企业同时经营两个以上行业的经营策略。

신규 사업 개발 新規事業開發 **开发新项目**

신규 사업 진출 新規事業進出 **进入新的商业领域**

그들은 끊임없이 신규 사업에 진출한다.
它们不断**进入新的商业领域**。

사업 목표 事業目標 **业务目标**

사업 전략 事業戰略 **经营战略, 商业战略**

글로벌 소싱 **全球采购**

글로벌 소싱(Global Sourcing , 全球采购)이란?

기업의 구매 활동 범위를 범세계적 시야로 확대, 외부 조달 비용의 절감을 시도하는 구매 전략.

기술 제휴 技術提携 **技术合作**

사업 제휴 事業提携 **商业合作, 业务联合**

그리스 투자 센터의 자료에 따르면 현재 600개 외국 업체가 그리스 업체와의 사업 제휴를 원하고 있다.
根据希腊投资中心提供的数据, 目前已经有600家外国公司表示了愿意同希腊公司进行**商业合作**的意向。

아웃소싱 **外包, 业务外包**

아웃소싱(Outsourcing, 外包)이란?

아웃소싱 또는 용역 외주라고 한다. 기업은 핵심 사업(core business)에만 집중하고 그 외에 재무 관리, IT 시스템 운영 등 일상적인 관리 업무를 외부 용역업체에게 의뢰하는 것을 말한다.

오프쇼링 **离岸, 离岸外包, 境外转移**

오프쇼링(Offshoring, 离岸外包)이란?

상품 개발 거점을 해외로 옮기는 현상으로 미국의 하이테크 기업들이 인도의 값싼 고급 인력을 활용하기 위해 시작했다.

전략적 제휴 戰略的提携 **战略合作**

항공사들이 전략적 제휴를 맺었다.

多家航空公司结成了**战略合作**关系。

합작 회사 合作會社 **合作企业**

중국의 삼자 기업이란 외국계 독자 기업, 합자 기업, 합작 기업을 가리킨다.

大陆三资企业是指外商独资、中外合资与中外**合作企业**。

삼자 기업 三資企業 **三资企业**

삼자 기업(三资企业)이란?

중국에 대한 외국인의 투자 기업 유형 중 가장 대표적인 형태로 중외 합자, 중외 합작, 외상 독자 기업을 말한다.

외상 독자 기업 外商獨資企業 **外商独资企业**

외상 독자 기업(外商独资企业)이란?

외상 독자는 외국 투자가가 자본금 100%를 출자하며 인가받은 정관에 따라 경영 활동을 행한다.

중외 합자 기업 中外合資企業 **中外合资企业**

중외 합자 기업(中外合资企业)이란?

중외 합자는 외국 기업과 중국 기업이 현금 설비 기술 등을 나누어 투자함으로써 중국 내 설립한 합작 기업을 일컫는다. 반드시 중국 정부(대외경제무역부)의 심의 인가를 받아야 하며 정부의 관리를 받는다.

중외 합작 기업 中外合作企業 **中外合作企业**

중외 합작 기업(中外合作企业)이란?

중외 합작은 합작 기업의 경영 형태를 당사의 자유로운 협의에 의해 결정한다. 일단 중국 정부의 허가를 얻으면 합작 기업은 합작 계약 및 정관에 따라 움직이며 외부의 간섭을 받지 않는다.

핵심 사업 核心事業 **核心业务**

핵심 역량 核心力量　　**核心力量**

관리 계층이야말로 기업의 핵심 역량으로 이들의 결정이 기업의 발전 방향, 나아가서는 기업의 운명을 결정한다.
管理层人员是企业的**核心力量**，管理层的决策决定着企业发展的方向，甚至掌握着企业的命脉。

사회 책임 투자 社會責任投資　　**社会责任投资**

사회 책임 투자(SRI: Socially Responsible Investing, 社会责任投资)란?

일반적으로 투자의 목적은 경제적 가치의 증대이지만, 사회 책임 투자란 투자 대상 기업의 재무 성과뿐만 아니라 환경·인권 등 사회 윤리적인 측면까지 고려하여 투자를 결정해야 한다는 개념이다.

시장 선점 市場先占　　**领先抢占市场**

시장에서 퇴출　　**被市场淘汰**

시장 경제의 발전과 과학 기술의 진보로 일부 상품의 경우, 경쟁력 상실로 시장에서 퇴출되고 있다.
随着市场经济的发展和科学技术的进步，一部分产品因缺乏竞争力而**被市场淘汰**。

진입 장벽 進入牆壁　　**准入壁垒**

WTO 가입으로 우리는 진입 장벽 철폐를 요구받고 있다.
加入世贸组织，要求我们切实打破**准入壁垒**。

시장 점유율 市場占有率　　**市场占有率, 市场份额**

기업이 시장 점유율을 높이기 위해서는 기업의 신용도, 상품의 품질, 서비스 수준을 향상시켜야 한다.
企业要提高**市场占有率**，关键在于建立企业的信誉、提高产品的品质、改善服务。

시장 잠식 市場蠶食　　**蚕食市场**

글로벌 대기업의 국내 시장 잠식에 맞서…….
面对国际大企业不断**蚕食**国内**市场**，……。

시장 지배력 市場支配力　　**市场支配力**

유선이건 무선이건, 네트워크를 보유하고 있는 통신 회사들은 일본에서 절대적인 시장 지배력을 갖는다.
不论固定网络还是无线网络，拥有网络的通信运营商在日本都具有绝对的**市场支配力**。

시장 진출 市場進出　　**进入市场, 打入市场, 进军市场**

한국 화장품 업계의 중국 시장 진출이 활발히 이루어지고 있다.
韩国化妆品行业积极**进军**中国**市场**。

시장 침투 市場浸透　　**市场渗透**

마카오의 이동 전화 가입자 수가 38만8천 명을 넘어서 시장 침투율은 86.6%에 이른다.
澳门移动电话用户已超过38.8万户, **市场渗透**率已达到86.6%。

식스 시그마 **六西格玛, 六个标准差**

식스 시그마(6Σ, 六西格玛, 六个标准差)란?

품질 관리 기법 중 하나로 과거의 품질 관리가 제품에만 적용된 것과는 달리 모든 업무 프로세스에 적용하는 경영 품질의 개선 기법. 시그마(σ)는 통계학에서 '분포의 편차'를 나타낸다. 즉 6시그마란 100만(10의 6승) 건 가운데 3~ 4개의 에러만 발생한다는 의미이다.

책임 경영 제도 責任經營制度 **经营管理责任制**
기업 관리에 있어서 책임 경영 제도를 도입함으로써 주주 총회, 이사회, 감사회를 조직한다.
在经营管理上采取**经营责任制**, 组织成立股东大会、董事会、监事会。

초일류 기업 超一流企業 **超一流企业**
일류 기업은 브랜드를 팔고 초일류 기업은 업계 표준을 판다.
一流企业卖品牌,**超一流企业**卖行业标准。

초일류 제품 超一流製品 **超一流产品**

해외 생산 海外生産 **海外生产**

현지 법인 現地法人 **当地法人**

현지 법인 설립 現地法人設立 **设立当地法人**

현지화 現地化 **本地化, 当地化**
노키아는 이러한 추세를 미리 예견하고 중국에서의 현지화 전략을 수립했다.
诺基亚预见到这一趋势, 制定了在中国**本地化**战略。

기업 지배 구조 企业治理结构

공개 기업 公開企業 **上市公司**

공정 공시 제도 公正公示制度 **公平披露原则**

수시 공시 隨時公示 **日常信息披露**

정보 비대칭 情報非對稱 **信息不对称**

허위 공시 虛僞公示 **虚假披露**
만약 펀드 관련 정보를 허위로 공시할 경우 법의 처벌을 받는다.
如果**虚假披露**基金信息, 将受到法律的严惩。

기업 공시 企業公示 **企业信息披露**
미디어는 기업 공시에 있어서 동전의 양면과도 같이 긍정적 측면과 부정적 측면을 모두 갖는다.

新闻媒体在**企业信息披露**上像一把双刃剑, 既具有积极的一面, 也有消极的一面。

기업 소유 企業所有 **企业所有权**

기업의 지배 구조 **企业治理结构**

중국의 다양한 소유제 기업의 지배 구조를 종합적으로 설명하기 위해서는 분류 비교 연구가 필수적이다.

为全面描述中国不同所有制**企业治理结构**状况, 分类比较研究是必然的选择。

기업 투명성 企業透明性 **企业透明度**

기업 투명성을 높인다.

提高**企业透明度**。

대주주 大株主 **大股东**

역사적으로 대주주의 무책임한 행동이 은행에 위기를 초래한 예는 아주 많다.

历史上有很多由于**大股东**的不负责行为导致银行危机的例子。

지배 주주 支配株主 **控股股东**

지배 주주의 성실 의무를 강화하는 내용을 골자로 하는 제도 수립 방안이 제시되었다.

提出了以强化**控股股东**诚信义务为中心的制度构建设想。

최대 주주 最大株主 **第一大股东, 最大股东**

대표 소송제 代表訴訟制 **股东派生诉讼, 公司股东衍生诉讼, 代表诉讼**

대표 소송제란 타인 특히 지배권을 가진 주주·이사 등에 의해 기업의 정당한 권익이 침해받았을 때, 주주들이 자신의 명의로 회사의 이익을 위해 소송을 제기하여 법적인 책임을 묻는 제도를 말한다.

股东派生诉讼是指公司的正当权益受到他人侵害, 特别是受到有控制权的股东、董事等人员的侵害时, 股东以自己的名义为公司的利益对侵害人提起诉讼, 追究其法律责任的一种诉讼制度。

독립 감사 獨立監査 **独立审计**

감사 위원회 監査委員會 **审计委员会**

미국 증권 거래위원회는 얼마 전 기업 감사 위원회의 독립성을 강화하는 새로운 법규 초안을 제기했다.

美国证券交易委员会(SEC)日前提出加强企业**审计委员会**独立性的新法规草案。

모회사 母會社 **母公司**

독립 자회사 獨立子會社 **全资子公司**

자회사 子會社 **子公司**

차이나 텔레콤은 어제 모회사 자산 매입 건이 수요일에 열린 특별 주주 총회에서 승인되었다고 밝혔다.

中国电信昨日称，收购**母公司**资产的交易在周三召开的特别股东大会上获得批准。

반트러스트법 **反托拉斯法**

세계 각국은 공정 경쟁과 독점 행위 방지를 위해 반독점법, 반트러스트법 등을 제정했다.

世界各国都制定了维护公平竞争、限制垄断的反垄断法、**反托拉斯法**等。

사기업 私企業 **私营企业, 民营企业**

중국의 사기업은 대기업의 경영 전략을 맹목적으로 모방할 것이 아니라 글로벌 중소기업의 발전 전략을 배워야 한다.

中国的**私营企业**应该学习国际中小企业的发展之道，而不是盲目效仿大企业的运营之道。

개인 소유 기업 個人所有企業 **私人企业, 个人企业**

개인 주식회사 個人株式會社 **私人有限公司**

영국법은 합자 기업의 형태에 아무런 제한을 두지 않고 있어 투자자들이 개인의 필요에 따라 적절한 기업 형태를 선택할 수 있으며 일반적으로 개인 주식회사가 선호되는 편이다.

英国法律对合资企业的形式没有限制，投资者可以根据个人需求选择适当的架构，通常会选择设立**私人有限公司**。

소액 주주 少額株主 **小股东**

현행 소송 제도의 불완전성으로 인해 대주주의 자금 점유로 손해를 입은 소액주 주는 법적으로 대주주의 행위를 제약하기가 쉽지 않다.

由于现有诉讼机制的不足，因大股东占款而受损的**小股东**很难通过法律途径对大股东的行为进行约束。

소액 주주 운동 少額株主運動 **小股东权益保障运动**

MMF **货币市场基金**

MMF(Money Market Funds, 货币市场基金)란?

MMF는 증권 회사나 투자 신탁 회사의 대표적인 단기 금융 상품이다. 신탁 상품의 일종으로 가입자가 맡긴 돈을 가지고 다른 금융 상품에 투자해 그 수익을 돌려준다. 주로 투자하는 금융 상품으로는 단기 채권, 기업 어음(CP), 양도성 예금증서(CD), 잔존 만기 1년 이하의 국채 및 통화 안정 증권 등 주식을 제외한 단기 유가 증권들이며 일반적으로 MMDA보다 금리가 다소 높은 것이 특징이다.

주주 행동주의 株主行動主義 **股东行动主义**

주주 행동주의란 외부 주주로서 자신의 이익을 지키기 위해 회사 지배에 적극참여하는 행동 이념을 말한다.

股东行动主义是指作为外部股东为维护自身利益积极参与公司治理的行动

理念。

소유 구조 所有構造 **所有权结构, 产权结构**

기업 소유 구조의 최적화는 현대 기업 이론의 핵심이다.

企业**所有权结构**的最优安排是现代企业理论的核心问题。

대기업 집단 大企業集團 **大企业集团**

스톡옵션형 우리 사주제(ESPP) **员工股票购买计划**

스톡 옵션형 우리 사주제에 참여하고 있는 사원이 굉장히 많다.

参与**员工股票购买计划**的员工非常多。

우리 사주제, 종업원 지주 제도 從業員持株制度**(ESOP)** **员工持股制度**

우리 사주제, 종업원 지주 제도(ESOP: Employee Share Ownership Program, 员工持股制度)란?

종업원들이 신탁(trust)을 통해 자사 주를 매입할 수 있게 해주는 제도. ESOP는 수탁자(trustee)를 통해 자산 운영이 가능한 데 비해서 한국의 우리사주조합은 한국증권금융에 예탁해야 한다.

외부 감사 外部監査 **外部审计**

감사 보고서 監査報告書 **审计报告**

위임장 투표 委任狀投票 **代理投票, 委托代理投票**

8개월 간의 위임장 투표권 쟁탈전 이후, HP는 결국 컴팩 인수건을 마무리지었다.

在经过历时8个月的**代理投票**权争夺战之后,惠普终于完成了对康柏的并购交易。

위임장 투표(Proxy Voting, 代理投票, 委托代理投票)란?

기업의 경영권을 행사하는 대주주들은 일정량 이상의 투표권이 있어야 주주 총회에서 의사를 관철시킬 수 있다. 따라서 대주주들은 의사 결정보다는 배당이나 주가에 관심을 갖는 소액 주주들이나 투자를 목적으로 하는 기관 투자자들로부터 투표권을 위임받아 주주 총회에서 투표를 하는데 이를 위임장 투표라고 한다.

유한 책임 주식회사 有限責任株式會社 **有限责任公司**

유한 책임 주식회사는 2인 이상의 주주가 공동으로 출자하며 그 출자 규모에 한해 기업에 대한 책임을 진다.

有限责任公司是两个以上股东共同出资, 股东以其出资额为限对公司承担责任。

의결권 議決權 **投票权**

우선주 주주는 다른 의결권을 갖는다.

优先股股东拥有不同的**投票权**。

이사회 理事會 **董事会**

사외 이사 社外理事　**外部董事, 独立董事**

사외 이사란 북미 지역에서 자주 쓰이는 말로 기업의 직원이 아니면서 기업 이사회의 일원인 사람을 뜻한다.

外部董事是北美常用的一个名词, 意为该董事不是公司职员却是公司董事会成员。

이사 理事　**董事**

장부 열람권 帳簿閱覽權　**会计文件查阅权, 账簿查阅权**

소액 주주도 장부 열람권을 가진다.

小股东也享有**会计文件查阅权**。

주식회사 株式會社　**股份有限公司**

주주 株主　**股东**

법으로 기업 설립 투자가 금지된 사람을 제외하고 재직 사원이나 퇴직 사원 모두 기업의 주주가 될 수 있다.

除法律、法规规定禁止投资办企业的人员外, 在职职工、退休职工均被允许做企业的**股东**。

주주 가치 株主價値　**股东价值**

주주 제안 제도 株主提案制度　**股东提案权制度**

주주 총회 株主總會　**股东大会**

상하이석유화학은 오는 15일 주주 총회를 개최한다.

上海石化将于本月15日召开**股东大会**。

임시 주주 총회 臨時株主總會　**临时股东大会**

주주는 법에 의거하여 이사회측에 임시 주주 총회 소집을 요구할 수 있다.

股东可以依法请求公司董事会召集**临时股东大会**。

정기 주주 총회 定期株主總會　**定期股东大会**

준법 감사인 遵法監査人　**合规专员**

지분 소유 持分所有　**持股**

국내 민영 기업의 민항 사업 투자 지분율은 최고 49%까지 허용된다.

国内民营企业投资民航业的**持股**比例最高可达49%。

소유 한도 所有限度　**持股上限, 持股比例上限**

중국 보험감독위원회는 보험 회사 주주의 지분 소유 한도를 높였다.

中国保监会上调了保险公司的股东**持股上限**。

지분 참여 持分參與　**参股**

상하이 자동차 그룹은 GM 대우에 대한 지분 참여뿐만 아니라 꾸준히 해외 사업을 확대해나갈 것이다.

上汽集团在**参股**通用—大宇项目的同时, 还将继续扩大海外业务。

지주 회사 持株會社　**控股公司**

집단 소송제 集團訴訟制 **集团诉讼, 集体诉讼**

집단 소송제란 같은 입장에 처한 이해관계가 같은 사람들이 임시로 구성한 조직이 소송의 주체가 되며 조직의 대표가 소송을 수행하는 제도이다.

集团诉讼是指由于处于相同情况的, 有相同利害关系的人临时组织的集合体作为诉讼主体, 并由其代表人进行诉讼活动的一种诉讼制度。

집중 투표제 集中投票制 **累积投票制**

합명 회사 合名會社 **无限责任公司**

합자 회사 合資會社 **合资企业**

회계 투명성 會計透明性 **会计透明度**

장부 조작(분식 회계) 帳簿操作(粉飾會計) **假造会计报告, 捏改簿册, 报表粉饰**

접대비 接待費 **交际应酬费**

인사 관리 人力资源管理

결재 決裁 **批示, 批准, 审计批准**

결재 서류 決裁書類 **批示文件, 批准文件, 批准文档**

근무 평정 勤務評定 **员工个人评估**

다면 평가제 多面評價制 **360度评估, 360度反馈, 多角度反馈系统**

1990년대 초부터 서구 다국적 기업들 사이에서 다면 평가제라는 리더십 개발법이 유행하기 시작했다.

自上世纪90年代初开始, 在西方跨国公司中就非常流行称为**360度评估**的一种领导能力发展方法。

다면 평가제(360° Review, 360度评估, 360度反馈, 多角度反馈系统)란?

인사 고과시 상관으로부터의 평가뿐만 아니라 동료 직원, 부하 직원, 타부서 직원 그리고 때로는 고객으로부터도 피드백을 받는 평가 제도.

동료 평가제 同僚評價制 **员工互评系统**

상사 평가제 上司評價制 **上级评价**

근속 연수 勤續年數 **工龄**

우리사주조합에서는 대부분 근속 연수에 따라 지분을 받는다.

在职工持股会, 多数人按**工龄**得到股份。

근속 수당 勤續手當 **工龄津贴**

입사 경력 入社經歷 **工作资历**

다기능 근로자 多技能勤勞者 **跨职能员工**

보상 제도 補償制度 **薪酬制**

연봉제 年俸制 **年薪制**

월급제 月給制 **月薪制**

월급제가 주급제를 대체할 수 있을 것인가?

月薪制能否取代周薪制呢?

부서간 영역 철폐 部署間領域撤廢 **无边界管理**

부서간 인사 교류 部署間人事交流 **部门间人事交流**

비정규직 非正規職 **非正式员工**

계약직 契約職 **合同工**

임시직 臨時職 **临时工**

중국에서는 도시 비정규직 근로자에 대한 기본 의료 보험 정책을 통해 아르바이트생, 임시직 근로자들이 기본적인 의료 보험 서비스를 누릴 수 있도록 하고 있다.

中国推出城镇灵活就业人员参加基本医疗保险的措施, 使小时工、**临时工**都可享受到基本医疗保险。

사직 辭職 **辞职**

회사가 운영에 들어간 지 다섯 달 만에 대표이사가 돌연 사직서를 제출했다.

公司运作了五个月以后, 董事长突然提出了**辞职**。

사표 辭表 **辞职信**

그녀는 이미 은행 측에 정식으로 사표를 제출했다.

她已正式向工作的银行提交**辞职信**。

성과급 成果給 **绩效工资, 绩效薪酬**

기업의 급여 관리에서 성과급이 과학적 급여 시스템을 모색하는 일부 기업의 주요 선택 사항이 되었다.

在企业的薪酬管理中, **绩效工资**已经成为一些公司寻求科学薪酬方案的重要选择。

상여금 賞與金, **인센티브** **奖金**

직원의 월 상여금 지급 관리를 강화하기 위해 인센티브 제도를 한층 더 보완했다.

为加强对员工月度**奖金**分配的管理, 公司进一步完善了奖励制度。

성과 배분 成果配分 **利润分享**

순환 근무제 循環勤務制 **工作轮换, 轮班制**

실무 교육 實務教育 **在职培训, 职内训练**

우리 회사의 신입 사원은 3개월의 신입 교육을 받은 후 정식 사원이 되며 이어서 실무 교육을 받게 된다.

进入我公司的新进人员, 得接受三个月入职陪训, 成为正式员工后, 接下来还有**职内训练**。

업무 태도 業務態度 **工作态度**

결근 缺勤 **旷工**

내가 결근을 한 것은 처벌받아야 하지만 사측에서 급여를 지급하지 않을 이유는 없다.

我**旷工**该受到处罚, 但是公司没有理由不发给我工资。

근면 勤勉 **勤奋**

성실 誠實 **诚实尽职**

애사심 愛社心 **对公司忠诚, 员工忠诚**

직원이 아무 생각 없이 하루하루를 보낸다면 아무리 애사심이 있다고 해도 쓸모없는 인력일 뿐이다.

如果员工没有想法, 只是做一天算一天, 虽然**对公司忠诚**, 也是没有什么作用的。

의욕적 意慾的 **积极主动**

업적 평가 業績評價 **绩效评估**

연공 서열제 年功序列制 **年资工资制**

연공 서열제란 경력과 비례하여 시간이 갈수록 급여 수준도 높아지는 제도를 말한다.

年资工资制是指工资与资历成正比关系, 时间越长, 工资就可能越高。

위계 질서 位階秩序 **层级节制, 层级秩序**

작업 전문화로 인해 조직에는 위계 질서가 생겨났다.

工作专门化造成了组织的**层级节制**结构。

동료 직원 同僚職員 **同事**

부하 직원 部下職員 **下属**

상사 직원 上司職員, **상관** 上官 **上司**

직속 상관 直屬上官 **直属上司, 直接上司**

모든 직원은 세부 계획을 직속 상관에게 제출해야 한다.

每个员工都必须将他的详细计划提交给**直接上司**。

이직률 離職率 **员工流动率, 跳槽率**

중관촌의 이직률이 비정상적으로 높다는 것은 주지의 사실이다.

中关村的**跳槽率**奇高是一个不争的事实。

인력 자원 人力資源 **人力资源**

고급 인력 高級人力 **高级人才, 优秀人才**

현재 고급 인력 12명을 보유하고 있으며 약 200개의 고정 기업 고객을 확보하고 있다.

目前拥有**高级人才**12名, 固定企业客户近200家。

대졸 인력 大卒人力 **高校毕业生, 大学毕业生**

올해 베이징 지역 대졸 인력의 취업률은 사상 최고치인 86%에 이르렀다.

今年北京**高校毕业生**就业率超过86%, 创下最高纪录。

인사 고과 人事考課 **人事考核, 绩效考察, 绩效考核**

인사 관리 人事管理 **人力资源管理, 人事管理**

기업의 인사 관리는 정부·학교 등 타 기관에 비해 관리가 까다롭다.
企业的**人事管理**要比政府、学校等其他机构棘手得多。

인사 기록 人事記錄 **人事档案, 个人记录**

본 센터에는 인사 기록 4,000여 건이 보관되어 있다.
该中心共保管着4000多份个人**人事档案**。

인사 부서 人事部署 **人力资源管理部**

인사 제도 人事制度 **人力资源管理系统**

승진 昇進 **晋升, 升迁**

전근 轉勤 **迁职**

직급 職級 **职等, 职级**

직책 職責 **岗位职责, 职务**

직함 職銜, **직위** 職位 **职位, 职衔**

인원 감축 人員減縮 **减少员工规模, 裁员**

어떤 이들은 아웃소싱이 인원을 감축하고 기업의 가치를 높이는 효과적인 방법이라 생각한다.
一些人认为外包是**减少员工规模**和提高企业价值的有效途径。

정리 해고 整理解雇 **裁员**

대우 노조가 3,500명 정리 해고 계획에 반대했기 때문에 채권단은 대우에 대한 추가 자금 지원을 거부했다.
大宇的工会不同意**裁员**3500人, 于是大宇的债权人拒绝继续向大宇提供资金。

입사 入社 **入职**

1993년에 X은행에 입사하여 23년간 일하고 2016년에 퇴직했다.
1993年**入职**X银行, 服务23年, 至2016年才离职。

수습 기간 修習期間 **试用期**

수습 기간은 일반적으로 1년이며 수습 기간 동안 고용주는 규정에 따라 상응하는 급여와 복지 혜택을 제공한다.
试用期一般为一年, 在**试用期间**, 单位按有关规定给予相应的工资福利待遇。

수습사원 修習社員 **试用期员工**

신입 사원 新入社員 **新员工**

신입 사원의 월급은 8,200위안이며 이는 일종의 불문율이다.
新员工的月薪为8200元, 这是个不成文的规定。

재택근무자 在宅勤務者 **在家办公人员**

재택근무 在宅勤務 **在家办公**

코로나19로 인해 많은 사람들이 재택근무를 신청했다.

由于新冠疫情, 不少人申请**在家办公**。

정규직 正規職 **正式员工**

종신 고용제 終身雇用制 **职务终身制**

전문 기술직 임용 제도를 개선하고 전문 기술직 종신 고용제를 폐지한다.
改进完善专业技术职务聘任制, 打破专业技术**职务终身制**。

직원 만족도 職員滿足度(ESI) **员工满意度**

이 회사는 고객 만족도만 중시하고 직원 만족도 향상은 소홀히 했다.
该公司只注重提高客户满意度, 而忽略了**员工满意度**的提高。

채용 採用 **招聘**

신규 채용 新規採用 **招聘新员工**

인재 스카우트 **聘请人才**

그는 헤드헌팅 회사를 통해 고액 연봉에 스카우트된 우수한 인재이다.
他是通过猎头公司高薪**聘请**来的优秀**人才**。

중견자(경력자) 中堅者 **有工作经验者, 熟练工**

업무 경험이 있는 경력자로 30세에서 45세 사이의 전문대 이상 졸업자를 원한다.
要求有业务经验的**熟练工**, 年龄在30~45岁之间, 具有大专文凭。

최고 경영자 最高經營者(CEO) **首席执行官**

미국 500대 기업 중 흑인 CEO는 한 명도 없다.
美国最大的500家企业中没有黑人当**首席执行官**。

최고 경영진 最高經營陣 **最高管理人员**

중역 重役, **임원** 任員 **高层管理人员, 决策者, 骨干员工**

경쟁에서 살아남고 발전을 이룩하는 것이 중국 은행업계 중역들의 최대 과제이다.
在竞争中生存、发展是中国银行业**高层管理人员**的重要课题。

퇴직 退職 **退休**

퇴직이 얼마 남지 않은 그녀는 퇴직 후 의료 보장을 희망한다.
现在她已经快要到**退休**年龄, 希望在退休之后能有医疗保障。

명예퇴직 名譽退職 **自愿提前退休**

조기 퇴직 早期退職 **提前退休**

그는 조기 퇴직하여 만년의 생활을 즐기고 싶어 한다.
他想**提前退休**, 好好享受晚年的生活。

퇴직금 退職金 **退休金, 退休养老金**

어디에도 소속되지 않은 프리랜서라도 퇴직 수속을 밟고 매달 퇴직금을 수령할 수 있다.
没有工作单位的自由职业者也可以办理退休手续, 按月领取**退休金**。

퇴직금 적립 退職金積立 **积累退休金**

자신을 위해 퇴직금을 적립한다.

为自己**积累退休金**。

포상 제도 褒賞制度 **奖励制度**

스톡 옵션 **股票期权**

이사회에서는 우수한 중역들에게 스톡 옵션을 지급했다.

董事会向一批资深骨干员工授予了**股票期权**。

해외 연수 海外研修 **赴海外培训, 海外研习**

그녀는 일본 후지 사에서 2년간 연수를 받았다.

她曾**赴**日本富士公司**研习**二年。

직위표 职衔, 职位列表	
최고 경영진 最高管理人员	
최고 경영자(CEO)	首席执行官
대표이사	董事长
명예회장	名誉董事长
고문	顾问
회장	董事长
이사회	董事会
이사	董事
임원	高层管理者
사장	总裁, 总经理
대표이사사장	董事兼总经理
상근부사장	执行副总裁
부사장	副总经理, 副总裁
재무총괄 (CFO)	首席财务官
정보총괄 (CIO)	首席信息官
기술총괄 (CTO)	首席技术官
업무총괄 (COO)	首席运营官
상위 관리자 上层管理人员	
감사	审计员
부장	部长
상무이사	常务理事
전무이사	专务理事
중간 관리자 中层管理人员	

계장	系长
과장, 실장	科长
대리	代理
차장	次长
팀장	组长
부서 部门	
경리, 재무	财务
구매	采购
기획실	企划, 策划
법무	法律事务
상품 기획	产品企划, 产品设计
생산 관리	生产管理
영업	销售, 营销
인사	人力资源管理
준법감사인	合规专员
홍보	公关, 广告宣传
IT 부서	IT部门

생산 生产

공급 업체 供給業體　　**供应商**

납기 納期　　**交货日期, 交货期限, 交付期**

납기일을 한 달 연기했다.
交货日期延迟一个月。

납품 納品　　**交货, 供货**

구매 購買　　**采购**

구매 과정에서의 효율성 제고야말로 진정한 의미의 원가 절약이다.
采购过程效率的提高才是真正的成本节约。

기능 機能　　**功能**

— 내장 內藏　　**内置, 安装**

컴퓨터에 방화벽 기능이 내장되어 있어 게임에 접속할 수 없다.
计算机因**内置**防火墙功能而不能进入游戏。

— 첨가 添加　　**添加, 追加**

QQ는 새로운 기능을 첨가할 계획이다.
QQ打算**添加**新功能。

다품종 소량 생산 多品種少量生産 **多品种小批量生产, 多品种小量生产**

의약품업은 다품종 소량 생산의 산업 구조에 속한다.
医药品业属于**多品种小量生产**的产业结构。

다품종 소량 생산(small quantity batch production, 多品种小批量生产, 多品种小量生产)이란?

유연한 생산 체계를 통해 같은 제조 라인에서 많은 품종을 각각 소량씩 생산하는 방식으로 주문에 의한 생산 체계의 전형적인 방식이다.

도급 都給 **承包**

다단계 하도급 多段階下都給 **金字塔式承包**

도급 업체 都給業體 **承包商**

하도급 업체 下都給業體 **分包商**

우리 회사는 100여 개의 하도급 업체가 있다.
本公司有100多个**分包商**。

부가 가치 附加價值 **附加价值, 附加值**

이 회사 제품은 부가 가치가 높다.
该公司产品**附加价值**较高。

고급형 高級型, **고가품** 高價品 **高档商品, 高档品**

일부 고가품에 대한 소비세 징수가 세제 개혁의 주요 내용이 되었다.
对一些**高档商品**征收消费税是税制改革的一个重要组成部分。

고부가 가치 상품 高附加價值商品 **高附加(价)值产品**

보급형 普及型, **저가품** 低價品 **低档品, 低价品**

한국 경제의 불경기는 고가 의류의 수입을 억제하고, 저가 의류의 판매를 신장시키는 주요 원인이다.
韩国经济不景气是造成服装高档品进口抑制和**低档品**畅销的主要原因。

저부가 가치 상품 低附加價值商品 **低附加(价)值产品**

일본의 주요 수출 품목은 일찍이 방직·의류·경공업·식품 등 저부가 가치 상품에서 자동차·전자 기계 등 하이테크 고부가 가치 상품으로 바뀌었다.
日本的主要出口商品早就从纺织、服装、轻工、食品等**低附加价值产品**转移到了汽车、电子机械等高新技术、高附加价值产品方面。

불량 不良, **결함** 缺陷 **缺陷**

제품 불량이 신체상·재산상 손해를 입혔을 경우 피해자는 생산자에게 배상을 요구할 수 있다.
因产品存在**缺陷**造成人身、财产损害的, 受害人可以向产品的生产者要求赔偿。

무결점 운동 無缺點運動 **零差错, 零缺陷**

무결점 운동(ZD: Zero Defects 운동, 零差错, 零缺陷)이란?

1960년대 미국의 한 기업이 미사일의 납기 단축을 위해 '처음부터 완전한 제품'을 만들자는 운동을 벌인 것이 계기가 되어 급속히 보급됐다. 이름 그대로, 결점을 제로로 하자는 것이다. 품질 관리(QC) 기법을 제조에만 한정하지 않고 일반 관리, 사무에까지 확대 적용해 전사적(全社的)으로 결점이 없는 일을 하자는 것이다. 미국에서는 각 개인이 주체가 되어 ZD 운동을 하고 있으나 일본에서는 '소집단 활동에 의한 ZD'가 보급되고 있다.

무결함 無缺陷 **无缺陷**

생산 단계에서의 무결함 달성.
在生产环节要求**无缺陷**。

불량률 不良率 **故障率, 缺陷率**

품질 향상 캠페인을 통해 불량률을 3.7%까지 낮추었다.
通过"质量提升"活动, **缺陷率**降到了3.7%。

생산 계획 生産計劃 **生产计划**

수요 예측 需要豫測 **需求预测**

고무재에 대한 자동차 공업 부문의 수요 예측은 표 10을 참고하십시오.
汽车工业对橡胶材料的**需求预测**见表10。

자재 소요 資材所要 **材料需要, 物料需求**

자재 소요 계획 資材所要計劃 **物料需求计划**

자재 소요 계획(MRP: Material Resource Planning, 物料需求计划)이란?

1970년대부터 시작된 생산 계획을 기반으로 제조 과정에서 어떤 원자재가 어느 시점에서 공급되어야 하는가를 예측해주는 정보 시스템.

전사적 자원 관리 全社的資源管理 **企业资源管理**

전사적 자원관리(ERP: Enterprise Resource Planning, 企业资源管理)란?

생산에 필요한 자재 구매뿐만 아니라 생산 관리·영업·재무·인사 등 기업의 모든 기능을 통합적으로 운영하여 기업의 자원을 효율적으로 운영하는 시스템.

생산 공급망 관리 生産供給網管理 **供应链管理**

생산 공급망 관리는 기업이 글로벌 경쟁에 적응하기 위한 방법 가운데 하나이다.
供应链管理是企业适应全球竞争的一个有效途径。

생산 공급망 관리(SCM: Supply Chain Management, 供应链管理)란?

제품 생산을 위한 프로세스로 부품 조달에서 생산 계획, 납품, 재고 관리 등을 효율적으로 처리할 수 있는 관리 솔루션.

생산 공정 生産工程 **工艺流程**

선박 건조 생산 공정의 합리화 달성.
达成船舶建造**工艺流程**的合理化。

생산 관리 生産管理 **生产管理**

동시 공학 同時工學 **并行工程**

1987년에 생겨난 동시 공학 이론이 지금 많은 기업에 의해 채택되고 있다.
始于1987年的**并行工程**理论正在被越来越多的企业所采纳。

동시 공학(Concurrent Engineering, 并行工程)이란?

하나의 제품이 만들어지기까지 순차적으로 거치는 여러 단계의 각 과정을 정보통신망과 전산 시스템으로 묶어 동기화(同期化)함으로써 개발 기간과 비용을 줄이는 개념을 말한다. 1980년대 미국의 항공기 업체들이 처음 시작한 것으로 최근 각광받고 있는 광속 상거래(CALS)의 실현 수단으로 급속히 확산되고 있다. 동시 공학이 고도로 발전하면 컴퓨터 안에서 시제품을 개발하고 테스트까지 마친 뒤 곧바로 생산 라인을 거쳐 상용 제품을 출시할 수 있게 된다.

생산량 生産量 **生产量**

대량 생산 大量生産 **批量生产**

X사는 DDR2 차세대 컴퓨터 메모리를 대량 생산하기 시작했다.
X公司已经开始**批量生产**DDR2新一代电脑内存。

소량 생산 少量生産 **小量生产**

증산 增産 **增产**

전 세계 석유 수요를 만족시키기 위해 사우디아라비아는 증산을 원한다.
为了满足世界市场对石油的需求, 沙特愿意**增产**。

생산 설비 生産設備 **生产设备**

반도체 업계의 호황으로 인해 반도체 생산 설비가 대폭 증가했다.
由于半导体行业的繁荣, 半导体**生产设备**大幅增加。

과잉 설비 過剩設備 **设备过剩**

경기가 둔화되고 매출이 더 이상 늘지 않으면 기업에는 설비 과잉이 나타난다.
经济景气一旦放慢, 销售不再增长, 企业就会出现**设备过剩**。

노후 시설 老朽施設 **陈旧设备, 落后设备, 老旧设备**

안전 요건에 맞지 않는 노후 시설은 계획성 있게 교체하고 보수해야 한다.

应有计划地更新和改造不符合安全要求的**陈旧设备**。

설비 용량 設備容量 **设备容量**

유휴 설비 遊休設備 **闲置设备**

기업의 유휴 설비 거래 행위를 규범화하여 기업의 유휴 설비를 합리적이고 효과적으로 활용토록 한다.

规范企业闲置设备交易行为, 使企业**闲置设备**达到有效合理利用。

첨단 장비 尖端裝備 **尖端装备, 尖端设备**

생산성 生產性 **生产力, 生产效率**

인터넷의 발전이 생산성 향상과 전 세계 경제 성장을 촉진시킬 것이다.

互联网的发展会促进**生产力**的提高和全球经济的增长。

선수금 先受金 **预收金**

선하 증권 船荷證券 **船货提单, 提单**

설비 가동 設備稼動 **设备运转, 设备开动**

21,000여 시간 동안 설비가 정상 가동되었다.

累计21000多小时, **设备运转**正常。

가동 시간 稼動時間 **运转时间, 运行时间**

비가동률 非稼動率 **设备停机率**

비가동 시간 非稼動時間 **停机时间**

설비 가동률 設備稼動率 **设备开动率, 设备运转率**

설비 관리를 강화하고 설비 가동률을 높인다.

加强设备管理, 提高**设备运转率**。

설비 관리 設備管理 **设备管理**

보수 관리 補修管理 **维修管理**

보수 관리를 강화하기 위해서는 보수의 질을 높이고 서비스 태도를 개선해야 한다.

为加强**维修管理**, 要提高维修质量, 改善服务态度。

부품 교체 部品交替 **更换零部件**

본 특허품의 경우 장기간 횟수 제한 없이 무료로 부품 교체를 해준다.

本专利品长期免费提供无限次数的**更换零部件**服务。

총소유 비용 總所有費用 **整体拥有成本, 总体拥有成本**

총소유 비용(TCO: Total Cost of Ownership, 整体拥有成本, 总体拥有成本)이란?

소비자나 사업자가 장비나 기계를 구입할 때 관련되는 직 · 간접 비용을 예측하는 계산 방법이다. 단순한 구매 비용만을 비교할 것이 아니라 사후 보수 비용이나 부품 교체비, 노후화로 인한 장비 교체 등을 모두 포함한 TCO 분석을 한 후 구매 결정을 한다는 개념이다.

시제품 試製品 **试制品**

X컴퓨터가 이미 Tablet PC 시제품을 생산했다.
X计算机已生产出了Tablet PC的**试制品**。

품평회 品評會 **评议会, 品评会**

매년 4/4분기마다 제품 품평회를 개최한다.
每年四季度召开产品**评议会**。

외주 外注 **外包**

비핵심 기술 부품을 외주로 돌렸다.
把非核心技术的零件**外包**出去。

용역 用役 **劳务**

외부 용역의 활용 및 관리.
使用与管理外部**劳务**。

재고 在庫 **库存, 存货**

무재고 운동 無在庫運動(JIT) **零库存运动, 准时制生产方式**

물자 관리 物資管理 **材(物)料管理**

완충 재고 緩衝在庫 **调节性库存储备**

재고 관리 在庫管理, **창고 관리** 倉庫管理 **库存管理, 存货管理**

재고 관리란 물류에서의 상품 수량 관리를 말한다.
库存管理是指在物流过程中商品数量的管理。

재고 수준 在庫水準 **存货水平**

물류 관리의 주요 임무는 재고 수준을 컨트롤하는 것이다.
在物流管理方面的重大任务是控制**存货水平**。

재고 회전율 在庫回轉率 **库存周转率, 存货周转率**

2004년 3/4분기 재고 회전율은 6.3이다.
2004年第三季度的**库存周转率**为6.3。

재고 회전율(Inventory Turnover, 库存周转率, 存货周转率)이란?

일정 기간에 걸친 재고의 회전 수를 말한다.
재고 회전율 =일정 기간의 소요량 ÷ 재고량

제품 製品 **产品**

— **다양화** 多樣化 **多样化**

제품 다양화는 기업이 경쟁에서 우위를 점할 수 있게 한다.
产品的**多样化**使得企业在竞争中处于优势。

— **차별화** 差別化 **差别化, 差异化**

고품질, 고부가 가치의 차별화된 제품을 통해 시장 침체가 가져오는 기업 경영

경영 ■ 생산

에 대한 압박을 이겨내야 한다.

用高品质、高附加值的**差别化**产品抵御市场下滑给企业经营带来的压力。

제품 개발 製品開發 **产品开发, 产品研发**

신제품 계획이란 신제품 개발을 촉진하고, 과학 기술 성과의 산업화를 추진하기 위한 계획이다.

新产品计划是一项促进新**产品开发**, 推动科技成果产业化的计划。

리드 타임 **订货至交货的时间, 交货周期, 前导时间**

재고가 있는 경우 보통 리드 타임은 1~2일 정도 걸린다.

当有库存时, **订货至交货时间**通常需要1～2天。

리드 타임(Lead Time, 订货至交货的时间, 交货周期, 前导时间)이란?

제품 하나를 생산하는 데 시작부터 마칠 때까지의 소요 시간을 의미한다. 주문을 받거나 생산을 계획하여 생산에 착수하는 시점(일반적으로 원자재가 입고되는 시점 또는 생산에 원자재가 투입되는 시점)부터 제품이 완성되어 완제품 창고에 입고되거나 완성된 제품이 출고되는 시점까지의 기간을 의미한다. 대외적으로 볼 때, 납품업체는 오더(order)를 받은 시점부터 출고하는 시점까지, 그 오더를 준 업체는 오더 발주 시점부터 물건을 넘겨받아서 상품 진열대에 올려놓는 순간까지를 포함하여 리드 타임을 산정한다. 즉 일반적인 '납기(delivery)'의 개념이다.

제품 개발 주기 製品開發周期 **产品开发周期**

제품 개발 주기는 1~3개월이다.

产品开发周期为1～3个月。

제품 설계 製品設計**, 디자인** **产品设计**

제품 설계 개발 단계에서의 문제 해결 경험을 교류한다.

交流在**产品设计**开发中解决问题的经验。

제품 사양, 규격 規格 **产品技术规格**

제품별로 자세한 제품 사양을 조회하십시오.

请按产品类别查询详细**产品技术规格**。

제품 성능 製品性能 **产品性能**

제품의 성능 테스트는 보다 경쟁력 있는 제품을 개발하는 데 도움이 된다.

产品性能测试可以帮助您开发更具竞争力的产品。

제품 수명 製品壽命 **产品寿命**

제품 수명 주기는 보통 제품의 투입기·성장기·성숙기·쇠퇴기 4단계로 구성된다.

产品寿命周期通常包括产品的投入期、成长期、成熟期和衰退期4个阶段。

제품 특징 製品特徵 **产品特征, 产品特点**

경제성 經濟性 **经济性**

내구성 耐久性 **耐久性, 耐用性**

신뢰성 信賴性 **可靠性**

주문 적체 注文積滯 **订单积压**

품절 및 6개월 이상 주문 적체가 자주 발생하는 등 반도체 업계 수급 현황이 매우 불안정하다.

半导体行业的供需极为不稳定, 如缺货和**订单积压**超过六个月等问题时有发生。

주문 처리 注文處理 **订单处理**

발주 發注 **订货, 定货**

1996년 하반기 조업에 들어간 이후 100여 대를 발주했다.

自1996年下半年投产以来, 已先后**订货**100多台。

선적 船積 **装船, 装货**

생산업체는 선적 전 검사에 협조할 의무가 있다.

生产厂有义务配合**装船**前检验。

수주 受注 **接单, 承揽, 承接**

수주 후 24시간 내에 출하할 수 있다.

接到订单后24小时内即可出货。

통합 정보 시스템 **物流管理系统, 计算机辅助后勤支持**

통합 정보 시스템(CALS: Computer Aided Logistics Systems, 物流管理系统, 计算机辅助后勤支持)이란?

업종을 초월하여 횡단적으로 기술, 도안, 생산, 제품 정보, 재고 관리, 발주, 인력 관리를 한 대의 컴퓨터로 통합하는 것.

품질 관리 品質管理 **质量管理, 质量控制**

전사적 품질 관리 全社的品質管理(TQM) **全面质量管理**

전사적 품질 관리가 제대로 이루어져야만 품질의 향상 및 안정화를 가져올 수 있다.

贯彻实施**全面质量管理**, 才能进一步提高和稳定产品质量。

TTM **产品上市周期, 产品上市时间**

효과적으로 TTM을 단축하면 시장을 선점할 수 있다.

能够有效地缩短**产品上市周期**, 就能够先占市场。

TTM(Time-to-Market, 产品上市周期, 产品上市时间)이란?

제품을 디자인하여 시장에 출시하는 데까지 걸리는 시간.

회계 会计

결합 재무제표 結合財務諸表 **联合会计报表**

결합 재무제표(Combined Financial Statement, 联合会计报表)란?

대기업군에 속한 계열사들의 재무제표들을 종합하여 작성하는 재무제표. 모기업 집단에 속하는 모든 계열사 및 해외 법인의 재무제표를 하나로 묶는다는 면에서 지분율 기준에 따른 연결 재무제표보다 더욱 강력하다.

공인 회계 법인 公認會計法人 **会计师事务所, 会计公司**

공인 회계사 公認會計士 **注册会计师, 审定会计师**

공인 회계사 자격증은 현재 가장 인기 있는 자격증 중 하나이다.
注册会计师资格证书无疑是当前最炙手可热的资格证书之一。

기준일 基準日 **登记日期**

비용 費用 **成本, 费用**

중국 저가 소비재의 수출은 일본의 고비용 구조 개선에 도움이 된다.
中国低价消费品出口, 对化解日本的高**成本**结构有好处。

가변 비용 可變費用 **变动成本, 变动费用**

가변 비용과 고정 비용 구분이 원가 분석에 유리하다.
区分**变动成本**和固定成本, 有助于进行成本分析。

간접비 間接費 **间接费用, 间接成本**

기업의 생산 활동이 갈수록 복잡해지면서, 간접비도 가파르게 상승하고 있다.
随着企业生产活动日益复杂, 生产的**间接费用**呈急剧上升的趋势。

고정 비용 固定費用 **固定成本**

— 배분 配分 **分配**

전통적인 비용 배분법에 따른 간접 비용 배분은 더 이상 정확한 결과를 낼 수 없게 되었다.
按传统成本**分配**方法对间接费用进行分配已经不够准确。

— 분석 分析 **分析**

프로젝트 비용 분석은 프로젝트 시공 관리의 핵심 과정 중 하나이다.
项目成本**分析**是项目施工管理的主要步骤之一。

— 전가 轉嫁 **转嫁**

이는 사실상 소비자에게 비용을 전가한 것이다.
这实际上是将费用**转嫁**给了消费者。

— 절감 節減 **减少, 节省, 降低**

임금 인상은 더 많은 실업을 초래할 수 있지만, 임금 삭감은 기업의 비용을 절감시켜 경제 악화를 막을 수 있다.
涨工资可能导致更多的失业, 减薪则可以为企业**减少**费用, 防止经济进一步恶化。

— **회수** 回收 **回收, 收回**
보통 2년이면 투자 비용을 회수할 수 있다.
一般二年就可**回收**投资费用。

선입 선출법 先入先出法(FIFO) **先入先出(法)**
선입선출법에 따른 원자재 사용으로 원자재의 부패·손실·오염을 방지한다.
按照**先入先出**的原则使用原材料, 以防止原材料变坏、损坏和受污染。

세전 순이익 稅前純利益(EBT) **税前利润, 税前毛利**
공헌 이익 貢獻利益 **边际贡献, 贡献毛利**

공헌 이익(Contribution Margin, 边际贡献, 贡献毛利)이란?

손익 분기점에서 단위당 판매가격으로부터 단위당 변동비를 차감한 것이며 총공헌 이익 중에서 고정비를 차감하면 기업의 이익이 산출된다. 즉 공헌 이익=단위당 판매 가격−단위당 변동비. 이와 유사한 개념으로 공헌 이익률이 있는데 이는 공헌 이익을 단위당 판매 가격으로 나눈 값으로 정의된다.

세후 순이익 稅後純利益(EAT) **税后利润, 税后毛利**
지급 이자·법인세·감가상각비 차감 전 이익(EBITDA)
利息、税务、折旧及摊销前经营利润

EBITDA(利息、税务、折旧及摊销前经营利润)란?

EBITDA는 이자와 세금, 감가상각비를 제외하기 이전의 이익이다. 그렇기 때문에 영업 이익에 감가상각비를 더한 것과 같다. 따라서 영업 활동을 통해 얼마만큼의 현금을 만들어내고 있는가를 알 수 있다.

지급 이자·법인세 차감 전 이익(EBIT) **税前及利息开支前利润**
손익 분기점 損益分岐點 **盈亏分界点**
단기간에 손익 분기점에 도달했다.
在很短的时间已经达到了**盈亏分界点**。

수익성 收益性, **채산성** 採算性 **收益性, 利益率**
유가 증권에 투입한 금융 자산은 수익성이 좋은 반면 리스크가 크다.
投入有价证券的金融资产虽然有较好的**收益性**, 但却具有较高的风险。

연결 재무제표 連結財務諸表 **合并财务报表**
특히 연결 재무제표 관련 문제가 중국 증권 시장 구조 조정 과정에서 두드러지게 나타나고 있다.
特别是**合并财务报表**问题, 在中国证券市场的重组热潮中, 表现得尤为明显。

연결 재무제표(Consolidated Financial Statement, 合并财务报表)란?

모기업과 자회사 등 경제적으로는 지배 종속 관계에 놓여 있는 기업을 하나의 기업 내지 기업군으로 보고 작성한 재무제표. 지배 회사의 개별 손익 계산서를 기초로 여기에 지배、종속 회사 간 또는 종속 회사 상호간 거래액과 미실현 손실을 상계 제거하여 작성한다. 모기업이 지배 주주이거나 30% 이상의 지분을 갖고 있을 때 적용된다.

영업 營業 **营业**

영업 손실 營業損失 **营业亏损**

2001년도 영업 손실은 700억 엔으로 예상된다.
2001年度**营业亏损**预计达700亿日元。

영업 이익 營業利益 **营业利益, 营业利润**

그룹 영업 이익이 작년 동기 대비 22%나 대폭 증가했다.
集团**营业利益**较去年同期大幅成长22%。

영업 이익률 營業利益率 **营业收益率**

영업 효율 營業效率 **营业效率**

이 회사는 전국 최초로 컴퓨터를 이용한 부가가치세 영수증 발급을 시도하여 영업 효율을 크게 높였다.
该公司在全国商业企业中率先使用电脑开增值税发票, 大大提高了**营业效率**。

이익 利益 **利益, 利润**

순이익 純利益 **净利润, 净收入**

A그룹의 순이익은 동기 대비 179% 증가했다.
A集团**净利润**同比增长179%。

총이익 總利益 **总利润**

일반 관리비 一般管理費 **一般管理费**

재무제표 財務諸表 **财务报表**

기업의 재무제표는 재무 상황을 반영함과 동시에 기업의 경영 실적을 종합적으로 반영한다.
公司**财务报表**既反映了公司的财务状况, 同时也是公司经营状况的综合反映。

대차 대조표 貸借對照表 **资产负债表**

손익 계산서 損益計算書 **损益表**

기업의 손익 계산서는 일정 기간 경영 성과를 반영하는 것으로 수익과 손실에 관한 재무제표이다.
公司的**损益表**是一定时期内经营成果的反映, 是关于收益和损耗情况的财务报表。

현금 흐름표 **现金流量表**

현금 흐름표상의 관련 지표를 통해 기업의 채무 상환 리스크를 판단할 수 있다.
我们可从**现金流量表**中的有关指标判断企业的偿债风险。

제조 원가 製造原價 **生产成本**
공장 전체의 노무비가 제조 원가의 3%에도 못 미쳐, 국내외 동종 업종 수준을 밑돈다.
全厂人工成本不到**生产成本**的3%, 低于国内国外同行业水平。

회계 會計 **会计**
— 관리 管理 **管理, 簿记**
대변 貸邊 **贷方**
수출은 대변에 기재하고 수입은 차변에 기재한다.
出口记在**贷方**, 进口记在借方。
복식 부기 複式簿記 **复式记帐, 复式簿记**
차변 借邊 **借方**
회계 장부 會計帳簿 **会计帐表**
사내 회계 장부 관리 문제를 해결해야 한다.
应该解决公司内部**会计帐表**的管理问题。

회계 감사 會計監査 **查帐, 会计审计, 会计报表审计**
청문회에서 대표는 전력 부처에 대한 회계 감사를 요구했다.
听证会上代表要求对电力部门进行**会计审计**。
회계 감사 보고서 會計監査報告書 **会计审计报告**
전인대 보고 사항을 조정하여 계획 보고를 폐지하고 회계 감사 보고를 추가해야 한다는 전문가의 제안이 있었다.
专家建议, 全国人民代表大会上的报告需要加以调整, 取消计划报告, 把**会计审计报告**加进去。

회계 기준 會計基準 **会计标准**
기업 회계 기준 企業會計基準 **企业会计标准**
기업 회계 기준의 국제화는 거스를 수 없는 대세이다.
企业会计标准的国际化是大势所趋。
일반 회계 기준 一般會計基準 **公认会计准则**

일반 회계 기준(GAAP: Generally Accepted Accounting Principles, 公认会计准则)이란?

회계 측정 기준과 재무제표의 형식상의 표시 방법 등 재무제표의 실질적 내용에 대한 회계 원칙.

회계 보고서 會計報告書 **财务会计报告**
회계 자료의 위·변조, 허위 회계 보고서 제출 등의 현상이 여전히 존재한다.

还存在着伪造、变造会计资料，提供虚假**财务会计报告**等现象。

회계 부정 會計不正　　**会计丑闻**

S사의 회계 부정 사건이 불거진 후 한국은 1997년 이래 최악의 신뢰 위기를 맞았다.

S公司爆出**会计丑闻**后，韩国面临着自1997年以来最严重的信任危机。

분식 회계 粉飾會計　　**粉饰会计**

투자자는 기업의 회계 정책에 있어서 분식 회계 존재 여부를 가려내야 한다.

投资者要从公司的会计政策上识别是否存在**粉饰会计**报表的行为。

이중장부 二重帳簿　　**花帐，虚帐**

술집에서 물 탄 술을 팔고 이중장부를 만들어 바가지를 씌웠다.

酒店出售混了水的酒，还要记**花帐**，多收钱。

회계 연도 會計年度　　**会计年度，财政年度**

당기 當期　　**本期**

이월 移越　　**结转**

전기 前期　　**上期**

순이익 증가율은 기업의 당기 순이익과 전기 순이익의 증가 비율을 말한다.

净利润增长率是指企业本期净利润额与**上期**净利润额的增加比率。

후입 선출법 後入先出法 (LIFO)　　**后入先出**

대차 대조표 资产负债表	
유동 자산 流动资产	
단기 대여금	短期放款，短期贷款
대손 충당금	呆帐准备金
매출 채권	应收款项
유가 증권	有价证券
이연 법인세 차	递延所得税资产
재고 자산	存货，存货清单
현금과 예금	现金及存款
고정 자산 非流动资产，固定资产	
무형 자산	无形资产
영업권	营业权
유형 자산	有形资产
토지	土地
이연 자산	递延资产

투자 자산	投资资产
유동 부채 流动负债	
단기 차입금	短期借款
매입 채무	交易应付
미지급 배당금	应付股利
유동성 장기 부채	流动长期负债, 一年或一营业周期内到期长期负债
고정 부채 长期负债	
사채	公司债券, 公司债
장기성 매입 채무	长期交易应付
충당금	坏帐准备
자본 资本	
이익 잉여금	未分配的利润
이익 준비금	法定准备金
적립금	储备金
자본금	资本金
자본 잉여금	资本盈利, 资本盈余
자본조정	资本调整
손익계산서 损益表	
경상 이익(손실)	经常利润(亏损)
당기 순이익(손실)	本期净利润, 净收入(亏损)
매출액	销售额
매출 원가	销售成本
매출 총이익(손실)	销售毛利(营业毛损)
법인세 차감 전 순이익(손실)	税前及利息开支前利润(亏损)
법인세 비용	所得税费用
영업 외 수익(비용)	营业外收入(费用)
사채 상환 이익	偿债收益
외환 차익	外汇买卖收益
이자 수익	利息收入
영업 이익(손실)	营业利润(亏损)
특별 이익(손실)	非常收益(亏损)
판매비와 관리비	销售及管理费用

감가상각비	折旧费
급여	劳务费, 薪水
대손 상각비	呆帐费用
복리 후생비	福利费
세금과 공과금	税项
임차료	租金
접대비	推销费用
퇴직 급여	退休金

재무 财务

부채 負債 **债务**

부외 부채 簿外負債 **表外债务**

미국 연방 예산의 적자발생으로 사회 보장 및 연방 의료 보험에 막대한 부외 부채가 발생했다.

美国的联邦预算出现赤字失控, 社会保障与联邦医疗保险出现了大量**表外债务**。

부외 부채(Unrecorded Liability, 表外债务)란?

부외 부채란 대차 대조표에 현재 기업의 채무가 있음에도 불구하고 회사의 장부에 계상되지 않은 부채를 의미한다. 부외 부채는 회계 담당자의 회계에 대한 무지에서 비롯되는 것도 있지만 회사의 악화된 재무 상태와 경영 실적을 분식하려는 의도에서 고의적으로 은폐하는 경우가 대부분이므로 재무제표 이용자에게 큰 피해를 입힐 가능성이 있다. 또한 부외 부채는 우발 채무와 밀접한 관련이 있다. 부채로 확정될 가능성이 높은 우발 채무는 대차 대조표에 부채로 계상하도록 하고 있지만 우발적 상황에 대한 객관적인 판단이 어렵기 때문에 이 같은 기준은 잘 지켜지지 않는 경향이 있다. 계류 중인 소송 사건이나 타사 채무에 대한 지급 보증 등 우발 채무 항목들이 대부분 주석을 통해 공시된다.

부채 비율 負債比率 **债务比率**

대다수 업체의 2/4분기 부채 비율은 높아진 반면 일부 떨어진 업체도 있다.

大多数公司二季度**债务比率**继续上涨, 但也有少部分公司有所下降。

우발 채무 偶發債務 **或有债务, 或有负债**

이들 은행의 부채는 어떤 의미에서는 중앙 은행의 우발 채무가 되었다.

这些银行的负债在某种意义上成为了中央银行的**或有负债**。

부채 상환 능력 負債償還能力 **偿债能力**

부채 상환 비율 負債償還比率 **偿债备付率, 偿债覆盖率**

부채 상환 비율(DSCR: Debt Service Coverage Ratio, 偿债备付率, 偿债覆盖率)이란?

순영업 이익을 채무 상환 지출로 나눈 값. 채무 상환 비율이 1보다 커야 채무를 이행할 능력이 있다는 뜻이다.

이자 보상 배율 利子報償倍率 **利息偿付比率**

시장 전체로 볼 때 이자 보상 배율이 개선되었다.
从市场总体来看, **利息偿付比率**有所改善。

이자 보상 배율(ICR: Interest Coverage Ratio, 利息偿付比率)이란?

영업 이익을 이자 비용으로 나눈 것. 이자 보상 비율이 1배 미만이면 영업 활동에서 창출한 이익으로 금융 비용조차 지불할 수 없기 때문에 잠재적 부실기업으로 볼 수 있다.

자본금 資本金 **资本金**

일본 대형 은행들은 앞다투어 자본금을 늘렸다.
日本大型银行纷纷增加**资本金**。

납입 자본 納入資本 **实收资本**

자본은 등록 자본과 납입 자본으로 나눌 수 있다.
资本有注册资本及**实收资本**之分。

법정 자본 法定資本 **设定资本, 申报资本, 法定资本**

중국의 현행 회사법에서는 법정 자본 제도를 채택하고 있다.
中国现行公司法采取**法定资本**制。

운전 자본 運轉資本 **营运资本, 营运资金**

운전 자본 관리는 기업에 있어 매우 중요하다.
营运资本管理对企业来说是至关重要的。

자기 자본 自己資本 **自有资本, 自有资金**

자기 자본 비율 自己資本比率 **自有资本比率**

자기 자본 비율이란 기업의 운전 자본에서 자기 자본이 차지하는 비율을 뜻한다.
自有资本比率, 是指企业营运资金中自有资本所占的比率。

자기 자본 수익률 自己資本收益率 **股本回报率, 股东权益报酬率, 净值报酬率**

자기 자본 수익률(ROE: Return on Equity, 股本回报率, 股东权益报酬率, 净值报酬率)이란?

경영자가 기업에 투자된 자본을 사용하여 이익을 어느 정도 올리고 있는가를 나타내는 기업의 이익 창출 능력으로 자기 자본 이익률이라고도 한다. 산출 방식은 기업의 당기 순이익을 자기 자본으로 나눈 뒤 100을 곱한 수치이다. 예를 들어 자기 자본 이익률이 10%라면 주주가 연초에 1,000원을 투자했더니 연말에 100원의 이익을 냈다는 뜻이다.
기간 이익으로는 경상 이익, 세전 순이익, 세후 순이익 등이 이용되며, 자기 자본은 기초와 기말의 순자산액의 단순 평균을 이용하는 경우가 많은데 이는 기간 중에 증·감자가 있을 경우 평균 잔고를 대략적으로 추정하기 위한 것이다. 기간 중에 증·감자가 없었다면 기초 잔고를 이용해도 된다.

투하 자본 投下資本, **사용 자본** 使用資本 — **运用资本, 动用资金**

투하 자본이란 이윤을 창출해내는 데 들어가는 총 자금을 말한다.
所谓**运用资本**是指实现利润运用的资金总额。

자산 資産 — **资产**

감가상각 減價償却 — **折旧**

감가상각비 減價償却費 — **折旧费**

건물의 감가상각비는 각종 요인에 의한 건물 가치의 손실로 발생한다.
房屋的**折旧费**, 是由于各种因素带来的房屋价值上的损失形成的。

고정 자산 固定資産 — **固定资产**

유동 자산 流動資産 — **流动资产**

재무 財務 — **财务**

재무 관리 財務管理 — **财务管理**

재무 관리사 財務管理士 — **财务管理师**

재무 비율 财务比率	
수익성 收益性	
매출 수익률(ROS)	销售回报率
자기 자본 수익률(ROE)	股本回报率, 股东权益报酬率
총자산 수익률(ROA)	总资产收益率
투자 수익률(ROI)	投资收益率
투자 자본 수익률(ROIC)	投资资本回报率
투하 자본 수익률(ROCE)	运用资本报酬率, 使用资本回报
현금 흐름 투자 수익률(CFROI)	折现现金流量投资回报率
재무 건전성 财务健全性, 财务健全程度	
고정 장기 적합률	固定资产对长期资金比率, 固定资产长期适合率
당좌 비율	速动比率, 速兑比率

부채 비율	债务比率
유동 부채 비율	流动负债比率
유동 비율	流动比率
이자 보상 비율	利息偿付比率
총부채 상환 비율(DSR)	偿债比率

기업 금융 企业金融

감자 減資 **减少资金, 减少资本, 减资**

기업의 감자 형태는 경제적 목적에 따라 실질 감자와 형식적 감자로 나눌 수 있다.

公司**减少资本**根据其经济目的可分为实质上减少资本和形式上减少资本两种。

공모주 公募株 **公开发行股票, 公募股本**

기업 금융 企業金融 **企业金融**

간접 금융 間接金融 **间接金融**

직접 금융 直接金融 **直接金融**

시장 금융 시스템이 발달된 지역의 간접 금융 대 직접 금융 비율은 대략 6:4다.

在市场化金融比较发达的地区, 间接金融与**直接金融**的比例大体为6:4。

무의결권주 無議決權株 **无表决权股份**

배당금 配當金 **股息, 红利**

만기 도래 채무에 대한 상환 능력이 없거나 배당금 지급 후 채무 상환 능력을 상실하게 될 경우 상장 회사는 배당금을 지급할 수 없다.

若上市公司无力偿付到期债务或者实施分红派息后无力偿付债务时, 不得分派**股息、红利**。

배당 성향 配當性向 **股息支付率**

배당 수익률 配當收益率 **股息率, 股息收益率**

배당주 配當株 **红利股**

보통주 普通株 **普通股**

사업 자금 조달 事業資金調達 **筹措经营资金**

개인 사업자가 양곡 수매를 신청하려면 3만 위안 이상의 사업 자금 조달 능력이 있어야 한다.

个体工商户申请粮食收购资格的条件是须具备**筹措经营资金**3万元以上的能力。

상장 폐지 上場廢止 **取消上市, 退市, 停止上市**

시가 총액 時價總額 **市值, 总市值, 市价总值**

실권주 失權株 **失权股**

일반 투자자는 유상 증자에 참여할 수 없기 때문에 대부분 실권주가 된다.
由于普通投资者不可能参与有偿增资，大部分将成为**失权股**。

어음 **票据**

기업 어음(진성 어음) **商业票据**

— 만기 滿期 **到期**

약속 어음 **本票, 期票**

을이 발행한 약속 어음의 만기 도래시 이를 막지 못하면, 을은 모든 법적 책임을 진다.
若乙方开出的**期票**到期不能兑付，乙方将承担一切相关的法律责任。

어음 발행 **开票据, 开汇票**

어음 배서 **票据背书, 汇票背书**

어음 부도율 **汇票拒付率**

한국은행이 18일 발표한 '4월 어음 부도율 동향'에 따르면, 4월에 507개 기업의 어음이 부도 처리되었다.
韩国银行18日发表"4月**汇票拒付率**动向"指出，在4月共有507家企业拒付汇票。

융통 어음 **融通汇票, 空头汇票**

예탁 증서 預託證書**(DR)** **存托凭证**

우선주 優先株 **优先股**

은행 차입 銀行借入 **银行贷款**

기업은 자체 조달한 120만 위안 이외에도 300만 위안 상당의 은행 대출을 신청해야 한다.
除企业自筹120万元，还需申请**银行贷款**300万元。

신디케이트론 **银团贷款**

신디케이트론이란 다수의 은행 및 금융 기관에서 공통의 대출 조건으로 어떤 기업이나 프로젝트에 일정 한도의 자금을 융자해주는 방식을 말한다.
银团贷款是由多家银行或金融机构采用同一贷款协议，向一家企业或一个项目提供一笔融资额度的贷款方式。

의결권주 議決權株 **有表决权股份**

자금 회전 資金回轉 **资金周转**

자본 비용 資本費用 **资本成本, 资本费用**

자본 비용이란 자본 시장이 특정 항목에 투자할 때 요구되는 수익률 또는 기회비용이다.
资本成本是资本市场投资特定的项目所要求的收益率，或者机会成本。

가중 평균 자본 비용 加重平均資本費用 **加权平均资本成本**

가중 평균 자본 비용(WACC: Weighted Average Cost of Capital, 加权平均资本成本)이란?

기업의 총자본에 대한 평균 조달 비용을 말하는데 조달 원천별로 총자본에서 차지하는 비중, 즉 자본 구성 비율을 조달 금리에 곱하여 그 적(積, product)을 모두 합산한 것으로 자본구성 비율을 가중치로 하여 평균한 자본 조달 비용을 뜻한다.

이자 비용 利子費用	**利息成本, 利息费用**
자본 잠식 資本蠶食	**资本蚕食**
자사주 自社株	**库存股, 库藏股**
자사주 매입 自社株買入	**回购库存股**
정크 본드·고수익 위험 채권·열등채	**垃圾债券**
주식 금융 株式金融	**股票金融**
주식 병합 株式倂合	**并股**

A사는 주식 병합을 통해 주가를 주당 15~25달러까지 끌어올릴 계획이다.
A公司计划通过**并股**将其股价提升至每股15~25美元。

주식 분할 株式分割 — **拆股, 股票分裂, 股票分割**

A사는 과거 10년 동안 네 차례의 주식 분할을 했다.
过去十年来, A公司的股票曾4次**拆股**。

주식 소각 株式消却	**撤消股票, 注销**
주식 환매 株式還買	**回购**

주식 환매(Buy-back, 回购)란?

신용 거래에서 공매한 주식을 다시 매입하는 것을 말한다. 또 투자 신탁 및 환매 조건부 채권 등의 거래에서는 매출된 수익 증권이나 채권을 다시 매입하는 것을 환매라 한다.

중간 배당 中間配當	**暂时(期中)股息**
증자 增資	**增资**
유상 증자 有償增資	**有偿增资**
무상 증자 無償增資	**无偿增资**
채권 금융 債券金融	**债务融资**

채권 금융은 기업의 융자비용을 절감하여 기업의 시장가치를 높인다.
债务融资能降低企业的融资成本, 提高企业的市场价值。

회사채 會社債 — **公司债**

회사채 발행.
发行**公司债**。

교환 사채 交換社債(EB) **可交换债券**

교환 사채는 종합형 파생 채권의 일종이다.

可交换债券是一种复合型衍生债券。

무보증 (회)사채 無保證社債 **无担保债券**

X사의 무보증 사채 등급을 BB에서 BB⁻로 하향 조정했다.

将X公司的**无担保债券**评级从 BB 调低至 BB⁻ 。

보증 사채 保證社債 **担保债券**

신주 인수권 부 사채 新株引受權附社債(BW) **附认股权证债券**

전환 사채 轉換社債(CB) **可转换债券**

5,000만 달러를 투자하여 SCO사의 전환 사채를 사들였다.

投资5000万美元购买了SCO公司的**可转换债券**。

후배주 後配株 **延期付息股**

경영 부실 经营不善

경영 악화 經營惡化 **经营恶化**

경영난 經營難 **经营困难**

과다 차입 구조 過多借入構造 **债务过多的资本结构**

기업 개선 작업(워크아웃) 企業改善作業 **群策群力, 企业重整, 企业改善工作**

1980년대 말 GE가 제창한 '워크아웃'의 취지는 회사 실적 제고 및 직원들 개개인의 발전을 위한 여건을 마련하는 것이었다.

80年代末GE提出"**群策群力**"的口号, 其宗旨是力图为业绩提高和员工个人发展营造条件。

워크 아웃(Work Out, 群策群力)이란?

기업 구조 개선 작업이라고도 한다. 기업 회생을 목적으로 기업이 자구책으로 회생을 못할 경우 스스로 하기 힘든 기업 내부 구조 조정 작업을 채권 금융 기관이 주도하여 진행하는 것.

기업 도산 企業倒産 **公司倒闭, 企业破产**

올들어 미국에서 최소한 130여 개 인터넷 업체가 도산했다.

今年美国至少已有130家因特网**公司倒闭**。

부도 유예 不渡猶豫 **缓期破产**

법정 관리 法庭管理 **法庭管理**

대우자동차는 10일 인천 지방 법원에 법정 관리를 신청했다.

大宇汽车公司10日向仁川地方法院提出了**法庭管理**的申请。

부실 경영 不實經營 **管理不善, 不健全的经营**

기업의 최대 위기는 부실 경영에 있다.

企业最大的危机在于**管理不善**。

부실기업 不實企業 **经营不善的企业, 无力偿付的公司**

A사는 부실기업으로 장기간 손실을 보고 있다.

A公司是一个**经营不善的企业**, 长期亏损。

신용 경색 信用梗塞 **信用梗塞, 信贷紧缩**

자구 노력 自救努力 **自救努力**

하이닉스반도체는 강도 높은 자구 노력의 일환으로…….

海力士半导体作为高强度**自救努力**的一部分……。

재무 건전성 財務健全性 **财务健全性**

재무 비율 財務比率 **财务比率**

재무 비율 분석의 목적은 경영상의 문제점을 찾아내고 기업의 재무 상태 평가를 위한 근거 마련에 있다.

财务比率分析的目的是发现企业经营中存在的问题并据以评价企业的财务状况。

재무 구조 개선 財務構造改善 **改善财务结构**

재무 상태 財務狀態 **财务状态**

상장 회사의 재무 상태에 전반적인 하락세가 나타났다.

上市公司的**财务状态**整体出现大幅度的滑坡。

견실 堅實 **健康, 健全**

부실 不實 **不健全**

지급 불능 支給不能 **无力偿还, 无力偿付**

A은행도 지급 불능 위기에 처했다.

A银行也处于**无力偿付**的边缘。

채권단 債權團 **债权团**

출자 전환 出資轉換 **债务股权互换, 债务股本互换, 债换股**

출자 전환은 회사의 장기 채무를 줄임으로써 수익 증대 효과를 가져온다.

债务-股权互换减少了公司的长期债务, 因而能增加公司的收益。

채무(부채) 구조 조정 債務構造調整 **债务结构调整**

본 채권 금융은 중국 X그룹과의 채무 구조 조정을 위한 것이다.

该债券融资是为了中国X集团的**债务结构调整**。

채무 불이행 債務不履行**(디폴트)** **债务不履行, 倒账**

채무 불이행 위험 債務不履行危險 **倒账风险**

청산 淸算 **结算, 清算**

미국에서는 매년 10만 개 업체가 경영 실패로 결국 파산·청산·법정 강제 청산된다.

美国每年有10万家企业经营失败, 其结局包括破产、清算和法庭强制**清算**。

파산 破産 **破产**

— **선언** 宣言 **宣布**

X사는 오늘 노총이 정리 해고 구조 조정 계획을 거절함에 따라 파산을 공식 선언했다.

X公司今天因劳工联盟拒绝其裁员的重组计划, 正式**宣布**破产。

— **신청** 申請 **申请**

X사의 파산 보호 신청은 진작부터 예측됐던 결과이다.

X公司**申请**破产保护的举动早在人们的意料之中。

파산법 破産法 **破产法**

조속히 파산법을 개정·정비해야 한다.

应该尽快修改完善**破产法**。

화의 절차 和議節次 **法院调解调停程序**

화의를 신청하다 **向法院提出调停**

회사 정리 會社整理 **解散公司**

이사회에서 회사 정리가 결정되었다.

董事会已决定**解散公司**。

인수 합병 收购兼并

경영권 經營權 **经营权**

— **인수** 引受 **接管经营权**

— **포기** 拋棄 **放弃经营权**

회사 설립은 경영권 포기의 대가로 얻어낸 것이다.

公司的成立, 是用**放弃经营权**的代价换取的。

기업 가치 企業價値 **企业价值**

기업의 핵심 경쟁력을 향상시키는 것이 기업 가치를 높이는 효과적인 방법이다.

提高企业的核心竞争能力是**企业价值**增加的有效手段。

기업 가치 평가 企業價値評價 **企业价值评估**

현금 흐름 할인법은 통상적으로 기업 가치 평가에서 가장 우선적으로 사용되는 방법이다.

现金流量折现法通常是**企业价值评估**的首选方法。

평가 모형 評價模型 **评估模式**

기업 가치 평가 모형에 개념상의 변화가 필요하다.

企业价值的**评估模式**需要进行概念性的改变。

평가 방법 評價方法 **评估方法**

기업 매각 企業賣却 **出售企业**

분할 매각 分割賣却 **分拆出售**

독일 BMW그룹은 그룹 산하 A사를 영국의 B사와 미국 C사에 분할 매각했다.
德国宝马集团把其下属的A公司**分拆出售**给英国B公司和美国C公司。

헐값에 매각 **以贱价出售**

그는 결코 회사의 자산을 분할하거나 헐값에 매각할 리 없다.
他绝不会分割公司资产或**贱价出售**。

기업 사냥꾼 **公司袭击者, 企业猎人**

과거 기업 사냥꾼들은 보통 매입한 기업을 분할한 후 매각하여 이익을 얻었다.
过去的**公司袭击者**通常把收购来的企业进行分割, 然后出售, 以此获利。

기업 실사 企業實査 **查核**

기업 인수 企業引受 **收购**

차이나 유니콤은 CDMA 네트워크 인수를 요구할 권리가 있다.
中国联通有权要求**收购**CDMA网络。

벌처 펀드 **秃鹰资本**

벌처 펀드(Vulture Fund, 秃鹰资本)란?

부실기업이나 파산 기업을 헐값에 인수하여 경영을 정상화시켜 기업 가치를 올린 후, 매각하여 고수익을 올리는 기금 또는 회사.

부실기업 인수 不實企業引受 **并购经营不善的企业**

고용 승계 雇傭承繼 **雇佣承继, 雇佣保证**

부채 승계 負債承繼 **负债承继**

TCL 통신의 모든 자산과 부채는 TCL 그룹이 승계하게 된다.
TCL通讯的全部资产、**负债**均由TCL集团**承继**。

자산 부채 인수 資産負債引受 **接管资产与负债**

자산 부채 인수(P&A: Purchase of Assets and Assumption of Liabilities, 接管资产与负债)란?

기업을 인수하면서 피인수 기업의 자산과 부채를 일괄 승계하는 것.

샤크 리펠런트 **驱鲨剂**

샤크 리펠런트(Shark Repellent, 驱鲨剂)란?

M&A의 용어로 기업 탈취를 예방하기 위한 전술의 일종이다. 예를 들어 정관을 변경하거나 합병 승인의 의결을 위해서는 75% 이상의 찬성이 필요하다는 조항을 삽입하거나 이사의 선임을 한 번에 행하지 않고 1년에 몇 명씩 선임한다는 등의 규정을 마련하는 것을 샤크 리펠런트라고 한다.

인수 합병 引受合併 **收购兼并**

상장 회사간 인수 합병을 통해…….

通过上市公司间的**收购兼并**……。

차입 합병 借入合倂 **杠杆购并**

차입 합병(LBO: Leveraged Buyout, 杠杆购并)이란?

채권 발행 금액이나 차입금으로 기업을 매수하는 전략. 매수할 기업의 자산 등을 담보로 자금을 조달하여 미래의 현금 흐름으로 상환한다.

축소 통폐합 縮小統廢合 **精简合并**

합병 合倂 **合并, 兼并**

EU위원회는 20일 A사와 B사의 합병 승인을 선포했다.

欧盟委员会20日宣布批准A公司与B公司**合并**。

우호적 합병 友好的合倂 **友善并购**

캐나다 최대 통신사 BCE는 오늘 최대 민영 TV사 CTV와 우호적 합병에 들어간다고 발표했다.

加拿大最大的通讯公司BCE今天宣布**友善并购**最大的民营电视公司CTV。

적대적 합병 敵對的合倂 **恶意并购**

1999년도 국제 M&A 중 0.2%만 적대적 합병이었다.

1999年的跨国并购中, 仅有0.2%的案例为**恶意并购**。

MBO **管理层收购**

MBO(Management Buy Out, 管理层收购)란?

목표 관리제. 기업의 경영진이 소속 기업의 지분을 인수하여 경영권을 확보하는 것.

M&A 시장 **购并市场**

중국 M&A 시장의 두드러진 현상은 법인주 인수 사례는 많은 반면 유통주 인수 사례가 적다는 것이다.

中国**购并市场**上的一个突出现象是法人股收购案例很多, 但流通股收购案例极少。

국제 M&A(cross-border M&A) **跨国购并**

국제적 M&A가 글로벌 직접 투자의 주된 방식이 되었다.

跨国购并成为全球直接投资主流方式。

적대적 M&A 시장 **恶意购并市场**

14 금융 金融

투자 投资

가상 자산 假想資産	**虚拟财产**
가상 화폐 假想貨幣	**虚拟货币**
블록체인	**区块链**
NFT	**非同质化代币**
개인 금융 個人金融	**个人金融**
개인 재산 個人財産	**个人财产**

개정된 혼인법은 부부의 개인 재산 범위를 규정하고 있다.
修改后的婚姻法规定了夫妻**个人财产**的范围。

개인 채무 個人債務	**个人债务**

부부 일방의 혼전 발생 채무는 원칙적으로 부부 일방의 개인 채무로 인정된다.
对一方婚前已经形成的债务，原则上认定为夫妻中一方的**个人债务**。

재력가 財力家	**富翁，富豪**
금융 상품 金融商品	**金融产品**
실적 배당 상품 實積配當商品	**分红类产品**
원금 보장형 상품 元金保障型商品	**保本产品，保本型商品**

원금 보장형 상품은 투자자들의 높은 호응을 얻었다.
保本型商品广受投资人的高度青睐。

주가지수 연계 상품 指數連繫商品	**股票连接产品，指数连接产品**

주가지수 연계상품(股票连接产品，指数连接产品)이란?

주가지수 연계상품에는 주가지수연계증권(ELS: 股价联系证券), 주가지수연계펀드(ELF: 股价联系基金), 주가지수연계연금(ELD: 股价联系储蓄)이 있다.

네고 은행	**议付银行**
단자 시장 短資市場	**活期放款市场**
대체 투자 代替投資	**替代投资**
사모 주식 투자 私募株式投資	**私募股权投资**
사모 주식 투자 펀드 PEF(Private Equity Fund)	**私募投资基金，私募股权投资基金，私募证券基金**

대체 투자(Alternative Investment, 替代投资)란?

주식 · 채권 · 예금 등 전통적 금융 상품이 아닌 헤지펀드 · 선물 · 선물환 등에 투자하여 자산을 운용하는 방식을 말한다.

사채 私債 **私人债券, 私债**

고리 대금업 高利貸金業, **대부업** 貸付業 **高利贷**

대부업법 貸付業法 **高利贷法**

결국 영국의 모든 대부업법이 폐지되었다.
最终, 英国所有的**高利贷法**均被废除。

사채 시장 私債市場 **私人债券市场**

어음 할인 매입(와리깡) **承兑汇票贴现**

어음 할인 매입이란 신용사가 만기가 되지 않은 차용인의 어음을 구입하는 방식으로 돈을 내주는 것을 말한다.
承兑汇票贴现指信用社以购买借款人未到期汇票的方式发放的贷款。

수익 증권 受益證券 **收益证券**

고정 수익 증권 발행량이 늘면서,…….
随着固定**收益证券**发行量的增加,……。

시중 자금 市中資金 **市场资金**

2003년은 시중 자금 유입이 가장 적었던 해였다.
2003年是**市场资金**流入最少的一年。

실물 투자 實物投資 **实物投资**

여윳돈 **剩余资金, 闲置资金**

유가 증권 有價證券 **有价证券**

본 은행이 유가 증권에 투자한 목적은 장기 보유 또는 투자 수익 획득에 있다.
本行投资**有价证券**, 是以长期持有或获取投资收益为目的。

자본 시장 資本市場 **资本市场**

외국채 外國債 **国外债券, 外国债券**

유로채 **欧洲债券**

유로채는 수익률이 높고, 유로화가 강세를 보여 인기가 있다.
由于收益率较高及欧元走强, **欧洲债券**备受青睐。

주식 株式 **股票**

채권 債券 **债券**

자산 운용 資産運用 **资产管理**

금융 자산 관리사 金融資産管理士 **FP(Financial Planner)**
财务策划师, 财务规划师, 金融理财师

자산 운용 회사 資産運用會社 **AMC(Asset Management Company)**

资产管理公司

자산 운용 회사의 부실 자산 처리 과정은…….

资产管理公司对不良资产处置的过程……。

투자 投資 **投资**

주식 매입은 일반인의 주요 투자 활동이다.

买股票是一般民众最主要的**投资**活动。

투자 성향 投資性向 **投资倾向**

투자 수익률 投資收益率 **ROI(Return on Investment)**

投资收益率, 投资回报率

상장사의 투자 수익률이 계속 높아지고 있다.

上市公司**投资收益率**不断增加。

투자 신탁 운용사 投資信託運用社**(ITMC)** **投资信托管理公司**

X투자 운용사는 한국에서의 투자 신탁 운용사 설립 허가를 받았다.

X投资管理公司已经获批准在韩国设立一家**投资信托管理公司**。

투자 신탁 회사 投資信託會社**(ITC)** **信托投资公司**

투자 욕구 投資欲求 **投资意愿**

투자 위험 분산 投資危險分散 **分散投资风险**

고위험 고수익 高危險高收益 **高风险、高收益**

벤처 캐피털의 특징은 고위험 고수익이다.

风险投资的特点是**高风险、高收益**。

투자자 投資者 **投资者**

개미 군단 **散户, 散户投资者**

주식 시장의 투자자는 크게 기관 투자자와 개미 군단으로 나눌 수 있다.

股票市场的投资者可以分为**散户投资者**和机构投资者两大类。

개인 투자자 個人投資者 **个人投资者, 私人投资者**

기관 투자자 機關投資者 **机构投资者**

기관 투자자가 중국 주식 시장의 핵심 역량이 되었다.

机构投资者已成为中国股市中的主要力量。

투자 포트폴리오 **投资组合**

투자자가 투자 포트폴리오를 어떻게 운용하는가도 매우 중요하다.

投资家如何运用其**投资组合**也非常重要。

투자 포트폴리오(投资组合)란?

주식 투자에서 다수 종목에 분산 투자함으로써 위험을 피하고 투자 수익을 극대화하는 방법. '포트폴리오'란 원래 서류 가방 또는 자료 수집철이라는 뜻이지만 증권 투자에서는 투자 자산의 집합이라는 의미로 사용되고 있고 다수의 집합이라는 포트폴리오의 의미에서 알 수 있듯이 주식 투자를 할 때에는 여러 종목에 분산 투자해야 한다.

펀드 **基金**

지수 펀드 **指数基金**

상장 지수 펀드 **交易所交易基金, 交易型开放式指数基金**

상장 지수 펀드란 거래소에서 상장 거래되는 펀드를 말한다.

交易所交易基金是指在交易所上市交易的基金。

상장 지수 펀드(ETF: Exchange Traded Fund, 交易所交易基金)란?

인덱스 펀드처럼 주가 지수의 수익률을 그대로 따라잡을 수 있도록 만든 인덱스 펀드의 일종이면서 주식처럼 매일 증시에서 매매가 가능한 금융 상품.

고수익 채권 펀드 **高利息债券基金**

리스크 펀드 **风险基金**

매크로 펀드 **宏观基金**

뮤추얼 펀드 **共同基金, 互惠基金**

뮤추얼 펀드(Mutual Fund, 共同基金, 互惠基金)란?

회사형 투자 신탁. 뮤추얼 펀드는 투자자들이 회사를 만들고 펀드 매니저를 선정하여 투자를 맡기는 방식이다. 실적에 따라 배당금을 받고 투자 손익 책임도 투자자들에게 돌아간다.

아시아 채권 펀드 **亚洲债券基金**

주식형 펀드 **股票型基金**

채권형 펀드 **债券型基金**

펀드 오브 펀즈 **基金的基金**

펀드 오브 펀즈(Fund of Funds, 基金的基金)란?

펀드 내 자산을 다른 펀드에 투자할 수 있는 이중 간접 투자 상품.

MMF **货币市场基金**

MMF(Money Market Funds, 货币市场基金)란?

1971년 미국 증권 회사에 의해 개발된 상품으로 고객의 돈을 모아 금리가 높은 단기 금융 상품에 집중 투자해 수익을 돌려주는 실적 배당 상품. 환금이 자유로운 데다 주로 CD · CP 등 단기시장성 상품에 투자하여 단기간 내 높은 수익률을 올림으로써 미국 금융 혁신의 중심이 되었던 신금융 상품이다. 우리 나라에는 1996년에 도입되었다.

MMMF 货币市场互助基金

MMMF(Money Market Mutual Funds, 货币市场互助基金)란?

투자자의 자산을 모아 단기 고수익 양도성 예금 증서, 단기 국공채, 상업 어음 등에 투자하는 회사.

펀드 매니저 **基金经理**
포트폴리오 이론 **投资组合理论**
헤징 **对冲保值, 避险**
가격 리스크를 피하기 위해 가장 널리 사용되는 방법이 헤징이다.
为了避免价格风险，最常用的手段便是**对冲保值**。
현금 지원 제도 現金支援制度 **现金捐赠, 现金补贴, 现金支援制度**

현금 지원 제도(Cash Grant, 现金支援制度)란?

영국이 자국 산업의 국제 경쟁력을 강화할 목적으로 실시한 투자 보조 제도로 investment grant라고도 한다. 현재는 정부 차원에서 기업에 현금 지원 등의 인센티브를 주는 의미로 쓰인다.

현물 투자 現物投資 **现物投资**
재테크 **理财**
재테크할 줄 아는 사람이면 펀드에 투자한다.
会**理财**的人都会投资基金。
화폐 시장 貨幣市場, **단기 금융 시장** 短期金融市場 **货币市场, 短期资金市场**
국공채 國公債 **公债, 国债, 政府债券**
기업 어음 CP(Commercial Paper) **商业票据**
기업 어음을 발행하다.
发行**商业票据**。
스마트 머니 **机灵资金**

스마트 머니(Smart Money, 机灵资金)란?

정세 변화에 따라 신속하게 움직이는 자금으로 시장 정보에 민감한 기관들이 보유한 현금 등이 여기에 해당된다. 움직이는 속도가 스마트 머니에 비해 뒤떨어지는 자금은 정크 머니라고 한다.

양도성 예금 증서 讓渡性預金證書 NCD(Negotiable Certificate of Deposit) 可转让存款证书
유로 달러 欧元
콜 자금 短期贷款
핫 머니 热钱
화폐 시장 상호 기금 貨幣市場相互基金 MMMF(Money Market Mutual Funds) 货币市场互助基金
환매 조건부 채권 還買條件附債券 RP(Repurchase Agreements) 债券附买回交易

제2금융 기관 非銀行金融机构	
리스회사	租借公司
뮤추얼 펀드	共同基金, 互助基金
보험사	保险公司
부동산투자신탁회사(REITs)	房地产投资信托公司, 房地产投资信托基金
상호저축은행 (MSFC)Mutual Savings Company)	互相储蓄銀行
상호신용기금	互相信用基金
신용조합	信用组合
여신금융전문회사	授信金融公司
저축기관	储蓄机构
저축대부조합 S&L(Savings and Loan Association)	储蓄贷款社
종금사	综合性信贷机构
증권사	证券公司
증권투자신탁	证券投资信托公司
투자신탁운용사(ITMC)	投资信托管理公司
투자신탁(ITC)	信托投资公司
팩토링	保理公司, 保理商
할부금융회사	租购融资公司

금융 개혁 金融改革

금융 감독 金融監督 金融监管
금융감독원 金融監督院(FSS) 金融监督院

금융위원회 金融委員會(FSC) 金融委员会

금융 건전성 金融健全性 金融健康性, 健全性

본국의 통화 정책이나 금융 체제의 건전성에는 전혀 부정적인 영향을 주지 않았다.
对本国的货币政策或金融体系的**健康性**没有产生任何负面影响。

금융 건전성 감독 金融健全性監督 监管金融健全性

자율 감독 기관 自律監督機關(SRO) 自律组织, 自律监管组织

자율 감독 기관은 보통 회원제로 운영된다.
自律组织一般实行会员制。

금융 개혁 金融改革 金融改革

대형화 大型化 大型化

금융 겸업 金融兼業 金融兼营

겸업화 兼業化 兼营化

금융 업무의 진정한 겸업화는 1990년대 초반에야 비로소 시작되었다.
真正的金融业务**兼营化**于90年代初期才开始。

금융 구조 조정 金融構造調整 金融结构调整

중국의 국내 실정에 맞게 금융 구조 조정을 실시한다.
根据中国国情推动**金融结构调整**。

금융 빅뱅 金融大爆炸

금융 빅뱅(Financial Big Bang, 金融大爆炸)이란?

금융 규제 완화 또는 금융 혁신을 의미한다. 영국 정부는 1986년 증권 매매 위탁 수수료 자유화, 금융 업종간 장벽 철폐, 외국 금융 기관의 자유로운 참여 허용, 새로운 매매 시장의 채택 등 금융 대개혁을 단행했다. 금융 센터로서의 지위가 흔들리던 런던의 증시를 활성화하고 증권사의 경쟁력을 높이는 데 성공한 이 개혁 조치의 효과가 우주의 빅뱅과 견줄 만하다고 해서 붙여진 이름이다.

금융 시장의 개방 开放金融市场

중국은 WTO에 가입한 후 금융과 보험 시장을 개방하겠다고 약속했다.
中国承诺在入世后**开放金融**和保险**市场**。

금융 자유화 金融自由化 金融自由化

금융 지주 회사 金融持株會社 金融控股公司

국제 금융 지주 회사들이 국내 시장에 대거 진출하게 될 것이다.
国际**金融控股公司**将大量进入国内市场。

금융 지주 회사(Financial Holding Company, 金融控股公司)란?

지주 회사는 따로 영업 활동을 하진 않지만 자회사의 지분을 갖고 있는 회사를 말한다. 금융 지주 회사란 은행 · 증권 · 보험 · 카드 · 캐피털 · 투자 은행 등 다양한 금융 자회사의 지분을 갖고 있는 회사로서 전체의 종합적인 기획과 통합된 인사 · 재무 업무를 담당한다. 우리 나라도 한빛 · 평화 · 광주 · 경남은행 등 정부의 공적 자금을 받은 금융 기관이 모여 만든 우리금융지주회사가 2001년 4월 출범했고, 2001년 10월에는 신한은행이 중심이 된 신한 금융지주회사가 설립되었다.

금융 감독 기구, 이급 금융 협회 金融监督机构以及金融协会	
국민연금공단 NPC(National Pension Corporation)	国民年金公团
금융감독원 FSS(Financial Supervisory Service)	金融监督院
금융위원회 FSC(Financial Services Commission)	金融委员会
금융결제원(Korean Financial Telecommunications and Clearing Institute)	金融决济院
손해보험협회 (General Insurance Association of Korea)	韩国一般(非寿险)保险协会
예금보험공사 KDIC(Korea Deposit Insurance Corporation)	存款保险公社
은행연합회(Korea Federation of Banks)	银行联合会
한국부동산원 REB(Korean Real Estate Board)	韩国不动产院
한국금융연구원 KIF(Korea Institute of Finance)	韩国金融研究院
한국상장회사협의회 KLCA(Korea Listed Companies Association)	上市公司协议会
한국은행 BOK(Bank of Korea)	韩国银行
한국자산관리공사 KAMCO(Korea Asset Management Corporation)	韩国资产管理公社
한국조세재정연구원 KIPF(Korea Institute of Public Finance)	韩国租税财政研究院
한국증권금융주식회사(Korea Securities Finance Corporation)	韩国证券金融株式会社
한국거래소 KRX(Korea Exchange)	韩国交易所
금융투자협회 KOFIA(Korea Financial Investment Association)	韩国金融投资协会
자본시장연구원 KCMI(Korea Capital Market Institute)	韩国资本市场研究院
한국예탁결제원 KSD(Korea Securities Depository)	韩国预托决计院
코스콤 (Koscom)	韩国证券信息公司

한국투자공사 KIC(Korean Investment Corporation)	韩国投资公社

통화 货币

공개 시장 조작 公開市場操作 **公开市场操作**

통화량이 큰 폭으로 늘어 중앙은행이 공개 시장 조작을 강화했다.
由于货币供应量的大幅增加, 央行加强了**公开市场操作**的力度。

금리 정책 金利政策 **利率政策**

금리 인상 金利引上 **升息, 加息, 调高利率**

금리 인하 金利引下 **降息, 降低利率**

이는 올들어 FRB의 다섯 번째 금리 인하 단행이다.
这是今年以来美联储第5次采取**降息**措施。

저금리 정책 低金利政策 **低利率政策**

FRB는 경기 부양을 위해 저금리 정책을 유지해야만 한다.
为了刺激经济增长, 美联储必须维持**低利率政策**。

신용 정책 信用政策 **信用(信贷)政策**

신용 확대 信用擴大 **信用扩张**

중앙 은행 中央銀行 **中央银行, 央行**

연방준비은행 聯邦準備銀行 **美联储, 美国联邦储备委员会**

미국 연방준비은행의 그린스펀 의장은 디플레이션의 출현을 우려했다.
美国联邦储备委员会主席格林斯潘担心可能导致通货紧缩。

각국 중앙 은행 및 통화 당국 各国中央银行及货币当局	
남아공중앙은행	南非中央银行
네덜란드중앙은행	荷兰中央银行
노르웨이중앙은행	挪威中央银行
대만중앙은행	台湾中央银行
덴마크중앙은행	丹麦中央银行
독일중앙은행	德国中央银行
러시아중앙은행	俄罗斯中央银行
말레이시아중앙은행	马来西亚中央银行
멕시코중앙은행	墨西哥中央银行
미 연방준비은행·위원회	美联储, 美国联邦储备委员会

벨기에중앙은행	比利时中央银行
스웨덴중앙은행	瑞典中央银行
스위스중앙은행	瑞士中央银行
스페인중앙은행	西班牙中央银行
싱가포르통화당국	新加坡货币当局
영란은행	英国央行, 英国英格兰银行
오스트레일리아중앙은행	澳洲中央银行
오스트리아중앙은행	奥地利中央银行
유럽중앙은행	欧洲中央银行
인도네시아중앙은행	印尼中央银行
인도중앙은행	印度中央银行
일본중앙은행	日本中央银行
중국인민은행	中国人民银行
캐나다중앙은행	加拿大中央银行
태국중앙은행	泰国中央银行
프랑스중앙은행	法国中央银行
핀란드중앙은행	芬兰中央银行
필리핀중앙은행	菲律宾中央银行
한국은행	韩国银行
홍콩통화당국	香港货币当局

최후의 대부자 **最后贷款人**

금융 기관에 유동성 위기가 닥쳤을 경우에도 중앙 은행은 최후의 대부자로서 유동성 위기에 빠진 기관에 자금을 지원할 필요가 있다.

在金融机构出现流动性危机时, 仍需要中央银行以**最后贷款人**的身份向陷入流动性危机的机构提供资金支持。

통화량 通貨量 **货币供应量**

일본의 통화량은 지속적인 증가세를 보이고 있다.

日本**货币供应量**呈持续增长趋势。

본원 통화 本源通貨 **基础货币, 储备货币**

예금 통화 預金通貨 **存款货币**

유통 속도 流通速度 **货币流通速度**

총통화량 總通貨量(M2) **广义货币供应量**

통화 증가율 通貨增加率 **货币增加率**

그들은 통화 증가율을 경제의 자연 성장률 수준으로 유지한다면 인플레이션을 억제할 수 있다고 생각한다.

他们认为只要把**货币增加率**保持在经济自然增长率的水平, 就可抑制通货膨胀。

화폐 유통 貨幣流通 **货币流通**

통화 선도 거래 通貨先渡去來 **货币远期**

통화 선도 거래(货币远期)란?

선물 거래소 등 시장 밖에서 특정 통화를 미래의 특정 시점에 약정한 가격으로 사거나 팔기로 계약하는 금융·선물 거래의 일종이다.

통화 정책 通貨政策 **货币政策**

법정 지불 준비율 法定支拂準備率 **法定存款准备金比率**

각 시중 은행이 중앙 은행에 예치하고 있는 예금은 총예금의 14% 정도이지만, 법정 지불 준비율은 6%에 불과하다.

各商业银行在中央银行的存款相当于其总存款的14%左右, 而**法定存款准备金比率**仅为6%。

통화 긴축 정책 通貨緊縮政策 **紧缩性货币政策, 货币紧缩政策**

통화정책위원회 通貨政策委員會 **MPC(Monetary Policy Committee)** **货币政策委员会**

통화정책위원회는 중국 인민은행의 통화 정책 제정 관련 자문 기구이다.

货币政策委员会是中国人民银行制定货币政策的咨询机构。

통화 확대 정책 通貨擴大政策 **扩张性货币政策**

불경기일 때는 통화 확대 정책을 도입하고 경제 발전이 과도하게 빠를 때는 통화긴축 정책을 도입한다.

在经济不景气时采取**扩张性货币政策**, 经济发展过快时采取紧缩性货币政策。

화폐 貨幣, **통화** 通貨 **货币**

한국조폐공사 韓國造幣公社 **KOMSEP(Korea Minting and Security Printing Corporation)** **韩国造币公社**

현대 그룹 6개 계열사는 고 정주영 명예회장의 기념 우표를 제작하기로 결정하고 2억5천만 원을 모아 한국조폐공사에 액면가 170원권 우표 100만 장을 의뢰했다.

6家现代集团企业决定制作已故名誉会长郑周永的纪念邮票, 筹集2.5亿韩元向**韩国造币公社**定制了100万张面值170韩元的邮票。

화폐 발행 貨幣發行 **货币发行**

유로화 발행을 위한 사전 준비 작업이 마무리되었다.

欧元**货币发行**的前期准备工作已基本完成。

화폐 주조 貨幣鑄造 **制币, 铸币**

화폐 단위 貨幣單位 **货币单位**

고액권 高額券 **大面额货币**

동전 銅錢 **硬币**

매년 310억 달러 상당의 동전이 시장에서 유통된다.

每年有价值约310亿美元的**硬币**在市场上流通。

소액권 少額券 **小面额货币**

소액권의 경화화는 각국 통화 발행의 보편 원칙이다.

小面额货币硬币化已成为世界各国货币投放的普遍规律。

액면가 額面價 **面值**

지폐 紙幣 **纸币, 钞票**

M1(狭义货币)이란?

M1은 통화이다. 지급 수단으로서의 기능을 중시한 통화 지표로서 시중의 현금과 당좌 예금·보통 예금 등 요구불 예금(活期存款)의 합계를 말한다. 요구불 예금 계좌를 바탕으로 발행하는 수표는 현금처럼 지급 수단이 되며 현금으로 즉각 교환되므로 기능면에서 현금과 거의 같아 M1에 포함된다.

M1 = 민간 보유 현금 + 은행 요구불 예금

M2(广义货币)란?

M2(총통화)는 M1(통화)보다 넓은 의미의 통화 지표로서 M1에 포함되는 현금과 요구불 예금뿐만 아니라 정기 예금·정기 적금 등 예금 은행의 저축성 예금 그리고 거주자 외화 예금을 포함시킨 개념이다. 저축성 예금과 거주자 외화 예금을 M2에 포함시킨 것은 약간의 이자 소득을 포기하거나 환전 수수료 등을 지급하면 얼마든지 쉽게 현금화가 가능하다는 점에서 요구불 예금과 큰 차이가 없다고 보기 때문이다.

M2 = M1(민간 보유 현금 + 요구불 예금) + 저축성 예금 + 거주자 외화 예금

M3란?

M3는 MCT, 비은행 금융 기관의 각종 예수금과 금융 기관이 발행하는 금융채, 표지 어음 매출, 상업 어음 매출과 환매 조건부 채권 매도(RP) 등을 합한 가장 넓은 의미의 통화 지표이다. 최근 금융 자산간·금융권간 자금 이동이 활발해짐에 따라 가장 넓은 의미의 통화지표인 M3의 중요성이 더욱 커지고 있다.

M3 = MCT + 비은행 금융 기관의 예수금 + 금융 기관이 발행하는 금융채, 표지 어음 매출, 상업 어음 매출, RP

MCT란?

MCT는 M2에 양도성 예금 증서(CD)와 은행 신탁 계정의 금전 신탁을 합한 개념의 통화 지표이다. 신탁 제도 개편(1996.5.1.)의 영향으로 금전 신탁으로부터 저축성 예금으로 대규모 이동함에 따라 MCT 지표의 유용성이 높아졌다.
MCT = M2 + CD + 금전 신탁

외환 外汇

강세 통화 强勢通貨 **强势货币**

통화 강세 通貨强勢 **货币走强, 货币强势**

엔화의 선도로 아시아의 통화가 잇달아 강세를 보이고 있다.
在日元的带动下, 亚洲**货币**纷纷**走强**。

개인 외환 매입 한도액 個人外換買入限度額 **个人购汇的限额**

결제 통화 決濟通貨 **结算货币**

OPEC은 현재 국제 유가를 안정시키기 위해 무역 결제 통화를 달러에서 유로화로 바꾸는 안을 검토 중이다.
石油输出国组织目前正在考虑用欧元代替美元作为贸易**结算货币**, 以稳定国际油价。

고정 固定, **연동** 聯動 **固定, 挂钩**

홍콩달러는 미달러화에 연동하기 때문에 아시아 외환 위기 때 홍콩 경제는 별다른 타격을 입지 않았다.
在亚洲金融危机期间, 正是由于港元与美元**挂钩**, 香港经济才没有受到太大的冲击。

교환 통화 交換通貨 **可兑换货币**

금본위제 金本位制 **金本位制**

보통은 금본위 시기 자본의 높은 유동성과 고정 환율제의 병행을 가장 안정적인 단계로 본다.
人们一般将**金本位**时期资本的高度流动性与固定汇率制的并存视作一个最稳定的阶段。

금본위제(Gold Standard, 金本位制)란?

금을 화폐로 사용하거나 언제든지 금으로 태환이 가능한 지폐를 사용하는 제도. 통화 1단위와 금의 일정 중량이 등가로 결합되는 화폐 제도이다.

기축 통화 基軸通貨 **主要货币, 关键货币**

더티 플로트 **肮脏浮动, 管理浮动**

더티 플로트(Dirty Float, 肮脏浮动, 管理浮动)란?

환율이 외환 시장의 수급 상황에 따라 변동되도록 하되 중앙 은행이 적정하다고 판단하는 수준에서 환율을 안정시키기 위해 수시로 외환 시장에 개입하여 환율 수준을 관리하는 제도. "Managed Float"라고도 하며 반대 개념은 '클린 플로트(清洁浮动)'이다.

클린 플로트 **清洁浮动,自由浮动**

부분 교환 통화 部分交換通貨 **部分可兑换货币**

브레턴우즈 협정 **布雷顿森林协定**

브레턴우즈 협정(Bretton Woods Agreements, 布雷顿森林协定)이란?

각국 통화 간의 관계를 정립하는 국제 통화 질서. 1944년 미국 뉴햄프셔 주 브레턴우즈에서 연합국 44개국이 통화 금융 회의를 열어 의정서를 채택하고 IMF 협정 조문과 세계은행 협정 조문 2가지를 첨부하여 1945년 12월에 조인했다. 이후 1946년 6월에 세계은행, 1947년 3월에 IMF가 출범했다. 브레턴우즈 협정에 의거하여 발족한 이 국제 통화 금융 체제를 브레턴우즈 체제라고 한다.

선물환 거래 先物換去來 **外汇期货业务**

선물환 거래(Forward Exchange Transaction, 外汇期货业务)란?

미래의 일정 시점에 일정 환율로 교환하는 거래를 약정하는 것으로 거래 상대방끼리 직접 거래하는 방식이다.

선물 계약 先物契約 **外汇期货合同,外汇期货合约**

뉴욕상품거래소는 제일 먼저 선물 계약 거래를 실시했으나 성공하지 못했다.
纽约商品交易所曾率先进行**外汇期货合同**交易，但没有成功。

약세 통화 弱勢通貨 **弱势货币,软货币**

강세 통화는 독일의 마르크이고, 약세 통화는 이탈리아의 리라이다.
强势货币是德国马克，**弱势货币**是意大利里拉。

엔고 현상 **日元走高**

엔고 현상이 수출 물량의 급감으로 이어지지는 않았다.
日元走高并未造成出口数量的大幅减少。

외화 外貨 **外币**

외화 흐름에 대한 모니터링을 강화하기 위해…….
为了进一步加强对**外币**流动的监测……。

자국 통화 自國通貨 **本国货币**

외환 外換 **外汇**

외환 관리 체제 개혁에 박차를 가해야 한다.
应加快**外汇**管理体制的改革步伐。

외환 거래 外換去來 **外汇交易**

시중 은행의 외환 거래는 보통 대고객 서비스와 은행의 외환 경영 업무 두 가지로 나뉜다.
商业银行的**外汇交易**通常分为为客户服务和自己本身的外汇经营业务两种。

외환 거래법 外換去來法 **外汇交易法**

외환 거래법에 따라 해외 송금은 반드시 외환은행장의 승인이 있어야 한다.
根据**外汇交易法**, 对外汇款必须获得外汇银行行长确认。

외환 매입 매도 시스템 **结售汇体系**

외환 송금 外換送金 **外汇汇款**

고객이 해외 외환 송금을 중국에서 위안화로 찾을 수 있는 은행 신규 서비스가 생겼다.
银行近日开办的一种新业务是可让客户在中国境内以人民币提取境外**外汇汇款**的服务。

외환 시장 外換市場 **外汇市场**

거래실 去來室 **外汇交易厅**

외환 딜러 **外汇交易员, 外汇交易者**

5개 대형 은행은 모두 내부 외환 딜러가 저지른 불법 외환 조작의 피해자이다.
5家大型银行都是其内部**外汇交易员**所进行的非法外汇操作的受害者。

외환 위기 外換危機 **金融危机**

가용 외환 보유고 可用外換保有庫 **可动用外汇储备**

외환 보유고 外換保有庫 **外汇储备**

한국의 외환 보유고가 1,500억 달러를 넘어섰다.
韩国**外汇储备**超过1500亿美元。

은행환 銀行換 **银行汇票**

지급 통화 支給通貨 **支付货币**

태환성 兌換性, **교환성** 交換性 **可兑换性, 可自由兑换, 可交易性**

경화 硬貨 **硬通货, 硬货币, 硬币**

대량의 경화가 국내로 유입되었다.
硬货币大量流入了境内。

고성능 통화 高性能通貨 **高能货币**

연화 軟貨 **软通货, 软货币, 软币**

연화(软货币)와 경화(硬货币)란?

연화의 본래 의미는 지폐나 은행권 등 소재 가치가 없는 화폐로서 금·은 등과 교환이 불가능한 화폐를 지칭하나 최근에는 외국 통화와 교환이 자유롭지 않은 화폐를 의미한다. 경화는 국제 금융상 환관리를 받지 않고 금 또는 각국의 통화와 늘 바꿀 수 있는 화폐를 의미한다.

통화 가치 通貨價值 **币值**

— **상승** 上昇 **上升**

본국 통화의 가치가 상승하고 외화 가치가 하락하면, 보통 환율이 올랐다고 한다.

本币币值**上升**, 外币币值下降, 通常称为外汇汇率上升。

— **하락** 下落 **下降, 下跌**

작년 말 이래 엔화의 통화 가치가 급락했다.

自去年底以来, 日元币值急剧**下跌**。

통화 바스켓 제도 **货币篮制度**

통화 선물 通貨先物 **货币期货**

통화 선물 가격은 실질적으로 예측된 현물 시장가다.

货币期货价格实际上是预期的现货市场的价格。

통화 스와프 **外汇掉期**

고객은 통화 스와프를 통해 일반 예금 금리보다 더 높은 수익을 올릴 수 있다.

客户通过**外汇掉期**可以获得高于一般存款利率的收益。

통화 스와프(Currency Swap, 外汇掉期)란?

두 차입자가 서로 다른 통화로 빌린 자금의 원리금을 상환할 때, 통화를 서로 교환하여 채무를 이행하기로 한 약정 거래.

통화 스와프 협정 **通换协定, 货币互换协议**

통화 옵션 **货币期权**

통화 옵션의 장점은 고객의 선택 폭이 크다는 것이다.

货币期权业务的优点在于客户的灵活选择性。

통화 옵션(Currency Option, 货币期权)이란?

특정 기간 중에 정해진 가격(환율)으로 다른 통화를 매입할 수 있는 권리.

플라자 협정 **广场协议**

플라자 협정(Plaza Accord, 广场协议)이란?

1985년 달러가 주요 통화에 대하여 가치가 극도로 절상되자 미국은 심각한 무역 적자를 기록하게 되었다. 이에 따라 프랑스 · 독일 · 일본 · 미국 · 영국 등 G5 국가들이 뉴욕의 플라자호텔에 모여 미국 달러화를 절하시키기로 합의하게 되는데 이를 플라자 협정이라 한다. 플라자 합의로 그 후 2년간 달러화는 30% 평가 절하되었다.

현물환 거래 現物換去來 **即期外汇交易**

환관리 능력 換管理能力 **外汇经营管理**

우리 나라는 환관리 수준을 향상시켜야 한다.
我国应提高**外汇经营管理**水平。

환매 시장 換買市場 **回购市场**

환수수료 換手數料 **汇水, 汇息, 汇费**

환어음 발행인 **汇票出票人**

환어음 수취인 **汇票受款人**

환위험 換危險 **外汇风险, 货币风险, 兑换中的风险**

환위험 헤징 **货币对冲操作, 汇率风险对冲**

일본의 보험 회사는 환위험 헤징을 줄일 계획이다.
日本保险公司将减少**货币对冲操作**。

환율 換率 **汇率, 兑换率, 外汇牌价**

중국은 위안화 환율 안정을 계속 유지할 것이다.
中国将继续保持人民币**汇率**稳定。

대달러 환율 **对美元汇率**

유로화의 대달러 환율이 유로화 출범 이후 최고치를 기록했다.
欧元**对美元汇率**创下该货币有史以来的最高纪录。

매도 환율 賣渡換率 **卖出汇率**

매매 환율 賣買換率 **买卖汇率**

매입 환율 買入換率 **买入汇率**

은행 거래를 통한 모든 외화의 환율은 매입 환율과 매도 환율로 나뉜다.
所有经过银行交易的外汇汇率都分为**买入汇率**和卖出汇率。

일일 고시 환율 日日告示換率 **每日外汇牌价**

정부 고시 환율 政府告示換率 **官方汇率牌价**

환율 변동 換率變動 **汇率变动**

평가 절상 平價切上 **升值**

평가 절하 平價切下 **贬值**

IMF는 엔화의 평가 절하가 아시아 경제에 영향을 끼치지 않을 것이라고 판단했다.
IMF认为日元**贬值**不影响亚洲经济。

환율 변동 폭 換率變動幅 **汇率变动幅度, 汇率浮动幅度**

환율 변동 폭은 종종 시장에 의해 결정되지 않고 정부 개입으로 이루어진다.
汇率的浮动幅度往往不是由市场自由决定的, 而是由政府进行干预。

환율 상승 換率上昇 **汇率上升**

환율 하락 換率下落 **汇率下降, 走低**

달러 환율이 계속 하락하고 있다.
美元汇率持续**走低**。

환율 제도 換率制度 **汇率制度**

고정 환율 제도 固定換率制度 **固定汇率制度**

중국은 현재 고정 환율 제도를 채택하고 있다.
中国目前实行**固定汇率制度**。

변동 환율 제도 變動換率制度 **浮动汇率制度**

연동 환율 제도 聯動換率制度 **联系汇率制度, 盯住汇率制度**

자유변동 환율 제도 自由變動換率制度 **自由浮动汇率制度**

준고정 환율 제도 準固定換率制度 **准固定汇率制度**

환전 換錢 **换钱, 兑换**

환전 수수료 換錢手數料 **换钱手续费**

환전도 수수료를 받는다.
换钱也要收**手续费**。

환전 은행 換錢銀行 **汇兑银行**

환차손 換差損 **兑换损失, 汇兑损失**

양안간 직접 송금 업무 활성화로 이중 환차손을 없앤다.
促进两岸直接汇款业务的发展, 避免双重**兑换损失**。

환차익 換差益 **兑换利益, 汇兑利益**

한국 환율 제도의 변천	
고정환율제도	1945-1964 정부가 환율을 일정한 범위 내에서 고정
단일변동환율제도	1964-1980 미 달러화에 고정하여 변동
복수통화바스켓제도	1980-1990 미 달러화 이외에 주요 교역대상국 통화에 연동
시장평균환율제도	1990-1997 매매기준을 중심으로 환율의 일중 변동 폭 제한
자유변동환율제도	1997- 환율의 일중 변동 폭 제한 폐지

환차익 거래 換差益去來 **套汇, 市场间套利**

삼각 환차익 거래는 반드시 한 종류의 통화로 시작해서 동일 통화로 끝나야 한다.
三角**套汇交易**必须以一种货币开始, 并且以同一种货币为结束。

환투기 換投機 **外汇投机**

NDF 시장은 환투기의 온상이 되었다.
NDF市场已成为**外汇投机**的温床。

— **공세** 攻勢 **攻击**

환투기꾼 **外汇投机者**

화폐 시장의 불안정이 국제 환투기꾼에게 빌미를 제공했다.
货币市场动荡不安, 给国际**外汇投机者**可乘之机。

은행 银行业

공적 기금 公的基金 **公共基金**

과다 채무 금융 기관 過多債務金融機關 **HLI(Highly Leveraged Institution)** **高杠杆金融机构, 高杠杆交易机构, 高度举债机构**

각국 정부가 과다 채무 금융 기관을 중시하기 시작했다.
各国政府逐渐开始重视**高杠杆金融机构**。

기업 금융 企業金融 **公司金融业务**

뉴욕 은행간 금리 (NIBOR) **纽约同业拆放利率**

당좌 대월 當座貸越 **透支**

소지하고 있는 현금이 부족할 경우 신용 카드의 당좌 대월을 이용하여 결제할 수 있다.
如果您携带的现金不足, 可以使用信用卡**透支**结算。

당좌 예금 當座預金 **即期存款, 活期存款**

대출 貸出 **贷款**

은행 대출 이율이 2개월 연속 상승했다.
银行**贷款**利率连续两个月出现回升。

가계 대출 家計貸出 **家庭贷款**

총자산 중에서 가계 대출이 차지하는 비중이 97년의 11.8%에서 작년에 29.7%로 급증했다.
去年**家庭贷款**在总资产中的比重, 由97年的11.8%激增至29.7%。

개인 대출 個人貸出 **个人贷款**

기업 대출 企業貸出 **企业贷款**

담보 대출 擔保貸出 **担保贷款, 抵押贷款**

대출 신청 貸出申請 **申请贷款**

중관춘에 있는 기업들은 신용 보고서를 근거로 은행에 대출을 신청할 수 있다.
中关村企业可凭信用报告向银行**申请贷款**。

무담보 대출 無擔保貸出 **无担保贷款**

무담보 대출 기한은 최장 6년이고, 담보 대출은 최장 10년이다.

无担保贷款期限最长为6年，担保贷款最长10年。

무이자 대출 無利子貸出　　**零利率贷款**

브리지론(Bridge Loan)　　**过桥贷款**

신디케이트론　　**银团贷款**

신디케이트론(Syndicated Loan, 银团贷款)이란?

두 개 이상의 은행이 차관단 또는 은행단을 구성하여 공통의 조건으로 일정 금액을 융자해주는 중장기 대출로 전통적인 은행 대출 업무와 투자 은행의 인수 업무 기능이 혼합된 융자형태이다. 돈을 빌리는 기업이나 국가 입장에서는 여러 은행들과 차입 조건, 대출 한도 등에 대한 별도의 협상 없이 효율적으로 대규모 자금을 조달할 수 있으며 채권은행 입장에서는 특정 차입자 채무 불이행에 따른 위험을 신디케이트 조직에 의한 공동 융자 방식을 통해 분산시킬 수 있다는 이점이 있다.

신용 대출 信用貸出　　**信用贷款**

통장 대출 通帳貸出　　**存折贷款**

대출 금리 貸出金利　　**贷款利率**

대출 금리 변동 폭 貸出金利變動幅　　**贷款利率浮动区间**

대출 조건 貸出條件　　**贷款条件**

대다수 미국 은행과 외자 은행의 미국 지점이 기업에 대한 대출 조건을 다소 완화했다.

大部分美国银行与外资银行的美国分行均稍微放宽了对企业的**贷款条件**。

도매 금융 都賣金融　　**批发银行业务**

리보 금리　　**伦敦同业拆放利率, LIBOR利率, 伦敦银行间同业拆借利率**

달러의 금리 인상 여부가 리보 금리 변동에 큰 영향을 미친다.

美元升息与否对于**伦敦同业拆放利率**变动具有很大影响。

리보 금리(LIBOR: London Interbank Offered Rate, 伦敦同业拆放利率)란?

LIBOR는 단기 금리를 책정하는 데 가장 널리 사용되는 기준 금리이다. LIBOR는 은행간 제시하는 대출금리로서 런던 소재 은행간 자금을 차용하는 데 사용되며 전 세계적으로도 LIBOR + 가산금리로 이자율을 결정한다. 런던의 British Bankers Association에서 매일 오전 11시에 발표한다.

가산 금리 加算金利　　**加息率**

부실 채권 不實債債券 **NPL (Non-Performing Loans)**

坏帐, 不良债券

아시아 각국이 4~5년 동안 두 번의 경기 침체를 겪었던 가장 중요한 원인은 은행 부실 채권에 대한 부담이다.
亚洲各国在四、五年时间里发生了两次经济衰退, 其中的重要原因是受到银行**坏帐**的困扰和拖累。

대손 상각 貸損償却, **대손 처리** 貸損處理 **坏帐冲销**

대손 충당금 貸損充當金 **呆帐准备金, 风险准备金**

시중 은행이 중소기업 대출을 위한 대손 충당금 비중을 높임으로써 리스크 대처 능력을 강화하도록 허가해야 한다.
应允许商业银行以较大比例提取中小企业贷款的**呆帐准备金**, 增强抗风险能力。

비과세 상품 非課稅商品 **免税产品**

상환 기간 償還期間 **偿还期限**

소매 금융 小賣金融 **零售金融业务**

송금 送金 **汇款**

계좌 이체 計座移替 **转帐**

계좌 조회 計座照會 **帐户查询**

송금 수수료 送金手數料 **汇款费**

본 송금 방식을 이용할 경우, 10위안의 송금 수수료를 지불해야 한다.
使用此汇款方式您需要支付**汇款费**10元。

온라인 자금 이체 **在线转帐**

자행환 自行換 **本行汇款**

지로 **转帐服务**

타행환 他行換 **联行汇款**

수신 업무 受信業務 **受信存款业务**

가·차명 계좌 假借名計座 **假户头**

그는 365개 가·차명 계좌를 이용해 은행에 670억 원의 불법 자금을 은닉했다.
他利用365个**假户头**在银行隐藏了高达670亿韩元的非法资金。

예금 인출 預金引出 **提款**

고객은 반드시 계좌 번호와 계좌명을 써야 한다. 그렇지 않을 경우 예금 인출 청구가 안 된다.
客户必须填上账户号码和账户名称, 否则不能完成**提款**申请。

예금주 預金主 **存款人**

은행 계좌 銀行計座 **银行帐号**

그룹의 관리 부서는 원칙상 은행 계좌를 개설하지 못하도록 되어 있다.
集团公司各管理部门原则上不许开设**银行帐号**。

잔고 殘高 **余额, 存款余额**

잔액 조회 殘額照會 **余款查询**

통장 通帳 **存折, 存款簿**

은행에 가서 송금할 경우 현금 송금이 가능하기 때문에 반드시 해당 은행의 카드나 통장이 필요한 것은 아니다.
如到银行汇款, 汇款人可以用现金汇款, 不一定需要有该银行的卡或**存折**。

시보 금리 **新加坡同业拆放利率**

시보 금리(SIBOR: Singapore Interbank Offered Rate, 新加坡同业拆放利率)란?

싱가포르 금융 시장에서 은행간 대출에 적용되는 금리. 시보는 리보와 밀접한 관계를 유지하면서 변동된다. 은행간 자금 수급의 필요성, 전일 유로달러 시장과 당일 외환 시장의 동향, 유로달러 시장과 싱가포르 금융 시장에서의 각 자금 운용 지침에 의하여 결정된다. 우리 나라에서는 리보와 더불어 시보가 외화 대출 금리의 기준 금리로 사용되고 있다.

시중 은행 市中銀行 **商业银行**

본점 本店 **总行**

은행장 銀行長 **银行行长**

지점 支店 **分行, 分店**

전 세계 22개국에 25개의 은행 지점을 개설했다.
在世界上22个国家设立了25家**分行**。

지점망 支店網 **分行网络**

지점장 支店長 **分行行长**

창구 직원 窓口職員 **银行柜台职员**

1천 홍콩달러를 인출하려고 했는데, 창구 직원이 1만 위안을 주었다.
取1000元港币, **银行柜台职员**竟给了10000元。

출장소 出張所 **支行**

시중 은행 商业银行	
기업은행	企业银行
NH농협은행	NH农协银行
KDB 산업은행(Korea Development Bank)	产业银行
한국수출입은행 EXIM Bank (Export-Import Bank of Korea)	韩国输出入银行
신한은행	新韩银行
하나은행	韩亚银行
외환은행 KEB(Korea Exchange Bank)	外换银行
우리은행	友利银行
KB국민은행	国民银行

SC제일은행	渣打第一银行

여신 분류 與信分類　　授信种类

여신 분류 授信种类	
고정여신	次级贷款
요주의여신	关注贷款
정상여신	正常贷款
추정손실	损失贷款
회수의문	可疑贷款

여신 업무 與信業務　　授信业务, 放款业务

여신 포트폴리오　　信用组合, 贷款组合

여신 관리 與信管理　　授信管理

여신 승인 與信承認　　放款核准

여신 심사 與信審査　　授信审核, 授信批准

모든 여신 서류를 재심사한다.

重新**审核**所有**授信**文件。

여신 한도 與信限度　　授信额度

두 은행에서 각각 10억 위안의 여신 한도를 제공하여 항공 산업 발전을 지원한다.

两家银行各提供10亿元人民币**授信额度**, 支持航空工业发展。

예금 보험 預金保險　　存款保险

부분 보장 제도 部分保障制度　　限额保障制度

전액 보장 제도 全額保障制度　　全额保障制度

현행 예금 전액 보장 제도는 늦어도 내년 7월까지 부분 보장 제도로 복귀되어야 한다.

现行的存款**全额保障制度**, 最晚至明年7月应回归限额保障。

예금보험공사 預金保險公社 KDIC (Korea Deposit Insurance Corporation)　　韩国存款保险公社

배드 뱅크　　坏帐银行, 坏银行

부실 은행 不實銀行　　经营不善银行, 经营不良银行

우량 은행 優良銀行　　优质银行, 好银行

우량 은행(Good Bank, 好银行) vs. 배드 뱅크(Bad Bank, 坏银行)란?

배드 뱅크란 전문적으로 금융 기관의 부실 채권을 인수하여 처분해주는 기관이다. 우리 나라는 성업공사가 자산관리공사로 이름을 바꾸고 본격적으로 이 기능을 수행하여 은행들의 재무 구조를 개선하여 우량 은행이 될 수 있게 했다.

예금 상품 預金商品 **存款商品**

정기 예금 定期預金 **定期存款**

정기 예금의 예치 기간은 3개월·6개월·1년 세 종류가 있다.

定期存款存期分3个月、半年和1年三个档次。

예금 인출 사태 預金引出事態 **挤兑**

7월 초 최대 프라이빗 뱅크 몇 곳에서 대규모의 예금 인출 사태가 벌어졌다.

7月上旬几家最大的私人银行爆发了大规模的**挤兑**风波。

예금자 보호법 預金者保護法 **存款人保护法**

예대 마진 **存贷利差**

예대 마진이 클수록 리스크가 크고 은행 경영의 안전성이 낮아진다.

存贷利差越大, 风险越大, 银行经营的安全程度也就越低。

요구불 예금 要求拂預金 **活期存款**

요구불 예금은 수시로 입출금이 가능하다.

活期存款是一种随时可以存取的存款。

원리금 元利金 **本利, 本息**

원금 元金 **本金**

원리금 상환 비율 元利金償還比率 **还本付息比**

이자 利子 **利息**

상장 회사의 투자 수익은 은행 이자조차 갚지 못할 정도이다.

上市公司投资收益连银行**利息**都还不起。

은행 업무 銀行業務 **银行业务**

전문가들은 WTO 가입 후 전통적인 시중 은행 업무가 위축될 것이라고 지적했다.

专家指出, 入世后传统的商业**银行业务**逐渐萎缩。

은행의 자본 확충 **银行扩充资本, 扩充银行资本金, 扩充资本实力**

국유 시중 은행은 상장을 통해 자본금을 확충할 수 있다.

国有商业银行上市能**扩充资本金**。

이자율 利子率 **利率**

공정 금리 公定金利 **法定利率**

기준 금리 基準金利 **基准利率**

수신 금리 受信金利 **存款利率**

시중 금리 市中金利 **金融市场利率**

최근 몇 년간 금리가 국제 시중 금리의 반락에 따라 하향 조정되었다.

近几年来, 利率一直随国际**金融市场利率**回落而下调。

여신 금리 與信金利　　**贷款利率, 借款利率**

경제가 나빠지면 나타나는 부차적인 효과 중 하나가 은행의 여신 금리 하락이다.

疲软的经济带来的副效应之一是银行**贷款利率**下降。

예금 금리 預金金利　　**存款利率**

예대 금리 預貸金利　　**存贷利率**

우대 금리 優待金利　　**优惠利率**

1일물금리 1日物金利　　**隔夜利率**

현행 금리 現行金利　　**现有利率**

자본 적정 비율 資本適正比率　　**资本充足率, 资本充足比率**

금번 채권 발행은 본 은행의 자본금을 보충하고, 자본 적정 비율을 높이며, 자본 구조를 개선하는 중대 조치이다.

本期债券的发行是我行进一步补充资本金, 提高**资本充足率**, 改善资本结构的重大举措。

국제결제은행 國際決濟銀行　　**国际清算银行**

바젤위원회　　**巴塞尔银行监管委员会**

BIS 자기 자본 비율　　**BIS规定的自有资本比率**

국제결제은행(BIS)의 자기 자본 비율 기준은 8%이다.

国际清算银行**(BIS)规定的自有资本比率**标准为8%。

BIS 자기 자본 비율(BIS 规定的自有资本比率)이란?

국제결제은행의 은행감독위원회가 1988년 7월 각국 은행의 건전성과 안정성 확보를 위해 정한 은행의 위험 자산 대비 최소 자기 자본 비율 기준.

신BIS기준　　**新的BIS标准**

세계 각국은 시장화의 중요성에 대해 공감대를 형성했고 이것을 신BIS기준에 반영할 예정이다.

世界各国就市场化的重要性已经达成共识, 并且将其纳入**新的BIS标准**。

자산 건전성 資産健全性　　**资产健全性**

신자산 건전성 분류 기준 新資産健全性分類基準 **FLC(Forward Looking Criteria)**　　**新资产健全性标准**

신자산 건전성 분류 기준은 금융 구조 조정뿐 아니라 기업의 재무 구조 개선에도 매우 중요하다.

新资产健全性标准不仅对金融结构调整, 而且对企业财务结构改善都是十分重要的。

한국자산관리공사 韓國資産管理公社 韩国资产管理公社

KAMCO(Korea Asset Management Corporation)

한국자산관리공사는 다양한 자산 처리 루트를 개척했다.

韩国资产管理公社已开辟多元化的资产处置渠道。

자산 부채 관리 資産負債管理 ALM(Asset Liability Management) 资产负债管理, 资产负债匹配管理

적금 積金 定期储蓄

정기 적금 定期積金 定期储蓄

정기 적금은 고정 소득자가 가장 선호하는 재테크 방식이다.

定期储蓄成为有固定收入居民首选的理财方式。

적정 시정 조치 適正是正措置 PCA(Prompt Corrective Action) 及时校正措施, 立即纠正措施

종합 자산 관리 綜合資産管理 综合资产管理

지급 수단 支給手段 支付办法

만기 수표 滿期手票 到期支票

어음 票据, 汇票

어음 교환소 票据交换所

자기앞수표 本票, 银行支票

현금 現金 现金

환어음 汇兑单, 汇单, 汇票

지급 준비율 支給準備率 存款准备率, 准备金率

예금 지불 준비금 預金支拂準備金 存款备付金

차관단 借款團 贷款银团

콜 금리 同业拆借利率, 隔夜拆借利率

홍콩의 자금이 부족해지자 콜 금리가 40%까지 급격히 올랐다.

香港资金转趋紧俏, 银行**隔夜拆借利率**激升到40%。

콜 금리(Overnight Interbank Rate, 隔夜拆借利率)란?

금융 기관이 다른 기관에게 하루 동안 자금을 제공하며 적용하는 금리이다. 각 은행이 중앙은행에 예치해놓은 자금 내에서 빌려줄 수 있기 때문에 콜 금리는 중앙은행에 의해 영향을 받고 단기 금리 변동을 예측하게 해준다. 영국의 리보 금리가 대표적인 콜 금리이다.

콜 론(call loan) 短期拆放

콜머니(call money) 拆款, 活期借款

콜 시장 短期拆借市场

콜 뱅킹 电话银行

퍼스널 뱅킹 个人银行

프라이빗 뱅킹 私人银行

고소득층을 대상으로 한 재테크 서비스를 위해 은행은 프라이빗 뱅킹 서비스를 내놓았다.

为了做好对高收入阶层的理财服务, 银行推出了**私人银行**业务。

프라이빗 뱅킹(Private Banking, 私人银行)이란?

고액 자산가들을 상대로 예금 관리뿐 아니라 부동산, 주식, 채권 투자 등 총체적인 자산 관리를 해주고 수수료를 받는 은행의 특화된 영업. 18세기 중반에 스위스 은행들이 은행에 거액을 예치한 부호들을 상대로 시작했다.

현금 자동 입출금기 現金自動入出金機 提款机, 自动提款机

현금 자동 입출금기를 통한 계좌 이체 또는 은행 송금 방식으로 납부한다.

采用**提款机**转账或银行汇款方式缴款。

비밀번호 秘密番號 PIN(Personal Identification Number) 密码

은행 카드를 ATM에 넣고, 비밀번호를 입력해야 인출 혹은 계좌 이체 등 금융 서비스를 이용할 수 있다.

将银行卡插入提款机, 输入**密码**后, 才能进行提款或转帐等各项金融业务。

홍콩 은행간 금리(HIBOR) 香港同业拆放利率

주식 股票

가격 변동 제한폭 價格變動制限幅 限价幅度

상한가 上限價 涨幅限度

하한가 下限價 跌幅限度

감리 종목 監理種目 (因短期内股价暴涨)受交易所关注的股票

개장 開場 开盘

시가 始價 开盘价

종가 終價 收盘价

오늘의 종가는 36위안이다.

今天的**收盘价**36元。

계절주 季節株 季节股

공로주 功勞株 红利股

관리 종목 管理種目 **受监管关注的股票**

손실, 경영권 양도 또는 합병, 자본금 잠식, 영업 정지, 법정 관리 기업 등은 '관리 종목'으로 분류된다.

存在亏损、经营权转让或被兼并、资本亏损、营业停止、进入法庭接管程序等情况的企业股票会被纳入"**受监管关注的股票**"之内。

구주 舊株 **旧股**

발행한 주식 5,000만 주 중 1,000만 주가 공개 매각되었는데, 그중 신주가 80%, 구주가 20%를 차지한다.

发行的5000万股中，1000万股为公开发售，当中新股及**旧股**分别占80%及20%。

국유주 國有株 **国有股**

글래머 스톡 **热门股票**

기술주 技術株 **技术股**

투자자들이 기술주 관련 기업의 이익 감소를 우려하여 기술주 투매에 나서 뉴욕증시가 큰 폭으로 하락했다.

由于投资者担心**技术股**公司盈利下降，纷纷抛售技术股，导致纽约股市大幅下跌。

기업 공개 企業公開 **首发, 首次公开发行**

구글의 기업 공개와 상장은 최근 2년 동안 인터넷 업계에선 최대 규모이다.

Google**首发**上市是网络业近2年以来最大规模的。

공시 公示 **信息披露**

올들어 상장 회사의 공시 투명성이 크게 향상되었다.

今年来，上市公司**信息披露**透明度有了很大的提高。

단주 端株 **零星股票**

대체 거래 시스템 ATS (Alternative Trading System)

替代型交易系统, 另类交易系统

1998년 4월 미국 증권거래위원회(SEC)는 대체 거래 시스템 관련 규범을 제정하여 사이버 증권 거래소인 ECN에 합법적인 지위를 부여했다.

一九九八年四月，美国证管会制定**替代型交易系统**(ATS)的规范，赋予虚拟网络交易所 ECN的合法地位。

대형주 大型株 **大盘股**

랩 어카운트 **包管帐户**

랩 어카운트(Wrap Account, 包管帐户)란?

증권사가 일정 수수료를 받고 고객에게 가장 적절한 투자 전략 및 유가 증권 포트폴리오 구축에 대한 상담을 제공하며 부수적인 업무를 일괄 처리하는 금융 상품.

로드쇼(투자 유치 설명회) **路演, (招股)推介会**

매도 賣渡 **卖出**

순매도 純賣渡 **净卖出**

외국 투자자들이 순매도한 국내 주식이 벌써 13억6천만 달러나 된다.
海外投资者**净卖出**的国内股票已达13.6亿美元。

매도 포지션 **空头, 空头头寸, 卖空**

대세를 정확히 파악하고 적절한 매도 포지션을 살피는 것이 중요하다.
对大势的准确把握和适时**空头**观望很重要。

매수 買受 **买入**

공개 매수 公開買受 **公开收购**

순매수 純買受 **净买入**

외국 투자자들이 일본 주식을 순매수하여 7주 연속 순매수세를 이어갔다.
外国投资者净买入日本股票, 连续7周保持**净买入**状态。

매입 포지션 **多头, 多头头寸, 买空**

발행 시장 發行市場 **发行市场**

배당락 配當落 **除息, 股息除外**

배당락(除息, 股息除外)이란?

배당 기준일이 경과하여 배당금을 받을 권리가 없어지는 것을 말한다. 주식회사는 매 사업연도가 종료된 후에 결산을 확정하고 이익 잉여금을 처분하기 위하여 정기 주주 총회를 개최하게 되는데, 이때 주주 총회에서의 주주권을 확정하기 위하여 권리 확정일을 매 사업 연도 최종일로 하며 그 다음 날부터 주주 총회 종료일까지 주주 명부를 폐쇄하고 주권의 명의개서를 금지하게 된다. 따라서 사업 연도가 끝난 다음날 이후에 주권을 매수하는 자는 전 사업 연도의 결산에 의한 이익 배당을 받을 권리가 소멸되므로 거래소는 이날부터 당해 주권에 대하여 배당락을 취함으로써 주가가 합리적으로 형성되도록 관리한다.

불공정 거래 不公正去來 **不公正交易, 非法交易**

각종 장외 불공정 주식 거래를 금지한다.
制止各类场外**非法**股票**交易**活动。

내부자 거래 內部者去來 **内幕交易, 局内人交易, 内线交易**

내부자 거래를 단속하고 내부 거래자를 처벌해야 하는 가장 설득력 있는 이유는 이러한 행동들이 시장에 대한 신뢰를 떨어뜨릴 수 있기 때문이다.
要管制**内幕交易**, 并惩罚内幕交易者, 最令人信服的原因是有关行为会削弱人们对市场的信心。

주가 조작 株價操作 **操纵股价**

비상장주 非上場株 **未上市股**

비상장주에 투자할 때 가장 큰 리스크는 가짜 주식을 매입할 가능성이다.
投资**未上市股**最大的风险，就是买到假股票。

사업 설명서 事業說明書 **招股说明书**

산업주 産業株 **产业股**

상승세 上昇勢 **上升趋势**

주식 시장이 상승세이다.
股市呈**上升趋势**。

상장주 上場株 **上市股**

KH사는 채무 상환과 사업 확장을 위해 11월에 상장주를 매각하여 10억 바트를 만들 예정이다.
KH将在11月份销售**上市股**，集资近10亿铢，用于偿还债务与扩充业务所需。

서킷 브레이커 **停板制度**

서킷 브레이커(Circuit Breakers, 停板制度)란?

주식 시장에서 주가의 등락 폭이 갑자기 커질 경우 시장에 미치는 영향을 완화하기 위해 주식 매매를 일시 정지하는 제도이다. 우리 나라에서는 미국 주가 폭락 사태가 발생한 뒤 주식 시장의 붕괴를 막기 위해 지난 98년 12월 7일 도입됐는데 종합 주가 지수가 전일 대비 10% 이상 하락한 상태가 1분간 지속될 경우 발동된다. 서킷 브레이커가 발동되면 20분 동안 모든 종목의 호가 접수 및 매매 거래가 정지되며 그 후 10분 동안 매매 정지와 함께 동시 호가가 접수된다. 서킷 브레이커는 하루 한 번만 발동될 수 있으며 장 종료 40분 전에는 발동될 수 없다.

선도 계약 先渡契約 **远期契约, 远期合约**

만약 고객께서 3개월 후에 백만 달러의 수입이 있는데 대만달러의 평가 절상이 걱정된다면 본 은행과 달러를 미리 매도하는 선도 계약을 체결하실 수 있습니다.
假设客户三个月后有一百万美元之收入，客户担心台币升值，可与本行签定预售美金的**远期契约**。

선도가 先渡價 **远期价**

선도 거래 先渡去來 **远期交易**

선도 시장 先渡市場 **远期市场**

선물 先物 **期货**

선물 거래 先物去來 **期货交易**

선진국에서는 금융 선물 거래액이 전체 선물 거래 총액의 70% 이상을 차지한다.
在发达国家，金融期货交易额占**期货交易**总额的70%以上。

선물거래위원회 先物去來委員會 **期货交易委员会**

선물 계약 先物契約 **期货交易合同**

선물 프리미엄 **期货溢价**

지수 선물 指數先物 **指数期货**

한국거래소 韓國去來所 **韩国交易所**

성장주 成長株 **增长股**

주식 시장에서 찾아야 할 것은 저PER주가 아니라 성장주이다.

在股市中应寻找**增长股**而不是低市盈率股。

소형주 小型株 **小盘股**

넓은 의미에서 보면 선전 시장 전체가 중소형주 시장이다.

从广意上说整个深圳市场就是一个中**小盘**市场。

순자산 가치 純資産價値 NAV(Net Asset Value) **净资产价值**

순현재 가치 純現在價値 NPV (Net Present Value) **净现值**

스와프 **掉期**

2005년 상반기 외환 스와프 선도 거래의 일일 평균 거래액은 51억 달러이다.

2005年前半年外汇**掉期**远期交易的日均成交额为51亿美元。

스톡옵션 **股票期权**

시간 외 거래 時間外去來 **盘后交易**

시황 市況 **市况**

변동성 變動性 **波动性**

안정적인 투자만이 시장의 변동성에 효과적으로 대처, 자산 증식의 목적을 달성할 수 있다.

只有稳健的投资, 才能够更加有效应对股市的**波动性**, 达到资产增值的目的。

블랙 먼데이 **黑色星期一**

블랙 먼데이(Black Monday, 黑色星期一)란?

다우존스 공업주 평균이 하루에 508달러 폭락한(전일 대비 22.6% 하락) 1987년 10월 19일을 일컫는 말이다.

침체 沈滯, 약세장 弱勢場(bear market) **熊市, 下跌行情**

활황세에서 약세장으로 돌아섰다.

从牛市转为**熊市**。

활황세 活況勢, 강세장 强勢場(bull market) **牛市, 涨势**

하반기에 다시 강세장이 출현하기를 기대한다.
下半年我们期待**牛市**可以重来。

신주 新株 **新股**

온라인 주식 거래 **网上股票交易, 在线股票交易**

컴퓨터 활용도 향상, 인터넷 사용자 수의 증가, 한국의 높은 교육 수준이 온라인 주식 거래의 지속적인 성장에 최적의 환경을 제공했다.
电脑运用程度的提高、互联网用户数的增加以及韩国高水平的教育程度都为**网上股票交易**的不断增长提供了极好的环境。

옵션 **期权**

공매도 空賣渡 **卖空**

투자자의 공매도는 단순 투기 목적만이 아니라 때로는 조세 부담을 경감하기 위한 고려이고, 때로는 매매 차익을 얻기 위함이다.
投资者**卖空**的目的并不单纯就是投机, 有时还有一些减轻税负上的考虑, 有时也是为了进行套利。

대차 거래 貸借去來 **股权抵押贷款, 股票出借, 证券借贷**

증거금 證據金 **保证金**

콜 옵션 **买入期权, 看涨期权**

콜 옵션(Call Option, 买入期权, 看涨期权)이란?

거래 당사자들이 미리 정한 가격(행사 가격)으로 장래의 특정 시점 또는 그 이전에 일정 자산을 살 수 있는 권리를 매매하는 계약이다. 콜 옵션 매도자로부터 자산을 매입할 수 있는 권리가 콜 옵션 매입자에게 부여되는 대신 콜 옵션 매입자는 콜 옵션 매도자에게 그 대가인 프리미엄을 지급한다. 콜 옵션 매입자는 현재 가격이 행사 가격보다 높은 경우, 매입 권리를 행사하여 대상 자산을 매입하게 되며 현재 가격이 행사 가격보다 낮을 경우 매입 권리를 포기하고 시장 가격에 의해 대상 자산을 매입한다. 이때 콜 옵션 거래의 손익은 행사가격, 현재 가격 및 프리미엄에 의해 결정된다.

풋 옵션 **卖出期权, 看跌期权**

— **행사** 行使 **行使期权**

고객은 옵션 만기일 이전에는 옵션 행사를 요청할 수 없고 옵션 만기일이 되어야 계약을 이행할 수 있다.
客户只有在期权到期日才能执行合约, 在期权到期日前, 客户不得要求提前**行使期权**。

행사 가격 行使價格 **期权行使价格, 行权价格**

풋 옵션(Put Option, 卖出期权, 看跌期权)이란?

거래 당사자들이 미리 정한 가격(행사 가격)으로 장래의 특정 시점 또는 그 이전에 일정 자산을 팔 수 있는 권리를 매매하는 계약이다. 풋 옵션 매도자에게 자산을 매도할 수 있는 권리가 풋 옵션 매입자에게 부여되는 대신 풋 옵션 매입자는 풋 옵션 매도자에게 그 대가인 프리미엄을 지급한다. 풋 옵션 매입자는 현재 가격이 행사 가격보다 낮은 경우 매도 권리를 행사하여 대상 자산을 매도하게 되며 현재 가격이 행사 가격보다 높을 경우 매도 권리를 포기하고 시장 가격에 의해 대상 자산을 매도한다. 이때 풋 옵션 거래의 손익은 행사 가격, 현재 가격 및 프리미엄에 의해 결정된다.

우량주(블루칩) 優良株 **蓝筹股**

우리 사주 **职工持股制, 员工认股权**

우선주 優先株 **优先股**

☞ 13. 경영의 <기업 금융> 참조.

워런트(Warrant) **认购权证**

유통 시장 流通市場 **流通市场**

유통 시장은 주식 보유자에게 수시로 현금화할 수 있는 기회를 제공한다.
流通市场为股票持有者提供随时变现的机会。

시가 총액 時價總額 **市值, 市价总额**

주식 시장의 시가 총액이 처음으로 5조 위안을 넘어섰다.
证券市场股票**市值**首破5万亿元。

인덱스 펀드 **指数基金**

2부 종목 二部種目 **第二板, 第二板上市**

일부 증권 거래소는 1부 종목과 2부 종목에 대해 각각 다른 거래 방식을 취한다.
有的证券交易所对“第一板”和“**第二板**”分别采取不同的交易方式。

1부 종목 一部種目 **第一板, 第一板上市**

일일 거래량 日日去來量 **日均成交量**

5월 일일 평균 거래량은 4월 대비 3.84억 주 감소했다.
5月份比4月份**日均成交量**萎缩3.84亿股。

거래 금액 去來金額 **成交值, 成交金额**

주식 시세 株式時勢 **股票行情**

주식 시세 동향표 株式時勢動向表 **股价走势图**

장세 場勢 **盘势**

보합세 保合勢 **持现状, 持平**

주가 株價 **股价**

액면가 額面價 **票面价值, 面值**

회사 설립 초기에는 전체 주식의 액면가 총액이 바로 주주의 실질 출자액이다.
在公司成立之初，所有股票**票面价值**的总和即为公司股东的实际出资额。

장부가 帳簿價 **帐面价值**

주가 동향 株價動向 **股价行情, 股价动向**

등락주선 騰落株線 **ADL(Advance Decline Line)** **腾落指标, 腾落指针**

바닥 침 **打底**

주가가 바닥을 쳤다.
股价**打底**。

반등 反騰 **回升**

주가가 반등했다.
股价**回升**。

조정 국면 調整局面 **调整局面**

총수요가 위축되고 업스트림 원자재 가격이 상승하면서 실적 하락과 주가 조정국면을 피할 수 없게 되었다.
由于总需求逐步收缩和上游原材料价格上涨，业绩滑坡和股价**调整**的**局面**无法避免。

폭등 暴騰 **高涨, 暴升**

주가가 폭등했다.
股价**高涨**。

폭락 暴落 **暴跌**

주가가 폭락했다.
股价**暴跌**。

주가 수익 비율 株價收益比率 **市盈率, 本益比**

삼성전자의 주가 수익 비율은 겨우 9배이다.
三星电子的**市盈率**仅为9.0倍。

주가 수익 비율(PER: Price Earnings Ratio, 市盈率)이란?

주가를 1주당 순이익(EPS)으로 나눈 것. 주가가 1주당 순이익의 몇 배인가를 나타내는 것이다. PER가 낮다는 것은 순이익에 비해 주가가 저평가되었다는 것을 의미한다. PER=주가/1주당 세후 순이익

배당 수익률 配當收益率 **股价净值比**

배당 수익률(PBR: Price to Book Ratio, 股价净值比)이란?

주가 수익 비율과 함께 많이 이용되고 있는 주가 척도로서 그 회사의 자산 가치와 주가와의 관계를 본 것이다. PBR =주가/1주당 순자산

주당 수익 株當收益 **每股收益**

주당 수익(EPS: Earnings per Share, 每股收益)이란?

발행 주식 1주당 순이익. EPS가 클수록 주식 가격이 높다.
EPS =순이익/발행 주식수

주가 지수 株價指數 **股价指数**

내려감 **下降**

올라감 **上升**

주가 지수 옵션 **股票指数期权**

주식 가치 평가 株式價値評價 **股票价值评估**

고평가 高評價 **高估**

저평가 低評價 **低估**

현재 한국의 주식 시장은 50% 이상 저평가되어 있다.
现在, 韩国股市被**低估**了50%以上。

주식 공개 상장 株式公開上場 **首次公开募股**

주식 공개 상장(IPO: Initial Public Offering, 首次公开募股)이란?

기업이 최초로 외부 투자자에게 주식을 공개·매도하는 것으로 보통 주식 시장에 처음 등록하는 것을 말한다.

주식 매매 株式賣買 **股票交割**

공개 호가 公開呼價 **公开喊价, 公开竞价**

매도 주문 賣渡注文 **卖出委托单, 卖盘指示**

매도 호가 賣渡呼價 **卖出报价**

매수 주문 買受注文 **买入委托单, 买盘指示**

매수 호가 買受呼價 **买进报价**

매도·매수 호가의 경우 최저 매수 호가와 최고 매도 호가의 차이가 7%를 초과해서는 안 된다.
买进及卖出报价时, 其最低**买进报价**与最高卖出报价差距不得超过百分之七。

주식 모집 株式募集 **招股**

차이나텔레콤은 이번 주부터 새로 주식 모집에 들어간다.
中国电信本周开始重新**招股**。

공모 公募 **公开发行, 公开募集, 公募**

A그룹의 이번 공모주 발행 가격은 6.38위안이다.
A集团本次**公开发行**的发行价格为6.38元。

사모 私募 **私募, 私募发行**

X는 기관 투자자를 대상으로 주당 4.10달러에 보통주 550만 주를 사모 발행할 예정이라고 발표했다.

X宣布将以每股4.10美元的价格向机构投资者**私募发行**550万普通股。

주식 발행 株式發行 **股票发行**

액면가 額面價 **面值**

1992년 5월 12일 본사는 액면가 10위안의 주식을 발행했다.

1992年5月12日本公司发行10元**面值**的股票。

주식 보유율 株式保有率 **持股比率**

주식 상장 株式上場 **上市**

A사는 올해 반드시 주식 상장에 성공해야 한다.

A公司今年一定要成功**上市**。

상장 심사 上市公司审计	
감사의견 監事意見	审计意见
부적정의견(adverse opinion)	反对意见
의견거절(disclaimer of opinion)	拒绝表示意见
적정의견(unqualified opinion)	无保留意见
한정의견(qualified opinion)	保留意见

발행사 發行社 **发行公司**

상장 폐지 上場廢止 **停牌**

거래일에 수백 주를 상장 폐지하는 것은 시장 거래의 연속성에 심각한 영향을 미친다.

交易日出现上百只股票**停牌**，严重影响了市场交易的连续性。

인수사 引受社 **承销商**

자율 규제 단체 自律規制團體(SRO) **自律组织**

주간사 主幹社 **主承销商**

증권 투신사 證券投信社 **证券投资信托公司**

주식 시장 株式市場 **股市, 股票市场**

거래소 去來所 **交易所**

장내 시장 場內市場 **场内市场**

장외 시장 場外市場 **场外市场, OTC市场, 店头市场, 柜台交易**

앞으로 국유주 양도는 주로 장외 시장을 통해 이루어질 전망이다.

今后国有股的转让工作主要通过**场外市场**进行。

장외시장, OTC 시장(Over the Counter Market, 场外市场)이란?

증권 거래소 시장을 이용하지 않고 주로 증권 회사의 창구를 이용하여 증권 회사 간 또는 증권 회사와 고객 간, 고객 상호간에 개별적으로 매매 거래가 형성되는 것을 말한다.

제3시장 第三市場 **三板市场**

제3시장은 거래의 유동성을 강화시킨다.
三板市场加强交易流通性。

제3시장(Third Market, 三板市场)이란?

거래소에 등록하지 않은 브로커, 딜러, 기관 투자자들이 상장주를 거래하는 장외 시장.

주식 청약 株式請約 **认股**

청약 공모 請約公募 **公开招股, 公开发售, 公开认购**

중국 핑안보험사는 내일부터 홍콩에서 청약 공모를 실시한다.
中国平安保险股份有限公司将于明日起在香港**公开招股**。

초과 청약 超過請約 **超额认购**

L사는 서울에서 864만 주를 발행했는데 초과 청약 배수는 7.23에 그쳤다.
L公司在首尔发行864万股, **超额认购**倍数仅7.23。

주주 총회 株主總會 **股东大会**

중형주 中型株 **中盘股**

증권 거래법 證券去來法 **证券交易法**

타이완 행정원은 오늘 증권 거래법 수정 초안을 통과시켰다.
台湾行政院今通过**证券交易法**修正草案。

증권 거래세 證券去來稅 **证券交易税**

증권 결제 證券決濟 **证券结算, 证券交收**

청산 淸算 **清算**

T+2결제 **T+2日交收制度**

T+2결제는 거래 3일째날 오후 3시 45분 전에 중앙 결제 시스템에 결제 완료해야 한다.
T+2日交收制度必须于每个交易日后第二个交易日下午3时45分前与中央结算系统完成交收。

증권사 證券社 **证券公司**

매매 수수료 賣買手數料 **经纪人佣金, 经纪人手续费**

매매 수수료는 브로커가 고객의 지시를 집행하고 받는 대가이며 통상 거래 금액의 백분율로 계산한다.
经纪人佣金是经纪人执行客户的指令所收取的报酬，通常以成交金额的百分比计算。

매매 중개 賣買仲介 **经纪业务**

증권 예탁 證券預託 **证券集中保管，证券集保**

예탁 증서 預託證書 **DR(Depository Receipt)** **预托凭证，存托凭证**

주식 명의 개서 株式名義改書 **股票过户(转让)**

주식 명의 개서를 하려면 법정 대리인이 주식 명의 개서장에 서명을 하거나 도장을 찍어야 한다.
办理股票过户时需由法定代理人在**股票过户**书上签名或盖章才可办理。

증권예탁원 證券預託院 **KSD(Korea Securities Depository)** **韩国证券预托院，韩国证券托管院**

증시의 동조화 **股市同步化**

경제 글로벌화가 진행됨에 따라 여러 국가의 주식 시장에 동조화 현상이 나타났다.
随着经济全球化的不断深入，不同国家的**股市**出现了**同步化**特征。

증시의 탈동조화 **股市逆同步化**

차익 거래 差益去來 **套利交易**

차익 거래는 선물 시장과 현물 시장을 연결하는 연결체로서 왜곡된 시장가를 정상 수준으로 회복시키는 데 도움이 된다.
套利交易是期货市场与现货市场联系的纽带，可以帮助扭曲的市场价格回复到正常水平。

코스닥 **科斯达克市场**

코스닥(KOSDAQ: Korea Securities Dealer Automated Quotations, 科斯达克市场)이란?

코스닥 시장은 증권업 협회와 증권사들이 1996년 7월에 미국의 나스닥 시장을 모델로 만들었다. 증권 거래소 상장에 비해 상장이 쉽기 때문에 벤처 기업이나 고성장 기업들이 많지만 안정적인 금융 기관이나 대기업도 상장되어 있다. 거래소 시장에 비해 고위험·고수익의 시장이라고 할 수 있다.

코스피 지수(종합 주가 지수) **KOSPI指数**

코스피 지수가 0.34% 하락한 590.26포인트로 마감되었다.
KOSPI指数终场下降0.34%，收590.26点。

파생 상품 派生商品 **衍生产品**

파생 금융 상품은 금융 시장 참여자가 위험을 분산시킬 수 있게 한다.

衍生金融产品使金融市场参与者能够分散风险。

폐장 閉場 **收盘**

우리는 주식 시장 폐장 후의 시황 관련 소식과 동향표를 제공한다.

我们提供股市**收盘**后各项行情信息和走势图。

프로그램 매매 **程式交易, 程序交易**

뉴욕 거래소의 통계에 의하면 프로그램 매매는 거래소 일일 거래량의 20%를 차지한다.

根据纽约交易所的统计, **程式交易**占交易所日交易量的20%。

프로그램 매매(程式交易)란?

컴퓨터로 자동 매매하는 거래 방식. 15개 이상의 주식을 바스켓으로 만들어 현물과 선물을 대량으로 동시에 사고 팔면서 차익 거래(套利交易)를 한다. 현물과 선물 주식을 동시에 매매하려면 컴퓨터 프로그램을 통해 한꺼번에 주문을 내야 하기 때문에 프로그램 매매라고 한다.

한국거래소 韓國去來所 **韩国交易所**

증권 시장 证券市场	
나스닥시장(NASDAQ)	纳斯达克市场
뉴욕증권거래소(NYSE) New York Stock Exchange	纽约证券交易所
독일증권거래소	德国证券交易所
동경증권거래소	东京证券交易所
런던국제금융선물거래소(LIFFE)	伦敦国际金融期货期权交易所
런던금속거래소(LME)	英国伦敦金属交易所
런던증권거래소 (LSE) London Stock Exchange	伦敦证券交易所
런던청산소	伦敦结算所
상하이증권거래소	上海证券交易所
파리증권거래소	巴黎证券交易所
홍콩증권거래소	香港证券交易所
주가 지수 股价指数	
뉴욕증시종합주가지수(미국)	纽约证交所综合指数
나스닥지수(미국)	纳斯达克综合指数
니케이지수(일본)	日经指数

다우존스지수(미국)	道琼指数, 道琼斯工业平均指数, 道琼斯工业指数
상하이종합주가지수(중국)	上海综合指数
종합주가지수, 코스피지수(한국)	综指, 综合股价指数
코스닥지수(한국)	科斯达克指数
항생지수(홍콩)	恒生指数
CAC 40지수(프랑스)	CAC 40指数, 法国证商公会40指数
DAX지수(독일)	德国DAX指数
FTSE 100지수(영국)	伦敦金融时报100指数
MSCI지수(신흥시장)	摩根士丹利资本国际指数
S&P500지수(미국)	标准普尔500指数

채권 시장 债券市场

가중 평균 만기 加重平均滿期 **持续期, 久期**

가중 평균 만기는 이율 변화에 대한 채권 가격의 민감도를 가늠하는 지표이다.
持续期是衡量债券价格对利率变化敏感度的指标。

거래 회전율(Turnover Rate) **交易周转率**

고위험 고수익 채권 高危險高收益債券**(Junk Bonds)** **垃圾债券**

고정 금리채 固定金利債 **FRN(Fixed Rate Note)** **固定利率债券**

공사채(회사채) 公社債(會社債) **公司债券**

공사채는 주식제 기업이 발행하는 일종의 채무 계약이다.
公司债券是股份制公司发行的一种债务契约。

교환 사채 交換社債**(EB)** **可交换债券**

☞ 13. 경영의 <기업 금융> 참조.

국공채 國公債 **公债, 国债**

3년 만기 국고채 三年滿期國庫債 **3年期国债**

지방 자치채 地方自治債 **地方政府公债**

채권 시장의 정비를 위해서 지방 자치채 발행이 매우 필요하다.
从债券市场的完善角度来说, 有必要发行**地方政府公债**。

국채 전문 딜러 **国债一级交易商**

거래 주체는 국채 전문 딜러이지 개인이나 기업이 아니다.

交易主体是**国债一级交易商**，而不是个人和企业事业单位。

기관채 機關債 **机构债券**

기명채 記名債 **记帐式债券**

드래곤 채 **龙债券**

만기 滿期 **到期**

무기명 장기 채권 無記名長期債券 **不记名长期债券**

무기명채 無記名債 **不记名债券**

표기 여부에 따라 기명채와 무기명채로 나뉜다.

根据是否记名划分为记名债券和**不记名债券**。

변동 금리채 變動金利債, **변동 금리 부채권** 變動金利附債券(FRN) **浮动利率债券**

사모채 私募債 **私募债券**

사모채는 발행자와 특정 관계를 갖는 소수 투자자들에게 모집하는 채권을 가리킨다.

私募债券是指向与发行者有特定关系的少数投资者募集的债券。

상업용 부동산 저당 증권 商業用不動產抵當證券 CMBS(Commercial Mortgage-Backed Securities) **商业房地产抵押贷款证券**

선순위 채권 先順位債券 **优先债券, 高级债券, 优先级债权**

수익률 곡선 收益率曲線 **债券收益率曲线**

수익률 곡선은 이율 동향 분석과 시장 가격 결정의 기본 도구이며 투자를 위한 주요 근거이다.

收益率曲线是分析利率走势和进行市场定价的基本工具，也是进行投资的重要依据。

시가 평가 市價評價 **市价计值, 市价计价**

엔론의 파산건은 미국 에너지 회사들이 보편적으로 실시하는 시가 평가 회계 처리 방식에 관심을 불러일으켰다.

安然破产案引起了人们对美国能源公司中普遍使用的**市价计值**会计处理的关注。

시장 조성인 市場助成人 **做市商, 报价商, 市场庄家**

시장 조성인 제도로는 증권 시장 조작을 해결하기에 역부족이다.

做市商制度难以解决证券市场操纵问题。

이표 利票 **息票**

무이표채 無利票債 **零息债券**

무이표채는 만기일이 되어야 원금과 이자를 찾을 수 있는 채권을 가리킨다.

零息债券指只有在到期日才能领取本金和利息的债券。

자산 유동화 증권 資產流動化證券 ABS(Asset Backed Securities) **资产支持证券, 资产担保证券**

5월 초 일본 은행은 기업의 자산 유동화 증권을 구입하여 기업에 대한 직접 융자 채널을 확대하기로 결정했다.
日本银行5月初决定购买企业的**资产担保证券**，增加对企业进行直接融资的渠道。

대출 채권 담보부 증권 CLO(Collateralized Loan Obligation) **贷款抵押证券**

유동화 전문 회사 流動化專門會社 **特殊目的公司**

유동화 전문 회사(SPC: Special Purpose Company, SPV: Special Purpose Vehicle, 特殊目的公司)란?

특수 목적 법인이라고도 한다. 특정한 세금 및 법률 관련 목적으로 설립하는 명목 회사로서 한국에서는 자산 유동화를 위해 설립된 유동화 증권 회사 또는 기업 구조 조정 투자 회사(CRV: Corporate Restructuring Vehicle) 등이 있다.

채권 담보부 증권 債權擔保附證券 **债券抵押证券**

융자 회사는 이들 자산을 담보로 채권 담보부 증권을 발행한다.
融资公司以这些资产为抵押，发行**债券抵押证券**。

채권 담보부 증권(CBO: Collateralized Bond Obligation, 债券抵押证券); 대출 채권 담보부 증권(CLO: Collateralized Loan Obligation, 贷款抵押证券)이란?

CBO란 회사채를 자산 유동화 전문 회사(SPC)에 매각하고 이를 기초로 발행하는 자산 유동화 증권(ABS)이다. CLO란 은행들이 기업 대출 채권을 자산 유동화 전문 회사에 매각하고 SPC가 대출 채권을 담보로 발행하는 자산 유동화 증권이다.

전환 사채 轉換社債**(CB)** **可转换债券**

☞ 13. 경영의 <기업 금융> 참조.

지표 채권 指標債券 **标准债券**

채권 債券 **债券**

국공채 公债	
국고채	国债(国库券)
국공채	公债
국채	政府债
국채관리기금채권 (NMF) National Debt Management Fund	国债管理基金债券
국민주택채권 1종	国民住房债券1种
국민주택채권 2종	国民住房债券2种

도로공사채	公路建设债券
물가연동국채	通货膨胀连动债券
산업금융채권	产业银行债券
양곡증권	粮食债券
외평채	外汇稳定债券, 外汇基金债券
지방정부채	地方政府债券
지방자치채	地方政府公债
통안채(통화안정증권, MSB)	货币稳定债券
특수채	特殊债券, 专项债券

— **시장** 市場 **市场**

채권 시장은 채권을 발행하고 매매하는 곳이다.

债券**市场**是发行和买卖债券的场所。

— **발행** 發行 **债券发行, 发行债券**

— **환매** 還買 **债券买回, 买回债券**

채권 수익률 債券收益率 **债券收益率**

채권 수익률은 채권 투자를 통해 얻은 수익률을 말한다.

债券收益率是通过债券投资所获得的利率。

만기 수익률 滿期收益率 **YTM (Yield to Maturity)** **到期收益率**

얼마 전 중국 인민은행은 은행간 채권 시장에서 통일된 만기 수익률 산출 기준을 적용하기로 결정했다.

中国人民银行日前决定, 在银行间债券市场实行统一的**到期收益率**计算标准。

환매채 還買債 **回购债券**

환매 약정 還買約定 **回购协议**

환매 약정은 상업은행이 시행하는 단기 융자 방식이다.

回购协议是商业银行进行短期融资的一种方式。

후순위 채권 後順位債券 **次级债券**

후순위 채권의 금리는 일반적으로 선순위 채권보다 높다.

次级债券的利率通常比优先债权要高。

신용 평가 信用评级

국가 신용 등급 國家信用等級 **国家信贷能力评级, 国家信用评级**

중국 국가 신용 등급에 대한 긍정적인 시각을 바꾸지 않을 것이다.

不会改变对中国**国家信贷能力评级**方面的积极观点。

신용 등급 信用等級 **信用等级, 信誉评级**

등급 부여 等級附與 **授予信用等级**

현재 90%의 농가에 신용 등급을 부여했다.
目前已给90%的农户**授予了信用等级**。

— **상향 조정** 上向調整 **信用等级上调, 上调信用等级**

국제 신용 평가 기관인 무디스가 러시아의 투자 신용 등급을 상향 조정함으로써 러시아의 경제 상황이 호전되기 시작했다.
由于国际评级机构穆迪斯信贷**上调**了俄罗斯的投资**信用等级**, 俄罗斯的经济状况开始好转。

투자 부적격 등급 投資不適格等級 **非投资等级信用评级**

투자 적격 등급 投資適格等級 **投资等级信用评级**

5월 16일 미국 신용 평가 기관인 S&P는 에릭슨의 투자 적격 등급을 하향 조정했다.
美国的信贷评级机构标准普尔公司5月16日降低了爱立信的**投资等级信用评级**。

— **하향 조정** 下向調整 **信用等级下调, 下调信用等级**

신용 평가 기관 信用評價機關 **信用评级机构**

신용 평점 시스템 CSS(C redit Scoring System) **信用评分系统**

신용 카드 信用卡

가맹점 加盟店 **特约商户, 特惠商店**

X신용 카드를 사용하면 전국 천여 개 가맹점에서 VIP 우대를 받을 수 있다.
使用X信用卡,可享受全国上千家**特惠商户**的贵宾级优待。

가맹점 수수료 加盟店手數料 **特约商店手续费**

개인 파산 個人破産 **个人破产**

일본의 개인 파산이 역대 최고치를 기록했다.
日本**个人破产**创历史最高记录。

대금 결제 代金決濟 **信用卡付款, 支付款项**

도난 카드 **盗卡**

분실 신고 **挂失**

분실 카드 **丢卡**

이렇게 되면 카드 분실 이후 리스크가 너무 크다.
这样一来**丢卡**之后风险太大。

사용 한도액 使用限度額 **使用额度**

선불 카드 **预付卡**

렌통은 연내 CDMA 선불 카드 서비스 제공을 검토 중이다.

联通考虑在年底前推出CDMA的**预付卡**服务。

소비자 금융 消費者金融 **消费信贷**

미국 경제 회복이 8월분 소비자 금융을 크게 늘렸다.

美经济复苏加速了8月份**消费信贷**的大幅上升。

스마트 카드 **智能卡**

스마트 카드(Smart Card, 智能卡)란?

IC(Integrated Circuit) 카드는 신용 카드 크기의 플라스틱 카드에 마이크로 프로세서가 내장된 IC 칩을 탑재한 카드이다. 기존 자기 띠(MS : Magnetic Strip) 카드에 비해 보안성 및 기억 용량이 크다. IC 카드는 현금·신용·선불·직불 카드 등에 이용할 수 있고 신분증, 운전면허증과 같은 개인 정보까지도 한곳에 모아 보다 진보된 다기능 카드로 사용이 가능해 스마트 카드라고도 한다. IC 카드는 1983년 프랑스의 Bull사가 시제품을 개발한 이후 세계 주요국에서 결제 수단, 신분증, 정보 관리 및 보안 수단 등으로 개발되고 있다.

신용 구매 信用購買 **信用购买**

제품을 신용 구매할 수 없게 되면, 생산 부문의 발전이 제한된다.

如果商品不能通过**信用购买**,就会限制生产部门发展。

신용도 信用度 **信用度, 信誉度**

신용 불량 信用不良 **不诚信, 信用不良**

신용 불량자 信用不良者 **不诚信者, 信用不良者**

신용 불량자 종합 대책 信用不良者綜合對策 **信用不良者综合对策**

신용 우량 信用優良 **诚信, 资信良好**

신용 우량자 信用優良者 **诚信者, 资信良好者**

신용 우량자는 존중되고 신용 불량자는 멸시당한다.

诚信者受尊重, 不诚信者遭鄙视。

신용 정보 기관 信用情報機關 **信用调查公司**

신용 정보 기관은 함부로 개인 정보를 유출해서는 안 된다.

信用调查公司不能随意泄漏个人信息。

신용 정보 기관(Credit Bureau, 信用调查公司)이란?

개인이 대출 신청 또는 신용 카드 발행 신청 등을 할 때, 신청자의 신용도를 분석·판정하는 일을 대행해주는 신용 평가 회사이다. 때로는 기업 신용도를 조사하여 등급을 발표하기도 하지만 주로 개인의 채무 이행 기록을 바탕으로 한 소비자

금융 정보를 제공한다.

신용 카드 **信用卡**

상하이 푸동은행의 신용 카드는 시티은행의 글로벌 경영 노하우와 푸동은행의 현지화 장점을 결합시켰다.

上海浦东银行**信用卡**, 结合了花旗全球运作的经验和浦东银行本地化的优势。

— 받다 **收到信用卡**

— 발급 發給 **发行信用卡, 办卡**

중국 국내의 신용 카드 발급 시장이 뚜렷한 성장세를 보이고 있다.

中国国内**信用卡**发行市场明显升温。

— 승인 承認 **批准信用卡**

은행은 신용 카드를 승인하기 전에 신청인의 과거 연체 등 불량 신용 기록 유무를 조회한다.

银行在**批准信用卡**申请之前, 会查询申请者以往是否有拖欠账单的不良记录。

— 신청 申請 **申请信用卡**

캐나다인들은 신용 카드 신청을 개인 신용도를 쌓는 첫 단계로 여긴다.

加拿大人都以**申请信用卡**作为积累个人信用度的第一步。

신용 카드 빚 **信用卡债务**

현재 신용 카드 빚은 한국 GDP의 14%까지 늘어났다.

目前**信用卡债务**已经膨胀到韩国GDP的14%。

신용 카드 회사 **信用卡公司**

올 9월까지 한국의 8대 신용 카드 회사는 막대한 적자를 보았다.

韩国8大**信用卡公司**今年前9个月严重亏损。

신용 한도액 信用限度額 **信用额度, 授信额度**

각 등급의 신용 한도액은 얼마입니까?

每个等级对应的**信用额度**是多少?

신용 회복 위원회 信用恢復委員會 **信用恢复委员会**

신용 회복 지원 信用恢復支援 **信用恢复支援**

연체 延滯 **延迟付款, 拖欠**

이스라엘 업체의 대금 지급 연체가 증가하는 추세이다.

以色列厂商**延迟付款**的情况有增加趋势。

연체료 延滯料 **滞期费**

연체율 延滯率 **拖欠比率**

2022년 3분기 연체율이 더 떨어졌다.

2022年第3季度的**拖欠比率**进一步下跌。

체납 滯納 **滞纳**

연회비 年會費 **年费**

은행 카드의 연회비를 받아들이시겠습니까?

银行卡收**年费**, 你会接受吗?

위조 카드 **伪卡**

이용 대금 명세서 利用代金明細書 **信用卡账单**

유럽과 미국 기업들은 보통 해외 신용 카드 소지자들에게 본인의 이용 대금 명세서나 사진을 팩스로 보내줄 것을 요구한다.

欧美商家一般会要求国外信用卡持卡人传真其**信用卡账单**或照片。

사용액 使用額 **付款总额**

자기띠 **磁条**

전자 지갑 電子紙匣 **电子钱包**

전자 화폐 電子貨幣 **电子货币**

전자 화폐와 전자 신분증이 불법 소득을 막을 수 있다.

电子货币和电子身份证可以遏止非法收入。

전자 화폐(Electronic Currency, 电子货币)란?

실물 화폐 대신 전자 칩 등의 수단으로 화폐의 지급 결제 기능을 대신하는 것. 현금 관리 및 제조 비용 절감 효과가 있으며 사용이 편리하다.

제휴 카드 **联名卡**

직불 카드 **签帐卡**

카드 사기 **信用卡欺诈**

작년 EU 지역의 카드 사기가 50% 증가했다.

欧盟的**信用卡欺诈**去年增加了50%。

할부 구매 割賦購買 **分期购买**

할부 구매는 매우 이상적인 구매 방식처럼 보인다.

分期购买似乎是一个最好的购买解决方案。

현금 서비스 **预借现金, 透支**

회전 결제 回轉決濟 **循环信用付款**

은행의 회전 결제 방식으로 신용 카드 고객들의 결제 방식이 융통성을 갖게 되었다.

银行提供**循环信用付款**方式, 持卡人付费较有弹性。

회전 신용 回轉信用 **周转信贷**

후불 카드 **后付卡**

후불 교통 카드 **后付公共交通卡**

휴면 카드 **休眠卡**

보험 保险

개인 보험 個人保險 **个人保险**

날씨 보험 **天气保险**

납입 기일 納入期日 **缴纳日期**

개인 납부 및 회사 대납을 위한 납입 기일을 산출해낼 수 있다.
可以测算出个人缴纳和单位代缴的**缴纳日期**。

납입 유예 기간 納入猶豫期間 **宽限期**

단체 보험 團體保險 **团体保险**

직원들을 위해 단체 보험에 가입했다.
为员工投保了**团体保险**。

대출 보증 보험 貸出保證保險 **按揭贷款保险**

런오프 재보험 **比例再保险**

만기 환급금 滿期還給金 **到期退还金额**

무배당 상품 無配當商品 **不分红保险**

인보험은 배당 여부에 따라 배당 상품과 무배당 상품으로 나뉜다.
按有无分红分类人身保险可分为分红保险和**不分红保险**。

방카슈랑스 **银行保险, 银保合作**

방카슈랑스(Bancassurance, 银行保险)란?

은행 겸업화의 일환으로 은행에서 파는 보험 상품을 뜻한다. 프랑스어로 '*banc*'(은행)과 '*assurance*'(보험)가 합하여 만들어진 합성어이다.

배당 상품 配當商品 **分红保险**

변액 보험 變額保險 **变额保险, 投连型保险**

보장 保障 **保障**

사스 발생기에 어떻게 보험의 보장을 받는가?
非典时期如何获得保险**保障**?

보장 급부 保障給付 **保障金给付**

부보 범위 **保险范围**

음주 운전은 부보 범위에 포함된다.
酒后驾车列入**保险范围**。

보장 기간 保障期間 **保险期间, 保障期**

실업자가 실업 보장 기간에도 계속해서 양로 보험료를 납부해야 하나요?
失业人员享受失业**保险期间**是否需要继续缴纳养老保险费?

보장성 보험 保障性保險 **保障性保险**

저축성 보험 상품과 보장성 보험 상품은 다르다.
储蓄性与**保障性保险**商品有所不同。

보험 保險 **保险**

우리의 보험 상품은 의료 보험, 양로 보험 등이 포함된다.
我们的**保险**包括医疗保险、养老保险等等。

보험 가입자 保險加入者 **投保人**

보험 계리 保險計理 **保险精算**

보험 계리인 保險計理人 **保险精算师**

보험 계리인(保险精算师)이란?

보험업을 유지·발전시키기 위해 새로운 보험 상품을 만들고 사업의 결산을 수리적으로 분석하는 전문 직업. 즉 보험 회사가 책정하는 보험료가 적당한 것인지, 계약에 대한 대출금은 정당한 것인지를 확인하고 확률과 엄밀한 수리 계산을 통해 각종 보험 상품을 만드는 일을 한다.

보험 계약자 保險契約者 **保单所有人, 保单持有者, 要保人**

보험금 保險金 **保险金**

— **청구** 請求 **保险金请求, 申请保额**

누가 보험금 청구권을 갖는가?
谁享有**保险金请求权**?

보험 금액 保險金額 **保额, 保险金额**

차량의 보험 금액은 신차 구매 가격에 따라 확정된다.
车辆的**保险金额**根据新车购买价确定。

보험금 지급 保險金支給 **保险给付, 赔付保险金**

본 진단서는 보험금 지급 신청용이다.
这种诊断书是用于申请**保险给付**的。

보험료 保險料 **保险费, 保费**

보험료를 납부하는 것은 보험 가입자에게 가장 중요한 의무이다.
缴纳**保险费**是投保人最主要的义务。

경과 보험료 經過保險料 **满期保费**

사고 위험 보험료 事故危險保險料 **意外风险保费**

수입 보험료 收入保險料 **保险费收入**

순보험료 純保險料 **纯保费, 净保费**

원수 보험료 元受保險料 **原保险保费**

위험 보험료 危險保險料 **风险溢价, 风险保费**

초회 보험료 初回保險料 **初期保险费, 首月保险费**

12월 10일 이전에 초회 의료 보험료를 납부하면, 두 번째 납기월부터 규정에 따라 사회 의료 보험 혜택을 받을 수 있다.
12月10日前缴纳**首月**医疗**保险费**, 从缴费的次月起, 按规定享受社会医疗保险待遇。

보험료 납입 保險料納入 **缴纳保险费**

보험 밀도 保險密度 **保险密度**

보험 상품 保險商品 **保险商品**

WTO 가입 후, 다원화된 보험 상품들이 대거 시장에 유입될 전망이다.
加入WTO后, 多元化的**保险商品**, 将会大量涌入市场。

보험 설계사 保險設計士**, 보험 판매인** 保險販賣人 **保险代理人, 保险规划师**

보험 설계사는 과거의 보험 판매원과 다르다.
保险规划师与传统的保险营销人员不同。

보험 수익자 保險受益者 **保险受益人**

보험 수익자는 어떻게 변경합니까?
如何变更**保险受益人**?

보험 수혜 保險受惠 **保险受惠**

보험 약관 保險約款 **保险条款**

보험 증권 保險證券 **保险单, 保险证券**

— **가계약** 假契約 **暂保单**

— **가입** 加入 **投保**

온라인 보험 가입 안내 서비스는 베이징 거주자에 한한다.
在线**投保**咨询服务只限居住于北京的朋友。

— **인수** 引受 **承保**

보험 침투율 保險浸透率 **保险渗透率, 保险深度**

중국의 수출 신용 보험 침투율이 이미 작년 한 해 수준을 넘어섰다.
中国出口信用**保险渗透率**已高于去年全年水平。

분손 담보 조건 分損擔保條件 **单独海损赔偿**

분손 담보 조건(W.A.: With Average, 单独海损赔偿)이란?

단독 해손 담보 조건이라고도 하며 보험자는 담보되는 위험에 의해서 발생하는 전손, 공동해손, 단독 해손인 분손도 보상한다. 1912년 6월에 런던 보험자 협회에서 처음으로 채택된 적화 보험 조건으로 ICC(B)와 유사하다.

분손 부담보 조건 分損不擔保條件 **单独海损不赔偿**

분손 부담보 조건(FPA: Free from Particular Average, 单独海损不赔偿)이란?

단독 해손 부담보 조건이라고도 한다. 보험자는 담보되는 위험에 의해 발생하는 전손, 공동 해손을 보상하지만, 단독 해손인 분손은 원칙적으로 보상하지 않는다.

분할 납입 分割納入	**分期付款, 分期缴纳**
사업비 事業費	**运营费用**
사업 비율 事業費率	**运营费用比率, 费用率**
생명 보험 生命保險	**人寿保险, 寿险**
사망 위험 死亡危險	**死亡危险**

사망 위험을 확정하기 전에 환자의 건강상 특징을 살펴보았다.
在确定**死亡危险**之前，考察了病人的健康特征。

사망률 死亡率	**死亡率**
생명표 生命表	**生命表**
생보사 生保社	**人寿保险公司**
손해 보험 損害保險	**非人寿保险, 财产保险, 产险**
손보사 損保社	**非人寿保险公司, 产险公司**

S&P는 일본 손보사의 앞날이 매우 암담할 것이라고 예상했다.
标准普尔估计，日本**非人寿保险公司**的前景将十分黯淡。

손해 사정 損害査定	**保险公估, 理赔公估**
손해 사정인 損害査定人	**保险公估人, 损失评估人**

손해 사정인에 의해 손해 배상이 결정된다.
依靠**保险公估人**来定损理赔。

실적 배당형 보험 實積配當型保險	**投资分红型保险**
실효 失效	**失效**
실효 보험 失效保險	**失效保单**

실효 보험 문제가 현재 생명 보험 업계의 현안이다.
失效保单问题是当前寿险业的突出问题。

실효 보험(失效保单)이란?

보험료를 매월 납입하는 경우 2개월 미납이면 실효가 되는데 이때부터 실효 보험으로 분류하고 실효일로부터 2년 이내(만기일 이전)에 미납 보험료를 내면 부활시킬 수 있다.

실효율 失效率	**失效率**
아슈르방킹	**保险银行**

아슈르방킹(Assurbanking, 保险银行)이란?

보험사가 은행과 제휴하여 보험 설계사 등을 통해 은행의 금융 상품을 판매하는 것. 은행에서 보험 상품을 판매하는 방카슈랑스의 반대 개념.

여행자 보험 旅行者保險 **旅游保险**
연금 보험 年金保險 **年金保险**
원수 보험 元受保險 **原保险**

원수 보험(原保险)이란?

어떤 보험자가 인수한 보험 계약상의 책임의 전부 또는 일부를 다시 제2의 보험자가 인수하는 경우가 있다. 이때 뒤의 보험을 재보험이라 하며 제1의 보험을 원수 보험이라고 한다.

재보험 再保險 **再保险**

재보험은 보험자가 맡고 있는 보험 업무의 일부를 기타 보험자에게 인수시키는 것을 말한다.

再保险是指保险人将其承担的保险业务以承保形式,部分转移给其他保险人。

재보험사 再保險社 **再保险公司**

세계 최대의 재보험사가 곧 중국에 진출할 예정이다.

世界最大的**再保险公司**即将进入中国。

재보험인 再保險人 **再保险人, 再保人**
재재보험 再再保險 **转分保**
재재보험사 再再保險社 **转分保公司**
재재보험인 再再保險人 **转分保人**
저축성 보험 貯蓄性保險 **储蓄性保险**
전위험 담보 조건 全危險擔保條件 **一切险**

전위험 담보 조건(AR: All Risks, 一切险)이란?

보험자가 법률이나 약관에 의해 면책되는 위험을 제외하고 모든 손해나 손실을 보상하는 조건이며 따라서 보험료가 가장 비싸다. 전쟁 위험(war risks)은 A/R에서 제외되므로 특약을 해야 한다. 이 조건은 1951년 1월에 런던보험자협회에 의해 처음 채택된 적화 보험 조건으로서 ICC(A)와 유사하다.

전쟁 보험 戰爭保險 **战争险**
정기 보험 定期保險 **定期保险**
종신 보험 終身保險 **终身寿险**

본 상품은 보장 위주의 종신 보험 상품이다.
本产品是以保障为主的**终身寿险**产品。

종합 보험 綜合保險 **综合保险**

중도 해약 中途解約 **中途退保**

지급 여력 비율 支給餘力比率 **偿付能力额度**

지급 준비금 支給準備金 **赔款准备金**

직장 보험 職場保險 **职业保险**

책임 준비금 責任準備金 **责任准备金**

책임 준비금은 생명 보험사가 보험료 수입 중에서 책정한 것이다.
责任准备金是寿险公司从保险费收入中提取的。

투자형 보험 投資型保險 **投资型保险, 投连型保险**

특약 特約 **特别条款**

자신의 생각대로 일부 특약에 가입하는 것이 쉽지 않다.
想根据自己的想法加入一些**特别条款**是很困难的。

피보험자 被保險者 **被保险人**

피보험자란 재산이나 신체에 대한 보험 계약상의 보장을 받으며 보험금 청구권을 갖는 사람을 가리킨다.
被保险人是指其财产或人身受保险合同保障, 享有保险金请求权的人。

할증 割增 **附加**

할증 보험료 割增保險料 **附加保险费**

보험료율은 일반적으로 순보험료율과 할증 보험료율로 구성된다.
保险费率一般由纯保险费率和**附加保险费**率两部分组成。

합산 비율 合算比率 **综合赔付率, 综合比率**

손해율 損害率 **赔付率**

보험사는 작년 베이징의 자동차 보험 손해율이 예측치보다 훨씬 높다는 것을 발견했다.
保险公司发现北京去年车险**赔付率**远高于预期。

해약 환급금 解約還給金 **退还金额, 退保金额**

해약 환급금은 개인 납부액의 저축 금액(이자 포함)이다.
退还金额为个人缴费部分的储存额(含利息)。

화재 해상 보험 火災海上保險 **海上火灾保险**

1994년 7월 중국 인민은행은 일본 도쿄화재해상보험사의 상하이 지사 설립을 허가했다.
1994年7月, 中国人民银行批准日本东京**海上火灾保险**公司在上海设立分公司。

개인 보험 私人保险, 个人保险	
개인연금보험	私人养老保险
교통상해보험	交通意外伤害保险
근로자산업재해보험	劳动灾害保险
기업연금보험	企业年金保险
도난보험	盗窃保险
보장보험	保障与赔偿保险
보증보험	信用保证保险
사망보험	死亡保险
상해보험	个人意外保险
생명보험	人寿保险
손해보험	财产保险
수출신용보험	出口信用保险
암보험	癌症保险
양로보험	养老保险
어린이보험	少儿保险, 儿童保险
여행보험	旅游保险
연금보험	年金保险
이행보증보험	履约保证保险
입찰보증보험	投标保证保险
자녀안심보험	子女平安保险
자동차 종합보험	综合汽车保险
재해사고보험	财产与灾害保险
제조물배상책임보험	产品责任保险
종신보험	终身寿险, 终身保险
주택종합보험	居家综合保险
질병보험	疾病保险
책임보험	公众责任保险
특종보험	特种保险
해상보험	海上保险
화재보험	火灾保险

CI 보험	重大疾病保险

CI 보험 重大疾病保险
LTC 보험 长期护理保险

부동산 房地产

갭투자 Gap投资, 空房投资(利用房价和传贳租金的差价购入房产的投资方式)

건물 建物 建筑

건평 建坪 建筑面积

건폐율 建蔽率 房屋密度

연면적 延面積 总楼面面积, 整体楼面面积

용적률 容積率 容积率, 建筑面积比率

정부는 주택 용적률이 2.5를 넘지 못하도록 규정했다.
政府曾明确规定住宅**容积率**不得超过2.5。

층수 層數 层数, 楼层

베이징 시 최고층 주택 공사가 오늘 착공에 들어간다.
北京市目前最高、**层数**最多的住宅工程今天正式开工。

건축 부지 建築敷地 建筑用地

공시가 公示價 公示价格

대부분의 공시가가 최고 규정 한도가보다 높다.
大部分的**公示价格**高于规定的最高限价。

공실률 空室率 空房率

공업용 부동산 工業用不動産 工业房地产

공인중개사 認仲介士 房地产经纪人

공인 중개사 시험은 언제 시작됩니까?
房地产经纪人考试何时开考?

공정 가격 公定價格 市场公平价值

공정 가격은 기업과 순자본 투자자가 공정한 협상을 거쳐 정한 거래 가격을 가리킨다.
市场公平价值是指企业与纯资本投资者在公平协商后的交易价格。

매각자 賣却者, 팔 사람 卖家, 卖方

상하이 부동산 시장은 매각자 시장에서 매입자 시장으로 전환되고 있다.
上海房地产市场正在由**卖方**市场向买方市场转变。

매입자 買入者, 원매자, 살 사람 买家, 买方

면적 面積 **面积**

대지 면적 大地面積 **土地面积**

부지 면적 敷地面積 **占地面积**

도시의 일반 빌라 부지 면적은 약 72m²이다.

城市里的普通别墅**占地面积**约72平方米。

총부지 면적 總敷地面積 **占地总面积**

부동산 不動産 **房地产, 不动产**

사무실 빌딩 **办公楼, 写字楼**

상가 商街 **购物中心, 商场**

상용 건물 商用建物 **商业大楼, 商业大厦, 商业建筑**

주상 복합 건물 住商複合建物 **商住楼**

주상 복합 건물에 투자할 때 주의해야 할 사항은?

投资**商住楼**应注意什么?

주택 住宅 **住宅, 住房**

부동산 감정가 不動産鑑定價 **房地产鉴定价格**

부동산 감정 평가 不動産鑑定評價 **房地产鉴定评估**

부동산 개발 不動産開發 **房地产开发**

부동산 권리 보험(권원 보험) 不動産權利保險 **产权保险**

미국 최대 부동산 권리 보험사인 FATIC이 대규모 기구 통합을 실시했다.

著名的第一美国**产权保险**公司进行了一次重大的机构整合。

부동산 금융 不動産金融 **房地产融资**

부동산 금융 루트의 단일성이 시중은행을 진퇴양난에 빠지게 했다.

房地产融资渠道单一致使商业银行面临两难处境。

부동산 담보 대출 不動産擔保貸出 **房地产抵押贷款**

부동산 매매 不動産賣買 **房地产交易**

계약금 契約金 **定金**

잔금 殘金 **尾期款**

준공 후에 잔금을 지불한다.

竣工后支付**尾期款**。

중도금 中途金 **中期款**

부동산 시장 不動産市場 **房地产市场**

중국의 부동산 시장이 고속 성장 단계로 접어들고 있다.

中国**房地产市场**正进入快速发展阶段。

부동산 중개 회사 不動産仲介會社 **房地产经纪公司**

중개료 仲介料 **佣金**

공인 중개사 公認仲介士 **注册房地产经纪人**

공인 중개사 자격 시험을 위해 본 법을 제정한다.

为做好**注册房地产经纪人**执业资格考试工作, 制定本办法。

부동산 투기 不動産投機 **房地产投机**

위장 전입 僞裝轉入 **假转籍, 假入户**

부동산 투자 不動産投資 **房地产投资**

부동산 투자는 막대한 투기 리스크를 안고 있다.

房地产投资隐藏着巨大的投机风险。

부동산 투자 수익 不動産投資收益 **房地产投资回报**

내부 수익률 內部收益率 **IRR (Internal Rate of Return)** **内部收益率**

임대 수익률 賃貸收益率 **租赁回报率**

현재 광저우 상업 지역의 주차장 임대 수익률은 높은 편이다.

目前广州商业区的车位**租赁回报率**比较高。

부동산 투자 신탁 不動産投資信託 **房地产投资信托**

업계는 국내 부동산 투자 신탁 기금의 설립을 호소했다.

业内呼吁国内成立**房地产投资信托**基金。

부동산 투자 신탁(REITs, 房地产投资信托)이란?

리츠란 소액 투자자들로부터 자금을 모아 부동산이나 부동산 관련 유가증권에 투자하고 그 수익을 투자자들에게 배당하는 부동산 투자 신탁 회사 또는 기금을 말한다.

CR리츠 CR REITs(Corporate Restructuring REITs) **公司重组房地产信托**

2001년 7월에 공포된 '부동산 투자 기업법'은 부동산 투자 신탁의 설립을 허가하고 있다.

在2001年7月颁布"房地产投资公司法", 允许设立**房地产投资信托**。

CR리츠(CR REITs, 公司重组房地产信托)란?

기업 구조 조정 대상이 되는 부동산에 투자하는 리츠 회사.

분양가 分讓價 **预售价**

상업용 부동산 商業用不動産 **商业房地产**

소득 대비 주택 가격 所得對比住宅價格 **PIR (Price-To-Income Ratio)** **房价收入比**

한 가정의 연간 소득과 집 한 채 가격의 비율을 소득 대비 주택 가격이라고 한다.
一个家庭年收入与一套房屋的价格之比, 称为**房价收入比**。

소유권 所有權 **产权**

일반적인 주택 소유권 변경은 주택 매매 과정에서 이루어진다.
一般的房屋**产权**变更都发生在房屋的买卖过程中。

중국의 토지 소유권(产权)이란?

중국의 토지 소유권에는 국가 토지 소유권과 집체 토지 소유권이 있다. 토지 소유권은 양도할 수 없고 사용권만 거래할 수 있다. 토지 사용권 양도는 국가가 토지 사용자 명의로 토지 사용권을 일정 기간 내 양도하는 동시에 토지 사용자가 국가에 비용을 지불하는 방식을 말한다. 따라서 중국 토지 시장은 토지 사용권 시장이다. 중국 토지 시장의 구조는 도시 1급 토지시장, 도시 2·3급 토지 시장, 농지 수용 시장, 농촌 집체 토지의 자발적 토지 시장 등 4가지로 나눠 볼 수 있다. 이 가운데 도시 1급 토지 시장은 토지 사용권의 첫 양도 시장이다. 1급 토지시장은 전체 토지 시장에 지대한 영향을 미치고 토지 사용권 양도는 국유 토지의 시장 진입 고리이다.
1992년 이후 토지 양도 시장의 발전으로 전국의 도시 정부는 이를 통해 많은 재정을 확보했고 투자 환경을 개선했다. 몇몇 도시는 토지 양도 수입이 재정 수입의 25%에 달하고 일부 도시는 80%에 이른다. 1급 토지 시장에 개인은 대부분 들어갈 수 없다. 2급 토지 시장은 토지 사용권의 재양도 시장이다. 개발 사업자는 1급 토지 시장의 수요자가 양도받은 국유 토지 사용권을 활용해 개발한 뒤 수요자에게 판매하거나 토지 사용자가 서로 토지 사용권을 재양도하는 행위가 포함된다. 흔히 중국에 진출한 우리 나라 개발업자들은 2급 토지 시장에서 거래되는 토지 사용권을 확보한다. 3급 토지 시장은 토지 사용자간에 이뤄지는 토지 재양도·임대·저당·교환 등의 거래 활동으로 개방된 시장이다. 토지 사용권의 양도는 국유 토지에 한해 이뤄진다는 점에 유의해야 한다. 집체 소유의 토지는 국유 토지로 전환한 뒤 양도가 가능하다.

소유 문서 所有文書 **权属证, 产权证明**

양도 讓渡 **转让**

양도 증서 讓渡證書 **可转让证书**

이는 미국 시중 은행에서 발급한 양도 증서이다.
这是由美国商业银行发行的**可转让证书**。

아파트 **公寓**

공용 면적 共用面積 **公用面积**

전용 면적 專用面積 **专用面积**

평수 坪數 **坪数**

융자 비율 融資比率 **LTV (Loan-To-Value Ratio)**

贷款成数, 贷款额度

고급 주택의 융자 비율이 하락했다.
高档住房**贷款成数**降低。

임대 賃貸 **租赁, 出租**

월세 月貰 **月租, 月租金**

임대료 賃貸料 **租金**

임대인 賃貸人 **出租人**

임차인 賃借人 **承租人, 贷借人**

계약 기간 만료 후 임차인에게서 계약서를 회수해야 합니까?
合同期满后, 是否要向**承租人**收回合同?

입주율 入住率 **入住率**

집세를 내려 입주율을 높인다.
降低房价提高**入住率**。

입주자 入住者**, 세입자** 貰入者 **房客, 租赁户**

베이징에서 세입자는 대개 두 부류이다. 즉 베이징에 와서 일하는 외지인과 경제적으로는 독립했지만 주택을 구입할 여건이 되지 않는 베이징 사람이다.
在北京, 做**房客**的大概有两类人:来京打工的外地人或者经济独立但还不具备买房条件的北京人。

입지 조건 立地條件 **区位条件**

교통 편리 交通便利 **交通方便, 交通便利**

싸고 교통이 편리한 일본 민박을 소개합니다.
介绍一间便宜且**交通方便**的日本民宿。

위치 位置 **地理位置**

저당권 抵當權 **扣押权, 抵押权**

— **설정** 設定 **成立抵押权**

공익 시설을 위한 주택에 대해서는 저당권을 설정할 수 없다.
为公益设施的房屋不能**成立抵押权**。

— **행사** 行使 **行使抵押权**

채무 기간이 만료되었으나 채무자가 채무 상환 능력이 없을 경우에만 저당권자가 저당권을 행사할 수 있다.
抵押权人只有在债务到期而债务人无法偿还债务时, 才可以**行使抵押权**。

전세 제도 傳貰制度 **传贳制度, 全租制度**

전세권 傳貰權 **传贳权**

본 이혼 사건의 공동 주택 전세권은 어떻게 처리해야 합니까?
这起离婚案中共同住宅的**传贳权**该如何处理?

전세 보증금 傳貰保證金 **传贳押金**

주거용 부동산 住居用不動産 **居民房地产**

현재의 성장은 자동차 소비와 주거용 부동산 소비에 의한 것이다.

现时表现出的增长是被汽车和**居民房地产**消费带动的。

주택 담보 대출 住宅擔保貸出 **房屋按揭贷款, 房屋抵押贷款**

주택 저당 증권 住宅抵當證券 **抵押贷款证券**

주택 저당 증권(MBS: Mortgage Backed Securities, 抵押贷款证券)이란?

주택 담보부 대출(Mortgage Loan) 채권을 기초 자산으로 발행하는 자산 유동화 증권.

지가 地價 **地价**

2022년 우리 나라 도시 지가는 계속 상승세를 유지할 것으로 보인다.

2022年我国城市**地价**仍将保持上升势头。

개별 공시지가 個別公示地價 **OAILP (Officially Assessed Individual Land Price)** **个别公示地价**

한국의 공시 지가는 표준 공시 지가와 개별 공시 지가로 나뉜다.

韩国公示地价分为标准公示地价和**个别公示地价**。

콘도미니엄 **高级公寓**

콘도미니엄(Condominium, 高级公寓)이란?

원래 콘도미니엄은 입주자가 소유주인 형태의 아파트를 뜻한다. 외국은 대부분 임대 아파트이지만 개별 호를 개인에게 분양한 아파트는 콘도미니엄이라 한다. 한국에서 콘도라고 하는 것은 휴양지 등에서 몇 명의 소유주가 돌아가며 사용하는 아파트 형태의 부동산을 말한다.

퇴거 退去 **驱赶**

집주인이 세입자를 퇴거시킬 때는 반드시 법적 절차를 따라야 한다.

房东在**驱赶**房客时，一定要依照法定程序。

퇴거 명령 退去命令 **驱逐令**

CMBS(Commercial Mortgage Backed Securities) **商业抵押担保证券, 抵押担保权证券, 不动产抵押担保证券**

CMO(Collateralized Mortgage Obligation) **抵押按揭债务证券**

주택 정책 住房政策, 住宅政策

고밀도 아파트 지구 **高密度公寓区**

고층 아파트 단지 **高层住宅区**

90년대 초, 고층 아파트 단지가 빠르게 발전했다.
90年代初, **高层住宅区**建设迅猛发展。

공공 임대 주택 公共賃貸住宅 **公共租赁住房**

공공 주택 公共住宅 **公共住房**

공공 주택 사업 公共住宅事業 **公共住宅项目, 安居项目**

이는 정부가 투자하는 공공 주택 사업이다.
这是政府投资的**公共住宅项目**。

공공 주택 금융 公共住宅金融 **公共住房金融**

국민 주택 기금 國民住宅基金 **国民住宅基金**

국민 주택 채권 1종 國民住宅債券一種 **第一种国民住宅债券**

국민 주택 채권 2종 國民住宅債券二種 **第二种国民住宅债券**

정부는 합병된 자동차 부품업체의 국민 주택 채권 및 도시 철도 채권 구입 의무를 면제해줄 뿐만 아니라, 해당 기업에 대한 자금 지원을 확대해줄 방침이다.
政府不仅将免除合并后汽车零部件企业购买**国民住宅债券**和城市铁路债券的义务, 还会扩大对其的资金支援。

민간 주택 금융 民間住宅金融 **民间住房金融**

1990년대에 접어들면서 민간 주택 금융 부문의 대출 기능이 한층 더 강화되었고 대출 기한도 35년으로 확대되었다.
进入1990年代, **民间住房金融**的贷款力度进一步加大, 贷款期限也增加至35年。

내집 마련 **拥有自己的住房**

상하이의 백만 가구가 이미 내집을 마련했다.
上海百万家庭已**拥有自己的住房**。

단독 주택 單獨住宅 **独立住宅, 独户住宅**

단독 주택은 한 가족이 거주하는 독립된 주택을 말한다.
独立住宅就是由一家人居住的独立的房子。

딱지 **购房票**

분양 分讓 **预售**

아파트 분양 **公寓预售**

빌라 및 고급 아파트 분양금이 2003년도 총 분양 금액의 70%를 초과했다.
别墅及高档**公寓预售**金额已超过2003年全年总预售额七成。

토지 분양 土地分讓 **土地出让**

이우의 토지 분양은 m^2당 9.45만 위안으로 전국 최고가를 기록했다.

义乌**土地出让**创全国最高价1平方米9.45万元。

영구 임대 주택 永久賃貸住宅 **(永久) 租赁住房**

자가 비율 自家比率 **个人购房率**

장기 전세 주택(시프트) **长期全贯住房**

재건축 再建築 **重建, 再建筑**

구지역 개발을 통해 약 500만 m^2 규모의 주택 재건축이 가능하다.

通过旧区改造, 约可**重建**住宅500万平方米左右。

저밀도 아파트 지구 **低密度公寓区**

전원주택 田園住宅 **乡村住宅, 田园住宅**

나는 일찍이 미국 매사추세츠 주의 전원주택에서 한동안 머물렀었다.

我曾在美国麻省的**乡村住宅**住了一段时间。

조립식 주택 組立式住宅 **组装式住宅**

주택 건설 사업 住宅建設事業 **住宅产业**

주택 건설 사업의 현대화는 주택 건설 발전의 필연적인 결과이다.

住宅产业现代化是住宅建设发展的必然。

주택 공급 住宅供給 **住宅供给, 住宅供应, 住房供应**

주택 보급률 住宅普及率 **住房普及率, 住宅普及率**

주택 부족 住宅不足 **住房短缺, 住宅不足, 住宅匮乏**

2002년 중국은 주택 부족 시대를 마감하게 되었다.

2002年, 中国**住房短缺**的时代宣告结束。

주택 청약 住宅請約 **购房申请, 住房认购**

주택청약종합저축 住宅請約綜合貯蓄 **住房认购综合存款**

청약자 請約者 **购房申请人**

청약자는 호적 등본, 부부 각각의 신분증, 재직 증명서 등의 증명서를 준비해야 한다.

购房申请人须持家庭户口簿、夫妇双方居民身份证、工作证等有效证件。

국제 금융 国际金融

국가 부도 國家不渡 **国家破产**

인민은행은 정책적 파산 기업에 대한 지원을 강화하고, 이들 기업을 빠른 시일 내에 국가 부도 계획에 포함시키고자 한다.

对于政策性破产企业, 人民银行将加大支持力度, 促其尽快列入**国家破产**计划之中。

국제 자본 國際資本 **国际资本**

단기 자본 短期資本 **短期资本**

1998년 9월 말레이시아는 단기 자본 이동에 대한 규제 조치를 취하여 자본 유출을 통제했다.
1998年9月, 马来西亚采取措施, 管制**短期资本**流动, 以控制资本外流。

장기 자본 長期資本 **长期资本**
국제 협조 융자 國際協調融資 **国际银团贷款**
가교 융자(브리지론) 架橋融資 **过桥贷款**
장기 저리 융자 長期低利融資 **软贷款, 无息或低息贷款**
국제 금융 기관 國際金融機關 **IFI (International Financial Institution)**
国际金融机构
국제개발부흥은행 國際開發復興銀行 **国际复兴开发银行, 世界银行**

국제개발부흥은행(IBRD: International Bank for Reconstruction and Development, 国际复兴开发银行)이란?

세계 은행 그룹에 속하는 기관으로 1945년 설립되어 제2차 세계 대전 이후 개발 도상국 회원들의 개발 사업을 위하여 개발 도상국 정부에 차관을 제공하거나 민간 차관에 대한 보증을 해주고 있다. 미국 워싱턴에 본부를 두고 있다.

국제 금융 투기꾼 **国际金融炒家**
국제통화기금 國際通貨基金 **国际货币基金组织**

국제통화기금(International Monetary Fund, 国际货币基金组织)이란?

국제 통화의 안정을 통하여 세계 경제의 균형 성장을 도모할 목적으로 1945년에 설립. 회원국들의 단기적 국제수지 불균형을 완화하기 위해 SDR 형태로 회원국들에게 신용을 공여한다. 미국 워싱턴에 본부를 두고 있으며 190개 회원국이 있다.

아시아개발은행 ADB(Asia Development Bank)
亚洲开发银行
유럽개발부흥은행(EBRD) **欧洲复兴开发银行**
국제채 國際債 **国际债券**
표시 통화 表示通貨 **记帐本位币**
본 회사는 인민폐를 표시 통화로 삼고 있다.
本公司以人民币为**记帐本位币**。
—화 표시 채권 貨標示債券 **以~为记帐本位币的债券**
금융 위기 金融危機 **金融危机**
대외 신인도 對外信認度 **国际信誉度**
다무스의 행위는 뉴질랜드의 대외 신인도를 무너뜨렸다.

丹姆斯的行为破坏了新西兰的**国际信誉度**。

대외 지급 유예 對外支給猶豫(moratorium) **延期偿付权, 延期偿还, 延期偿付**

IMF는 아르헨티나의 10억 달러 채무에 대한 지급 유예를 허가했다.
IMF允许阿根廷**延期偿付**10亿美元债务。

대외 채무 위기 對外債務危機 **外债危机**

외채 협상 外債協商 **外债谈判**

외채 협상은 아르헨티나의 경제를 결정하는 핵심 사안이다.
外债谈判是决定阿根廷经济的关键问题。

도덕적 해이 道德的解弛(Moral Hazard) **道德风险, 道德危险**

가장 큰 마이너스 효과는 합병된 은행에 도덕적 해이를 초래한다는 것이다.
第一个负面影响是给并购后的银行带来了**道德风险**。

전염 효과 傳染效果 **传染效应**

이러한 전염 효과는 홍콩 투자자들이 민간 기업 리스크를 크게 우려하고 있다는 점을 보여준다.
这种**传染效应**说明, 香港投资者对民企的风险产生了相当大的疑虑。

런던 클럽 **伦敦俱乐部**

런던 클럽(London Club, 伦敦俱乐部)이란?

런던 클럽은 1980년 초에 발족되었다. 채권자인 민간 상업 은행들이 모여 민간 채무 과다국의 채무 상환 문제를 협의하는 포럼이다. 채무 구조 조정에 관한 '브래디 딜'(총 미상환 채무를 일괄적으로 할인)이 나오면서 정기적으로 상환 기간을 조정할 필요가 없어짐에 따라 Bank Advisory Committee가 사실상 런던 클럽을 대체하고 있다.

역외 금융 域外金融 **境外金融**

역외 금융 업무 域外金融業務 IBF(International Banking Facilities) **国际银行信贷业务**

역외 금융 회사 域外金融會社 **境外金融公司**

역외 금융 회사에 대한 관리를 강화하고 금융업의 건전한 발전을 위해 본 법을 제정한다.
为了加强**境外金融公司**的管理, 保障金融事业的健康发展, 制定本办法。

역외 금융 회사(Offshore Banking Center, 境外金融公司)란?

역외 금융이란 조세 피난지 등 금융 통화 및 외환 규제가 없는 환경에서 은행 및 금융 활동을 하는 것이며 이런 회사를 역외 금융 회사라고 부른다. 예로 런던의 유로 통화 시장과 같은 역외 금융 센터가 있으며 금융 및 기업법이 일반 국내법보다 훨씬 느슨하다.

외국인 직접 투자 外國人直接投資(FDI) **外商直接投资**

외국채 外國債 **外国债券**

양키 채 **扬基债券**

양키 채는 미국 채권 시장에서 발행된 외국채이다.
扬基债券是在美国债券市场上发行的外国债券。

양키 채(Yankee Bond, 扬基债券)란?

미국 기업이 아닌 외국 기업 또는 금융 기관이 미국에서 발행하는 달러화 표시 채권.

사무라이 채 **武士债券**

사무라이 채(Samurai Bond, 武士债券)란?

일본 기업이 아닌 외국 기업 또는 금융 기관이 도쿄에서 발행하는 엔화 표시 채권.

불독 채 **猛犬债券**

불독 채(Bulldog Bond, 猛犬债券)란?

영국 기업이 아닌 외국 기업 또는 금융 기관이 런던에서 발행하는 파운드화 표시 채권.

유로 채 **欧元债券**

말레이시아는 유로 채를 발행하여 자금을 조달할 계획이다.
马来西亚将发行**欧元债券**筹集资金。

유로 채(Euro Bond, 欧元债券, 欧洲债券)란?

통화국이 아닌 국가에서 발행되는 통화국 화폐 표시 채권. 예를 들어 일본 기업이 외국에서 엔화 표시 채권을 발행하면 '유로엔채'라 한다.

외채 外債 **外债**

외채 감면 外債減免 **外债减免, 减免外债**

아프리카 경제 성장의 일부 요인은 외채 감면과 상품 가격의 상승에 있다.
非洲经济增长的部分原因是出于**外债减免**和商品价格的上涨。

외채 탕감 外債蕩減 **外债免除**

자본 유입 資本流入 **资本内流, 资本流入**

국가외환관리국은 단기 자본의 유입과 유출을 효과적으로 관리하고자 한다.

国家外汇管理局欲有效控制短期**资本流入**流出。

자본 유출 資本流出 **资本流出, 资本外流, 资金外流**

자본 유출은 경제 발전을 저해한다.

资本外流阻碍经济发展。

자본 이동 資本移動 **资本流动**

세계 경제의 불경기는 전 세계 자본 이동 감소의 가장 주요한 원인이다.

世界经济不景气, 是导致全球**资本流动**下降的最重要因素。

저소득 과다 채무국 低所得過多債務國 **HIPIC (Highly Indebted Poor Country)** **严重负债贫困国**

11월 에티오피아는 저소득 과다 채무국 판정 기준에 도달해 대규모 채무 면제를 받게 되었다.

埃塞俄比亚11月份达到了**严重负债贫困国**(HIPIC)计划规定的判定点, 这使得该国享有大量债务免除的机会。

주식 예탁 증서 株式預託證書 **DR(Depository Receipt)** **存托凭证**

차관 借款 **国外贷款, 海外借款**

내몽골의 차관 이용 효과와 신용이 동시에 향상되었다.

内蒙古利用**国外贷款**成效与信誉同步提高。

개발 차관 開發借款 **开发贷款**

이번 회의에서 은행 개발 차관 및 토지 공급량의 감소가 최대 관심사가 되었다.

在这次会议上, 银行**开发贷款**回落以及土地供应量的减少成为最受关注的焦点。

구제 금융 차관 救濟金融借款 **紧急救助贷款**

채권국 債權國 **债权国**

순채권국 純債權國 **纯债权国**

채무국 債務國 **债务国**

순채무국 純債務國 **纯债务国**

아시아 금융 위기가 발생한 1997년에 한국은 외환 보유액이 급감하여 순채무국이 되었다.

在爆发亚洲金融危机的1997年, 韩国外汇储备骤减, 成为**纯债务国**。

채무 상환 債務償還 **偿债**

거치 기간 据置期間 **宽限期**

거치 기간 상환법이란 대출을 받은 후 일정 기간 동안 원금 이외의 이자만 갚아나가는 상환법이다.

宽限期还款法是指借款人在贷款后的一定时间内, 不还本金、只付利息的一种还款方式。

현물 상환 現物償還 **PIK (Payment In Kind)**

以物品支付

채무 상환 기간 조정 債務償還期間調整 **重定偿还期限**

채무 만기 연장 債務滿期延長 **债务延期**

IMF는 아르헨티나의 채무 만기 연장에 동의했다.

国际货币基金组织同意阿根廷**债务延期**。

총대외 지불 부담 總對外支拂負擔 **对外总负债**

은행의 자체적인 대규모 외국 자본 유입은 총대외 지불 부담의 증가 및 은행 자산규모의 확대를 가져왔다.

银行体系自身引进大量外国资本，导致**对外总负债**的增加及银行体系资产规模的扩大。

특별 인출권 特別引出權 **特别提款权**

특별 인출권(SDR: Special Drawing Rights, 特别提款权)이란?

SDR은 IMF가 1970년에 도입하여 회원국들에게 할당했다. 일시적 국제 수지 적자 상태가 된 회원국들은 IMF가 설정한 조건하에 SDR을 사용하여 타국 또는 IMF에 대한 채무를 상환할 수 있다. SDR은 주요 통화의 가중 평균치로 회원국들의 GDP, 외환 보유액, 경상지급 및 수입 규모, 경상 수입의 변동성 등 5가지 공식을 이용하는 다소 복잡한 과정을 거쳐 산출된다.

파리 클럽 **巴黎俱乐部**

파리 클럽(Paris Club, 巴黎俱乐部)이란?

채권국(주로 OECD 국가) 정부가 주로 IMF 자금 지원을 받고 있는 저소득 과다 채무국에게 자신들이 공여 또는 보증한 공공 채무의 재조정을 논의하기 위해 회동하는 비공식 포럼. 1974년에 발족되었다.

해외 상장 海外上場 **海外上市**

교차 상장 交叉上場 **交叉上市**

선전 증권 거래소는 홍콩 증권 거래소와의 교차 상장을 위한 업무 협력 의사가 없다.

深圳证交所无意与香港交易所进行**交叉上市**的业务合作。

동시 상장 同時上場 **共同上市, 合作上市**

해외 차입 海外借入 **海外借款**

지금까지 예산 부족분은 대부분 해외 차입을 통해 보충되었다.

至今预算短缺的大部分是通过从**海外借款**补足。

ADR 발행 **发行美国存托凭证(ADR)**

대다수의 외국 기업은 ADR 발행을 통해 미국 시장에 상장했다.

大多数外国公司是通过**发行美国存托凭证**在美国上市的。

ADR(American Depository Rights, 美国存托凭证)이란?

미국에서 발행되는 DR이다.

IDR 발행 **IDR发行**

IDR(International Depository Receipts, 国际预托收据)이란?

IDR이란 주식을 기초로 은행이 발행하는 양도성 증권이다. 해외의 주식 시장에 상장을 할 때, 기초가 되는 원주(underlying shares)는 IDR을 발행하는 은행이나 이에 상응하는 기관에 예탁된다. 외국의 투자자는 시장에서 주식 대신 IDR을 매입한다.

IMF 위기 **(1997年)亚洲金融危机**

1997년 IMF 위기 후 인도네시아의 외국인 직접 투자가 해마다 감소하고 있다.
1997年**亚洲金融危机**后, 印尼外商直接投资连年减少。

금 모으기 운동 **捐金募银运动**

IMF 구제 금융 **国际货币基金组织拯救计划, 国际货币基金组织紧急财政援助**

인도네시아 정부는 연말 IMF 구제 금융 기간 만료 후, 더 이상 금융 지원을 받지 않기로 했다.
印尼政府已经作出决定,印尼在**国际货币基金组织拯救计划**年底满期后不延续。

15 통상 贸易

국제 통상 国际贸易

경상 수지 經常收支 **经常收支**

한국 경제는 부동산 가격 폭등과 경상 수지 악화라는 이중고를 겪고 있다.
韩国经济有两大隐患, 即房地产价格暴涨和**经常收支**恶化。

경상 이전 수지 經常移轉收支 **经常转移收支**

상품 수지 商品收支 **商品收支, 商品贸易收支**

상품 수지가 적자를 보였다.
商品收支出现赤字。

서비스 수지 **服务贸易收支**

소득 수지 所得收支 **所得收支**

2001년 일본이 해외 자산으로 얻은 소득 수지는 전년 대비 43%가 늘어난 88.258억 엔이다.
2001年日本通过海外资产获得的**所得收支**为88.258亿日元, 较2000年增长43%。

경상 수지 적자 經常收支赤字 **经常项目收支赤字**

2003년 미국의 국제 경상 수지 적자가 5,418억 달러에 달해 전년 대비 12.7% 증가했다.
美国2003年国际**经常项目收支赤字**达到5418亿美元, 比前年高出12.7%。

경상 수지 흑자 經常收支黑字 **经常项目收支盈余**

일본의 5월달 국제 경상 수지 흑자가 급감했다.
日本5月份国际**经常项目收支盈余**锐减。

경제 블록 **区域经济集团**

중국은 역내 경제 블록을 구축해야 한다.
中国需构建**区域经济集团**。

관세 關稅 **关税**

관세 면제 關稅免除 **豁免关税**

자유 무역항이란 외국 선박이 자유롭게 드나들 수 있고 외국 상품 대부분이 관세 면제 혜택을 받을 수 있는 항구를 가리킨다.
所谓自由港, 是指外国船只可以自由进出, 绝大多数外国商品可以**豁免关税**的港口。

관세율 關稅率 **关税率**

아세안 FTA의 관세율이 2010년 완전 철폐되었다.
东盟自由贸易区内的**关税率**于2010年全部取消。

— **부과** 賦課 **课征关税**

EU는 내년 3월부터 일부 미국 상품에 대해 관세를 부과할 계획이다.
欧盟计划从明年3月开始对部分美国商品**课征关税**。

종가세 從價稅 **从价关税, 从价税**

종가세(Ad Valorem Duty, 从价关税)란?

관세는 크게 종가세(Ad Valorem Duty)·종량세(Specific Duty)·혼합세(Combined Duty)로 구분된다. 종가세란 물품의 가격을 과세 표준으로 하는 관세를 의미한다. 종가세는 종량세에 비하여 공평하게 세부담이 되고 인플레이션하에서 세율 변경 없이 세수가 증가한다는 특징이 있으나 절차가 복잡하다는 단점이 있어 과세 가격 확정시 많은 비용이 소요되고 저가품에 대해서는 관세 부담이 경감되기 때문에 국내 산업 보호 기능이 취약하다는 단점이 있다.

관세 동맹 關稅同盟 **关税同盟**

서아프리카의 관세 동맹으로 역내 상품의 자유 이동이 실현되었다.
西非**关税同盟**实现区内产品自由流通。

관세 장벽 關稅牆壁 **关税壁垒**

EU는 신발 제품 수입에 대해 관세 장벽을 설정했다.
欧盟对鞋类产品的进口筑起**关税壁垒**。

관세화 關稅化 **关税化**

한미 양국은 한국의 쌀 관세화 문제를 놓고 워싱턴에서 세 번째 회담을 가졌다.
韩美就韩国大米**关税化**问题在华盛顿举行了第三轮会谈。

관세 유예 關稅猶豫 **延期交纳关税, 延期关税化, 关税延期**

현재 WTO 쌀 시장 개방 재협상에 대한 한국 정부의 입장은 관세 유예이다.
目前韩国政府对WTO大米市场开放再协商问题的立场是**延期关税化**。

무관세화 無關稅化 **零关税**

아세안의 무관세 실시로 베이징 대외 무역업체의 수출 단가가 낮아졌다.
东盟**零关税**待遇降低了北京外贸企业出口成本。

교역 관계 交易關係 **交易关系**

교역 대상국 交易對象國 **交易对象国**

중국은 한국의 최대 교역 대상국이 되었다.
中国已经成为韩国的第一大**交易对象国**。

수출 대상국 輸出對象國 **出口对象国**

멕시코는 중국의 최대 수출 대상국이다.
墨西哥已成为中国最大的**出口对象国**。

교역량 交易量 **交易量**

전문가의 예측에 따르면, 올해 베이징의 자동차 교역량은 20%의 성장세를 보일 것이다.

专家预计北京汽车**交易量**今年将以20%的速度增长。

국별무역장벽보고서 NTE(National Trade Estimate Report) **国家贸易评估报告**

2일 미 무역 대표부는 2002년도 국별무역장벽보고서를 발표했다.

美国贸易代表办公室2日公布了2002年度**国家贸易评估报告**。

감시 대상국 리스트(Watch List) **观察名单**

우선 감시 대상국 PWC(Prior Watch Country) **重点观察国**

우선 감시 대상국 리스트 PWL(Prior Watch Country List) **重点观察名单, 优先观察名单**

국제지적재산권연맹은 파키스탄을 우선 감시 대상국 리스트에 포함시켰다.

国际知识产权联盟把巴基斯坦列入**重点观察名单**。

우선 협상 대상국 PFC(Priority Foreign Countries) **重点国, 优先考虑国, 优先指定国家**

금년도 '스페셜 301조' 보고서는 52개 국가를 우선 협상 대상국에 포함시켰다.

本年度的"特别301条款"报告将52个国家列入**重点国**。

국산화 國産化 **国产化, 本地化**

'10차 5개년 경제 개발' 기간 동안 대도시 철도 교통 주요 설비의 국산화가 추진될 예정이다.

"十五"期间, 大城市轨道交通主要装备将要全部**国产化**。

국제 수지 國際收支 **国际收支**

수출 신장세에 힘입어 작년도 대만의 국제 수지 흑자는 역대 최고치를 기록했다.

由于出口增长等因素, 去年台湾**国际收支**顺差创历年新高。

국제 수지(BOP: International Balance of Payments, 国际收支)란?

한 나라가 외국과 재화, 용역 및 자본 등을 거래함으로써 생긴 모든 지급과 수취를 말하며 일정 기간(보통 1년)을 대상으로 한 나라의 국제 수지를 체계적으로 한 표에 기록한 것을 국제 수지표라고 한다. 국제 수지표상에서 모든 거래는 상품과 서비스의 수출 및 수입, 국제적 증여 등이 기록된 경상 거래와 장기 자본 및 단기 자본 거래가 포함된 자본 거래로 대별된다.

대응 무역 對應貿易 **对销贸易, 反向贸易, 互抵贸易**

구상 무역 求償貿易 **易货贸易**

국경 무역 國境貿易 **边境贸易**

2002년 중국 국경 무역 수출입 총액은 23억 2천만 달러로 동기 대비 10.38% 증가했다.

2002年中国**边境贸易**进出口总额为23.2亿美元, 同比增长10.38%。

삼각 무역 三角貿易 **三角贸易**

상계 무역 相計貿易 **抵销贸易**

쌍무 무역 雙務貿易 **双边贸易**

중국과 오스트레일리아 양측은 쌍무 무역의 타당성 검토에서 제기된 모든 중대한 문제들을 해결했다.

中澳双方已解决了有关**双边贸易**可行性研究的所有重大问题。

역외 무역 域外貿易 **离岸贸易**

홍콩은 역외 무역에서의 역할을 강화하고 기타 서비스 수출을 더욱 확대해야 한다.

香港必须加强在**离岸贸易**中的角色并进一步扩展其他服务出口。

우회 무역 迂廻貿易 **间接贸易**

2004년도 양안간 우회 무역 규모가 700억 달러를 돌파했다.

2004年两岸**间接贸易**突破700亿美元。

중계 무역 中繼貿易 **转手贸易, 转口贸易, 中介贸易, 中间贸易**

중계 무역국은 수입품을 가공 또는 소비하지 않고 제3국으로 수송한다.

从事**转手贸易**的国家, 并不对进口商品进行加工或消费, 而是输往其他国家。

덤핑 **倾销**

덤핑이란 각국 시장에서 동일 제품 가격이 차등 적용되는 것을 가리킨다.

倾销是指同一种产品在不同国家市场上的价格歧视。

덤핑 판정 **倾销裁定**

덤핑 마진 **倾销差额, 倾销差价**

미국 상무부는 TCL 제품의 미국 시장 내 덤핑 마진이 31.35%라고 판정했다.

美国商务部裁定TCL产品在美国市场的**倾销差价**为31.35%。

수출 가격 輸出價格 **出口价格**

예비 판정 豫備判定 **初步裁定**

정상 가격 正常價格 **正常价值, 正常价格**

최종 판정 最終判定 **最终裁定**

WTO는 10일 최종 판정을 통해 미국의 철강 수입품에 대한 부가세 징수 조치가 WTO 규정을 위반하는 것이라고 판결했다.

世贸组织10日**最终裁定**, 美国征收钢铁进口附加税的做法违反世贸组织规则。

동아시아경제그룹 EAEG(East Asian Economic Grouping)
东亚经济集团

무역 관계 貿易關係 **贸易关系**

다자간 多者間 — **多边贸易关系**

쌍무적 雙務的 — **双边贸易关系**

중미간 무역은 현재 비중 있는 쌍무적 무역 관계 중 하나이다.
中美贸易是当今比较重要的**双边贸易关系**之一。

무역 마찰 貿易摩擦 **贸易摩擦**

중미간 무역 마찰의 원인을 무엇이라고 생각합니까?
您认为中美**贸易摩擦**是什么原因造成的?

무역 보복 貿易報復 **贸易报复**

일본은 26일 철강 제품에 대한 미국의 고관세 징수에 맞서 대미 무역 보복에 들어간다고 WTO에 통보했다.
日本政府26日向世界贸易组织通报, 因美国对日本钢铁制品征收高关税将对美进行**贸易报复**。

무역 분쟁 貿易分爭 **贸易争端, 贸易纠纷**

무역 불균형 貿易不均衡 **贸易失衡**

태국은 무역 불균형 해소를 위해 사치품 수입을 규제할 방침이다.
为避免**贸易失衡**, 泰国将管制奢侈品进口。

무역상 기술 장벽 협정 **技术性贸易壁垒协议**

1979년 3월 도쿄 라운드 협상에서 '무역상 기술 장벽 협정에 관한 초안'이 통과되었고 1980년 1월 발효되었다.
1979年3月, 东京回合谈判通过 "关于**技术性贸易壁垒协议**草案", 并于1980年1月生效。

무역상 기술 장벽 협정(TBT: Technical Barrier to Trade, 技术性贸易壁垒协议)이란?

무역상의 '기술 장벽 제거' 협정을 말한다. 자유롭고 호혜적인 무역 거래에 영향을 주는 각종 표준(标准), 기술 규정(技术法规), 인증 절차(Certification Procedure, 认证程序), 검사 절차(Inspection System, 检测系统) 등을 새로 제정하거나 개정할 때, 국제 기준이나 관행을 준수하도록 의무화하는 것이 그 목적이다. 주로 표준(규격) 및 기술 규정에 관한 것이기 때문에 통칭 표준 협정(Standards Code, 标准法规)이라고도 한다.

무역 수지 貿易收支 **贸易收支, 有形贸易收支**

한국의 반도체 무역 수지가 2년 만에 처음으로 흑자를 기록했다.
韩国半导体**贸易收支**2年来首次出现顺差。

무역 왜곡 貿易歪曲 **贸易扭曲**

미국은 더 많은 국가들이 보조금 철폐와 무역 왜곡을 줄여 나가는 데 참여해

줄 것을 호소했다.
美国呼吁更多的国家加入到消除补贴、减少**贸易扭曲**的行列中。

무역외 수지 貿易外收支 **劳务收支, 无形贸易收支**

무역 자유화 貿易自由化 **贸易自由化**

UN 사무총장은 무역 자유화에 있어서 선진국의 언행 불일치를 비난했다.
联合国秘书长斥责了发达国家在**贸易自由化**问题上的言行不一。

무역 장벽 貿易牆壁 **贸易壁垒**

— 낮추다 **降低贸易壁垒**

무역 장벽을 낮추는 것이 무역 자유화를 위한 효과적인 방법의 하나이다.
降低贸易壁垒是鼓励贸易自由化发展的有效途径之一。

— 높이다 **加强贸易壁垒**

무쿼터 상품 **非配额产品**

최근 약 30개 의류 및 방직 관련 업체가 미국과 1,000만 달러에 달하는 무쿼터 상품 계약을 체결했다.
当前, 大约有30家服装与纺织企业与美国签署了价值1000万美元的**非配额产品**合同。

비관세 무역 장벽 非關稅貿易牆壁 **NTB(Non-Tariff Barrier)** **非关税壁垒, 非关税贸易壁垒**

무역 기술 장벽이 국제 무역에서 비관세 무역 장벽으로 발전하기 시작했다.
贸易技术壁垒已逐渐发展成为国际贸易中主要的**非关税贸易壁垒**。

수입 할당제 輸入割當制, **수입 쿼터제** **进口配额制**

EU 위원회는 중국의 마늘과 버섯 통조림 제품에 대한 수입 쿼터를 늘리기로 결정했다.
欧盟委员会决定, 提高中国大蒜和罐装蘑菇的**进口配额**。

— 철폐 撤廢 **消除贸易壁垒, 废除贸易壁垒**

쿼터, 할당액 割當額 **配额**

2005년 1월 1일부로 30년간 전 세계 방직품의 자유 무역에 걸림돌이었던 쿼터 제도가 전면 철폐되었다.
2005年1月1日, 限制全球纺织品跨国自由贸易30年之久的**配额**制度正式宣告瓦解。

무역 적자 貿易赤字 **贸易赤字**

미국의 무역 적자폭이 크게 늘어나 2/4분기 경제 성장 둔화를 초래했다.
美国**贸易赤字**大幅上升导致第二季度经济增长大幅减缓。

무역 촉진 권한 貿易促進權限 **TPA(Trade Promotion Authority)** **贸易促进授权, 贸易促进权**

신속 처리권 迅速處理權 **贸易快速审批权, 快速审批权**

부시 대통령은 도하 무역 협상에서의 미국 입장 강화를 위해 '신속 처리권'을 요청했다.
布什为增强美国在多哈贸易会谈的优势, 请求通过"**快速审批权**"。

신속 처리권(Fast Track Authority, 贸易快速审批权, 快速审批权)이란?

미국 행정부가 국제 통상 협정을 보다 신속하게 체결할 수 있도록 의회로부터 부여받은 특별 권한. 무역촉진권한법(Fast Track Trade Authority, 贸易促进权)으로도 불린다. 2002년 미국 하원에 이어 상원에서도 부시 행정부의 무역촉진권한법이 통과됐다. 무역촉진권한법은 대통령에게 무역 협상에 광범위한 권한을 부여하는 것으로 대외 교역 협상권을 가지고 있는 의회가 포괄적 협상 권한을 행정부에 이양하되, 협상의 결과에 대해서는 수정 없이 가부만을 의결할 수 있도록 하는 절차상의 장치를 의미한다.

무역 흑자 貿易黑字 **贸易顺差**
일본의 7월분 무역 흑자는 13개월째 증가세를 이어 전년 동기 대비 44.2% 급증했다.
日本7月份**贸易顺差**连续第十三个月扩大, 较上年同期激增44.2%。

무역 협상 貿易協商 **贸易协商, 贸易谈判**
다자간 多者間 — **多边贸易谈判**
쌍무적 雙務的 — **双边贸易谈判**

미 국제무역위원회 美國際貿易委員會 **ITC(International Trade Commission)** **美国国际贸易委员会**

미 무역대표부 美貿易代表部 **USTR(U.S. Trade Representative)** **美国贸易代表处**
미 무역 대표 美貿易代表 **美国贸易代表**
미 무역 대표는 인민폐 환율과 관련하여 중국에 대한 압력 행사를 거부했다.
美国贸易代表拒绝就人民币汇率问题向中国施压。

반덤핑 관세 **反倾销税**
중국의 압축 유리는 미국과 캐나다의 반덤핑 고관세로 인해 수출에 어려움을 겪고 있다.
中国层压玻璃的出口因美国、加拿大两国的高额**反倾销税**受阻。

반덤핑 조치 **反倾销措施**
작년 미국의 반덤핑 조치로 중국의 대미 컬러 TV 수출이 큰 타격을 받았다.
去年, 由于美国的**反倾销措施**, 中国对美国的彩电出口受到很大影响。
반덤핑 제소 **反倾销投诉**
11개 미국 철강업체는 중국을 포함한 11개 국가 철강 제품에 대해 반덤핑 제소를 했다.

11家美国钢铁企业向包括中国在内的11个国家提出**反倾销投诉**。

— **실질적 피해** 實質的被害 **实质性损害**

일부 수입품의 덤핑으로 중국 국내 산업이 실질적 피해를 입었다.

一些进口产品存在倾销, 给中国国内产业造成了**实质性损害**。

— **조사** 調査 **反倾销调查**

중국의 가구업체가 미국의 반덤핑 조사를 받았다.

中国家具企业遭遇美国**反倾销调查**。

보복 관세 報復關稅 **报复关税**

한국은 일본, EU와 마찬가지로 미국 제품에 대한 보복 관세 징수 계획을 검토할 것이다.

韩国将同日本、欧盟一样, 研究对美国产品征收**报复关税**的计划。

보호 무역주의 保護貿易主義 **贸易保护主义, 保护主义**

그린스펀은 보호 무역주의가 불리한 영향을 미칠 것이라고 경고했다.

格林斯潘警告**贸易保护主义**会带来不利影响。

복관세 複關稅, **이중 관세** 二重關稅 **双重关税**

싱가포르와 홍콩은 상호 복관세 면제 협정을 체결했다.

新加坡与香港签订了避免征收**双重关税**协议。

복관세, 이중 관세(Multiple Tariff System, 双重关税)란?

한 나라 안에서 똑같은 화물에 대하여 높고 낮은 두 가지의 관세율을 설정하는 제도. 복관세 제도라고도 하며 또 동일 품목에 관세율이 2종에 그치는 경우는 이중 관세율 제도라고도 한다. 일반적으로 이 제도는 관세율을 정할 때, 동일 품목에 대하여 최고 세율과 최저 세율을 정해놓고 상대국에 따라 임의로 과세할 수 있도록 마련된 제도이기 때문에 상대국의 반성을 촉구하는 보복 관세로서 이용되는 경우는 단수 관세율 제도보다 효과적인 수단이 된다.

불공정 무역 관행 不公正貿易慣行, **불공정 무역 행위** 不公正貿易行爲 **不公平贸易行为**

덤핑과 보조금은 전형적인 불공정 무역 행위로 인식되어왔다.

倾销和补贴一直被认为是典型的**不公平贸易行为**。

구제 조치 救濟措置 **补救措施**

WTO 무역 구제 조치의 핵심 구성 요소인 반덤핑·상계 관세 및 세이프가드 조치는 시장 개방 과정에서 회원국들의 합법적인 통상 권익을 보호하는 데 매우 중요한 역할을 한다.

作为WTO贸易**补救措施**的核心组成部分, 反倾销、反补贴以及保障措施在维护开放市场条件下WTO成员合法的经贸权益中扮演着极为重要的角色。

— **시정** 是正, **개선** 改善 **纠正, 改善**

중국은 WTO 규정을 이용해 기타 회원국들의 불공정 무역 행위를 시정할 수 있다.
中国可以利用WTO规则**纠正**来自其它国家的不公平贸易行为。

피해 被害 **损失**

비교 우위 比較優位 **比较优势**

비교 우위에 따라 농산물의 수급 균형을 맞춘다.
按**比较优势**实现农产品供需平衡。

상계 조치 相計措置 **反补贴措施**

상계 관세 相計關稅 **反补贴税**

미국은 중국 제품에 대한 상계 관세 징수 법안을 제기할 것이다.
美国会提出对中国产品征**反补贴税**法案。

상계 관세(Countervailing Duties, 反补贴税)란?

수출국에서 생산(또는 수출) 보조금 등을 직접·간접으로 받은 화물이 수입되는 것에 의해 수입국의 산업에 피해를 주거나 줄 우려가 있는 경우, 이에 대항하기 위하여 통상의 관세 이외에 보조 금액만큼 할증 관세를 부과한다. 덤핑 방지 관세와 더불어 차별 관세의 일종으로, 이에 따라 수입품의 경쟁력은 경감되고 수입국의 산업은 보호를 받는다.

상품과 서비스의 교역 **商品与服务贸易**

2001년 2/4분기 상품 및 서비스 교역 적자 규모는 88.936억 달러이다.
2001年第二季度的**商品与服务贸易**逆差为88.936亿美元。

세이프 가드 SG(Safe Guard) **紧急进口限制措施**

일본은 덤핑을 이유로 중국산 대파·버섯 등에 대해 세이프 가드를 발동했다.
日本以商品倾销为由对中国的大葱、蘑菇等发动了**紧急进口限制**。

수입 다변화 輸入多邊化 **进口多元化**

중동산 원유에 대한 중국의 수입 의존도를 낮추기 위해서는 근본적으로 원유의 수입 다변화를 꾀해야 한다.
为降低中国对中东地区的石油进口依赖程度, 需从根本上实现石油**进口多元化**。

수입 대체율 輸入代替率 **进口替代率, 国产化率**

브라질의 농기계 수입 물량은 줄고 농기계 생산의 수입 대체가 큰 폭으로 늘었다.
巴西农机进口量减少, 农机生产**国产化率**在大幅提高。

수출 보조금 輸出補助金 **出口补贴**

9일 미국과 캐나다는 캐나다 유제품 수출 보조금 문제에 합의함으로써 오랫동안 끌어 오던 분쟁을 종식시켰다.
美国和加拿大9日就加拿大奶制品**出口补贴**问题达成协议, 从而结束了双方在这一问题上旷日持久的争端。

수출 자유 규제 輸出自由規制 **自愿出口限制**

1979년 도쿄 라운드에서는 수출 자유 규제와 같은 비관세 장벽의 확산을 억제했다.

在1979年的东京回合, **自愿出口限制**等非关税壁垒的扩散得到了控制。

수출 자유 규제(VER: Voluntary Export Restrain, 自愿出口限制)란?

수입국이 수출국에 대하여 특정 품목의 수출량을 일정량 범위로 제한하도록 요청하여 실시하는 제도이며 그 내용은 쿼터 제도와 같다.

시장 개방 市場開放 **市场开放**

농산물과 공산품에 대한 시장 개방이 일본·멕시코 간 자유 무역 협상의 쟁점이다.

农产品和工业品的**市场开放**是日本和墨西哥两国自由贸易谈判的焦点。

쌍무투자협정 雙務投資協定 **BIT(Bilateral Investment Treaty)** **双边投资条约**

국가가 해외 투자 보험 제도를 실시하는 것은 쌍무투자협정을 법적 전제로 삼은 것이다.

国家实行海外投资保险制度就是以**双边投资条约**为法定前提的。

우회 덤핑 **反倾销规避, 规避**

우회 덤핑이란 수입국으로부터 반덤핑 관세를 부과받은 한 국가의 수출 기업이 여러 방법을 동원해 이를 감면받으려는 행위를 말한다.

所谓规避即**反倾销规避**, 是指一国出口的商品被另一进口国征收反倾销关税的情况下, 出口商通过各种形式、手段来减少或避免被征收反倾销税的行为。

우회 덤핑(Circumvention, 反倾销规避)이란?

반덤핑 조치의 적용을 받는 물품을 수출하는 기업이 수입국의 반덤핑 조치를 회피하고자 완제품 대신 부품을 수출하여 수입국 내에서 조립하거나 혹은 제3국에서 조립하여 수출하는 관행을 말한다. 우회 덤핑을 방치할 경우 반덤핑 조치가 사실상 그 효력을 상실하고 국제 무역질서의 존립에도 커다란 위협이 될 것이라는 점에서 이에 대한 규제가 불가피하다는 인식이 국제 사회에 정착되어 가고 있다. 다만 우회 덤핑을 과도하게 규제할 경우, 국제간 무역의 흐름뿐만 아니라 각국의 해외 직접 투자 활동을 위축시키는 부정적인 효과도 적지 않을 것이라는 점에서 이에 대한 규제가 신중하게 거론되고 있다.

자본 및 투자 수지 **资本及投资收支**

자본 수지 資本收支 **资本收支**

국내 파업 등의 영향으로 한국의 대외 투자가 외국인의 대한 투자보다 큰 폭으로 늘어나 자본 수지 악화를 초래했다.

受国内罢工等因素影响，韩国海外投资增多且明显高于外国来韩投资，导致**资本收支**恶化。

투자 수지 投資收支 **投资收支**

자유 무역주의 自由貿易主義 **自由贸易主义，自由贸易**

테러리즘은 자유 무역에 직접적인 위협이 되고 있다.

恐怖主义对**自由贸易**构成直接挑战。

자유 무역 지대 自由貿易地帶 **FTA(Free Trade Area)** **自由贸易区**

자유 무역 협정 自由貿易協定 **自由贸易协定，自由贸易协议**

1일 칠레와 미국 간 자유 무역 협정이 발효된다.

智利与美国签署的**自由贸易协议**1日开始生效。

자유 무역 협정(FTA: Free Trade Agreement, 自由贸易协定)이란?

국가간 무역을 자유화하기 위하여 모든 수입 관세와 수입 제한을 철폐하여 상호 상품, 투자, 서비스 시장을 개방하는 협정이다. 한국은 2002년 칠레와 처음으로 FTA를 체결했다.

무역 전환 효과 貿易轉換效果 **贸易转移效果，贸易转移效应**

아세안 FTA 창설 이후 무역 전환 효과가 무역 창출 효과보다 크게 나타났다.

东盟实行自由贸易区之后，**贸易转移效果**超过了**贸易创造效果**。

무역 전환 효과(Trade Diverting Effect, 贸易转移效果)란?

역내국간의 관세 철폐로 인해 생산비가 낮은 역외국으로부터 수입하던 상품을 생산비가 더 높은 역내국으로부터 수입하게 됨으로써 발생하는 부정적 효과를 말한다.

무역 창출 효과 貿易創出效果 **贸易创造效果，贸易创造效应**

무역 창출 효과(Trade Creating Effect, 贸易创造效果)란?

고관세 철폐에 의해 역내국간 비교 우위에 따른 특화가 실현되고 이에 따라 국내의 자원이 보다 효율적으로 사용되며 그 결과 역내국의 후생이 증대하는 효과를 말한다.

스파게티 볼 효과 **意大利面碗效应**

스파게티 볼 효과(Spaghetti Bowl Effect, 意大利面碗效应)란?

각기 다른 양자간 FTA간의 규정 차이로 인해 무역 비용이 증가하는 현상. 경제학자 Jagdish Bhagwati가 자유 무역 협정의 부작용을 엉켜 있는 스파게티를 담은 그릇에 비유한 용어. 일부 국가간에 체결되는 자유 무역 협정(FTA) 또는 특혜 무역 협정(PTA)이 점차 확산되면 체결국간 다양한 특혜 원산지 규정 때문에 동일 상품에 대한 관세율, 양허 시기, 원산지 규정 등이 전 세계적 차원에서 복잡하게 되어 오히려 무역 활동을 저해하는 것을 의미한다.

자율규제협정 自律規制協定 **VRA(Voluntary Restraint Agreement)** **自愿出口限制协定**

미국의 반덤핑법과 자율규제협정은 외국 수출 기업이 넘기 어려운 장벽이다.
美国的反倾销法与**自愿出口限制协定**等, 成为外国出口商很难逾越的障碍。

정상 무역 관계 正常貿易關係 **NTR(Normal Trade Relations)** **正常贸易关系**

— **연장** 延長 **延长正常贸易关系**

19일 미 하원은 259 : 169의 표결로 부시 대통령이 제출한 대중국 정상 무역 관계 연장 요청안을 통과시켰다.
美国众议院19日以259票对169票通过了布什总统提出的关于**延长**对华**正常贸易关系**的要求。

— **지위 부여** 地位附與 **给予正常贸易关系地位**

중국에 항구적 정상 무역 관계의 지위를 부여하는 것은 중국의 노동권 보호에 불리한 영향을 미칠 것이다.
给予中国永久性**正常贸易关系地位**将不利于中国劳工权利的保护。

항구적 정상 무역 관계 PNTR(Permanent Normal Trade Relations) **永久性正常贸易关系**

종합 수지 綜合收支 **综合收支**

지역 경제 협의체 地域經濟協議體 **区域经济论坛**

지역 경제 협의체 区域经济论坛	
남미공동시장(MERCOSUR)	南方共同市场
남아시아지역협력연합(SAARC)	南亚区域合作联盟
동남아프리카공동시장(COMESA)	东南非共同市场
동아시아 대양주 중앙은행 임원회의(EMEAP)	东亚及太平洋地区中央银行行长会议组织
동아시아경제공동체(EAEC)	东亚经济协议体
라틴아메리카 경제기구(SELA)	拉丁美洲经济组织

라틴아메리카 자유무역연합(LAFTA)	拉丁美洲自由贸易协会
메콩강유역경제권	湄公河经济圈
미주기구(OAS)	美洲国家组织
미주자유무역지대(FTAA)	美洲自由贸易区
북미자유무역 협정(NAFTA)	北美自由贸易协定
아세안자유무역지대(AFTA)	东盟自由贸易区
아태경제협의체(APEC)	亚太经济合作组织
아프리카·카리브해·태평양국가 그룹(ACP 그룹)	非洲、加勒比和太平洋地区国家集团
아프리카경제공동체(AEC)	非洲经济共同体
오스트레일리아·뉴질랜드간 자유무역 협정(CER)	澳新紧密经济关系协议
유럽공동체(EC)	欧洲共同体
유럽자유무역연합(EFTA)	欧洲自由贸易联盟
환동해경제권	环东海经济圈
환발해경제권	环渤海经济圈

지역무역협정 地域貿易協定 RTA(Regional Trade Agreement)
　　区域贸易协定, 区域贸易协议

지역주의 地域主義　　地区主义

지역주의의 확산이 제2차 세계 대전 종식 후 세계 정치 흐름에 주요 현상으로 나타났다.

地区主义的全球发展是第二次世界大战结束后世界政治中的一个重要现象。

차별 差別　　歧视

비차별 非差別　　非歧视

차별적 관행 差別的慣行, 행위　　歧视性做法

통상교섭본부 通商交涉本部　　对外贸易部

통상교섭본부장　　对外贸易部长

통상법 슈퍼 301조　　超级301条款

슈퍼 301조(Super 301, 超级301条款)란?

1988년에 제정된 미국 종합무역법에서 슈퍼 301조로 개정되어 1989년부터 1991년까지 한시적으로 운용되다가 부시 행정부에서 폐기되었다. 불공정 무역 관행국에 대한 보복 조치와 그 발동(invoke, 动用) 절차를 규정한 것이다.

스페셜 301조(Special 301, 特别301条款)란?

미국의 88종합무역법 중 지적 소유권 분야에만 적용되는 통상법 조항. 국별 장벽 보고서(NTE, 国家贸易评估报告)를 통해 우선 협상 대상국(PFC, 重点国)을 지정하여 조사, 협의, 보복 조치 추진.

— **발동** 發動 **启动, 动用超级301条款**

일본의 담배 시장 개방을 위해 미국 정부는 슈퍼 301조를 발동하여 일본에 무역 보복성 제재 조치를 취할 것이라고 위협했다.

为了打开日本烟草市场, 美国政府甚至威胁要**动用超级301条款**对日本实行贸易报复性制裁。

— **부활** 復活 **恢复超级301条款**

클린턴 대통령은 슈퍼 301조를 부활시키겠다고 발표했다.

克林顿宣布**恢复超级301条款**。

'88종합무역법(1988 Omnibus Trade Act) **1988年综合贸易与竞争力法案**

무역 贸易

결제 자금 決濟資金 **结算资金**

결제 통화 決濟通貨 **结算货币**

인도네시아는 달러 대신 유로화를 주요 결제 통화로 사용하려고 한다.

印尼要放弃美元改用欧元为主要**结算货币**。

결제 방식 決濟方式 **结算方式**

분할 지불 分割支佛 **分期付款**

분할 지불의 경우 필요 조건은 무엇입니까?

分期付款需要什么必要的条件?

일괄 지급 一括支給 **一次总付, 一次总算, 一次付费**

현금 지불 現金支佛 **现金支付**

현금 지불과 신용 카드 지불 금액이 다릅니까?

现金支付和用卡支付收费不一样?

현물 지불 現物支佛 **现物支付**

공장 인도 조건 工匠引渡條件 **工厂交货**

공장 인도 조건(EXW: Ex Works, 工厂交货)이란?

매도인이 물품을 수출 통관하지 않은 채, 운송 차량 등에 적재하지 않고 자신의 영업장 구내 또는 그밖의 지정된 장소에서 매수인이 인수할 수 있도록 조치하는 조건으로서 매도인이 최소한의 의무를 지는 조건이다. 매수인은 매도인의 영업장

통상 ▪ 무역

구내로부터 물품을 수령하는데 따르는 모든 비용과 위험을 부담한다.

공적 운임 空積運賃　**空舱费**

관세 미지급 인도 조건 關稅未支給引渡條件　**未完税交货**

관세 미지급 인도 조건(DDU: Delivered Duty Unpaid, 未完税交货)이란?

수입국 내의 지정 장소에서 매도인이 약정 물품을 매수인으로 하여금 임의 처분할 수 있게 한 때에 그의 인도 의무가 완료되는 것이다. 따라서 매도인은 물품을 수입국내의 지정 장소까지 반입하는 데에 관련된 일체의 비용과 위험을 부담한다. 다만, 수입 관세와 기타 제세금은 매수인 부담이다.

국경 인도 國境引渡　**边境交货**

국경 인도(DAF: Delivered at Frontier, 边境交货)란?

국경의 지정된 지점 및 장소에서 화물을 매수인의 임의 처분하에 인도하는 무역 거래 조건이다. 통상적으로 국경이 인접한 철로 또는 육로 운송에서 쓰이는 조건이나 해상 운송에서도 사용된다.

국제 결산 시스템　**国际偿付制度**

경제학자들은 한국의 금융 위기가 국제 결산 시스템의 붕괴를 초래할 것이라고 경고했다.

经济学家警告，韩国金融危机可能导致**国际偿付制度**崩溃。

국제결제은행 國際決濟銀行 **BIS(Bank for International Settlements)**

国际清算银行

국제결제은행은 회의를 개최해 세계 경제의 안정적인 성장에 대해 논의했다.

国际清算银行召开会议探讨全球经济平稳成长之路。

대외 무역 결제 對外貿易決濟　**外贸结算**

이라크는 달러 대신 유로화를 대외 무역 결제 통화로 결정했다.

伊拉克决定用欧元取代美元作为**外贸结算**货币。

대한무역투자진흥공사 大韓貿易投資振興公社

KOTRA(Korea Trade and Investment Promotion Agency)

大韩贸易投资振兴公社

대한무역투자진흥공사는 정부 출연 기관으로, 대외 무역 투자 진흥 기관이다.

大韩贸易投资振兴公社是韩国政府投资设立的对外贸易投资促进机构。

도착지 화물 인도 비용 到着地貨物引渡費用 **DDC(Destination Delivery Charge)**

目的港卸货附加费, 目的港码头费

도착지 화물 인도 비용은 주로 미주 노선에 적용된다.

目的港卸货附加费常用于美加航线。

만적 화물 滿積貨物 **FCL(Full Container Load)** **整箱货**

수출업체 탁송에는 혼재 화물(LCL) 방식보다 만적 화물(FCL) 방식이 많이 이용된다.

出口商托运时多采用**整箱货**(FCL)方式运输, 少用拼箱货(LCL)。

면세 免稅 **免税**

각국의 면세품 기준은 정책에 따라 다르다.

各国的**免税**品标准因政策而异。

무역 금융 貿易金融 **贸易融资**

기한부 신용장 期限附信用狀 **远期信用证**

기한부 신용장(Usance L/C, 远期信用证)이란?

환어음 제시 후 일정 기간이 경과한 후, 대금 지급을 확약하는 신용장. 신용장에 의해 발행되는 환어음의 기간이 기한부인 신용장이다. 환어음을 제시하는 즉시 대금을 지급하는 일람 출급 신용장(sight L/C)에 상대되는 개념으로 유전스 신용장이라고도 한다. 유전스(usance)란 곧 약정 기간을 말한다. 수입업자의 입장을 고려해 개설 은행이나 수출업자가 대금 결제를 일정 기간 유예해주는 외상 거래 신용장으로 이 신용장으로 발행된 어음을 기한부 환어음, 또는 유전스 빌(usance bill, 远期汇票)이라고 한다.

기한부 환어음 **远期汇票**

수출 환어음의 만기일에 따라 요구불 환어음과 기한부 환어음으로 나뉜다.

以汇票到期日为标准, 分为即期与**远期汇票**。

내국 신용장 內國信用狀 **国内信用证**

내국 신용장(Local Credit, 国内信用证)이란?

수출 이행에 필요한 완제품 또는 원자재를 국내에서 조달하기 위하여 해외로부터 받은 원신용장을 담보로 원신용장 개설의 통지 은행이 국내의 공급업자를 수혜자로 하여 개설하는 제2의 신용장. 국내 신용장(國內信用狀)이라고도 한다.

동시 개설 신용장 同時開設信用狀 **对背信用证**

동시 개설 신용장(Back-to-Back Credit, 对背信用证)이란?

우리 나라에서 사용되고 있는 내국 신용장(Local Credit, 国内信用证)을 뜻한다. 제2차 세계 대전 후 미국에서 물자 부족으로 시장 지배력이 강화된 상품 제조업자는 수출업자와의 매매 계약에 있어 선지급 또는 지급 확보의 방법을 요구했다. 따라서 수출업자는 입수한 신용장을 견질로 하여 그 거래 은행에 견질 신용장을 발행하도록 의뢰했고 이와 같이 발행된 신용장을 동시 개설 신용장이라 한다.

수출 환어음 **出口汇票**

신용장 信用狀 **信用证**

신용장은 국제 무역에 있어 주요 신용 지불 수단이다.

信用证是国际贸易中重要的信用支付工具。

신용장 개설 은행 信用狀開設銀行 **开证银行**

신용장 개설 신청서와 거래 약정서는 신용장 개설 은행이 수익자에게 신용장을 개설해주기 위한 근거 자료이다.

开证申请书和承诺书是**开证银行**向受益人开立信用证的依据。

신용장 매도액 信用狀賣渡額 **接单金额**

9월분 정보 통신 관련 신용장 매도액은 38억 2천만 달러이다.

9月资讯与通信产品**接单金额**为38.2亿美元。

양도 가능 신용장 讓渡可能信用狀 **可转让信用证**

양도 가능 신용장(Transferable Credit , 可转让信用证)이란?

수익자가 타인에게 양도할 수 있는 신용장으로 양도 불능 신용장에 상대되는 개념이다. 무역 거래에서 사용되는 신용장은 원칙적으로 그 이용이 원수익자로 한정되어 있으나 신용장 상에 transferable이라는 문구가 별도로 표시된 경우에는 금액의 전부나 일부를 타인에게 양도할 수 있다. 단 지급이나 인수 또는 매입에 있어 수권 받은 은행만 양도를 취급할 수 있으며 양도 은행이 합의한 범위와 방법에 의해서만 양도할 수 있다는 조건이 따른다.

양도 불능 신용장 讓渡不能信用狀 **不可转让信用证**

양도 불능 신용장(Non-transferable Credit, 不可转让信用证)이란?

최초의 수익자(제1수익자)가 신용장 금액의 전부 또는 일부를 제3자(제2수익자)에게 양도하는 것을 허용하지 않는 신용장을 말한다.

취소 가능 신용장 取消可能信用狀 **可撤销信用证**

취소 가능 신용장(Revocable Credit, 可撤销信用证)이란?

신용장 발행 은행이 수익자의 승낙 없이 임의로 언제든지 신용장을 취소 또는 변경할 수 있는 신용장. 취소 가능 신용장은 임의로 취소할 수 있는 것이므로 수출상이나 매입 은행에 대해 안도감을 줄 수 없으며 따라서 신용장 본래의 성질을 구비한 것이라고는 할 수 없다.

취소 불능 신용장 取消不能信用狀 **不可撤销信用证**

취소 불능 신용장(Irrevocable Credit, 不可撤销信用证)이란?

은행이 보증한 이상 이를 취소할 수 없는 신용장. 발행된 신용장이 일단 수익자에게 통지된 경우, 그 신용장의 이해관계자인 신용장 발행 의뢰인, 발행 은행, 통지 은행, 수익자 모두의 합의가 없는 한, 취소나 조건을 변경할 수 없는 신용장이다.

회전 신용장 回轉信用狀 **循环信用证**

회전 신용장(Revolving Credit, 循环信用证)이란?

일정 기간(융자 계약 기간), 일정 금액(계약 융자액)의 범위 내에서 그 금액이 자동적으로 소생하여 계속적으로 몇 번이라도 사용할 수 있는 신용장. 순환 신용장이라고도 한다. 같은 종류의 상품에 대하여 매매 당사자간에 거래가 계속적으로 이루어질 경우 거래할 때마다 새로운 신용장을 개설하자면 불편할 뿐 아니라 비용이 들게 되며 또 일련의 거래에 대하여 포괄적으로 거액의 신용장을 개설하자면 많은 보증금이 소요되기 때문에 불편과 곤란을 느끼게 된다. 그러므로 이런 비용과 노고를 덜기 위하여 일정 기간 신용장의 금액이 자동적으로 되살아나 몇 번이고 반복해서 같은 종류의 거래가 이루어질 수 있도록 창안된 신용장이 회전 신용장이다.

무역업 貿易業 **贸易业**

무역업체 貿易業體 **贸易公司**

무역 전시회 貿易展示會 **贸易博览会**

무역 진흥 貿易振興 **振兴贸易, 促进贸易**

물품 인도 物品引渡 **提交货物, 交货**

수출 가공 단지에서 직접 물품을 인도할 수 있다.

可以直接在出口加工区内**提交货物**。

보세 保稅 **保税**

서북물류공단의 공용 보세 창고가 3월 8일 정식 운영에 들어갔다.

西北物流园区公共型**保税**仓库于3月8日正式挂牌运行。

보세 가공 수출 保稅加工輸出 **保税加工出口**

보세 공장 保稅工場 **保税工厂**

역내에 보세 공장, 보세 창고를 건설할 수 있다.

区内可设**保税工厂**、保税仓库。

보세 구역 保稅區域 **保税区**

본선 인도 가격 本船引渡價格 **离岸价**

수출 화물은 운임 보험료 포함 가격(CIF) 또는 본선 인도 가격으로 결제된다.

货物出口有的按到岸价、有的按**离岸价**进行结算。

본선 인도 가격(FOB: Free on Board, 离岸价)이란?

물품이 출발 항구에서 선박에 선적될 때까지 발생하는 비용을 포함하는 가격 조건으로 수출상은 화물이 현장에서부터 본선 선상에 인도될 때까지의 제비용과 위험을 부담함으로써 계약상의 책임이 완료되며 수입상은 그 이후 화물의 소유권을 취득하게 됨과 동시에 도착항(수입항)까지의 제비용과 위험을 부담하게 된다. 그러므로 계약 상품을 지정 수입항까지 수송하기 위한 운송 계약은 수입상의 책임 아래 선박 회사와 별도로 체결한다.

부두 사용료 埠頭使用料 **码头费**

수산물 수출 기업은 관계 부처에 독점 행위 단속 및 부두 사용료 인하를 기대하고 있다.

水产品出口企业希望有关部门取缔垄断行为, 降低**码头费**。

비즈니스 기회 **商机**

WTO 가입이 국내 민간 기업에게 비즈니스 기회를 가져왔다.

入世为国内私企带来**商机**。

서류 상환 인도 書類償還引渡 **CAD(Cash Against Document)** **凭单付款**

선측 인도 조건 船側引渡條件 **船边交货**

선측 인도 조건(FAS: Free Alongside Ship, 船边交货)이란?

매도인이 물품을 본선의 선측에 인도하면 의무가 완료되는 무역 거래 조건.

송금 送金 **汇款**

여기 은행 및 금융 기관을 통한 몇 가지 해외 송금 방식을 열거해놓았다.

这里我们列举了通过银行、金融机构办理出国**汇款**的几种方式。

송장 送狀 **货运单**

무역 회사와 공장 간의 화물 운송 송장에 대한 분쟁을 어떻게 해결할 것인가?

贸易公司和工厂在**货运单**方面的纠纷该如何解决?

수수료 手數料, **커미션** **佣金**

수입 輸入 **进口**

수입품 輸入品 **进口品**

남미 국가들은 수입품에 대해 고관세를 물린다.

拉丁美洲国家对**进口品**征收高关税。

역수입 逆輸入 **回购贸易**

☞ 역수입(Buy Back): 수출품을 재수입하여 유통하는 것을 말한다. 수출 단가가 국내 유통 단

가보다 저렴한 품목의 경우, 위와 같은 역수입이 발생한다. 생산업체는 위와 같은 역수입을 억제하기 위하여 역수입 제품에 대한 A/S를 하지 않는다.

수출 輸出 **出口**

수출품 輸出品 **出口品**

중국은 미국 수출품에 대한 제도적 장애요인을 제거하기로 약속했다.
中国承诺将会消除对美国**出口品**的制度性障碍。

수출 공단 輸出工團 **EPZ(Export Processing Zone)**
出口加工区

국무원의 승인을 얻은 우시 수출 공단 계획이 실시 단계에 들어섰다.
经国务院批准的无锡**出口加工区**计划步入实施阶段。

수출 금융 輸出金融 **出口贸易融资**

X은행의 수출 금융은 당신의 수출 업무 확대에 도움을 준다.
X银行**出口贸易融资**助您拓展出口业务。

수출 신용 輸出信用 **出口信贷**

수출 기업은 보다 강력한 수출 신용 지원을 받게 될 것이다.
出口企业将获得更有力的**出口信贷**支持。

수출 촉진 정책 輸出促進政策 **出口振兴政策, 出口鼓励政策**

수출 효자 상품 輸出孝子商品 **出口龙头项目**

한국 자동차 수출액은 수출 효자 상품인 반도체 다음으로 많은 148억 달러에 이를 전망이다.
韩国汽车的出口额预计为148亿美元, 仅次于**出口龙头项目**—半导体。

수출 주도형 輸出主導型 **出口导向型**

서부 지역은 수출 주도형 식품 산업을 대대적으로 발전시켜야 한다.
西部应大力发展**出口导向型**食品产业。

수출 주도형 기업 輸出主導型企業 **出口导向型企业**

엔화에 대한 달러의 대폭적인 평가 절하로 일본의 수출 주도형 기업들이 손해를 보게 되었다.
美元兑日元大幅贬值令日本**出口导向型企业**受损。

수취 계정 收取計定 **应收帐**

연불 수출 延拂輸出 **延期支付出口**

개발 도상국에 대한 기계 등 자본재 수출은 거의가 연불 수출이다.
对发展中国家出口资本货物如机械等, 几乎都通过**延期支付出口**的方式来进行。

연지급 수입 延支給輸入 **延期支付进口**

운임 보험료 포함 가격 運賃保險料包含價格
到岸价

운임 보험료 포함 가격(CIF: Cost, Insurance and Freight, 到岸价)이란?

상품 가격, 운임, 보험료 등 물품이 목적지에 인도될 때까지 발생하는 모든 비용을 포함하는 가격 조건이다.

위탁 가공 무역 委託加工貿易 **委托加工贸易**

가공 무역 방식의 수출입은 다시 위탁 가공 무역과 수탁 가공 무역으로 나뉜다.
加工贸易方式上的进出口又分为**委托加工贸易**和受托加工贸易两种。

위탁 가공 委託加工 **委托加工**

주문자 상표 부착 생산 OEM(Original Equipment Manufacturing) **原厂产品委托生产, 贴牌生产, 订货人商标生产**

X사는 주문자 상표 부착 생산 방식으로 DVD 플레이어를 생산한다.
X公司采用**原厂产品委托生产**的方式生产影碟机。

이전 지급 移轉支給 **转移支付**

농촌 세제 개혁에서 이전 지급의 구체적인 규정에는 어떤 것이 있습니까?
农村税费改革**转移支付**有哪些具体规定?

인도 引渡 **提交**

인도 가격 引渡價格 **交货价格**

최근 국내 옥수수 인도 가격이 안정세를 보이고 있다.
近期国内玉米**交货价格**保持平稳。

적하항 積荷港 **装货港**

조출료 早出料 **速遣费**

조회서 照會書 **询价单**

오퍼 전에 '조회서'를 면밀히 검토하는 것이 매우 중요하다.
在报价前, 仔细查看 "**询价单**"尤为重要。

주문서 注文書 **订货单**

지불 계정 支佛計定 **应付帐**

착선 인도 조건 着船引渡條件 **目的港船上交货**

착선 인도 조건(DES: Delivered Ex Ship, 目的港船上交货)이란?

물품이 지정 목적항에서 수입 통관되지 않은 채, 본선상에서 매수인이 임의 처분할 수 있게 인도되는 거래 조건이다. 이 조건은 해상 운송, 내수로 운송 또는 목적항의 선박 위에서 인도하는 복합 운송에만 사용할 수 있다.

체선료 滯船料 **滞港费, 滞期费**

운송 담당자와 운송 위탁자 쌍방은 체선료와 조출료를 계산해야 한다.

承运人和托运人双方要计收**滞期费**和速遣费。

통관 通關 **报关**

X는 수출입 화물의 통관 전문 업체이다.
X是从事进出口货物报关的专业**报关**公司。

통관 수수료 通關手數料 **报关费**

포장 명세서 包裝明細書 **装箱单**

특히 여러 유형의 상품을 함께 포장했을 경우 포장 명세서를 작성하는 게 좋다.
特别是当各种不同类型的商品混装时, 最好制定**装箱单**。

표적 시장 標的市場 **目标市场**

브랜드 가치 하락이 표적 시장의 축소 때문이라면 기업은 보다 잠재력이 큰 표적시장을 선택해 진출할 수 있다.
如果品牌的衰落是由于目标市场的缩小, 企业可以选择进入更富有潜力的**目标市场**。

한국무역협회 韓國貿易協會 **KITA(Korea International Trade Association)** **韩国贸易协会**

항공 화물 운송장 航空貨物運送狀 **航空运单**

항공 화물 운송장은 일종의 운송 계약서이다.
航空运单是一种运输合同。

현금 상환 인도 現金償還引渡 **COD(Cash On Delivery)** **货到付现, 货到付款**

중국에서 가장 보편적인 지불 방식은 현금 상환 인도 방식이다.
在中国, 最普偏的付款方式为**货到付现**。

혼재 화물 混載貨物 **LCL(Less than Container Load)** **拼箱货**

혼재 화물은 컨테이너를 가득 채우지 못한 소량 화물을 가리킨다.
拼箱货是指装不满一整箱的小票货物。

세계무역기구 世界贸易组织

관세 및 무역에 관한 일반 협정 GATT(General Agreement on Tariffs and Trade) **关税与贸易总协定, 关贸总协定**

관세 양허 關稅讓許 **关税减让, 关税约束**

오스트레일리아는 베트남에 수출하는 포도주에 대해 관세 양허를 받았다.
澳大利亚获得向越南出口葡萄酒的**关税减让**。

관세 인하 關稅引下 **降税**

멕시코는 자국 경제의 경쟁력 향상을 위해 관세를 인하할 계획이다.

墨西哥为提升本国经济竞争力将实施**降税**计划。

양허 讓許　　**减让, 约束**

양허 관세율 讓許關稅率　　**约束税率**

협상을 거쳐 합의를 통해 확정된 관세율이 양허 관세율이다.

经过谈判达成协议而固定下来的关税税率为**约束税率**。

양허표 讓許表　　**关税减让表**

긴급 수입 제한 조치 緊急輸入制限措置(Safeguard Measure)

保障措施, 限制措施, 紧急进口限制措施

WTO는 미국의 철강 긴급 수입 제한 조치가 국제 무역 규정을 위반했다고 판정했다.

世贸组织裁定美钢铁**保障措施**违反国际贸易规则。

농업 보조금 農業補助金　　**农业补贴**

농산품 교역 農産品交易　　**农产品交易**

유럽 공동 농업 정책 EU CAP(Common Agricultural Policy)

欧盟共同农业政策

유럽 공동 농업 정책은 유럽 공동체의 공동 농업 정책을 기반으로 만들어진 것이다.

欧盟共同农业政策是在欧共体共同农业政策基础上形成的。

농업에 관한 협정(Agreement on Agriculture)

农产品协议

무역 관련 투자 조치 貿易關連投資措置　　**与贸易有关的投资措施**

무역 관련 투자 조치란 국제 무역을 왜곡 또는 제한시킬 수 있는 투자 조치를 지칭한다.

与贸易有关的投资措施是指能够对国际贸易引起扭曲或限制作用的投资措施。

무역 관련 투자 조치(Trims: Trade Related Investment Measures, 与贸易有关的投资措施)란?

무역을 제한하고 왜곡시키는 투자 조치의 영향에 관한 GATT 조항의 운영을 검토하여 이러한 무역 왜곡 효과를 방지하기 위해 필요한 규정을 더욱 발전시킨다는 푼타텔에스테에서의 UR 각료 선언에 따라 취해졌다. 세계 교역의 증대와 점진적인 자율화 및 국가간 투자를 용이하게 함으로써 자유 경쟁을 보장하는 동시에 모든 교역 대상국 특히 개발 도상국의 경제 성장을 도모하기 위해 투자 조치 범위, 내국민 대우, 수량 제한 금지 등을 규정하고 있는 협정·무역 관련 투자와 관련하여 무역의 흐름을 제한하거나 왜곡시키는 효과를 가져오는 규제나 인센티브 제공 조치를 지칭한다. 주 고려 대상은 투자 이행 요건으로 대표적 예는 국산 부품 사용 의무와 수출 이행 의무이며 이밖에도 판매 시장 지정, 특정 제품 제조, 외환 통제, 무역 수지 균형을 위한 기업 활동 제한, 기술 이전 의무 등이 있다.

무역 규제 조치 貿易規制措置 **TDI(Trade Defense Instruments)**
贸易制裁措施

WTO는 캐나다 비행기 보조금에 대한 브라질의 무역 규제 조치를 허용했다.
世贸组织允许巴西对加拿大飞机补贴采取**贸易制裁措施**。

무역 분쟁 貿易紛爭 **贸易纠纷**

유럽과 미국의 무역 분쟁이 갈수록 깊어지는 이유는?
欧美**贸易纠纷**为何愈演愈烈?

무역에 대한 기술 장벽 TBT(Technical Barriers to Trade)
技术性贸易壁垒

중국의 WTO 전문가는 무역에 대한 기술 장벽의 영향을 객관적으로 검토해야 한다고 지적했다.
中国WTO专家指出应客观看待**技术性贸易壁垒**的影响。

표준 규정 標準規定 **标准规则**

형식 승인 型式承認 **型号认证**

무역 차별 貿易差別 **贸易歧视**

무역 차별을 받다.
遭遇**贸易歧视**。

서비스 무역에 관한 일반 협정 GATS(General Agreement on Trade in Services)
服务贸易协议

분쟁 해결 절차 紛爭解決節次 **争端解决程序**

분쟁 해결 기구 紛爭解決機構 **争端解决机构**

브라질은 WTO 분쟁 해결 기구에 2건의 상소를 제기했다.
巴西向世贸组织**争端解决机构**提出两起上诉案件。

비차별 원칙 非差別原則 **(Principle of Non-Discrimination)**
不歧视原则, 平等或非歧视原则

내국민 대우 원칙 內國民待遇原則 **国民待遇**

WTO 가입 이후, 국가는 민영 기업이 내국민 대우를 받을 수 있도록 해야 한다.
加入WTO之后, 国家应使民营企业享受到**国民待遇**。

내국민 대우(National Treatment, 国民待遇)란?

수입된 외국 상품이 국내에 수입된 후에는 국내 동종 물품에 비하여 세제나 기타 경쟁 관계에 영향을 미치는 법 또는 규제에 있어서 불리한 대우를 받아서는 안 된다는 원칙. GATT 제3조, GATS 제17조, TRIPS협정 제3조, 정부 조달 협정 제3조에 규정되어 있다. 내국민 대우 원칙에는 정부 조달, 생산자 보조금, 스크린 쿼터제 등이 예외로 인정되고 있다.

최혜국 대우 원칙 最惠國待遇原則　　**最惠国待遇**

최혜국 대우란 국제 경제 무역 관계에서 자주 사용되는 제도로 '비차별 대우'라고도 부른다.

最惠国待遇是国际经济贸易关系中常用的一项制度, 又称"无歧视待遇"。

최혜국 대우 원칙(MFN: Most Favored Nation, 最惠国待遇)이란?

어떤 WTO 회원국에 부여한 가장 우대적인 조치를 다른 국가에도 동일하게 부여할 것을 요구하는 원칙. GATT 협정 제1조에 의하면 최혜국 대우 원칙은 '동일 또는 유사한 물품'의 수입과 수출에 적용된다. 모든 국가가 동등한 조건에서 교역하고 최선의 교역 조건의 혜택을 누릴 수 있도록 보장하는 원칙이다.

선적 전 검사에 관한 협정 (Agreement on Preshipment Inspection)
装运前检验协议

선적 전 검사에 관한 협정은 선적 전 검사 제도를 시행하는 회원이 준수해야 할 원칙을 규정하고 있다.

装运前检验协议规定了使用装运前检验制度的成员方应遵循的原则。

섬유와 의류에 관한 협정 ATC(Agreement on Textiles and Clothing)
纺织品与服装协议

다자간 섬유 협정 MFA(Multifiber Agreement)
多种纤维协议

1974년부터 우루과이라운드 종결까지 방직품 무역은 줄곧 '다자간 섬유 협정'에 의해 관장되었다.

从1974年起至乌拉圭回合结束, 纺织品贸易一直由"**多种纤维协议**"管辖。

세계무역기구 世界貿易機構　　**世界贸易组织**

우루과이라운드 협상　　**乌拉圭回合谈判**

우루과이라운드 협정　　**乌拉圭回合协议**

선진국의 우루과이라운드 협정 이행 결과가 만족스럽지 않다.

发达成员在执行**乌拉圭回合协议**方面的表现不能令人满意。

세계무역기구(WTO: World Trade Organization, 世界贸易组织)란?

지속 가능한 성장, 세계 자원의 최적 활용, 상품·서비스의 생산 및 무역 증대, 관세 등 무역 장벽의 철폐 등을 목적으로 한다. 관세 및 무역에 관한 일반 협정(GATT) 및 우루과이라운드 협상 결과 전체를 포괄하는 기구로, 본부를 스위스 제네바에 두고 1995년 1월 1일 출범했다. WTO는 GATT 체제하에서 수립된 제반 결정·절차 및 관계 면에서 종전 GATT 체제와 연속성을 가지며 사무국도 승계했으나 상품 교역에 관한 추가적 협정, 서비스 교역 및 지적 재산권에 GATT 협정 이외에 분쟁 해결 및 무역 정책 검토 제도 등도 포함하므로 GATT에 비해서

관장 범위가 확대되었다. 현재 회원국은 164개국이며 우리 나라는 출범 시부터 원가맹국으로 참여하고 있다.

도하 개발 아젠다 **多哈发展议程**

새로 발효되는 다자간 무역 협상은 '도하 개발 아젠다(DDA)' 라고 부르거나 '도하 라운드'로 약칭한다.

新启动的多边贸易谈判又称"**多哈发展议程**", 或简称"多哈回合"。

도하 개발 아젠다(DDA: Doha Development Agenda, 多哈发展议程)란?

당초 2000년 미국 시애틀에서 열린 제3차 WTO 각료 회의에서 우루과이라운드에 이어 농업·공산품·서비스 등 모든 분야에서의 자유화를 논하는 '뉴 라운드'를 출범시키려고 했으나, 반글로벌화 세력의 격렬한 시위로 무산되었다. 그 이후 11월 카타르의 도하에서 열린 제4차 WTO 각료 회의에서는 후진국의 개발에 역점을 둔다는 의미에서 도하 개발 아젠다라는 새로운 이름으로 다자간 무역 협상을 출범시켰다. 2003년 3월부터 WTO 아젠다 회원국들은 모든 의제에 대한 협의를 동시에 진행하게 되었다.

세관 수출입 통계 稅關輸出入統計 **海关进出口统计**

X지역 세관 수출입 통계에 따르면……,

根据X地区**海关进出口统计**……,

수입 허가 절차에 관한 협정 (Agreement on Import Licensing Procedures) **进口许可证程序协议**

수입 부과세 輸入附課稅 **进口附加税**

EU는 5월 1일부터 일부 미국산 제품에 대해 수입 부과세 15%를 징수할 예정이다.

欧盟将从5月1日起对某些美国商品征收15%的**进口附加税**。

수입 면장 輸入免狀 **进口许可证**

수입 허가제 輸入許可制 **进口许可制, 进口许可证制**

철강 제품에 대한 미국의 수입 허가제 실시는 중국에 불리하다.

美国对钢铁产品实施**进口许可制**对中国不利。

수출 보조금과 상계 조치 (Export Subsidies and Countervailing Measures) **出口补贴与反补贴措施**

쌀 시장 **大米市场**

미국·오스트레일리아·중국·태국은 한국의 쌀 시장 진입 문제에 있어서 갈등을 빚고 있다.

美国、澳大利亚、中国和泰国在韩国**大米市场**准入问题上产生分歧。

공동 농업 정책 共同農業政策 **共同农业政策**

공동 농업 정책(CAP: Common Agricultural Policy, 共同农业政策)이란?

유럽 공동체에서 대외 농산물 교역을 관리하기 위해 만든 포괄적인 정책으로 생산 목표치와 공동 마케팅 등이 포함된다.

식량 안보 食糧安保 **粮食安全**
케언즈 그룹 **凯恩斯集团**

케언즈 그룹(Cairns Group, 凯恩斯集团)이란?

1986년 오스트레일리아의 케언즈 시에서 결성된 그룹으로 농업 수출 국가들의 비공식 단체이다. 회원국 : 아르헨티나 · 오스트레일리아 · 브라질 · 캐나다 · 칠레 · 콜럼비아 · 피지 · 헝가리 · 인도네시아 · 말레이시아 · 뉴질랜드 · 필리핀 · 태국 · 우루과이.

원산지 규정에 관한 협정(Agreement on the Rules of Origin) **原产地规则协议**

원산지 규정 原産地規定 **原产地规则, 原产地规定**

원산지 증명(서) 原産地證明(書) **产地来源证, 产地证, 原产地证, 原产地证明书**

마카오산 제품이 무관세 대우를 받으려면 원산지 증명을 제출해야 한다.
澳门产品为享受零关税待遇, 须提供**产地来源证**。

위생 및 식물 위생 조치 SPS(Sanitary and Phytosanitary Measures) **卫生与植物卫生措施**

식물 위생 조치 植物衛生措置 **植物卫生措施**

중국은 가입 후 30일 내에 WTO에 위생 및 식물 위생 조치와 관련된 모든 법률, 법규, 제반 조치를 통지해야 한다.
中国应在加入后30天内, 向WTO通知其所有有关**卫生与植物卫生措施**的法律、法规及其他措施。

위생 조치 衛生措置 **卫生措施**

일반 특혜 관세 제도 一般特惠關稅制度 **GSP(Generalized System of Preference)** **普遍性优惠制度, 普惠制**

정부 조달에 관한 협정(Agreement on Government Procurement) **政府采购协议**

정부 조달에 관한 WTO 협정은 1994년에 체결되어 1996년 1월 1일 정식 발효되었다.
世界贸易组织关于各国**政府采购的协议**于1994年达成, 1996年1月1日正式生效。

최소 시장 접근 最少市場接近 **最低市场准入制度, 最低市场准入量**

최소 시장 접근은 관세 쿼터를 통해 실시된다.

最低市场准入的实施通过关税配额来进行。

최소 시장 접근(MMA: Minimum Market Access, 最低市场准入制度, 最低市场准入量)이란?

시장 개방을 요구하는 쪽에서는 최소 시장 접근이란 최소한의 시장 진입을 인정해 달라는 것이고 수입국이나 개방 압력을 받는 입장에서는 '최소 수입량', '최소 시장 개방폭', '최소 수입 의무' 등의 의미를 갖는다. 최소 시장 접근이 1%라는 것은 국내 소비량의 1%를 의무적으로 수입해야 하며 최소 시장 접근의 폭이 1~4%라는 것은 첫해 1%에서 점차 늘려 마지막 해에 4%로 수입해야 한다는 의미이다. 최소 시장 접근을 허용하는 기간 중에는 관세화 조치가 유예되므로 관세화 유예 기간 또는 특례 기간이라고도 한다. 다만 최소 시장 접근 기간중에도 수입품에 대한 관세는 부과되며 대신 그 수입품의 국내 생산을 늘릴 수는 없다. 최소 시장 접근은 식량 안보 등의 특수성으로 그 동안 GATT의 자유 무역 원칙이 제대로 관철되지 못했던 농산물과 서비스 부문에서 중요한 문제로 제기되었다. 예를 들면 한국의 쌀에 대해서는 10년간 관세화를 유예하고 그 기간중 최소 시장 접근만을 허용하여 1995~99년은 국내 소비량의 1~2%(매년 0.25%씩 증량), 2000~04년은 2~4%(0.5%씩 증량)의 수입을 의무화한 UR 협상안이 확정되었다. 이런 점에서 보면 최소 시장 접근이 개별 국가의 특수한 사정을 내세워 외국으로부터의 수입을 거의 전적으로 금지하고 있는 상품에 대해 일정한 수입량을 강제적으로 부과하여 보호주의적 장벽을 제거하는 취지도 있지만, 수입을 완전 자유화할 경우 개방 충격이 너무 크다는 점도 안고 있다.

지적 재산권 知识产权

무역 관련 지적 재산권 貿易關聯知的財産權 **TRIPS(Trade Related Aspects of Intellectual Property Rights)** **与贸易有关的知识产权协议**

WTO 무역 관련 지적 재산권은 특허, 상표, 저작권, 컴퓨터 프로그램, 지리적 표시, 의장권, 영업 비밀 등 7개 지적 재산권 보호 대상을 규정하고 있다.

世贸组织的**与贸易有关的知识产权协议**规定了知识产权保护的七个对象:专利、商标、著作权、临结权、地理标志、外观设计和商业秘密。

미국지적재산권자협회 美國知的財産權者協會 **IPO(Intellectual Property Owners Association)** **美国知识产权持有人协会**

발명 특허 發明特許 **发明专利**

발명품 發明品 **发明品**

발명품은 반드시 창작된 것으로 산업용으로 응용될 수 있어야 한다.

发明品必须具有创新性, 可应用于工业用途。

베른 협약(Berne Convention) 伯尔尼公约

베른 협약(Berne Convention, 伯尔尼公约)이란?

국제적인 저작권 상호 보호를 목적으로 1886년 스위스의 수도 베른에서 체결된 조약. 한국도 조인국이다.

불법 복제 不法複製 **非法复制, 仿造**

가짜 **假冒, 仿造**

그 외의 기관이나 개인이 제작·복제·위조·변조·매매할 수 없다.
其他单位和个人不得制作、**仿造**、伪造、变造和买卖。

복제품 複製品 **复制品**

중국 병마용 복제품이 베를린에서 전시될 예정이다.
中国兵马俑**复制品**将在柏林展出。

위조 상표 僞造商標 **伪造商标**

소비자는 위조 상표에 대해 경각심을 가져야 한다.
消费者需要警惕**伪造商标**。

진품 眞品 **真品, 原创制作产品**

이렇게 만들어진 위조품은 진품과 물리적으로 완전히 똑같기 때문에 구별이 안 된다.
这样产生的假冒商品与**真品**在物理形态上完全一样, 无法区别。

해적판 海賊版 **盗版**

조사에 따르면, 전 세계 S/W 해적판 비율은 36%에 이른다.
调查称全球软件**盗版**率为36%。

산업 재산권 産業財産權**(Industrial Property Rights)** **工业产权**

상표권 商標權 **商标权**

상표권·저작권·특허권 침해 행위를 효과적으로 방지하기 위해, 지적 재산권 보호에 대한 사회 전체의 인식을 제고시켜야 한다.
为了有效遏制侵犯**商标权**、著作权、专利权等行为, 应增强全社会知识产权保护意识。

상표법 商標法 **商标法**

MS는 상표법 침해 혐의가 있다.
微软涉嫌侵犯**商标法**。

상표 등록 商標登錄 **注册商标**

세계지적재산권기구 世界知的財産權機構 **世界知识产权组织**

세계지적재산권기구(WIPO: World Intellectual Property Organization, 世界知识产权组织)란?

1967년 지적 소유권의 국제적 보호 촉진과 국제 협력을 위해 설립된 국제 기구이다. 한국은 1979년에 정식 가입했으며 본부는 스위스 제네바에 있다.

실용 신안권 實用新案權 **实用新型专利, 实用技术专利**

신안 특허 新案特許 **实用新型专利**

웹디자인 저작권 **网页设计著作权**

얼마 전 베이징 시 X 인민법원은 베이징 시의 웹디자인 저작권 관련 첫 번째 분쟁안을 심리했다.

日前, 北京市X人民法院开庭审理了本市首起**网页设计著作权**纠纷案。

의장권 意匠權 **外观设计专利**

의장 등록 意匠登錄 **注册设计**

저작권 著作權 **著作权, 版权**

타인의 상표 저작권을 침해했다.

侵犯了他人的商标**著作权**。

저작권법 著作權法 **著作权法**

미국 소프트웨어 산업 조합은 의회에 현행 저작권법 개정을 정식으로 요청했다.

美国的软件产业公会正式要求国会修改现行的**著作权法**。

저작권자 著作權者 **著作权所有人, 著作权持有人**

저작물 著作物 **著作物**

예술성 또는 품질에 상관 없이 독창성을 가지고 있으면 저작물이라 할 수 있다.

只要具有独创性就可以称为**著作物**, 无论其是否具有艺术性或品质高低。

창작물 創作物 **创作物**

디자이너의 영감이 살아 숨쉬는 창작물.

充满设计者灵感的**创作物**。

지적 재산권 知的財産權 **IPR(Intellectual Property Rights)** **知识产权**

지적 재산권 보호협회는 제1차 회원 총회를 성대히 개최했다.

知识产权保护协会隆重召开了第一次会员代表大会。

초상권 肖像權 **肖像权**

영리를 목적으로 하지 않은 타인의 초상권 이용이 초상권 침해에 해당되는가?

不以营利为目的使用他人肖像是否会构成侵害**肖像权**?

카피레프트 **反版权, 著佐权**

카피레프트(Copyleft, 反版权, 著佐权)란?

저작권(copyright; 版权)에 반대되는 개념. 특히 인터넷상에서 저작권으로 설정된 정보의 독점을 거부하고 정보를 공유하자는 뜻에서 시작된 움직임으로 리눅스 창시자들에 의해 시작되었다.

특허권 特許權 **专利权**

사용료 使用料 **专利权使用费, 专利使用费**

6C연맹은 DVD 플레이어 등 일부 제품의 특허 사용료를 많게는 25%까지 인하할 방침이다.

6C联盟将降低DVD播放机等部分产品的**专利使用费**, 最高降幅达25%。

특허권자 特許權者 **专利权所有人**

특허권 침해 特許權侵害 **侵害专利权**

신문에서도 특허권 침해에 대한 사과 공고를 자주 보게 된다.

在报纸的角落也常常会看到**侵害专利权**的道歉启示。

특허 기간 特許期間 **专利期限**

특허 기간이 만료되자, 제약 회사들이 너도 나도 동일 약품 발매에 들어갔다.

在**专利期限**截止之后, 各家制药公司如雨后春笋般开始发售相同的药。

특허 등록 特許登錄 **注册专利**

관광 상품도 특허 등록이 필요하다.

旅游产品也需**注册专利**。

특허 기술 特許技術 **专利技术**

미국의 특허 기술인 기체 탐측기가 중국 시장에 진출한다.

美国**专利技术**气体探测器进入中国市场。

특허법 特許法 **专利法**

EU는 소프트웨어 특허법 초안을 비준했다.

欧盟批准软件**专利法**草案。

특허청 特許廳 **专利局**

유럽 특허청 EPO(European Patent Office) **欧洲专利局**

미국 특허청(U.S. Patent Office) **美国专利局**

중국 특허청 中國特許廳 **中国专利局**

특허청장은 해당 특허 출원에 대한 재심사를 결정했다.

专利局局长决定对专利申请进行重新考察。

특허 출원 特許出願 **申请专利**

특허 출원자는 특허 출원 전에 기술 보안에 유의해야 한다.

专利申请人在**申请专利**之前要注意技术保密。

DDA 다자간 무역 협상 **多哈发展议程多边贸易谈判**

양측은 DDA 다자간 무역 협상의 성공을 위해 노력할 것임을 표명했다.
双方表示将努力使**多哈发展议程多边贸易谈判**获得成功。

WTO 제소 **WTO投诉**

태국은 WTO에 EU의 설탕 덤핑에 대해 제소할 계획이다.
泰国要向**WTO投诉**欧盟低价倾销砂糖。

—를 WTO에 제소 **向WTO投诉, 起诉**

WTO 협정 **世界贸易组织协议**

세계무역기구 WTO(World Trade Organization, 世界贸易组织)

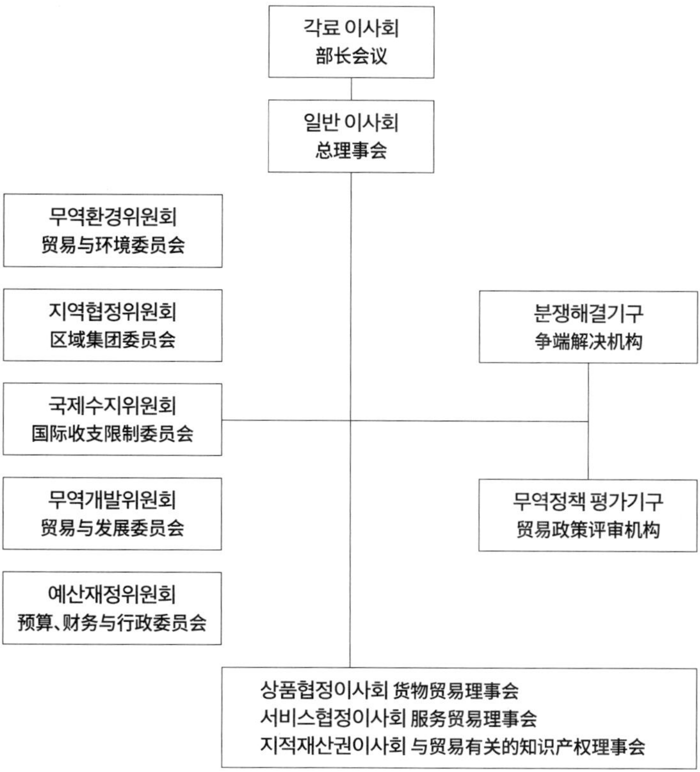

16 농림수산 农林水产

농업 农业

고수확 농업 高收穫農業 **高产农业**

녹색 혁명 綠色革命 **绿色革命, 环保革命**

중국 농촌에 전례 없는 녹색 혁명이 일 것이다.
中国的农村将掀起一场史无前例的**绿色革命**。

녹색 혁명(绿色革命, 环保革命)이란?

개발 도상국 식량 생산력의 급속한 증대 또는 이를 위한 농업상의 여러 개혁을 일컫는 말. 개발 도상국의 경제 발전에 있어서의 첫째 문제는 식량 생산력의 발전에 의한 식량 자급이다. 개발 도상국은 제2차 세계 대전 후 인구의 폭발적인 증가로 심각한 식량 문제에 봉착했고 이는 경제 발전과 공업화에 최대 장애가 되었다. 그런데 1960년대 후반에 이르러 같은 면적에서 재래종의 배 이상을 수확할 수 있는 쌀과 밀의 신품종이 필리핀과 멕시코에서 개발되었고 이의 보급으로 아시아 여러 나라에 비약적인 농업 증산을 가져와 식량 자급을 달성하게 되었다. 이 신품종에 의한 개발 도상국의 급속한 식량 증산을 '녹색 혁명'이라고 부른다.

단위당 수확량 單位當收穫量 **单产**

단위당 수확량에서 10년 연속 선두를 유지하고 있다.
已连续10年**单产**领先。

관개 灌漑 **灌溉**

절수형 관개 농업으로 뚜렷한 성과를 얻었다.
节水型**灌溉**农业取得了明显成效。

기계화 농업 機械化農業 **机械化农业**

김매기 **锄草**

파종에 앞서 우선 김매기를 해야 한다.
在播种之前, 要先去**锄草**。

농가 農家 **农户**

영농 인구 營農人口 **农业人口**

영농 후계자 營農後繼者 **青年农民**

영농 후계자 과학 기술 교육 사업.
青年农民科技培训工程。

농가 부업 農家副業 **农民副业**

양봉 養蜂 **养蜂**

양봉업자들은 관련 부처에 화학 농약 사용 관리를 강화해줄 것을 호소했다.
养蜂者们呼吁国家有关部门加强对化学农药的使用管理。

양잠 養蠶 **蚕桑, 养蚕**

농가 부채 農家負債 **农户债务**

금융 위기로 농가 부채가 급증했다.
金融危机使**农户债务**负担激增。

— **삭감** 削減 **削减**

농촌 부채 삭감은 매우 긴박한 문제이다.
削减农户债务是一个非常紧迫的问题。

— **탕감** 蕩減 **豁免**

농가 소득 農家所得 **农户收入**

농업 소득 農業所得 **农业收入**

농외 소득 農外所得 **非农业收入**

당해년도 농민 소득의 증가는 거의 전부 농외 소득 증가에 기인한 것이다.
该年度农民收入的增加几乎全部来自**非农业收入**增加。

농경지 農耕地 **农田, 农用土地**

경작지 耕作地 **耕地**

농경지는 경작지 보호 사업의 중점 대상이다.
农田是**耕地**保护工作的重中之重。

농경지 수리 공사 農耕地水利工事 **农田水利工程**

재배 면적 栽培面積, **농경지 면적** 農耕地面積 **种植面积, 农田面积**

2002년 전 세계 유전자 조작(GMO) 작물의 재배 면적이 역대 최고치를 기록했다.
2002年全球转基因作物的**种植面积**创下了历史新高。

휴경지 休耕地 **休耕地**

휴경 보조금 休耕補助金 **休耕补贴**

정부는 효과적으로 농산물 생산량을 조절하기 위해 휴경 보조금 제도를 실시하고 있다.
政府为有效控制农产品生产量, 实行**休耕补贴**制度。
☞국내 농업 보조 수단의 하나로 생산 제한하의 직접 지불 방식인 '블루 박스(blue box)'가 있다. 휴경 보조금은 '블루 박스'에 해당한다.

농민 農民 **农民**

농법 農法 **耕作方法, 耕作法**

계단식 농업 階段式農業 **梯田农业**

계단식 농업은 산지 자연환경을 이용한 경작 방식이다.

梯田农业是利用山区自然环境的耕作方式。

단작농 單作農 **单一培育, 单一栽培, 单一作物种**

대규모 단작농을 피한다.

避免大面积的**单一栽培**。

윤작 輪作 **轮作, 作物轮耕**

합리적인 윤작으로 토양의 양분과 비옥도가 조절될 뿐 아니라 잡초 피해를 줄이고 병충해도 방지된다.

合理**轮作**不仅能调节土壤养分和培肥地力, 而且还能减少杂草危害并防止病虫害的蔓延。

화전 농업 火田農業 **刀耕火种, 山田烧垦农业**

그들은 구릉 지대에서 윤작식 화전 농업을 했다.

他们在丘陵地从事轮耕式的**山田烧垦农业**。

농본주의 農本主義 **农本主义**

중국은 농본주의 국가로 농업을 중시하고 상업을 경시하는 전통을 유지해왔다.

中国是一个**农本主义**的国家, 一直有重农抑商的传统。

농산물 시장 農産物市場 **农产品市场**

농산물 시장은 거래 장소의 특성, 판매 방식, 거래 형태 및 상품 특성에 따라 분류된다.

农产品市场可以按交易场所的性质、销售方式、交易形式和商品性质进行分类。

농약 農藥 **农药**

농약 공중 살포 農藥空中撒布 **空中农药喷洒, 喷洒农药**

살균제 殺菌劑 **杀菌剂**

이산화염소는 국제적으로 공인된 소독 살균제이다.

二氧化氯是国际上公认的消毒**杀菌剂**。

살충제 殺蟲劑 **杀虫剂**

제초제 除草劑 **除草剂**

농업 관련 산업 農業關聯産業 **农业关联产业, 涉农产业**

농업 기계 農業機械 **农业机械**

경운기 耕耘機 **耕田机, 耕耘机**

경운기의 도입이 점차 쟁기를 대체하면서 농업 기계화의 질적 발전을 가져왔다.

耕耘机被引进后, 逐渐取代犁耕, 带来了农业机械化的质的飞跃。

이앙기 移秧機 **插秧机**

쟁기 **犁**

탈곡기 脫穀機 **打谷机**

농업 기술 農業技術 **农业技术**

농공학 農工學 **农业工程**

농공학은 공학 기술로서 오랜 역사를 자랑한다.
农业工程作为一门工程技术有着久远的历史。

농학 農學 **农业科学**

농업 사회 農業社會 **农业社会**

농업 정책 農業政策 **农业政策**

가격 지지 價格支持 **价格支持**

WTO 농업 협정이 발효된 이후, 각 회원국들은 농산품 가격 지지 및 시장 개입에서 농민 소득 직접 보조 방향으로 농업 지원 정책의 틀을 전환했다.
WTO农业协定生效以来, 各成员国调整了农业支持政策, 由过去侧重于农产品**价格支持**与市场干预, 转向对农民进行直接收入补贴。

농업 보조금 農業補助金 **农业补贴**

미국과 유럽은 농업 보조금과 관세 문제에 의견 일치를 보았다.
美欧就**农业补贴**和关税问题达成一致立场。

소득 보전 所得補塡 **差额补贴, 差价支付, 差额付款**

쌀 소득 보전 직불제(差价支付, 差额付款)란?

정부가 정한 목표 가격과 산지 쌀 가격과의 차이를 일정 수준 보전해주는 제도를 말한다. 여기서 목표 가격은 쌀의 산지 수확기(10월~다음해 1월) 평균 가격을 감안해 농림축산식품부가 고시하며 3년마다 국회의 동의를 얻어 변경한다. 2005년부터 2007년까지 3년 동안 적용된 목표 가격은 17만 70원(80킬로그램 쌀 한 가마 기준)이었다. 목표 가격은 종전 추곡 수매가처럼 정부가 쌀을 매입하는 가격이 아니라 소득 보전의 기준이 되는 가격이라는 점에서 추곡 수매가와 차이가 있다.

양곡 관리 제도 糧穀管理制度 **粮谷管理制度**

추곡 수매 秋穀收買 **稻谷收购**

추곡 수매가 秋穀收買價 **稻谷收购价格, 稻谷收购价**

인도네시아 정부는 1월 1일부터 추곡 수매가를 인상하기로 결정했다.
印尼政府决定从元旦起提高**稻谷收购价格**。

농업국 農業國 **农业大国**

농업협동조합중앙회 農業協同組合中央會 **农业协同组合中央会**

농촌 農村 **农村**

농민 출신 노동자 **农民工**

농촌 유휴 인력 農村遊休人力 **农村冗员, 农村剩余劳动力**

삼농 정책 三農政策 **三农政策**

삼농 정책(三农政策)이란?

중국에서는 농민 · 농업 · 농촌을 '삼농(三农)'이라고 한다. 중국 정부가 삼농 문제를 중시하는 배경에는 농촌 문제의 심각성이 작용한 것으로 해석할 수 있다. 중국 정부는 현재 도 · 농간 격차를 줄이기 위해 농업 생산, 농촌 경제, 농민 생활 수준 향상을 목표로 '삼농 정책'을 추진 중이다.

이농 현상 離農現象 　**离农现象**

일손 부족 　**劳力短缺**

농번기에는 일손 부족으로 어려움을 겪는다.
在农忙季节往往苦于**劳力短缺**。

백미 白米 　**精白米**

비료 肥料 　**肥料**

외양간 두엄 　**厩肥**

기본 비료는 외양간 유기 두엄 위주여야 한다.
基肥应以农家有机**厩肥**为主。

인분뇨 人糞尿 　**人粪尿**

인분뇨와 두엄은 충분히 발효시켜 썩히며 추비 후에는 물을 뿌려 씻어낸다.
人粪尿及厩肥要充分发酵腐熟, 追肥后要浇清水冲洗。

퇴비, 두엄 　**堆肥**

과학기술진흥기관은 최근 하수 처리장의 슬러지를 이용하여 단시간에 **퇴비** 만드는 기술을 개발했다.
科学技术振兴机构最近开发出用污水处理厂的污泥在短时间制造**堆肥**的技术。

화학 비료 化學肥料 　**化学肥料**

소작농 小作農 　**佃农**

수리화 사업 水利化事業 　**水利工程**

관개 사업 灌漑事業 　**灌溉工程**

관개 시설 灌漑施設 　**灌溉设施**

관개 시설의 심한 노후화로 제 기능을 발휘할 수 없다.
灌溉设施严重老化, 发挥不了应有的效益。

저수량 貯水量 　**蓄水量, 贮水量**

7월 중순 10개 대형 저수지의 저수량이 7.81억 m^3로 급증했다.
7月中旬10座大型水库**蓄水量**已猛增7.81亿立方米。

저수지 貯水池 　**水库, 蓄水地**

저수지 제방 안전 관리 강화.
加强**水库**大坝安全管理。

수확량 收穫量 　**收获量**

삼모작 三毛作 **一年三收**

현재 중남부 지역은 삼모작이 가능하나 북부는 기후 때문에 이모작도 어렵다.

现在中南部可以**一年三收**, 但是北部因为气候的影响, 连一年两收都有些困难。

수확기 收穫期 **收获期**

수확기는 마늘의 생산량과 품질에 영향을 준다.

收获期影响大蒜的产量和质量。

이모작 二毛作 **一年双收, 一年两收**

식량 안보 食糧安保 **粮食安全**

식량 안보 상황은 아직 낙관하기 어렵다.

粮食安全形势仍然不容乐观。

식량 자급 食糧自給 **粮食自给**

식량 자급 조기 달성.

提早实现**粮食自给**。

식량 증산 食糧增産 **粮食增产**

신토불이 身土不二 **身土不二, 土生土长**

쌀농사 **稻作**

논 **水田**

단립종 短粒種 **粳稻**

동북 지방 쌀 품종은 주로 재래 단립종이다.

东北大米的品种主要是常规**粳稻**。

모 **禾苗, 苗**

모내기 **插秧**

최근 농업기술종합연구센터가 신형 무인 이앙기를 개발했다.

农业技术综合研究中心最近开发出一种新型无人**插秧**机。

모판 **苗床, 种子田**

모판 관리의 관건은 모판의 습도 조절에 있다.

苗床管理的核心在于调节好床内的湿度。

장립종 長粒種 **籼稻**

농업협동조합 農業協同組合 **NACF(National Agricultural Cooperative Federation)** **韩国国家农业合作联合体, 韩国农业协会联盟**

영세농 零細農 **小农**

영세농의 입장에서는 비용 부담이 날로 증가하는 농촌의 현대화를 실로 감당하기 어렵다.

对于**小农**来说, 成本日益提高的农村现代化实在令他们难以承担。

원예 농업 園藝農業 **园艺农业**

감귤 농사 柑橘農事 **柑桔种植**

감귤 농사는 제주도 농촌 경제의 주력 산업이다.
柑桔种植业已成为济州岛农村经济的支柱产业。

비닐하우스 **塑料大棚**
비닐하우스 내부 온도는 외부 낮기온과 계절적인 기온 변화에 따라 다르다.
塑料大棚内的气温变化随外界日温及季节气温的变化而改变。

온실 溫室 **温室**

유기 농법 有機農法 **有机耕作方法, 有机耕作法**

기본 농산품 基本農産品 **基本农产品**

무농약 무공해 無農藥無公害 **无农药残留, 无公害**
무공해 농산품은 우리네 식탁과는 아직 거리감이 있다.
无公害农产品离我们的餐桌还有一定距离。

수경 재배 水耕栽培 **水耕栽培, 水耕法, 水栽培**
수경 재배는 많은 이의 연구 덕분에 이미 다양한 재배 방법이 제시되었다.
水耕栽培经过许多前人的研究, 已经有许多栽培的方式。

유기 농산품 有機農産品 **有机农产品**
유기 농산품은 유기 농법에 의해 생산·가공 처리된 것이다.
有机农产品是指根据有机耕作法生产、加工出来的农产品。

저수확 유기 농업 低收穫有機農業 **低产有机农业**

유전자 변형 식품 GMO(Genetically Modified Organism) **转基因食品**
일반 식품은 유전자 변형 식품보다 안전한가?
传统食品比**转基因食品**安全吗?

유지 油脂 **油脂**
유지의 화학 성질과 용도에 대한 이해가 필요하다.
我们需要了解**油脂**的化学性质和用途。

유지 종자 油脂種子 **油料种子**

유지류 油类品	
겨자유	芥花油
동유	桐籽油
땅콩기름	花生油
면실유	棉籽油
쇼트닝	酥油
수소첨가팜유	氢化棕榈油
식물성 기름	植物油

아마기름	胡麻籽油
야자유	椰子油
옥수수기름	玉米油
올리브기름	橄榄油
유채유	菜籽油, 籽油
차유	茶油
채유	蔬籽油
팜유	棕榈油
팜핵유	精制棕榈仁油, 棕榈仁油
피마자기름	蓖麻籽油
해바라기기름	葵花油
홍화씨기름	红花籽油

자영농 自營農 — **自营农户**

작물 作物 — **农作物, 庄稼**

과거 양쯔 강의 잦은 범람으로 가옥과 작물 피해가 발생했다.
长江过去经常泛滥, 致使房屋和**庄稼**频繁被毁。

곡물 穀物 — **谷物**

주요 작물 主要作物 — **主要农作物**

한국의 작물 韩国农作物	
곡물 谷物	
쌀	大米
귀리	燕麦
메밀	乔麦
밀	小麦
보리	大麦
수수	高粱
옥수수	玉米
조	小米, 稷
두류 豆类	
콩, 대두	大豆, 黄豆
녹두	绿豆

팥	红豆
서류 薯类	
엽채류 叶菜类	
근채류 根菜类	
과채류 果菜类	

작황 作况 **农作物生产情况**

농업 정보 사이트를 이용하여 작황(농작물 생산 상황)을 소개하고 있다.
利用农业信息网大力推介**农作物的生产情况**。

정미 精米, **도정** 搗精 **碾米, 碾除糙米皮层的工序**

볏짚 **稻草**

새로 연구 개발된 CMC는 볏집과 옥수수 껍질을 이용하여 만들어진다.
新研究开发出的CMC可用**稻草**和玉米皮进行生产。

쌀겨 **米糠**

정미소 精米所 **碾米厂**

조방농업 粗放農業 **粗放式农业, 粗放农业**

농업의 조방화 **农业粗放式经营**

농업의 조방식 성장 방식을 집약식 성장 방식으로 전환했다.
把**农业粗放式**的增长方式转变为农业集约式的增长方式。

GMO 표시제 **GMO标签**

'EU 식품 규정'은 유통되는 유전자 변형 식품에 대한 EU 회원국의 GMO 표시 의무를 규정하고 있다.
"欧盟食品规程"规定欧盟成员国必须对上市的转基因产品进行**GMO标签**。

GMO 표시제(GMO Labeling, GMO标签)란?

유전자 변형 농산물은 병충해에 강하고 수확량을 늘리는 이점이 있지만 과학적으로 안전성이 검증되지 않아 유럽 및 일본에서는 해당 농수산물에 GMO를 표시하는 제도를 도입했다. 한국에서 유통되는 콩·콩나물·옥수수 등은 GMO가 3% 이상 섞일 경우 반드시 GMO를 표시해야 한다. 가공식품은 2001년 7월, 감자는 2003년 3월부터 의무 표시제를 실시했다.

집약 농업 集約農業 **集约式农业, 集约农业, 密集农业**

땅이 넓고 인구가 적은 국가는 조방농업, 인구가 많고 국토가 좁은 나라는 집약 농업을 한다.
地广人稀的国家多为**粗放农业**, 人多地少的国家是**密集型农业**。

특용 작물 特用作物 **经济作物, 特用作物**

벼 등 재배 면적이 넓은 농작물 이외에 특용 작물의 비중이 점차 늘고 있다.
除水稻等种植面积较大的农作物外, **经济作物**的比重已越来越大。

파종기 播種期 **播种期**

배추의 적절한 파종기는 언제입니까?
大白菜适宜的**播种期**是何时?

품종 品種 **品种**

개량종 改良種 **改良品种**

개량종 수박이 대량 출시되었다.
改良品种西瓜大量上市。

잡종 雜種 **杂交种**

풍작 豊作 **丰收**

올해 마늘 재배는 대풍작을 이루었다.
今年大蒜取得了大**丰收**。

풍년 豊年 **丰年**

현미 玄米 **糙米**

발아 현미는 인류의 건강 증진, 질병 예방 등에 효과가 있다.
发芽**糙米**在增进人类健康、防治疾病等方面有积极作用。

화훼 농업 花卉農業 **种花, 栽培花卉**

관상식물 觀賞植物 **观赏植物**

실내 관상식물은 품종이 다양하고 자태나 색깔도 제각각이다.
室内**观赏植物**品种繁多, 形态颜色各异。

흉작 凶作 **歉收**

흉년 凶年 **荒年**

작년은 전체적으로 수확이 좋지 않아 흉년이 들었다.
去年总的来说收成都不太好, 是个**荒年**。

축산업 畜牧业

광우병 狂牛病, **우해면상뇌증** 牛海綿狀腦症 **BSE(Bovine Spongiform Encephalopathy)** **疯牛病**

광우병은 만성으로 진행되는 소의 질병으로 1985년 영국에서 처음 발견되었다.
疯牛病是指牛的一种慢性进行性疾病, 1985年首次在英国发现。

구제역 口蹄疫 **FMD(Foot-and-Mouth Disease)** **口蹄疫**

양돈업자에게 구제역 발생은 그야말로 재난이다.
口蹄疫的发生对养猪户来说是一场不折不扣的灾难。

낙농업 酪農業 **乳业, 制酪业**

유제품 乳製品, **낙농 제품** 酪農製品 **乳制品, 奶制品**

유럽 5대 유제품 회사도 포장 용기로 PET병을 공식 사용하고 있다.
欧洲5大**奶制品**公司也开始正式使用PET瓶包装。

저온 살균 처리 低溫殺菌處理 **低温杀菌法, 巴氏杀菌法**

식품에 대한 가열 살균은 저온 살균법, 고온 단시간 살균법, 초고온 순간 살균법으로 나뉜다.
对食品加热杀菌可分为**低温杀菌法**(**巴氏杀菌**)、高温短时杀菌法和超高温瞬时杀菌法。

젖소 **乳牛, 奶牛**

이곳은 땅이 넓고 물과 풀이 풍부하여 젖소 사육에 있어 천혜의 자연 조건을 갖추고 있다.
这里土地辽阔, 水肥草美, 养殖**奶牛**的自然条件得天独厚。

양계 養鷄 **养鸡**

가금류 家禽類 **家禽类**

조류 독감 鳥類毒感 **Bird Flu (H5N1 virus), AI(Avian Influenza)**
禽流感, 鸟禽类A型流行性感冒

현재 닭고기와 계란을 먹고 조류 독감에 간접 감염된 사례는 발견되지 않았다.
目前还没有发现人类由于吃鸡肉和鸡蛋而间接感染**禽流感**的病例。

양돈 養豚 **家猪饲养, 养猪**

중국은 세계 최대의 양돈국이자 소비국이다.
中国是世界上最大的**家猪饲养**和消费国。

육가공 식품 肉加工食品 **肉类加工品**

국가의 '육류 및 육가공 식품 위생 관리 규정'에 따라야 한다.
必须符合国家关于"肉类及**肉类加工品**卫生管理规定"的要求。

육우 사육 肉牛飼育 **肉牛饲养**

도축 屠畜 **屠宰**

도축장 屠畜場 **屠宰场**

사육장 飼育場 **养殖场, 饲养场**

유독성 사료가 발견된 이후, 사육장 60곳이 폐쇄되었다.
自发现有毒饲料以来, 现总共有60家**饲养场**被关闭。

육용우 肉用牛 **肉牛**

소값 **牛价**

소값 오름세는 캐나다산 육류의 재공급으로 잡힐 것이다.
牛价的上涨趋势将随加拿大牛肉重新供应而得到控制。

쇠고기 등급제 **牛肉分级制度**

중국은 아직 쇠고기 등급제 전면 실시가 이루어지지 않고 있다.
中国尚没有全面推行**牛肉分级制度**。

위생 검사 衛生檢查 **卫生检验**

위생 검사를 거친 식품을 먹어야 한다.
要吃那些经过**卫生检验**的食品。

축사 畜舍 **家畜圈, 畜圈**

축산업 畜産業 **畜牧业**

가축 사료 家畜飼料 **动物饲料**

미국 FDA는 보다 엄격한 가축 사료 규정안 마련을 검토 중이다.
美国食品与药品管理局正考虑制定更为严格的**动物饲料**规定。

배합 사료 配合飼料 **调和饲料, 配合饲料**

축산 정책 畜産政策 **畜牧业政策**

우리 나라의 젖소 사육 농가에 대한 축산 정책이 효과를 보고 있다.
我国针对养奶牛农户制定的**畜牧业政策**已经有了效果。

수산업 水产业

갑각류 甲殼類 **甲壳类**

국제 어업 협정 國際漁業協定 **(International Fisheries Agreement)** **国际渔业(捕鱼)协定**

한러어업협정 (Korea-Russia Fisheries Agreement) **韩俄渔业(捕鱼)协定**

한일어업협정 韓日漁業協定 **(Korea-Japan Fisheries Agreement)** **韩日渔业(捕鱼)协定**

한중어업협정 韓中漁業協定 **(Korea-China Fisheries Agreement)** **韩中渔业(捕鱼)协定, 中韩渔业(捕鱼)协定**

한중어업협정의 공식 발효로 우리 나라 조업 수역이 축소되었다.
中韩渔业协定的正式实施导致我国海洋捕捞海域缩小。

국제포경조약 國際捕鯨條約 **国际捕鲸公约**

규조 硅藻 **硅藻**

그물 낚시 **网类渔具捕捞**

유자망 流刺網 **流刺网**

자망 刺網 **刺网**

자망의 종류는 매우 다양하다.
刺网渔具种类繁多。

근해 어업 近海漁業 **近海捕鱼, 近海渔业**

기선 저인망 어업 機船底引網漁業 **机动渔船底拖网渔业**

쌍끌이(기선 저인)망 **双底拖网**

저인망 底引網 **底拖网**

치어(稚魚)의 성장 초기에는 저인망 사용이 금지된다.

在幼鱼成长初期, 禁止使用**底拖网**。

기업형 어업 企業型漁業 **生产型渔业**

남동대서양어업조약 南東大西洋漁業條約 **大西洋东南部渔业公约**

남획 濫獲 **过度捕鱼, 过度捕捞**

현재 많은 해역이 남획과 오염으로 파괴되고 있다.

目前许多海域由于**过度捕鱼**和污染正在遭受破坏。

다획성 어류 多獲性魚類 **多获性鱼类**

미끼, 먹이 **饵料生物**

인공 육묘에는 보통 인공 배양한 먹이를 사용하지만 양식은 보통 천연 먹이를 사용한다.

目前人工育苗一般用人工培养的饵料, 而养殖一般使用天然**饵料生物**。

북태평양공해어업조약 北太平洋公海漁業條約 **北太平洋公海捕鱼国际公约**

산란 産卵 **产卵**

인공 배양은 어류의 생식 활동을 조절하고 산란율을 높인다.

人工培育能够调控鱼类的生殖活动, 提高**产卵**率。

산란 활동 産卵活動 **产卵活动**

산란장 産卵場 **产卵场**

부화 孵化 **孵卵**

부화장 孵化場 **孵卵场**

그곳은 여름철 수온이 높아 어류의 부화장이 된다.

那里夏季水温较高, 成为鱼类的**孵卵场**。

인공 부화 人工孵化 **人工孵卵**

생계 유지형 어업 生計維持型漁業 **以渔业谋生, 生计渔业**

2만여 주민이 어업으로 생계를 유지하고 있다.

2万多居民依靠**渔业谋生**。

생식 환경 生殖環境 **生殖环境**

우리 나라 야생 동식물 생식 환경이 개선되었다.

我国野生动植物**生殖环境**得到改善。

서식지 棲息地 **栖息地**

북아메리카 대륙에서는 인간의 활동 범위가 날로 확대되면서 조류 서식지가 줄고 있다.

在北美大陆, 由于人类活动范围日益扩大, 鸟类的**栖息地**随之减少。

섬모충 纖毛蟲 **纤毛虫**

수산업 水産業 **水产业**

수산 가공업 水産加工業 **水产加工业**

어업은 수산 양식업과 수산 가공업 쪽으로 발전시켜야 한다.
渔业要向水产养殖业和**水产加工业**方向发展。

어업 漁業 **渔业**

수산업협동조합 水産業協同組合 NFFC(National Federation of Fisheries Cooperatives) **韩国水产业协同组合**

아가미 **鱼鳃**

양식 생물 배설물 養殖生物排泄物 **养殖生物排泄物**

양식업 養殖業 **水产养殖业**

최근 몇 년 양식업의 지속적인 확대로 수산물 공급 과잉이 나타나고 있다.
近年来, 由于**水产养殖业**的不断扩大, 出现了水产品供大于求的状况。

가두리 양식장 **网箱养鱼场**

가두리 양식장은 사료의 대량 사용으로 수질 오염이 심각하다.
网箱养鱼场大量投放饲料, 造成水体污染严重。

굴 양식 **养蠔, 养牡蛎**

내륙 양식 內陸養殖 **内陆养殖**

바다 양식 **海水养殖**

새우 양식 **养虾**

양식업 가운데 새우 양식이 가장 효과적이다. 새우는 빨리 자라고 값이 비싸고 먹이 소비량도 적다.
在水产养殖业中以**养虾**效果最好, 它生长快、价值高、饵料耗费少。

양식 養殖 **水产养殖**

양식 기술 발전과 양식 품종 개발로 전통 민물 수산 양식이 큰 타격을 입었다.
随着水产养殖技术的发展和水产养殖品种的升级换代, 传统的淡水**水产养殖业**受到了强烈冲击。

양식업자 養殖業者 **水产养殖业者**

양식장 養殖場 **养鱼场, 养殖场**

자연산 自然産 **天然水产养殖, 天然养殖**

어류 양식은 자연 양식에서 인공 양식으로 발전되었다.
鱼类养殖由**天然养殖**发展到人工养殖。

진주 양식 眞珠養殖 **养珠**

해양 목장 海洋牧場 **海洋牧场**

해양 목장은 전적으로 자연의 법칙에 따라 건설되었다.

海洋牧场是完全遵循自然规律而建立起来的。

어선 漁船 **渔船, 渔艇**

어선단 漁船團 **渔船队**

원양 어선 遠洋漁船 **深海渔船, 远洋渔船**

어장 漁場 **渔场**

한국은 남북 해역의 어장을 확대하고 동해와 서해 어장 조업 기간을 연장했다.
韩国扩大了南北海域**渔场**, 并延长了东海和西海**渔场**的作业期。

어종 魚種, 어족 魚族 **鱼种, 鱼类种群, 鱼类**

본래 고갈 위기에 처했던 일부 어족의 생태 균형이 점차 회복되고 있다.
一些本来已近枯竭的**鱼类种群**的生态平衡正在逐渐恢复。

어족 보호 魚族保護 **保护鱼类种群**

어촌 漁村 **渔村**

어가 漁家 **渔户**

어부 漁父, 어민 漁民 **渔夫, 渔民**

댜오위다오 인근 해역은 중국 어민의 전통 어장이다.
钓鱼岛附近海域是中国**渔民**的传统作业渔场。

어업 노동자 漁業勞動者 **渔工**

어패류 魚貝類 **鱼贝类**

어획 漁獲 **捕获**

어획량 漁獲量 **捕获量**

페루의 어획량이 강력한 엘니뇨의 영향으로 200만 톤 이하로 급감했다.
秘鲁的海鱼**捕获量**受到强厄尔尼诺的影响, 急降到200万吨以下。

어획 쿼터 **捕捞配额**

내년도 한국과 일본의 어획 쿼터는 각각 2만 톤, 4천 톤씩 감소된다.
明年韩国和日本的**捕捞配额**将分别减少2万吨和4000吨。

어업권 漁業權 **捕鱼权, 捕捞权, 渔业权**

입어료 入漁料 **捕鱼费, 捕捞费**

한국은 본 해역에서 1만5천 톤까지 조업할 수 있으며 톤당 입어료는 55달러이다.
韩国在这一海域可进行总量为1万5千吨的作业, 每吨的**捕捞费**为55美元。

연안 어업 沿岸漁業 **沿海捕鱼, 沿海渔业**

나미비아는 연안 어업 자원이 풍부하여 98%의 수산물이 수출되고 있다.
纳米比亚的**沿海渔业**资源丰富, 98%的鱼产品供出口。

원양 어업 遠洋漁業 **深海捕鱼, 深海渔业, 远洋渔业, 远洋捕鱼**

이패류 貽貝類 **双壳贝类**

저인망 어업, 트롤 **底拖网作业, 拖网作业**

쌍끌이 어선 **双拖网渔船**

트롤망 **拖网**

트롤선 **拖船, 拖网渔船, 拖网艇**

트롤은 주로 근해 조업에 이용된다.
拖船主要用于近海作业。

조류(해조류) 藻類 **藻类**

조업 操業 **捕鱼, 捕捞, 作业**

불법 조업이 극동 지역 어획고에 손실을 가져왔다.
违法**捕捞**给远东地区的捕鱼量造成了损害。

조업 형태 操業形態 **捕鱼方法, 捕鱼法, 捕捞方法, 捕捞法**

채낚시 **钓鱼**

계절과 날씨는 채낚시에 영향을 준다.
季节和天气会给**钓鱼**带来影响。

패류 貝類 **贝类**

포경 捕鯨 **捕鲸**

포경선 捕鯨船 **捕鲸船**

일본 포경선이 남극 수역과 태평양 서북 지역에서 포경을 일삼고 있다.
日本**捕鲸船**进入南极水域和西北太平洋捕鲸。

회유어 回游魚 **回游鱼**

연어의 주요 서식지는 태평양과 대서양 북부지역이며 연어는 회유어에 속한다.
鲑的主要栖息地是太平洋和大西洋的北部, 它是一种**回游鱼**。

어종 鱼类	
가다랑어	鲣鱼
가오리	蝙蝠鱼
갈치	带鱼
고등어	鲭鱼
광어	比目鱼
기감성돔	黄鳍鲷
꽁치	秋刀鱼
넙치→광어	大比目鱼→比目鱼
농어	鲈鱼
대구, 명태	大口鱼, 鳕鱼
도다리	八角鱼
도도바리	青石斑鱼

도미	大红鱼, 红鲷鱼
돌돔	石鲷
메로	雪鱼
멸치	鳀鱼, 海蜒
미꾸라지	泥鳅
뱀장어(만려어)	鳗鱼
병어	鲳鱼
복어	花豚
붕장어	星鳗, 海鳗
빙어	胡瓜鱼
사어	梭鱼
삼치	马鲛鱼
숭어	鲻鱼
아귀	鮟鱇鱼
연어	鲑鱼
옥돔	方头鱼, 马头鱼
임연수어	花鲫鱼
잉어	鲤鱼
전갱이, 아지	竹荚鱼
정어리	沙丁鱼
조기	黄花鱼, 大黃鱼
조피볼락, 우럭	黑石鲈
준치	鲥鱼
참돔	真鲷
참치	吞拿鱼, 金枪鱼
청어	青鱼, 鲱鱼
틸라피아, 역돔	罗非鱼
홍어	鳐鱼
흑도미, 감성돔	黑鲷

기타 수산물 其他水产品	
가리비	扇贝
가재	龙虾
각시흰새우	脊尾白虾
갯지렁이	沙蚕
게	螃蟹
고동	贝壳
굴	牡蛎
긴맛, 맛조개	缢蛏
김	紫菜
김사상체	紫菜丝状体
꼬막, 새꼬막	泥蚶
꼴뚜기	软翅仔, 柔鱼
꽃게	梭子蟹
낙지	长蛸
대하	大虾
대합	大蚌, 文蛤
동죽조개	蛤蜊, 四角蛤蜊
말똥성게	马粪海胆
멍게, 우렁쉥이	海鞘
모시조개	杂色蛤
문어	章鱼, 八带鱼
바닷가재	龙虾, 大螯虾
바지락	菲律宾蛤仔, 文蛤, 青蛤
반절대하	斑节对虾
백합	丽文蛤, 文蛤
보리새우	日本对虾
붉은 성게	红海胆
비단가리비	栉孔扇贝
새꼬막	瓦楞子
새우	虾

성게	海胆
소라	海螺
오분자기	九孔螺, 杂色鲍
오징어	墨鱼, 鱿鱼, 墨斗鱼
우렁이	田螺
우뭇가사리	石花菜
전복	鲍鱼
젓새우	毛虾
조개	蛤蚌
조선대합	斧文蛤
중하	麻虾, 黄虾, 沙虾
진주담치, 섭조개	贻贝
진주조개	珍珠贝
쭈꾸미	短蛸
키조개, 살조개	毛蚶
패주	闭壳肌
피조개	赤贝
한치	寒鱼
함박조개, 우바조개	库页蛤蜊
해만가리비	海湾扇贝
해삼	海参
해파리	海蜇
홍합	红蛤, 海红
히오기조개	华贵栉孔扇贝

해양 海洋

갯벌 潮埔地, 海埔地, 潮汐滩地, 滩涂

공동 규제 수역 共同規制水域 国际共管海域

터키·이스라엘·미국은 지중해 공동 규제 수역에서 합동 군사 훈련을 실시했다.
土以美三国在地中海**国际共管海域**举行联合军事演习。

공해 公海 公海

국가 관할 수역 國家管轄水域 **国家管辖海域**

근해 近海 **近海**

난류 暖流 **暖流**

한류와 난류가 만나는 곳 일대가 풍부한 어장이다.
寒流和**暖流**交汇处，四周海域是一片丰饶的渔场。

다도해 多島海 **群岛, 多岛海**

그곳에서 항구와 다도해의 전경을 구경할 수 있다.
在那里可观赏港口及**多岛海**的景色。

대륙붕 大陸棚 **大陆棚, 大陆架, 大陆礁层**

댜오위다오 부근 대륙붕 수역에 많은 석유가 매장되어 있을 가능성이 있다.
钓鱼岛附近广大**大陆棚**海域可能储有大量石油。

대륙붕 한계 위원회 大陸棚限界委員會 (CLCS) **大陆架界限委员会**

대륙붕 한계 위원회(CLCS: Commission on the Limits of the Continental Shelf, 大陆架界限委员会)란?

특정 국가가 영해기선으로부터 200해리를 넘어서 대륙붕의 관할권을 주장하는 경우, 그 한계를 획정하기 위해 '해양법에 관한 국제 연합 협약'에 따라 설치된 국제 기구이다. 200해리를 넘어서 대륙붕의 관할권을 주장하는 국가는 그에 관한 정보를 제공해야 하며 위원회는 이를 검토한 다음 경계 확정에 관해 권고할 수 있고 연안국이 이 권고에 따라 외측 한계를 설정할 경우 제3자에게 대항할 수 있는 권리를 갖게 되는 것이 특징이다.

무해 통항권 無害通航權 **无害通过权**

배타적 경제 수역 排他的經濟水域 **专属经济区, 专属经济水域**

배타적 경제 수역(EEZ: Exclusive Economic Zone, 专属经济区)이란?

자국 연안으로부터 200해리까지의 수역으로 UN 국제해양법에 의거, 연안국은 그 안에서 해양 자원의 탐사 개발 및 수역의 경제적 개발에 관한 독점적 권리를 행사하고 해양의 과학적 조사에 대한 관할권을 갖는다. 그리고 이 수역 안에서는 연안국이 전면적으로 어업 활동을 관리하게 되어 있다. EEZ는 전통적인 해양법에 의한 공해와 영해의 중간에 위치하는 제3의 수역으로 인정된다.

200해리 경제 수역 **两百海里专属经济区, 两百海里专属经济水域**

일본은 센카쿠 열도(댜오위다오)를 기점으로 200해리 경제 수역을 선포했다.
日本政府宣布以钓鱼岛为划定日本**两百海里专属经济区**的领海基点。

어업 전관 수역 漁業專管水域 **专属渔区, 渔业专属水域**

연안 沿岸 **海岸, 沿岸**

서해 연안 2킬로미터 지역이 쓰나미로 완전히 파괴되었다.

西海**沿岸**2公里的区域完全被海啸摧毁。

골든 코스트(오스트레일리아) **黄金海岸**

영해 領海 **领海**

중화인민공화국의 영해 폭은 12해리이다.

中华人民共和国的**领海**宽度为十二海里。

영해 침범 領海侵犯 **侵犯领海**

우리 나라 영토·영해·영공의 신성 불가침.

我国的领土、**领海**、领空神圣不可**侵犯**。

원양 遠洋 **深海, 远洋**

근래 해양 자원 개발에 대한 각국의 관심이 높아지면서 원양 어업에서의 경쟁도 가속화되고 있다.

近几年来, 世界各国对海洋资源的开发越来越重视, **远洋**渔业竞争加速。

폐쇄성 해역 閉鎖性海域 **封闭性水域**

일반적으로 부영양화는 호수·하구·만(灣) 등 폐쇄성 또는 반폐쇄성 해역에서 발생한다.

富营养化现象通常发生在湖泊、河口、海湾等封闭或半**封闭性水域**。

한류 寒流 **寒流**

항행의 자유 **通航自由**

걸프(페르시아 만) 지역에 대한 항행의 자유는 국제 사회에서 매우 중요하다.

波斯湾地区的**通航自由**对于整个国际社会极为重要。

해류 海流 **海流**

해안선 海岸線 **海岸线**

관광객들이 아름다운 해안선을 따라 거닐고 있다.

游客们正沿着美丽的**海岸线**漫步。

해양법 海洋法 **海洋法**

전 지구 해양 관측 시스템 GOOS(Global Ocean Observing System) **全球海洋观测系统**

국제해양법재판소 國際海洋法裁判所 **(International Tribunal for the Law of the Sea)** **国际海洋法法庭**

유엔 해양법 협약 **联合国海洋法公约**

유엔 해양법 협약(UNCLOS: UN Convention on the Law of the Sea, 联合国海洋法公约)이란?

1982년 12월 10일 자메이카의 몬테고 베이에서 채택된 해양법에 관한 조약. 국가 관할 수역에 관한 전통 국제법을 대폭 수정한 것으로 1973년부터 1982년까지 개최된 제3차 유엔 해양법 회의에서 오랜 협상 과정을 거쳐 1982년 12월 10일 채택, 1994년 11월 16일 발효되었다.

해저 海底 **海底**

심연 深淵 **深渊**

심해저 深海底 **深层海底**

해구 海丘 **海丘**

해저 광물 海底鑛物 **海底矿物**

우리 나라는 해저 광물 자원 탐사를 강화할 방침이다.
我国计划加紧勘探**海底矿物**资源。

국제 해저 기구 國際海底機構 (International Sea-Bed Authority) **国际海底管理局**

해양 자원 海洋資源 **海洋资源**

해양 자원은 해양 화학 자원, 해양 광물 자원, 해양 에너지 자원 그리고 해양 생물 자원으로 나뉜다.
海洋资源可分为海洋化学资源、海洋矿产资源、海洋动力资源和海洋生物资源四类。

임업 林业

관목 灌木 **灌木**

관엽수 觀葉樹 **观叶树**

낙엽수 落葉樹 **落叶树**

낙엽 활엽수림 落葉闊葉樹林 **落叶阔叶林**

난대림 暖帶林 **亚热带森林**

목재 木材 **木材**

톱으로 원목을 잘라 목재를 만든다.
用锯子把原木锯成**木材**。

경재 硬材, **활엽수재** 闊葉樹材 **硬木材, 阔叶树木材**

목재품 木材品 **木材品**

겨울에 만들어진 목재품은 원상태를 오래 유지한다.
冬季做的**木材品**能长期保持原状。

연재 軟材, **침엽수재** 針葉樹材 **软木材, 针叶树木材**

묘목 苗木 **树苗, 苗木**

양묘장 養苗場, **묘목장** 苗木場 **育苗园**

은행나무 묘목장.
银杏**育苗园**。

방풍림 防風林 **防护林, 防风林**
중·일 합작 황허 방풍림 조성 사업이 시작되었다.
中日合作黄河**防护林**建设工程启动。

벌목 伐木, **벌채** 伐採 **砍伐树木**
누구도 함부로 벌목할 수 없으며 관련 부처의 허가를 받아야 한다.
任何人不得私自**砍伐树木**, 必须获得砍伐有关部门的批准同意。

무단 벌목 無斷伐木 **非法伐木, 乱砍乱伐**
밀렵과 무단 벌목으로 코트디부아르 국립 공원은 위기에 직면했다.
偷猎和**乱砍乱伐**使科特迪瓦国家公园遭遇危机。

벌목공 伐木工 **伐木工人**
벌목공이 나무를 벌목하면 도시와 농촌으로 운송되어 집을 짓고 가구를 만드는 데 이용된다.
伐木工人把树木砍伐下来, 运到城市和农村, 用来建造房屋、制造家具。

벌목장 伐木場 **伐木场**
삼림 벌목장에서 목재를 운반할 때, 보통 잘 길들인 코끼리가 인력을 대신한다.
在森林**伐木场**搬运木材, 一般都是用驯服的大象来代替人工的。

병충해 病蟲害 **病虫害**
병충해 방제 기술 病蟲害防除技術 **病虫害防治技术**
솔잎혹파리 **松针瘿蚊**
송충나방 **枯叶蝶, 枯叶蛾**
송충이 **毛虫**

사막화 沙漠化 **荒漠化**

사방 조림 砂防造林 **防沙造林, 治沙造林**
사방 조림 우대 정책을 수립하고 이를 추진함으로써 사회 각계 각층의 적극적인 참여를 유발한다.
制定并落实**治沙造林**优惠政策, 调动社会各界参与防沙造林的积极性。

산림 보호 山林保護 **森林保护**
가지치기 **修枝**
솎아베기(간벌) **疏伐, 间伐**
솎아베기는 우종 선별 과정이다.
疏伐是一个选优过程。
숲 가꾸기 **森林抚育**

산림 山林 **森林**
중국은 UNEP가 지정한 세계 최대 산림 보존국 중 하나이다.

中国被联合国环境署列为世界上保留**森林**最多的国家之一。

산불 **森林火灾, 山火**

아테네 올림픽 선수촌 부근에서 산불이 났다.
雅典奥运村附近发生**森林火灾**。

삼림 지역 森林地域 **森林地区**

삼림 지역에 비가 잦은 이유는 바로 그 지역에 수증기가 많기 때문이다.
森林地区多雨, 就是因为**森林地区**水汽多。

상록수 常綠樹 **常绿树**

식재 植栽, **식수** 植樹 **植树**

식목일 植木日 **植树节**

전 세계 많은 국가가 식수조림의 중요성을 인정하여 법정 식목일을 두고 있다.
世界许多国家重视植树造林, 有了法定的**植树节**。

열대림 熱帶林 **热带森林**

열대 우림 熱帶雨林 **热带雨林**

아마존 평원은 세계 최대 열대 우림지로 지구상 열대 우림 전체 면적의 50%를 차지한다.
亚马逊平原是世界上最大的**热带雨林**区, 占地球上**热带雨林**总面积的50%。

온대림 溫帶林 **温带森林**

온대림은 세계적으로 확대되는 추세지만 열대 우림은 극심하게 파괴되고 있다.
虽然**温带森林**面积在世界各地都呈上升趋势, 但热带雨林却受到严重的破坏。

원목 原木 **原木**

뉴질랜드산 원목에 대한 수요가 감소했다.
对新西兰**原木**的需求减少。

각재 角材 **木方, 方木**

판재 板材 **板材**

원시림 原始林 **原始林**

유실수 有實樹 **果树**

주요 유실수는 사과·배·복숭아나무를 가리킨다.
主要**果树**是指苹果、梨、桃树。

인공림 人工林 **人工林**

임산품 林産品, **임산물** 林産物 **林产品, 林业产品**

임업 林業 **林业**

자연림 自然林 **天然林, 天然森林**

우리 나라 삼림은 자연림과 인공림으로 대별된다.
我国森林可分为两类: 一类是**天然森林**, 另一类是人工林。

재조림, 녹화 사업 綠化事業 **重新造林, 绿化计划**

홍콩은 2001년부터 도시 녹화 사업을 추진하여 환경 개선, 토지 자원의 효율적 이용을 꾀하고 있다.
香港从2001年开始推行城市**绿化计划**, 改善环境和善用土地资源。

제재 製材 **制作木材**

구조목 構造木 **结构木**

제재목 製材木 **锯木**

제재소 製材所 **锯木厂**

제재소에서 나온 톱밥.
锯木厂排放的锯屑。

조림 사업 造林事業 **造林绿化事业**

조림 사업을 통해 삶의 터전을 푸르게 만들어야 한다.
应通过**造林事业**来绿化家园。

조림장 造林場 **种植园**

조림학 造林學 **造林学**

진화 작업 鎭火作業 **扑救, 灭火工作**

미국 캘리포니아 산불 진화 작업이 많은 어려움을 겪고 있다.
美加州山火**灭火工作**困难重重。

공중 진화 空中鎭火 **空中灭火, 空中消防**

북아메리카에서는 주로 공중 진화 작업을 펼친다.
在北美, 一般都是以**空中灭火**为主。

지상 진화 地上鎭火 **陆地灭火**

침엽수 針葉樹 **针叶树**

침엽수림 針葉樹林 **针叶树林**

해발 고도가 높아지면 식물 생태가 혼합림에서 침엽수림으로 바뀐다.
随着海拔高度的上升, 植物群落由混合树林转变成**针叶树林**。

특수 임산물 特殊林産物 **特种林产品, 特殊林产品**

임산물 중에서는 죽순 등 특수 임산물이 큰 비중을 차지한다.
林业产品中, 竹笋等**特殊林产品**占了很大比例。

밤 **板栗, 栗子**

송이버섯 **松茸**

약재 **药草, 药用植物**

윈난성은 예로부터 약초 산지로 유명하다.
云南省素有"**药草**之乡"的美誉。

잣 **松树籽**

표고버섯 **香菇**

펄프 **纸浆**

최근에 국제 펄프 가격 파동이 크다.
最近，国际**纸浆**价格波动较大。

펄프칩 **木浆片**

한대림 寒帶林 **寒带森林**

합판 合板 **胶合板，合板**

합판은 용도가 다양하고 소비량이 많은 주요 건자재이다.
胶合板是一种用途广泛、耗用量多的大宗建材物资。

베니어합판 **贴面板**

활엽수 闊葉樹 **阔叶树**

황폐화 荒廢化 **荒漠化**

우리 나라 조림 수종 韩国造林树种	
개나리	迎春花
굴참나무	东方橡树
꽝꽝이	圣树
너도밤나무	山毛榉树
느티나무	榉树
닥나무	构树
단풍나무	枫树
대추나무	枣木
동백나무	山茶树
등나무	紫藤树
미루나무	白杨
백향목	雪松
버드나무	垂柳
뽕나무	桑树
사시나무	棵杨树
삼나무	日本扁柏
상수리나무, 떡갈나무	橡树
소나무	松树
오동나무	桐木
오미자	五味子
은행나무	公孙树，银杏树

자작나무	桦树
작약	芍约
잣나무	松子树
전나무	冷杉, 杉木
쥐똥나무	木蜡树
탱자나무	枸橼, 臭橼
향나무	刺柏树
회양목	黄杨木
후박나무	红楠

17 주요 산업 主要产业

산업 일반 产业

게임 산업 **电子游戏业**

애니메이션 게임 산업 발전 T/F 팀을 발족시켰다.

成立动漫**电子游戏业**发展专项工作小组。

경공업 輕工業 **轻工业**

섬유 산업 纖維産業 **纺织工业**

신발 산업 **制鞋产业**

완구 산업 玩具産業 **玩具行业, 玩具制造业**

의류 봉제 衣類縫製 **服装工业**

필리핀 의류 봉제 산업은 합병되어야 한다.

菲律宾的**服装工业**需要合并。

국산화 國産化 **国产化, 本地化**

수입 설비의 부품 국산화는 생산 원가를 낮추는 효과적인 방법이다.

进口设备零部件**国产化**是降低生产成本的有效措施。

굴뚝 산업 **重污染行业, 有烟工业**

서부 지역은 굴뚝 산업의 이전이 반갑지 않다.

西部不欢迎**重污染行业**转移。

기간 산업 基幹産業 **支柱产业, 骨干产业, 基础产业, 关键产业**

한국은 6대 기간 산업에 대한 지원을 강화하여 경쟁력을 향상시키기로 결정했다.

韩国确定加大扶持六大**骨干产业**提高竞争力。

기계 산업 機械産業 **机械产业**

친환경 기계 산업 발전이 강세를 보이며 주요 신흥 산업으로 부상했다.

环保**机械产业**发展强劲, 已成为不可忽视的新兴产业。

공작 기계 工作機械 **机床, 工具机, 工作母机**

계측 기기 計測機器 **测量仪器, 测定仪器**

기술 집약적 산업 技術集約的産業 **技术密集型产业**

기업 정보 포털 EIP(Enterprise Information Portal) **企业信息门户**

기업 지식 포털 **企业知识门户**

기업 지식 포털(EKP: Enterprise Knowledge Portal, 企业知识门户)이란?

기업의 각종 정보를 웹 기반에서 통합시키는 기업 지식 포털. 지식 관리형 그룹웨어라고도 한다. 기업 정보 포털(企业信息门户)의 하나로 기업의 내부·외부 정보를 통합하고 기업 내 서로 다른 종류의 정보 소스를 웹 기반에서 통합시키는 시스템이다. 그룹 웨어는 물론 지식 관리 시스템(KMS, 知识管理信息系统)과 문서 관리 시스템·인사 관리·업무 관리·업무용 오피스까지 기업이 필요로 하는 각종 소프트웨어를 통합하여 단일 창구를 통해 제공한다.

노동 집약적 산업 勞動集約的産業 **劳动密集型产业**
뉴미디어 산업 **新媒体产业**
반제품 半製品 **半成品**
범용성 제품 汎用性製品 **大众规格产品, 通用产品**
산업 공동화 産業空洞化 **产业空洞化**
　　한국은 산업 공동화가 심각하다.
　　韩国**产业空洞化**现象严重。
　공동화 현상 空洞化現像 **空洞化现象**
　생산 시설 해외 이전 生産施設海外移轉 **生产设备向外国迁移**
산업 공학 産業工學 **工业工程学**
　산업 관리 공학 産業管理工學 **工业管理学**
산업 구조 産業構造 **产业结构**
　— **개편** 改編 **产业重组**
　　전 세계 산업 구조가 개편되다.
　　全球的**产业**结构进行了**重组**。
　— **고도화** 高度化 **产业结构升级**
　산업 구조 동일화 産業構造同一化 **产业结构趋同**
　　각 도시의 기능이 불분명하고 산업 구조 동일화 현상이 심각하다.
　　各城市的功能不明确, **产业结构趋同**现象严重。
　산업 구조 부조화 産業構造不調和 **产业结构失调**
　산업 구조 최적화 産業構造最適化 **优化产业结构**
산업 디자인 **工业产品设计**
산업 생산량 産業生産量 **工业产品产量, 产业生产量**
　　중국의 여러 산업 생산량이 세계 선두를 달리고 있다.
　　中国不少**工业产品产量**位居世界前列。
　생산 능력 生産能力 **产能**
　생산 판매 生産販賣 **产销**

생산 판매 단일화 生産販賣單一化 **产销一体化**

X사는 생산 판매 단일화를 통해 판매 절차를 간소화하고 판매 원가를 낮추었다.

X公司实现**产销一体化**, 简化了销售程序, 降低了销售成本。

정량 공급 定量供給 **定量供应**

산업 연관 효과 産業聯關效果 **产业连锁效应, 产业连锁效果**

석유화학, 철강 등 기초 산업간 연관성이 크기 때문에 막대한 산업 연관 효과를 가져올 수 있다.

石化、钢铁等基础产业的关联性强,可以带来巨大的**产业连锁效应**。

상류 산업 上流産業 **上游行业, 上游产业**

전방 효과 前方效果 **前向效应**

하류 산업 下流産業 **下游行业, 下游产业**

후방 효과 後方效果 **后向效应**

상류 산업과 하류 산업(Upstream Industry vs. Downstream Industry, 上游行业和下游行业)이란?

연관된 전·후방 산업들을 지칭하는 의미로 업스트림(上游) 또는 다운스트림 산업(下游行业)이라고 한다. 일례로 석유 화학에서 정유 산업이 업스트림이라면, 여기서 원료 공급을 받아 생산 활동을 하는 플라스틱 제품 산업은 다운스트림(下游) 산업이다.

산업 육성 産業育成 **产业扶持, 促进产业发展**

산업재 産業材 **工业产品**

산업 재해 産業災害 **工伤**

산업재해보험이란 노동자가 생산 작업중 상해를 입었을 때, 본인 또는 직계 부양가족에게 정부에서 물질적 도움을 주는 사회 복지 제도를 말한다.

工伤保险是指劳动者在从事生产劳动过程中发生意外伤害时, 由政府向劳动者本人或供养直系亲属提供物质帮助的一项社会福利制度。

3차 산업 三次産業 **第三产业**

산업화가 빠르게 진행됨에 따라 3차 산업 발전 속도도 현저히 빨라졌다.

伴随着工业化进程的加快, **第三产业**发展步伐明显加快。

상품 다양화 商品多樣化**, 상품 다원화** 商品多元化 **产品多元化**

……점차 '상품 다원화' 시대로 접어들고 있다.

……正在逐步步入"**产品多元化**"时代。

생산 체제 生産體制 **生产系统**

코닥은 글로벌 생산 체제 통합을 계속 추진하고 있다.

柯达继续整合全球**生产系统**。

단순 조립 單純組立 **简单组装**

조달한 부품으로 단순 조립하여 완제품을 판다.
购买零部件**简单组装**成整机销售。

주문 생산 注文生産 **订单生产**

핵심 부품 核心部品 **核心组件, 核心零部件**

스마트폰의 핵심 부품 중 10%는 수입에 의존한다.
智能手机**核心零部件**的10%依赖进口。

석유 화학 공업 石油化學工業 **石油化学工业, 石化工业**

석유 화학 공업은 다롄 시의 제2 기간 산업이다.
石油化学工业是大连市第二大支柱产业。

기능성 화학 제품 機能性化學製品 **功能化工产品**

나프타 **石油脑, 石脑油**

나프타 분해 공장 **石脑油裂解厂**

석유 화학 제품 石油化學製品 **石化产品**

염화 비닐 **聚氯乙烯**

정밀 화공 精密化工 **精细化工**

우리 공장은 정밀 화공 제품을 생산한다.
我厂生产属于**精细化工**系列的产品。

합성 고무 **合成橡胶**

합성 섬유 合成纖維 **合成纤维**

합성수지 合成樹脂 **合成树脂**

석유 화학 공업 관련 용어 石化工业术语	
개질 휘발유	改良汽油
겔, 젤라틴	凝胶
겔화	胶凝作用
계면활성제	表面活性剂, 表面活化剂
고무공업용제	橡胶工业用溶剂
고밀도 폴리에틸렌	高密度聚乙烯
고부가가치 복합수지	高附加值复合树脂
고압법 폴리에틸렌=저밀도 폴리에틸렌	高压聚乙烯
고점도지수	高粘度指数
광택제	擦光剂, 抛光剂
나일론(폴리아미드)	聚酰胺
니트로벤젠	硝基苯
리놀륨	油毡

린덴	灵丹, 林丹
메탄올=메틸알코올	甲醇
메틸고무	甲基橡胶
메틸메타크릴레이트	甲基丙烯酸甲酯
메틸에틸케톤	甲乙酮
벤젠	苯
부타디엔	丁二烯
부타디엔 고무	顺丁橡胶
부틸렌	丁烯
부틸알코올	丁醇
부틸 합성 고무	丁基橡胶
불포화폴리에스테르	不饱和聚酯
불포화폴리에스테르수지	不饱和聚酯树脂
비닐알코올	乙烯醇
비닐호스	乙烯软管
비스페놀 A	双酚A
사염화 에틸렌	四氯乙烯
선형 저밀도 폴리에틸렌	线性低密聚乙烯
선형 중밀도 폴리에틸렌	线性中密聚乙烯
선형 폴리에틸렌	线性聚乙烯
수산화나트륨	氢氧化钠
스티렌부타디엔고무(SBR)	丁苯橡胶
스티로폼	聚苯乙烯泡沫装制品, 泡沫塑料
스틸렌	苯乙烯
스틸렌모노머	苯乙烯单体
스판덱스	弹力纤维, 斯潘德克斯弹性纤维
아세톤	丙酮
아세트산나트륨	醋酸钠
아세트산셀룰로오스	醋酸纤维素, 乙酰纤维素
아세트알데히드	乙醛
아세틸렌	乙炔

아크릴로니트릴	丙烯腈
아크릴산	丙烯酸
에나멜	釉质, 珐琅
에탄	乙烷
에탄올=에틸알코올	乙醇
에틸렌	乙烯
에틸렌글리콜	乙二醇
에틸벤젠	乙苯
에틸셀룰로오스	乙烷纤维素
에틸아민	乙胺
에폭시수지	环氧树脂
엔지니어링 플라스틱	工程塑料
연소촉매제	助烧催化剂
열가소성 고무	热塑性橡胶
열가소성 수지	热塑性树脂
염소화폴리에틸렌	氯化聚乙烯
염화비닐섬유	聚氯乙烯纤维
염화에틸렌	二氯乙烷, 二氯化乙烯
옥탄	辛烷
옥탄가	辛烷值
온석면	温石棉
유산나트륨	乳酸钠
저밀도 폴리에틸렌	低密聚乙烯
저압법 폴리에틸렌	低压聚乙烯
초산	醋酸
초산비닐 공중합수지	乙烯-醋酸乙烯酯
퀴놀린	喹啉
크실렌	二甲苯
클로로벤젠	氯苯
클로로프렌고무	氯丁橡胶
테틸렌	涤纶

톨루엔	甲苯
통기성수지	透气性树脂
펄라이트	珍珠岩, 珠光体
페놀	酚
페놀수지	酚醛树脂
폴리비닐알콜	聚乙烯醇
폴리스틸렌	聚苯乙烯
폴리아미드수지	聚酰胺树脂
폴리아세탈	聚甲醛, 聚缩醛
폴리에스테르	聚酯
폴리에틸렌	聚乙烯
폴리염화비닐	聚氯乙烯
폴리염화비닐리덴	聚偏二氯乙烯
폴리올레핀	聚烯烃
폴리우레탄	聚氨酯
폴리카보네이트	聚碳酸酯
폴리프로필렌	聚丙烯
폴리프로필렌글리콜	聚丙二醇
푸란(퍼푸랄)수지	糖醛树脂
프로필렌	丙烯
플라스틱	塑料

☞ 폴리에틸렌은 제조 방법 및 성능에 따라 고압법 폴리에틸렌(저밀도 폴리에틸렌 혹은 연질 폴리에틸렌)과 중저압 폴리에틸렌(고밀도 폴리에틸렌 또는 경질 폴리에틸렌)으로 크게 나뉜다. 현재는 제조 기술의 현저한 혁신에 의해서 중저압법에 의한 저밀도 폴리에틸렌의 제조가 가능해졌으며 고압법 폴리에틸렌, 중저압법 폴리에틸렌의 개념은 불명확해지고 있다. 또한 폴리에틸렌은 폴리프로필렌, 기타 올레핀계 폴리머와 합쳐서 폴리올레핀이라고 총칭한다.

선박 제조업 船舶製造業 **船舶制造业**

성장 산업 成長産業 **增长型行业, 增长迅速的行业**

완제품 完製品 **成品, 制成品**

지난 4개월 동안 13개 주요 자동차 업체의 완제품 재고가 27.9% 증가했다.
前4个月13家汽车行业重点企业**成品**存货上升27.9%。

2차 산업 二次産業　　**第二产业**
1차 산업 一次産業　　**第一产业**
자본 집약적 산업 資本集約的産業　　**资本密集型产业**
장치 산업 裝置産業　　**过程工业**

　전 세계 장치 산업의 현황과 미래를 함께 논의했다.
　共同探讨全球**过程工业**的现状与未来。

정밀 산업 精密産業　　**精密产业, 精密工业, 精工**
　정밀 기계 공업 精密機械工業　　**精密机械工业, 精机工业**
　정밀 화학 산업 精密化學産業　　**精密化学工业, 精细化工**
정보 통신 산업 情報通信産業　　**信息通信产业**
　비즈니스 정보 기술　　**商务信息技术**
　정보 격차 情報隔差(Digital Divide)　　**数字鸿沟**

　정보 격차는 실제로 부의 창출 능력의 차이이다.
　数字鸿沟实际上是一种创造财富能力的差距。

　정보 근로자 情報勤勞者　　**信息工作者**
　정보 브로커　　**信息经纪人**
　정보 사회 情報社會　　**信息社会**
　정보전 情報戰　　**信息战**

　미군은 대(對)이라크 정보전을 발동했다.
　美军已向伊拉克发动**信息战**。

제조 산업 製造産業　　**制造业**
중공업 重工業　　**重工业**
　중장비 重裝備　　**重型机械, 重型机器**
중화학 공업 重化學工業　　**重化学工业, 重化工**
지식 산업 知識産業　　**知识产业**
　지식 관리 시스템　　**知识管理系统**

지식 관리 시스템(KMS: Knowledge Management System, 知识管理系统)이란?

조직 내의 인적 자원들이 축적하고 있는 개별 지식을 체계화하여 공유함으로써 기업 경쟁력을 향상시키기 위한 기업 정보 시스템. 인적 자원이 개별적으로 보유하고 있는 지식은 비정형의 형태로 존재한다. 즉 기업 내 개인들은 지식을 각종 문서로 작성 보유하고 있으며, 이를 바탕으로 관련 업무 담당자와 의사 교환을 하고 이러한 활동을 기반으로 최종 판단을 하게 되는 것이다. 따라서 지식 관리 시스템의 기본 개념은 인적 자원이 소유하고 있는 비정형 데이터인 지적 자산을 기업 내에 축적·활용할 수 있도록 하자는 것이다.

지식 근로자 知識勤勞者 **知识工作者**

지식 기반 경제 知識基盤經濟 **以知识为基础的经济, 知识经济**

지식 사회학 知識社會學 **知识社会学**

지식 산업군 知識産業群 **知识产业群**

지식 엔진 **知识引擎**

연구형 대학이 지식 경제의 엔진이 되어야 한다.

研究型大学应成为**知识**经济的**引擎**。

지식 집약형 산업 知識集約型産業 **知识密集型产业**

21세기에는 지식 집약형 산업이 핵심 산업으로 성장하게 될 것이다.

21世纪产业发展趋势是**知识密集型产业**成为主流产业。

지식 자본 知識資本 **智能资本, 知识资本**

지식 전환 知識轉換 **知识转换**

지식 정보화 知識情報化 **知识信息化**

다가올 지식 정보화 사회에 부응하기 위해 창의력과 자율성을 갖춘 인재를 육성한다.

为响应即将到来的**知识信息化**社会, 培养创意性, 自律性的人才。

지식 창고 知識倉庫 **知识仓库**

반도체 半导体

갈륨비소 반도체 **砷化镓半导体**

갈륨비소 반도체 산업이 전례 없는 초고속 성장기를 맞고 있다.

砷化镓半导体产业进入了前所未有的快速发展时期。

검사 檢査 **检测**

고정밀 공정 제조 기술 高精密工程制造技術 **高精度工艺制造技术**

고주파 칩 RF(Radio Frequency) **RF芯片**

고효율 에너지 이용 기술 **高效率能源利用技术**

국제 반도체 기술 로드맵 ITRS(International Technology Roadmap for Semiconductors) **国际半导体技术发展蓝图**

국제 반도체 장비 재료 협회 SEMI(Semiconductor Equipment and Materials International) **国际半导体设备与材料协会**

나노 기술 **纳米技术**

나노 기술 개발은 20세기 물리학 발전 및 재료 과학의 진보가 이룩한 쾌거이다.

纳米技术的开发是20世纪物理学的发展和材料科学的进步带给人类的突破性成果。

노광 공정 露光工程 **微影技术**

노광 설비 露光設備 **微影设备**

마이크로 칩 **微芯片**

마킹 공정 **标记过程**

마킹 공정을 간소화시켰다.
简化了**标记过程**。
☞ 마킹 공정이란 칩 위에 제조 회사의 로고나 이름을 인쇄하거나 레이저로 새기는 공정.

메모리 칩 **内存芯片, 记忆晶片**

올해 메모리칩 가격이 70%나 올라 4년 만에 최고치를 기록했다.
今年**内存芯片**价格上涨7成, 达四年来最高点。

비메모리 칩 **非内存芯片**

삼성전자는 비메모리칩 기술 개발을 위해 11억 달러를 투입할 예정이다.
三星电子将投资11亿美元来发展**非内存芯片**技术。

비휘발성 非揮發性 **非挥发性**

플래시 메모리 **闪速存储器, 闪存**

삼성은 신형 플래시 메모리 개발에 성공했다.
三星成功开发新型**闪速存储器**。

플래시 메모리 카드 **闪存卡**

미크론 **微米**

바이오칩 **生物芯片**

바이오칩의 등장은 하이테크 기술에 있어 가장 획기적인 중대 발전이다.
生物芯片的出现是高新技术领域中极具时代特征的重大进展。

박막 트랜지스터 TFT(Thin Film Transistor) **薄膜晶体管**

중국은 TFT-LCD를 대량 생산하기 시작했다.
中国开始批量生产**薄膜晶体管**液晶显示器。

반도체 半導體 **半导体**

도체 導體 **导体**

절연체 絶緣體 **非导体, 绝缘体**

전도성이 도체와 절연체의 중간 정도인 물질을 반도체라고 한다.
导电能力介于导体与**非导体**之间的物质称为半导体。

반도체 라이브러리 **半导体设计数据**

이는 반도체 라이브러리를 이용한 핵심 기술이다.
这是利用**半导体设计数据**的关键技术。

반도체 제품 半导体产品		
메모리 제품 (Memory Products) 内存产品, 记忆体		
D램	DRAM	动态随机存取内存
S램	SRAM	静态随机存取内存
V램	VRAM	视频随机存取存储器
고속 D램	High Speed DRAM	超高速内存
메모리 모듈	Memory Module	内存模块, 记忆体模组
비메모리 제품 (Micro Products, Non-memory Products) 非内存产品		
시스템온 칩	SOC(System on Chip)	系统芯片, 片上系统, 单芯片系统
마이크로 콤포넌트 (Micro Component)	MPU(Micro Processor Unit)	微处理器
	MCU(Micro Controller Unit)	微控制器单元, 微控制器
	DSP(Digital Signal Processor)	数字信号处理器
	Chip set	芯片组
	Graphic IC	图形IC
리니어 IC	Linear IC	线性IC
파워 IC	Power IC	电源IC
	Power MOSFET	金属氧化半导体场效应晶体管
	PWM IC	电源管理IC
주문형 반도체	ASIC(Application Specific IC)	专用集成电路, 特殊应用IC, 特殊应用积体电路
LCD 구동 IC	LCD Driver IC	液晶显示器驱动IC, 液晶显示器驱动电路
특수사업제품	Special Products	特殊产品
액정표시소자	LCD(Liquid Crystal Display)	液晶显示
감열기록소자	TPH(Thermal Print Head)	热敏感应打印
밀착형 화상인식소자	CIS(Contact Image Sensor)	接触式图像传感器
화합물반도체	Compound Semiconductor	化合物半导体, 混合半导体

반도체 부품 半導體部品 **半导体元器件**

반도체 산업 半導體産業 **半导体产业**

중국은 반도체 산업 대국으로 발전할 것이다.
中国将成为**半导体产业**大国。

일관 가공 생산 라인 FAB(Fabrication) Line **装配流水线, 加工作业生产线**

인텔 사의 0.065㎛ 웨이퍼 일관 가공 생산 라인 공장이 곧 착공될 것이라 한다.
据悉, 英特尔公司的0.065微米晶圆**装配流水线**工厂将立刻动工。

주문 수탁 생산 공장 注文受託生産工場 **(Foundry)** **代工厂**

ATI는 신규 주문 수탁 생산 공장을 선정하여 RV280을 생산함으로써 칩 생산 원가를 20% 낮추었다.
ATI选择新**代工厂**生产RV280, 芯片成本减少20%。

Fabless와 Foundry(IC设计业者和专业晶圆代工厂商)

반도체 칩 생산 공장을 'fab(fabrication plant)' 또는 'foundry'라고 한다. 반도체 기술 개발에서 앞서기 위해 또는 생산 비용을 절감하기 위한 목적으로 칩을 설계만 하고 생산은 외주를 주는 업체를 'fabless'로 지칭하며, 반면 설계는 하지 않고 칩 생산을 주문받아 생산하는 업체를 'foundry'라고 한다.

반도체 설계 半導體設計 **半导体设计**

중국은 글로벌 반도체 설계 센터로 자리매김했다.
中国已定位为全球**半导体设计**中心之一。

고밀도 집적 회로 高密度集積回路 **LSIC(Large Scale Integrated Circuit)** **大规模集成电路**

머리카락 **头发**

미국은 앞으로 머리카락 두께의 핵전지를 개발할 예정이다.
美国将开发**头发**丝大小的核能电池。

선폭 **线宽**

손톱 크기 **指甲大小**

샌디스크는 손톱 크기만한 '티-플래시' 메모리 카드를 출시했다.
SanDisk推出**指甲大小**的 "T-Flash" 存储卡。

초고밀도 집적 회로 超高密度集積回路 **超大型集成电路**

회로 설계 回路設計 **电路设计**

반도체 소자 半導體素子 **半导体器件, 半导体元件**

반도체 칩 　 **半导体芯片**

개별 소자 個別素子 　 **分离式半导体元件**

중국에 개별 소자를 공급할 목적으로 쑤저우 파나소닉 반도체가 2001년 12월 설립되었다.

为了向中国供应**分离式半导体元件**, 苏州松下半导体于2001年12月成立。

집적 회로 칩 　 **集成电路芯片**

화합물 반도체 化合物半導體 　 **化合物半导体, 混合半导体**

분자 반도체 分子半導體 　 **分子半导体**

사진 공정 寫眞工程 　 **影印, 光刻术, 胶印**

감광제 感光劑 　 **感光剂**

건식 식각 乾式蝕刻 　 **干式蚀刻, 电浆蚀刻**

현재 상용되는 방식은 건식 식각이다.

目前常用的是**干式蚀刻**方式。

습식 식각 濕式蝕刻 　 **湿式蚀刻**

식각 공정 蝕刻工程 　 **蚀刻过程, 蚀刻工序**

식각 기술 蝕刻技術 　 **蚀刻技术**

포토 마스크 　 **光罩**

다른 포토 마스크 업체와의 인수 합병 가능성을 검토하다.

评估与其他**光罩**供应商合并或购并的可行性。

산화 처리 酸化處理 　 **氧化处理**

촉매 습식 산화(CWO) 기술을 이용한 유기 폐수 처리 장치가 국가기계공업과학기술발전상을 수상했다.

催化湿式**氧化处理**有机废水装置获国家机械工业科技进步奖。

상하이 IC협회 SICIA(Shanghai Integrated Circuit Industry Association) 　 **上海市集成电路行业协会**

시스템 IC 　 **系统IC**

시스템온 칩(SOC) 　 **系统芯片**

시스템온 칩(SOC: System on Chip, 系统芯片)이란?

System on IC라고도 한다. SLI(System Level Integration; 系统级集成)를 통해 칩 하나가 많은 기능을 수행할 수 있게 한 것이다. 예를 들어 CPU(中央处理器), 메모리(存储器), DSP(仿真器), IO(端口和连接器), graphics accelerator(图形加速器) 등의 소자를 모두 하나의 칩에 집적시킨 것이다.

실리콘, 규소 硅素 　 **硅胶, 矽胶**

고순도 高純度 　 **高纯度, 超纯透析**

본 제품은 고순도에 입자 분포가 일정한 실리콘이다.
本品为**高纯度**并具有一定粒度分布的硅胶。

다결정 실리콘	多晶硅
단결정 실리콘	单晶硅
비정질 실리콘	非晶硅
실리콘 봉	硅胶棒
12인치 웨이퍼	12英寸晶圆
웨이퍼	晶圆

웨이퍼(Wafer, 晶圆)란?

반도체 물질로 만들어진 얇고 둥근 조각. 지름에 따라 4, 5, 6, 8, 12인치(12인치=300mm)가 있다. 먼저 천연의 규소를 정제해서 실리콘 단결정 봉을 만들고 이를 수백 μm의 두께로 얇게 절단하여 한쪽 면을 거울같이 연마하면 실리콘 웨이퍼가 된다. 그 후 이 실리콘 웨이퍼의 표면에 다이 단위로 집적 회로를 만들고, 조립과 패키징을 하면 칩이 완성된다.

정질 실리콘	晶状硅
다이	內存颗粒

다이(Die, 內存颗粒)란?

웨이퍼는 엄지 손톱 크기만한 네모로 나뉘어 그 위에 하나하나 집적 회로가 만들어진다. 이 웨이퍼상의 각각의 IC칩을 다이라고 한다. 하나의 웨이퍼에서 몇몇 다이 또는 칩 불량이 나느냐에 따라 수율이 결정된다.

액정 화면 液晶畫面 LCD(Liquid Crystal Display)
液晶显示器, 液晶显示

웨이퍼 가공 — 晶圆制程

기판 基板 — 基板

전 세계 유리 기판 성장은 대만에 집중되어 있다.
全球玻璃**基板**成长集中在台湾。

다이오드	二极管
발광 다이오드	发光二极管
수율 收率	收率

300mm 웨이퍼 기술이 개발됨에 따라 수율 향상이 기대된다.
开发出300毫米晶圆技术, 晶圆制程**收率**有望提高。

웨이퍼 파운드리	晶圆代工厂
p-n 접합부	p-n 接面

유기 EL, OLED(Organic Light-emitting Diode) **有机发光二极管**

SONY는 내년 봄부터 OLED 액정 모니터 대량 생산에 들어간다.
索尼公司将于明年春季开始批量生产**有机发光二极管**显示器。

인화인듐 반도체 **磷化铟半导体**

일본 반도체장비협회 SEAJ(Semiconductor Equipment Association of Japan) **日本半导体制造设备协会**

저전압 底電壓 **低电压**

저전압 소자는 기존의 5볼트보다 생산 원가도 저렴하고 성능도 더 우수하다.
低电压器件比传统5V器件成本更低, 性能更优。

전자 디스플레이 기술 **电子显示技术**

중국 반도체산업협회 CSIA(China Semiconductor Industry Association) **中国半导体工业协会**

증착 공정 蒸着工程 **沉积过程, 沉积工序**

알루미늄, 구리 증착 **金属化过程, 铝沉积, 铜沉积**

화학적 박막 생성 CVD(Chemical Vapor Deposition) **化学气相沉积**

본 발명은 화학적 박막 생성 체계에 응용되는 Trap Unit과 관련 있다.
本发明有关一种应用于**化学气相沉积**系统的捕气装置。

질화갈륨 반도체 **氮化镓半导体**

집적도 集積度 **集成度**

극초규모 집적 極超規模集積 **ULSI(Ultra Large Scale Integration)** **特大规模集成电路**

대규모 집적 大規模集積 **LSI(Large Scale Integration)** **大规模集成电路**

소규모 집적 小規模集積 **SSI(Small Scale Integration)** **小规模集成电路**

초기의 소규모 집적 회로는 불과 수십 개 소자를 가공한 것이다.
初期的**小规模集成电路**只以几十个元件加工而成。

중규모 집적 中規模集積 **MSI(Medium Scale Integration)** **中规模集成电路**

초대규모 집적 超大規模集積 **VLSI(Very Large Scale Integration)** **超大规模集成电路**

처리 속도 處理速度 **处理速度**

이것은 정보 처리 속도가 매우 빠른 슈퍼 컴퓨터이다.
这是拥有极快信息**处理速度**的超级计算机。

청정실 清淨室 **无尘室, 洁净室, 无尘无菌室**

청정실은 높은 청결도가 요구된다.

无尘室对于洁净度要求甚高。

방진복 防塵服 **防尘服, 防尘衣**

초전도체 超傳導體 **超导体**

초전도체란 전류가 흐를 때 에너지 소모가 없는 도체이다.

超导体就是通电流后没有能量耗散的导体。

트랜지스터 **晶体管**

박막 트랜지스터 **薄膜晶体管**

박막 트랜지스터 액정 모니터의 생산량이 시장 수요를 못 따라간다.

薄膜晶体管液晶显示器产量不能满足市场需求。

패키징 **封装**

리드 프레임 **引线框架**

☞ 리드 프레임(lead frame): 보통 구리로 만들어진다. 조립 공정시 칩이 이 위에 놓이게 되며 가는 금선으로 칩과 연결된다. 리드 프레임을 통해 IC칩은 외부와 전기 신호를 주고받는다.

선 연결 線連結 **焊线**

조립 組立 **装配, 组装**

칩 부착 **芯片焊接, 黏晶**

삼성 테크윈은 한국에서 가장 빠른 칩부착 설비를 개발했다.

三星Techwin公司已经开发出了韩国最快的**芯片焊接**设备。

칩 자르기 **晶粒切割**

평판 디스플레이 **平板显示器**

징둥팡 그룹은 하이닉스 평판 디스플레이 자회사 인수를 완료했다.

京东方完成对海力士**平板显示器**子公司的收购。

플라스틱 칩 **塑料芯片**

확산 공정 擴散工程 **扩散过程**

불순물 不純物 **杂质**

불순물 주입 不純物注入 **杂质颗粒进入**

이온 주입 **离子注入**

후공정 後工程 **后工序**

반도체 약어 半导体缩略语	
AGP(Accelerated Graphics Port)	图形加速端口
ASIC(Application Specific IC)	特殊应用集成电路
Bi-MOS(Bipolar MOS)	双极金属氧化物半导体
CCD(Charged Coupled Device)	电子耦合组件

CIS(Contact Image Sensor)	接触式图像传感器
CISC(Complex Instruction Set Computing)	复杂指令集计算
CMOS(Complementary MOS)	互补金属氧化物半导体
CMP(Chemical Mechanical Polishing)	化学机械抛光
CVD(Chemical Vapor Deposition)	化学气相沉积法
DDR-DRAM(Double Data Rate DRAM)	双倍数据速率动态随机存取内存
DDR-SDRAM(Double Data Rate SDRAM)	双倍数据速率同步动态存储器
D-RDRAM(Direct Rambus DRAM)	接口动态随机存储器
DIMM(Dual In-line Memory Module)	双面内存模块, 双边接触内存模组
DRAM(Dynamic Random Access Memory)	动态随机存储, 动态随机存取内存
EPROM(Erasable Programmable ROM)	光可擦除可编程存储器
EEPROM(E2PROM)(Electrically Erasable Programmable ROM)	电可擦写可编程只读存储器
EDO DRAM(Extended Data Out DRAM)	扩展数据输出动态存储器
GaAs(Gallium Arsenide)	亚砷酸镓
HIC(Hybrid Integrated Circuit)	混合集成电路
FAB(Fabrication)	晶圆制程
FET(Field Effect Transistor)	场效应生物传感器
FRAM(Ferroelectric RAM)	铁电体存储器
OLED(Organic Light-emitting Diode)	有机发光二极管
LCD(Liquid Crystal Display)	液晶显示器
LSI(Large Scale Integration)	大型集成电路
MCP(Multi Chip Package)	叠式多芯片插件, 多芯片内存模块
MIPS(Millions of Instructions per Second)	百万条指令/秒, 每秒百万条指令数
MOS(Metal Oxide Semiconductor)	相补型金属酸化膜半导体
MOSFET(MOS Field Effect Transistor)	金氧半二极体场效电晶体
MEMS(Microelectromechanical Systems)	微机电系统
NAND Flash Memory(Nand(Not And) Flash Memory)	NAND型闪存
NOR Flash Memory(NOR(Nor Or) Flash Memory)	NOR型闪存
PVD(Physical Vapor Deposition)	物理气相沉积

RAM(Random Access Memory)	随机存取记忆体
ROM(Read Only Memory)	唯读记忆体, 只读存储器
RDRAM(Rambus DRAM)	Rambus内存
RISC(Reduced Instruction Set Computing)	精简指令集计算机
SRAM(Static DRAM)	静态随机存取记忆体, 静态内存
SDRAM(Synchronous DRAM)	同步动态随机存储器, 同步动态内存
Si(Silicone)	硅胶
SiO4(Silicone Dioxide)	二氧化硅
SIMM(Single In-line Memory Module)	单直列内存模块
SLDRAM(Synclink DRAM)	同步链接内存
SLI(System Level Integration)	系统级整合
TFT(Thin Film Transistor)	薄膜晶体管
TPH(Thermal Print Head)	热敏打印头
USB(Universal Serial Bus)	通用串行总线
VCM(Virtual Channel Memory)	虚拟通道存储器
VLSI(Very Large Scale Integration)	超大规模集成电路
VRAM(Video DRAM)	视频随机存取存储器

D램 动态随机存取内存, 动态随机存储器

D램(DRAM: Dynamic RAM, 动态随机存取内存)이란?

우리 나라의 주력 상품으로서 RAM이기 때문에 정보를 읽고 쓰는 것이 가능하나 전원이 공급되고 있는 동안이라도 일정 기간 내에 주기적으로 정보를 다시 써 넣지 않으면 기억된 내용이 없어지는 메모리이다. 이처럼 DRAM은 refresh를 계속 해주어야 한다. 그러나 기억소자(Memory cell, 记忆格)당 가격이 싸고 집적도를 높일 수 있기 때문에 대용량 메모리로서 널리 이용되고 있다. 하나의 기억 소자는 1개의 트랜지스터와 1개의 캐패시터로 구성되어 있는데, 예를 들어 16M DRAM은 손톱만한 칩 속에 트랜지스터와 캐패시터가 각각 1,600만 개씩 내장된 고집적 첨단 메모리 제품으로 신문지 128쪽 분량의 정보를 저장할 수 있다. (www.ksia.or.kr)

ROM(Read Only Memory) 只读存储器
S램 静态随机存取内存, 静态随机存储器

S램(SRAM: Static RAM, 静态随机存取内存)이란?

전원이 공급되는 동안은 항상 기억된 내용이 그대로 남아 있는 메모리로서 하나의 기억 소자는 4개의 트랜지스터와 2개의 저항 또는 6개의 트랜지스터로 구성되어 있다. DRAM에 비해 집적도가 1/4 정도이지만 소비 전력이 적고 처리 속도가 빠르기 때문에 컴퓨터의 캐시(缓存), 전자 오락기 등에 많이 사용된다. (www.ksia.or.kr)

자동차 汽车

경차 輕車 **轻型车**

새로운 경차 모델을 대대적으로 출시하다.
大发推出新款**轻型车**。

계기판 計器板 **仪表盘**

전조등을 켰는데 계기판에 불이 들어오지 않는 경우, 무슨 문제가 있지요?
开车大灯, **仪表盘**就不亮了, 请问这是什么问题?

속도계 速度計 **速度表, 里程表**

주행 거리 미터기 **耗油里程表**

회전 속도계 回轉速度計 **转速表, 数位转速表**

국민차 國民車 **公民车, 国民车**

일본의 엔지니어가 제시한 '국민차' 기준은 4인승, 시속 100킬로미터, 100킬로미터당 연비 3.3리터, 판매 가격 25만 엔 이하이다.
日本技术人员提出的"**国民车**"的标准为: 能乘坐4人, 时速100公里, 百公里油耗3.3L, 售价在25万日元以下。

급발진 急發進 **突然加速**

고물차가 급발진으로 기자를 치었다.
古董车**突然加速**撞向记者。

기본 사양 **标准装备**

원가 절감을 위해 르노는 기본 사양을 줄였다.
为节约成本雷诺减少了**标准装备**。

대형 트럭 **重型卡车**

대형차 大型車 **大型车**

도난 방지 시스템 **汽车防盗系统**

동력 전달 장치 動力傳達裝置, **구동 장치** 驅動裝置 **动力系统, 汽车动力传动系统**

뒷좌석 **后座椅**

디젤 차 **柴油车**

모터쇼	**车展**
신차 新車	**新车, 新车型**
신차가 출시되면 구형차는 가격이 떨어진다. **新车**上市, 老车降价。	
미끄럼	**打滑**
차가 얼음 위에서 미끄러졌다. 汽车在冰上**打滑**。	
밸브 스프링	**气门弹簧**
버스	**公共汽车, 公车**
변속기 變速機	**汽车传动器, 汽车传动系统**
수동 변속 手動變速	**手动变速器, 手排档变速箱**
승용차 수동 변속기는 대부분 4단 또는 5단으로 기아 변속이 편하고 소음도 적다. 轿车**手动变速器**大多为四档或五档, 换挡方便, 噪音小。	
2단	**二档**
1단	**一档**
자동 변속 自動變速	**自动变速器, 自动排档变速箱**
전자 기어 변속	**电子线传换档**
전진 前進	**行驶, 前进档**
후진 後進	**倒车, 倒车档**
변속기는 3개의 전진 기어와 1개의 후진 기어로 되어 있다. 变速器有3个前进档和1个**倒车档**。	
사륜 구동 四輪驅動	**四轮驱动, 四轮传动**
사물함 私物函	**置物箱**
상용차 商用車	**商用车辆**
새시	**底盘**
선택 사양, 편의 사항 便宜事項	**选择装备, 选装装备**
세척액 洗滌液	**清洗液**
친환경 자동차 세척액은 거품도 많이 나고, 세척력도 뛰어나다. 环保型汽车**清洗液**, 泡沫丰富、去污力强。	
소음기 消音器, **마후라**	**消声器**
소형 트럭	**小型卡车**
소형차 小型車	**小型车**
수소자동차 水素自動車	**氢燃料汽车, 氢能汽车**
승용차 乘用車	**轿车**
승합차 乘合車	**厢型车**

RV(Recreational Vehicles) **休闲汽车**

SUV(Sports Utility Vehicle) **运动型多功能车, 休旅车, 越野车**

테슬라는 중국에서 SUV 차량 일부를 리콜했다.
特斯拉在中国召回了部分**休旅车**款。

시동 始動 **启动**

차를 뒤에서 미는 것은 가장 잘 알려지고 효과적인 응급 시동 방법이다.
推车是最熟悉也是最有效的应急**启动**方法。

가속 加速 **加速**

감속 減速 **减速**

— 꺼짐 **发动机熄火**

운전 중 시동이 꺼졌다.
行驶中, **发动机熄火**了。

시승 試乘 **试乘, 试驾**

차를 구입할 때, 직접 현장에서 시승해보는 것이 반드시 필요하다.
买车时, 到现场**试乘**是必不可少的程序。

승차감 乘車感 **乘坐舒适性**

CNG(Compressed Natural Gas)차 **压缩天然气汽车**

CNG차의 소비량은 수소·전기차에 비해 줄고 있다.
压缩天然气汽车的消费量与氢燃料电动车相比正在下降。

시운전 試運轉 **试验驾驶, 试驾**

실내 室內 **汽车内部, 车内**

실내등 室內燈 **车內灯**

안개등 **雾灯**

폭우가 쏟아질 때는 안개등을 켜서 주변의 운전자들에게 자기의 존재를 알린다.
暴雨时应亮起**雾灯**, 提醒周围的司机你的存在。

안전벨트 **安全带**

— 착용 着用 **系安全带**

운전할 때 안전벨트를 착용하지 않는 사람은 자신의 생명을 담보로 도박을 하는 것이다.
开车不**系安全带**的人是在拿自己的生命做赌注。

안전장치 安全裝置 **安全系统**

에어백 **安全气袋, 汽车安全气囊**

— 작동 作動 **气囊爆破**

— 장착 裝着 **安装**

— 터짐 **引爆**

에어백은 한번 터지면 원상 복구가 되지 않으므로 곧 새것으로 교체해야 한다.

安全气囊**引爆**后不能修复, 应及时更换新气囊。

엔진 **引擎**

내연 기관 內燃機關 **内燃机**

디젤 엔진 **柴油机**

린번 엔진 **稀薄燃烧引擎**

세계 유명 자동차 회사들이 모두 린번 엔진을 만들고 있다.
世界各大车厂都在做**稀薄燃烧引擎**。

린번 엔진(Lean Burn Engine, 稀薄燃烧引擎)이란?

'희박 연소 엔진'이라고도 하며 기존의 엔진보다 연료를 적게 태우는 것이다. 기존의 엔진은 최적의 연소를 위해 공연비(공기와 연료의 혼합비율)를 14.7 : 1 정도로 하여 연소하는 데 비해, 린번 엔진은 이보다 훨씬 연료량이 희박한 공기와 연료의 비율이 22 : 1 정도에서 운전된다.

멀티실린더 디젤 엔진 **多缸柴油机**

멀티실린더 디젤 엔진의 수출 증가폭이 싱글실린더 디젤 엔진을 앞질렀다.
多缸柴油机出口增长幅度已超过单缸柴油机。

배기량 排氣量 **排气量**

배기량이 2.5리터에 불과하지만 최고 시속 220킬로미터까지 나간다.
发动机**排气量**只有2.5升, 但最高时速可达到220公里。

싱글실린더 디젤 엔진 **单缸柴油机**

엔진 회전 수 RPM(Revolution per Minute) **每分钟的回转数**

외연 기관 外燃機關 **外燃机**

최대 출력 最大出力 **最大功率**

연결봉 連結棒 **连杆**

연료 분사식 燃料噴射式 **燃油喷射装置**

엔진이 카뷰레터식에서 연료 분사식으로 전환되었다.
发动机已从化油器式发动机转换为**燃油喷射装置**。

연료 전지차 燃料電池車 **燃料电池车**

연료 효율 燃料效率, **연비** 燃比 **油耗效率, 耗油量**

자동차 연비가 설명서보다 10% 이상 많을 경우, 분명 차량에 문제가 생긴 것이다.
当汽车**耗油量**比说明书高出10%以上时, 车况肯定有问题。

오일 교환 **换机油**

요소수 尿素水 **尿素液, 尿素溶液**

운전 運轉 **驾驶**

운전석 運轉席 **驾驶座, 司机坐椅**

이륜구동 二輪驅動 **2WD(Two Wheel Drive)** **二轮驱动, 二轮传动**

전륜 구동 前輪驅動 **FF(Front Engine Front Wheel)** **前轮驱动**

후륜 구동 後輪驅動 **FR(Front Engine Rear Wheel)** **后轮驱动**

승용차는 전륜 구동이 좋은가, 후륜 구동이 좋은가?
轿车究竟是前轮驱动好还是**后轮驱动**好?

자동차 검사 自動車檢査 **汽车验收**

자동차 산업 自動車産業 **汽车工业**

자동차 판매 自動車販賣 **汽车销售**

공식 대리점 公式代理店 **特约经销商, 授权经销商**

자동차 판매 대리점 自動車販賣代理店 **汽车经销店, 汽车经销商**

자동차 할부 自動車割賦 **汽车分期贷款, 汽车分期付款**

할부차 인수금은 대개 총액의 30%이다.
贷款车首付比例绝大多数都是30%。

저공해 차량 低公害車輛 **LEV(Low Emission Vehicle)** **低排放汽车**

극저공해 차량 極低公害車輛 **ULEV(Ultra Low Emission Vehicle)** **超低排放汽车**

전기 자동차 電氣自動車 **EV(Electric Vehicle)** **电动车**

전조등 前照燈 **车头灯, 车大灯, 车前灯**

점검 點檢 **检测**

상하이 GM의 여름철 무료 엔진 점검이 본격적으로 시작되었다!
上海通用夏日引擎免费**检测**正式启动!

정비 整備 **维修保养**

자동차 정비 등의 A/S 이윤은 얼마나 될까?
汽车**维修保养**等售后服务的利润空间到底有多大?

조수석 助手席 **副驾驶座**

어린아이가 조수석에 앉아 안전벨트도 매지 않은 상태에서 급브레이크를 밟으면 어떤 상황이 벌어질까요?
小孩子坐在**副驾驶座**上, 又不系安全带, 如果来个急刹车, 会出现什么情形?

조향 장치 操向裝置 **转向系统**

☞ 조향 장치란 자동차가 그 진행 방향을 바꾸기 위해 앞바퀴의 회전축 방향을 바꾸는 장치. 스티어링 장치라고도 한다.

주유 注油 **加油**

연료 탱크 가득 주유하다.

把**油**箱**加**满。

경유 輕油, **디젤** **柴油**

급유기 給油機 **油泵, 燃气泵**

노즐 **加气嘴, 注油嘴**

무연 휘발유 無鉛揮發油 **无铅汽油**

차량용 무연 휘발유는 품질에 문제가 많다.

车用**无铅汽油**的质量问题较多。

보통 휘발유 普通揮發油 **普通汽油**

저유황 휘발유 低硫黃揮發油 **低硫汽油**

주유구 注油口 **油箱口**

주유소 注油所 **加油站**

주유 캡 **油箱盖**

주유 캡이 열리지 않는다.

油箱盖打不开。

주행 거리 走行距離 **汽车里程数, 里程数**

지금까지 경찰은 이런 유형의 사건에 수수방관해왔다. 주행 거리를 고치는 것은 불법 행위가 아니기 때문이다.

至今为止警察对这类事件都无能为力, 因为更改汽车**里程数**并不违法。

준중형차 準中型車 **准中型车, 普通级轿车**

고급형 高級形 **高级轿车**

보급형 普及形 **中低端汽车, 中低端轿车**

국산 보급형 자동차가 가장 경쟁력이 있다.

国产**中低端汽车**产品最有竞争力。

중고차 中古車 **二手车, 旧车**

상하이 중고차 시장은 상하이 인민정부의 승인을 얻어 다양한 투자 방식으로 2000년 10월 문을 열었다.

上海**二手车**交易市场经上海市人民政府批准, 以多元投资形式于2000年10月组建。

중형 트럭 **中型卡车**

중형차 中型車 **中型车**

지게차 **叉车**

차량 고장 車輛故障 **汽车故障**

여름철에는 차량 고장이 많다.
夏季多发**汽车故障**。

차륜 車輪 **车轮**

차체에서 타이어와 차륜만 세차해도 전체 인상이 달라진다.
整个车身即使只将车胎和**车轮**清洗干净, 给人的印象也会不同。

축거 軸距 **轴距**

그 회사는 축거가 긴 자동차 개발을 줄곧 계획해왔다.
该公司一直打算开发长**轴距**款。

차체 車體 **车体, 车身**

화물차의 차체는 알루미늄 합금재를 쓴다.
各种货车的**车体**均采用铝合金材料。

범퍼 **汽车保险杠**

측면 側面 **车侧**

청정 자동차 淸淨自動車 **清洁汽车**

CNG 버스는 환경에 유익한 청정 자동차이다.
压缩天然气巴士是对环境有益的**清洁汽车**。

초저공해 자동차 超低公害自動車 **超低排放汽车**

촉매 변환 장치 觸媒變換裝置 **催化转换器, 催化净化器**

카뷰레터 **化油器, 汽化器**

콘셉트 카 **概念车**

콘크리트 펌프카 **混凝土泵车**

타이어 **轮胎**

— 순환 循環 **轮胎换位**

스노타이어 **雪地轮胎, 可走雪路轮胎, 镶钉轮胎**

스노타이어를 고를 때는 바퀴 사이즈를 고려해야 한다.
选用**雪地轮胎**时应注意轮胎的尺寸。

스페어타이어 **备用轮胎, 备胎**

전천후 타이어 **全天候轮胎, 四季轮胎**

— 펑크 **爆胎**

집에 오는 길에 타이어가 펑크 났다.
我的车子在回家途中**爆胎**了。

토크 **扭距**

최대 토크 3,500~4,500 rpm.
峰值**扭距**在3500~4500转。

공회전 空回轉 **怠速空转**

자동차 엔진이 공회전하면, 충분히 연소되지 않아 다량의 일산화탄소를 함유한 배기가스가 나온다.
当汽车发动机在**怠速空转**时，因为燃烧不充分，往往会产生含有大量一氧化碳的废气。

공회전 차량 空回轉車輛 — **怠速车, 发动机空转车**

마력 馬力 — **马力, 功率**

마력은 얼마나 빨리 달릴 수 있는가를 결정하고 토크는 구동시 힘과 가속성을 결정한다.
功率决定你最终能跑多快，扭距决定你起步时能拉动多重以及加速性。

토크(扭距)와 마력(马力, 功率)이란?

마력(kW)=토크×회전수(rpm/1,000). 즉 토크는 힘, 마력은 일을 한 양이다. 토크와 마력은 물리학에서 나온 용어로 토크는 엔진의 회전력을 말하고 마력은 엔진의 출력을 표시하는 단위이다. 토크가 엔진의 힘을 표시한다면 마력은 엔진이 얼마나 많은 일을 할 수 있는가를 나타내는 것이다.

트렁크 — **后备箱, 行李舱**

폐차 廢車 — **报废汽车, 废车**

폐차장 廢車場 — **废车场**

폐차장에서는 차량 부품을 모조리 떼 낸다.
废车场把车上的零件全部拆卸。

폐차 업소 廢車業所 — **报废车处理厂, 车辆报废厂**
废旧汽车处理公司

프레스 — **冲压模**

픽업트럭 — **皮卡, 载货卡车**

하이브리드 카(복합형 차) — **油电混合车, 混合动力汽车**

전기 자동차와 하이브리드 카는 친환경 자동차이다.
电动车和**混合动力汽车**是环保车。

핸들, 운전대 運轉臺 — **方向盘**

오른쪽 — — **右座驾驶**

왼쪽 — — **左座驾驶**

왼쪽에 운전대가 있는 차량은 뉴질랜드에서 사용할 수 없다.
左座驾驶的汽车一般不能在新西兰使用。

우측통행 右側通行 — **靠右驾驶**

좌측통행 左側通行 — **靠左驾驶**

현가장치 懸架裝置 — **悬吊系统**

후미등 後尾燈	尾灯
LNG(Liquefied Natural Gas)차	液化天然气汽车

자동차 약어 汽车缩略语	
ABS(Anti Lock Brake System)	制动防抱系统, 自动防抱死系统, 防抱死制动系统, 防锁死刹车系统, 防锁煞车系统
DOHC(Double Overhead Cam)	双顶置式凸轮轴
FF(Front Engine Front Drive)	前置引擎前轮驱动的车辆
FR(Front Engine Rear Drive)	前置引擎后轮驱动的车辆
HP(Horse Power)	马力, 功率
RPM(Revolutions per Minute)	每分钟转速, 每分钟转数
RV(Recreational Vehicle)	休闲车
SUV(Sports Utility Vehicle)	运动型多功能车, 休旅车, 越野车

전자 电子

가습기 加濕器	加湿器
가전제품 家電製品	家电产品
대형 가전 大型家電	大型家电, 大型家电用品
백색 가전 白色家電	白色家电

요즘 업계에서는 전통적인 백색 가전의 색상 다양화를 꾀하고 있다.
最近业界正在追求传统**白色家电**的色彩多样化。

소비자 가전제품 消費者家電製品	消费类电子产品
소형 가전 小型家電	小型家电, 小型家电用品
고화질 TV	高清晰度电视

고화질 TV(HDTV: High-Definition Television, 高清晰度电视)란?

TV 주사선이 현재 NTSC의 525라인이나 PAL, SECAM의 625라인을 초과하는 TV 제작, 전송, 수신 기술을 지칭하는 포괄적인 용어이다. 현재 일본·유럽·미국이 각각 HDTV 기술을 개발하고 있는데 대부분 주사선은 1,000라인 이상이며, 다채널 음성 다중 기능을 제공한다. 화면의 종횡비도 현재 TV 화면의 3 : 4 대신 16 : 9의 와이드 스크린이다.

일반 화질 TV, SDTV	标准清晰度电视

디지털 TV는 크게 HDTV·EDTV·SDTV 3종류로 분류된다.
数字电视分为高清晰度电视、增强清晰度电视和**标准清晰度电视**三大类。

공기 정화기 空氣淨化器 **空气净化器, 空气过滤器**

김치 냉장고 **泡菜冰箱**

가정에서는 이미 담가놓은 김치를 저장할 때, 온도 관리가 어렵기 때문에 김치 냉장고를 사용한다.

个人家庭在储藏腌制好的泡菜时很难控制好温度, 因此使用**泡菜冰箱**。

냉동실 冷凍室 **冷冻室**

냉장실 冷藏室 **冷藏室**

일반적으로 단문형 냉장고 내부는 냉동실과 냉장실로 나뉜다.

单门电冰箱内部一般分为冷冻室和**冷藏室**。

싱싱고 **果蔬保鲜盒**

일반 냉장고의 싱싱고보다 신선도 유지 기간이 두 배나 길다.

比普通冰箱**果蔬保鲜盒**的保鲜时间长2倍。

칸, 서랍, 함 **冰箱抽屉**

난로 煖爐 **暖炉**

난방기 煖房器 **电暖器, 取暖器**

냉장고 冷藏庫 **电冰箱**

냉각 시스템 **制冷系统**

단문형 單門形 **单门**

삼문형 三門形 **三门**

서랍형 **抽屉式**

실내등 室內燈 **室内灯**

압축기 壓縮機 **压缩机**

양문형 兩門形 **双门**

양문형 냉장고가 시장 수요의 80%를 차지하는데 대부분 도시 주민이 구입한다.

双门电冰箱占电冰箱市场需求的80%, 多数为城市居民购买。

자동 제빙 및 디스펜스 **自动制冰器, 自动制冰机及移液器**

녹슴 방지 **防锈**

녹즙기 **榨汁机**

디지털카메라 **数码相机, 数字相机, 数码照相机, 数字照相机**

광각 렌즈 **广角镜头**

광학 렌즈 **光学镜片, 光学玻璃**

촬상 소자, 전자 결합 소자 CCD(Charged-Couple Device) **电荷耦元件, 电荷耦合器件, 电荷耦合器**

☞ 촬상 소자란 외부로부터의 광영상 신호를 전기 신호로 바꾸는 반도체 소자를 말한다. 즉 외부에서 들어오는 빛에 반응해 이것을 전기 신호로 바꿔 주는 반도체 소자이다.

필름 **胶卷**

디지털카메라의 최대 장점은 필름이 필요 없고 장수에 제한이 없으며 찍은 후 즉시 확인이 가능하다는 것이다.
数码相机的最大优点就是不需要**胶卷**及不受张数的约束，拍摄后可即时查看效果。

디지털 TV **数码电视, 数字电视**

한국의 차세대 핵심 산업인 디지털 TV 생산 기지가 해외로 빠르게 이전되었다.
被视为韩国下一代核心产业的**数码电视**生产基地迅速迁移到海外。

DVB-H 방식(Digital Video Broadcast-High Definition) Standard **欧洲手机微波数字电视转播方式**

DMB(Digital Media Broadcasting) standard **数字多媒体广播标准**

ATSC 방식 ATSC(American Television System Committee) standard **美国先进电视系统委员会数字电视标准**

로봇 청소기 **吸尘机器人, 扫地机器人**

리모콘 **遥控器**

믹서기 **搅拌机**

배터리 **电池**

— **방전** 放電 **电池耗用, 电池放电**

— **수명** 壽命 **电池寿命**

모토로라의 휴대용 배터리 수명이 10배나 길어졌다.
摩托罗拉的便携**电池寿命**提高了10倍。

— **충전** 充電 **充电**

충전기 充電器 **充电器**

분쇄기 粉碎機 **粉碎机**

브라운관 TV, CRT TV **阴极射线管TV**

비디오 카메라 **摄像机**

캐논의 디지털 비디오 카메라는 디자인과 성능이 모두 뛰어나다.
佳能数码**摄像机**无论从外观还是性能上都十分不错。

비디오 플레이어 **视频播放器, 放像器**

녹화 錄畫 **录像**

되감기 **后退, 倒带**

앞으로 감기 **快进**

예약 녹화 豫約錄畫 **预定录像, 预约录像, 定时录像**

한번에 8시간까지 예약 녹화가 가능하다.
可以一次性进行8个小时的**预定录像**设置。

재생 再生 | 播放

사용 설명서 使用說明書 | 用户手册, 使用说明书

핸드폰 사용 설명서의 '안전 지침'과 '주의 사항'을 꼼꼼히 읽어주세요.
敬请认真阅读手机**用户手册**中的"安全警告"和"注意事项"。

기능 표시 機能表示 | 功能介绍

전기 배선 電氣配線 | 电器线路分布

주택의 전기 배선.
住宅**电器线路分布**。

타이머 | 计时器

사용 주의 使用注意 | 注意事项, 安全指南

접지 接地 | 接地

낙뢰 방지 접지선에 가까이 가지 마세요.
不要靠近防雷**接地**线。

제품 보증서 製品保證書 | 产品保证, 产品质量保证书

사운드 카메라 | 录音摄像机

3차원 입체 TV | 三维立体电视机

생활 가전 生活家電 | 家庭电器, 家用电器

서리 방지 | 防结霜露, 防霜冻

선풍기 扇風機 | 电风扇

3단(미풍, 중풍, 강풍) 바람 세기 | 弱, 中, 强三档风速

설치 設置 | 安装

가전제품 설치.
安装家电。

떨어짐 | 远离

제품의 성능 유지를 위해 주방에서 멀리 떨어진 곳에 설치해야 한다.
为保持产品性能, 应使产品**远离**厨房。

수평 조절 水平調節 | 水平调节

차체의 수평 조절 기능은 차내의 차체 조절 버튼을 이용하여 조작할 수 있다.
车身的**水平调节**功能可以通过驾驶室内的车身控制钮进行操作。

직사광선 直射光線 | 直射阳光, 直射光线

메모리 카드를 고온의 직사광선이 드는 곳에 두지 마십시오.
不要将存储卡置于高温和**直射阳光**下。

통풍 通風 | 通风

세탁기 洗濯機 | 洗衣机

강력 펀치 봉 | 重力拳击棒

강력 펀치 봉은 윗방향으로 강력한 물살을 만들어내어 세탁물을 분산시키고

엉킴을 방지하여 세탁 효과를 높인다.
重力拳击棒产生强劲向上水流，能打散衣物，避免缠绕，提高洗净率。

건조 겸용 드럼 세탁기 **滚筒烘干洗衣机**

급수 호스 **进水管**

세탁기의 급수 호스가 모래로 막혀 작은 칫솔로 털어냈다.
洗衣机**进水管**被沙子堵了，只得拿一把小牙刷慢慢疏通。

대포 물살 **瀑布捶打**

드럼 방식 **滚筒式**

먼지 거름망 **过滤网**

세탁기 급수 과정에서 수압이 너무 약하거나 급수관 연결 부분에 때가 껴 거름망이 막히는 등의 원인으로 인해 급수 시간이 길어진다.
洗衣机进水过程中，因水压过低或进水管连接口有杂质堵塞**过滤网**等原因，致使进水时间过长。

물때 방지 필터 **防止水垢的过滤网，除水垢过滤网**

배수 호스 **排水管**

섬유 유연제 **衣物柔顺剂**

세제통 **洗衣粉溶解盒，洗衣粉盒**

세탁기 건조기 겸용 洗濯機乾燥機兼用 **洗衣烘干一体机**

세탁봉 洗濯棒 **搅拌器**

세탁조 洗濯槽 **内桶，内槽**

세탁판 방식 洗濯板方式 **搓板式**

수중 강타식 水中强打式 **涡旋式，涡轮(脉动式)**

회전 속도 回轉速度 **旋转速度**

세탁물 洗濯物 **(要洗的)衣物**

손빨래는 힘이 골고루 퍼지지 않아 세탁물의 오물 제거 효과가 떨어질 뿐만 아니라 세탁물 섬유 조직을 손상시킨다.
手洗的用力不均不仅会造成**衣物**去污效果不佳，还会使衣物纤维受损。

대용량 大容量 **大容量**

TCL의 신모델 대용량 세탁기가 출시되었다.
TCL新款**大容量**洗衣机上市。

세탁 코스 **洗涤程序，洗衣程序**

고속 세탁 高速洗濯 **快速洗涤**

그다지 더럽지 않은 세탁물의 경우 고속 세탁하면 물·전기·시간이 절약된다.
对于不太脏的衣物选用**快速洗涤**，可省水、省电、省时间。

삶는 빨래 **高温蒸洗**

세탁 洗濯 洗涤
애벌빨래 预洗涤
울·합섬 세탁 绒毛、合纤织物洗涤
일반 세탁 一般洗濯 一般洗涤程序
전자동 세탁 全自動洗濯 全自动洗涤程序
찌든 때 深层污渍, 顽固污渍

원심력에 의한 고속 물살은 세탁물의 찌든 때를 말끔히 없애준다.
离心力产生的高速穿透水流可以彻底祛除衣物上的**深层污渍**。

찌든 빨래 深层污渍洗涤, 强力洗
탈수 脫水 脱水
합섬 세탁 合纖洗濯 合纤织物洗涤
헹굼 漂洗

식기 세척기 食器洗滌器 洗碗机
식기 소독기 食器消毒器 消毒碗柜

식기 소독기가 어느새 각 가정에 보급되고 있다.
消毒碗柜现在正悄然走进千家万户。

유해 동영상 차단 기능 有害動影像 遮斷機能 童锁功能, 青少年模式
악취 제거 惡臭除去 消除异味
에너지 효율 能源效率, 能效比

에너지 효율 향상이 지구 온난화 해결의 관건이다.
提高**能源效率**是解决全球变暖的关键。

에너지 효율(EER: Energy Efficiency Ratio, 能效比)이란?

냉장고나 에어컨 등 가전제품의 에너지 효율을 측정하는 방법으로, 제품의 BTU (British thermal units, 每百万英热单位)나 Kcal/hr 등 냉각 용량을 소요 에너지 (Watt, 瓦特)로 나눈 값이다. 예를 들어 10,000-BTU 에어컨이 1,200와트를 소비한다면 EER은 8.3이다.(10,000 BTU / 1,200와트). 따라서 EER 값이 높으면 에너지 효율성이 높다.

대기 모드 待机模式
– 등급 等級 EER(Energy Efficiency Rating) 能源效率等级

소비자는 에너지 이용 제품에 표시되어 있는 에너지 효율 등급 마크를 보고 절전형 제품을 구입할 수 있다.
消费者可以根据用能商品上附带的**能源效率等级**标签购买节能的产品。

– 1등급 一等級 一级

에어컨의 에너지 효율 등급은 다섯 등급으로 나뉘며 1등급이 최고 등급이다.
空调能效划分为五个等级, **一级**能效最高。

절전형 節電形 **节能型**

절전 모드 **节能模式**

에어컨 **空调**

에어컨의 냉각 기능이 떨어진다.
空调的制冷效果差。

냉각제 冷却劑 **制冷剂**

이산화탄소 냉각제.
二氧化碳**制冷剂**。

벽걸이형 **挂墙式, 壁挂式, 挂壁式**

분리형 分離形 **分离式**

스탠드형 **立式, 立柜式**

실내기 室內機 **室内机**

실외기 室外機 **室外机**

에어컨 실내기와 실외기는 냉매관으로 연결된다.
空调系统室内机与**室外机**之间通过冷媒管连接。

이동형 移動形 **移动式**

창문형 窓門形 **窗式**

플라즈마 에어컨 **等离子体空调**

LG 플라즈마 에어컨이 중국 시장 공략에 성공했다.
LG**等离子体空调**进军中国市场取得成功。

항균 필터 **抗菌过滤器, 抗菌过滤网**

오디오 시스템 **音响系统, 音响组合**

내장 스피커 **内置喇叭**

돌비 서라운드 스테레오 **杜比环绕立体声**

단축 키로 돌비 서라운드 스테레오 효과를 설정할 수 있다.
可以通过快捷键设置**杜比环绕立体声**效果。

서라운드 음향 **环绕声**

앰프 **扩音机, 放大器**

오토 리버스 **自动翻带**

우퍼 스피커 **低音喇叭, 低音用扩音器**

음량 音量 **音量**

자유자재로 스피커 음량을 조절할 수 있다.
可动态调节扬声器的**音量**。

음질 音質 **音质**

음향 音響	声音, 音频
음향 출력 音響出力	声频输出功率, 声音功率输出
음향 출력은 9W이다.	
声音功率输出达9W。	
오븐 레인지	烤箱
가스레인지	煤气炉, 燃气灶
4화구(4구 버너) 가스레인지…….	
四头煤气炉……。	
자동 점화 自動點火	自动点火, 自动着火
전기레인지	电炉
음향 音響, 영상 映像	音影产品
전기냄비	电热锅
전기다리미	电熨斗
물때	水垢
분무 노즐	水雾喷头
스팀다리미	蒸气熨斗
온도 선택 溫度選擇	温度选择
전기면도기 電氣面刀器	电须刀, 电动剃须刀
전기밥솥	电饭煲
계량컵	量杯
보온 保溫	保温
예약 豫約	烹煮预约, 预约定时
잡곡밥	杂粮饭
전기압력밥솥	电压力锅
죽	粥, 稀饭
찰밥	糯米饭
취사 炊事	煮饭, 烹煮
전기스탠드	台灯
전기스토브	电暖器
전기 오븐	电烤箱
전기장판	电热毯
전기 포트	电热水壶, 电水壶
전기 프라이팬	电炒锅
전압 電壓	电压
110/220겸용	双重电压, 双路电压, 双电压
110/220V 겸용 제품의 사용을 제안합니다.	

我们建议使用**双重电压**用具。

전원 電源 **电源**

본사는 1985년에 설립된 스위칭 전원 및 저압 전기 제품 생산업체이다.
本公司成立于一九八五年, 是专业生产开关**电源**、低压电器的企业。

— **버튼** **开关, 开关按钮**

연결 連結 **连接**

지능형 충전 방식은 전원 또는 컴퓨터와 연결되었을 때 바로 충전이 된다.
智能化的充电方式能让它在**连接**电源或电脑时及时充电。

전원 코드 **电源线**

전원 표시 램프 **电源灯**

프린터기의 전원 표시 램프가 계속 깜빡거린다.
打印机**电源灯**不停闪烁。

코드 감기 **收卷电源线**

콘센트 **插座**

플러그 **插头**

전자레인지 **微波炉**

전자레인지는 사용이 간편하다.
微波炉的使用操作简单易行。

전자파 電磁波 **电子波**

— **방출** 放出 **发射, 发出**

핸드폰 배터리에서 방출되는 전자파.
手机电池中**发射**出的电子波。

제빵기 **面包机**

제습기 除濕器 **除湿机, 去湿机**

주방 가전 廚房家電 **厨房家电**

주사 走査 **扫描**

주사(Scanning, 扫描)란?

주사란 화면을 많은 회선(주사선)으로 분해하고 그 선상의 명암을 좌단으로부터 차례차례 전기 신호로 바꾸어 가는 것을 말한다. 주사에는 수평 주사와 수직 주사가 있다. 주사선 수가 많으면 상이 선명해지고 1초간 보내는 화면의 장수가 많으면 상의 깜박거림이 적다. 각 국의 주사선과 매초 장(프레임) 수는 TV 방식에 따라 다른데 우리 나라에서는 525라인에 30장, 영국 등에서는 625라인에 25장이다.

주사선 走査線 **扫描线**

700주사선의 고화질 디지털 TV가 처음으로 출시되었다.
700**扫描线**清晰度数字电视首次上市。

진공청소기 眞空淸掃機 **真空吸尘器**

먼지 봉투 **集尘袋**

청소기 본체를 보호하고 최대 흡입력을 유지할 수 있도록 진공청소기의 먼지 봉투를 늘 깨끗이 비워야 한다.
吸尘器的**集尘袋**应经常清空, 以保护主机并维持最大的吸力。

분리형 分離型 **分离式**

일체형 一體型 **一体式**

충전식 청소기 充電式淸掃機 **充电式吸尘器**

실내용 충전식 무선 청소기는 한번 충전으로 최장 40분 동안 연속 사용이 가능하다.
室内**充电式无线吸尘器**, 一次充电最长能连续使用40分钟。

핸디형, 스틱형 **手提式**

흡입구 吸入口 **吸管口**

흡입 호스 **吸管**

초음파식 가습기 超音波式加濕器 **超声波加湿器**

초음파식 가습기가 임신부에게 해롭습니까?
请问**超声波加湿器**对孕妇有害吗?

칫솔 살균기 **牙刷杀菌机**

캠코더 **便携式摄影机, 摄录影机**

녹화 시간 錄畵時間 **记录时间, 录像时间, 录影时间**

동영상 動映像 **视频, 动态影像**

한국이 세계 최초로 휴대폰 동영상 상용화 서비스를 선보였다.
韩国在全球首次推出手机**动态影像**商用服务。

보관용 케이스 **收纳箱, 保护套, 便携袋**

뷰파인더 **取景器**

액정 모니터 **液晶显示器**

삼성의 액정 모니터가 세계 1위로 올라섰다.
三星**液晶显示器**跃居全球第一位。

외부 마이크 **扩展话筒, 扩展麦克风**

정지 화면 **静止图像**

8미리 캠코더 **8毫米摄像机**

이것은 8미리 디지털 캠코더로 107만 화소 CCD를 사용한다.
这是一款数码**8毫米摄像机**, 采用107万像素CCD。

크기 **外形尺寸**

토스터 **烤面包机, 多士炉**

TV 시청 **收看电视, 看电视**

적당한 TV 시청거리는 브라운관 높이의 4~6배 정도이다.
电视机的最佳**收看**距离, 一般应以荧光屏高度的4～6倍为宜。

포장 包裝 **包装**

스티로폼 **泡沫塑料**

완충재 緩衝材 **缓冲材料**

제습제 除濕劑 **除湿剂, 干燥剂**

파손 破損 **破损, 损毁**

관리자의 실수로 당신의 물품이 파손되었다.
经营者过失造成了您的行李物品**破损**。

포장재 包裝材 **包装材料**

브라질은 새로운 친환경 포장재를 개발했다.
巴西开发出新型环保**包装材料**。

폴라로이드 카메라 **拍立得**

프로젝션 TV **背投电视**

프로젝션 TV는 화면이 넓은 대형 TV로 최근에는 두께가 한층 얇아지고 있다.
最近, 大屏幕**背投电视**的厚度越来越薄。

해상도 解像度 **图像分辨率, 清晰度**

해상도 500ppi는 곧 인치당 500화소를 말한다.
图像分辨率为500ppi, 就是每英寸有500个像素。

☞ ppi(每英寸的像素数)란 pixels per inch의 줄임말로 1인치당 픽셀의 면적이다. 픽셀의 면적이 좁을수록 해상도가 높다.

화소 畵素 **像素**

해상도는 인치당 화소수로 가늠한다.
图像分辨率以每英寸的**像素**数(ppi)来衡量。

헤어드라이어 **电吹风, 吹风机**

홈 시어터 **家庭影院, 家庭电影院系统**

요즘 많은 사람들이 집에서 홈 시어터 서라운드를 즐긴다.
最近很多人都喜欢在家享受**家庭影院**环绕声系统。

화면 畵面, **스크린** **屏幕画面**

와이드 **宽屏, 宽银幕**

16 : 10의 와이드 스크린.
16:10的**宽屏**。

완전 평면 完全平面 **完全平面, 纯平面**

완전 평면 모니터가 많이 사용되고 있다.

完全平面显示器正被广泛使用。

— 인치 英寸

종횡비 縱橫比, 가로세로비 纵横比

본 모니터의 화면 종횡비는 16:9이고 최대 해상도는 2,560×1,440이다.

该显示屏幕**纵横比**为16:9, 最大分辨率可达到2560×1440。

평면 TV 平面电视

일본 대형 평면 TV 시장 점유율을 현재의 5%에서 15%로 늘린다.

将日本大型**平面电视**市场上的份额由目前的5%提高到15%。

환풍기 換風機 换风扇, 排风机, 抽风机

A/S 售后服务

우리는 완벽하고 세심한 A/S를 제공할 것입니다.

我们会为您提供完善而细致周到的**售后服务**。

NTSE 방식 美国国家电视系统, NTSE制式

NTSE 방식(National Television System Committee System, 美国国家电视系統, NTSE 制式)이란?

미국 NTSC 위원회에서 개발한 표준으로서, 주사선 수 525라인, 1초간 30프레임 방식이다. 1초간 30프레임이란 TV 카메라가 초당 30개의 영상을 포착하여 TV 화면에서 재현된다는 뜻이다. 초당 30개의 영상이 바뀌므로 영화를 보듯이 '화면의 연속성'이 뛰어나다. NTSC 표준은 현재 미국 · 캐나다 · 일본 · 한국 · 남미에서 사용되고 있다.

PDP TV(Plasma Display TV) 等离子电视

벽걸이형 PDP 壁挂式, 挂墙式等离子电视

벽걸이형 PDP TV를 설치하다.

安装**挂墙式等离子电视**机。

PAL 방식 逐行倒相制式, PAL制式

PAL 방식(PAL System: Phase Alteantion by Line System, 逐行倒相制式, PAL制式)이란?

1962년 서독의 텔레푼켄 사에서 개발했다. 1초간 25프레임이기 때문에 NTSC의 30프레임보다 다소 어른거리나 주사선 수가 625라인이기 때문에 영상의 결이 세밀하여 화질은 좋다. 서독 · 영국 · 네덜란드 · 인도 · 동남아 · 북한 등에서 사용되고 있다.

SECAM 방식 顺序与存储彩色电视系统, SECAM制式

SECAM 방식(SECAM System, 顺序与存储彩色电视系统, SECAM制式)이란?

SECAM 방식은 초당 25프레임의 표준으로 프랑스·러시아와 동부 유럽 국가의 대부분이 사용하고 있다. 지역별로 공급 전력의 전류 진폭이 60헤르츠인 지역은 60의 1/2인 초당 30프레임 방식을 사용하며, 50헤르츠인 국가들은 초당 25프레임 방식을 택하고 있다.

A/V 가전제품 약어 A/V家电缩略语	
AV(Audio Visual)	影音系统
AC(Alternate Current)	交流电
CCD(Charged Couple Device)	电荷耦合器, 电耦设备, 电荷耦元件, 电荷耦合器件
DC(Direct Current)	直流电
DVD(Digital Video-Disc)	DVD光盘
DSS(Digital Satellite System)	数字卫星系统
DTV(Digital Television)	数字电视, 数码电视
HDTV(High-Definition Television)	高解析度电视, 高清晰电视, 高清晰度电视
NTSC(National Television Standard Committee)	国家电视标准委员会
PAL(Phase Altemation Line)	逐行倒相正交平衡调幅
PDP(Plasma Display Panel)	等离子显示器, 电浆显示面板
SDTV(Standard Definition Television)	标准清晰度电视
TFT(Thin Film Transistor)	薄膜晶体管显示, 薄膜晶体管
VCR(Video Cassette Recorder)	盒式录相机, 录相机
VHF(Very High Frequency)	甚高频
VHS(Video Home System)	家用录像系统
VTR(Video Tape Recorder)	磁带录像机, 视频磁带记录机
UHF(Ultra High Frequency)	超高频

철강 钢铁

고철 古鐵	废钢

고철은 철강 제련의 주요 원료이다.
废钢是钢铁冶炼的一大原料。

반제품 半製品 **钢坯, 半成品**

블룸 **钢锭**

빌렛 **方坯, 钢方坯**

슬랩 **板坯**

철강 반제품은 원료와 강재의 중간재로 빌렛과 슬랩으로 나뉜다.
钢坯是介于原材料和钢材的中间产品, 分为方坯和板坯两种。

보통강 普通鋼 **普通钢**

선재류 線材類 **线材**

선재류의 경우에는 다운스트림에 속해 본래 마진율이 업스트림에 비해 낮다.
以钢铁**线材**产品来说, 因处于产业下游, 毛利率原本就比上游更低。

철근 鐵筋 **钢筋**

철근(Steel Reinforcement, 竹节钢筋, 钢筋)이란?

일반적으로 철근 콘크리트(reinforced concrete, 钢筋混凝土)에 사용되는 보강근(補强筋) 또는 보강자 체근이라고 한다. 여기에 사용되는 철근은 원형 철근과 이형(異形) 철근이 있는데, 원형 철근은 철근 표면이 밋밋한 것을 말하며, 이형 철근은 콘크리트와의 부착력이 커지도록 표면에 마디를 넣은 철근이다. 따라서 일반적으로 말하는 철근은 이형 철근(deformed bar, 螺纹钢, 竹节钢筋)을 의미한다.

신일본제철 新日本製鐵 (Nippon Steel Corporation) **新日本制铁株式会社**

압연 공정 壓延工程 **轧钢**

제선·제강·압연에서 특수 가공까지 종합 생산 시스템을 갖추었다.
从炼铁、炼钢、**轧钢**到钢材深加工, 已形成比较完整的工业生产体系。

압연 제품 壓延製品 **轧钢产品**

냉연 제품 冷延製品 **冷轧产品**

열연 제품 熱延製品 **热轧产品**

열연 코일 **热轧卷**

연속 주조 連續鑄造 **连铸**

금형 金型 **模具, 驱形**

단조 鍛造 **锻造**

주조 鑄造 **铸造**

연속 주조 공정을 통해 여러 모양과 크기의 슬랩·블룸·빌렛 등 반제품이 주조된다.

通过连续**铸造**工程可铸造出各种不同形状和尺寸的SLAB, BLOOM, BILLET半成品。

용광로 鎔鑛爐, **고로** 高爐 — **熔炉, 高炉**

전기로 電氣爐 — **电炉**

전기로 제강 電氣爐製鋼, **미니밀** — **电炉炼钢, 电炉小钢厂**

일관 제철소 一貫製鐵所 — **综合性钢铁厂**

일관 제철소(Integrated Steel Mill, 综合性钢铁厂)란?

용광로를 갖추고 철광석을 원료로 하여 제선·제강·압연의 일관된 공정으로 철을 만드는 공장을 말한다. 한국에는 포항제철이 유일한 일관 제철소이다. 그 외에 일관 제철로부터 반제품을 공급받아 압연 제품을 만드는 가공 전문 업체, 고철을 원료로 전기로에서 제강을 하여 철강 제품을 생산하는 업체, 스테인리스강과 같은 특수강을 전문적으로 생산하는 특수강 업체들이 있다.

제강 공정 製鋼工程 — **炼钢过程**

제강 공정은 쇳물에 함유된 탄소 및 기타 원소의 산화 과정이다.
炼钢过程是铁水中的碳和其他元素的氧化过程。

제선 공정 製銑工程 — **炼铁过程**

선철 銑鐵 — **生铁**

고로에서 녹여 만든 철이 선철이다.
用高炉炼出的铁是**生铁**。

용선 溶銑, **쇳물** — **铁水**

철광석 鐵鑛石 — **铁矿石**

조강류 粗鋼類 — **粗钢**

한국 철강업계는 조강 생산 에너지 소모 절감 대책을 마련하여 성과를 보았다.
韩国钢铁行业采取措施降低**粗钢**生产能耗取得成效。

강관 鋼管 — **钢管**

봉강 棒鋼 — **棒材, 棒钢**

형강 型鋼 — **型材, 型钢**

철강 산업 鐵鋼産業 — **钢铁产业, 钢铁工业**

철강 산업은 기초 소재 산업이다.
钢铁产业是基础原材料产业。

특수강 特殊鋼 — **特殊钢, 特钢**

스테인리스강 — **不锈钢**

스테인리스 냉연 강판.
不锈钢冷轧钢板。

판재류 板材類 — **板材**

ABS판, HIPS판, PE판, PC 합금판 등 각종 복합 판재류를 생산하다.
生产ABS板、HIPS板、PE板、PC合金板等各类多层复合**板材**。

강판 鋼板 **钢板**

냉연 강판 冷延鋼板 CR(Cold-Rolled Steel) **冷轧钢板**

한국의 냉연 강판 경쟁력은 세계 2위이며 원가나 가격면에서 뚜렷한 경쟁 우위를 지니고 있다.
韩国的**冷轧钢板**市场竞争力位居世界第二，无论是在成本或是价格上，皆具明显的竞争优势。

열연 강판 熱延鋼板 HR(Hot-Rolled Steel) **热轧钢板**

자동차 강판 自動車鋼板 **汽车板**

전기 강판 電氣鋼板 **电板**

후판 厚板 **厚板**

포스코 POSCO **韩国浦项制铁有限公司**

PC강선 **PC钢丝**

철조망 鐵條網 **铁丝网**

건축 建筑·건설 建设

건물 建物 **大楼**

사무용 건물 事務用建物 **写字楼，办公楼**

상업용 건물 商業用建物 **商业楼宇**

공공 상업용 건물이란 비즈니스, 엔터테인먼트, 식당 등 여러 기능이 종합된 부동산을 말한다.
公共**商业楼宇**是指一种集商业、娱乐、餐饮等各种功能为一体的房地产。

건축 建築 **建筑**

건축 내장 공사 建築內裝工事 **建筑装修**

건축비 建築費 **造价**

전문가들은 절전형 건축의 경우, 총 건축비가 5~10% 늘어난다고 말한다.
专家表示，节能建筑将会使住宅的综合**造价**增加5%至10%。

목조 구조물 木造構造物 **木结构框架**

목조 트러스(대들보) **木结构的梁架体系**

철근 콘크리트 구조 **钢筋混凝土框架体系**

프레임 구조 **框架结构**

건축업자 建築業者 **建筑商**

건축자재 建築資材 **建材**

로코코 양식 **洛可可风格**

로코코 양식(洛可可风格)이란?

프랑스 루이 15세 시대의 실내 장식이나 가구의 장식 형태를 로코코 양식 또는 루이 15세 양식이라 한다. 당시 귀족들은 살롱 생활을 즐기기 위하여 경쾌한 곡선 구성을 환영했다. 가구의 다리에는 개브리올(gabriole)이라고 하는 곡선 디자인이 쓰였다. 실내에는 가지가지 색실로 무늬를 짠 피륙을 풍부히 썼으며 가구도 최고의 아름다움에 도달한 시대였다. 영국에서는 18세기 중엽부터 T. 치펀데일이 실용적이며 경쾌한 로코코식 가구를 제작했는데 마호가니 의자가 대표적이다.

맹인 도로 盲人道路 **盲道**

바로크 양식 **巴洛克风格**

바로크 양식(巴洛克风格)이란?

17세기 후반에 프랑스에서 유행한 양식으로, 가구는 대형화했고 호화스런 조각 장식을 많이썼다. 이탈리아에서는 건축적인 구성으로 조각을 한 옷장이나 장롱이 유행했으며 의자·테이블·촛대의 다리에는 인물을 조각했다. 루이 14세는 베르사유 궁전의 실내 장식품을 만들기 위하여 왕립 고블랭 공장을 설립했으며 그곳에 병설된 왕립 가구 공장에서 호화로운 루이 14세 양식의 가구를 제작했다. 영국은 1660년 왕정 복고 이후, 자코뱅 및 윌리엄 앤드 메리 양식으로 알려진 호화스런 가구가 유행했다. 머리 부분을 장식한 의자·침대·화장대·사무용 책상 등이 대표적이다.

생태 건축 生態建築 **生态建筑**

생태 건축의 참된 목표는 자원 및 에너지 절약, 환경 보호에 있다.
生态建筑的真正目标是为了节省资源、能源和保护环境。

인테리어 **装修, 装潢**

기둥 **柱**

단열재 斷熱材 **耐火材料, 防火建材**

바닥재 **地板材料**

반사 유리 反射琉璃 **镜面玻璃**

받침(밑둥) **座基**

4차원 공간 예술 四次元空間藝術 **四维空间艺术**

실내 디자인 **室内设计**

일반 실내 다자인에서는 보통 색상 톤이 3가지를 넘지 않도록 한다.
在一般的**室内设计**中, 都会将颜色限制在三种之内。

실내 배치 예술 室內配置藝術	室内装饰陈设艺术
실내 인테리어 디자이너	室内设计师
인테리어 자재	装修材料

주택 인테리어 자재 가격이 오를 것이다.
家居主要**装修材料**的价格会有所上涨。

집높이	举架, 房屋高度
천장 天障	天花板
칸막이(가리개)	隔扇
플로트 글래스	浮法玻璃
주택 住宅	住宅, 家居
경제적인 실용 주택	经济实用住房
다층 주택 多層住宅	楼房
단층 주택 單層住宅	平房
빌라	4层以下的小型多户住宅
콘크리트 면적	硬铺装面
턱이 없는 공간 설계	无障碍设计
포스트모더니즘	后现代主义

포스트모더니즘(Post Modernism, 后现代主义)이란?

모더니즘 이후 발생한 예술·문화 운동. 1960년대 이래 미국·유럽에서 시작된 일련의 새로운 문화 조류이다. 본래 건축에서 사용되던 개념이었으나 1980년대 이후로는 예술 전 영역에 걸쳐 쓰이게 되었다. 포스트모더니즘은 후기 산업 사회, 소비 사회, 다원주의 사회로 변해가는 삶의 지평을 성찰하는 과정에서 태동한 사조이다. 포스트모더니즘은 후기 자본주의 사회의 특징인 대량 생산·대량 소비와 결부하여 인간성 상실과 정신의 빈곤에서 오는 다양한 징후들을 변화와 실험이라는 복합적 예술 양식으로 표현, 권위적 이성과 그에 따른 억압을 해체함으로써 인간을 문화적 속박에서 해방시킬 수 있다고 주장한다. 그 특징은 계몽주의적 거대 담론 및 엄숙주의에 대한 회의, 잡종성, 고급 문화와 저급 문화의 경계 와해, 탈중심화, 열림과 자기 성찰 등으로 요약할 수 있다.

화장실 손잡이	卫生间扶手
휠체어 통로	轮椅坡道

휠체어 통로는 보통 노면에 미끄럼 방지 처리를 한다.
轮椅坡道一般采用防滑路面。

섬유 산업 纤维产业

가볍고 부드러움 轻而柔软
겸용성 兼用性 兼容性
광택 光澤 光泽
　광택기 光澤機 轧光机
　무광택 無光澤 无光感
　—을 내다 轧光
기능성 방직물 機能性紡織物 功能纺织品
　　기능성 방직물은 기능성과 편안함을 동시에 만족시켜야 한다.
　　功能纺织品应满足功能性与舒适性完美统一的要求。
날염 捺染 印花
　꽃무늬 花纹
　물방울무늬 水珠款式
　아가일 체크 菱形花纹
　염색기 染色機 染色机
　　분사식 염색기의 장점은 다품종 소량 생산에 적합하다는 것이다.
　　喷射**染色机**的优点是适合于小批量、多品种的生产。
　오트밀무늬 燕麦纹
　큰 꽃무늬 大花图案
　회전 원동 날염기 回轉原動捺染機 滚筒印花机
내의 內衣 内衣
　팬티 内裤
넥타이 领带
　나비 넥타이 蝴蝶领结
더블 버튼 单排二粒扣, 双排扣
롱부츠 长统靴
머플러 丝巾
바지 裤子
　바짓단 裤脚
　바짓가랑이 裤裆
　승마 바지 马裤
　지퍼 拉链
　청바지 牛仔裤
　7부바지 七分裤
　　초봄 시즌에 현지 소비자들에게 가장 인기 있는 상품은 7부바지이다.

在初春时节，最受当地消费者欢迎的货品是**七分裤**。

뒷주머니	**后兜**
통바지	**筒裤**
방적 紡績	**纺纱**
방적 공장 紡績工場	**纺纱工厂**
방적추 紡績錐	**纺锭**
방직 공업 紡織工業	**纺织工业**
방직 염색 공장 紡織染色工場	**织布染整厂，纺织印染厂**
방직품 紡織品	**纺织品**
보온성 保溫性	**保暖性**
불투명성 不透明性	**不透明性**
상의 上衣	**上衣**
민소매 상의	**无袖上装**
셔츠	**衬衫**
스웨터	**毛衣**
쫄티	**贴身T恤，紧身T恤**
티셔츠	**T恤**
섬유 纖維	**纤维**
고신축 섬유 高伸縮纖維	**高收缩纤维**

일반적으로 끓는 물에서의 신축률이 20% 정도인 섬유는 일반 신축 섬유라고 하고, 신축률이 35~45%인 섬유는 고신축 섬유라고 한다.
一般而言，把沸水收缩率在20%左右的纤维称为一般收缩纤维，而把沸水收缩率为35～45%的纤维称为**高收缩纤维**。

광물 섬유 鑛物纖維	**矿物纤维**
극세 섬유 極細纖維	**超细纤维**

생사보다 훨씬 가는 극세 섬유를 개발했다.
研制出比真丝还要细得多的**超细纤维**。

다기능성 섬유 多機能性纖維	**多功能纤维**
단섬유 短纖維	**短纤维**
동물 섬유 動物纖維	**动物纤维**
망사 섬유 網紗纖維	**网眼纤物**
반합성 섬유 半合成纖維	**半合成纤维**
방화 섬유 防火纖維	**难燃纤维**
보온 투습 섬유 保溫透濕纖維	**保温吸湿纤维**
섬유용 펄프	**纤维纸木浆**
식물 섬유 植物纖維	**植物纤维**

신축 섬유 伸縮纖維	收缩纤维
울 라이크(Wool Like) 섬유	仿毛纤维
원적외선 섬유 遠赤外線纖維	远红外线纤维
유리 섬유 琉璃纖維	玻璃纤维
인조 섬유 人造纖維	人造纤维

인조 섬유(Artificial Fiber, 人造纤维)란?

인구의 증가와 문화의 발달로 섬유의 수요가 급증하고 과학의 발달로 인공적으로 섬유를 만들 수 있게 되었다. 이와 같이 인공적으로 만든 섬유를 인조 섬유 또는 화학 섬유라고 한다. 인조 섬유는 원료 화합물이 유기 화합물이냐 무기 화합물이냐에 따라 유기질 섬유와 무기질 섬유로 크게 나뉘며, 유기질 섬유는 다시 그 원료가 천연인 천연 고분자계와 원료 분자를 인공적으로 합성해 만든 합성 고분자계로 나뉜다. 인조 섬유의 초기에는 면 린터나 목재 펄프와 같이 천연 섬유 중에서 길이가 너무 짧아 직접 섬유 재료로 사용하기 부적당한 원료를 비교적 간단한 화학적 · 기계적 조작을 거쳐 섬유로 이용하기에 알맞은 형태로 바꾸어 사용했다.

UV 차단 섬유	抗UV纤维
ES 합성 섬유	ES复合纤维
장 섬유 長纖維	长纤维
재생 섬유 再生纖維	再生纤维
천연 섬유 天然纖維	天然纤维
탄소 섬유 炭素纖維	碳素纤维, 碳纤维

탄소 섬유는 자동차 레이싱에 획기적인 발전을 가져다 준 소재이다.
碳素纤维是给赛车运动带来革命性发展的材料。

투습 섬유 透濕纖維	吸湿排汗纤维
합성 섬유 合成纖維	合成纤维

합성 섬유(Synthetic Fiber, 合成纤维)란?

화학의 발달로 석유 화학 공업이나 석탄 화학 공업에서 얻어지는 간단한 화합물의 원료로부터 섬유를 만들 수 있는 중합체를 합성할 수 있게 되었으며, 이 합성 중합체로 섬유를 만들어 이용하게 되었다. 이와 같이 합성 중합체로 얻어지는 섬유를 합성 섬유라고 한다.

항균방취 섬유 抗菌防臭纖維	抗菌防臭纤维
숄	围巾
스커트	裙子
사롱	围裙, 布裙

사롱(Sarong, 围裙)이란?

미얀마, 인도네이사, 말레이 반도 등지에서 남녀가 허리에 두르는 민속 의상을 말한다. 말레이어로 '통형(筒型)의 옷'이라는 뜻이다. 너비 1미터, 길이 2미터 전후의 천을 통형으로 꿰매어 그 속에 하반신을 넣고, 남은 부분은 턱을 잡아 허리에 끼우거나 끈으로 맨다. 옷감은 고급 면직에 다양하게 문양을 짜 넣거나 염색을 한다.

원피스	连衣裙
주름치마	百褶裙
초미니스커트	超短裙
프릴 치마	褶边裙子
신축성 伸縮性	伸缩性, 收缩性
실	线
실타래	线球
싱글 버튼	单排一粒扣, 单排扣

싱글 버튼은 요즘 거의 안 입는다.
单排一粒扣的款式如今已经非常少见。

양복 칼라	西装翻领
브이넥	三角领, V型领
의류 衣類	服装
기성복 旣成服	成衣
남성복 男性服	男装
니트웨어	针织
레저복	休闲装

레저복 시장에 많은 기업이 눈독을 들이고 있다.
休闲装市场成为众多企业虎视眈眈的一块蛋糕。

부인복 婦人服	女装
세미 정장	休闲西装
숙녀복 淑女服	淑女时装
아동복 兒童服	童装
아이비 룩	常青藤学院风
양복 洋服	西装
어반웨어	都市装
어패럴	成衣服饰类
여성복 女性服	女装

예복 禮服 礼服
웨딩드레스 婚纱
유니폼 制服
임신복 姙娠服 孕妇装
작업복 作業服 工作服
잠옷 睡衣
춘추복 春秋服 春秋装
캐주얼웨어 便服

미국의 하이테크 산업 종사자들 사이에서 캐주얼웨어가 유행했다.
美国高新技术产业从业人员中掀起了一股穿**便服**的风潮。

커리어 우먼 복장 白领女装, 职业女装
의류 산업 衣類產業 服装产业
인공 자수 人工刺繡 人工刺绣
인장 강도 引張强度 抗拉强度, 强度极限
장갑 手套
재봉 缝纫
깃 领口
목선 颈线
뽕 托肩
어깨선 肩线
이음새 接缝处
재봉선 裁縫線 缝线
재킷 夹克
정전기 靜電氣 静电

화학 섬유의 정전기 발생을 해결하기 위해 정전기 방지 섬유와 전도 섬유를 개발했다.
针对化纤织物易起静电问题, 人们研制出抗**静电**纤维和导电纤维。

직물 織物 织物
질감 質感 质感

귀족적인 질감의 블루톤은 안정되고 편안한 느낌을 준다.
贵族**质感**的蓝色给人宁静舒适的感觉。

촉감 觸感 手感
코트 大衣
더플코트 达夫尔外套, 牛角扣大衣, 带风帽的粗呢大衣

☞ 후드가 달리고 길이가 짧은 싱글 코트.

바바리코트 风衣

바바리코트는 방풍 및 방수 기능이 있다.
风衣可以防风挡雨。

트렌치코트 **Trench风衣, 战壕风衣, (有腰带的)双排扣外套**

탄력성 彈力性 **弹性**

투피스 **两件套套装**

화섬업계 化纖業界 **化纤行业**

한국 화섬업계에 따르면, 올해 들어 계속된 원유 가격 인상으로 화섬 원료 가격이 큰 폭으로 올랐다.
据韩国**化纤行业**的消息说，今年以来石油价格连续上涨，导致化纤的生产原料价格大幅上升。

흡습성 吸濕性 **吸湿性, 吸水性**

냅킨은 여러 차례 반복 사용이 가능하며 흡습성은 500~700%이다.
餐巾纸可多次反复使用，其**吸湿性**为500~700%。

직물 분류 织物分类	
개버딘(gabardine)	轧别丁, 华达呢
견(silk) , 비단	蚕丝, 绢丝
권사	绻丝
나일론(nylon)	尼龙布, 耐纶, 锦纶, 尼龙
능직(twill weave)	斜纹织物
니농(ninon)	尼龙绸
다마스크(damask)	缎子, 锦缎, 花缎
데님(denim)	粗斜纹棉布
데이크론(dacron)	的确良
디미티(dimity)	凸化条纹布
라텍스	丁苯胶乳
레이스	蕾丝
레이온(rayon)	嫘萦, 人造棉
론(lawn)	细麻布
린넨, 리넨(linen)	亚麻布, 亚麻纱线, 仿亚麻制品
마	大麻
망사	网眼布
멜턴(melton)	麦尔登呢

면	棉
면 포플린(cotton poplin)	棉府绸
면 플란넬	棉法兰绒
명주(silk fabric)	丝织品, 丝绸织物
모슬린(muslin), 메린스	仿瑞士(彩饰点子)
모시(ramie fabric)	苧麻, 苎麻织物,纯麻布
모직물(wool fabric)	毛织物, 羊毛纱
바틱(batik)	巴蒂克印花布, 蜡染印花布
방습포, 방수포	油布
벨루어(velour)	天鹅绒
벨벳(velvet)	丝绒
보일(voile)	巴里纱
부직포	不织布
브로드클로오드(broad cloth)	细布
브로오드(broad)	阔幅绸缎, 细平布
브로케이드(brocade)	花缎
비닐론(vinylon)	维尼纶
비스코스(viscos)	黏胶丝
빌로드(chenille yarn)	绒纱, 雪尼尔花线, 绳绒线
소모사	精纺毛纱
순실크	真丝
시폰(chiffon)	薄绸, 雪纺
실크비버(silk beaver)	海狸丝绒
아세테이트(acetate fibre)	醋酯纤维
아크릴로니트릴계(polyacrylonitrile fibre)	腈纶, 聚丙烯腈
앙고라(angora)	安哥拉山羊毛, 兔毛
양모(wool)	羊毛
에스트러켄(astrakhan)	仿羔皮织物
에폭시	环氧基
옥스포드(oxford)	牛津布
옥양목	因花布, 白棉布

올론	奥纶
우단(velveteen)	平绒, 芯绒
인조가공실크	人造纤维加工丝, 聚酯加工丝
인조견사(구리 암모니아)	铜铵短纤维
체비엇(cheviot)	切维奥特
친츠(chintz)	印花棉布
캐시미어(cashmere)	开士米, 克什米尔羊绒
캠브리(cambric)	细薄布
코듀로이(corduroy)	灯芯绒
코-폴리머	异量分子聚合物
크레톤(cretonne)	印花棉布, 纹花布
타아플린(tarpaulin)	防水油布
테릴렌(terylene)	涤纶
테트론	棉涤纶
텍스트린	糊精
펠트(felt)	毡
포플린(poplin)	府绸, 毛葛, 罗缎
폰지(pongee)	茧绸
폴리아미드계(polyamide fibre)	锦纶, 聚酰胺纤维
폴리아크릴로니트릴	聚丙烯腈
폴리암모니아수지	聚氨脂
폴리에스터 필라멘트	聚酯丝
폴리에스테르계(polyester fibrer)	聚酯纤维
폴리에틸렌글리콜	聚乙二醇
폴리염화비닐계(polyvinyl chloride fibre)	氯纶, 聚氯乙烯
폴리우레탄계(polyrethane elastic fibre)	氨纶, 弹性聚氨酯纤维, 聚亚安酯
폴리프로필렌계(polypropylene fibre)	丙纶, 聚丙烯纤维
피케(pique)	珠地棉
항라(leno)	纱罗织物
허니콤(honeycomb weave)	蜂巢组织
혼방사	混纺纱

혼타면	清花
홈스펀(homespun fabric)	钢花呢, 手工毛纺织物, 火姆司本
후직물(heavy fabric)	厚织物
훅러그(hooked rug)	长绒刺绣

18 에너지 能源

에너지 일반 能源

갈탄 褐炭 **褐煤**

국제에너지기구 IEA(International Energy Agency) **国际能源机构**

난방 연료 煖房燃料 **供暖燃料, 取暖燃料, 采暖燃料**

겨울철 온도 상승에 따라 난방 연료에 대한 수요가 감소했다.
随着冬季气温的上升, 对**取暖燃料**的需求有所减少。

무연탄 無煙炭 **无烟煤**

무연탄의 탄소 함유량은 무려 90~98%이다.
无烟煤的含碳量通常高达90～98%。

비재래형 에너지 **非常规能源**

비축유 備蓄油 **储备油**

타이완의 비축유는 110일분이다.
台湾的**储备油**量超过110天。

석탄 石炭 **煤炭**

— 가스화 **煤炭气化**

석탄 가스화란 일정한 온도 압력에서 기화제를 이용해 석탄을 열화학 가공시켜 석탄에 있는 유기질을 가스로 전환시키는 과정이다.
煤炭气化指在一定温度、压力下, 用气化剂对煤进行热化学加工, 将煤中有机质转变为煤气的过程。

— 매장량 埋藏量 **煤炭储藏量**

중국 서부 지역의 석탄 매장량은 전국의 36%를 차지한다.
中国西部地区**煤炭储藏量**占全国的36%。

— 액화 液化 **煤炭液化**

탄광 炭鑛 **煤矿**

탄층 炭層 **煤层**

석탄 청정화 기술 石炭清淨化技術 **CCT(Clean Coal Technology)** **洁净煤技术**

수입 원유 의존도 輸入原油依存度 **原油对外依赖度, 对进口原油的依存度**

유럽 연합 12개국의 수입 원유 의존도는 70%를 넘어선다.

欧盟12国**对进口原油的依存度**达70%以上。

에너지 안보 **能源安全**

석탄 청정화 기술(CCT, 洁净煤技术)이란?

석탄 중의 유황·회분·수분을 제거하여 연소시 발생되는 환경 오염 물질을 줄이거나, 기존보다 효율적인 방법으로 석탄 에너지를 이용하는 기술.

아역청탄 亞瀝青炭 **次烟煤**

에너지 생산 원가 **能源生产成本**

대체 에너지 생산 원가가 크게 떨어져야만 온실가스 배출로 인한 기후 변화를 근본적으로 해결할 수 있다.

只有当新**能源的生产成本**大大降低时，温室气体排放引起的气候变化问题才能得到根本解决。

에너지 소비 **能源消费，能源消耗**

중국의 1인당 에너지 소비량은 세계 평균의 절반 수준에 불과하다.

中国人均**能源消费**量仅为世界平均水平的一半。

BTU **英国热量单位**

1999년 미국의 1인당 에너지 소비량은 3억5천6백만 BTU였다.

1999年美国人均能源消费量为3.56亿**BTU**。

BTU(British Thermal Units, 英国热量单位)란?

영국의 에너지 측정 단위. 1BTU는 물의 온도를 물의 밀도가 가장 높은 39°F에서 1°F 올리는 데 소요되는 에너지로서 1,055줄과 같다. BTU는 특히 냉장고나 에어컨 등 냉난방 시스템의 열 생성, 열 전도 능력을 계량화하는 데 사용된다.

에너지 수입국 **能源进口国**

일본은 세계 2위의 에너지 수입국이다.

日本是世界第二大**能源进口国**。

에너지 절감 정책 **能源节约政策，节能政策**

단열재 斷熱材 **绝热材料，隔热材料**

향후 세계 각국은 건축물의 에너지 효율을 높이기 위해 노력할 것이며 이는 세계 단열재 수요량의 급증을 불러올 것이다.

今后，世界各国都会努力提高建筑物的能源效率，这必然会使世界**绝热材料**的市场需求量有较大程度的增长。

에너지 스타 **能源之星**

본 제품은 에너지 스타 마크를 획득했다.

本产品已经获得**能源之星**认证。

에너지 스타(能源之星)란?

가전제품 · 건물 · 집 등의 에너지 효율을 소비자들이 쉽게 이해할 수 있도록 별 모양으로 표시하는 등급표시 제도. 대부분 자발적인 프로그램들로서, 미국의 경우에는 에너지 효율 등급이 어느 기준 이상이면 에너지 스타 마크를 주는 에너지 스타 프로그램(能源之星计划)이 있다. 에너지 스타 프로그램은 미국의 에너지성과 환경보호국에서 관장한다. 그 외의 국가에서는 등급을 별의 수로 표시하는 에너지 스타 비율(能源星级) 제도를 실시하기도 한다.

에너지 효율 등급 EER(Energy Efficiency Rating) 能源效率等级

연비 燃費, **연료 소비율** 燃料消費率 燃料消耗率

지역난방 地域暖房 区域供暖

연탄 煉炭 煤砖, 煤球, 蜂窝煤

연탄 가스 중독 煤烟中毒, 煤气中毒

그 마을에 사는 한 사람이 재작년에 연탄 가스 중독으로 사망했다.
他们村前年有一个人**煤烟中毒**死了。

유럽 석탄철강공동체 ECSC(European Coal and Steel Community) 欧洲煤钢共同体

유연탄 有煙炭 烟煤

유한 자원 有限資源 有限资源

화석 연료는 유한 자원이다.
化石燃料是**有限资源**。

2차 에너지 二次能源

1차 에너지 一次能源

1차 에너지(一次能源)와 2차 에너지(二次能源)란?

1차 에너지란 자연 계열로는 태양열 · 조력 · 파력 · 풍력 · 수력 · 지열, 화석 계열로는 석탄 · 석유 · 천연가스, 핵에너지 계열로는 원자력(우라늄), 식물성 계열로 장작 · 숯 · 목탄 등 자연으로부터 얻을 수 있는 에너지를 말한다. 2차 에너지란 1차 에너지를 변환 · 가공하여 수송이나 에너지 전환이 쉽도록 한 것으로 일상 생활이나 산업 분야에서 이용할 수 있는 형태로 만든 에너지를 말한다. 2차 에너지에는 전기 · 도시가스 · 석유 제품 · 코크스 등이 있다.

재래형 에너지 常规能源

재래형 에너지(常规能源)와 비재래형 에너지(非常规能源)란?

에너지 자원은 이미 사용되고 있는 재래형 에너지 자원과 앞으로 개발 · 상업화될 비재래형 에너지 자원으로 나뉜다. 재래형으로는 석유 · 천연가스 · 석탄 · 수력 · 원자력 등이 있다. 비재래형(신에너지) 자원으로는 ①오일 셰일이나 오일 샌드 등 석유와 유사물질을 함유한 자원, ②석탄을 액화 · 가스화한 합성 석유 · 합성가스 · 메탄올 등 화석연료자원, ③태양열, 풍력, 파력(波力), 조력(潮力), 해수온도차 발전, 지열 등 태양 에너지(solar energy), ④농작물이나 동물 폐기물 등에서 만들어지는 알코올 연료(에탄올)나 가스(메탄 가스) 등을 이용하는 바이오매스 에너지, ⑤핵융합 에너지나 수소 에너지 등이 있다.

취사 연료 炊事燃料　　**炊事燃料**

한반도에너지개발기구 (KEDO)　　**朝鲜半岛能源开发组织**

화석 연료 化石燃料　　**化石燃料**

산업혁명 이래로 화석 연료의 사용량은 지속적인 증가세를 보이고 있다.
自工业革命以来, **化石燃料**的使用一直在稳定地增加。

석유 石油

런던 국제석유거래소 (IPE)　　**伦敦国际石油交易所**

미국 에너지부 (DOE)　　**美国能源部**

미국 에너지정보청 (EIA)　　**美国能源信息管理局**

석유 石油　　**石油**

석유 메이저　　**国际大石油公司**

석유 메이저(Oil Majors, 国际大石油公司)란?

세계 주요 석유 회사로서 Exxon Mobile(埃克森美孚), Chevron Texaco(雪孚隆德士古), Gulf(海湾石油公司), BP Amoco(英国石油-阿莫科公司), Royal Dutch Shell(荷兰皇家壳牌集团) 등이 있다.

석유수출국기구 石油輸出國機構　　**石油输出国组织, 欧佩克**

석유수출국기구(OPEC, 石油输出国组织，欧佩克)란?

11개 원유 수출국들로 구성된 조직으로, 원유의 국제 가격이 정해진 범위에서 유지되도록 생산량을 조절하는 일종의 카르텔이다. 1960년에 창설되었고 회원국들의 원유 수출량은 전 세계 수출량의 절반 이상을 차지한다.

송유관 送油管　　**输油管**

총 길이 3,900킬로미터에 달하는 이 송유관은 시베리아를 횡단한다.
这条长达3900公里的**输油管**横贯西伯利亚。

원유 原油 **原油**

현재의 석유 부족은 원유 생산량의 증가 속도가 시장의 수요에 못 미치는 데서 비롯된다.

造成目前石油短缺的原因是**原油**产量的增长速度远远低于市场需求。

원유가 原油價 **原油价格**

원유 수입량이 꾸준히 증가함에 따라 국제 원유가는 중국 경제에 영향을 미치는 주요 변수로 자리잡게 되었다.

随着中国进口原油数量的不断增加, 国际**原油价格**成了影响中国经济运行的重要因素。

원유 교역 原油交易 **原油贸易**

원유 굴착 原油掘鑿 **钻井**

새로 발굴한 이 유정에서 벌써 20만 배럴 이상의 원유가 생산되어 굴착 비용 400만 달러가 회수되었다.

新钻的这口井已经生产原油20万桶以上, 并收回了400万美元的**钻井**费用。

원유 도입선 다변화 原油導入線多邊化 **原油进口多元化, 原油来源多元化**

원유 매장량 原油埋藏量 **原油储量, 原油蕴藏量**

가채년수 可採年數 **可采年数, 蕴藏量和年生产量的比值**

가채년수(R/P, 可采年数, 蕴藏量和年生产量的比值)란?

어느 해의 확인 매장량(R: Reserve)을 그 해의 생산량(P: Production)으로 나눈 수치로 통상 R/P로 나타낸다. 현 상태로 향후 몇 년간 생산이 가능한가를 의미한다.

— **고갈** 枯渴 **原油枯竭**

여타 지역의 원유 매장량 고갈은 중동 지역보다 빠르게 진행될 것이다.

其他地区的**原油储量**会比中东更快**枯竭**。

궁극 가채 매장량 窮極可採埋藏量 (URR) **最终可采储量**

기발견 매장량 旣發見埋藏量 **已探明资源总量**

확인 매장량 確認埋藏量 **探明储量, 探明可采储量**

원유 수송선 原油輸送船 **油轮**

1960년대 이래로 거의 매년 만 톤급 이상 원유 수송선의 원유 유출 사고가 발생하고 있다.

自20世纪60年代以来, 几乎每年都会发生万吨以上**油轮**溢油事故。

원유 시추 原油試錐 **钻探, 锥探, 测井**

시추관 試錐管 **钻管**

탐사 시추 探査試錐 **勘探测井, 钻探调查**

원유 채굴 原油採掘 **开采原油**

원유 탐사 原油探査 **原油勘探**

한국은 황해 대륙붕 원유 탐사 계획을 발표했다.
韩国宣布在黄海大陆架进行**原油勘探**。

유가 벤치마크 **国际基准油价, 原油基准价**

유가 벤치마크(国际基准油价, 原油基准价)란?

브렌트유(Brent), 서부 텍사스 중질유(WTI), 두바이유(Dubai Crude) 등 국제 유가의 표준이 되는 원유가. 별도의 언급 없이 국제 원유가를 말할 때 대부분은 북해산 브렌트유가 런던 석유국제거래소(IPE)에서 거래되는 가격을 말한다. 여타 원유는 그 품질, 거래 조건 등에 따라 벤치마크 유가를 중심으로 프리미엄(溢价)이나 디스카운트(折价)를 적용하여 유가가 산정된다.

두바이유 **迪拜油**

북해산 브렌트유 **北海布伦特原油**

북해산 브렌트유(Brent Crude Oil, 北海布伦特原油)란?

브렌트 유전에서 생산되는 원유뿐 아니라 북해 전체에서 생산되는 원유들의 집합이다. 브렌트유는 런던의 국제석유거래소에서 거래되며 시장의 변동 상황이 가격에 반영되므로 다른 원유들도 가격을 브렌트유에 연동시키고 있다. 브렌트유 자체의 생산량은 현재 일일 생산량이 40만 배럴 정도로 다른 원유들에 비하여 판매량은 적으나 국제 원유가의 벤치마크로 자리잡고 있다.

사우디 경질유 **沙特轻质油**

서부 텍사스 중질유 (WTI) **西德克萨斯中质油**

4분기 서부 텍사스 중질유 가격은 현재의 배럴당 37.19달러에서 34달러로 하락할 전망이다.
到第四季度, **西德克萨斯中质油**的价格将由目前的每桶37.19美元降至每桶34美元。

API도 **API度**

OPEC은 장관급 회의 때마다 원유 기준가를 발표하는데, 이는 API도가 34인 사우디 경질유를 기준으로 삼고 있다.
石油输出国组织在历次部长级会议上都会公布标准原油价格, 这种标准原油价格以沙特**API度**为34的轻油为基准。

유전 油田 **油田**

유정 油井 **油井**

전쟁으로 인해 유정이 불타면서 지구의 기후 변화를 초래할 것이라고 전문가들은 지적한다.
专家称战争导致的**油井**燃烧将影响全球气候。

정유 精油 **炼油**
가솔린, 휘발유 揮發油 **汽油**
개질 휘발유 改質揮發油 (RFG) **新配方汽油, 重整汽油, 改良汽油**
경유 輕油 (LFO) **柴油, 轻柴油**
납사, 나프타 **石脑油**
등유 燈油 **煤油, 灯油, 照明用油**
무연 가솔린 **无铅汽油**
벙커 C유 **C级燃料油, 燃料用重油**
유연 가솔린 **含铅汽油**
정유소 精油所 **炼油厂**
중유 重油 (HFO) **重柴油**
터빈유 **涡轮油**
건성유 乾性油 **干油**
탱크로리 **运油车, 油罐车**
해저 원유 海底原油 **海底原油, 海洋原油**
— 생산 生産 **生产海底原油**
시추선 試錐船 **钻探船**
현재 삼성중공업이 건조한 시추선의 세계 시장 점유율은 60%이다.
三星重工业的**钻探船**目前已占领60%的世界市场。
— 탐사 探査 **钻探海底原油, 勘探海底原油**
브라질의 석유 회사가 멕시코로 해저 원유 탐사기술을 이전했다.
巴西石油公司向墨西哥转让**钻探海底原油**技术。

가스 瓦斯, 煤气

가스 누출 사고 **煤气泄漏事故**
가스 냄새 **煤气味**
가스 누출 감지기 **煤气泄漏探测器, 煤气泄漏检测仪**
비눗물 **肥皂液**
비눗물을 발랐을 때 거품이 생기는 곳이 새는 곳이다.
涂上**肥皂液**后, 起泡处即为泄漏点。
안전밸브 **安全阀, 旋塞阀, 控制阀**
가스 누출이 있을 때는 즉시 안전밸브를 잠가야 한다.

当发生煤气泄漏时，应立刻关闭**安全阀**。

가스 터빈 **燃气涡轮机**

계량기 計量器 **计量表, 气表**

— **검침** 檢針 **抄表**

도시가스 **城市煤气**

가스관 **输气管**

매립 가스 (LFG) **垃圾填埋气体, 垃圾填埋沼气**

매립 가스가 발전에 응용되거나 도시 연료 또는 자동차 연료로 사용된다면 큰 경제적 효과를 얻을 수 있을 것이다.

如果将**填埋气体**应用于发电，或用作城市燃料及汽车燃料等，必将产生较好的经济效益。

압축 천연가스 (CNG) **压缩天然气**

원유 액화 가스 LPG **液化石油气**

천연가스 버스 **天然气公交车**

천연 액화 가스 LNG **液化天然气**

LNG 기지 **液化天然气接收站, 液化天然气基地**

LNG 수송선 **液化天然气船, LNG船**

LNG 충전소 **液化天然气加气站**

프로판 가스 **丙烷煤气**

가스통 **煤气桶**

화재는 가스통이 폭발하면서 발생했다.

大火是由**煤气桶**发生爆炸所引起的。

한국가스공사 **韩国煤气公社**

전력 电力

누전 漏電 **漏电**

두꺼비집 **保险盒**

퓨즈 **保险丝, 熔丝**

정격 퓨즈를 사용해야 한다.

要使用符合规格的**熔丝**。

발전 發電 **发电**

발전기 發電機 **发电机**

연소기 燃燒器 **燃烧机, 燃烧器**

— **용량** 容量 **发电容量, 装机容量**

자가발전 自家發電 **自备发电**

갑작스러운 정전이 일어날 때에는 자가발전기가 즉시 가동된다.
突然发生停电时, **自备发电**机会立即启动。

발전소 發電所 **发电厂, 发电站**
— **평균 설비 용량** 平均設備容量 **单机容量, 单位装机容量**

배전 配電 **配电**
고압선 高壓線 **高压线**
전선 電線 **电线**

소수력 小水力 **小水电**
소수력이 5억 중국 농촌 인구의 전력 수요를 만족시켜주었다.
小水电满足了中国5亿农村人口的用电需求。
☞ 소수력 발전(small hydro power)은 설비 용량이 15,000kw 미만의 소규모 수력 발전을 의미하나 국내에서는 보통 3,000kw 미만을 소수력 발전으로 부르고 있다.

송배전망 送配電網, **전력망** 電力網 **输配电网, 电力网**
북한의 낙후된 전력망으로는 수용이 불가능해…….
以朝鲜落后的**电力网**无法容纳……。
변압기 變壓器 **变压器**
변전소 變電所 **换流站, 变电所**

송전 送電 **输电**
송전탑 送電塔 **输电塔**

수력 발전 水力發電 **水电, 水力发电**

수력 발전소 水力發電所 **水电厂**
양수 발전소 揚水發電所 **畜能水电厂**

열병합 발전 熱併合發電 **热电联产**
열병합 발전소 熱併合發電所 **热电联产电厂**

전기 電氣 **电气**

전기 저항 電氣抵抗 **电阻**

전력 電力 **电力**
전력 사업의 민영화…….
电力事业的民营化……。
— **공급** 供給 **供电**

전력 부족 電力不足 **电力(供应)不足, 缺电**
여름 들어 전력 부족이 중국인들의 관심사로 떠올랐다.
入夏以来, **缺电**成为中国人普遍关注的话题。

전력 사업의 민영화 **电力行业民营化, 电力行业私有化**
독립・민자 발전 사업자 獨立・民資發電事業者 (IPP)
独立发电公司, 独立发电厂

……국유 전력공사를 독립 발전 사업자 5개 업체로 분할해…….
……将国家电力公司分拆为5家**独立发电公司**……。

전력 매매 電力賣買 **电力贸易**
지역별 전력망 발전 수준이 달라 지역간 전력 매매에 기회가 되고 있다.
各地区电网发展的不平衡, 为不同地区间的**电力贸易**提供了大量机会。

전력 풀 **电力池**

지역 발전 사업자 地域發電事業者 **民营电力公司**

전력 소비 電力消費 **电力消费, 耗电**

전력 수급 電力需給 **电力供需**
전력 수급 불균형이 경제 발전의 발목을 잡을 것이다.
电力供需矛盾将制约经济发展。

기저 부하 基底負荷 **基本负荷**
1984년부터 가동된 이 기저 부하 발전소의 누계 발전량은 810억kw/h이다.
该电站自1984年开始运行, 承担**基本负荷**, 已累计发电810亿kw/h。

예비 전력 豫備電力 **储备电力**

전력 예비율 電力豫備率 **电力储备率**

전력 예비율(电力储备率)이란?

일반적인 첨두부하시의 수요를 충족하는 데 필요한 전력에 비하여 가용 발전 용량의 크기를 측정하는 비율. 대부분 규제 당국에서는 발전 사업자 및 송전 사업자 모두에게 급작스러운 에너지 수요의 증가에 대비하여 10~20%의 전력 예비율을 갖추도록 의무화하고 있다.

첨두부하 尖頭負荷 **高峰负荷, 最大负荷**

기저 부하(基本负荷)와 첨두부하(高峰负荷, 最大负荷)란?

전자는 소비자들의 가장 적은 발전 수요 또는 발전 및 송전업자가 소비자들에게 제공해야 하는 최소 발전 용량이다. 기저 부하 값은 계절과 시간에 따라 시시각각 변동한다. 후자는 가장 많은 발전 수요 또는 그것을 충족시키기 위해 요구되는 발전 용량을 말한다. 특정 시간의 부하를 말할 때도 있고 주어진 시간 동안의 평균 부하를 말할 때도 있다.

전력 요금 電力料金 **电费**

— **누진제** 累進制 **累进加价制度, 累进电价**

전기 검침 電氣檢針 **电表抄表**

전력 사용량 電力使用量 **用电量**

전류 電流 **电流**

전압 電壓	**电压**
— 강하 降下	**电压降低**
— 상승 上昇	**电压升高**
절전 節電	**省电, 节约用电**

전자 제품의 플러그를 뽑아 두면 절전 효과도 있고 화재도 예방된다.
将电器插头拔下, 不仅能**省电**, 还能消除火灾引患。

접지 接地	**接地**

전기 제품의 접지는 사용자의 안전과 제품의 정상 작동을 위해 매우 중요하다.
电气设备的**接地**是保证人身安全及电气设备正常工作的重要部分。

정전 停電	**停电**

폭우로 인해 일부 지역의 전봇대가 넘어지면서 정전 사태가 빚어졌다.
暴雨袭来时, 部分区域的电线杆被吹倒, 造成**停电**。

축전지 蓄電池	**蓄电池**
한국전력공사 韓國電力公社 (KEPCO)	**韩国电力公社**
합선 合線	**短路**
화력 발전 火力發電	**火电, 火力发电**
화력 발전소 火力發電所	**火电厂**

원자력 核动力, 原子能

국제열핵융합실험로 國際熱核融合實驗爐	**国际热核实验堆**

국제열핵융합실험로(ITER: International Thermonuclear Energy Reactor, 国际热核实验堆)란?

미국 · EU · 러시아 · 캐나다와 일본이 참여하고 있는 ITER 프로젝트는 50억 달러 규모의 국제 협력 프로젝트이다. 2006년도부터 융합로를 건설하기 시작하여 20년 동안 핵융합에 대한 연구를 진행하게 된다.

국제원자력기구 國際原子力機構	**国际原子能机构**
노형 爐型	**堆型**
가스 냉각로	**气冷堆**
가압 경수로 加壓輕水爐 (PWR)	**压水堆**
가압 중수로 加壓重水爐 (PHWR)	**加压重水堆**
경수로 輕水爐 (LWR)	**轻水反应堆**
고속 증식로 高速增殖爐	**快中子增殖堆**

비등수형로 沸騰水型爐 **(BWR)** **沸水堆**
중수로 重水爐 **(HWR)** **重水反应堆**
흑연감속로 黑鉛減速爐 **(GMR)** **石墨减速反应堆**

'북미 제네바 기본합의'에 의해 북한은 5MW급 원자로 한 기에 더 이상 핵연료 장전을 하지 않기로 했으며 흑연감속로 두 기의 건설을 중단하는 데에 동의했다.
根据"美朝核框架协议", 朝鲜同意不再对一座5兆瓦的核反应堆重新添加核燃料, 并停止两座**石墨减速反应堆**的建设。

농축 우라늄 **浓缩铀**
고농축 우라늄 (HEU) **高浓缩铀**
원심 분리기 遠心分離器 **离心分离器**

UN은 이란에서 우라늄 농축용 첨단 원심 분리기 부품을 발견했다.
联合国在伊朗发现先进铀浓缩**离心分离器**组件。

저농축 우라늄 (LEU) **低浓缩铀**

추출된 농축 우라늄은 러시아로 운반된 뒤 재처리 과정을 거쳐 저농축 우라늄으로 만들어진다.
被拆除的浓缩铀在运抵俄罗斯后, 将被再处理为**低浓缩铀**。

런던 덤핑 협약 **伦敦倾废公约**
렘 **人体伦琴当量**

렘(REM, 人体伦琴当量)이란?

Roentgen Equivalent in Man(mrem). 미온화 방사선량 단위.

방사능 放射能 **辐射能, 放射能**
— 누출 漏出 **泄漏**
방사성 물질 放射性物質 **放射性物质, 放射性材料**

테러리스트들이 핵시설을 공격해 방사성 물질의 대량 누출을 기도할 가능성이 있다.
恐怖分子可能攻击核设施, 致使**放射性物质**大量泄漏。

방사성 폐기물 放射性廢棄物 **放射性废物**
고준위 방사성 폐기물 (HLW) **高放废物**
저준위 방사성 폐기물 (LLW) **低放废物**
사용 후 연료 使用後燃料 **乏燃料, 废燃料**

북한은 핵무기 제조에 필요한 플루토늄 추출을 위해 사용 후 연료봉 8,000여 개에 대한 재처리를 완료했다.
朝鲜已完成对8000支**废燃料**棒的再处理, 以提取制造核武器所需的钚原料。

냉각조 冷却槽 冷却池
저수조 貯水槽 废燃料池
실험로 實驗爐 试验用核反应堆
북한은 핵동결을 해제하고 실험로의 봉인을 제거한다고 밝혔다.
朝鲜宣布解除核冻结并拆掉**试验用核反应堆**封条。
연구로 硏究爐 研究用核反应堆
연료 燃料 燃料
— 농축 濃縮 浓缩
— 재처리 再處理 后处理, 再处理
연료봉 燃料棒 燃料棒
연료 집합체 燃料集合體 燃料棒束
— 추출 抽出 取出, 卸出
연료 성형 가공 燃料成形加工 燃料加工
연료 재처리 시설 燃料再處理施設 燃料后处理设施, 燃料再处理设施
원자력 발전 原子力發電 核电, 核能发电
— 비중 比重 核电比重
현재 전 세계의 원자력 발전 비중이 16%인 데에 반해 중국은 2%에도 못 미치고 있다.
全世界的**核电比重**是16%, 但中国现在还不到2%。
원자력 발전소 原子力發電所 核电厂, 核电站
가동 稼動 投入运行, 启动
상업 운전 商業運轉 商业运行
광둥 원자력 발전소 2호기는 X년에 상업 운전에 들어갈 계획이다.
广东核电站2号机组计划于X年投入**商业运行**。
시험 가동 試驗稼動 试运行
원자력 사고 原子力事故 核事故
냉각재 상실 사고 冷却材喪失事故 (LOCA) 冷却水流失事故, 冷却剂丧失事故
노심 용융 爐心鎔融 堆芯熔化
노심 용융과 방사성 물질의 누출을 방지하기 위해…….
为防止**堆芯熔化**和放射性核素泄漏……。
원자력 에너지 核能
원자력 에너지는 온실가스를 발생시키지 않는다.
核能不产生温室气体。
원자로 긴급 정지 原子爐緊急停止 紧急停堆

원자로 긴급 정지(SCRAM, 紧急停堆)란?

원자로 검출기 신호에 의해 원자로 운전이 신속하게 정지되는 것.

원자로 原子爐 **核反应堆**

원자로는 핵분열 연쇄 반응을 일으키고 조절함으로써 핵에너지를 열에너지로 전환시키는 장치이다.

核反应堆是一个能维持和控制核裂变链式反应，从而实现核能—热能转换的装置。

가동중 稼動中 **在运行**

1999년 중반 현재 세계적으로 436기의 발전용 원자로가 가동 중이다.

到1999年中期，世界上共有436座发电用核反应堆**在运行**。

감속재 减速材 **减速剂, 慢化剂, 减速材料**

냉각재 冷却材 **冷却剂, 冷却材料**

자주 사용되는 냉각재로는 경수·중수·헬륨·용융나트륨 등이 있다.

常用的**冷却剂**有轻水、重水、氦和液态金属钠等。

노심 爐心 **堆芯**

노심은 핵분열 반응이 일어나는 곳이다.

堆芯是发生裂变反应的地方。

MW급 **MW(兆瓦)核反应堆**

운전원 運轉員 **运行工程师, 运行人员**

원자로 용기 原子爐容器 **核反应堆压力容器**

제어봉 制御棒 **控制棒**

—호기 號器 **~号机组**

원자로 폐로(폐기 처분) 原子爐閉爐(廢棄處分) **关闭核反应堆**

미국은 원자로를 즉각 폐로할 것을 타이완에 요구했다.

美国要求台湾立即**关闭核反应堆**。

지하 저장 시설 地下貯藏施設 **地下储藏室**

지하 영구 보관 地下永久保管 **永久保存, 永久储存**

고준위 핵폐기물은 지하 깊은 곳에 있는 특수 창고에 영구 보관한다.

高放废料会**永久保存**在地下深处的特殊仓库中。

체르노빌 원전 사고 **车诺比尔事故**

한국형 원자로 韓國型原子爐 **韩国型核反应堆**

한국형 차세대 원자로 韓國型次世代原子爐 **(KNGR)** **韩国型下一代核反应堆**

핵냉각 융합 核冷却融合 **核冷聚变**

핵물질 核物質 **核材料**

9·11사건 이후 핵물질과 핵시설에 대한 안전 문제가 국제 사회의 관심사로 떠올랐다.

美国9·11事件以后，如何加强**核材料**与核设施的安全成为了国际社会关注的焦点问题。

핵반응 核反應 **核反应**

경수 輕水 **轻水**

동위 원소 同位元素 **同位素**

반감기 半減期 **半衰期**

반감기가 87.7년인 플루토늄 238은 방사성 동위 원소를 이용한 열전기 발생 장치 제조에 널리 사용된다.

半衰期为87.7年的238Pu广泛用于制造放射性同位素热电发电器。

방사성 동위 원소 放射性同位元素 **放射性同位素**

삼중 수소 三重水素 **超重氢**

수소 폭탄 水素爆彈 **氢弹**

양자 量子 **质子**

연쇄 반응 連鎖反應 **链式反应**

원자 原子 **原子**

임계점 臨界點 **临界点**

천연 우라늄으로는 원자로가 임계점을 넘어 핵반응을 일으키게 할 수 없다.

用天然的铀是不可能使核反应堆越过**临界点**而发生核反应的。

전자 電子 **电子**

중성자 中性子 **中子**

중수 重水 **重水**

캐나다의 원자로는 중수로로, 감속재와 냉각재로 중수를 사용한다.

加拿大的反应堆是**重水**反应堆，使用重水作为减速剂和冷却剂。

중수소 重水素 **氘，重氢**

중수소가 일반 수소보다 핵융합 반응을 더 잘 일으킨다는 사실이 발견되었다.

人们发现，**氘**要比普通氢容易进行聚变。

핵분열 核分裂 **核裂变**

핵분열 물질 核分裂物質 **核裂变材料**

원자탄을 만드는 데 사용되는 주요 핵분열 물질로는 우라늄 235와 플루토늄 239가 있다.

制造原子弹的**核裂变材料**主要有铀-235和钚-239。

핵쓰레기장 **核废料场**

핵안전 核安全 **核安全**

냉각 계통 冷却系統 **冷却系统**

다중 안전 계통 多重安全系統 **多重安全保护系统**

원자로는 사고 예방을 위해 다중 안전 계통을 적용한다.

核反应堆有**多重的安全保护系统**, 确保反应堆不会失控。

안전 계통 安全系統 **安全系统**

안전 계통은 조작상의 실수뿐 아니라 설비 고장 및 기타 잠재 리스크까지 염두에 둔 것이다.

安全系统考虑的不仅仅是人为的错误, 还包括设备故障和其他潜在的危险。

핵연료 核燃料 **核燃料**

— **교체** 交替 **换料**

— **장전** 裝塡 **装载, 装入**

발전소 2호기가 첫 번째 핵연료 장전 작업을 순조롭게 마쳤다.

该电站二号机组圆满完成首次**装载**核燃料的工作。

핵융합 核融合 **核聚变**

상온 핵융합 常溫核融合 **常温核聚变**

자기 구속 핵융합 磁氣拘束核融合 **磁约束核聚变**

제어 핵융합 制御核融合 **受控核聚变**

핵융합로 核融合爐 **核聚变堆**

상업용 핵융합로가 2025~2050년 사이에 건설될 것이라는 예측이 있다.

有预测认为, 商用**核聚变堆**的建成时间在2025~2050年间。

핵폐기물 核廢棄物, **원전 수거물** 原電收去物 **核废料, 核废物**

원전 수거물 관리 센터 **核废物处理中心**

TMI 사고 **三里岛核事故**

TMI(Three Mile Island, 三里岛核事故)란?

1979년 미국에서 있었던 원전 사고. TMI 사고로 불리는 이 원전 사고는 출력 운전중 가압기 밸브가 개방되면서 발생한 냉각재 상실 사고였는데, 핵연료 봉이 파괴되고 핵연료가 녹아 내리는 중대 사고로 확대됐다. 다행히 미국 정부의 신속한 대처로 피해 규모는 사망자 없이 재산 손실만 20억 달러에 그쳤다.

대체 에너지 替代能源

그린 빌딩 **绿色建筑**

그린 에너지 **绿色能源, 无污染能源**

대체 에너지 **替代能源**

러시아의 한 전문가는 달에서의 대체 에너지 개발을 제안했다.

俄罗斯专家建议从月球开发**替代能源**。

바이오 디젤 **生物柴油**

생물 에너지, 바이오매스 에너지 **生物质能**

수소 에너지 **氢能**

수소 에너지는 청정 에너지이자 재생 에너지이다.

氢能是一种清洁的新能源和可再生能源。

금속수소화물 金屬水素化物 **金属氢化物**

수소 연료 水素燃料 **氢燃料**

에너지 식물 **能源作物**

에너지 식물은 대부분 자연적으로 생장하여 채집이 어렵다.

许多**能源作物**是自然生长的, 收集比较困难。

연료 전지 燃料電池 **燃料电池**

수소 연료 전지 水素燃料電池 **氢燃料电池**

수소 연료 전지 버스가 2005년 베이징에 선보인다.

氢燃料电池公交车05年在北京上路。

태양 전지 太陽電池 **太阳能电池**

소비자의 요구에 따라 여러 규격의 태양 전지를 생산할 수 있다.

可按用户要求生产多种规格**太阳能电池**。

오니 가스 발전 **污泥制气发电**

오일 샌드 **油砂**

중국이 처음으로 오일 샌드, 오일 셰일 자원에 대해 전국적인 평가 조사를 실시했다.

中国首次开展全国性**油砂**、油页岩资源评价工作。

오일 셰일, 유혈암 **油页岩**

오일 셰일은 풍부한 저장량에 비해 제대로 이용되지 못하고 있는 자원이다.

油页岩是一个储量丰富但还未被有效利用的资源。

운동 에너지 **动能**

위치 에너지 **位能**

재생(가능) 에너지 **可再生能源**

재생 에너지로는 태양열·풍력·수력 등이 있다.

可再生能源的例子有 : 阳光、风力、水力等。

조력 발전 潮力發電 **潮汐发电**

지열 발전 地熱發電 **地热发电**

지열 에너지 이용 방법으로는 지열 발전과 직접 이용 두 가지가 있다.

地热能的利用可分为**地热发电**和直接利用两大类。

고온 암체 발전 高溫岩體發電 **干热岩发电, 高温岩体发电**

청정에너지 **清洁能源**

중국은 청정에너지를 늘려 간접적으로 에너지 구조를 바꾸어가기 위해 석탄의 액화·기화 방법을 사용하고 있다.

将煤炭液化、气化, 是中国增加**清洁能源**, 从而间接改变能源结构的努力方向。

타르 샌드 **焦油砂, 沥青砂**

타르 샌드는 미네랄 오일을 추출하는 원료로 쓰인다.

焦油砂被用作提取矿物油的原料。

태양광 전지 太陽光電池 **太阳光电池**

태양열 太陽熱 **太阳热能**

태양열은 가장 이상적인 대체 에너지이다.

太阳热能是最理想的新能源。

태양광 발전 太陽光發電 **太阳光发电**

태양 반사경 太陽反射鏡 **日光反射镜**

태양열 온수기 太陽熱溫水器 **太阳能热水器**

태양열 주택 太陽熱住宅 **太阳能住宅**

태양 집열기 太陽集熱機 **太阳能接收器**

파력 발전 波力發電 **波浪发电**

풍력 발전소 風力發電所 **风电厂, 风力发电厂**

풍력 터빈 **风力涡轮发电机**

해류 발전 海流發電 **海流发电**

해류 에너지 **海流能**

세계적으로 사용 가능한 해류 에너지는 약 0.5억kw인 것으로 추정된다.

据估算, 世界上可利用的**海流能**约为0.5亿千瓦。

해수열 발전 海水熱發電**, 해양 온도차 발전** 海洋溫度差發電 **(OTEC)**

海水温差发电, 海洋热能转变

해수열 발전은 해수 표면과 심층 사이의 온도차를 이용해 열순환을 일으킴으로써 에너지를 얻는 방법이다.

海水温差发电是利用海水表层和深层间的温度差实现热循环而发电。

세계 에너지 관련 주요 기업 世界主要能源企业	
가스프롬(Gazprom)	俄罗斯天然气集团
듀크 에너지(Duke Energy)	杜克能源公司
로스네프티(Rosneft)	俄罗斯国家石油公司
루코일(Lukoil)	卢克石油公司

바스프(BASF)	巴斯夫
셰브론(Chevron)	雪佛龙
시노켐(SINOCHEM)	中国中化集团公司
시노펙(SINOPEC)	中国石油化工集团公司(中国石化)
엑슨모빌(Exxon Mobil)	埃克森美孚
유코스(Yukos)	尤科斯
코노코필립스(Conoco-Phillips)	康菲石油, 大陆菲利普斯石油
BP아모코(BP Amoco)	英国石油-阿莫科公司
CNOOC	中国海洋石油总公司(中国海油)
CNPC	中国石油天然气集团公司(中国石油)
R/D Shell	荷兰皇家壳牌集团

광업 矿业

갱도 坑道 **坑道**

갱도 전체가 화강암으로 이루어져 있다.
坑道全由花岗岩石构成。

갱구 坑口 **坑道口**

갱구 위쪽에 깊은 도랑을 파서 화약을 폭파시킨다.
在**坑道口**上面挖掘深沟, 用炸药爆破。

갱내 작업 坑內作業 **坑下采矿**

수직갱 垂直坑 **垂直井**

수평갱 水平坑 **水平井**

수평갱 기술 水平坑技術 **水平井技术**

경금속 輕金屬 **轻金属**

알루미늄은 은백색의 경금속이다.
铝是银白色的**轻金属**。

광물 鑛物 **矿物**

광물 매장량 鑛物埋藏量 **矿物储藏量**

광물 연료의 매장량은 유한하다.
矿物燃料的**储藏量**总是有限的。

광부 鑛夫 **矿工, 矿民**

전문가에 따르면 탄광에 갇힌 광부들은 생환 가능성이 없다.
专家分析认为, 被困井下的**矿工**们已经没有生还的可能。

광산 근로자 鑛山勤勞者 **矿工**
광산 鑛山 **矿山**
선광 選鑛 **选矿**
금·철광석 등의 가격이 급등하면서 무면허 채광, 불법 선광 등 불법 행위가 끊이지 않고 있다.
由于金、铁等价格持续高涨, 无证采矿、非法**选矿**等矿业违法行为频频发生。
제련 製鍊 **冶炼**
채광 採鑛 **采矿**
무면허 불법 채광.
无证非法**采矿**。
광산업 鑛産業 **矿产业, 矿业**
광업은 공업의 기초이다.
矿业是工业的基础。
광석 鑛石 **矿石**
알루미늄 원광, 보크사이트 **铝矾土, 铝土**
1952년에 미국의 한 광업사가 알루미늄 원광을 처음으로 채굴하기 시작했다.
1952年, 美国矿业公司首次开采**铝矾土**。
철광석 鐵鑛石 **铁矿石**
광업 鑛業 **矿业**
금속 광물 金屬鑛物 **金属矿物**
귀금속 貴金屬 **贵金属**
귀금속이 국방 건설 분야의 주요 소재가 되었다.
贵金属已成为国防建设的重要材料。
비금속 卑金屬 **贱金属, 基金属**
합금 合金 **合金**
금속 광업 金屬鑛業 **金属矿业**
노천광 露天鑛 **露天矿**
노천 채굴 露天採掘 **露天采矿**
매장량 埋藏量 **储藏量**
무연탄 無煙炭 **无烟煤**
보석 寶石 **宝石**
— **감정** 鑑定 **鉴定**
— **감정서** 鑑定書 **检验证书**
제품마다 보석 감정서가 있다.
每件产品都有相应的宝石**检验证书**。
— **감정인** 鑑定人 **珠宝鉴定人员, 宝石专家, 珠宝评估师**

나석 裸石 **裸石**

연마되지 않은 나석은 광택이 나지 않는다.

未经切割的**裸石**没有任何的光泽。

연마 研磨 **琢石, 切割**

원석 原石 **粗石**

인조 보석 人造寶石 **人造宝石**

인조 보석은 보석의 성질을 갖고 있어 장식품을 만드는 데 이용된다.

人造宝石具有宝石的属性, 可以用作宝石饰物。

준보석 準寶石 **半宝石**

준보석이란 다이아몬드·루비·사파이어·에메랄드 이외의 일반 옥이나 마노를 가리킨다.

所谓**半宝石**, 是指除了钻石、红宝石、蓝宝石和翡翠等4种宝石外的其他普通玉或玛瑙。

탄생석 誕生石 **诞生石**

탄생석 패용 풍속이 18세기 폴란드에서 시작되어 전 세계로 퍼졌다.

佩戴**诞生石**珠宝的风俗始于18世纪波兰, 此后便传遍整个世界。

비금속 광물 非金屬鑛物 **非金属矿物**

인류는 오래 전부터 비금속 광물의 특성을 이용해 환경·생태·건강 문제를 해결해왔다.

人类自远古时代以来便利用**非金属矿物**的特性来解决环境、生态与健康问题。

비철 금속 非鐵金屬 **有色金属**

비철 금속은 주요 공업 원자재이다.

有色金属是重要的工业基础原材料。

시굴 試掘 **探矿**

시굴(Trial Digging, Prospecting , 探矿)이란?

광산을 개발할 때 광물의 유무 · 광량 · 품위 등을 조사하여 가행 가치(稼行價値)를 판단하는 과정을 말한다. 시굴은 탐광(探鑛)이 주목적인데 일반적으로는 지표 조사, 물리 탐광, 화학 탐광, 시추 탐광, 갱도 탐광과 같은 작업을 한다. 시굴하는 데는 보통 광업권 중의 시굴권에 의한다. 시굴권의 존속 기간은 등록일로부터 2년인데, 기한이 만료되면 광업권자의 신청에 의해 2회(석유, 천연가스인 경우는 3회)에 한하여 연장할 수 있다. 이러한 경우 성실하게 탐광한 사실이 명백하고 탐광을 계속할 필요가 있다는 등의 조건을 충족시켜야 한다. 시굴의 결과가 성공적이었을 경우에는 개발 단계로 들어가기 전에 채굴권을 등록해야 한다.

시추 試錐 **挖洞, 钻探**

시추(Boring, 钻探)란?

지층의 구조나 성상을 알기 위하여 지각 속에 지름이 작은 구멍을 뚫는 일을 말한다. 지각 내부의 여러 지식을 얻기 위하여, 또는 석유 · 천연가스 · 온천 · 지하수 등을 채취하기 위하여 이루어진다. 사용 목적에 따라 규모도 여러 가지가 있는데 길이는 수미터에서 수천 미터, 지름은 수 밀리미터에서 수십 미터에 이르는 것이 있다.

암석 岩石 **岩石**

암석 岩石	
퇴적암 沉积岩	
석고	石膏
사암	砂岩
석회암	石灰石
암염	岩盐
변성암 变质岩	
대리석	大理石
비눗돌	皂石
사문암	蛇纹石
화강암	花岗岩
화성암 火成岩	
용암	熔岩
현무암	玄武岩

지하자원 地下資源 **地下资源**

남아프리카공화국은 천혜의 지하자원을 갖고 있다.
南非具有得天独厚的**地下资源**。

채석 採石 **采石, 采掘**

채석장 採石場 **采石场**

충칭 시는 채석장 743곳을 폐쇄시켰다.
重庆关闭了743家**采石场**。

탄광 炭鑛 **煤矿**

탄광업체가 극심한 어려움을 겪었던 1997년 하반기부터 지금까지 석탄 가격은 하락세를 거듭했다.
1997年下半年至今, 是**煤矿**企业尤为困难的一段时期, 煤炭市场价格一降再降。

탄전 炭田 **煤田**

탐광 探鑛 **探矿**

광맥 鑛脈 **矿脉**

헤이룽장성에서 상당량의 금맥이 발견되었다.

在黑龙江省发现大储量黄金**矿脉**。

광상 鑛床 **矿床**

광상(Ore Deposit, 矿床)이란?

지각의 국부에 유용 광물이 천연적으로 집합하여 채굴의 대상이 되는 곳을 말한다. 광상은 목적·용도에 따라 주로 금속 광물이 있는 금속 광상, 유용 비금속 광물이 있는 비금속 광상으로 나눌 수 있다. 형태에 따라서는 괴상 광상(塊狀鑛床), 층상 광상(層狀鑛床), 맥상 광상(脈狀鑛床) 등으로 구분한다. 그러나 가장 일반적인 분류는 성인(成因)에 의한 방법으로, ① 마그마 고결(固結) 작용에 의해 생성된 마그마 광상, ② 마그마 고결과는 관계 없이 여러 자연력에 의해 생성된 퇴적 광상, ③ 기존의 광상이 변질되어 생성된 변성 광상의 3가지로 구별된다.

지질 조사 地質調査 **地质调查**

지질 조사 전면 실시.

全面展开**地质调查**。

폐광 廢鑛 **废矿**

폐광에 빗물이 스며들면 사고 위험이 높아진다.

废矿一遇雨水冲刷，安全隐患更加突出。

—하다 **矿山闭坑，关闭煤矿**

광둥성은 2015년 전까지 모든 탄광을 폐쇄시킬 예정이다.

广东省将在2015年前**关闭**所有**煤矿**。

폐광 카지노 **废矿赌场**

강원랜드는 기존의 강원도 남부 폐광 지대를 카지노, 테마 공원 등을 갖춘 국제 일류 가족 종합 휴양지로 개발한 곳이다.

江原大陆把原来位于江原道南部的**废矿**地区开发成拥有**赌场**、主题乐园等设施的国际一流水平家庭综合休养地。

주요 금속 및 보석 主要金属及宝石

금속 金属	
금	金
동	铜
망간	锰

아연	锌
안티몬	锑
알루미늄	铝
우라늄	铀
은	银
주석	锡
중석, 텅스텐	钨
철	铁

보석 宝石

금강석, 다이아몬드	金刚石, 钻石
루비	红宝石, 玫瑰玉
사파이어	蓝宝石
알렉산더석	变石
에메랄드	翡翠, 翠玉
진주	珍珠
첨정석	尖晶石

준보석 半宝石

남옥, 아쿠아마린	绿玉
마노	玛瑙
말라카이트	孔雀石
오닉스, 줄마노	黑玛瑙
오팔	蛋白石, 白玉石
옥	玉
월장석	月长石
자수정	紫水晶, 紫石英
청금석	青金石
호박	琥珀
호안석	虎晶石
황수정, 토파즈	黄玉, 黄晶

광물, 원소 矿物, 元素

니오브	铌

라돈	氡
리튬	锂
망간	锰
몰리브덴	钼
바나듐	钒
비소	砷
빙정석	冰晶石
수은	汞
우라늄	铀
인	磷
자철광	磁铁矿
중탄산이온	重碳酸钠, 重碳酸离子
지르코늄	锆
철광석	铁矿石
탄탈	钽
텅스텐	钨
티탄	钛
형석	萤石

19 교통 交通

교통 일반 交通

교통, 수송 交通 輸送 — **交通, 运输**

수송로 輸送路 — **运输路线**

교통수단 交通手段 — **交通工具**

교통 요충지 交通要衝地 — **交通枢纽, 交通要地**

구이저우는 남서 지역 교통의 요충지이다.
贵州是西南地区的**交通枢纽**。

사통팔달 四通八達 — **四通八达**

내륙 교통 內陸交通 — **内地交通, 内陆交通**

내륙 교통은 도로와 철도 운송이 주가 된다.
内陆交通以公路和铁路运输为主。

도로 교통 道路交通 — **公路交通**

보행자 교통 步行者交通 — **行人交通**

연안 교통 沿岸交通 — **沿岸交通**

육해상 교통 陸海上交通 — **陆海交通, 海陆交通**

톈진은 편리한 육해상 교통망을 갖춘 대형 국제 도시이다.
天津是**陆海交通**便利的国际化大都市。

차량 교통 車輛交通 — **车辆交通**

도시 교통 城市交通

가변 차선 可變車線 — **可变车道**

……1개 가변 차선 추가 설치로 차량 운행 속도를 높였다.
……增加了一条**可变车道**, 加大了车辆的放行速度。

고가 도로 高架道路 — **高架桥**

교각 橋脚 — **桥墩, 桥脚**

교량의 두 번째와 세 번째 교각 사이가 갑자기 무너져 내렸다.
大桥第二个**桥墩**和第三个桥墩间的桥面突然垮塌。

교통 통제 구역 交通統制區域 — **交通管制路段**

교통 단속 交通團束 — **交通执法, 查处交通违法违规行为**

불법 추월 단속 강화…….
加强**查处**违规超车……。

교통 범칙금 交通犯則金 **交通违法罚款**

교통경찰은 안전벨트를 매지 않은 운전자에게 벌금 5위안과 벌점 1점을 부과한다.
交警对不系安全带的驾驶员, 处以**罚款**5元、扣1分。

교통 벌점 交通罰點 **罚分**

운전면허 정지 運轉免許停止 **吊销驾照**

교통량 交通量 **车流量**

통계에 따르면 이곳의 하루 교통량은 2만 대 이상이다.
据统计, 这里一天的**车流量**在两万辆以上。

교통 법규 交通法規 **交通规则**

— 위반 違反 **交通违规**

속도위반 速度違反 **违反车速规定**

정지선 停止線 **停止线**

노란 불이 켜졌을 때 정지선을 넘어선 차량은 통과할 수 있다.
黄灯亮时, 已越过**停止线**的车辆可以继续通行。

제한 속도 制限速度 **车速限制, 时速限制**

이곳 도로의 제한 속도는 130킬로미터이다.
这里公路的**时速限制**为130公里。

교통 수요 관리 交通需要管理**(TDM)** **交通需求管理**

버스 전용 차선 **公交车专用道路, 公交车专用线, 巴士专用道路**

주요 도로마다 버스 전용 차선이 설치되어 있기 때문에 교통이 혼잡할 때에도 빠른 시간 안에 목적지에 도착할 수 있다.
主要道路均设有**巴士专用道路**, 因此在一般道路交通拥挤时, 也能在很快的时间内到达目的地。

혼잡 통행료 混雜通行料 **拥堵费**

정부 부처는 혼잡 통행료 징수로 도심의 교통 혼잡을 완화시킨다.
政府部门通过收取**拥堵费**来缓解中心区的交通压力。

교통 신호 체계 交通信號體系 **交通信号系统**

교통정리 交通整理 **交通管理, 交通控制**

교통 체증 交通滯症 **交通拥堵, 交通堵塞**

교통난 交通難 **行车难**

도로 상황 道路狀況 **路况**

지체 구간 遲滯區間 **堵塞地段**

출퇴근 시간 出退勤時間 上下班时段, 上下班时间

통행 속도 通行速度 车行速度, 行车速度, 车速

차량 통행이 많은 교차로에서는 시속 15km 미만의 통행 속도를 보이고 있다.
车辆通过繁忙的交叉路口时, **车速**不超过15公里/小时。

난폭 운전 亂暴運轉 鲁莽驾驶, 危险驾驶

과속 過速 超速行驶

과속 감시 카메라 测速摄像头, 电子警察

끼어들기 加塞, 并线

레이저 속도 측정기 激光测速仪

무면허 운전 無免許運轉 无证驾驶

차량 번호 인식 장치 車輛番號認識裝置(AVI) 车辆自动识别技术

차량 위치 추적 시스템(AVLS) 车辆位置跟踪系统

추월 追越 超车

대중교통 大衆交通 公共交通, 大众交通

교통 카드 交通卡

교통 카드를 오랫동안 다른 물건과 함께 두면 훼손된다.
交通卡与其他物件混合放置, 时间一长难免损伤。

교통 카드 단말기 读卡器, POS机

교통 카드 충전 充值交通卡

대중교통 체계 大衆交通體系 公共交通系统

요금 料金 交通费, 交通资费

도시 교통 都市交通 城市交通

시내 교통 市內交通 市区交通

상하이 시는 원활한 시내 교통을 위해 X년에 200억 위안을 투자할 계획이다.
上海计划于X年投入200亿元保障**市区交通**畅通。

버스 公共汽车, 公交车, 巴士

베이징의 버스 노선이 여러 이유로 인해 임시 개편될 예정이다.
北京**公交车**路线可能因各种原因临时改线。

광역 버스 广域巴士

고속버스 长途客车, 客运班车

굴절 버스 铰接式客车

마을버스 小区公交车, 短途公交车, 居民区巴士

시내버스 운행 市内公交车运营, 市区巴士运营

시내에서 가장 늦게까지 운행되는 노선의 운행 시간은 밤 10시이다.
市内的最晚**公交车**线路**运营**至晚上22时。

시외 버스 市外公交车, 效区客车
이층 버스 双层客车, 双层巴士
저상 버스 低底盘公共汽车
☞ 저상 버스란 장애인들이 휠체어를 탄 채 다른 사람의 도움 없이 안전하고 편리하게 오를 수 있도록 차체 바닥이 낮고 출입구에 계단 대신 경사판이 설치된 버스이다.
통근 버스 上下班通勤车, 员工班车
통근 버스를 운행하다.
提供**上下班通勤车**服务。
버스 노선 公交车路线, 公交线路
기점 起點 起点, 始发站
종점 終點 终点, 终点站
버스 전용 차로 公交线路专用车道, 公交专用道, 中央公交专用线
새로운 교통 체계가 적용된 첫날, 일부 버스 전용 중앙 차로에 큰 혼잡이 빚어졌다.
新公交系统启用的第一天, 部分**公交线路专用车道**拥堵不堪。
병목 현상 交通瓶颈
둥탕 입체 교차로 개조로 창사 시내 병목 현상이 해소될 것으로 보인다.
东塘立交桥改造将扭转长沙市中心的**交通瓶颈**现象。
보도 步道 人行道
보행자 우선 구역 步行者優先區域 步行者优先道路
보행자 전용 구역 步行者專用區域 步行街
승용차 사용 제한 乘用車使用制限 禁止使用轿车
육교 陸橋 步行天桥, 过街天桥, 人行天桥
음주 운전 飮酒運轉 酒后驾驶, 酒后驾车, 酒后开车
음주 운전 단속 飮酒運轉團束 取缔酒后驾车
음주 운전 테스트 酒后驾车测试, 酒驾检测
음주 측정기 飮酒測定器 酒精测试仪
혈중 알코올 농도 血中酒精浓度, 血液中的酒精含量
혈중 알코올 농도를 측정해…….
检测**血中酒精浓度**……。
자가용 부제 自家用部制 NDD(No-Drive-Day Program) 车辆尾号限行, 根据车牌号尾数上路的制度
번호판 끝자리 수가 날짜와 일치하는 자가용은 운행할 수 없다.
轿车在与其**车牌尾数**相同的日子不能出行。
강제 10부제 强制十部制 强制性“十部制”

모든 정부 기관에서는 승용차 강제 10부제를 실시한다.
所有政府机构执行**强制性**的轿车“**十部制**”。

10부제 十部制 **轿车“十部制”**

2부제 二部制 **轿车“二部制”, 错号上下班制**

자전거 전용 차선 自轉車專用車線 **自行车专用车道, 自行车专用道路**

주차 駐車 **停车, 泊车**

공영 주차장 公營駐車場 **公共停车场**

무료 주차 無料駐車 **免费停车**

쇼핑 무료 주차권을 발급해…….
提供购物**免费停车**券……。

불법 주차 不法駐車 **违规停车, 违章停车**

유료 주차장 有料駐車場 **付费停车场**

일렬 주차 一列駐車 **平行停车, 平行泊车**

주차 공간 駐車空間 **停车泊位, 车位**

주차 공간이 부족하고 안내 표시도 불명확해 대부분의 택시 운전사들이 불법 주차를 하고 있다.
由于**泊位**不够、标示不清, 许多出租车司机违章停车。

주차난 駐車難 **停车难**

주차난은 이제 모든 대도시의 주요 교통 문제로 베이징이 특히 심각하다.
停车难已成为各大城市交通的主要负担, 北京尤为严重。

주차비 駐車費 **停车费**

공항 주차장의 경우, 10분 이내는 주차비를 받지 않는다.
机场停车场10分钟以内不收**停车费**。

주차 확인 駐車確認 **兑换免费停车券**

지하보도 地下步道 **地下人行道, 过街地下通道**

지하 차도 地下車道 **地下车道**

차량 동승 車輛同乘 **合伙搭车, 合乘, 拼车**

차량 동승에는 회원제와 비회원제 두 가지 형식이 있다.
合伙搭车有两种形式, 一种是会员制, 一种为非会员制。

다수 동승 차량 多數同乘車輛 **HOV(High-Occupancy Vehicle)** **共乘车辆**

본교는 동승 차량에 대해 주차료 감면 혜택을 준다.
我校为**共乘车辆**提供停车费减免优惠。

1인승 차량 一人乘車輛 **单人车辆**

뉴저지에서 맨해튼으로 통하는 터널은 1인승 차량에 대해 통행료 5달러를 징수한다.

从新泽西通往曼哈顿岛的隧道对**单人车辆**每次征收5美元。

환승 换乘 **换车, 换乘**

10킬로미터 이내에서 환승할 경우 버스나 전철 또는 횟수에 상관 없이 기본 교통료만 수수한다.

在10公里的基本距离内, 无论**换乘**公交车还是地铁, 换乘几次, 均只收取基本票价。

환승역 換乘驛 **中转站, 换乘站**

환승 주차장 換乘駐車場 **换乘枢纽停车场**

횡단보도 橫斷步道 **斑马线, 人行横道**

녹색불로 바뀌면 횡단보도를 건넌다.

等变成绿灯再过**人行横道**。

무단 횡단 無斷橫斷 **乱穿马路**

지금은 무단 횡단을 하거나 교통 법규를 어기는 행인이 크게 줄었다.

现在**乱穿马路**, 不遵守交通规则的行人大大减少了。

신호등 信號燈 **交通灯, 信号灯, 红绿灯**

신호 위반 단속 시스템 **闯红灯自动监测系统**

음성 안내기 音聲案內器 **声响提示装置, 盲人声响装置**

잔여 시간 표시기 殘餘時間標示器 **倒计时装置**

점멸등 點滅燈 **闪光灯**

도로 교통 公路交通,道路交通

간선 도로 幹線道路 **干道**

고속 도로 高速道路 **高速公路**

가드레일 **护栏**

갓길 **路肩**

타이어에 펑크가 나도 고속 도로 갓길에서 교체할 수 없다.

遇爆胎不可在高速公路**路肩**换胎。

나들목, 인터체인지 **交流道, 交叉桥, 交汇处**

— **내리다, 나가다** **驶出, 驶离**

고속 도로에서 빠져나갈 때는 감속 운전을 해야 한다.

驶离高速公路时要充分减速。

분기점 分岐點 **交会点**

중앙 분리대 中央分離帶 **中央分隔带**

중앙 분리대 벽 中央分離帶壁 **中央护栏**

갑자기 화물차가 고속 도로 중앙 분리대 벽을 들이받았다.

货车突然撞向了高速公路的**中央护栏**。

— 타다 **驶入, 进入**

고속버스 **长途客车, 客运班车**

고속버스 터미널 **客车站, 长途客车站**

교통사고 交通事故 **交通事故, 交通意外, 车祸**

급커브 **急弯**

급커브 길에서의 과속 운전으로 인해 대형 교통사고가 발생했다.
在**急弯**路段超速行驶, 引发了特大交通事故。

노면 상태 路面狀態 **路面状况**

노면이 미끄러워서 운전 시 사고가 나기 쉽다.
路面状况湿滑, 驾车易出车祸。

전복 사고 顚覆事故 **翻车事故, 颠覆事故**

정면충돌 正面衝突 **正面碰撞, 迎头相撞**

추돌 사고 追突事故 **碰撞事故, 追尾事故**

교통 정보 交通情報 **交通信息**

위성 항법 시스템 **全球定位系统**

기점과 목적지를 입력하고 OK 버튼을 누르면 위성 항법 시스템이 최단 거리를 자동 산출한다.
输入起始点和目的地, 按OK键, **全球定位系统**会自动算出从起始点到目的地的最近距离。

위성 항법 시스템(GPS: Global Positioning System, 全球定位系统)이란?

GPS는 시간, 기상 상태에 관계 없이 지구 전역에서 사용 가능한 가장 이상적인 항법 시스템으로서 1970년대 초, 미 국방성에 의해 군사용으로 개발되었지만 급속도로 민간용으로 확장되어 항해 · 우주 · 관제 및 일반 휴대폰 사용자에 이르기까지 널리 쓰이고 있는 항법 시스템이다. GPS 수신기는 위성 신호를 수신하여 사용자의 위치 및 속도를 계산한다.

교통 표지판 交通標職板 **交通标志**

감속 減速 **减速**

공사 구간 工事區間 **施工路段**

양방향 통행 兩方向通行 **双向通行**

우회 표시 迂回標示 **绕行标志**

일단 멈춤 **停车让行**

일방통행 一方通行 **单向通行**

진입 금지 進入禁止 **禁行, 禁止驶入**

국도 國道 **国道**

국도의 장점을 이용해 투자 환경을 개선…….
利用**国道**优势, 改善投资环境……。

도로 道路	**公路, 道路**
비포장로 非鋪裝路	**非铺装道路**
포장로 鋪裝路	**铺装道路**
도로망 道路網	**道路网络**
도로 표지판 道路標識板	**指路标志, 路标**

한국 정부는 중국어 도로 표지판 사용을 확대할 방침이다.
韩国政府有计划增加中文**路标**。

로터리	**环形交叉路口, 环岛, 圆环路**
반사경 反射鏡	**凸面镜**
사거리	**十字路口**

좌회전해 사거리에 도착하자 교통경찰이 그를 가로막았다.
当他左转到**十字路口**时, 交警拦住了他。

사고 처리 事故處理	**事故处理**
견인차 牽引車	**牵引车**
목격자 目擊者	**目击者**
보험 가입 차량 保險加入車輛	**保险车辆**
뺑소니	**交通肇事逃逸, 肇事后逃离现场**

쿤밍 시 교통경찰대가 얼마 전 뺑소니 사고 혐의자를 체포했다.
近日昆明市交警支队成功抓获了**交通肇事逃逸**的犯罪嫌疑人。

삼거리	**丁字路口**
수신호 手信號	**手势信号**
순환 도로 循環道路	**循环道, 循环公路**
안전 운전 安全運轉	**安全驾驶, 安全行车**
감속 턱	**减速垫, 减速板, 减速丘, 减速坡**

학교측에서는 도로에 감속 턱을 설치해…….
校方在道路上设置**减速垫**……。

안전거리 安全距離	**安全距离**
안전벨트	**安全带**
에어백	**安全气囊**
칼라콘, 라바콘	**反光锥形路标**
회전 신호 回轉信號	**(绿色)箭头灯**
운전면허증 運轉免許證	**驾驶执照, 驾驶证**
유료 도로 有料道路	**收费车道**
고속 도로 통행 카드	**高速公路通行卡**

요금 정산소 料金定算所 **收费站**

통행료 通行料 **通行费**

질서정연하게 요금 정산소에 통행료를 지불하다.
有秩序地向收费站缴纳**通行费**。

통행 요금 자동 징수 通行料金自動徵收 **ETC(Electronic Toll Collection)** **电子收费, 不停车电子收费**

인도 人道 **人行道, 行人道**

입체 교차로 立體交叉路 **立交桥**

자동차 등록증 自動車登錄證 **车辆登记证**

번호판 番號版 **车牌**

차량 등록 번호 車輛登錄番號 **车辆登记号码, 车牌号码**

지능형 교통망 시스템(ITS) **智能交通系统**

지능형 교통망 시스템(ITS: Intelligent Transport System, 智能交通系统)이란?

도로, 자동차, 신호 시스템 등의 교통 체계 구성 요소에 전자, 컴퓨터, 정보 통신 등을 접목시켜 안전한 교통 환경을 확보하고 교통 체계의 혁신을 이루는 교통 시스템. 주요 기능으로는 실시간 교통 제어(Advanced Traffic Control, 实时交通控制), 교통 법규 등 차량 자동 단속(Automatic Traffic Enforcement, 自动监督交通), 교통사고 등 돌발 상황 관리(Advanced Incident Management, 突发状况管理), 고속 도로 통행료 자동 징수(Electronic Toll Collection, 自动收费), 과적 차량 단속·관리(Heavy Vehicle Monitoring, 超重车辆管理) 등이 있다.

가변 정보 표지판 可變情報標職板 **VMS(Variable Message Sign)** **可变信息板, 可变信息标志系统**

가변 정보 표지판을 통해 고속 도로 정비 작업 구간 및 시간대를 알린다.
通过高速公路**可变信息板**发布养护作业路段和时间。

차량 감지기 車輛感知器 **VDS(Vehicle Detection Station)** **车辆探测器**

폐쇄 회로 TV CCTV(Closed Circuit TV) **闭路电视**

차량 항법 시스템(CNS) **车辆导航系统**

차로 車路 **车道**

— 변경 變更 **更换车道**

중앙선 中央線 **道路中心线**

중앙선을 침범해서는 안 된다.
不能超越**道路中心线**。

차선 車線 **车道, 线道**

차선 변경을 원할 경우 먼저 방향등을 켜서 앞뒤 차에 신호를 주어야 한다.
开车的人如果有意更换**车道**, 应先打转弯灯, 给前后的车子发信号。

첨단 교통 관리 시스템 ATMS(Advanced Traffic Management Systems) **先进的交通管理系统**

한국교통연구원 韓國交通研究院 KOTI(Korea Transportation Institute) **韩国交通研究院**

한국도로공사 韓國道路公社 **韩国道路公社**

철도 铁路

고속 전철 高速電鐵 HST(High Speed Train) **高速列车**

떼제베 TGV(Train à Grande Vitesse) **法国高速列车**

신칸센 Shinkansen **日本新干线**

아베 AVE(Alta Velocidad Española) **西班牙高速火车**

이체 ICE (Inter City Express) **德国高速列车**

G7 고속 전철 G7 High Speed Train **韩国G7型高速列车**

고속 철도 高速鐵道 HSR **高速铁路**

고속 철도 시대가 열림으로써 한국 경제와 국민 생활은 전례 없는 큰 변화를 맞게 될 것이다.
"**高速铁路**时代"的开启必将给韩国的经济发展和国民生活带来许多前所未有的变化。

국제철도연맹 國際鐵道聯盟 UIC(Union of International des Chemins de Fer) **国际铁路联盟**

국철 國鐵 **国铁**

궤간 軌間 **轨距**

광궤 廣軌 **宽轨**

표준궤 標準軌 **标准轨**

협궤 狹軌 **窄轨**

궤도 軌道, 선로 線路 **轨道, 铁道, 线路**

노반 路盤 **路基**

큰 비로 인해 어제 경부선 X에서 Y구간 노반이 여러 군데 붕괴됐다.
受大雨影响,昨天京釜铁路X和Y段**路基**发生多处塌方。

도상 道床 **道床, 道砟**

☞ 도상이란 철도의 레일과 침목 부분을 튼튼히 하며 탄성을 높이기 위해 모래나 자갈 따위를 깔아놓은 바닥 층을 말한다.

레일 铁轨
침목 枕木 枕木
기차표 汽車票 火车票
왕복표 往復票 往返票
우등석 優等席 头等车厢
일반석 一般席 普通车厢
정기권 定期券 定期票
편도표 片道票 单程票
왕복표가 편도표보다 싸다.
购往返票比购**单程票**便宜。
남북한 종단 철도 南北韓縱斷鐵道 TKR(Trans-Korean Railway) 南北韩纵贯铁路, 韩半岛纵贯铁路
남북한 종단 철도와 도로가 연내에 개통될 것이다.
南北韩纵贯铁路与公路将在年内衔接通车。
대차 臺車 台车
관절형 대차 關節型臺車 关节型台车
고속 철도는 자유로운 움직임이 가능한 관절형 대차를 사용한다.
高速铁路使用可自由活动的**关节型台车**。
☞ 대차란 차체 중량을 지지하고 철도 차량의 주행 안내를 쉽게 하는 장치. 철도 차량에서의 대차는 차체(車體)와 레일 사이에 있으며, 바퀴에 의해 레일 위를 주행하는 중요한 부분이다.
도시 전철망 都市電鐵網 城市电气铁道网络
경전철 輕電鐵 轻轨列车, 轻轨交通, 轻轨捷运

경전철(LRT: Light Rail Transit, 轻轨列车, 轻轨交通, 轻轨捷运)이란?

경량 전철이란 차량 규모나 수송 인원이 기존 지하철과 버스의 중간인 도시 전철로서, 주로 15~20킬로미터의 도시 구간을 운행하며 수송 능력이 지하철보다는 다소 떨어지지만 버스보다는 월등히 높다. 경량 전철과 비교하여 통상의 지하철은 중량 전철(HRT: Heavy Rail Transit, 重轨列车, 地铁列车)이라 한다.

모노레일 单轨电车, 单轨铁路
배차 간격 配車間隔 行车间隔
광저우 지하철 2호선은 배차 간격을 종래의 12분에서 10분으로 단축했다.
广州地铁2号线将**行车间隔**从12分钟缩减到10分钟。
서울교통공사 首尔交通公社
선로변 신호기 線路邊信號機 铁路边信号灯
시베리아 횡단 철도 西伯利亚大铁路

시베리아 횡단 철도(TSR: Trans-Siberian Railway, 西伯利亚大铁路)란?

러시아의 블라디보스톡에서 모스크바를 거쳐 서쪽의 발틱 해까지 이르는 총 9,288킬로미터의 세계 최장 철도이다. 1881년 러시아의 알렉산더 3세 때 착공하여 1916년 완공했다. 현재 한반도 종단 철도(TKR, 韩半岛纵贯铁路)와의 연결을 추진하고 있다.

상호 운전성 相互運轉性	**协调运作,互操作性**
철의 실크로드	**钢铁丝绸之路,钢铁丝路**

북한 철도성의 한 인사가 남북한 도로를 시베리아 횡단 철도와 연결해 이른바 '철의 실크로드'를 구축하자고 주장했다.
朝鲜铁道省的一位官员主张把朝韩两国的公路与西伯利亚大铁路连接起来,构建所谓的"**钢铁丝绸之路**"。

아시아 횡단 철도 TAR(Trans-Asian Railway)	**泛亚铁路, 跨亚铁路**
열차 列車	**列车, 火车**
급행 열차 急行列車	**普快列车, 快速列车**
새마을호	**"新村号", "Saemaeul号"**
야간열차 夜間列車	**夜间列车**

바로 그때 바젤 발 야간열차가 역에 도착했다.
从巴塞尔开出的**夜间列车**就在此刻到站。

완행열차 緩行列車	**普慢列车**
특급 열차 特急列車	**特快列车**
열차 사고 列車事故	**列车事故**
충돌 衝突	**相撞**
탈선 脫線	**出轨, 脱轨**

터키 교통부는 열차 탈선 사고로 36명이 사망했다고 밝혔다.
土耳其交通部称列车**出轨**事故造成36人死亡。

운행 運行	**运营**
운행 시간표 運行時間表	**列车时刻表**
정시 도착 定時到着	**准时到达**
정시 출발 定時出發	**准时启动, 准时出发**
지연 遲延	**延误**

폭우 때문에 베이징 서부역에서는 열차 네 편의 출발과 도착이 지연되었다.
受大雨影响, 进出北京西站的4趟列车发生**延误**。

유레일 패스	**欧洲通票, 欧洲火车联票, 欧洲17国联票**
유로 시티	**欧洲城市间特快**

자기 부상 열차 磁氣浮上列車 **磁悬浮列车, 磁浮列车**

현재 자기 부상 열차의 최고 시속은 552km이다.

现在**磁浮列车**的最高速度为552公里。

전철 電鐵 **电气化铁路, 电气铁道**

총 연장 7,416km의 유명한 시베리아 횡단 철도는 세계 최장의 전철이다.

著名的西伯利亚大铁路全长7416公里, 是世界上最长的一条**电气化铁路**。

전동차 電動車 **电气化列车, 电动列车**

전철화 電鐵化 **电气化**

현수선 懸垂線 **架线**

중국 횡단 철도 中國橫斷鐵道(TCR) **中国横贯铁路**

지하철 地下鐵 **地铁**

개찰구 改札口 **检票口**

먼저 개찰구 근처에 있는 자동 판매기에서 표를 구입한 뒤 개찰기 투입구에 넣으시오.

请先在**检票口**附近的自动售票机购票, 将车票插入检票机的插入口。

승차 구간 乘車區間 **搭乘区段**

구간별로 교통비를 적용한다…….

票价采取**区段制**……。

역무원 驛務員 **地铁站工作人员**

전철역 電鐵驛 **地铁站**

자동 개·집표기 自動開集票機 **自动检票机**

자동 발매기 自動發賣機 **自动售票机**

정기권 定期券 **定期票, 月票**

—호선 號線 **~号线**

차단기 遮斷機 **拦道器**

차량 車輛 **车辆**

객차 客車 **客车**

기관차 機關車 **火车头, 机车**

동력차 動力車 **动车**

식당차 食堂車 **餐车**

안내원 案內員 **服务员**

운전사 運轉士 **驾驶员**

침대차 寢臺車 **卧铺车**

화물차 貨物車 **货车**

철도 鐵道 **铁路**

궤도 교통 軌道交通 **轨道交通**

최근 상하이 시 궤도 교통사고 발생이 빈번하다.
上海**轨道交通**近来事故频繁。

단선 철도 單線鐵道 **单线铁路**
복복선화 複複線化 **双复线化**
복선 철도 複線鐵道 **复线铁路, 双线铁路**
복선화 複線化 **复线化**
철도 교통 鐵道交通 **铁路交通**

철도 건널목 **铁路平交道口**
철저한 안전 관리가 없으면, 철도 건널목은 사고 위험이 매우 높은 지역이다.
铁路平交道口, 如缺乏严格的安全管理, 极易发生恶性道口事故。

철도청 鐵道廳 **KNR(Korean National Railroad)** **韩国铁道厅**

한국고속철도 韓國高速鐵道 **KTX (Korea Train Express)** **韩国高速列车**

구간 區間 **区段, 路段**
일부 구간은 시험 운행에 들어가…….
部分**路段**试运营通车……。

역사 驛舍 **车站**
지하 역사 地下驛舍 **地下车站**
한국철도시설공단 韓國鐵道施設公團 **韩国铁路设施公团**

항공 航空

고도 高度 **高度**
보잉기가 원래의 고도를 유지했다면 충돌 사건은 아마 없었을 것이다.
假如波音飞机保持原来的**高度**, 撞机事件大概就不会发生了。

순항 고도 巡航高度 **巡航高度**

공항 空港 **机场**

수용 능력 受容能力 **机场容量**
황화국제공항에 8억9천만 위안을 투자해 수용 능력을 배로 확대했다.
黄花国际机场投资8.9亿元将**机场容量**扩大了一倍。

인천국제공항 仁川國際空港 **仁川国际机场**
중추 공항 中樞空港 **枢纽机场**
착륙료 着陸料 **入境费, 落地费用**

공항 교통 空港交通 **机场交通**
공항버스 **机场巴士**

공항버스 승차장이 공항 청사 바로 앞에 있다.
机场巴士的乘车处就在机场大楼的前面。

도심 공항 터미널(CAT) **市区航空站, 城市机场总站**

전용 고속 도로 專用高速道路 **机场专用高速公路**

공항 청사 空港廳舍 **机场大楼, 航站楼, 机场候机楼**

격납고 格納庫 **机库**

공항 이용료 空港利用料 **机场费, 机场建设费**

중국 국제 공항을 통해 출국하는 모든 국제선 여객에게 90위안의 공항 이용료를 수수한다.
对每一个从中国国际机场出境的国际旅客, 收取**机场费**人民币90元。

도착층 到着層 **到达, 进站**

여객 청사 旅客廳舍 **客运大楼**

출발층 出發層 **出发层, 出站层**

화물 청사 貨物廳舍 **货运大楼**

관제 管制 **管制**

관제사 管制士 **管制人员**

관제탑 管制塔 **管制塔**

사고 비행기의 기장은 사건 발생 전 11시 21분에 관제탑과 마지막 교신을 한 뒤 레이더에서 사라졌다.
失事飞机的机长在事发前11点21分与**管制塔**进行了最后一次联系后, 便从雷达中消失了。

승인 承認 **许可**

지상관제 地上管制 **地面管制**

국적기 國籍機 **能挂载国旗飞行的航空公司, 官方航空公司, 国航**

에어 차이나는 중국의 국적기이다.
中国国际航空公司是中国唯一**能挂载国旗飞行的航空公司**。

국제민간항공기구 國際民間航空機構 **国际民用航空组织**

국제민간항공기구 (ICAO: International Civil Aviation Organization, 国际民用航空组织)란?

국제연합(UN)의 항공 운송 관련 전문 상임 기구로, 민간 항공기의 비행에 관련된 제반 사항을 관리한다.

국제항공운송협회 國際航空運送協會 **国际航空运输协会**

국제항공운송협회(IATA: International Air Transport Association, 国际航空运输协会)란?

국제민간항공기구(ICAO)의 협의 기구로 1945년에 설립되었다. 국제 항공 운송 관련 절차나 규정을 심의 · 제정 · 결의한다.

기내 서비스 空中服务, 机舱服务
　객실 客室 客舱
　기내 면세품 판매 機內免稅品販賣 机上销售免税商品
　기내식 機內食 空中餐饮, 空中餐点, 机上餐饮
　영화 상영 映畫上映 放映电影
기류 氣流 气流
　난기류 亂氣流 乱气流
　　난기류를 만난 비행기가 상하로 심하게 흔들렸다.
　　当飞机遇上**乱气流**后, 飞机上下剧烈震荡。
　뒷바람 顺风
　앞바람 顶风, 逆风
기장 機長 机长
　조종실 操縱室 驾驶员座舱, 驾驶舱
노선 운항 路線運航 航线运营, 航班运行
　결항 缺航 取消航班
　재취항 再就航 重新开航, 再开航
　　2년간 폐지되었던 자무스-하바로프스키 노선이 12월 10일부터 재취항했다.
　　从12月10日起, 停航两年之久的佳木斯至哈巴罗夫斯克航线已经**重新开航**。
　증편 增便 增设航班, 新增航班
　　아시아나 항공은 상하이 노선 11개 항공편의 증편을 신청했다.
　　韩亚航空提交了在上海航线**新增**11个**航班**的申请。
　취항 就航 通航, 开航
　　새로 취항하는 항공편을 이용하는 모든 승객 여러분께 최상의 서비스를 제공해드리겠습니다.
　　我们将为每一位乘坐新**通航**航班的国内外旅客提供优质服务。
　회항 回航 回航
마일리지 프로그램 里程积分
　마일리지 공제 扣除里程
　　회원 카드를 잘 보관해야 한다. 분실로 인한 재발급시에는 300점 마일리지 공제 또는 수수료를 내야 한다.
　　会员卡应妥为保管, 如有遗失, 补办需**扣除**300**里程**或交纳手续费。

마일리지 누적 **里程累积**

마일리지 점수 누적 및 사용 현황을 회원들이 일목요연하게 확인할 수 있다.
会员可轻松查看**里程**积分的**累积**和消费情况。

보너스 항공권 **奖励机票, 免费机票**

좌석 승급 座席昇級 **座位升级**

무상 여객 無償旅客 **免费乘客**

미국연방항공국 美國聯邦航空局 **FAA(Federal Aviation Administration)** **美国联邦航空局**

민간 항공 民間航空 **民间航空, 民航**

한국 민간 항공 수하물 검사는 매우 엄격하다.
韩国**民航**对行李检查极为严格。

보안 검색 保安檢索 **安全检查, 安检**

보안 검색시 우선 직원에게 탑승권과 신분증을 제시하셔야 합니다.
通过**安全检查**时, 您应首先向工作人员出示登机牌和有效证件。

금속 탐지기 金屬探知機 **金属探测器**

비수기 운임 非需期運賃 **淡季运价**

상승 上昇 **上升**

수하물 수속 手荷物手續 **托运手续**

기내 반입 수하물 機內搬入手荷物 **随身行李, 手提行李, 随身携带物品**

꼬리표 **行李标签**

수하물 영수증 手荷物領收證**, 탁송화물 상환증** 託送貨物相換證 **行李牌, 行李票**

위탁 수하물 委託手荷物 **交运行李**

수하물 수취대 手荷物受取臺 **行李转盘, 行李提取厅, 行李领取厅**

편명을 확인한 뒤 수하물 수취대에서 위탁 수하물을 수취하십시오.
请您确认航班号,到相应的**行李转盘**领取交运行李。

수하물 분실 手荷物紛失 **行李遗失**

승무원 乘務員 **乘务员, 航空服务员**

기내 승무원 機內乘務員 **客舱乘务员, 空乘**

남승무원 男乘務員 **男乘务员**

보안관 保安官 **保安人员**

칼로 승무원을 위협하던 한 남성이 탑승하고 있던 보안관에 의해 제압되었다.
一名男子持一柄小刀威胁乘务员,但是被飞机上的**保安人员**制服。

여승무원 女乘務員 **女乘务员, 空姐**

유상 여객 有償旅客 **付费乘客**

이륙 離陸 **起飞**

활주로 滑走路 | 跑道
좌석 등급 座席等級 | 座位等级, 座舱等级, 客舱级别
비즈니스석 | 公务舱, 商务舱
비즈니스석에서 일등석으로 좌석 승급을 하다.
从**公务舱**升级到头等舱。
일등석 一等席 | 头等舱
일반석 一般席 | 经济舱
특등석 特等席 | 特等舱
좌석 배정 座席配定 | 安排座位
복도 좌석 | 靠走道的座位
창가 좌석 | 靠窗座位
창가 좌석을 선택해 경치를 감상하다.
选**靠窗座位**欣赏风景。
중국민항총국 中國民航總局 CAAC(Civil Aviation Administration of China) | 中国民用航空总局
착륙 着陸 | 着陆, 降落
비상 착륙 非常着陸 | 紧急着陆, 紧急降落
지상 활주 地上滑走 | 滑行
착륙 유도 着陸誘導 | 引导着陆
탑승 搭乘 | 登机, 乘机
탑승구 搭乘口 | 登机口
장애인 전용 출국 라운지는 9번 탑승구와 22번 탑승구 사이에 있다.
专供残障人士使用的候机室位于9号和22号**登机口**之间。
탑승권 搭乘券 | 登机牌
탑승권을 미리 준비해두십시오.
请提前准备好**登机牌**。
탑승 수속 搭乘手續 | 登机手续
탑승 수속대 搭乘手續臺 | 乘机手续台, 办票台
하강 下降 | 下降
비행기 상승 또는 하강시 귀막힘, 심지어 통증과 이명 현상이 생길 수 있다.
在飞机上升、**下降**时, 耳内会有闷胀不适的感觉, 甚至会出现耳痛和耳鸣。
항공 노선 航空路線 | 航空路线, 航线
난징 루커우공항은 작년에 국제 노선이 두 개 신설되어 총 85개 항공 노선이 취항 중이다.
南京禄口机场去年新开辟两条国际**航线**, 运营航线达85条。
항공사 航空社 | 航空公司

항공 사고 航空事故 **航空事故, 航空失事, 空难**

구명 보트 **救生艇**

납치 拉致 **劫持**

비행기는 이륙한 지 얼마 되지 않아 납치당했다.
飞机是在起飞后不久遭**劫持**的。

비상 탈출구 非常脫出口 **紧急出口, 太平门**

좌석에서 가까운 비상 탈출구의 위치와 개폐 방법을 익혀 두어…….
留意靠近自己座位的**太平门**及开启方法……。

산소마스크 **氧气面罩**

스튜어디스가 비행기 이륙 전 산소마스크 사용 시범을 보였다.
空姐在飞机起飞前示范**氧气面罩**的使用方法。

추락 墜落 **坠毁, 坠落**

항공 산업 航空産業 **航空产业**

항공 운송 회사 航空運送會社 **航空运输公司**

항공 자유화 정책 航空自由化政策 **开放天空政策**

항공 자유화 정책(Open Sky Policy, 开放天空政策)이란?

"Open Skies"라고 하기도 한다. 국내·국제 항공의 규제 완화를 목표로 하는 정책.

항공 자유화 협정 航空自由化協定 **开放天空协议, 天空开放协议**

현재 60여 개 국가가 미국과 항공 자유화 협정을 맺고 있다.
截止到目前, 已有60多个国家与美国签署了**开放天空的协议**。

항공 자유화 협정(Open Skies Agreement, 开放天空协议, 天空开放协议)이란?

항공 자유화 협정을 체결하면 당사국간 여객·화물 등 항공 시장을 상호 개방하여 항공에 대한 수요와 공급을 시장 기능에 맡기게 된다. 협정을 체결하면 참여하는 양국 항공사들간 code-sharing 등이 가능해지고, 국제 노선에 대한 진입, 항공사의 수와 운항 편수, 이원권, 운임, 전세기 운항, 항공기 관리 등 제분야에서 규제가 폐지된다.

항공 화물 航空貨物 **航空货物**

2003년 대한항공의 화물 운송은 세계 2위를 차지했다.
2003年大韩**航空货物**运输位列全球第二。

항공편 航空便 **航班**

국내선 國內線 **国内航班**

국제선 國際線 国际航班

국내 공항에서 환승하는 국제선 여객…….

在国内机场中转的**国际航班**旅客……。

연결편 連結便 中转航班

전세기편 傳貰機便 专机航班

직항편 直航便 直飞航班

선양-방콕 직항편이 28일 개항한다.

沈阳-曼谷**直飞航班**28日开通。

편명 便名 航班号

환승 換乘 转机, 中转

환승 여객 換乘旅客 中转旅客

세계 주요 항공사 世界主要航空公司	
노스웨스트 항공(Northwest Airlines)	美国西北航空
대한 항공(Korean Air)	大韩航空
루프트한자 항공(LUFTHANSA)	德国汉莎航空
아메리칸 항공(AA)	美国美洲航空
아시아나 항공(Asiana Airlines)	韩亚航空
에어프랑스(Air France)	法国航空
영국 항공(British Airways)	英国航空
유나이티드 항공(United Airlines)	美国联合航空
일본 항공(Japan Airlines)	日本航空
전일본공수 항공(All Nippon Airways)	全日空航空
중국국제 항공(Air China)	中国国际航空
중국남방 항공(China Southern Airlines)	中国南方航空
중국동방 항공(China Eastern Airlines)	中国东方航空
캐세이패시픽 항공(CATHAY PACIFIC)	国泰航空
콘티넨탈 항공(Continental Airlines)	美国大陆航空

해운 海运

계선 부표 繫船浮標 系船浮筒

국제복합운송업협회 國際複合運送業協會 FIATA(FederationI International de Associaftions de Transportaireset Assimiles)

国际货运代理协会联合会

국제 선박 및 항만 시설 보안 규칙 (ISPS Code) 国际船舶和港口设施保安规则

국제안전관리규약 國際安全管理規約 (ISM Code) 国际安全管理规则

국제항만하역조정협회 國際港灣荷役調整協會 ICHCA(International Cargo Handling Coordination Association) 国际货物装运协调协会

국제항만협회 國際港灣協會 IAPH(International Association of Ports and Harbors) 国际港口协会

국제해사기구 國際海事機構 国际海事组织

국제해사기구(IMO: International Maritime Organization, 国际海事组织)란?

UN 전문 기구로서 해운 기술, 안전 및 해양 오염 방지 등에 관련된 국제적 기준을 설정하고 국제 해상 안전 도모를 주업무로 한다. IMO는 1948년 3월 제네바 유엔 해사협의회에서 채택된 「국제 해사기구에 관한 협약」에 의거, 설립이 확정되었으며 1959년 출범했다. 우리나라는 1962년 4월 10일 체약 당사국이 됨으로써 정회원이 되었다.

국제해사위성기구 國際海事衛星機構 INMARSAT(International Maritime Satellite Organization) 国际海事卫星组织

국제해상보험연합 國際海上保險聯合 IUMI(International Union of Marine Insurance) 国际海事保险联盟

국제해상인명안전협약 國際海上人命安全協約 SOLAS(International Convention for the Safety of Life at Sea) 国际海上人命安全公约

국제해운연맹 國際海運聯盟 ISF(International Shipping Federation) 国际海运联合会, 国际船东协会

기국 旗國 船旗国

기항 寄港 停靠, 寄航

중국은 미군함의 홍콩 기항을 거부했다.
中国拒绝美舰在香港**停靠**。

기항지 寄港地 停靠港, 寄航港

접안 시설 接岸施設 停靠设施

나용선 裸傭船 BBC(Bare Boat Charter) 光船租赁, 光船租船, 船壳租船

나용선이란 선주가 선박만 하주에게 세내어주는 것이다.
光船租船是指在租期内船舶所有人只提供一艘空船给承租人使用。

대서양 항로 운임 협정 大西洋航路運賃協定 TACA(Trans-Atlantic Conference

Agreement) 泛大西洋公会协议

무선박 운송 업체 無船舶運送業體 NVOCC(Non Vessel Operating Common Carrier) 无船承运人

배후 지역 背後地域 腹地

항만의 발전은 항구 자체의 여건 및 배후 지역의 규모와 관련이 있다.
海港的兴起与其本身的港口条件与**腹地**大小有关。

부정기선 不定期船 不定期船, 不定期货船

선박 船舶 船舶

겸용선 兼用船 兼用船

곡물 전용선 穀物專用船 运粮船

광석 전용선 鑛石專用船 矿砂船

바지선 驳船, 载驳船, 大型平底船

벌크선 散装货船

상선 商船 商船

LNG 수송선 LNG船, LNG运输船舶

여객선 旅客船 客轮

유조선 油槽船 油船

자동차 전용선 自動車專用船 车辆运输船

컨테이너선 集装箱船

화물선 貨物船 货轮

선박 건조 船舶建造 建造船舶

건조량 建造量 造船量

건조장 建造場 造船场

조선 산업 造船産業 造船产业

조선업은 한국의 주요 산업으로 선박 건조 능력에 있어서 일본과 어깨를 나란히 하며 세계 최고 수준을 자랑한다.
造船业是韩国的主要支柱产业之一, 造船综合能力与日本不分伯仲, 居世界领先地位。

조선 업체 造船業體 造船公司

선박 수주 船舶受注 造船接单

선박 자동 식별 시스템 AIS(Automatic Identification System) 船舶自动识别系统

선복량 船腹量 船只装货容量

선원 船員 船员

선적 서류 船積書類 装运单据

선적 지시서 船積指示書 S/O(Shipping Order)

装船单, 装货单

선적 통지 船積通知 | **装船通知**

선적항 船積港 | **装货港, 装船港, 装载港, 出口港**

선체 船體 | **船体**

선하 증권 船荷證券 **B/L(Bill of Lading)** | **载货证券, 提单**

고장 故障 **— Foul B/L** | **不清洁提单, 有不良批注的提单**

고장 선하 증권(Foul B/L, 不清洁提单, 有不良批注的提单)이란?

선적시의 화물 상태에 대해서 포장 등 외관상 결함이 있다는 문언이 기재되어 있는 선하 증권을 말하는데 dirty B/L 또는 B/L with remarks라고도 한다.

무사고 無事故 **— Clean B/L** | **清洁提单, 无纠纷提单**

선적 船積 **— On board B/L** | **已装船提单**

수취 受取 **— Received B/L** | **备运提单, 收货待运提单**

수취 선하 증권이란 운송업자가 화물을 받고 선적 전에 발행하는 선하 증권이다.

备运提单指承运人虽已收到货物但尚未装船时签发的提单。

양하항 揚荷港 | **卸货港, 卸载港, 进口港**

용선 傭船 | **租船**

용선 계약 傭船契約 | **租船合同, 租船契约**

용선료 傭船料 | **租船费**

현재 2,700TEU 컨테이너선의 용선료는 1일 32,500달러이다.

目前2700TEU集装箱船的**租船费**已达到每日32500美元。

운임 運賃 | **运费**

공적 운임 空積運賃 | **空舱费**

공적 운임(空舱费)이란?

용선자가 선적하기로 계약된 수량의 화물을 실제로 선적하지 않았을 경우, 그 선적 부족량에 대해서 지급해야 하는 운임을 말한다.

선불 운임 先拂運賃 | **运费预付**

착불 운임 着拂運賃 | **运费到付**

체선료 滯船料 | **滞期费**

운임 동맹 運賃同盟 | **运费同盟**

새로운 운임 동맹이 오늘 발효되어 컴퓨터·통신·의류 관련 상품의 속달 운임이 배 이상 오른다.

新的**运费同盟**今日起生效，以电脑、通讯、服装为代表的一系列产品今日起快递运费涨价一倍以上。

자유 항구 自由港口 **自由港**

자유 항구란 외국 화물과 자금의 자유로운 이동이 허락되는 세관 밖 국경 내에 위치하는 항구를 일컫는다.

自由港是设在一国国境之内、海关管理关卡以外的允许外国货物、资金自由进出的港口区。

적하 목록 積荷目錄 **M/F(Manifest)** **舱单，载货清单**

전세 화물선 專貫貨物船 **包船**

정기선 定期船 **定期班轮，定期货船**

정부간해사협의기구 政府間海事協議機構 **IMCO(Intergovernmental Maritime Organization)** **政府间海事协商组织**

중동항로취항선사협의회 中東航路就航船社協議會 **IRA(Informal Rate Agreement)** **非正式运价协定**

중량 톤 수 DWT(deadweight tonnage) **总载重吨**

직항 노선 直航路線 **直航路线**

진수 進水 **下水**

진수식 進水式 **下水仪式**

15세기 말 진수식은 종교적 색채를 띠었다.

十五世纪末的**下水仪式**带有宗教色彩。

컨테이너 항구 **集装箱港**

야적장 野積場 **集装箱堆场**

선적항 야적장에서 만적 화물을 인계받은 운송업자는 양하항 야적장으로 화물을 운송해 수하인에게 인도할 책임을 진다.

承运人在装货港**集装箱堆场**接收整箱货物并负责运至卸货港集装箱堆场整箱交付收货人。

태평양 항로 안정화 협정 太平洋航路安定化協定 **TSA(Transpacific Stabilization Agreement)** **泛太平洋运价稳定协议组织**

TSA는 5월 1일부터 미국 서해안과 동해안 항로의 FEU 운임을 각각 450달러와 600달러 인상하기로 결정했다.

泛太平洋运价稳定协议组织决定从5月1日开始将美国西岸和东岸航线的每FEU运费分别上调450美元和600美元。

편의 치적제 便宜置籍制 **方便旗制度**

편의 치적제(FOC: Flag of Convenience, 方便旗制度)란?

조세 · 선원 · 안전 규정 등이 유리한 국가에 선박을 등록하는 제도.

교통 ■ 해운

편의 치적선 便宜置籍船	**方便旗船(舶)**

　　현재 중국과 타이완 사이에는 11개 선박 회사가 25척의 편의 치적선을 운영하는 13개 노선이 있다.

　　两岸目前由11家船舶公司使用25艘**方便旗船舶**经营13条航线。

하역 荷役	**装卸**
산적 散積, 벌크	**散装**
선적 船積, 적하 積荷	**装货, 装船**
양하 揚荷	**卸货, 卸船**
항만 근로자 港灣勤勞者	**码头工人, 装卸工**
항구 港口	**港口**
부두 埠頭	**码头**
접안 능력 接岸能力	**泊位容量**
접안 부두 接岸埠頭	**泊位码头**
정박 碇泊	**停泊**
항만 사용료 港灣使用料	**入港费, 港务费**
항만청 港灣廳	**港务局**
항로 航路	**海洋航线**
항만 港灣	**港湾, 海港**
항해 자료 기록 장치 航海資料記錄裝置 (VDR)	**船舶航行数据记录仪**
해상 교통 관제 시스템 VTS(Vessel Traffic Service)	**船舶交通管理系统**
해상 보험 海上保險	**海上保险**
선박 보험 船舶保險	**船舶保险**
피해 보험 被害保險	**保赔保险**
해상 적하 보험 海上積荷保險	**海洋货运保险**
해상 사고 海上事故	**海上事故**
해운 海運	**海运**
선사 船社, 선박 회사 船舶會社	**海运公司, 船运公司, 船舶公司**

　　한국 정부는 이라크 주둔 미군에 군수품을 수송하는 6개 한국 선박 회사에 주의를 요청했다.

　　韩国政府已经向负责为驻伊拉克美军运送物资的 6 家韩国**海运公司**发出警报。

선주 船主	**船主, 船东**
해운 동맹 海運同盟	**海运组织, 班轮公会**

해운 동맹(海运组织, 班轮公会)이란?

특정 항로에 정기선을 취항시키고 있는 해운업자(regular liners)들이 동맹사가 되어 운임을 비롯한 운송 조건에 관하여 상호간에 협정을 체결하는 일종의 국제 카르텔이다. 비동맹사의 경쟁을 억제할 수 있는 해운 협정은 항로에 따라 명칭이 붙는다. 운임문제에 중점을 두는 경우에 운임 동맹(freight conference, 运费同盟)이라고 한다.

해운 협정 海運協定 **海运协议, 海运协定**

중·미 양국 교통부 장관은 12월 8일 새로운 해운 협정을 체결했다.
中美两国交通部长于12月8日签署了新的**海运协定**。

해운 화물 海運貨物 **海运货物**

벌크화 **散装化**

벌크 화물 **散装货物, 散货**

본사는 한·중·일 및 동남 아시아 각 항구간의 벌크 화물을 운송한다.
本公司经营中、日、韩、东南亚各港口间**散装货物**运输。

적재 화물 積載貨物 **载货**

화물 인도증 貨物引渡證, **화물 인도 지시서** 貨物引渡指示書 **提货单, 出货单**

환적 換積 **转运, 换装**

환적 센터 **转运中心**

환적항 換積港 **转运港**

환적 화물 換積貨物 **转运货**

입항 환적 화물량이 19% 급증해 810만 톤에 이르렀다.
进港**转运货**量激增19%, 至810万吨。

흘수 吃水 **吃水**

☞ 흘수란 물에 뜬 배의 선체가 물에 잠기는 깊이를 말한다.

만재 흘수 滿載吃水 **满载吃水**

FEU **40英尺集装箱**

FEU(Forty Foot Equivalent, 40英尺集装箱)란?

화물의 부피를 40피트 컨테이너로 환산한 수. TEU의 2배가 되는 용량이다.

TEU **标准箱**

TEU(Twenty Foot Equivalent, 标准箱)란?

화물의 부피를 길이가 20피트 컨테이너로 환산한 수를 표기하는 단위로서 컨테이너 선박의 최대 적재 능력을 표시하거나 운임의 기준으로 사용된다.

물류 物流

감항능력 堪航能力, **항해 적합성** 航海適合性
适航性

감항능력, 항해 적합성(适航性)이란?

특정 화물, 특수 항해를 위한 배의 적합성으로 항해의 적합성을 의미할 뿐 아니라 화물의 적치 · 운송 · 보관을 위한 적합성을 의미한다.

검량 檢量 **过磅**
검수 檢數 **理货**
국제컨테이너임대자협회 IICL(Institute of International Container Lessors)
国际集装箱出租者协会
린 로지스틱스 Lean Logistics **精益物流**
마셜링 야드 **集装箱前方堆场**

마셜링 야드(Marshalling Yard, 集装箱前方堆场)란?

선적해야 할 컨테이너를 하역 순서대로 정렬해두거나 컨테이너선에서 내리는 컨테이너를 위해 필요한 넓은 스페이스로 보통 apron과 접해 있다. 마셜링 야드는 이른바 '컨테이너 터미널 오퍼레이션'의 중심을 이루는 중요한 부분이기 때문에 그 레이아웃의 모양이 전반적 운영과 코스트에 반영된다. 보통 마셜링 야드에는 컨테이너 크기에 맞추어 미리 지반에 백색 또는 황색의 구획 선을 그어 두는데, 이를 슬롯(slot, 箱位)이라고 한다.

무인 반송차 無人搬送車 **AGV(Automatic Guide Vehicle)**
无人搬运车, 自动导引车
물동량 物動量 **吞吐量**

텐진 항의 올해 물동량 목표치는 2억 톤이다.
天津港**吞吐量**今年瞄准两亿吨。

물류 物流 **物流**
물류 거점 物流據點 **物流枢纽, 物流据点**

……정저우를 중국 물류 체계의 중요한 물류 거점으로 발전시켜…….
……将郑州发展成为中国物流网络中重要的**物流枢纽**……。

물류 대란 物流大亂 **物流瘫痪**

물류 산업 物流産業 **物流产业**

물류 산업에는 운송, 저장, 포장, 유통 가공, 정보 처리……가 포함된다.

物流产业包括运输、仓储、包装、流通加工、信息处理……。

물류 체계 物流體系 **物流系统, 物流网络**

배후 수송 시설 背後輸送施設 **后方集疏运设施**

소팅 Sorting **分拣, 分类**

수송 체계 輸送體系 **运输体系**

복합 화물 수송 체계 複合貨物輸送體系 **多式联运体系**

복합 화물 수송은 통상적으로 컨테이너를 운송 단위로 하며 여러 운송 방식을 원활히 연결함으로써 일원화된 화물 운송 시스템을 구축한다.

多式联运通常以集装箱为运输单元，将不同的运输方式无缝地对接在一起，构成一体化货物运输。

일관 화물 수송 체계 一貫貨物輸送體系 **整合型货运体系**

일관 화물 수송 체계(整合型货运体系)란?

원활한 물류를 위해 화물은 표준 규격에 의해 단위화하고 물류의 각 단계에서 시설·장비간 시스템을 통합하여 운송·보관·하역 등 일련의 작업 흐름을 일관되게 처리하는 체계.

역물류 逆物流 **逆向物流, 绿色物流, 环保物流**

인보이스, 송장 送狀 **发票**

적재 효율 積載效率 **装载效率**

제3자 물류 第三者物流 **TPL(Third Party Logistics)** **第三方物流**

제3자 물류 서비스 업체 **第三方物流服务商**

중국 물류 구매 연맹 中國物流購買聯盟 **CFLP(China Federation of Logistics and Purchasing)** **中国物流与采购联合会**

창고 관리 시스템 WMS(Warehouse Management System) **仓储管理系统**

창고 자동화 시스템 AWS(Automated Warehouse System) **仓储自动化系统**

컨베이어 **输送机**

롤러 — **滚筒式输送机**

벨트 — **皮带式输送机**

수직 운반 — **垂直输送机**

슬래트 — **条板式输送机**

체인 —	链条式输送机
컨테이너	集装箱, 货柜
건화물, 일반 컨테이너	干货集装箱
냉동 컨테이너	冷冻集装箱
천장 개방형 컨테이너	开顶集装箱
탱크 컨테이너	罐式集装箱
플래트 래크 컨테이너	框架集装箱
행거 컨테이너	挂衣集装箱
컨테이너 안전 협정 CSI	集装箱安全倡议
컨테이너 야적장, 장치장 CY	集装箱堆场
내륙 컨테이너 장치장, 기지	内陆集装箱中转站
컨테이너 임대업체	集装箱租赁公司
컨테이너 작업장	集装箱货运站

컨테이너 작업장(CFS: Container Freight Station, 集装箱货运站)이란?

컨테이너 조작장이라고도 한다. LCL 화물, 즉 1인의 화주가 1개의 컨테이너를 가득히 채울 수 없는 소량의 화물을 인수하여 컨테이너에 채워 넣거나 내장된 화물을 컨테이너로부터 꺼내는 작업을 하는 장소이다.

컨테이너 크레인 C/C	集装箱起重机, 货柜起重机
겐트리 크레인	龙门式起重机
천장 크레인	架空式起重机
컨테이너 터미널	集装箱装卸区, 集装箱中转站
혼재 작업 混載作業	装运整合

혼재 작업(装运整合)이란?

수송의 한 단위를 채우지 못하는 소량 화물(LCL 화물)을 모아 혼합 적재함으로써 하나의 수송 단위인 FCL 컨테이너로 만드는 것을 말한다.

화물 貨物	货物
수하인 受荷人	收货人
운송인 運送人	承运人, 运送人
포워더, 주선업자 周旋業者	货运代理人, 运输代理人
화주 貨主, 송하인 送荷人	货主, 托运人
회수 화물 回收貨物	退运品
화물 상환증 貨物相換證	托运单

화물 수송량 貨物輸送量 货物周转量

화물 수송 부담률 貨物輸送負擔率, 화물 수송 구조 貨物輸送構造 货物周转量构成

화물 처리 貨物處理 货物处理

화물 처리 능력 貨物處理能力 货物处理能力

광양 만의 연간 화물 처리 능력은 120만 TEU이다.

光阳港年**货物处理能力**为120万TEU。

화물 터미널 货物集散站

내륙 화물 터미널 (ICD) 内陆货物集散站

복합 화물 터미널, 복합 화물 기지 IFT 综合性货物集散站, 综合货运站

FCL 화물, 만재 화물, 만적 화물 整箱货

FCL 화물(Full Container Load Cargo, 整箱货)이란?

컨테이너 1개를 채우기에 충분한 양의 화물을 말한다. 흔히 CL Cargo라 부르기도 하는데 Door to Door 서비스가 가능하다는 점에서 컨테이너 수송의 기본이 된다.

LCL 화물, 혼재 화물, 소량 화물 拼箱货

LCL 화물(Less than Container Load Cargo, 拼箱货, 小宗货物)이란?

화주 1인의 화물로 컨테이너 1개를 채울 수 없어 여러 화주의 화물을 1개 컨테이너에 같이 싣는 컨테이너 화물. FCL Cargo와 대비.

20 유통 流通

소매 零售

가격 책정 價格策定 **定价**

약탈적 가격 책정 掠奪的價格策定 **掠夺性定价**

약탈적 가격 책정이란 단기 손실을 감수하고서라도 경쟁사의 평균 원가 이하로 상품 가격을 책정함으로써 경쟁사를 시장에서 축출하거나 진입을 저지하는 것을 말한다.

所谓**掠夺性定价**是指将价格削减至对手平均成本之下，以便将对手驱逐出市场或者遏制进入，即使遭受短期损失。

출혈 가격 책정 出血價格策定 **亏损定价, 亏损价格策略**

가격 파괴 價格破壞 **价格破坏**

최근 몇 년간 일본 소매업에서 가격 파괴 경향이 나타나고 있다.

近几年来，日本的零售行业出现了**价格破坏**的倾向。

검품 檢品 **验货, 检验质量**

검품장 檢品場 **验货场, 验货处**

결품 缺品 **缺货**

결품은 기업 실적에 심각한 악영향을 끼칠 수도 있다.

商品**缺货**会对企业的业绩产生严重影响。

결품률 缺品率 **缺货率**

구매 발주서 購買發注書 **订单, 采购订单**

납품 納品 **交货, 供货**

납입 기일 納入期日 **交货日期, 送货日期**

이러한 성과는 품질 보증, 우수한 서비스, 납기 준수를 통한 고객 만족에 의해 달성된다.

这样的成果目标可通过品质保证、优良的服务、及遵守**交货日期**以满足用户来实现。

납품 계약 納品契約 **交货合同, 送货合同**

노점상 露店商 **街边摊点, 路摊, 街摊**

노점상에서 물건을 살 때는 속지 않도록 조심해야 한다.

街边摊点购物要当心受骗。

다단계 판매 多段階販賣 **多层传销**

다단계 판매는 이론상 불로 소득의 특징을 내포하고 있다.
多层传销理论上包含不劳而获的特点。

다점화 多店化	**连锁化**
대형 할인 매장 大型割引賣場	**大型折扣商店**
도매업 都賣業	**批发业**
도매업자 都賣業者	**批发商**
농수산물 도매 시장 農水産物都賣市場	**果蔬水产批发市场**
중간 도매상 中間都賣商	**批发中间经销商**
동네 가게	**小店铺**
매장 賣場	**专销点, 商店, 店铺, 卖场**
단위 면적당 매출 單位面積當賣出	**单位面积销售额, 坪效**
매장 면적 賣場面積	**店铺面积**
명절 선물 세트	**节日礼品装**
무점포 판매 無店鋪販賣	**无店铺销售**
물류 센터	**物流中心**
바캉스 용품	**夏季旅游用品, 避暑度假用品**
바코드	**条形码**
박리다매 薄利多賣	**薄利多销**

박리다매형 불법 다단계 판매가 성행하고 있다.
薄利多销型非法传销正在不断蔓延。

방문 판매 訪問販賣	**访问销售, 上门推销**
배송 配送	**配送**
배송료 配送料	**配送费**

구매액 50~200위안까지는 배송료가 20위안이고 200위안 이상은 배송료가 면제된다.
购物50~200元以内每单收**配送费**20元, 200元以上免收配送费。

백화점 百貨店	**百货商店, 百货公司, 百货大楼**
불량품 不良品	**残次品**
상품가 商品價	**产品价格**
공급가 供給價	**卖价, 出货价格**
구매가 購買價	**买价, 进货价格**

구매가 상승으로 인해 소매가 역시 꾸준히 조정되고 있다.
由于**进货价格**上涨, 零售价格也在不断调整。

판매가 販賣價	**卖价, 销售价格**
상품 구색 商品具色	**商品组合**
상품권 商品券	**礼券**

상품 진열 商品陳列 **商品陈列**
소매업 小賣業 **零售业**
소매업자 小賣業者 **零售商**
유통 산업 流通産業 **流通产业**
인터넷 쇼핑 **网上购物**
인터넷 쇼핑몰 **网上商城**
입하 入荷, **입고** 入庫 **入库**
잡화점 雜貨店 **杂货店**
재고 在庫 **库存, 存货**
무재고 無在庫 **零库存**
안전 재고 安全在庫 **安全库存, 缓冲库存, 缓冲储备**
안전 재고는 돌발 사고를 방지하기 위해 준비하는 완충 재고이다.
安全库存是为了防止不确定性因素而准备的**缓冲库存**。
창고 재고 倉庫在庫 **仓库库存**
재고량 在庫量 **库存量**
식량 감산으로 재고량이 역대 최저 수준으로 감소해…….
由于粮食减产, **库存量**降至历史最低……。
재고 보충 在庫補充 **库存补充, 供货**
재고 수준 在庫水準 **库存水平**
6월 미국 철강 재고 수준이 다소 반등해…….
6月份美国钢材**库存水平**有所回升……。
재고 회전율 在庫回轉率 **库存周转率**
재래시장 在來市場 **传统集市**
쇼핑을 좋아하신다면 한국 재래시장의 떠들썩한 분위기를 한번 느껴 보시는 것도 좋을 것입니다.
喜爱购物的人士, 不妨亲身体验一下韩国**传统集市**的热闹气氛。
전자 태그 **射频识别, 无线射频识别技术**
RFID는 비접촉식 자동 식별 기술의 일종이다.
射频识别是一种非接触式的自动识别技术。

전자 태그(RFID: Radio Frequency Identification, 射频识别, 无线射频识别技术)란?

비접촉 무선 방식의 정보 인식 기술인 RFID는 1980년대에 개발되었다. 제조 환경, 축산 분야 및 차량 자동 인식(automated vehicle identification, 车辆自动识别技术) 등에서 널리 사용되고 있으며 물류 유통 부분에도 도입되고 있다. 소매 매장에서 바코드 대신 사용하게 되면 바구니에 담는 즉시 자동으로 신용 카드에 계산이 되어 계산대에 줄을 설 필요가 없다. 이 기술을 적용한 상품 부착표는 'Smart Tag(智能标签)' 또는 'Smart Label(智能标签)'이라고 부른다.

점포망 店鋪網 **店铺网络**

중간 유통 마진 **批零差价**

소고기의 중간 유통 마진은 킬로그램당 1.78위안이고 마진율은 11.9%이다.
牛肉**批零差价**为每公斤1.78元, 批零差率为11.9%。

진열대 陳列臺 **货架, 陈列架**

체인 사업, 프랜차이즈 **连锁经营, 特许经营, 加盟经营**

프랜차이즈(Franchise, 连锁经营, 特许经营)란?

유통업자가 특정 회사나 제조사의 이름을 사용하고 그 회사의 상품을 판매하도록 허락하는 라이센스 계약. 다점화 또는 체인 사업이라고 한다.

체인점, 가맹점 加盟店 **连锁店, 连锁加盟店**

매주 전 세계적으로 1억 명 정도가 월마트 체인점을 찾는다.
每星期全球有一亿多人光顾沃尔玛的**连锁店**。

출시 出市 **上市, 推出**

내부적으로 신상품 출시는 빠르면 5월로 예정되어 있다.
内部预计新产品最快5月**上市**。

출하 出荷, **출고** 出庫 **出库, 出货**

출하 지시서 出荷指示書 **发货通知**

퀵 배달 **速递**

퀵 서비스 **紧急递送服务, 速递服务**

택배 宅配 **快递, 送货上门**

텔레마케팅 **电话销售, 电话推广, 电话行销**

통신 판매 通信販賣 **通讯销售**

파손품 破損品 **破损品**

패션 의류 **时装**

추동 상품 秋冬商品 **秋冬时装**

춘하 상품 春夏商品 **春夏时装**

편의점 便宜店 (CVS) **便利店**

도시의 1인당 GDP가 3천 달러에 달하면 편의점 발전의 여건이 형성된다.
当一座城市人均GDP达到3000美元, 就具备了**便利店**发展的基础。

품절 品切 **脱销, 缺货, 售罄**

최근 2주 동안 전국 대형 매장의 에어컨 판매가 급증, 일부 브랜드는 품절 현상까지 빚었다.

近两周来全国各大卖场内的空调销售一路上扬, 部分品牌出现**脱销**。

피라미드 조직 **金字塔型非法传销组织**
할인 매장 割引賣場 **折扣店**
할인 행사 割引行事 **大甩卖, 大减价**
  연말 할인 행사 年末割引行事 **年底大甩卖**
  이월 상품 처분 세일 **换季大削价**
  재고 처분 세일 **清仓大甩卖**
  폐점 정리 세일 **关门大甩卖**
홈쇼핑 **家居购物, 电视购物**
홈쇼핑 채널 **电视购物频道**
회원제 창고형 매장 會員制倉庫型賣場 **(MWC)**
会员制仓储式商场

백화점 百货商店, 百货公司	
가구	家具
가전제품	家用电器
가정용품 ,생활잡화	家居用品, 生活用品
남성 의류	男装
명품	名牌
보석	黄金珠宝
선물 포장 코너	礼物包装处
스포츠 용품	运动用品
스포츠 의류	运动服装
식품	食品
아동 의류	童装
여성 의류	女装
주방용품	餐厨用具
패션 소품	服饰
핸드백 액세서리	箱包、饰品
화장품	化妆品

슈퍼마켓 超市	
건강 용품	保健品
계산대	收银台
기호 식품	嗜好食品
냉동 식품	冷冻食品
냉장 식품	冷藏食品
미용 제품	美容用品
비누·샴푸	香皂、洗发精
세제류	洗涤用品
수산품	水产品
양념 조미 식품	调味品
여성생리용품	女性卫生用品
유제품	乳制品, 奶制品
육가공품	加工肉制品
육류	肉类
음료	饮料
주류	酒类
청과류	水果、蔬菜

식품 食品

가공식품 加工食品 **加工食品**

냉동 식품 冷凍食品 **冷冻食品**

냉장 식품 冷藏食品 **冷藏食品**

냉장 식품은 설사를 유발하기 쉬워…….

冷藏食品易致腹泻……。

조리 식품 調理食品 **预烹调食品**

즉석식품 卽席食品, **인스턴트식품** **方便食品, 速食**

한국에서는 본격적인 주5일 근무제가 실시됨에 따라 인스턴트식품에 대한 수요가 증가했다.

韩国随着正式实施5天工作日, 对**方便食品**的需求也出现增加。

건강 보조 식품 健康補助食品 **保健食品**

건강 보조 식품 산업은 21세기의 유망 업종이다.

保健食品产业是21世纪的朝阳产业。

기능성 식품 機能性食品 **功能食品, 特殊膳用食品**

건강 강조 표시 健康强調標示 **健康(功效)声明**

건강 경고 표시 健康警告標示 **健康警告标识**

기능성 음료 機能性飮料 **功能饮料**

중국은 올해 기능성 음료를 식약품감독관리국 관리 품목으로 포함시켰다.
今年中国把**功能饮料**划入药品食品监督管理局监管。

뉴트라슈티컬 **营养医疗品, 营养药品**

뉴트라슈티컬(Nutraceuticals, 营养医疗品, 营养药品)이란?

영양(Nutrition)과 의약(pharmaceutical)의 합성어로서 영양약학 제품 또는 '뉴트라슈티컬'이라고 한다. 건강 증진 또는 질병 예방 효과가 있는 식품을 뜻한다. 일명 FoSHU(Food for Specified Health Use, 特定健康用食品), dietary supplements(膳食补充剂), functional food(功能食品) 등 여러 가지 다른 이름으로 불리는 광범위한 분야이다. 인삼·녹차·석류·콩·로열젤리·키토산 등 동식물에서 건강 증진 효과나 질병 예방 효과가 있다고 믿어지는 성분을 추출하여 생명 공학 기술로 농축시키거나 유전 공학 기법으로 성분을 제조하여 보조 식품으로 만든다.

다이어트 식품 **减肥食品**

무지방 無脂肪 **无脂肪**

저지방 低脂肪 **低脂肪**

저지방 식품의 지속적인 섭취가 알츠하이머의 가장 좋은 예방법이라고 전문가들은 말한다.
专家们认为, 要预防阿尔茨海默氏症, 最好的方法是保持**低脂肪**饮食。

무료 시식 無料試食 **免费品尝, 免费试饮**

무료 시식 행사를 벌여…….
举行**免费品尝**活动……。

식약청 食藥廳 **(KFDA)** **韩国食品医药品安全厅, 韩国食品药品管理局**

한국 식약청에서는 PPA 성분이 함유된 167종의 감기약 판매를 금지했다.
韩国食品药品管理局禁止销售含PPA的167种感冒药。

— 승인 承認 **认证**

식품 가공 食品加工 **食品加工**

냉동 건조 冷凍乾燥 **冷冻干燥**

냉동 건조법으로 만들어진 네스카페 골드 블랜드는…….
以**冷冻干燥**法制成的雀巢咖啡金牌风味……。

유가공 식품 乳加工食品 **加工乳制品**

육가공 식품 肉加工食品 加工肉制品
식품 가공 산업 食品加工産業 食品加工产业
식품 안정성 食品安定性 食品安全性
부정 식품 不正食品, 불량 식품 不良食品 假冒伪劣食品, 劣质食品
무허가 불량 식품 제조가 성행해…….
无证生产**假冒伪劣食品**猖獗……。
저온 살균 低溫殺菌 低温杀菌
저온 살균 가공 후 포장해…….
经**低温杀菌**加工后包装……。
식품 위해 요소 중점 관리 기준 食品危害要素重點管理基準 危害分析及关键控制点, 危害分析与关键点控制

식품 위해 요소 중점 관리 기준(HACCP: Hazard Analysis Critical Control Point, 危害分析及关键控制点, 危害分析与关键点控制)이란?

HACCP 규정은 처음에는 우주 비행사들의 음식물의 안전성을 점검하기 위해 마련된 기준이었으나 식품에 도입되어 식품 제조 과정에서 유독 물질, 오염, 이물질, 부패 등의 위해 요소를 지정하여 중점적으로 관리하는 기준으로 국제적으로 사용되고 있다. 한국은 1995년에 도입했다.

식품 첨가물 食品添加物 食品添加剂
방부제 防腐劑 防腐剂
식품을 장시간 보존하기 위해서는 방부제가 필요하지만 방부제 사용에 대한 우려도 만만치 않다.
食品要长久保存需要**防腐剂**,而人们对防腐剂的使用又存在担心。
식용 색소 食用色素 食用着色剂, 食用色素
인공 감미료 人工甘味料 甜味剂, 增味剂
조미료 調味料 调味料
향신료 香辛料 香料
식품 포장 食品包裝 食品包装
개별 포장 個別包裝 个别包装
진공 포장 眞空包裝 真空包装
식품 표시 食品標示 食品标签, 食品标示
성분 成分 成分
일반 식품표시에는 열량과 영양 성분이 표기되어 있다.
一般**食品标签**会标示能量和营养**成分**。

성분 강화 成分强化 **增强成分**

유통 기한 流通期限 **保质期, 出售期限**

— **만료일** 滿了日 **出售截止日期**

미국 대부분의 주 정부에서는 식품 포장에 반드시 유통 기한 만료일을 표시하도록 요구하고 있다.
美国大部分州政府都要求食品包装上标明**出售截止日期**。

변질 變質 **变质**

비타민 E는 식품의 변질을 완화하는 역할을 한다.
维他命E能够减缓食品**变质**。

보관 保管, **저장** 貯藏 **储存, 存储, 保存**

소비자는 식품의 저장 온도를 집에서 마음대로 조절할 수 있다.
顾客可以在自己家里任意控制食品的**存储**温度。

선도 鮮度 **鲜度, 新鲜程度**

제조일자 製造日字 **生产日期, 出厂日期**

소비자 消費者

가격 표시 제도 價格標示制度 **价格标示制度, 价格标记制度**

공장도 가격 工場渡價格 **工厂交货价**

권장 소비자 가격 勸奬消費者價格 **建议零售价**

권장 소비자 가격이란 상품 가격의 투명성을 높여 판매자의 가격 횡포를 막음으로써 소비자가 믿고 소비할 수 있도록 생산자가 제시하는 가격이다.
所谓**建议零售价**, 是指厂家为了增加商品价格的透明度, 防止商家漫天要价, 让消费者明明白白消费的一种手段。

희망 소매 가격 希望小賣價格 **厂商建议零售价**

경고 문구 警告文句 **警示标语**

각국의 담뱃갑에는 경고 문구가 표시되어 있다.
各国的香烟外盒上都会标示**警告标语**。

리콜 제도, 제품 소환 제도 製品召還制度 **召回制度**

중국의 결함 차량에 대한 리콜 제도가 10월부터 공식 시행된다.
中国缺陷汽车**召回制度**将于10月正式实施。

리콜 제도(召回制度)란?

제품의 사용이나 안전에 지장을 주는 불량이나 설계상 결함이 발견되면 생산업체는 이를 구매한 소비자들에게 환불이나 교환 또는 무상 수리를 제공한다. 이때 판매된 제품을 소환한다는 의미로 리콜(recall)이라고 한다.

매점매석 買占賣惜 **囤积**

불매 운동 不買運動 **产品抵制运动**

미국의 한 민간 단체는 X사에 대해 불매 운동을 벌일 것을 전 세계에 호소했다.

美国一家民间组织号召人们对X公司采取一场全球性**抵制运动**。

사재기 **囤积**

상품 교환 商品交換 **换货**

상품 반품 商品返品 **退货**

본 제품은 개봉 후 반품이 불가능하오니…….

本商品拆封后将无法**退货**……。

반품 교환 불가 返品交換不可 **不可换货或退货, 不可退换货**

상품 표시 商品標示 **商品标记, 商品标签, 商品说明**

상품 표시 부착 商品標示附着 **贴上标签**

관련 규정에 따르면 모든 상품은 라벨을 부착해야 한다.

按有关规定各种商品必须**贴上标签**。

소비자 消費者 **消费者**

까다로운 — **挑剔的消费者**

현명한 — **精明的消费者**

현명한 소비자들은 자신에게 꼭 필요한 제품을 고를 줄 안다.

精明的消费者会选择真正符合自己需要的产品。

프로슈머 **产消者, 生产消费者**

프로슈머(Prosumer, 产消者, 生产消费者)란?

프로슈머는 1980년에 미래학자 앨빈 토플러의 저서 『제3의 물결』에 처음 등장한 단어로 "producer"와 "consumer"의 합성어이다. 수동적으로 대량 생산 제품을 수용하는 소비자가 아니라, 능동적으로 제품의 설계와 생산에도 참여하는 미래형 소비자를 의미하는 단어이다.

소비자 경고 消費者警告 **提醒消费者**

소비자 경보 消費者警報 **消费警示, 消费警告**

중국소비자협회는 슈퍼마켓의 비포장 식품에 대한 소비자 경보를 내렸다.

中国消费者协会发布**消费警示**: 留神超市散装食品。

소비자 고발 消費者告發 **消费者投诉**

소비자 고발 중 80%가량은 품질 문제를 주내용으로 삼고 있다.

从**消费者投诉**的主要内容来看, 80%左右是投诉质量问题。

소비자 권리 消費者權利 **消费者权益**

소비자 권리 보호는 사회 공동의 책임이다.

保护**消费者的权益**是全社会的共同责任。

소비자 단체 消費者團體 **消费者团体, 消费者组织**

한국 최초의 소비자 단체인 주부클럽연합회는 1969년에 발족되었다.
1969年韩国成立了国内第一个**消费者团体**——主妇俱乐部联合会。

소비자 만족 消費者滿足 **消费者满意**

소비자 만족 지수 消費者滿足指數 **消费者满意指数, 顾客满意指数**

냉동 만두 제품의 평균 소비자 만족 지수는 73.14이다.
速冻饺子产品的平均**顾客满意指数**为73.14。

소비자 보호 消費者保護 **消费者保护**

소비자 불만 消費者不滿 **消费者不满, 消费者投诉**

소비자 상담 消費者相談 **消费者咨询**

무료 상담 전화 無料相談電話 **免费咨询电话, 免费服务热线**

소비자 선호도 消費者選好度 **消费者偏好**

소비자 선호도를 조사해 소비자를 만족시키는 것이 우리의 임무이다.
了解**消费者偏好**、让消费者得到满足是我们的责任。

소비자 심리 消費者心理 **消费者心理**

서울에서 소비자 심리 변화를 알아보는 전문 조사를 벌여…….
在首尔进行了关于**消费者心理**变化的专门调查……。

소비자 운동 消費者運動 **消费者运动**

일본의 소비자 운동은 제2차 세계 대전 종료 후에 시작되었다.
日本的**消费者运动**兴起于第二次世界大战结束之后。

소비자 보호 운동 消費者保護運動 **消费者权益保护运动**

소비자 운동가 消費者運動家 **消费者权益活动家**

랠프 네이더는 현대 소비자 운동의 아버지로 불린다.
拉尔夫·纳德被认为是现代**消费者运动**之父。

소비자 이동성 消費者移動性 **消费者移动性**

소비자 인식 消費者認識 **消费者意识, 消费者认知**

소비자 피해 消費者被害 **消费者损害**

소비자 피해 보상 규정 消費者被害補償規程 **消费者损害赔偿规定**

소비자 집단 소송 消費者集團訴訟 **消费者集体诉讼**

이는 사상 첫 온라인 게임 소비자 집단 소송이다.
这是有史以来首个网络游戏**消费者集体诉讼**案。

소비자 행동 消費者行動, **소비자 행태** 消費者行態 **消费者行为**

계획 구매 計劃購買 **理性购买**

고객 충실도 顧客忠實度, 고객 충성도 顧客忠誠度 **顾客忠诚度**

고객 충실도는 제품과 서비스의 질에 달려 있다.
顾客忠诚度取决于公司所提供的产品和服务的优劣。

고객 충실도, 고객 충성도(顾客忠诚度)란?

미국의 마케팅 전문가인 질 그리핀은 고객의 충성도를 고객의 행동 측면에서 다음의 4가지로 정의하고 있다. ① 회사의 제품이나 서비스를 정기적으로 재구매하는 고객, ② 회사에서 제공하는 다양한 제품과 서비스를 포괄적으로 구매하는 고객, ③ 다른 사람들에게 그 회사를 추천하는 고객, ④ 경쟁 업체의 유인 전략에 동요하지 않는 고객.

구매 성향 購買性向 **购买倾向**
반복 구매 反覆購買 **重复购买**
비교 구매 比較購買 **对比选购**
충동구매 衝動購買 **冲动购买, 冲动性消费**

쇼핑 전에는 구매 리스트를 작성해야 하며 필요 없는 물건을 충동구매해서는 안 된다.
购物前应先写下购物清单, 不能临时**冲动购买**一些用不着的东西。

소비자 관련 기관 消费者有关机构	
자율분쟁조정위원회	自治纠纷调解委员会
한국소비자단체협의회	韩国消费者团体协议会
한국소비자원	韩国消费者院
한국소비자연맹	韩国消费者联盟

제조물 책임 製造物責任 **产品责任, 制造物责任**

제조물 책임(PL: product liability, 产品责任, 制造物责任)이란?

결함이 있는 제조물을 시장에 유통시킨 자가 제조물로 인하여 발생한 손해에 대하여 소비자에게 배상하도록 하는 제도.

제조물 책임법 製造物責任法, PL법 **制造物责任法, 产品责任法**

제조물 책임법(制造物责任法, 产品责任法)이란?

제조물 책임에 관한 법으로 한국에서는 1999년 12월 제정, 2002년 7월 1일 시행에 들어갔다.

제품 결함 製品缺陷 **产品缺陷**

제품 보증 製品保證 **产品保用, 产品保修**

모든 제품의 보증 기간은 5년입니다.

我们对所有**产品保用**5年。

무상 보증 수리 기간 無償保證修理期間 **免费保修期**

제품 보증 기간 製品保證期間 **产品保用期, 产品保修期**

보증 기간 내에 품질 문제로 인한 수리시 수리비와 부품비를 받지 않는다.

凡在**保用期**内因质量原因发生的维修, 免收维修费及配件费。

제품 보증서 製品保證書 **保用证书, 保用卡**

제품 안전성 製品安全性 **产品安全, 产品稳定性**

건강 식품의 제품 안전성 테스트는 성급 보건행정부처 지정 기관에서 담당한다.

保健食品的**产品稳定性**试验, 由省级卫生行政部门指定的机构承担。

폭리 暴利 **暴利**

일반적으로 수요가 증가할수록 판매업자는 높은 가격을 책정함으로써 폭리를 취한다.

一般来说, 市场需求越庞大, 商家就越敢于制订较高的价格策略, 从中获取**暴利**。

품질 보증 品質保證 **品质保证**

환불 還拂 **退款**

부분 환불 部分換拂 **部分退款**

전액 환불 全額換拂 **全额退款**

마케팅 行销, 营销

가격 행사 價格行事 **特价优惠**

행사 가격 行事價格 **特价, 优惠价格**

고객 관계 관리 顧客關係管理 **客户关系管理**

고객 관계 관리(CRM: Customer Relationship Management, 客户关系管理)란?

CRM이란 포괄적인 고객 관리 방식으로 마케팅, 영업, 고객 서비스, A/S 등 모든 고객과의 접점에서 정보를 취합하고 이를 바탕으로 적극적인 고객 관리를 하는 것을 뜻한다. 정보 통신 기술과 소프트웨어를 기반으로 한다.

고객 마일리지제 **会员积分制度**

마케팅 **行销, 营销**

기업은 끊임없이 변화하는 고객의 수요에 발맞추어 제품 전략과 마케팅 전략을 즉각적으로 수정해야 한다.
客户需求不断地发生变化, 企业产品战略和**行销**战略也需要进行实时的调整。

시장 조사 市場調査 **市场调查, 市场调研**
시장 조사는 마케팅에 있어서 중요한 부분을 차지한다.
市场调查是市场营销中的一个重要部分。

고객 분류 顧客分類 **顾客分类, 顾客分群**
연령·직업·소득·거주지별로 고객 분류를 한다.
对**顾客**按年龄、职业、收入、住址等进行**分类**。

고객 집단 顧客集團 **顾客群, 客户群**
독일에서는 50세 이상의 고객 집단이 점차 소비의 중심으로 떠오르고 있다.
德国50岁以上的**顾客群**正在日渐成为消费的黄金一族。

시장의 세분화 **市场细分, 市场分割**

영업 전략 營業戰略 **销售战略, 营销战略**

브랜드 제휴 **品牌结合, 联合品牌**
한국 LG와 미국의 버라이존이 브랜드 제휴 계약을 맺었다.
韩国LG与美国Verizon达成**联合品牌**协议。

푸시 전략 **推式战略**

풀 전략 **拉式战略**

푸시 전략(Push Strategy, 推式战略)과 풀 전략(拉式战略)이란?

기존에는 제품을 대량 생산하여 도소매업 등의 유통 경로를 통하여 푸시하여 판촉 활동을 했다면 이제는 직접 소비자에게 호소하여 간접적으로 유통 경로를 촉진·강화하는 풀 전략을 써야 한다.

특화된 시장 **专业市场, 特定市场**

틈새시장 **缝隙市场, 利基市场**
자신의 특성에 맞는 틈새시장을 개발해 성공을 거둔 기업도 있다.
有的根据自身企业的特点开发了自己的**利基市场**并取得了成功。

판매 시점 販賣時點 **销售点**

판매 시점(POS: Point of Sales, 销售点)이란?

판매 지점이라고도 한다. POS에서 수집하는 데이터는 마케팅의 중요한 도구가 되며 POS에서의 판촉도 중요한 판촉 경로가 되었다.

판촉 販促 **促销**

판촉 행사 販促行事 **促销活动**

경품 景品	奖品, 促销品
무료 증정 無料贈呈	免费赠送, 买一赠一
보상 판매 補償販賣	折价贴换, 以旧换新
사은품 謝恩品	礼品
증정품 贈呈品	赠品
특가 행사 特價行事	特价优惠
평생 고객 平生顧客	终身顾客
포커스 그룹	焦点团体

포커스 그룹 인터뷰는 특정 주제에 대한 일반인의 인식·태도·행위 등을 알아보기 위한 일종의 질적 연구 방법이다.

焦点团体访谈是一种搜集民众对特定主题的认知、态度与行为的质性研究法。

포커스 그룹 인터뷰(Focus Group Interview, 焦点团体访谈)란?

5~10인 정도로 구성된 특정 계층 대표 집단, 즉 포커스 그룹들을 대상으로 자유토의 방식을 통해 심층적인 정보나 자료를 얻어내는 조사 방법으로 다양한 이슈들에 대한 생각과 의견·태도들을 알아볼 수 있다. 주로 정책 의견 조사나 아이디어 탐색에 많이 활용한다. 통상 6~20개 정도의 다양한 포커스 그룹을 구성·운용하는데, 이는 질적 조사의 대표적인 방법이다.

구매 동기 購買動機	购买动机
구매 의향 購買意向	购买意向, 购买意愿
EAN	欧洲物品编码

EAN(European Article Numbers, 欧洲物品编码)이란?

유럽에서 사용하는 12자리 상품 바코드. EAN International(国际物品编码协会)에서 관장한다.

UPC	全球产品代码

UPC(Universal Product Code, 全球产品代码)란?

스캐너로 상품명·제조업체·용량·가격 등을 알 수 있게 제품 포장에 찍힌 12자리 바코드. 미국의 UCC(Uniform Code Council, 统一代码委员会)에서 관장한다.

21 과학 기술 科学技术

과학 기술 일반 科学技术

과학 공원 科學公園 科学公国, 科学城, 科学园区
　EXPO 과학 공원 EXPO科学公园
과학기술부 科學技術部 科学技术部
　국가 지정 연구실 國家指定硏究室 国家研究实验室, 国家研发中心
　국책 연구 개발 사업 國策硏究開發事業 国策研发项目
　민군 겸용 기술 사업 民軍兼用技術事業 军民两用技术项目
　선도 기술 개발 사업 先導技術開發事業 G7 Project, HAN(Highly-Advanced National Program) "G7计划", 高级先进技术国家计划

G7사업은 정부와 민간이 공동으로 벌이는 중장기 대형 선도 기술 개발 사업이다.
"G7计划"是政府与民间共同推动的中长期大型尖端技术开发计划。

　21세기 프론티어 연구 개발 사업 21世纪新领域研发项目
　중점 국가 연구 개발 사업 重點國家硏究開發事業 国家重点研发项目
　창의적 연구 진흥 사업 創意的硏究振興事業 创新研发项目
과학 논문 인용 색인 科學論文引用索引, 과학 논문 피인용도 科學論文被引用度 科学引文索引

과학 논문 인용 색인(SCI: Scientific Citation Index, 科学引文索引)이란?

국가, 연구 기관 또는 개인의 과학 기술 연구 업적이나 능력을 나타내는 지수로서 미국과학정보연구소(ISI: Institute for Scientific Information, 美国科学信息研究所)가 전세계 과학기술 분야 학술 잡지에 게재된 논문의 색인을 수록한 데이터베이스이다. 인문 · 사회과학 분야에는 SSCI(Social Science Citation Index, 社会科学引文索引)가 있다.

　SCI (등재) 논문 科学引文索引收录的论文

국가 혁신 체제 國家革新體制 (NIS) | **国家创新体系, 国家创新系统**

우수 연구 센터 | **卓越研发中心, 杰出研究单位**

국제 과학 올림피아드 | **国际科学奥林匹克竞赛, 国际科学奥林匹亚**

국책 연구소 國策硏究所 | **国策研究中心, 国策研究院**

기술력 技術力 | **技术能力**

기술의 상용화, 사업화 | **技术的产业化, 科技成果的产业化**

자금력이 뒷받침되지 않으면 기술의 상용화가 어렵다.
科技成果缺乏资金上的支持, 就难以实现**产业化**。

기초 과학 基礎科學 | **基础科学**

최근 경시되고 있는 기초 과학 분야는…….
当今比较受冷落的**基础科学**领域……。

두뇌 유출 頭腦流出 | **人才流失**

두뇌 탱크, 싱크 탱크 | **智囊团**

두뇌 한국 21사업 | **头脑韩国21工程, 21世纪智慧韩国工程, BK21**

X대학교는 1999년에 국가 인재 육성 자금 지원 사업인 '두뇌 한국 21' 사업의 주관 대학으로 선정되었다.
X大学于1999年被指定为国家人才培养资助产业"**头脑韩国(BK21)**"**工程**的主管大学。

민군 겸용 기술 民軍兼用技術 | **军民兼用技术**

지금까지 30여 가지 민군 겸용 첨단 기술이 서부 지역 각 성과 자치구에서 널리 응용되고 있다.
截至目前, 已有30多项**军民兼用**的高科技成果在西部各省和自治区推广应用。

산학연 협력 産學硏協力 | **产学研联合, 产学研合作**

산학 협동 産學協同 | **产学合作**

최근 '산학 협동'이라는 말이 기업·대학·정부 등 각계에서 키워드로 자주 사용되고 있다.
最近, "**产学合作**"一词已成为企业、大学及政府等各界频繁使用的关键词。

선도 기술 先導技術 | **先进技术**

실리콘 밸리 | **硅谷**

연구 개발 硏究開發 (R&D) | **研发**

신제품의 연구 개발은 경쟁 환경에서 점차 중요한 위치를 차지하고 있다.
新产品**研发**在竞争环境中的地位日益凸现。

— 사업 事業 | **研发项目**

연구 단지 硏究團地 | **研究园区, 科技园区**

대덕연구단지 大德硏究團地 | **大德研究园区, 大德科技园区**

— 입주 入住　　入园
— 조성 造成　　建设, 创建
우수 인력 優秀人力　　优秀人才
석좌 연구원 碩座研究員　　资深研究员
선임 연구원 先任研究員　　高级研究员
— 육성 育成　　培养
본 특별 기금은 우수 인력 육성에 필요한 연구 비용과 설비 보조금으로 사용된다.
该专项基金主要用于资助优秀人才**培养**所需的科研费和设备补助费。
책임 연구원 責任研究員　　首席研究员
— 확보 確保　　吸纳
원천 기술 源泉技術　　源头技术
응용과학 應用科學　　应用科学
재료 공학 材料工學　　材料工程
복합 소재 複合素材　　复合材料
신소재 新素材　　新材料
첨단 복합 소재 尖端複合素材 (ACM)　　先进复合材料, 高性能复合材料
정부 출연 연구 기관 政府出捐研究機關　　政府资助研究机构
창업 보육 센터 (TBI)　　创业服务中心, 孵化器
첨단 기술 尖端技術　　尖端技术, 高新技术
첨단 산업 尖端産業　　尖端产业, 高科技产业
한국은 재래 산업과 첨단 산업의 동시 발전을 꾀할 것이다.
韩国将并行发展传统和**尖端产业**。
핵심 기술 核心技術　　核心技术

첨단 과학 尖端科学	
광전자학	光电子学
로봇 공학	机器人学, 机器人工程学
메카트로닉스, 기전공학	机电工程
바이오일렉트로닉스	生物电子学
분자공학	分子工程
분자물리학(NT)	分子物理学, 纳米技术
분자생물공학	分子生物技术, 分子生物工艺学
생명공학(BT)	生物技术, 生物工程学, 生物工艺学
생명정보학	生物信息学

양자 물리학	量子物理学
유전공학	基因工程, 遗传工程
전자공학	电子工程
천체물리학	天文物理学, 天体物理学
첨단 소재공학	尖端材料工程
항공전자학	航空电子学
환경공학(ET)	环境技术, 环境工艺学

과학 기술 관련 연구 기관 科学技术研究机构	
과학기술정책연구원(STEPI)	科学技术政策研究院
기상청(KMA)	气象厅
전력연구원(KEPRI)	电力研究院
정보통신정책연구원(KISDI)	情报通信政策研究院
고등과학원(KIAS)	高等科学院
한국과학기술연구원(KIST)	韩国科学技术研究院
한국과학기술원(KAIST)	韩国科学技术院
한국과학기술정보연구원(KISTI)	韩国科学技术情报研究院
한국산업기술평가관리원(KEIT)	韩国产业技术评价管理院
한국과학기술기획평가원(KISTEP)	韩国科学技术企划评价院
한국과학기술한림원(KAST)	韩国科学技术翰林院
한국연구재단(NRF)	韩国研究财团
한국기계연구원(KIMM)	韩国机械研究院
한국기초과학지원연구원(KBSI)	韩国基础科学支援研究院
한국생명공학연구원(KRIBB)	韩国生物技术研究院
한국식품연구원(KFRI)	韩国食品研究院
한국에너지기술연구원(KIER)	韩国能源技术研究院
한국원자력안전기술원(KINS)	韩国原子能安全技术院
한국원자력연구원(KAERI)	韩国原子能研究院
한국전기연구원(KERI)	韩国电气研究院
한국전자통신연구원(ETRI)	韩国电子通信研究院
한국천문연구원(KASI)	韩国天文研究院

한국표준과학연구원(KRISS)	韩国标准科学研究院
한국항공우주연구원(KARI)	韩国航空宇宙研究院
한국해양과학기술원(KIOST)	韩国海洋科学技术院
한국화학연구원(KRICT)	韩国化学研究院

항공 우주 航空航天, 宇宙航空

경비행기 輕飛行機 **轻型飞机**

경비행기는 이륙 중량이 1,225킬로그램 미만인 비행기를 말한다.
轻型飞机指的是起飞重量小于1225公斤的飞机。

계기 비행 計器飛行 **仪表飞行**

관성 항법 장치 慣性航法裝置 (INS) **惯性导航系统**

계기 착륙 장치 計器着陸裝置 (ILS) **仪表着陆系统**

고정익 固定翼 **固定翼**

광년 光年 **光年**

광년은 천문학에서 거리를 나타낼 때 사용되는 단위이다.
光年是天文上用来表示距离的单位。

군용기 軍用機 **军用机, 战机**

궤도 軌道 **轨道**

— **수정** 修正 **调整轨道, 改变轨道**

— **진입** 進入 **进入轨道**

수성 탐사선 메신저호 발사, 6년 반 후 궤도 진입 예정.
信使号水星探测器升空，预计6年半后**进入轨道**。

근일점 近日點 **近日点**

근지점 近地點 **近地点**

급유기 給油機 **加油机**

공중 급유 空中給油 **空中加油**

공중 급유는 군용기의 전투력 향상에 효과적인 방법이다.
空中加油是军用飞机提高作战效能的有效途径。

단거리 이착륙 短距離離着陸 (STOL) **短距起降, 短距起落**

단발기 單發機 **单引擎飞机**

달 착륙선 **登月船**

아폴로 15호 달 착륙선이 달 표면에 착륙했다.
阿波罗15号**登月船**登陆月球表面。

미항공우주국 美航空宇宙局 (NASA) **美国航空航天局, 美国宇航局**

미확인 비행 물체 未確認飛行物體 **(UFO)** **不明飞行物**

천문학자는 그가 촬영한 것이 UFO라고 인정했다.

天文专家认定，他拍到的是**不明飞行物**。

별자리, 성좌 星座 **星座**

별자리 星座	
북극성	北极星
안드로메다자리	仙女座
오리온자리	猎户座
작은곰자리	小熊星座, 小熊座
카시오피아자리	仙后座
큰곰자리, 북두칠성	大熊星座, 大熊座
페가수스자리	飞马座

블랙홀 **黑洞**

비행 가시거리 飛行可視距離 **飞行能见度**

현재 서우두 공항 상공의 비행 가시거리는 8천 미터이다.

目前首都机场上空的**飞行能见度**为8000米。

시계 視界 **能见度, 视界**

비행 속도 飛行速度 **飞行速度**

마하 Mach **马赫**

음속 音速 **音速**

천음속 遷音速 **跨音速, 穿音速**

초음속 超音速 **超音速**

비행 횟수 飛行回數 **飞行次数**

시험 비행 試驗飛行 **试飞**

처녀비행 處女飛行 **处女飞行**

X-45 전투기가 5월 22일 에드워드 공군 기지에서 처녀비행을 했다.

"X-45"战机在5月22日于爱德华兹空军基地进行了**处女飞行**。

빅뱅 이론 **大爆炸理论**

1946년 가모프는 빅뱅 이론을 발표했다.

1946年伽莫夫发表了**大爆炸理论**。

상용기 商用機 **商用客机, 民航机**

수상 비행기 水上飛行機 **水上飞机, 海上飞机**

수직 이착륙 垂直離着陸 **垂直起降, 垂直起落**

실험 우주선 實驗宇宙船 **试验太空船**

쌍발기 雙發機 **双引擎飞机**

중국은 Z-10이라는 신형 쌍발 헬리콥터 개발에 착수했다.
中国已经开始开发一种新型**双引擎**直升飞机, 命名为Z-10。

여객기 旅客機 **客运飞机, 客机**

연구기 研究機 **实验飞机, 研究机**

외계 外界 **外太空, 外层空间**

고등 생명체 高等生命體 **高等生物**

……외계에 다른 고등 생명체나 기타 생명체가 살고 있는지 조사해…….
……探测外层空间中是否存在其他**高等生物**或其他生命……。

외계 생명체 外界生命體 **外太空生物**

외계인 外界人 **外星人, 外太空人**

근접 조우 近接遭遇 **近距离接触**

— 납치 拉致 **外星人绑架**

외계인 납치 사건은 환각 증상을 가진 사람들의 상상에 불과하다고 말하는 사람도 있다.
有人说所谓的**外星人绑架**事件, 只是具有幻想倾向的人想像出来的。

— 접촉 接觸 **与外星人接触, 接触外星人**

우주계 宇宙系 **星系**

우주 비행 宇宙飛行 **宇宙飞行, 太空飞行**

무중력 상태 無重力狀態 **失重状态, 零重力状态**

— 비행사 飛行士 **宇航员**

우주 유영 宇宙遊泳 **太空漫步, 太空行走**

우주 비행체 宇宙飛行體 **宇宙飞船**

우주 실험실 宇宙實驗室 **太空实验室**

우주 왕복선 宇宙往復船 (MRV) **航天飞机, 太空穿梭机**

— 발사 發射 **发射**

중국은 유인 우주선 발사에 성공했다.
中国成功**发射**载人飞船。

발사대 發射臺 **发射台**

우주 정류장 宇宙停留場 **空间站**

궤도 軌道 — **轨道空间站**

무인 無人 — **无人空间站**

우주 탐사 宇宙探查 **太空探测**

— 탐사기 探査機 **太空探测器, 航天探测器**

미국의 우주 탐사기가 화성에 착륙해…….

美国**太空探测器**登陆火星……。

우주 팽창 宇宙膨脹 **宇宙膨胀**

우주학 宇宙學 **宇宙学, 宇宙论**

원일점 遠日點 **远日点**

원지점 遠地點 **远地点**

원지점(Apogee, 远地点)과 근지점(Perigee, 近地点)이란?

원지점은 지구 둘레를 도는 달과 위성이 궤도상 지구에서 가장 멀어지는 지점이며 근지점은 가장 가까워지는 지점이다.

월식 月蝕 **月蚀**

개기 월식 皆既月蝕 **月全蚀**

부분 월식은 몇 시간씩 지속되기도 하지만 개기 월식은 아주 짧은 시간 동안만 지속된다.

月偏蚀维持时间较长, 可达数小时, 而**月全蚀**只会维持很短的时间。

부분 월식 部分月蝕 **月偏蚀**

위성 항법 시스템 **卫星导航系统**

유럽항공기구 ESA(European Space Agency) **欧洲航天局**

유럽항공기구의 최신 발표에 따르면 우주에서 육안으로 만리장성을 볼 수 있다고 한다.

欧洲航天局最新公告称在太空肉眼可见长城。

은하계 銀河系 **银河系**

우리가 속한 은하계에는 약 2천억 개의 별이 있다.

我们的**银河系**大约包含两千亿颗星体。

인공위성 人工衛星 **人造卫星**

기상 위성 氣象衛星 **气象卫星**

무궁화위성 無窮花衛星 **无穷花卫星, Mugungwha卫星**

한국은 2006년 최초의 군민 겸용 위성인 무궁화위성 5호를 발사했다.

2006年韩国发射了第一枚军民两用 "**无穷花**5号"**卫星**。

아리랑위성 **阿里郎卫星**

아리랑위성 2호는 정부의 지원하에 한국항공우주연구원에서 연구 개발했다.

"**阿里郎**2号"**卫星**是韩国航空宇宙研究院在政府的支持下开发研制的。

우리별위성 **韩国科技院星, "我们的星"卫星, KITSAT卫星**

저궤도 위성 低軌道衛星 **近地轨道卫星**

정지 궤도 위성 停止軌道衛星 | **同步卫星, 同步轨道卫星**

정찰 위성 偵察衛星 | **侦查卫星**

미국 최고 성능의 정찰 위성은 지상에 있는 10~15센티미터 크기의 물체까지 분간해낼 수 있다고 한다.

据说美国性能最优质的**侦查卫星**能够分辨出地面上10~15厘米大小的物体。

지구 관측 위성 地球觀測衛星 | **地球探测卫星**

통신 위성 通信衛星 | **通信卫星**

☞ 22. 정보 통신의 <통신> 참조.

해사 위성 海事衛星 | **海事卫星**

일식 日蝕 | **日蚀**

개기 일식 皆既日蝕 | **日全蚀**

부분 일식 部分日蝕 | **日偏蚀**

제원 諸元 | **详细规格, 参数**

날개 폭 | **翼长**

전장 全長 | **全长**

전폭 全幅 | **全宽, 翼展**

전폭이란 비행기 양쪽 날개 끝 간의 최대 직선거리를 말한다.

翼展是飞机机翼左右两端最大直线距离。

착륙 장치 着陸裝置 | **起落架**

천체 天體 | **星体, 天体**

성단 星團 | **星团**

성운 星雲 | **星云**

소행성 小行星 | **小行星**

운석 隕石 | **陨石, 陨星**

위성 衛星 | **卫星**

유성 流星 | **流星**

준성 準星 | **类星体**

준성은 우주에서 가장 밝고 지구에서 가장 멀리 떨어진 천체 중 하나이다.

类星体是宇宙最明亮和离地球最远的天体之一。

준성(Quasar, 类星体)이란?

"quasi-stellar radio source"에서 나온 말이다. Quasar는 아주 멀리 떨어져 있는 우주계의 밝은 중심이다. 여기서 생성되는 빛이 지구까지 오려면 수십억 년이 걸린다. 따라서 준성을 관찰하는 것은 이미 오랜 옛날에 일어난 우주계의 탄생을 목격하는 것이다.

초거성 超巨星 **超巨星**
초신성 超新星 **超新星**

초신성(Super Nova, 超新星)이란?

항성 진화의 마지막 단계에서 일어나는 폭발 현상. 항성을 유지시켜주는 핵 에너지가 소진되면 항성의 핵이 붕괴하면서 엄청난 에너지를 방출하는데 순간적 밝기가 평소의 수억 배에 이른다. 이때 중성자별이 생겨나기도 하는데 수년 후에나 관측된다.

항성 恒星 **恒星**
행성 行星 **行星**
혜성 彗星 **彗星**
일반 혜성의 50배나 되는 엄청난 크기의 혜성이 태양에 접근 중이다.
大于普通**彗星**50倍的超大型**彗星**正在接近太阳。
혹성 惑星 **行星**
☞ 혹성은 행성의 일본식 표현이다.
천체 물리학 天體物理學 **天文物理学, 天体物理学**
챈드라 망원경 CXO(Chandra X-ray Observatory) **钱德拉X射线太空望远镜**
천문대 天文臺 **天文台**
천체 망원경 天體望遠鏡 **太空望远镜, 天文望远镜**
허블 망원경 **哈勃太空望远镜**
저명한 천문학자인 허블의 이름을 딴 허블 망원경은 관측 기기의 노후화로 사용이 어려워졌다.
以著名天文学家哈勃命名的**哈勃太空望远镜**由于设备老化已无法继续使用。
천체학 天體學 **天文学**
태양계 太陽系 **太阳系**
화성 자전축의 기울기는 23.59°로 지구의 자전축과 거의 비슷하다.
火星自转轴的倾角为23.59°, 与地球的自转角极其相近。

태양계 太阳系	
수성	水星
금성	金星
지구	地球
화성	火星
목성	木星

토성	土星
천왕성	天王星
해왕성	海王星
명왕성	冥王星

태양 흑점 太陽黑點　**太阳黑子**

태양 흑점은 태양 활동 중에서 가장 관측이 쉬운 현상이다.

太阳黑子是最容易观察到的太阳活动现象之一。

한국항공우주연구원 韓國航空宇宙硏究院 (KARI)　**韩国航空宇宙研究院**

항공기 航空機　**飞机**

항공기 제작 산업 航空機製作産業　**飞机制造工业, 航空工业**

기수 機首　**机头**

꼬리　**机尾**

날개　**机翼**

집중적으로 불이 붙은 곳은 양날개와 기수 부분이다.

着火部位主要集中在**机翼**两侧及机头部位。

동체 胴體, **기체** 機體　**机身**

엔진　**发动机, 引擎**

항공 역학 航空力學　**航空动力学**

항공 우주 航空宇宙　**航空航天**

항공 전자 공학 航空電子工學　**航空电子学, 航空电子技术**

항공학 航空學　**航空学**

항법 계기 航法計器　**航空仪表, 飞机仪表**

고도계 高度計　**高度表**

속도계 速度計　**空速表**

항공기에서 자주 사용되는 속도계에는 지시대기 속도계, 진대기 속도계, 마하계 등이 있다.

飞机上常用的**空速表**主要有指示**空速表**、真空速表、马赫数表等。

압력계 壓力計　**压力表**

연료계 燃料計　**油量表**

화물기 貨物機　**货运飞机, 货机**

황도 12궁 黃道十二宮　**黄道十二宫, 十二星座**

황도 12궁 黄道十二宫	
게자리	巨蟹座
물고기자리	双鱼座
물병자리	水瓶座
사수자리	射手座
사자자리	狮子座
쌍둥이자리	双子座
양자리	白羊座, 牧羊座
염소자리	摩羯座, 山羊座
전갈자리	天蝎座
처녀자리	处女座
천칭자리	天秤座
황소자리	金牛座

회전익 回轉翼 **旋翼**

훈련기 訓鍊機 **教练机, 飞行练习机**

고등 훈련기 高等訓鍊機 **高级教练机, 高级训练机**

한국이 자체 제작한 초음속 고등 훈련기 T-50이 첫 시험 비행에 성공했다.
韩国产超音速**高级训练机**T-50首度成功试飞。

초등 훈련기 初等訓鍊機 **初级教练机, 基础教练机**

생명 공학 生物技术, 生物工程

거부 반응 拒否反應 **排异反应, 排斥反应**

격렬한 거부 반응을 없애는 것이 이종간 장기 이식 성공의 관건이다.
解决超急性**排斥反应**成为异种器官移植的关键。

단백질 체학 蛋白質體學 **蛋白质组学**

맞춤 의료 **精准医疗**

인간 지놈의 해독으로 인해 개인의 체질에 따라 약물을 투여하는 '맞춤 의료' 시대를 열 수 있을 것이다.
人类基因组的破译工作, 有可能成为根据每个人的不同体质分别投药的"**精准医疗**"方式的开路先锋。

맞춤 의료(Customized Medicine, 精准医疗)란?

맞춤 의료 또는 맞춤 의학이란 개인의 유전 정보 분석을 바탕으로 그 사람이 어떤 질병에 걸릴 가능성이 높고, 발병을 어떻게 예방할 수 있는지, 또 질병에 걸리면 어떠한 약물이 부작용의 위험이 가장 적고 효과적인가를 규명하고 이에 따라 개인에게 적합한 약물 또는 치료법을 처방해주는 의료 방법이다.

바이오산업 **生物产业, 生物技术产业**

중국 바이오산업의 전망은 매우 밝다.
中国**生物产业**潜力巨大。

바이오 기업 **生物公司, 生物技术公司**

배아 줄기 세포 **胚胎干细胞**

복제 複製 **克隆**

클론은 복제, 무성 생식을 의미한다.
克隆的意思是复制、无性繁殖。

동물 복제 動物複製 **动物克隆**

복제 인간 複製人間 **克隆人**

미국 하원은 복제 인간 연구를 전면 금지하는 법안을 통과시켰다.
美国众议院通过了全面禁止**克隆人**研究的法案。

인간 복제 人間複製 **人类克隆**

생명 공학 生命工學 **生物技术, 生物工程**

생명 윤리 生命倫理 **生命伦理**

생명윤리자문위원회 生命倫理諮問委員會 **生命伦理顾问委员会, 生物伦理咨询委员会**

생명 정보학 生命情報學 **生物信息学**

생물 의약품 生物醫藥品 **生物医药品**

생명 공학을 의약 산업에 접목시킨 생물 의약 산업이 활기를 띠며 빠르게 발전하고 있다.
将生物技术引入医药产业, 使**生物医药业**成为最活跃、发展最快的产业之一。

생체 인식 기술 生體認識技術 **生物特征识别技术**

생체 인식 기술이란 개인 고유의 신체적 · 행동적 특징으로 신분을 확인하는 기술을 말한다.
所谓**生物特征识别技术**, 是指利用人体所固有的生理特征或行为特征来进行个人身份鉴定。

안면 인식 顔面認識 **人脸识别**

지문 인식 指紋認識 **指纹识别**

홍채 인식 虹彩認識 **虹膜识别**

세포 융합 기술 細胞融合技術 **细胞融合技术**

염색체 染色體 **染色体**

상염색체 常染色體 **常染色体**

성염색체 性染色體 **性染色体**

사람은 22쌍의 상염색체와 한 쌍의 성염색체를 가진다.

人体共有22对**常染色体**和一对**性染色体**。

유전 정보 遺傳情報 **遗传信息**

유전 공학 遺傳工學 **基因工程, 遗传工程**

유전자 遺傳子 **基因**

— 검사 檢査 **基因检测**

— 결함 缺陷 **基因缺陷**

— 구조 構造 **基因结构**

— 변이 變異 **基因突变**

— 서열 序列 **基因排序**

열성 인자 劣性因子 **隐性基因**

염기 서열 鹽基序列 **碱基排序**

우성 인자 優性因子 **显性基因**

— 조작 操作 **转基因**

유전자 변형(조작) 식품 遺傳子變形(操作)食品 **转基因食品**

유전자 은행 遺傳子銀行 **基因库**

유전자 치료 遺傳子治療 **基因疗法**

유전자 치료를 통해 심장 발작으로 인한 심근 손상을 줄일 수 있다.

基因疗法可减少心脏病发作对心肌的损伤。

유전체 遺傳體 **基因组**

유전체학 遺傳體學 **基因组学**

구조 유전체학 構造遺傳體學 **结构基因组学**

기능 유전체학 機能遺傳體學 **功能基因组学**

인간 배아 복제 人間胚芽複製 **克隆人类胚胎**

인간 배아 복제 기술을 이용해 당뇨병·파킨슨병 등의 질병을 치료할 수 있다.

利用**克隆人类胚胎**技术可治疗糖尿病和帕金森综合症等疾病。

인간 지놈 지도 **人类基因图谱, 人类基因组图谱**

인간 지놈 지도가 드디어 완성되었다.

人类基因图谱终于绘制完成。

인간 지놈 프로젝트 **人类基因组工程, 人类基因组研究计划**

인간 지놈 프로젝트(Human Genome Project, 人类基因组工程, 人类基因组研究计划)란?

휴먼 게놈 프로젝트라고도 한다. 지놈(genome, 基因组)이란 'gene(基因)'과 'chromosome(染色体)'의 합성어로서 한 생물체가 지닌 유전자 세트를 말하며 이는 생명 현상의 유지 및 모든 형질의 발현에 필요한 하나의 단위이다. 인간의 지놈은 22쌍의 상염색체와 1쌍의 성염색체, 즉 23쌍의 서로 다른 염색체로 이루어진다. 인간 지놈 프로젝트는 1980년대 말부터 미국과 영국 주도로 인간 지놈을 구성하고 있는 30억 쌍의 염기 서열(genetic sequence, 碱基排序)을 알아내고자 추진된 프로젝트로서, 2000년 6월 유전자 지도(gene map, 基因组图谱)가 완성되었다.

재생 의료 再生醫療	**再生医学**
조직 배양 기술 組織培養技術	**组织培养技术**
줄기세포 은행	**干细胞银行**

세계 최초의 배아 줄기세포 은행이 영국에 개설되었다.
世界首家胚胎**干细胞银行**在英国开业。

줄기세포, 간세포	**干细胞**
텔레미어	**端粒**
DNA	**脱氧核糖核酸**
사슬	**链**

DNA는 뉴클레오티드 사슬 두 가닥으로 이루어진 이중 나선형 구조이다.
DNA是由两条核苷酸**链**组成的双螺旋结构。

유전자 재조합 遺傳子再組合	**基因重组**
이중 나선형 구조 二重螺旋形構造	**双螺旋结构**
— **재조합** 再組合	**重组**
— **해독** 解讀	**解读, 破译, 破解**

1962년 유전자 구조의 비밀을 해독해낸 크릭과 왓슨에게 노벨의학상이 수여되었다.
1962年, 诺贝尔医学奖授予**破译**DNA遗传基因结构密码的克里克和沃森。

RNA(Ribonucleic Acid)	**核糖核酸**

나노 기술 纳米技术

금속 나노 소자 金屬-素子	**金属纳米微粒**
금속 나노 양자 金屬-量子	**金属纳米量子**
금속 이온	**金属离子**
나노 결정체 結晶體	**纳米晶体**

나노 고체형 소재 固體型素材	纳米固体材料
나노 기계학 機械學	纳米机械学
나노 기술 技術, 분자 물리학 分子物理學	纳米技术, 分子物理学
나노미터	纳米
나노 복합 소재 複合素材	纳米复合材料
나노 연료 첨가제 燃料添加劑	纳米燃油添加剂
나노 의학 醫學	纳米医学
나노 로봇	纳米机器人
나노 바이오 센서	纳米生物传感器
나노 세포 수복기계	纳米细胞修复器
나노 약물 캡슐	纳米药物存储器, 纳米胶囊
나노 인조 뼈	纳米人骨
나노 탐침 探針	纳米探针
나노 혈관 청소 로봇	纳米细胞清扫器
스마트 폭탄	"智能炸弹"

스마트 폭탄(Smart Bomb, 智能炸弹)이란?

치료가 필요한 조직에 삽입돼 정해진 시간에 약을 투여하는 칩으로 의사가 지시한 대로 암세포만 찾아다니며 공격하는 '똑똑한' 약이다. 현재 미국 MIT 공대에서는 암세포가 존재하는 조직에 실리콘칩을 심어 암세포를 궤멸시키는 방법을 개발 중에 있다. 지름 2센티미터도 안 되는 실리콘칩 속에는 약품 캡슐이 들어 있고, 이 캡슐은 지정된 시간마다 외부 전압 제어에 의해 차례로 터지도록 고안되어 있다.

나노 입자 粒子	纳米粒子, 纳米颗粒
나노 입자형 소재 粒子型素材	纳米颗粒型材料
나노 자성소자 磁性素子	磁性纳米微粒
나노 재료 공학 材料工學	纳米材科学
나노 전자학 電子學	纳米电子学
나노 촉매제 觸媒劑	纳米催化剂
나노 측정기 測定器	纳米仪器
나노 튜브	纳米管
나노 튜브 트랜지스터	纳米晶体管
다중벽 탄소 나노 튜브	多壁碳纳米管
나노 합성물 合成物	纳米合成物
나노 화장품 化粧品	纳米化妆品
나노 화학 化學	纳米化学

랩온어칩 芯片实验室

랩온어칩(Lab On A Chip, 芯片实验室)이란?

칩 하나에 실험실을 올려놓았다는 것을 의미한다. 손톱만한 크기의 칩으로 거대한 실험실에서 여러 값비싼 실험 장비를 동원해 이뤄졌던 복잡한 검사와 분석을 한꺼번에 수행할 수 있다. 피 한 방울로 암을 진단하거나 백혈구와 적혈구의 수를 측정할 수도 있다.

분자 물리학 分子物理學 分子物理学

분자 물리학(分子物理学, 纳米技术)이란?

마이크로미터(μm: 10^{-6}m)보다 더 작은 100만분의 1미터인 나노미터(nm: 10억분의 1m, 10^{-9}m) 수준에서 원자나 분자 단위의 극미세물질을 조작하여 새로운 물질이나 소자를 만드는 기술이다. 좁게는 마이크론보다 더 미세한 반도체 리소그래피(lithography, 光刻) 기술을 나노 기술이라고 부르고 있고, 좀더 넓게는 기계·약품·로봇 등 여러 분야에 적용되기도 한다. 광범위한 의미에서는 분자 나노 기술(molecular nanotechnology, 分子纳米技术), 분자 공학(molecular manufacturing, 分子工程)이라고도 한다.

분자 생물학 分子生物學 分子生物学

원자 현미경 原子顯微鏡 (AFM) 原子力显微镜

주사 터널링 현미경 STM(Scanning Tunneling Microscope) 扫描隧道显微镜

플라즈마 等离子

22 정보 통신 信息通信

컴퓨터 计算机, 电脑

디지털 경제 数字经济

디지털 기술 数字技术, 数码技术

디지털 융합, 디지털 컨버전스 数字融合, 数字整合

이것은 디지털카메라와 디지털 캠코더를 일체화한 디지털 컨버전스 제품이다.
这是集数码照相机和数码摄像机为一身的**数字融合**产品。

디지털 혁명 数字革命, 数字化革命

디지털화 数字化, 数码化

디지털 관련 용어 数码常用語	
디지털	数字, 数码
디지털 도서관	数字图书馆
디지털 멀티미디어 방송(DMB)	数字多媒体广播
디지털 서명	数字签名
디지털 시청각 협의회(DAVIC)	数字音视频协会
디지털 오디오 방송	数字音频广播
디지털 워터마킹	数字水印
디지털 이큅먼트	数字设备公司
디지털 주문서	数字化订单
디지털 컨버전스(Digital Convergence)	数字整合, 数字融合
디지털 콤팩트카세트	数字小型盒式录音机

신지식인 新知識人 **新知识分子**

원격 교육 遠隔教育 **远程教育**

현대의 원격 교육은 학생의 자발적 학습 능력을 매우 중시한다.
现代**远程教育**十分重视学生的自主学习能力。

원격 진료 遠隔診療 **远程诊断, 远程治疗**

서구 일부 선진국에서는 원격 진료 기술이 실생활에 응용되고 있다.
在西方一些发达国家, **远程治疗**技术已被应用于实际生活。

인공 지능 人工知能 **人工智能**

인텔리전트 빌딩 **智能大厦**

인텔리전트 빌딩은 업무 효율을 높여줄 뿐 아니라 근무자의 창의력을 유발하는 효과도 발휘한다.

智能大厦不仅有利于提高人们的工作效率, 而且有利于激发工作人员的创造性。

자동화 自動化 **自动化**

가사 자동화 家事自動化 **家庭自动化**

공장 자동화 工場自動化 **工厂自动化**

사무 자동화 事務自動化 **办公自动化**

업무 공정의 자동화 **工作流程自动化, 业务流程自动化,**

자동화된 업무 공정을 통해 종이 서류에 대한 수요와 서류 전달 과정에서 발생했던 불필요한 인력 낭비를 줄일 수 있다.

自动化工作流程可以大幅降低纸张文件的需求以及传递文件过程中所需的额外人力负担。

전산화 電算化 **电子化**

네트워크 구축은 금융 전산화의 지속적인 발전을 위한 밑거름이다.

网络建设是金融业务**电子化**持续发展的基础。

정보 격차 情報隔差 **数字鸿沟, 信息鸿沟**

정보 격차는 정보 기술의 개발 분야 뿐만 아니라 어플리케이션 분야에도 존재한다.

数字鸿沟既存在于信息技术的开发领域, 也存在于信息技术的应用领域。

정보 기반 사회 情報基盤社會 **信息社会, 信息化社会**

정보 기술 情報技術 **信息技术**

한국의 정보 기술 산업이 놀랄 만한 속도로 발전하고 있다.

韩国**信息技术**产业的发展是惊人的。

정보 통신 기술 情報通信技術 **信息通信技术**

정보 통신 기술이 한 단계 도약할 때마다 정보 교류의 효율성이 크게 향상되었다.

信息通信技术的每一次飞跃都极大地提高了信息沟通和交流的效率。

정보 통신 인프라 **IT基础设施, 信息通信基础设施**

정보 통신 인프라 구축에 박차를 가한다.

加快**信息通信基础设施**的建设。

— **고도화** 高度化 **优化**

정보화 情報化 **信息化**

기업 정보화란 홈페이지 개설이나 이메일을 주고받는 것처럼 그렇게 간단한 일이 아니다.

企业**信息化**并不是建个网站和收发电子邮件那么简单。

산업 정보화 產業情報化 工业信息化
정보화 시대 情報化時代 信息化时代
지식 근로자 知識勤勞者 知识工作者, 知识型员工
지식 근로자는 더 이상 조직 안의 나사와 같은 존재가 아니다.
知识工作者不再只是组织内螺丝钉一般的存在。
지식 기반 사회 知識基盤社會 知识社会, 知识化社会
컴퓨터 사용 능력 计算机使用水平, 电脑应用水平
컴맹 电脑盲
PC 보급 个人电脑普及
중국 대도시의 PC 보급률은 10%에도 못 미친다.
中国大城市**个人电脑普及**率不足10%。
업그레이드 升级
운영 체계 업그레이드는 시스템 업그레이드를 위한 가장 간편한 방법이다.
升级操作系统是升级系统的最简单方式。

컴퓨터 하드웨어 计算机硬件

내장형 內裝型 嵌入型, 内置型
……내장형 방화벽이 필요해…….
……需要**嵌入型**防火墙……。
내장 기능 內裝機能 内置功能
노트북 컴퓨터 笔记本电脑
비좁은 기숙사로 인해 대학생들은 PC 구입시 노트북을 선호한다.
由于宿舍空间有限, 大学生在购买PC时更倾向于**笔记本电脑**。
데스크탑 컴퓨터 台式电脑
본체 本體 主机
주변 기기 周邊機器 外围设备, 周边设备
랩탑 컴퓨터 膝上型电脑, 微型计算机
마이크로 프로세서 微处理器
머더보드 母板, 主板
메인프레임 컴퓨터 主机电脑, 大型电脑
무어의 법칙 摩尔定律

무어의 법칙(Moore's Law, 摩尔定律)이란?

마이크로칩에 저장할 수 있는 데이터의 양이 마이크로칩 기술의 발전에 따라 매년 또는 적어도 18개월마다 두 배씩 증가한다는 법칙이다.

사용 용이성 使用容易性, **사용자 친화적** 使用者親和的 **用户友好, 操作简易, 操作方便**

사용자 친화적인 통신 프로그램…….

用户友好的通信程序……。

스캐너 **扫描仪**

연산 演算 **运算, 计算**

연산 능력 演算能力 **运算能力, 计算能力**

인식 認識 **识别**

음성 인식 音聲認識 **语音识别**

컴퓨터와 인간의 음성 인식 처리 과정은 기본적으로 동일하다.

计算机与人的**语音识别**处理过程基本上是一致的。

필기 인식 筆記認識 **笔记识别**

중형 컴퓨터 **中型电脑**

초대형 컴퓨터, 슈퍼 컴퓨터 **超级电脑, 超级计算机**

탑재 搭載 **配备**

3GHz 펜티엄4 처리 장치를 탑재해 PC 속도가 무려 32%나 빨라졌다.

配备3GHz Pentium4处理器的PC快了整整 32%。

프린터 **打印机**

고속 프린터 **速印机**

레이저 프린터 **激光打印机**

용지 걸림 **卡纸**

잉크젯 프린터 **喷墨打印机**

출력 속도 出力速度 **打印速度**

카트리지 **墨盒**

토너 **墨水, 墨粉, 油墨**

프린터-팩스 복합기 **多功能复合机**

해상도 解像度 **分辨率**

하드웨어 **硬件**

운영 체계는 컴퓨터 하드웨어에 맞게 설치해야 한다.

操作系统要根据自己电脑的**硬件**来安装。

그래픽 카드 **图卡**

드라이브 **驱动器**

랜카드 **网卡**

마우스 **鼠标**

마우스 버튼 **鼠标按键**

마우스 패드 **鼠标垫**

메모리 카드 内存卡
모니터 显示器
비디오 카드 显示卡
사양 仕様 规格
사운드 카드 声卡
스피커 扬声器
키보드 键盘
팬티엄 奔腾
하드 디스크 硬盘
CPU 中央处理器
호환성 互換性 兼容性
역호환성 逆互換性 逆向兼容性, 向下兼容性, 向后兼容性
지원 支援 支持
휴대용 PC 便携式电脑

컴퓨터 소프트웨어 计算机软件

객체 지향 客體指向 对象导向, 物件导向
객체 지향적 개발법 客體指向的開發法 对象导向型开发

객체 지향적 개발법(对象导向型开发)이란?

객체 지향적 개발법이란 개발 과정 중에서 프로그램 코드의 단위성(modular)과 재활용성을 최대한 이용하려는 노력에서 비롯된 것으로서 프로그램의 단위를 가능한 한 실제 생활에서 나타나는 객체(real-world object)를 모델링하여 만드는 것이다.

구현 具現 实现, 体现
멀티 태스킹, 다중 작업 多重作業 多任务

윈도우는 멀티 태스킹 플랫폼으로, 윈도우 미디어 플레이어로 MP3를 들으며 MSN으로 대화를 나눔과 동시에 워드 프로그램으로 타자를 칠 수 있다.
WINDOWS是个**多任务**平台, 您可以一边用Windows Media Player听MP3, 一边用MSN聊天, 同时用WORD打字。

명령어 수행 命令語遂行 执行指令
설정 設定 设定, 选项
소프트웨어 저작권 软件版权

소프트웨어 저작권 보호 대상은 컴퓨터 프로그램 및 관련 파일이다.

软件版权保护的客体是计算机程序及其有关文档。

이진 부호 二進符號	二进制码
바이트	字节
비트	比特, 位
십진법 十進法	十进制
이진법 二進法	二进制

컴퓨터는 이진법을 기본으로 하는 디지털 시스템이다.
计算机是以**二进制**为架构的数字系统。

입출력 장치 入出力裝置	输入输出装置
프로그램	程序, 软件
— 개발 開發	开发
개발 도구 開發道具	软件开发工具
개발 언어 開發言語	开发语言

C#는 MS에서 만든 개발 언어로 다양한 플랫폼에서 응용할 수 있다.
C#是微软公司软件发布的**开发语言**, 可以应用于多种平台。

— 개발자 開發者	开发人员, 设计人员

세계적으로 하드웨어와 소프트웨어의 개발 인력 비율은 평균 1 : 8 정도이다.
国际上硬、软件**开发人力**的平均比例为1:8。

자바	Java, 爪哇
자바 언어	Java语言, 爪哇程式语言
쿠키	Cookie, 小型文本文件
HTML	超级文本标志语言

컴퓨터 시스템 计算机系统

가용성 可用性	可用性
중복성 重複性	备援性, 冗余性
페일 오버	故障转移

페일 오버(Failover, 故障转移)란?

1선 시스템이 장애나 운용 시간 종료로 가동이 중단되면 2선 시스템이 기능을 넘겨받아 운용되는 백업 모드. 무정지형 시스템을 만들기 위해 사용되며 PC 시스템(프로세서 장애시)과 네트워크(경로 접속, 저장 장치, 웹서버 장애시)에 적용된다. 단일 서버의 장애로 데이터 접근이 불가능한 경우 SAN(Storage Area Network)과 같이 다중 경로를 사용하여 어떤 경로에 장애가 일어나도 접속이 유지되도록 한다.

개방형 시스템 **开放源代码系统, 开放型操作系统**

리눅스는 가장 우수하고 안전한 개방형 시스템이다.

Linux是最强大和运行可靠的**开放源代码系统**。

기술 이전 技術移轉 **技术迁移, 技术转让**

차세대 기술로의 이전 성공…….

向下一代**技术迁移**的成功……。

기존 시스템 **现有系统**

시스템을 바꾸거나 기존 시스템을 업그레이드해…….

从一个系统迁移到另一个系统或者对**现有系统**进行升级……。

데이터베이스 **数据库**

데이터 처리 **数据处理**

병렬 처리 竝列處理 **并行处理**

분산 처리 分散處理 **分布式处理**

중앙 처리 中央處理 **中央处理**

직렬 처리 直列處理 **串行处理**

메타 검색 엔진은 크게 병렬 처리식과 직렬 처리식 두 종류로 나뉜다.

元搜索引擎分为**并行处理**式和**串行处理**式两大类。

데이터 처리량 **数据流量, 数据处理量**

원인 불명의 데이터 처리량 감소는 하드디스크의 고장에 의한 결과일 수도 있다.

原因不明的**数据流量**下降, 也有可能是硬盘故障所造成的。

동기종 환경 同機種環境 **同机种网络环境, 同构环境**

디페이스 **Deface(窃取管理员部分权限, 改变部分画面)**

멀티미디어 정보 **多媒体数据**

동영상 動映像 **动态影像**

문자 文字 **文字**

영상 映像 **视频, 图像**

음성 音聲 **语音, 音频**

웹 방식을 이용해 문자·음성·영상 대화가 가능하다.

用web方式实现**文字**、**语音**和**视频**聊天。

바이러스 **计算机病毒**

바이러스, 웜, 트로이 목마는 모두 엄청난 파괴력을 갖는다.

病毒、蠕虫和特洛伊木马都具有很大的破坏性。

바이러스 방지 **防病毒**

바이러스 예방 프로그램 **防病毒软件, 抗病毒软件, 抗病毒程式**

백신 프로그램 **杀毒软件**

백업하다 **做备份**

버퍼링 **缓充区处理**

보안성 保安性 **安全性**

인터넷 쇼핑의 보안성을 높이려면 정기적으로 방문하는 사이트에 보안 등급을 매기면 된다.

要提高网上购物的**安全性**, 可为定期访问的网站分配安全级别。

방화벽 防火壁 **防火墙**

방화벽은 위험한 위치에서 왔거나 의심이 가는 정보를 인식하고 거부한다.

防火墙识别并拒绝来自危险位置或有嫌疑的信息。

비밀번호 秘密番號 **密码**

— **설정** 設定 **设置**

— **입력** 入力 **输入**

사용자 ID **用户名**

상호 운영성 相互運營性 **互操作性, 互用性**

상호 운영성이란 서로 다른 컴퓨터 시스템, 네트워크, 운영 체계, 응용 프로그램이 정보를 공유하며 함께 운영되는 것을 말한다.

互操作性是指不同的计算机系统、网络、操作系统和应用程序一起工作并共享信息的能力。

스토리지 **存储器**

승인 承認 **授权**

시스템 아키텍처 **系统体系架构**

분산형 아키텍처 **分布式体系架构**

신뢰성 信賴性 **可靠性**

IT 시스템 **信息技术系统**

— **관리** 管理 **系统管理**

— **복구** 復舊 **系统恢复, 系统还原**

— **운영** 運營 **系统操作**

— **장애** 障碍 **系统故障, 系统瘫痪**

공항 전산 시스템 장애로 비행이 1시간 동안 중단되었다.

机场电脑**系统瘫痪**, 全部航班中断一小时。

— **통합** 統合 **SI(System Integrate)** **系统集成, 系统整合**

암호화 暗號化 **加密**

암호화를 거친 폴더를 열 때 비밀번호 확인 대화창이 뜬다.

加密后的文件夹打开时会弹出密码验证对话框。

공중 키 **公钥**

비밀 키 **私钥**

공개 키 암호 방식 사용자는 공중 키와 비밀 키를 모두 갖는다.
使用公开密钥算法的用户同时拥有公钥和**私钥**。

에러 내구성 **容错性**

운영 소프트웨어 **操作软件**

운영 체제 運營體制 **OS(Operating System)** **操作系统**

운영 체제가 다양해짐에 따라 호환성이 더욱 중요해질 것이다.
由于**操作系统**的多样化, 兼容性将更加突出。

원격 엑세스 **远程访问**

원격 엑세스가 갖는 최대의 문제점은 보안이다.
远程访问最大的问题之一就是安全。

윈도우 시스템 **视窗操作系统**

유비쿼터스 **无所不在, 无处不在, 泛在化, 普世**

유비쿼터스 네트워크 **泛在网, 无所不在的网络**

유비쿼터스 컴퓨팅 **泛在计算, 计算机无处不在**

유비쿼터스 컴퓨팅(泛在计算, 计算机无处不在)이란?

편재된 컴퓨팅이라는 의미로 개인 휴대용 단말기(PDA), 스마트 폰, 무선 인터넷 통신 기능이 있는 컴퓨터 등 차세대 정보 기기들을 통해 아무때나 어느 곳에서나 인터넷과 연결해 정보 처리를 할 수 있는 컴퓨팅 환경을 말한다.

365×7×24란?

1년 365일 1주일에 7일 그리고 하루에 24시간을 뜻하는 것으로 언제든지 가용 상태(available)임을 나타내는 것이다.

유비쿼터스 콘텐츠 **泛在内容, 无所不包的内容**

이기종 환경 異機種環境 **多机种网络环境, 异构环境**

인증 認證 **认证**

재난 복구 災難復舊 **灾难恢复**

데이터 센터 **数据中心**

전자 서명 電子署名 **电子签名, 数字签名**

전자 서명은 정보화 시대의 도장이라고 할 수 있다.
电子签名完全可以理解为信息化时代的印章。

전자 인증서 電子認證書 **数字证书, 电子凭证**

접근 통제 接近統制 **访问控制**

해커	黑客
해킹	非法入侵
확인 確認	鉴别, 确认, 验证
확장성 擴張性	可扩展性, 可扩性

정보통신 약어 信息通信常用缩略语	
ASCII(American Standard Code for Information Interchange)	美国信息交换标准编码
BIOS(Basic Input Output System)	基本输入输出系统
CAM(Computer Aided Manufacturing)	计算机辅助制造
CAD(Computer Aided Design)	计算机辅助设计
CD-ROM(Compact Disk-Read Only Memory)	只读光盘
CIM(Computer Integrated Manufacturing)	计算机集成制造
CPU(Central Processing Unit)	中央处理器
DRAM(Dynamic Random Access Memory)	动态随机存取存储器
DTP(Desktop Publishing)	桌面出版, 桌上出版
EPROM(Erasable, Programmable Read Only Memory)	可抹除式只读存储器
EEPROM(Electrically Erasable, Programmable Read Only Memory)	电可擦除只读存储器
FTP(File Transfer Protocol)	档案传输协定, 文件传输协议
GUI(Graphic User Interface)	图形用户界面
HDD(Hard Disk Drive)	硬盘
HTML(Hypertext Markup Language)	超级文本标志语言
HTTP(Hypertext Transfer Protocol)	超文件传输协定
I/O(Input Output)	输入输出
LCD(Liquid Crystal Display)	液晶显示器
MEMS(Micro-Electromechanical Systems)	微机电系统
MIPS(Millions of Instructions per Second)	百万条指令/秒, 每秒百万条指令数
OOP(Object Oriented Programming)	面向对象编程
OS(Operating System)	操作系统
PC(Personal Computer)	个人电脑
PCMCIA(Personal Computer Memory Card International Association)	个人电脑存储器卡国际协会

RISC(Reduced Instruction Set Computer)	精减指令系统电脑
RAM(Random Access Memory)	随机存储器
ROM(Read Only Memory)	只读存储器
TFT(Thin Film Transistor)	薄膜晶体管
URL(Uniform Resource Locator)	统一资源定位器
WWW(World Wide Web)	万维网, 世界范围网
WYSIWIG(What You See Is What You Get)	所见即所得

인터넷 因特网, 互联网

가상 현실 (VR) 虚拟现实

가입자 加入者 用户

통계에 따르면 중국의 인터넷 서비스 가입자가 매일 주고받는 이메일은 1억 통에 달한다.

统计显示中国内地互联网**用户**每天收发邮件1亿封。

가입자 회선 加入者回線 用户线路, 用户回路

개인정보보호법 个人信息保护法

잊혀질 권리 (Right to Be Forgotten) 被遗忘权

검색 檢索 搜索

검색 엔진 搜索引擎

검색 엔진은 사용자가 정보를 편리하게 찾을 수 있도록 해준다.

搜索引擎为用户查找信息提供了极大的方便。

정보 검색 情報檢索 信息搜索

고속 정보 통신망 (VDSL) 超高速数字用户线路

넷스케이프 网景

닷컴버블 dot.com 泡沫

닷컴버블(dot.com bubble, dot.com 泡沫)이란?

2000~2001년까지 미국을 중심으로 신규 인터넷 서비스 업체가 상장하면 주식 값이 수십 배까지 폭등하면서 주식 시장에서는 닷컴 회사들의 주식으로 거품 현상이 일었다. 2001년도 하반기부터 거품이 빠지기 시작하여 장기간 침체되었다.

링크 链接

메타버스 元宇宙

무선 다운로드 无线下载

무선 인터넷 无线因特网, 无线网络

무선 접속 無線接續 无线上网

Wi - Fi 기술만 있으면 집이나 사무실 어느 곳에서나 손쉽게 무선 접속이 가능하다.

有了Wi－Fi技术, 就可以在家里或办公室中的每个角落轻轻松松地**无线上网**。

무선 접속 구간 無線接續區間 无线网区域

무선 통신 규약 無線通信規約 无线应用协议

바이오 인식 生物识别

생체 인증 生體認證 生物特征识别

안면 인식 顔面認識 人脸识别

정맥 인식 靜脈認識 静脉识别

지문 인식 指紋認識 指纹识别

홍채 인식 虹彩認識 虹膜识别

블로그 网志, 博客

블로그(Blog, 博客)란?

블로그란 weblog의 약어로 개인이 매일 자신의 생각이나 시평을 올리는 일지(log) 형태의 웹 사이트이다. 블로그를 운영하는 저자를 블로거라고 한다.

비대칭 디지털 가입자 회선(ADSL) 非对称数字用户线路

사물 인터넷 (IoT) 物联网

사이버 공간 虚拟空间, 网络世界

스팸 메일 垃圾电子邮件

스팸 메일을 차단할 수 있는 필터링 기술.

拦截**垃圾邮件**的过滤技术。

쌍방향 서비스 交互式服务

쌍방향 서비스가 보급되면 미래의 TV 콘텐츠는 더욱 더 다양해진다.

交互式服务普及之后, 未来的电视内容将变得越来越丰富。

아바타 虚拟人物, 网络化身

아바타(Avatar, 虚拟人物, 网络化身)란?

가상 현실 게임 또는 일부 채팅 커뮤니티에서 접속자를 시각적으로 상징하는 동물이나 가상 인물. 원래 힌두교에서 애버타는 신(神)의 화신이라는 뜻을 가지며 따라서 어떤 이상이나 다른 현실이 발현된 모습이다.

온라인 网上, 在线

온라인 결제 **网上支付**
온라인 납부 **在线支付, 网上缴纳**
온라인 보험 **电子保险**
익명성 匿名性 **匿名性**
익명성을 갖는 인터넷을 사기 수단으로 삼아 사이버 공간에서 못된 일을 일삼는 사람들이 있다.
有人将具有**匿名性**的互联网当作欺诈工具, 在网络世界里胡作非为。

웹사이트 **网站**
— 구축 構築 **创建, 建立**
무료 사이트 **免费网站**
방문자 수 訪問者數 **浏览人次, 点击数, 访问者数**
2001년 8월 11일 현재, 본지 웹사이트 방문자 수는 400만을 기록하고 있다.
截至2001年08月11日, 本报网站**浏览人次**达400万。
— 운영 運營 **运营**
반년 간의 운영 결과 웹사이트의 1일 방문자 수가 50만을 넘어서게 되어…….
经过半年**运营**, 网站日访问量超过50万……。
유료 사이트 **收费网站**
유료화 有料化 **转为收费服务**
무료 영화 보기를 유료화해…….
把免费电影**转为收费**电影……。

사이버 관련 용어 网络常用語	
사이버 경찰	网络警察
사이버 공간	虚拟世界, 虚拟空间, 网络世界
사이버 마케팅	网络营销
사이버 머니	虚拟货币
사이버 병원	电子医院
사이버 상점	电子商店
사이버 세계	虚拟世界
사이버 쇼핑	网上购物
사이버 은행	网络银行
사이버 재산	网络虚拟财产

유해 사이트 **有害网站, 恶意网站**
— 차단 遮斷 **拦截服务, 拦截业务, 屏蔽**

가능한 빨리 인터넷에서 유해 사이트 차단 서비스를 실시해야 한다.
要尽快在互联网上开展有害网站的**拦截服务**。

— 차단 소프트웨어 **拦截软件, 屏蔽软件**

음란 사이트 **色情网站**

익스플로러 **探索者**

인터넷 **因特网, 互联网**

광대역 접속 廣帶域接續 **宽带接入**

광역 인터넷(전용선) **宽带互联网**

모뎀 접속 **拨号上网**

상시 접속 常時接續 **永远在线**

— 접속 接續 **连接互联网, 接入网络, 上网**

— 접속료 接續料 **上网费, 网络使用费**

현재 중국에서는 인터넷이 무서운 속도로 발전하고 있지만 비싼 접속료로 인해 사용을 망설이는 사람들이 적지 않다.
时下, 中国的因特网虽然发展得如火如荼, 但是较高的**上网费**还是令不少人望"网"却步。

— 한다 **上网**

조사 대상 청소년 가운데 25%는 매일 평균 4시간 이상 인터넷을 이용하는 것으로 나타났다.
25%的受访青少年平均每日**上网**多于4小时。

인터넷 사용량 **上网量**

중국에서는 오전 11시쯤에 인터넷 사용량이 가장 많다.
在中国, 上午11点左右**上网量**达到高峰。

인터넷 서비스 제공자 (ISP) **互联网服务提供商, 因特网服务提供商**

일부 ISP 업체는 연결 방식을 전환하기 시작했다.
一些**互联网服务提供商**开始转换连接方式。

인터넷 쇼핑 **网上购物**

인터넷 전화 **网络电话**

인터넷 커뮤니티 **网上社区**

일대일 파일 공유 **点对点文件交换**

냅스터는 일대일 파일 공유 플랫폼이다.
Napster是**点对点文件交换**平台。

전자 결제 電子決濟 **电子支付**

공인 인증서 公認認證書 **个人数字证书, 电子证书**

전자 상거래 電子商去來 **电子商务**

중국의 전자 상거래 시장은 2002년부터 걸음마 단계에서 서서히 빠른 성장 단계로 접어들기 시작했다.
从2002年开始, 中国**电子商务**市场从起步阶段逐渐步入快速增长时期。

B2B **企业对企业电子商务**

B2C **企业对个人电子商务, 企业对消费者电子商务**

현재 유행하고 있는 인터넷 쇼핑과 인터넷 경매는 B2C의 일종이다.
时下被炒得火热的网上购物和网上拍卖就属于**企业对个人电子商务**。

조회 수 照會數 **阅读次数, 浏览次数**

그의 개인 홈페이지는 조회 수가 2억 건을 돌파했다.
他的个人网站**阅读次数**超过了2亿。

증강 현실 (AR) **增强现实**

채팅 **聊天**

음성 채팅 **语音聊天**

이모티콘 **表情符号, 表情**

초고속 인터넷 **宽带互联网, 宽带网络**

초고속 인터넷 보급률 **宽带网普及率**

한국의 초고속 인터넷이 신속한 발전을 이루며 세계 1위의 보급률을 보이고 있다.
韩国**宽带网络**发展迅速, **普及率**居世界第一。

초고속 통신망 **高速通信网, 超高速互联网**

포털 사이트 **门户网站**

PC방 **网吧**

PC방은 청소년 범죄의 온상이 되어버렸다.
网吧已经成为青少年犯罪高发地。

Vo IP Voice over IP **网络声音通信**

Wi-Fi **无线保真, 无线相容性认证**

Wi-Fi(Wireless Fidelity, 无线保真, 无线相容性认证)란?

와이파이는 무선 이더넷 호환성 협회, 즉 WECA에서 802.11b 무선 이더넷 표준에 대해 제공하고 있는 로고이다. 호환성을 가진 PC 카드 및 컴퓨터는 Wi-Fi 로고를 사용할 수 있다. (출처: 한국정보통신기술협회)

이메일 관련 용어 电子邮件常用語	
내 편지함	邮箱
뉴스 메일	新闻邮件

단체 메일	群邮件
덮어쓰기	覆盖
동영상 메일	视频邮件
로그아웃	登出
로그인	登录
로그인 명	登录名
로그인 보안	安全登录
메일 릴레이	转发邮件
메일링 리스트	邮件目录
메일 쓰기	写邮件
메일 찾기	查找邮件
받는 사람	收件人
받은 편지함	收件箱
벌크 메일	批量邮件
벌크 메일 방지 기능	批量邮件屏蔽功能
보낸 사람	发件人
보낸 편지함에 메일 저장	发送时保存该邮件
숨은 참조	密件抄送
스팸 메일	垃圾邮件
스팸 메일 차단, 필터링	拦截垃圾邮件, 过滤
압축	压缩
압축 파일	压缩文件
이메일	电子邮件
임시 보관함에 저장	保存草稿
전자 메일 보안	电子邮件安全性
주소록	通讯簿
특정인 메일 차단	阻止发件人
파일 첨부	附件
폭탄 메일	邮件炸弹
POP 메일	POP邮件

통신 通信

공중망 公衆網 | **公共网**

광대역 廣帶域 | **宽带**

광대역 통합망 廣帶域統合網 | **宽频汇流网络**

광섬유망 光纖維網 | **光纤网络, 光纤维网络**

광섬유 케이블 | **光缆**

광섬유 케이블 시장은 세계 최대 통신 시장이다.
通信**光缆**市场是全球最大的通信市场。

기업망 企業網 | **企业网络**

기업망은 기업 내부를 외부와 연결시켜 정보를 교환하는 통신 인프라이다.
企业网络是连接企业内部与外界交流信息的基础设施。

다크 파이버 | **裸光纤, 黑光纤, 暗光纤**

다크 파이버(Dark Fiber, 裸光纤, 黑光纤, 暗光纤)란?

설치는 되어 있지만 현재 사용되지 않고 있는 광섬유 인프라를 의미한다. 다크란 광섬유에서 아무런 광파도 보내지 않는다는 것을 의미한다.

대역 帶域 | **频带**

대역폭 帶域幅 | **带宽**

3G의 도입에 따라, 대역폭의 병목 현상이 해소될 것이다.
随着3G的到来, **带宽**瓶颈将会被打破。

데이터 전송 | **数据传输**

재전송 再傳送 | **重传**

전송량 傳送量 | **数据传输量**

패킷 교환 기술은 대용량 데이터 전송에 적용된다.
分组交换技术适用于**大数据量传输**。

전송 속도 傳送速度 | **传送速度, 传输速度, 传输速率**

동기식 전달 방식 同期式傳達方式 | **同步传输**

본 제품은 VDSL 데이터 동기식 전송을 지원한다.
该产品支持VDSL数据的**同步传输**。

망 관리 관련 데이터 | **关键业务数据**

망 관리 관련 데이터(Mission Critical Data, 关键业务数据)란?

온라인 금융 거래 등 반드시 전송되어야 하는 데이터로서 데이터 전송에서 최우선 순위를 갖는다.

망 부하 網負荷 **网络负荷**

연쇄 폭발이 일어난 후, 통신망에 과부하가 걸렸다.

发生连环爆炸之后**网络负荷**过重。

모뎀 **调制解调器**

신제품에 고성능 5G 모뎀을 적용하다.

新产品使用了高性能5G**调制解调器**。

변조 變調 **调制**

복조 復調 **解调**

무선 랜 **无线局域网**

통신업체들은 무선 랜에 지대한 관심을 기울이고 있다.

电信运营商对**无线局域网**给予了极大关注。

복원 復原 **解压, 解压缩**

XX는 중국인이 자체 개발한 성능이 우수한 압축·복원 소프트웨어이다.

XX是中国人自己开发的功能强大的压缩、**解压缩**软件。

부호 분할 다중 접속 符號分割多重接續 **CDMA(Code Division Multiplex Access)** **码分多址**

한국은 세계 최초로 CDMA 이동전화 기술을 상용화했다.

韩国是世界上首次提供**CDMA**移动电话商用服务的国家。

부호 분할 다중 접속(CDMA: Code Division Multiple Access, 码分多址)이란?

차세대 디지털 이동 통신 방식의 일종으로 스펙트럼 확산 기술을 채택한 방식. 여러 개의 신호를 의도적으로 하나의 채널에 집어넣되, 각 신호에 고유 코드를 부착한다. 네트워크에 있는 수신자들은 각자 자신들에게 해당하는 수신 코드의 신호만 선별적으로 접수한다. 미국 퀄컴(Qualcomm) 사에서 개발하여 한국에서 처음 상용화했다. CDMA는 시분할 다중 접속(TDMA) 방식이나 아날로그 주파수 분할 다중 접속(FDMA) 방식에 비해 대역폭당 사용자 채널을 10~20배 증가시킬 수 있다.

비동기식 전달 방식 非同期式傳達方式 **异步传输**

사설망 私設網 **个人局域网, 个人区域网络**

송수신 送受信 **传送接收**

수신 受信 **接收**

전송 傳送 **传输, 传送**

MSN으로 파일 전송이 안 되는 경우가 많다.

利用MSN经常无法**传送**文件。

송출 送出 **传输**

다운 링크 **卫星下行**

업 링크 **卫星上行**

시분할 다중 접속 時分割多重接續 **时分多址**

시분할 다중 접속(TDMA: Time Division Multiple Access, 时分多址)이란?

다중 접속 방식의 하나. 주파수대를 백분의 1초 단위의 시간 슬롯(slot)으로 나눈다. 휴대폰이 접속하면 하나의 슬롯을 배정받아 디지털 신호를 전송한다. 하나의 중계기로 다수의 지구국이 모두 동일한 주파수대를 사용하므로 주파수 이용 효율을 높일 수 있고 운용상 유연성이 있다는 장점이 있다. 유럽의 GSM, 미국의 TIA, 일본의 JDC 등도 무선 기지국과 이동국 간의 다중 접속 방식으로 TDMA 방식을 채택하고 있다.

신식산업부(중국) 信息産業部 **信息产业部**

정보통신기본법 情報通信基本法 **基本电讯法**

정보통신기본법의 제정은 한국의 정보 기반 구축을 촉진시켰다.
制定**基本电讯法**加速了韩国信息基础建设。

실시간 實時間 **实时**

인터넷을 이용해 다른 지역에서도 실시간 업로드가 가능하다.
通过网络可异地**实时**上传信息。

아날로그 주파수 분할 다중 접속 FDMA(Frequency Division Multiple Access)
频分多址复用, 频分多址方式

압축 壓縮 **压缩**

위성 중계기 衛星中繼機 **卫星转发器**

위성 통신망 사업자는 위성 중계기 사업자와 중계기 임대 계약을 맺어야 한다.
卫星通信网经营者应当与**卫星转发器**经营者签署转发器租赁协议。

위성 지구국 衛星地球局 **卫星地球站**

TV 프로그램 송출을 위해 국내에 많은 위성 지구국이 설치되었다.
国内已经建设了很多**卫星地球站**, 用来进行广播电视节目传输。

위성 통신 衛星通信 **卫星通信**

위성 통신을 통해 원격 교육이 가능하다.
利用**卫星通信**可实现远程教育。

유무선 통신 有無線通信 **有线与无线通讯**

전세계의 무선 통신 가입자 수는 조만간 유선 통신 가입자 수를 넘어설 것이다.
全球**无线通讯**用户数近期内将会超越**有线通讯**用户数。

전문 교환망 電文交換網**, 메시지 교환망** **报文交换网**

패킷 교환망은 회선 교환망과 전문 교환망에 이어 나온 새로운 교환망이다.
分组交换网是继电路交换网和**报文交换网**之后的一种新型交换网络。

전파 電波 **电波**

— **방해** 妨害 **干扰**

외부 무선 전파 방해를 완전히 해결했다.

受外界无线电波**干扰**的困扰已被完全解决了。

접시 안테나 **碟形天线, 抛物面天线**

위성 방송 수신 설비에는 접시 안테나·LNB·수신기가 포함된다.

一套完整的卫星电视接收设备包括**碟形天线**、低噪音部件和接收机。

정보통신부 情報通信部 **情报通信部**

종합 정보 통신망 綜合情報通信望 **ISDN (Integrated Services Digital Network)** **综合业务数字网**

주파수 周波數 **频率**

높은 주파수를 사용할수록 음질이 좋다.

采用频**率越**高, 声音的质量也就越好。

— **경매** 競賣 **拍卖**

국제적으로 주파수 할당 방식은 지정 할당·선정·경매 등 여러 방식이 있다.

国际上分配频率资源的方式主要有直接指配、评选、**拍卖**等几种方式。

— **할당** 割當 **分配**

킬러 애플리케이션, 킬러 앱(Killer App) **杀手应用**

킬러 애플리케이션(Killer Application, 杀手应用)이란?

처음 세상에 등장하면서부터 모든 경쟁 제품을 몰아내고 시장을 재편성하는 제품이나 서비스를 일컫는 말.

통신망 通信網 **通信网络**

이동 통신망이 대폭 늘어났다.

移动**通信网络**的数量大大增加。

— **관리** 管理 **管理**

— **관리자** 管理者 **管理员**

네트워크 관리자는 각 사업장의 정보화 구축 및 관리를 담당한다.

网络**管理员**负责各单位的信息化建设和管理等有关事宜。

— **구축** 構築 **构建**

통신망 구축은 컨벤션 센터 건설의 기초 공사이다.

构建网络是会展中心建设的一项基础性工程。

통신 표준 通信標準 **通信标准**

통신 프로토콜 **通信协议**

네트워크를 구축할 때 통신 프로토콜의 선택은 매우 중요하다.

组建网络时**通信协议**的选择尤为重要。

프로토콜(Protocol, 通信协议)이란?

통신망에서 통신을 할 때 단말(end points)간 교신을 위하여 사용하는 일련의 약속이다. 프로토콜은 통신의 계층(layer)별로 존재하여 상응하는 계층간 정해진 프로토콜을 인식하고 이행하면 커뮤니케이션이 이루어진다. 프로토콜은 업계 또는 국제 표준에 의해 규정된다. 대표적 인터넷 프로토콜로 TCP · IP · HTTP · FTP · BGP 등이 있다.

블루투스 **蓝牙**

블루투스(Bluetooth, 蓝牙)란?

무선 RF 기술을 이용하여 통신 기기와 컴퓨터 기기를 근거리에서 연결해주는 무선 통신 프로토콜이다.

패킷 교환망 **分组交换网**

협대역 狹帶域 **窄带**

회선 교환망 回線交換網 **电路交换网**

DSL **数字用户线**

DSL은 계속 개발이 이루어지고 있는 광대역 접속 기술이다.

数字用户线是一种不断发展的宽带接入技术。

VDSL **极高速率数字用户线路, 超高速数字用户线**

SDSL **对称数字用户线**

ADSL **非对称数字用户线**

ADSL은 상하향 전송률이 비대칭인 기술이다.

非对称数字用户线是一种上行和下行传输速率不对称的技术。

IEEE **电气电子工程师学会**

IEEE(Institute of Electrical and Electronics Engineers, 电气电子工程师学会)란?

미국 전기전자통신학회. 통신 표준화 기구로서 여기서 나온 표준은 IEEE 802.11 등의 이름이 붙는다.

Intelsat(ITSO) **国际通信卫星组织**

Intelsat(ITSO: International Telecommunications Satellite Organization, 国际通信卫星组织)란?

ITSO는 세계 최대의 상업 위성 통신 서비스 사업 기구로서, 국제 컨소시엄 형태의 조직이다. 수많은 통신 위성(Intelsats)을 보유하고 관리하며 국제 전화 서비스, 국제 텔레비전 전송 서비스, 국제 데이터 전송 서비스를 제공한다. 회원국 간 지분과 투자를 공유하며 비회원에게도 위성 통신 서비스를 유료로 제공한다. 1964년 International Telecom-munications Satellite Consortium이라는 명칭으로 11개 회원국에 의해 발족되었고, 1973년 명칭을 바꾸었다. 본부는 워싱턴에 있다.

ITU-T 国际电信联盟电信标准化部门

ITU-T(国际电信联盟电信标准化部门)란?

ITU-T는 국제 전기통신 연합(International Telcommunications Union) 산하기구로 통신 표준을 담당한다. 통신 장비 및 시스템에서 국제적으로 합의된 표준을 수립하며 이전에는 CCITT로 지칭되었다. 스위스 제네바 소재.

TCP/IP 传输控制协议, 网间协议

ITCP/IP(Transmission Control Protocol, Internet Protocol, 传输控制协议, 网间协议)란?

인터넷상에서 호스트들을 연결하여 데이터를 전송할 수 있게 하기 위한 통신 프로토콜. 1980년 초 미국 국방부가 제정한 통신 프로토콜이다.

통신 약어 通信缩略语	
가상사설망 VPN(Virtual Private Network)	虚拟专用网
광역망 WAN(Wide Area Network)	广域网
근거리 통신망 LAN(Local Area Network)	局域网
대칭형 가입자 회선 SDSL(Symmetrical Digital Subscriber Line)	对称数字用户线
도시 지역 통신망 MAN(Metropolitan Area Network)	城域网
동기 전달 방식 STM(Synchronous Transmission (Transfer) Mode)	同步传输模式
디지털 가입자 회선 DSL(Digital Subscriber Line)	数字用户线
무선 액세스 포인트 WAP(Wireless Access Point)	无线网关
무선주파수 RF(Radio Frequency)	无线频率
미국 연방통신위원회 FCC(Federal Communications Committee)	联邦通信委员会
부호 분할 다중 접속 CDMA(Code Division Multiple Access)	码分多址

비대칭 디지털 가입자 회선 ADSL(Asymmetrical Digital Subscriber Line)	非对称数字用户线
비동기 전달 방식 ATM(Asynchronous Transfer Mode)	非同步传输模式
시분할 다중접속 TDMA(Time Division Multiple Access)	时分多址
종합 정보 통신망 ISDN(Integrated Services Digital Network)	综合业务数字网
초고속 디지털 가입자 회선 VDSL(Very High-bit Rate Digital Subscriber Line)	超高速数字用户线
AM(Amplitude Modulation)	调幅
FM(Frequency Modulation)	调频
IEEE(Institute of Electrical and Electronics Engineers, I triple E)	电气电子工程师学会
ITU(International Telecommunications Union)	国际电信联盟
PDA(Personal Digital Assistant)	个人数字助理
QoS(Quality of Service)	服务质量
UHF(Ultra High Frequency)	超高频
VHF(Very High Frequency)	甚高频
VoIP(Voice Over IP)	网络电话, IP网上话音

전화 电话

가입자 월평균 사용 금액 加入者月平均使用金額(ARPU) **平均每用户贡献度, 每用户平均收入**

3G 환경에서 컬러 액정 휴대폰은 ARPU를 올리는 핵심 요인 중 하나이다.
在3G环境下, 彩屏手机是提高**平均每用户贡献度**的核心因素之一。

사용량 使用量 **使用量**

사용 시간 使用時間(MOU) **使用时间**

통신 서비스의 수익 구조는 주로 가입자의 월 평균 사용 금액과 사용 시간의 변화에 의존한다.
电信产业服务的利润结构主要是依靠每用户贡献度和**使用时间**的变化。

월 사용료 月使用料 **每月使用费**

월 전화료 月電話料 **每月电话费**

충전 카드 **充值卡**

공중전화 公衆電話 **公用电话**
  공중전화 부스 **公用电话亭**
  공중전화 카드 **公用电话卡, IC卡**
공중전화 통신망 公衆電話通信網 **(PSTN)** **公共交换电话网络**
    공중전화 통신망을 통한 전화 서비스는 보통 POTS라 불린다.
    通过**公共交换电话网络**进行的电话服务经常被称作POTS。
교환국 交換局 **交换局**
교환기 交換機 **交换机**
교환 번호 交換番號 **接线号码**
  내선 번호 內線番號 **分机号码**
교환원 交換員 **接线员**
국제 전화 國際電話 **国际长途电话**
  국가 번호 國家番號 **国家代码**
    국제 전화를 걸 때는 국가 번호를 알고 있어야 한다.
    打国际长途的时候, 要把**国家代码**记清楚。
  국제 전화 사업자 번호 國際電話事業者番號 **国际长途接入号码**
  국제 전화 선불 카드 **国际长途预付电话卡**
    액면가 1만 원의 국제 전화 선불 카드.
    面额为一万韩元的**国际长途预付电话卡**。
  국제 전화 요금 國際電話料金 **国际长途电话费**
    국제 전화 요금은 보통 국내 통화 요금보다 비싸다.
    国际长途电话费一般要高于本地通话费。
발신자 發信者 **呼叫人**
부가 가치 서비스 **增值业务, 增值服务**
  무료 통화 서비스 **免费电话**
    080으로 시작되는 한국의 전화번호는 800으로 시작되는 미국의 전화번호처럼 모두 무료 통화 서비스이다.
    韩国以080开头的电话就像美国的800开头的电话一样, 都是**免费电话**号码。
  수신자 부담 전화(통화) 受信者負擔電話(通話) **对方付费电话, 对方付款电话**
    수신자 부담 통화 수신을 거부하다.
    拒绝接受**对方付费电话**。
  착신 통화 전환 着信通話轉換 **呼叫转移**
    집에 걸려 오는 전화를 핸드폰으로 착신 전환시켜 놓았다.
    我把打进我家的电话**呼叫转移**到我的手机上。

통화 보류 通話保留 **呼叫保持**

통화중 대기 通話中待機 **呼叫等待**

평생 번호 平生番號 **终身制电话号码**

데이콤의 매출은 주로 평생 번호 서비스 같은 부가가치 서비스로 얻어진다.
Dacom的销售额主要来自**终身制电话号码**服务等增值服务。

신호 信號 **信号**

신호음 信號音 **信号音, 呼叫连接音**

통화중 신호 通話中信號 **忙音**

요금 관리 시스템 **计费系统**

KT는 새로운 요금 관리 시스템을 도입했다.
KT引进了新的**计费系统**。

통합 요금 고지 서비스 **综合计费服务**

KT는 고객들에게 통합 요금 고지 서비스를 제공한다.
KT给客户提供**综合计费服务**。

음란 전화 淫亂電話 **骚扰电话**

임대 회선 賃貸回線 **租用线路**

두루넷은 법인 고객을 위한 고속망 임대 회선을 다른 기업에 매각했다.
Thrunet把为法人客户服务的高速网络**租用线路**卖给了另外一家公司。

장난 전화 **恶作剧电话**

전용 회선 專用回線 **专线**

신호의 안정성 확보를 위해 비용을 부담하고 전용 회선을 임대하는 회사가 있다.
为了保证信号的稳定, 有公司愿意花钱租用**专线**。

전화기 電話機 **电话**

단축 다이얼 **快速拨号, 快速呼叫号码, 缩位拨号**

08이 단축 다이얼이다.
08为**快速拨号**键。

무선 전화기 無線電話機 **无绳电话, 无线电话**

무선 전화기는 이제 기본 가전제품이다.
无绳电话已经成为基本家用电器之一。

수화기 受話器 **听筒**

— 수화기를 내려놓다 **挂电话**

보통 상대방이 전화를 끊은 후에야 전화를 끊을 수 있다.
一般等对方挂了电话, 自己才能**挂电话**。

— 수화기를 들다 **接电话**

전화를 받는 것도 하나의 학문이다(전화 받는 데에도 에티켓이 필요하다).

接电话其实也是一门学问(接电话也要遵循礼仪规范)。

유선 전화기 有線電話機 **座机, 有线电话, 固定电话**

전화를 걸 때, 유선 전화로 거는 것이 핸드폰보다 저렴하다.

打电话的时候, 打**座机**要比打手机便宜。

자동 응답기 自動應答機 **电话应答机, 电话答录机**

화상 전화기 畵像電話機 **可视电话**

사용자는 화상 전화기로 상대방의 얼굴을 볼 수 있다.

可视电话能让用户看到对方的脸。

전화번호 電話番號 **电话号码**

지역 번호 地域番號 **电话区号**

베이징의 지역 번호는 010이다.

北京的**电话区号**为010。

전화번호부 電話番號簿 **黄页**

전화번호부에서 전화번호를 찾다.

在**黄页**上查找电话号码。

전화 사업 電話事業 **电话行业**

전화 보급률 電話普及率 **电话普及率**

전화 보급률이 100%에 육박한다.

电话普及率接近百分之百。

전화선 電話線 **电话线**

동축 회선 同軸回線 **同轴电缆**

연선 撚線 **双绞线**

연선은 값이 싸고 일반적으로 모뎀과 랜에 사용된다.

双绞线的价格很便宜, 它一般被用在调制调解器和局域网上。

전화 신청 電話申請 **电话安装申请**

가설료 架設料 **安装费**

전화 가설 신청시 전화 가설료를 지불해야 한다.

当申请安装电话时, 你需要支付电话**安装费**。

전화 안내 서비스 **电话查询服务**

미등록 번호 未登錄番號 **没有登记的电话号码**

전화 요금 電話料金 **电话费**

인도네시아 정부는 전화 요금 인상에 항의하는 민중에 밀려 전화 요금 인상을 연기하기로 결정했다.

印尼政府向抗议**电话费**上涨的民众妥协, 决定延缓电话费的上涨。

착신자 着信者 **受话人, 接听人**

통신 사업자 通信事業者 **通信运营商**

SK텔레콤은 한국의 대표적인 통신 사업자이다.
SK电信是韩国最具代表性的**通信运营商**。

기간 통신망 사업자 基幹通信網事業者 **主要网络运营商**

본 상품은 벌써 유럽의 기간 통신망 사업자에게 공급되었다.
该产品已经交付给欧洲的**主要网络运营商**。

영업 전화국 營業電話局 **电话支局**

장거리 통신 사업자 長距離通信事業者 **长途电话运营商**

통화 通話 **通话**

발신 發信 **呼出电话**

— **불통** 不通 **打不通**

폭풍우로 그곳의 전화가 불통이다.
因为有暴风雨, 那个地方的电话**打不通**。

수신 受信 **呼入电话**

시내 통화 市內通話 **市内电话**

시외 통화 市外通話, **장거리 통화** **长途电话**

통화량 通話量 **通话量**

통화 완료율 通話完了率 **电话接通率**

통화 완료율은 통화 안정성 판단의 기준이다.
电话接通率是衡量通话稳定性的尺度。

통화 요금 通話料金 **通话费**

시내 통화 요금 市內通話料金 **市内通话费**

보통 시내 통화 요금은 분당 XX이다.
一般的**市内通话费**为每分钟XX。

통화 폭주 通話暴走 **电话火爆, 电话拥堵**

통화 품질 通話品質 **通话质量**

일기가 통화 품질에 영향을 미친다.
天气的好坏影响**通话质量**。

간섭 干涉 **干扰**

전파 간섭이 통화 품질을 떨어뜨렸다.
电波**干扰**降低了通话质量。

감쇠 減衰 **减弱**

감쇠란 신호가 한 지점에서 다른 지점으로 전송될 때 시그널이 약해지는 것을 말한다.
减弱是当信号从一个地方传送到另一个地方时信号水平下降的现像。

반송파 신호 搬送波信號 **载波信号**

반향 反響, **에코** **回音**

신호 대 잡음비 信號對雜音比(SN비) 信号噪声比
왜곡 歪曲 扭曲
잡음 雜音 杂音, 噪声
혼선 混線 串线
혼선이 잦으면 도청 가능성을 생각해봐야 한다.
如果**串线**频繁就要考虑电话被盗听的可能。

해저 케이블 海底电缆
알래스카와 러시아 사이에 해저 케이블을 가설했다.
阿拉斯加和俄罗斯之间铺设了一条**海底电缆**。

전화 관련 약어 电话常用缩略语	
교환국 PBX(Private Branch Exchange)	用户交换机
국제 자동전화 IDD(International Direct Dialing)	国际直拨电话
기존 전화 서비스 POTS(Plain Old Telephone Service)	传统电话业务
유럽 디지털 이동 전화 방식 GSM(Global System for Mobile Communication)	全球移动通信
일반 전화 교환망 PSTN(Public Switched Telephone Network)	公众交换电信网络
장거리 자동전화 DDD(Direct Distance Dialing)	长途直拨
GPRS(General Packet Radio System)	通用分组无线业务
IMT-2000(International mobile telecommunication-2000)	国际移动通信2000
W-CDMA(Wideband Code Division Multiple Access)	宽带码分址系统

이동 통신 移动通信

가입 加入 入网
가입비 加入費 入网费
가입자 加入者 用户
이번 달의 신규 가입자는 가입비를 낼 필요가 없다.
本月新**用户**无需交纳入网费。
단말기 보조금 端末機補助金 手机补贴

개인 휴대용 단말기 個人携帶用端末機 (PDA) 个人数字助理
PDA 등 휴대용 장비에는 윈도우 소형 버전이 필요하다.

掌上设备, 如**个人数字助理**, 需要配备Windows的小型版本。

무선 전화 無線電話 **无线电话**

주방에서 밥할 때는 무선 전화를 이용하는 것이 가장 좋다.

在厨房做饭时最好使用**无线电话**。

유무선 통합 有無線統合 **有线与无线的整合**

우리의 솔루션은 유무선 통합을 가능하게 한다.

我们的解决方案能够进行**有线与无线的整合**。

무선 호출 無線呼出 **无线寻呼**

문자 메시지 **文本信息服务**

한국에는 다양한 문자 메시지 서비스 업체가 있다.

韩国有很多**文本信息服务**企业。

단문 메시지 전송 서비스(SMS) **短信, 短信息服务**

현재 SMS가 한국에서는 시장성이 있다.

现在, **短信息服务**在韩国有很大的商业前景。

발신자 번호 發信者番號 **拨叫用户号码**

발신자 번호가 휴대폰에 그대로 뜬다.

拨叫用户号码直接显示在手机上。

스피커 폰 **免提通话**

핸즈프리 **免提模式, 手机免持系统**

운전중에는 반드시 핸즈프리를 사용해야 한다.

开车时应该使用**手机免持系统**。

사업 허가권 事業許可權 **营业执照**

사업 허가권의 발급 여부는 기업의 영업 가능 여부를 결정짓는 주요 조건이다.

营业执照的颁发与否是决定企业能否进行营业的重要条件。

사용료 使用料 **手机话费**

기본 사용료 基本使用料 **基本话费, 固定费用**

정액 요금 定額料金 **手机包月费**

대다수의 휴대 전화 정액 요금이 매우 비싸다.

大部分的**手机包月费**都挺贵的。

셀 분할 **小区分裂, 单元式分裂**

기지국 基地局 **基站**

가입자가 계속 늘어나고 있어 더 많은 기지국을 설치해야 한다.

应该建更多的**基站**, 因为用户正在不断地增加。

로밍 **漫游**

국제 로밍 서비스는 출장이 잦은 비즈니스맨에게 매우 유용하다.

全球**漫游**服务对于经常出差的商业人士非常有用。

신호간 간섭 信號間干涉 符号间干扰

요금 체제 料金體制 通话费的计费方式

다양한 요금 체제는 혼란을 야기하기 쉽다.

多种**通话费的计费方式**容易引起混乱。

위치 기반 서비스 LBS (Location-Base Service) 位置服务

위치 기반 서비스란 GPS를 통해 긴급 구조 및 교통 정보를 제공하는 서비스이다.

位置服务是通过GPS提供紧急救助和交通信息的服务。

이동 단말기 移動端末機 移动终端机

젊은 층은 3개월마다 이동 단말기를 교체한다.

年轻人每三个月就更新一台**移动终端机**。

이동 전화 移動電話 移动电话

이동 전화의 보급률이 매우 높다.

移动电话普及率很高。

WAP폰 WAP手机

셀룰러 蜂窝

CDMA 码分多址技术

GSM 全球移动通信系统

GPS 전화 全球定位系统电话

카메라 폰 照相手机

이동 통신 사업자 移動通信事業者 移动通信运营商

이동 통신 사업자들끼리의 경쟁으로 사용자가 이득을 얻는다.

移动通信运营商之间的竞争让通话人受益。

이동 통신 교환 센터(MSC) 移动交换中心

접속료 接續料 入网费

컬러링 彩铃

갈수록 많은 젊은이들이 컬러링 서비스를 이용하고 있다.

越来越多的年轻人正在使用**彩铃**服务。

콜센터 呼叫中心

통신 기기 通信機器 通信设备

삼성전자가 새롭게 출시된 통신 기기 판촉 활동을 벌이고 있다.

三星电子正在推销它们新推出的**通信设备**。

통화량 通話量 通话量

통화료와 통화량은 정비례한다.

通话费同**通话量**是成正比的。

해지 解止 **停机**

해지율 解止率 **停机率**

호출기 呼出機 **呼机**

휴대 전화 携帶電話 **手机**

운전 중 운전자는 휴대 전화를 사용할 수 없다.
驾驶中司机不得使用**手机**。

막대형 **直板式**

막대형 휴대 전화는 한국에서 이미 사라졌다.
直板式手机在韩国已经被淘汰了。

음성 인식 다이얼 **语音拨号**

음성 인식 다이얼은 사용자의 음성을 이용해 전화를 거는 기능이다.
语音拨号功能是拨号者通过声音进行呼叫的功能。

진동 모드 **静音模式**

휴대 전화를 꺼주시거나 진동 모드로 바꿔주십시오.
请关闭手机或者把它设置为**静音模式**。

폴더형 **翻盖式, 折叠式**

IMT 2000 사업자 **国际移动电话标准2000提供商**

IMT 2000 사업자간의 경쟁은 매우 치열했다.
国际移动电话标准2000提供商之间的竞争非常激烈。

IMT-2000(国际移动电话标准2000)이란?

International Mobile Telecommunication-2000. IMT-2000 또는 WCDMA는 이동 통신 기기나 휴대용 무선 기기로 훨씬 빠른 데이터 전송 속도를 구현하게 해주는 3G(3세대) 이동 무선 통신 기술이다. 5MHz 대역폭을 사용하며 데이터 전송 속도는 2 Mbps(local area access) 내지 384 Kbps(wide area access)가 가능하다.

휴대 전화 관련 용어 手机常用语	
마지막 통화	上次通话
메시지 보내기	发送短信, 传送简讯
발신 번호 표시 서비스(CID)	号码显示服务
배터리 충전기(가정용)	家用充电器
배터리 충전기(자동차용)	车充, 车载充电器
벨소리	铃声
벨소리 다운로드	铃声下载

40화음 벨소리	40和弦铃声
3자 통신 서비스	三方通话
신호 없음	无信号
안테나(핸드폰용)	手机天线
SMS(단문문자서비스)	短信服务
음성 인식 다이얼	语音拨号
진동 모드, 무음 모드	震动模式, 静音模式
착신 번호 표시(COLP)	连接号码识别系统
총통화	所有呼叫
통화 기록	通话记录
휴대 전화 잠금 해제	手机解锁
휴대 전화 전원 끈 상태	关机状态
휴대 전화 전원 켠 상태	开机状态

게임 游戏

게시판 揭示板 公告板, 留言板

대화 상자 對話箱子 对话框

실시간 대화 게시판 實時間對話揭示板 实时电子布告栏

경험치 經驗値 经验值

과부하 過負荷 网络拥堵, 超负荷

튕기다 被踢

길드 公会

대기 시간 待機時間 待机时间

동시 접속자 수 同時接續者數 同时在线人数

리플(Reply) 跟贴, 回贴

버전(Version) 版本

베타 버전 测试版

베타 테스트 贝塔测试

상용화 商用化 正式收费, 商用化

4월 5일부터 상용화 서비스에 들어갔다.
已于4月5日正式进入**商用化**运营。

오픈 베타 公测, 外测

클로즈드 베타	内测
사이버 머니	虚拟货币
서버 점검 시간	服务器维修时间
설치 프로그램	安装程序
설치 파일	安装文件, 安装包
—하다	安装
소스 코드	源代码, 源码
소스 파일	源文件
스피드핵	加速器, 加速程序
인터넷 데이터 센터(IDC)	国际数据中心
업그레이드	升级
업데이트	更新
패치 프로그램	补丁程序
패킷	封包
패킷 교환	分组交换
온라인 게임	网络游戏
온라인 커뮤니티	网络社区
게임 중독	游戏成瘾, 网瘾
유저, 게이머	用户, 玩家
프로게이머	职业玩家, 职业电竞选手
캐릭터	角色
NPC(Non Player Character)	非玩家角色
Player Character	玩家角色
캡쳐	抓图, 截图
프로그래머	程式员, 编程员
프로그래밍	编程
—하다	编写程序, 编程
휴대용 게임기	便携式游戏机
ISP	互联网服务提供商
PVP Action(Person Vs. Person Action)	个人对个人动作
S3(sight, sound, speed)	视频、音频、速度
Universal Interactive	环球互动

게임 종류 游戏种类	
고전 게임	经典游戏
단일 게임, 싱글 게임	单机游戏
레이싱 게임(RAC: Race Game)	赛车竞速类游戏
모바일 게임	手机游戏, 移动游戏
서바이벌 게임	生存游戏
성인 게임	成人游戏
스포츠 게임(SPG: Sport Game)	体育类游戏
시뮬레이션 게임	模拟游戏
시뮬레이션 롤플레잉 게임(SRPG: Simulation RPG)	模拟角色扮演类游戏
아케이드 게임	街机游戏
액션 게임(ACT:Action Game)	动作类游戏
액션 RPG	动作角色扮演类游戏
어드벤처 게임(AVG: Adventure Game)	冒险类游戏
인터넷 게임	网络游戏
전략 게임	策略游戏
주문형 게임(GOD)	GOD游戏(在线点播), 游戏点播
캐주얼 게임	休闲类游戏
컴퓨터 게임	电脑游戏
퍼즐 게임(PUZ: Puzzle Game)	益智类游戏
FTG(Fighting game)	格斗类游戏
MMORPG(Massively Multi-player Online Role Playing Game)	大型多人网络角色扮演游戏, 大型多玩家角色扮演在线游戏
MMORTS(Massively Multiplayer Online Real-Time Strategy Game)	大型多人在线即时战略游戏
MUD(Multi user dungeon)game	多用户网络游戏, 多人在线游戏
PC game(피시 게임)	电脑游戏
Pocket game(포켓 게임)	掌机游戏
Real time strategy game	即时战略游戏
shooting game(슈팅 게임)	射击类游戏

video game(비디오 게임)	电视游戏, 视频游戏
1인칭슈팅(FPS: First-Person Shooting) 게임	第一人称射击游戏
3D 게임	三维游戏, 3D游戏

게임 대회 및 전시회 游戏大赛和展览	
월드사이버게임즈 (WCG)	世界电子竞技大赛, 游戏世界杯
AM SHOW(Amusement machine show)	游戏机大展
Black Label	黑色标记
CIG(China Internet Gaming: 게임 대회)	中国电子竞技大会
CPL(Cyberathlete Professional League)	职业电子竞技联盟
E3(Electronic Entertainment Expo)	电子娱乐展会
ECTS(European Computer Trade Show)	欧洲计算机商贸展示会
ESWC(Electronic Sports World Cup)	电子竞技世界杯
GOC(Game Olympia of China)	中国电子竞技联赛
TGS(Tokyo Game Show)	东京电玩展

게임명 游戏名	
겟앰프트	热血街霸
길드워	团战
니드포스피드 언더그라운드	极品飞车:地下狂飙
델타포스: 랜드워리어	三角洲部队
도적	盗贼
두더지 잡기	打鼹鼠
드래곤 라자	龙族, 龙霸迷宫(대만)
드래곤 엠파이어(Dragon Empire)	龙之帝国
디아블로	暗黑破坏神
라그나로크	仙境传说
레드문	红月
레드얼럿(Red Alert)	红色警戒
레인보우 식스(Rainbow Six)	彩虹六号
로블록스(Roblox)	罗布乐思

리니지(Lineage)	天堂
마법사	魔法师
마인크래프트(Minecraft)	我的世界
머니게임	金钱游戏
머드(MUD)	侠客行, 侠传
메이플스토리(Maplestory)	枫树的故事
뮤(Mu)	奇迹
미르의 전설(Legend Of Mir)	传奇(米尔的传说)
반지의 제왕:왕의 귀환	魔戒之王者再临
배틀넷	网络队战, 战网
버블퍼즐	泡泡龙方块
보글보글(Bubble Bubble)	泡泡龙
샤이닝로어, 샤로(ShiningLore)	天使
소마신화전기	圣者无敌
슈퍼마리오	超级玛利
스타워즈(Star Wars)	星球大战
스타크래프트(Star Craft)	星际争霸, 星海争霸(대만)
스톤에이지(Stone Age)	石器时代
스트리트파이터	街头霸王
시티오브히어로	英雄之城, 城市英雄
新맞고	新纸牌
에버퀘스트(EverQuest)	无尽的任务
에이지오브엠파이어(Age Of Empire)	帝国时代
울티마(Ultima)	创世纪
워크래프트(War Craft)	魔兽争霸
쥬라기원시전	侏罗纪公园
챔피언십 매니저 CM(Championship Manager)	冠军杯足球经理
천년	千年
천상의 문(Gate to Heavens)	绝对女神
카르페디엠	永恒
카운터스트라이크	反恐精英

코만도스(Commandos)	盟军敢死队
콜 오브 듀티(Call of Duty)	使命召唤
쿠쿠(Coo Coo)	酷酷
크레이지 아케이드(Crazy Arcade)	疯狂阿给
킹 오브 킹즈(King Of Kings)	万王之王
테일즈위버	天翼之链
테트리스	俄罗斯方块
툼 레이더(Tomb Raider)	古墓丽影
파이널판타지(Final Fantasy)	最终幻想
포가튼사가(Forgotten Saga)	遗忘传说
포트리스(Fortress)	疯狂坦克
프린세스메이커	美少女梦工厂
피파 축구 2003	世界杯足球2003
핀볼게임	弹珠台游戏
할프라이프(HALF LIFE)	半条命
헬브레스(Helbreath)	战场

23 환경 环境

환경 环境

건물 부식 建物腐蝕 — **建筑物的腐蚀**

산성비는 건물을 부식시킨다.
酸雨**腐蚀建筑物**。

건물(병) 증후군 建物(病)症候群 — **病态建筑综合症**

새집 증후군 — **新房症候群, 装修综合症, 新居综合症**

새집 증후군(新房症候群, 装修综合症, 新居综合症)이란?

주택이나 건물의 공기에 있는 유해 물질로 인해 거주자에게 발생하는 천식·피부염 등 알레르기성 질환을 말한다. 유해 물질은 새집에서 방출되는 휘발성 유기물질(VOC)과 오래된 집에서 찾아볼 수 있는 곰팡이·집먼지 진드기 등이 있다. 새집 증후군은 건물 증후군에 속하며 특히 화학 마감재에서 방출되는 포름알데히드가 문제가 된다.

아토피성 피부염 — **皮肤过敏症, 特应性皮炎**

유해 물질 방출 有害物質放出 — **排出有害物**

고엽제 枯葉劑 — **橙剂, 枯叶剂**

베트남의 전쟁터뿐 아니라 한국의 비무장 지대에도 고엽제가 살포되었다.
除了越南战场之外, 韩国的非武装地带也喷洒了**橙剂**。

공업 용수 工業用水 — **工业用水**

공장 연기 工場煙氣 — **工厂烟尘**

공해 公害 — **污染**

소음 공해 騷音公害 — **噪音污染**

소음도 騷音度 — **噪音值**

소음도가 가장 심한 지점은 구파발 - 종로 구간으로 평균 소음이 74.5데시벨에 달한다.
噪音值最高的地点在旧摆拨-钟路地段, 平均噪音高达74.5分贝。

악취 惡臭 — **恶臭**

광화학 스모그 — **光化学烟雾**

광화학 스모그는 자외선이 강할 때 발생하는 현상으로 눈이나 기도의 점막을 자극한다.

光化学烟雾是紫外线较强时发生的现象, 会刺激眼睛和呼吸道的粘膜。

광화학 옥시던트 **光化学氧化剂**

광화학 옥시던트는 광화학 스모그 현상이 발생할 때 생성되는 2차 오염 물질로 오존이 주성분이다.

光化学氧化剂在光化学烟雾现象发生时形成, 是以臭氧为主要成分的二次污染物。

눈 자극 **刺激眼睛**

기업의 환경 의식 **企业的环保意识**

녹색 경영 綠色經營 **绿色管理, 绿色经营**

책임 있는 기업으로서 녹색 경영을 해야 한다.

作为一个有责任的企业, 应该做到**绿色管理**。

청정 기술 淸淨技術 **清洁技术, 绿色技术, 洁净技术**

폐가전제품 회수 廢家電製品回收 **回收废旧家电**

선진국 가전업체들 중에는 폐가전제품을 회수하는 업체들도 있다.

发达国家的家电生产企业中, 一部分企业会**回收废旧家电**。

농업 용수 農業用水 **农业用水**

담수 淡水 **淡水**

담수화 淡水化 **淡化处理, 淡水化**

대기권 大氣圈 **大气层**

지구의 대기권·바다·땅은 지구의 생명 유지를 위한 기본적인 3요소이다.

地球的**大气层**, 大海和陆地是维持地球生命的基本三要素。

대류권 對流圈 **对流层**

과학자들은 대류권의 온도 상승과 지구 온난화의 주요 원인을 찾아냈다.

科学家找到了**对流层**升温、地球变暖的主要原因。

성층권 成層圈 **平流层**

항공기 운항의 증가로 인해 성층권 오염이 심화되고 있다.

飞机飞行次数的增加, 加大了**平流层**的污染。

대기권의 구조 大气层的结构	
대류권 对流层	지면으로부터 약 10Km까지의 공간
성층권 平流层	대류권 위로부터 약 50Km까지의 공간
중간권 中间层	성층권 위로부터 약 80Km까지의 공간
열권 热层	중간권계면 위로부터 약 1000Km까지의 공간

대기 오염 大氣汚染 **空气污染, 大气污染**

베이징은 전 세계 수도 가운데 대기 오염이 가장 심하다.

全世界的首都中，北京的**空气污染**最严重。

대기 중 농도 大氣中濃度 **空气中浓度**

대기 중에 X의 농도가 높으면 호흡기 질병이 유발되기 쉽다.

空气中X的**浓度**过高容易导致呼吸道疾病。

대기질 大氣質 **空气质量**

수도권 대기질을 개선하기 위해 우리는 지속적으로 노력해야 한다.

为了改善首都圈的**空气质量**我们要做出不断的努力。

대기 중 오염 물질 大氣中汚染物質 **气载污染物**

대기 중 오염 물질로 인해 가시거리가 짧아졌다.

气载污染物造成能见度降低。

레트로핏 **改型**

레트로핏(Retrofit, 改型)이란?

기존 기계나 설비를 새로운 환경 기준에 부합되도록 부품이나 시스템을 교체하는 것.

리우 지구 정상회의 **里约全球环境峰会**

리우 지구 정상회의(里约全球环境峰会)란?

공식 명칭은 UNCED(UN Conference on Environment and Development)이며 지구 정상회의(Earth Summit)라고도 부른다. 유엔 총회의 결의에 따라 1992년 6월 3~14일까지 브라질 리우데자네이루에서 개최되었고, 178개국 대표와 민간 단체가 참석했다. '환경과 개발에 대한 리우 선언'이 채택되었다.

지방 의제 21 地方議題21 **地方21世纪议程**

지방 의제 21(地方21世纪议程)이란?

1992년 리우 정상회의에서 채택된 리우 선언의 세부 시행령에 해당하는 의제 21은 환경 문제의 원인이 되는 사회·경제적 요인, 대기·해양·폐기물·토지 등 환경 사안에 대한 해결 방안, 이를 위한 사회 각계각층의 역할과 법·제도·기술 이전 및 재정 지원 등을 포괄한다. 의제 21은 구속력은 없으나 각 의제가 아주 세부적인 정책 지침을 제공하고 있다.

추가 의제 追加議題 **附加议程**

물 부족 **缺水, 水荒, 水资源枯竭**

물 부족 국가 **贫水国家**

물 사용량 **耗水量**

물이 불어나는 시기(하천 등) **汛期**

방출수 放出水 **排放水**

부영양화 富營養化 **富营养化**

부영양화(富营养化)란?

주변 토양에서 호수나 연안 등의 수역으로 유입되는 유출수에는 인산염 · 질산염 등의 영양 염류가 함유되어 있으며 이런 물질의 유입 후에 물에서 일어나는 현상을 부영양화라고 한다. 영양 염류는 조류나 식물성 플랑크톤의 생식에 필요하지만 영양염류가 지나치게 유입되면 조류나 식물성 플랑크톤의 1차 생산이 지나치게 많아져 수중 생태계에 변이를 일으키고 녹조나 적조 현상을 일으킨다.

계면 활성제 界面活性劑 **界面活性剂**

녹조 현상 綠藻現像 **蓝潮现象**

생명공학연구소 오박사 팀은 13일 녹조 및 적조 발생을 줄일 수 있는 효소를 개발하는 데 성공했다고 밝혔다.

生命工学研究所吴博士带领的研究组宣布他们成功研制了用来减少**蓝潮**和赤潮**现象**的酵素。

녹조 현상(蓝潮现象)이란?

부영양화가 진행된 호수나 인공 연못 등 고여 있는 물에 부유성 미생물의 이상 증식으로 물 표면이 녹색으로 물드는 현상이다. 해역에서 발생되는 적조와 유사한 현상이다.

적조 현상 赤潮現像 **赤潮现象**

미생물이 활동하는 데 있어 산소가 부족하게 되면 적조가 일어난다.

微生物活动时若低氧或缺氧, 会引起**赤潮现象**。

적조 현상(赤潮现象)이란?

해수면의 온도가 상승하고 담수 유입으로 영양 염류가 증가하며 바람이 불지 않아 해수와 혼합이 안 되면 소형 플랑크톤이 급속히 증식하면서 바다 빛깔이 적색으로 변한다. 우리 나라도 여름과 가을에 많이 발생한다.

조류 藻類 **藻类**

합성 세제 合成洗劑 **合成洗涤剂**

합성 세제가 하천에 들어가면 비료 역할을 하여 부영양화의 주요 원인이 된다.

合成洗涤剂进入河流成为肥料, 是河流富营养化的主要原因。

분진 粉塵 **粉尘**

천식 환자에게 공기 중의 분진은 치명적이다.

空气中的**粉尘**对哮喘病患者是致命的。

검댕 **煤尘**

공장 굴뚝에서 나오는 검댕은 불완전 연소로 형성되는 검은색 분말이다.
工厂排放的**煤尘**是不完全燃烧形成的黑色粉末。

먼지 계측기 **粉尘测量仪**

먼지 계측기로 측정한다.
用**粉尘测量仪**进行测量。

미세 먼지 PM10(Particulate Matter) **颗粒物, 雾霾**

미세 먼지는 공기 중에 떠다니는 고체 및 액체 먼지의 총칭이다.
颗粒物是指漂浮在空气中的固态和液态颗粒物的总称。

비상 저감 조치 **应急减排措施**

부유 분진 浮游粉塵 **SP(Suspended Particulate)** **浮游粉尘, 悬浮粉尘**

비산 먼지 **扬尘**

입자상 부유 물질 粒子狀浮游物質 **粒状浮游粉尘**

산성비 **酸雨**

산성비는 빗물에 대기 중의 이산화황 등 산성 물질이 용해되어 산성을 띠게 되는 것을 말한다.
酸雨因雨水中溶解了大气中的二氧化硫等酸性气体, 表现出明显的酸性。

산성비(酸雨)란?

산성비란 pH값이 5.6 이하인 비로서, 화석 연료의 연소로 배출되는 질소산화물(NOx)들과 대기 중의 수분이 결합하여 생기는 현상이다. 건축물, 구조물, 문화 유적, 자동차 도장, 농작물, 삼림, 야생 동식물과 수중 생태계에 큰 피해를 가져온다.

산성도 酸性度 **酸碱度**

pH는 산성도를 측정하는 단위로 7.0은 중성이며 그 이하는 산성이다.
pH值是衡量**酸碱度**的标准, 7.0是中性, 低于7.0是酸性。

상생 相生 **和谐相处**

인간과 자연은 상생해야 한다.
人和自然要**和谐相处**。

상수원 上水源 **水源**

상수원 보호 지역 上水源保護地域 **水源保护地带**

팔당호와 대청호는 상수원 보호 지역으로 지정되었다.
八堂湖和大清湖被指定为**水源保护地带**。

팔당호 八堂湖 **八堂湖**

1994년 토지이용관리법이 완화된 후 팔당호의 수질은 급격히 악화되었다.
由于1994年放宽了土地利用管理法, **八堂湖**的水质迅速恶化。

생활 속의 환경 의식 **日常生活中的环保意识**

리필 팩 **填充品**

물, 에너지 사용 절감 **节约使用水和能源**

우리는 물 사용을 줄여야 한다.
我们必须**节约用水**。

장바구니 **购物篮, 购物袋**

비닐봉지나 종이 봉지 대신 장바구니를 활용하는 문화를 확산시켜야 한다.
提倡**购物袋**的使用, 用它来替代塑料袋或纸袋。

재사용 再使用 **再利用**

쓰레기를 줄이고 가능한 한 재사용할 필요가 있다.
我们需要减少垃圾, 并尽可能地对其进行**再利用**。

재생지 再生紙 **再生纸**

재생지로 만든 종이 제품.
用**再生纸**制造的纸制品。

재충전 건전지 再充電乾電池 **可充电电池**

재활용 再活用 **循环利用, 回收利用**

우리는 폐품을 어떻게 재활용할 것인지를 연구해야 한다.
我们应该研究如何对废品进行**循环利用**。

친환경 건축 자재 親環境建築資材 **绿色建材**

친환경 상품 親環境商品 **绿色产品**

친환경 소비 親環境消費 **绿色消费**

친환경 자동차 親環境自動車 **绿色汽车**

친환경 주택 親環境住宅 **绿色家居**

폐건전지 廢乾電池 **废旧电池**

많은 지역에서 폐건전지를 수거할 수 있다.
很多地方可以回收**废旧电池**。

환경 친화적 제품 環境親和的制品 **绿色产品, 环保型产品**

A회사에서는 친환경 제품을 생산한다.
A公司生产**绿色产品**。

세계 지속가능 발전 정상회의 (WSSD) **联合国可持续发展世界首脑会议**

세계 지속가능 발전 정상회의(WSSD: World Summit on Sustainable Development, 联合国可持续发展世界首脑会议)란?

2002년 8월 26일~9월까지 남아프리카공화국 요하네스버그에서 세계 100여 개국의 정상을 비롯한 UN 189개 회원국 대표가 모여 인류의 지속 가능한 발전에 관해 논의한 회의. 정부 대표와 기업계, 여성·노동·농민·청소년 단체의 지도자 등 2만여 명의 비정부 기구(NGO) 인사가 참석했으며 '요하네스버그 선언'과 이행 계획이 채택되었다.

수자원 水資源 **水资源**

우리는 수자원을 보호해야 한다.

我们必须保护**水资源**。

수역 水域 **水域**

다른 지역의 수역에서도 대규모 부영양화 현상이 자주 발생한다.

其他地方也常出现**水域**大面积富营养化现象。

수자원 종합 관리 대책 水資源綜合管理對策 **水资源综合管理对策**

하천 河川 **河流**

한국수자원공사 韓國水資源公社 **韩国水资源公社**

호소 湖沼 **湖泊**

수자원 오염 水資源汚染 **水资源污染**

수자원 오염의 심화가 시민들의 건강에 커다란 위협이 되고 있다.

水资源污染的恶化对市民的健康造成了很大的威胁。

수질 水質 **水质**

— **개선** 改善 **改善水质**

한강의 수질이 개선되었다.

汉江的**水质**得到了**改善**。

— **검사** 檢查 **水质检查**

우리는 샘플을 채취하여 강의 수질 검사를 실시했다.

我们采样进行了河流的**水质检查**。

— **급수** 級水 **类水, 水质标准**

우리 하수 처리 시설에서 방출되는 물은 1급수 등급 판정이 목표이다.

我们处理的污水是以达到一**类水**等级为目标的。

— **악화** 惡化 **水质恶化**

수질 오염 水質汚染 **水质污染**

— **물질** 物質 **水质污染物**

영양 염류 營養鹽類 **营养盐类**

영양 염류란 인산염·인·칼륨을 말한다.

营养盐类由磷酸盐、磷和钾构成。

유기물 有機物 **有机物**

3대 수질 오염 물질은 퇴적물, 영양 염류, 유기물이다.
三大主要水质污染物是堆积物、营养盐类和**有机物**。

퇴적물 堆積物 **堆积物**

수질 오염 측정치 水質汚染測定値 **水质污染检测值**

부유 물질 浮遊物質 **浮游物质**

생물학적 산소 요구량 生物學的酸素要求量 **(BOD)** **生物需氧量**

생물학적 산소 요구량의 수치가 높다는 것은 물 속에 유기물질이 많다는 것을 의미한다.
生物需氧量值越高，表示水中有机物越多。

용존 산소량 溶存酸素量**(DO)** **溶解氧**

영양 염류는 용존 산소량을 감소시킨다.
营养盐类会减少**溶解氧**。

탁도 濁度 **浑浊度**

부유 물질이 많을수록 탁도가 높아진다.
浮游物质过多，会增加**浑浊度**。

플랑크톤 **浮游生物**

화학적 산소 요구량 化學的酸素要求量**(COD)** **化学需氧量**

화학적 산소 요구량은 폐수 방출 전 수질 평가에 필수적이다.
化学需氧量是排放废水前水质评估的关键。

스모그 **烟雾**

대도시에 스모그 현상이 나타났다.
大城市出现**烟雾**现象。

식수 食水 **饮用水**

식수 부족 食水不足 **饮用水短缺**

중국 일부 지역에서 식수 부족 현상이 나타나고 있다.
中国一些地区发生了**饮用水短缺**现象。

실내 공기 오염 室內空氣汚染 **室内空气污染**

공기 청정기 空氣淸淨器 **空气净化器**

일부 공기 청정기는 살균 기능이 있다.
一些**空气净化器**有杀菌功能。

안전 용수 安全用水 **安全供水, 安全用水**

광천수 鑛泉水 **矿泉水**

지하 500미터 암반에서 솟는 광천수.
源自地下500米岩层处的**矿泉水**。

대수층 帶水層 **带水层**
생수 生水 **矿泉水, 瓶装水**
수돗물 **自来水**
수돗물을 그냥 마시면 안 된다.
不能生喝**自来水**。
지표수 地表水 **地表水**
지하수 地下水 **地下水**
오니(슬러지) 汚泥 **污泥**
대부분의 오니는 매립된다.
大部分的**污泥**被填埋。
오염 관리 汚染管理 **管理污染**
세계보건기구(WHO)는 오염 관리를 위한 여러 가지 기준을 정했다.
联合国卫生组织对如何**管理污染**有各种不同的标准。
사전 관리 事前管理 **事前管理**
사후 관리 事後管理 **事后管理**
효과적으로 오염을 관리하기 위해서는 사전 관리뿐만 아니라 사후 관리가 필요하다.
为了有效地控制污染, 不仅需要**事前管理**而且需要**事后管理**。
탈오염 脫汚染 **去污**
오염 물질 汚染物質 **污染物**
유독 물질 有毒物質 **有毒物质**
납은 유독 물질이다.
铅是**有毒物质**。
유해 물질 有害物質 **有害物质**
21개의 업체가 유해 물질을 불법으로 배출했다.
21个企业非法排放**有害物质**。

주요 오염 물질 主要污染物质		
납	铅	Pb
메탄 가스(GHG) (ODS)	甲烷	CH4
메틸브롬화물(ODS)	溴化甲烷	CH3Br
메틸클로로포름 (ODS)	三氯乙烷	1.1.1-TCE
미세먼지	颗粒物	
벤젠	苯	C6H6
부유입자상물질	悬浮颗粒物	SPM

사염화탄소(ODS)	四氯化碳	CCl4
산화제, 옥시던트	氧化剂	
삼산화황	三氧化硫	SO3
석면	石棉	
수소탄화물(ODS)	碳氢化合物	CmHn
아황산가스→이산화황	二氧化硫	SO2
염화불화탄소(GHG) (ODS)	氯氟烃	CFC
염화비닐	氯乙烯	CH2 = CHCl
염화수소	氯化氢	HCl
영양염(류)	营养盐类	
이산화질소	二氧化氮	NO2
이산화탄소(GHG)*	二氧化碳	CO2
이산화황	二氧化硫	SO2
일산화질소(ODS)	一氧化氮	NO
일산화탄소(ODS)**	一氧化碳	CO
중금속	重金属	
질산	硝酸	HNO3
질산염	硝酸盐	M(NO3)n
질소산화물(GHG)	氧化氮	Nox
파라아미노안식	多环芳烃	PAH
포름알데히드	甲醛	HCHO
폴리염화비페닐	多氯联苯	PCB
할론(ODS)	卤代烷	
황산	硫酸	H2SO4
황산화물	氧化硫	Sox
황화수소	硫化氢	H2S
휘발성 유기화합물	挥发性有机化合物	VOCs

* GHG (Greenhouse Gases) 온실가스 温室气体
** ODS (Ozone Depleting Substances) 오존 파괴 물질 臭氧层损耗物质, 消耗臭氧层物质

오염 발생 汚染發生 **产生污染**

2차 오염 二次汚染 **二次污染**

자동차는 1차 오염은 물론 2차 오염을 야기시킨다.
汽车不仅引起一次污染，还会造成**二次污染**。

오염 부하량 부과금 汚染負荷量賦課金 **污染负荷征税, 污染税**

오염원 汚染源 **污染源**

비점 오염원 非點汚染源 **非点源污染, 面源污染**

비점 오염원은 환경 속의 오염물을 가리킨다.
非点源污染是指环境中的污染物。

점 오염원 點汚染源 **点源污染**

점 오염원에는 산업 폐수와 도시 생활 하수가 포함된다.
点源污染主要包括工业废水和城市生活污水污染。

오염자 汚染者 **污染者**

오염자 부담 원칙 汚染者負擔原則 **污染者付费原则, 污染者负担原则**

오염자 부담 원칙에 입각하여 생산업체가 오염물을 처리해야 한다.
基于**污染者付费原则**，生产企业应该对自己排放的污染物进行处理。

오염자 부담 원칙(PPP: 污染者付费原则)이란?

OECD의 환경 관련 경제 원칙. 오염자인 기업이 환경 정화에 드는 비용을 부담하도록 하는 방법.

오염 총량제 汚染總量制 **污染总量管理制度**

중앙 정부는 지방 정부의 오염 총량제 도입을 도와주기로 결정했다.
中央政府决定帮助地方政府引入**污染总量管理制度**。

오염 총량제(TDML: Total Maximum Daily Loads, 污染总量管理制度)란?

중앙 정부가 시나 군 등 지방 당국과 함께 수계 지역을 조사한 후, 달성할 수질 목표치와 오염 총량(오염 배출 부하량)의 상한선을 정하는 제도.

오염 행위 汚染行爲 **污染行为**

방출 放出, **방류** 放流 **排放**

공장에서 폐수를 하천으로 방류하다.
工厂**排放**废水到河流中。

배출 排出 **排出**

자동차는 대기 중에 탄화물을 배출한다.
汽车将碳化物**排出**到空气中。

투기 投棄 **丢弃, 扔**

아무데나 침 뱉는 행위와 폐기물 투기를 금지한다.
严禁随地吐痰或**丢弃**废物。

오존 파괴 물질 **臭氧层破坏物质**

냉매제 冷媒劑 **制冷剂, 冷却剂**

냉장고나 에어컨의 냉매제로 쓰이는 염화불화탄소는 오존층 파괴 물질이다.
被用作冰箱和空调**制冷剂**的氯氟烃是臭氧层破坏物质。

몬트리올 의정서 **蒙特利尔议定书**

몬트리올 의정서(蒙特利尔议定书)란?

정식 명칭은 오존층을 파괴시키는 물질에 대한 몬트리올 의정서. 1987년 몬트리올에서 체결된 조약으로 오존 파괴 물질의 생산과 소비를 감소시켜 궁극적으로 완전히 제거함을 목표로 한다. 통제 물질의 교역을 금지함으로써 무역과 환경을 연계시켰다.

발포제 發泡劑 **发泡剂**

슈퍼마켓에서 발포제를 사용하는 스티로폼 포장을 재생 포장으로 바꾸고 있다.
超市正在用可循环再利用的包装替代使用**发泡剂**的泡沫塑料包装。

분사제 噴射劑 **喷雾剂**

이 가스는 분사제 대체 물질로 각광받고 있다.
该气体能替代**喷雾剂**, 因此广受欢迎。

세척제 洗滌劑 **洗洁精**

수소화불화탄소 **含氢氟烃**

염화불화탄소 (CFC) **氯氟烃**

염화불화탄소는 포장에 들어가는 발포제에도 사용된다.
包装的发泡剂中也含有**氯氟烃**。

염화불화탄소 대체 물질 **氯氟烃的替代物**

에어컨 냉매제로 CFC 대체 물질을 개발해야 한다.
需要开发作为空调制冷剂的**氯氟烃的替代物**。

염화불화탄화소 (HCFC) **含氢氯氟烃**

용매제 溶媒劑 **溶剂**

도료에 사용되는 용매제의 해로움에 대한 인식이 높아짐에 따라 갈수록 많은 회사에서 용매를 사용하지 않은 도료를 개발하고 있다.
考虑到涂料所使用的溶剂有害性, 越来越多的公司正在开发免**溶剂**涂料。

오존층 구멍 **臭氧层空洞**

남극 상공의 오존층 구멍이 점점 커지고 있다.
南极上空**臭氧层空洞**正不断扩大。

오존층 파괴 **破坏臭氧层**

오존층이 파괴됨에 따라 전세계적으로 피부암이 증가하고 있다.

随着**臭氧层的破坏**, 在全球范围内患有皮肤癌的人口比例也在上升。

대류권의 오존 **对流层的臭氧**

대류권의 오존은 인체에 해롭다.

对流层的臭氧对人体有害。

성층권의 오존 **平流层臭氧**

성층권의 오존층은 인체에 유해한 자외선을 차단해준다.

平流层臭氧阻挡了对人体有害的紫外线辐射。

원류 관리 原流管理 **污染源控制**

원류 관리는 일종의 예방적 환경 보호 조치이다.

污染源控制是环境保护的一种预防性措施。

원인자 부담 원칙 原因者負擔原則 **原因者负担原则**

유엔기후변화협약 (UNFCCC) **联合国气候变化框架公约**

기후 변화에 관한 유엔 기본 협약(UNFCCC: UN Framework on Climate Change, 联合国气候变化框架公约)란?

1997년 체결된 협약. 기후변화협약은 2010년까지 이산화탄소(CO2) · 메탄(CH4) · 프레온가스(CFCs) · 이산화질소(NO2)등 지구 온난화의 원인이 되는 '온실가스'의 배출 감축 및 제거(흡수) 확대를 목적으로 이산화탄소 배출량을 1990년 수준에서 20% 저감하기로 목표치를 설정했다. 1992년 6월 리우 환경 개발 회의 시 서명에 들어간 이래 1994년 3월 발효되었고 한국은 1993년 12월 이 협약에 가입했다.

교토의정서 **京都议定书**

중국은 이미 유엔기후변화협약인 교토의정서를 비준했다.

中国已核准联合国气候变化框架公约**京都议定书**。

당사국 회의 當事國會議 **联席会议**

제3차 당사국 회의에서는 2010년까지 이산화탄소 배출량을 1990년 수준에서 20% 저감하기로 합의했다.

第三次**联席会议**达成协议, 建议截止到2010年, 二氧化碳的排放量要比1990年的排放量降低20%。

교토의정서(京都议定书)란?

공식 명칭은 Kyoto Protocol to the UNFCCC이다. 1997년 12월 교토에서 개최된 기후 변화 협약 제3차 당사국 총회에서 기후변화협약 부속 의정서로 채택되었다. 선진국에 대해서는 전체 온실가스 배출 총량을 2008~2012년까지 1990년 대비 최소 5% 감축키로 하고 각국별 감축 목표는 8% 감축에서 10% 증가 허용까지

차등적으로 설정했다. 하지만 이후 미국이 자국의 산업 보호를 위해 탈퇴했고 의정서 준수 불가를 선언하는 나라들이 나오면서 사실상 실효성이 없어졌다.

배출량 저감 排出量低減 **降低排放量, 减低排放量, 减排**

중국을 포함한 개도국은 온실가스 배출량 저감 목표를 설정했다.

包括中国在内的发展中国家制定了**降低**温室气体**排放量**的目标。

배출권 거래 제도 排出權去來制度 **排放交易许可**

배출권 거래 제도(排放交易许可)란?

오염의 배출 권한을 할당하여 그 할당된 범위 내에서 오염의 배출을 허가하는 제도로서 한 기업이 허용량 이내로 오염을 배출하는 경우, 그 잔여분을 다른 기업에 팔 수 있도록 허용하는 제도이다.

이산화탄소 배출권 **二氧化碳排放权**

이산화탄소 배출권을 거래할 수 있다.

二氧化碳排放权可以进行交易。

이산화탄소 흡수원 **碳汇**

러시아는 자국의 이산화탄소 흡수원에 대한 배출권을 두 배로 받아냈다.

俄罗斯争取到了两倍于本国的**碳汇**排放权。

인증 감축량 認證減縮量 **核证减排量**

유엔환경개발회의 (UNCED) **联合国环境与发展大会**

자동차 공해 自動車公害 **汽车污染**

매연 煤煙 **尾气**

매연 단속 煤煙團束 **尾气检查**

경찰이 매연 단속을 한다.

警察进行**尾气检查**。

매연 저감 장치 煤煙低減裝置 **尾气处理设备**

배기가스 **汽车尾气**

환경 당국은 자동차 배기가스 단속을 강화했다.

环境当局加强了对**汽车尾气**排放的检查。

배출 기준 排出基準 **排放标准**

미국에 수출하는 자동차는 반드시 미국 대기 오염 방지법에 규정된 배출 기준에 부합해야 한다.

出口到美国的汽车必须符合美国清洁空气法所规定的**排放标准**。

불완전 연소 不完全燃燒 **不完全燃烧**

연료의 불완전 연소는 일산화탄소를 발생시킨다.

燃料的**不完全燃烧**会产生一氧化碳。

자연정화 自然淨化 **自然净化**

환경 오염의 심화로 지구가 자연정화 능력을 잃었다.
由于严重的污染, 地球失去了**自然净化**的能力。

자정 능력 自淨能力 **自净能力**

물의 순환을 통한 자정 능력에는 한계가 있다.
通过水循环的**自净能力**有限。

정수 淨水 **净化水**

가정용 정수기 家庭用淨水器 **家用净水器**

가정용 정수기는 임대 가능하다.
家用净水器可以租用。

역삼투압 逆滲透壓 **逆渗透压**

입상 활성탄 필터와 역삼투압 장치가 가정용 정수기에 널리 사용되고 있다.
家用净水器广泛使用粒状活性炭过滤膜和**逆渗透压**功能。

입상 활성탄 粒狀活性炭 **粒状活性炭**

정수기 淨水器 **净水器**

정수장 淨水場 **净水厂**

침전조 沈澱槽 **沉淀池**

침전조는 오수 처리 과정에서 자주 사용되는 구조물이다.
沉淀池是污水处理工程中常用的构筑物。

폭기조 曝氣槽 **爆气池**

폭기조는 누수 방지가 되어야 한다.
爆气池应该防泄漏。

필터, 여과 濾過 **过滤膜**

정수기 필터는 3개월에 한 번씩 교체해야 한다.
净水器的**过滤膜**需要每三个月更换一次。

(중국)국가환경보호총국 中國國家環境保護總局 **(中国)国家环境保护总局**

환경 정책 環境政策 **环境政策**

지구 온난화 地球溫暖化 **全球变暖, 地球变暖**

지구 온난화의 주범은 이산화탄소이다.
导致**全球变暖**的元凶是二氧化碳。

온실가스 (GHG) **温室气体**

온실효과 溫室效果 **温室效应**

온실가스는 지구에서 복사되는 열을 차단하여 온도를 상승시킴으로써 온실 효과를 일으킨다.

温室气体会阻隔从地球辐射出的热量，使得温度上升，从而引起**温室效应**。

온실 효과(温室效应)란?

화석 연료 사용이 증가하면서 이 과정에서 배출된 이산화탄소 등의 가스가 마치 비닐하우스처럼 지구 대기층을 덮어 지구 온도가 상승하는 현상. 온실가스로는 이산화탄소(CO_2) · 이산화질소(NO_2) · 메탄(CH_4) · 염화불화탄소(CFCs) 등이 있다. 이중 이산화탄소가 온실 효과의 55%를 차지한다.

이산화탄소 二酸化炭素 **二氧化碳**

지구 온난화는 이산화탄소 배출로 인한 것이다.
全球变暖是**二氧化碳**排放的结果。

화석 연료 化石燃料 **化石燃料**

화석 연료의 연소 과정에서 이산화탄소가 생성된다.
燃烧**化石燃料**会产生二氧化碳。

지속 가능성 持續可能性 **可持续性**

지속 가능한 발전 **可持续发展**

리우정상회의에서 지속 가능한 발전이라는 개념이 채택되었다.
里约全球环境峰会通过了**可持续发展**的理念。

집진기 集塵機 **集尘设备**

공장의 집진 시설 의무화.
工厂有安装**集尘设备**的义务。

건식 집진기 乾式集塵機 **干式集尘设备**

습식 집진기 濕式集塵機 **湿式集尘设备**

전기 집진기 電氣集塵機 **电气集尘设备**

소각로는 전기 집진기를 이용하여 배기가스 오염 물질을 줄인다.
垃圾焚化炉利用**电气集尘设备**减少排气中的污染物。

탈황 脫黃 **脱硫**

공장 굴뚝에서 나오는 배출 가스는 집진기에 의해 탈황 처리된다.
从工厂烟囱排放的废气要通过集尘设备进行**脱硫**处理。

청색증 青色症 **蓝婴并发症**

청색증은 혈액 내 높은 수치의 황산에 의해 발병하는 희귀병이다.
蓝婴并发症是血液内高数值的硫酸引起的一种罕见疾病。

탄소 기금 炭素基金 **碳基金**

탄소 기금은 개도국들이 탄소 배출을 저감시킬 수 있도록 지원해준다.
碳基金帮助发展中国家减少碳的排放量。

탄소 중립 炭素中立 **碳中和**

폐수 처리 시설 廢水處理施設 **废水处理设施**

모든 공장은 폐수 처리 시설을 갖추어야 한다.
每家工厂都需要配备**废水处理设施**。

정화된 폐수 **被净化的废水**

우리 공장에서는 정화된 폐수를 재사용한다.
我们工厂会对**被净化的废水**进行再利用。

폐·하수 무단 방류 廢·下水無斷放流 **废水、污水的任意排放**

생활 폐수의 무단 방류는 하천 오염의 주요 원인이다.
生活**废水的任意排放**是河流污染的主要原因。

하수 下水, **폐수** 廢水 **污水, 废水**

도시 생활 하수 都市生活下水 **城市生活废水**

도시 생활 하수는 바다로 유입되기 전에 정화 처리되어야 한다.
城市生活废水在排放到大海之前, 必须进行净化处理。

산업 폐수 産業廢水 **工业废水**

현재 많은 공장들이 산업 폐수 재활용 시스템을 도입하고 있다.
目前很多工厂采用**工业废水**循环再利用系统。

생활 하수 生活下水 **生活污水**

생활 하수에는 다량의 중금속이 포함되어 있다.
生活污水包含大量的重金属。

인분 人糞 **人粪**

정화조 淨化槽 **化粪池**

하수 처리장 下水處理場 **污水处理厂**

해양수산부는 도시 하수 처리장을 확대하기로 결정했다.
海洋水产部决定扩大城市**污水处理厂**。

하천 오염 河川汚染 **河流污染**

가축 분뇨 처리장 家畜糞尿處理場 **牲畜粪便处理厂**

대다수 가축 분뇨 처리장이 제대로 관리되지 못하고 있다.
大多数的**牲畜粪便处理厂**没有得到妥善的管理。

시료 試料 **试样**

낙동강 부근에서 채취한 시료에서 다량의 페놀이 검출되었다.
从洛东江附近采集的**试样**中检测出大量的苯酚。

한강수계법 漢江水系法 **汉江水系法**

해수 海水 **海水**

해양 오염 海洋汚染 **海洋污染**

기름 유출 사고 **漏油事故, 溢油事故**

북대서양에서 기름 유출 사고가 발생했다.
在北大西洋发生了**漏油事故**。

해양 투기 海洋投棄 **海洋投弃, 海洋倾废, 海洋倾倒**

유독성 폐기물을 해양에 투기하는 선박을 그린피스가 적발했다.
绿色和平组织逮捕了一艘向**海洋倾倒**有毒废物的轮船。

혈중 농도 血中濃度 **血中浓度**

혈중 약물 농도로 병세가 조절되고 있는지, 환자가 지시에 따라 약을 복용했는지 여부를 알 수 있다.
根据药物的**血中浓度**可判断病情是否得到控制、患者是否遵照指示服药。

환경 環境 **环境**

— 보전 保全 **维持**

우리는 환경 보전을 위해 함께 노력해야 한다.
我们必须一起努力来**维持**环境。

— 보호 保護 **保护**

모든 사람이 환경 보호 의식을 가져야 한다.
每个人都应该有环境**保护**意识。

환경 감시 環境監視 **环境监测**

환경 감시 단체 環境監視團體 **环境监测组织**

그린피스는 국제 환경 감시 단체이다.
绿色和平组织是国际性的**环境监测组织**。

환경 기술 環境技術 **环境技术**

환경 공학 環境工學 **环境工程**

환경학 環境學 **环境学**

환경 기준 環境基準 **环境标准**

허용치 許容値 **允许浓度**

대기 중의 일산화탄소 허용 기준은 Xppm이다.
大气中一氧化碳的**允许浓度**是Xppm。

ppm(parts per million) **百万分之一**

ppb(parts per billion) **十亿分之一**

환경 보호 운동 環境保護運動 **环境保护运动, 环保运动**

환경 보호 운동을 전개하다.
开展**环境保护运动**。

환경 복원 環境復原 **环境治理, 修复生态环境**

난지도 매립 蘭芝島埋立 **填埋兰芝岛**

난지도 매립은 대표적 환경 복원 사업이다.
填埋兰芝岛是典型的环境治理工程。

청계천 복원 清溪川復原 **清溪川复原工程**

토양 복원 土壤復原 **土壤治理**

오염된 토양을 복원하다.
治理污染的**土壤**。

환경부 環境部 **环境部**

환경 악화 環境惡化 **环境恶化**

산업 폐수가 하천 환경을 악화시켰다.
工业废水使河流**环境恶化**。

환경 環境 **· 안전** 安全 **· 보건** 保健 **环境、安全和卫生**

기업들의 환경·안전 및 보건 문제에 대한 관점과 관리 방법에 많은 변화가 일어났다.
公司在看待**环境、安全和卫生**的观点和管理方法上发生了很大的变化。

무재해 운동 無災害運動 **无事故运动, 零事故活动**

ISO 14000 Series **ISO 14000 环境管理体系认证**

ISO 14000 Series(ISO 14000 环境管理体系认证)란?

국제 표준 기구에서 기업들을 위해 설립한 환경 경영 기준. 기업의 경영 활동 전 단계에 걸쳐 환경 문제를 체계적으로 관리하고 평가함으로써 환경 오염을 자발적으로 예방할 수 있도록 하는 환경 분야의 표준화 규격으로 기업의 환경 경영 체제, 능력, 서비스, 환경 성과 등을 평가하여 환경 인증을 주는 환경 경영 국제 규격이다.

환경 라벨 제도 **生态标签制度**

환경 라벨 제도(Eco-Labeling, 生态标签制度)란?

정부나 공공 단체가 환경에 대한 부하가 적은 제품에 부착하는 마크. 예를 들어 "Eco Mark", "Green Mark" 등이 있다.

환경 영향 분석 環境影響分析 **环境影响分析**

환경 영향 분석은 꼭 필요하다.
开展**环境影响分析**是非常必要的。

환경 영향 분석(EIA: 环境影响分析)이란?

각종 공공사업이나 대규모 개발 사업이 환경에 미칠 영향을 사전에 분석하는 것이다.

환경 영향 평가 環境影響評價 **环境影响评估**

댐 건설에 대한 환경 영향 평가를 실시했다.
对水坝建设进行**环境影响评估**。

그린 마크 **绿色标志**

바이오 안전성 **生物安全性**

전 과정 분석 全過程分析 **(LCA)** **生命周期分析**

기술의 복잡성에 따라 전 과정 분석을 분류할 수 있다.
按照技术复杂程度可对**生命周期分析**进行分类。

전 과정 분석(LCA, 生命周期分析)이란?

전 과정 평가. 라이프 사이클 분석이라고도 하며 제품의 제조 공정뿐 아니라 소비 후 최종 폐기 시점까지 제품이 환경에 미치는 영향을 평가하는 제도이다.

전 과정 평가 全過程平價 **LCA(Life Cycle Assessment)** **生命周期评估**

전 과정 평가를 하려면 전 과정 분석을 해야 한다.
生命周期评估需要进行生命周期分析。

환경 오염 環境汚染 **环境污染**

최근 실내환경 오염이 매우 심각하다.
近来, 室内**环境污染**非常严重。

환경 의식 環境意識 **环境意识, 环保意识**

환경 의식의 제고가 환경 보호 운동을 촉진시켰다.
环境意识的提高推进了环境保护运动。

환경 정화 環境淨化 **环境净化**

환경 정화 서비스를 제공하는 회사가 있다.
有公司提供**环境净化**服务。

환경 파괴 環境破壞 **环境破坏**

경제 발전의 부산물로 환경 파괴를 낳았다.
经济发展的副产品是**环境破坏**。

환경 부담 環境負擔 **环境压力**

도시로의 인구 밀집이 환경에 부담을 가져왔다.
城市的人口密集对**环境**造成了**压力**。

환경에 악영향 **对环境造成不良影响**

자동차 보급이 환경에 악영향을 미쳤다.
汽车的普及**对环境造成了不良影响**。

환경 호르몬 **环境激素, 环境荷尔蒙**

컵라면 용기에서 환경 호르몬이 검출되었다.
从桶装方便面的外包装盒里检测出**环境激素**。

내분비 교란 물질 內分泌攪亂物質 **内分泌干扰物**

내분비 교란 물질은 내분비 체계의 기능을 방해하는 장애 물질이다.
环境**内分泌干扰物**是干扰内分泌体系的障碍物。

쓰레기 垃圾

가연성 쓰레기 **可燃垃圾**

가연성 쓰레기가 모자라 톱밥을 섞어야 소각이 가능하다.
由于缺少**可燃垃圾**, 焚烧时需要添加锯屑。

다이옥신 **二恶英, 戴奥辛**

— **배출** 排出 **排放**

일본의 매년 다이옥신 배출량은 4,000그램에 이른다.
日本每年二恶英的**排放**量将近4000克。

매립지 埋立地 **垃圾填埋场**

과거의 난지도 쓰레기 매립지가 지금은 생태공원이 되었다.
过去的兰芝岛**垃圾填埋场**, 目前已成为生态公园。

단순 매립지 單純埋立地 **传统填埋场**

복토 覆土 **覆土**

김포 매립지가 해수면보다 2~3미터 낮아 복토가 필요하다.
金浦垃圾填埋场低于海水面2至3米, 需要进行**覆土**。

위생 매립지 衛生埋立地 **卫生填埋场**

유해 폐기물이 아닌 쓰레기는 위생 매립지에서 처리된다.
无害废弃物将在**卫生填埋场**进行处理。

바젤협약 **巴塞尔公约**

오염물의 국가간 이동을 방지하기 위해 각국은 바젤협약을 체결했다.
为制止"污染跨国转移", 各国签署了**巴塞尔公约**。

바젤협약(巴塞尔公约)이란?

유해 폐기물의 국가간 이동 및 그 처리의 통제에 관한 협약이다. 유해 폐기물의 국가간 이동 및 처리에 관한 국제 규범으로서 1989년 3월 채택되었으며, 1992년 5월 발효되었다. 우리 나라는 1994년 2월에 가입했다.

비가연성 쓰레기 **不可燃垃圾**

일반적으로 배출되는 쓰레기 중 비가연성 쓰레기가 많으면 소각이 어렵다.
一般来说, 排放的垃圾中, 如果**不可燃垃圾**占多数的话, 垃圾难以进行焚烧。

3R 정책 **3R政策**

3R 정책(3R 政策)이란?

감축(Reduce, 減少)·재사용(Reuse, 再用)·재활용(Recycle, 循环再造)이라는 뜻으로 쓰레기 정책의 3대 원칙이다.

쓰레기, 폐기물 廢棄物 **垃圾, 废弃物**

— **처리** 處理 **处理**

쓰레기 처리는 모든 도시의 골칫거리이다.
垃圾**处理**是大多数城市的难题。

쓰레기 매립 **填埋垃圾**

침출수 浸出水 **渗滤液**

단순 매립지의 침출수는 토양으로 스며들어 지하수를 오염시킨다.
从传统填埋场渗出的**渗滤液**渗透到土壤, 造成地下水污染。

— **투기** 投棄 **丢弃**

쓰레기 소각 **焚烧垃圾**

소각로 燒却爐 **垃圾焚烧炉**

소각로에서 배출되는 가스에 함유되어 있는 다이옥신을 제거하다.
除去**垃圾焚烧炉**的排放气体里含有的二恶英。

소각장 燒却場 **垃圾焚烧厂**

주민들은 그 지역 내 소각장 건설을 반대한다.
居民反对在该地区建造**垃圾焚烧厂**。

쓰레기 소각 발전 **垃圾焚烧发电**

쓰레기 수거 **回收垃圾**

분리수거 分離收去 **分类回收**

유리병과 깡통·페트병은 분리수거해야 한다.
玻璃瓶、罐头盒和宝特瓶要进行**分类回收**。

분리수거함 分離收去函 **分类回收箱**

쓰레기 분류 **垃圾分类**

모든 쓰레기는 처리 또는 폐기되기 전에 쓰레기 집하장으로 수거되어 분류된다.
所有的垃圾在处理或者丢弃之前, 要到垃圾中转站进行**垃圾分类**。

우유팩 **牛奶盒**

유리병 **玻璃瓶**

페트병 **宝特瓶, 聚酯饮料瓶, 聚酯瓶**

쓰레기 압축기 **垃圾捣碎机**

쓰레기 압축기로 쓰레기의 부피를 줄일 수 있다.
你可以用**垃圾捣碎机**来减少垃圾的体积。

일일 쓰레기 발생량 **每日垃圾产生量**

선진국의 1인당 일일 생활 쓰레기 발생량은 1.5킬로그램에 이른다.
发达国家每人**每日生活垃圾产生量**竟高达1.5千克。

건축 폐기물 建築廢棄物 **建筑废料**

도시 고형 폐기물 都市固形廢棄物 **城市固体废物**

도시 고형 폐기물은 부피를 줄이기 위해 압축된다.
为了减少**城市固体废物**的体积, 要对其进行压缩。

산업 폐기물 產業廢棄物 **工业废弃物, 工业废物**

산업 폐기물 처리는 생산자 책임이다.
工业废弃物的处理是生产者的责任。

쓰레기 발생 억제 **控制垃圾产生**

당국은 계획을 통해 쓰레기 발생을 억제하려고 한다.
当局推行计划来**控制垃圾产生**。

음식물 쓰레기 **食物垃圾, 厨余垃圾, 餐厨垃圾**

'음식물 쓰레기 줄이기' 운동이 각지에서 전개되고 있다.
一场"减少**食物垃圾**"的活动正在各地展开。

정원 쓰레기 **庭院废物**

정부의 정원 쓰레기 매립 및 소각 금지로 인해 이를 퇴비로 활용하는 방법이 점점 각광받고 있다.
由于政府禁止填埋和焚烧**庭院废物**, 用庭院废物来堆积肥料的方法受到越来越多人的关注。

폐건축 자재 廢建築資材 **废建筑材料**

폐목재 廢木材, **광재** 鑛材 **废木材, 废矿材**

폐유 廢油 **废油**

폐유와 가성 소다로 비누를 만든다.
用**废油**和烧碱制造肥皂。

일회용품 一回用品 **一次性用品**

일회용품 사용을 자제하자.
应尽量少使用**一次性用品**。

일회용 기저귀 **一次性尿布**

일회용 도시락 **一次性餐具**

일회용 세면 도구 一回用洗面道具 **一次性洗漱用品**

일회용 젓가락 **一次性筷子**

이제 식당에서도 일회용 젓가락을 내놓지 않는다.
现在, 餐厅也不再提供**一次性筷子**。

자연 분해 自然分解 **自然降解**

폐스티로폼이 자연 분해되는 데에는 100년이 걸린다.
废聚苯乙烯泡沫塑料的**自然降解**需要100年的时间。

난분해성 難分解性 **不可降解性**

분해성 쓰레기와 난분해성 쓰레기를 분리하다.
将可降解性垃圾和**不可降解性**垃圾分类。

자연 분해성 自然分解性 **自然降解性, 可降解性**

자연 분해성 비닐로 만든 쓰레기 봉지.
用**自然降解性**塑料制作的垃圾袋。

자원화 資源化 **资源化**

폐가전제품의 자원화 연구가 진전을 보이고 있다.
废旧家用电器**资源化**研究有了进展。

1인당 보유 자원 1人當保有資源 **人均资源**

재활용품 再活用品 **再生产品, 再生用品**

재생 용지 再生用紙 **再生纸**

재생고무 **再生橡胶**

재생 에너지 **可再生能源**

종량제 從量制 **垃圾费随袋征收制度**

타이페이의 쓰레기 종량제 실시로 시민들은 종량제 봉투를 구매해 쓰레기를 담아야 한다.
台北实施**垃圾费随袋征收制度**, 也就是说市民必须买专门的垃圾袋装垃圾。

종량제 봉투 從量制封套 **专用垃圾袋**

퇴비 堆肥 **堆肥**

퇴비화 堆肥化 **堆肥化**

정부는 도시 쓰레기 퇴비화 처리 기술을 매우 중요시한다.
政府很重视城市垃圾的**堆肥化**处理技术。

폐기물 처리 廢棄物處理 **废弃物处理**

유독 폐기물 有毒廢棄物 **有毒废弃物**

유해 폐기물 有害廢棄物 **有害废弃物**

칭다오 시 최대의 유해 폐기물 소각 시설이 본격 가동에 들어갔다.
青岛市最大规模的**有害废弃物**焚烧设施正式点火启动。

폐열 회수 廢熱回收 **废热回收**

폐열 회수 장치로 버려지는 에너지를 효과적으로 사용한다.
废热回收装置能妥善地使用废弃的能源。

생태계 生态系统

국제습지협약(람사협약) 國際濕地協約　　国际湿地公约, 拉姆萨尔公约

람사협약(国际湿地公约)이란?

습지 보전을 위한 협약. 개발을 위한 매립, 환경 오염 등 다양한 요인에 의한 습지의 잠식과 상실을 방지하고 특히 국경을 넘어 이동하는 물새류의 중계지나 서식지가 되는 습지를 국제적인 자원으로 중시하여 이를 보호하고자 1971년 2월 이란 람사에서 채택한 협약이다.

람사 지구　　国际重要湿地名录

지금까지 130개 조약국의 총 1,140개 습지가 람사 지구로 지정되었다.
现在共有130个缔约国的1140个湿地被列入**国际重要湿地名录**。

물새　　水鸟

철새　　候鸟

먹이사슬　　食物链

먹이사슬은 자연계의 먹이 수요 공급 관계이다.
食物链是自然界中食物供求的关系链。

고등 동물 高等動物　　高等动物

사냥꾼과 먹이　　捕食者与被捕食动物

육식 동물 肉食動物　　肉食动物

육지 동물 陸地動物　　陆地动物

초식 동물 草食動物　　草食动物

하등 동물 下等動物　　低等动物

동물계 动物类	
무척추동물	无脊椎动物
갑각류	甲壳类
강장동물	腔肠动物
거미류	蜘蛛类
곤충	昆虫
극피동물	棘皮动物
선충류	线虫类
연체동물	软体动物
편충동물	扁形动物

해면동물	海绵动物
환형동물	环节动物
척추동물	脊椎动物
양서류	两栖类
어류	鱼类
조류	鸟类
파충류	爬虫类
포유류	哺乳类

멸종 위기 동식물 滅種危機動植物 **濒危动植物**

남획으로 인해 일부 고래는 멸종 위기에 놓였다.
由于滥捕, 有些鲸鱼成为了**濒危动物**。

도요새 **鹬**

두루미 **丹顶鹤**

따오기 **朱鹮**

멸종 滅種 **灭绝, 绝种**

서식지 파괴와 오염 때문에 많은 동식물이 멸종 위기에 처해 있다.
由于栖息地遭到破坏和污染, 很多动植物都面临着**灭绝**的危机。

반달곰 **亚洲黑熊, 月牙熊**

웅담 때문에 중국의 반달곰이 포획된다.
为了获得熊胆, 中国的**月牙熊**被捕杀。

사향노루 **麝香鹿**

저어새 **黑面琵鹭**

희귀 동식물 稀貴動植物 **珍稀动植物**

멸종 위기에 처한 야생 동식물의 국제 거래에 관한 협약 **濒危野生动植物种国际贸易公约**

멸종 위기에 처한 야생 동식물의 국제 거래에 관한 협약 (CITES, 濒危野生动植物种国际贸易公约)이란?

본 협약은 멸종 위기에 처한 야생 동식물의 불법 또는 과도한 국제 거래를 규제함으로써 야생 동식물을 보호하기 위한 것으로 1973년 2월에 채택되어 1975년 7월 발효되었다. 한국은 1993년 7월에 가입했다.

밀렵 密獵 **偷猎**

많은 사람들이 보호 대상인 야생 동물을 밀렵하고 있다.

很多人**偷猎**被保护的野生动物。

녹용 鹿茸 **鹿茸**

사향 麝香 **麝香**

상아 象牙 **象牙**

일부 아프리카 국가에서는 상아 매매가 합법적이다.
在一些非洲国家买卖**象牙**是合法的。

웅담 熊膽 **熊胆**

중국에서 밀수한 웅담.
从中国走私来的**熊胆**。

정력제 精力劑, **최음제** 催淫劑 **壮阳药, 催欲药**

최음제는 남성의 정력을 좋게 해준다고 알려져 있다.
壮阳药被认为可以用来加强男性的精力。

코뿔소 뿔 **犀牛角**

사막화 沙漠化 **荒漠化**

방호림을 조성하는 이유는 사막화를 줄이기 위해서이다.
种植防护林就是为了减少**荒漠化**现象。

사막화(荒漠化)란?

사막화란 건조 및 반건조 지역에서 토지의 생물 생산 능력이 감퇴 또는 상실되는 현상을 말한다. 따라서 사막화 지역은 결국 식생이 자랄 수 없고 암석이나 모래로 덮여 있는 사막과 같은 상태로 되고 마는 것이다.

사막화 방지법 沙漠化防止法 **防沙治沙法**

사막화방지협약 沙漠化防止協約(UNCCD) **联合国防治荒漠化公约**

퇴경 환림(정책) 退耕還林 **退耕还林**

산림의 황폐화 **森林退化**

아프리카의 산림 황폐화는 고난으로 얼룩진 대륙에 더 많은 고통을 안겨주고 있다.
非洲的**森林退化**给已经饱受磨难的大陆增添了更多的痛苦。

피복률 被覆率 **森林覆盖率**

생물 다양성 生物多樣性 **生物多样性**

산림은 지구의 생물 다양성 유지와 밀접한 관계가 있다.
森林与地球**生物多样性**的维持有密切的关系。

생물다양성보존협약 生物多樣性保存協約 **生物多样性公约**

생물량 生物量 **生物量**

오염된 하천에서 생물량이 급격히 감소하고 있다.

被污染河流的**生物量**严重下降。

생태계 生態界 **生态系统, 生态界**

생태계는 인류의 생존과 직접적으로 연계되어 있다.

生态系统是与人类的生存直接联系在一起的。

— 교란 攪亂 **扰乱生态系统**

생물권 生物圈 **生物圈**

생태권 生態圈 **生态圈**

— 파괴 生態破壞 **生态破坏**

지구 생태계 파괴는 인류의 멸망을 가져올 것이다.

地球**生态破坏**会导致人类的灭亡。

생태학 生態學 **生态学**

서식지 棲息地 **栖息地**

— 보호 保護 **保护栖息地**

서식 棲息 **栖息**

DMZ에는 많은 멸종 위기 동식물이 서식하고 있다.

很多濒危动植物在DMZ**栖息**。

수중 생태계 水中生態界 **水生生态系统**

수중 생태계에 커다란 변화가 일어났다.

水生生态系统发生了巨大变化。

동물성 플랑크톤 **浮游动物**

한국 남부 연안의 심해에 폐기된 쓰레기 때문에 중층에 서식하는 동물성 플랑크톤이 영향을 받았다.

韩国南部沿岸深海的废弃垃圾给栖息在海洋中层的**浮游动物**带来了很大影响。

수생 동물 水生動物 **水生动物**

식물성 플랑크톤 **浮游植物**

허리케인이 해수면의 식물성 플랑크톤을 급격히 증가시킨다는 사실이 발견되었다.

研究发现飓风使海水表面的**浮游植物**迅速增长。

해양 동물 海洋動物 **海洋动物**

수토 유실 水土流失 **水土流失**

습지 濕地 **湿地**

습지의 보전은 지구 생태계에 매우 중요하다.

湿地的保护对地球的生态系统非常重要。

간척 사업 干拓事業 **填海工程**

갯벌 **泥质滩地, 海滩湿地**

홍수림은 열대 혹은 아열대 조간대 갯벌에서 자란다.
红树林生长于热带或亚热带海岸潮间带的**泥质滩地**上。

식수조림 植樹造林 **植树造林**

식생 植生 **植被**

야생 동식물 野生動植物 **野生动植物**

— 보호 保護 **保护**

정부는 야생 동물 보호를 위해 비무장 지대의 생태계를 연구하기로 결정했다.
为了**保护**野生动物, 政府决定研究DMZ的生态系统。

야생 동물 野生動物 **野生动物**

야생 식물 野生植物 **野生植物**

토양 土壤 **土壤**

광합성 光合成 **光合作用**

광합성을 통해 대기로부터 이산화탄소를 없앤다.
通过**光合作用**从大气中分解二氧化碳。

— 비옥도 肥沃度 **土壤肥力**

— 산성화 酸性化 **土壤酸化**

— 식물 植物 **土壤植物**

외래 토양 식물은 토착 식물의 생존을 위협하며 토착 생태계를 영구적으로 변화시킨다.
外来的**土壤植物**会威胁本土植物的生存, 引起本土生态系统的永久性变化。

— 유실 流失 **土壤流失**

— 척박하다 **土地贫瘠**

— 침식 浸蝕 **土壤侵蚀**

표토 表土 **表层土壤**

매년 유실되는 지표면 토양은 새로 생성되는 양보다 20억 톤 이상 많다.
每年流失的**表层土壤**要比新产生的土壤多达20亿吨。

— 황폐화 荒廢化 **土地退化**

과도한 방목은 토양의 황폐화를 초래한다.
过度的放牧会导致**土地退化**。

지구 地球

그리니치 표준시(GMT) **格林威治标准时间**

극빙하 極氷河 **极地冰川**

그들은 극빙하가 녹으면 21세기 중반에 해수면이 2~2.5피트 가량 상승할 것으로 예측했다.

他们预测如果**极地冰川**融化, 到了21世纪中叶, 海平面会上升2至2.5英尺。

날짜 변경선 **国际日期变更线**

동지 冬至 **冬至**

만년설 萬年雪 **万年雪, 终年不化的积雪**

빙산 氷山 **冰山**

빙하 氷河 **冰河, 冰川**

서머타임 **夏令时间**

서머타임(Summer Time, 夏令时间)이란?

여름에 일정 기간 동안 표준 시간보다 시계를 1시간 빨리 적용하는 것을 서머타임이라고 부른다.

세계시 世界時**(UT)** **世界时**

세계시는 지구의 자전 운동을 기준으로 하는 시간 계산 방식이다.

世界时是以地球自转运动为标准的时间计量系统。

지구 地球 **地球**

극지방 極地方 **极地**

지구에서 가장 추운 극지방을 탐사하다.

勘探世界上最寒冷的**极地**。

경도 經度 **经度**

남반구 南半球 **南半球**

북반구 北半球 **北半球**

위도 緯度 **纬度**

적도 赤道 **赤道**

좌표 座標 **座标**

추분 秋分 **秋分**

춘분 春分 **春分**

하지 夏至 **夏至**

북반구의 하지는 6월 21일로 1년 중 낮이 가장 길다.

北半球的**夏至**是6月21日, 是一年之中白天最长的一天。

기후 气候

강수량 降水量 **降水量**

강설량 降雪量 **降雪量**

강우량 降雨量 | **降雨量**

고기압 高氣壓 | **高气压**

고기압권 高氣壓圈 | **高气压圈**

중국 동부 해상에는 저기압권이, 서부 내륙에는 고기압권이 형성되어 있다.
中国的东部海上是低气压圈, 西部大陆是**高气压圈**。

기단 氣團 | **气团**

기상 이변 氣象異變 | **气候异常, 气候反常**

엘니뇨 현상으로 인해 1998년 기상 이변이 나타났다.
由于厄尔尼诺现象, 1998年出现了**气候异常**现象。

기상 재해 氣象災害 | **气象灾害**

황사는 복잡한 자연 현상의 결과로, 예측이 불가능한 기상 재해이다.
沙尘暴是复杂的自然条件作用的结果, 是不可预测的**气象灾害**。

기후대 氣候帶 | **气候带**

냉대 冷帶 | **冷带**

아열대 亞熱帶 | **亚热带, 副热带**

열대 熱帶 | **热带**

온대 溫帶 | **温带**

한국은 온대 기후에 속하며 사계절이 뚜렷하다.
韩国属于**温带**气候, 一年四季非常分明。

한대 寒帶 | **寒带**

기후 변화 氣候變化 | **气候变化**

기후학 氣候學 | **气候学**

단층 지진 斷層地震 | **断层地震**

대기 역전 현상 大氣逆轉現象 | **逆温现象**

대기 역전 현상(逆温现象)이란?

일반적으로 대기는 상공으로 높아질수록 기온이 낮아지지만 경우에 따라서는 그와 반대로 상공이 하층보다 기온이 높은 현상이 나타나기도 한다. 이런 현상을 대기 역전 현상이라고 한다. 또 이렇게 하층보다 기온이 높은 상공 대기층을 역전층(inversion layer, 逆温层)이라고 한다. 대기 역전 현상이 발생하면 한동안 공기 순환이 느려지거나 멈추면서 대기 오염 물질이 정체되어 그 오염도가 증가한다. 도시 지역의 경우에는 대기 오염 물질의 확산이 잘 이루어지지 않기 때문에 도시형 스모그를 악화시키는 주원인이 된다. 특히 서울의 경우 차량 정체가 심하고 난방용 연료 사용이 증가하고 있어 대기 오염 물질 발생량이 증가하는 겨울철에는 이와 같은 대기 역전 현상이 자주 나타나 오염도를 가중시키고 있다.

대륙성 기후 大陸性氣候 | **大陆性气候**

키르기스탄은 대륙성 기후로 강수량이 적은 편이다.
吉尔吉斯坦属于**大陆性气候**, 降水量相对少。

라니냐 **拉尼娜现象**

라니냐(拉尼娜现象)란?

라니냐(La Niña, 여자아이라는 뜻)는 엘니뇨의 반대 현상으로 동태평양의 해수면 온도가 5개월 이상 평년보다 0.5도 이상 낮아지는 현상이다. 적도 무역풍이 강해지면서 서태평양의 해수 온도 상승으로 동태평양에서 저수온 현상이 발생하면 원래 찬 동태평양의 바닷물이 더욱 차가워져 서진하게 된다. 따라서 지구 곳곳에 극심한 장마 · 가뭄 · 강추위가 찾아올 수 있다. 현재까지 이 현상의 발생 과정, 활동 주기, 기상에 미치는 영향 등에 대해 뚜렷하게 밝혀진 바가 없다.

무감 지진 無感地震 **无感地震**
무역풍 貿易風 **贸易风, 信风**
엘니뇨 **厄尔尼诺现象**

열대 지방의 화산 폭발은 엘니뇨를 발생시킬 수 있다.
热带地区火山爆发会引发**厄尔尼诺现象**。

엘니뇨(厄尔尼诺现象)란?

엘니뇨(El Niño) 현상은 매년 12월경 페루와 에콰도르 국경인 과야킬만(남위 2도) 부근에 북쪽에서 난류가 흘러 들어와 해면 수온이 높아지는 현상을 말한다. 스페인어로 'The Little Boy' 또는 'Child Christ'라는 말로, 난류가 유입되면서 물고기가 많이 잡혀 페루 어민들이 하늘의 은혜에 감사한다는 뜻으로 크리스마스와 연관시켜 아기 예수의 의미를 가진 '엘니뇨'라는 이름을 붙였다. 그러나 몇 년에 한 번꼴로 해면 수온이 평년에 비해 2~5℃가량 높아져서 장기간(1~1.5년) 계속되는데 그렇게 되면 어업에도 지장을 초래하며 적도 태평양 해수면의 광범위한 승온 현상은 전 지구적으로 홍수 · 가뭄 등 많은 기상 이변을 초래한다.

연교차 年較差 **年温差**
연평균 기온 年平均氣溫 **年平均气温**

1990년대 지구의 연평균 기온은 1950년대에 비해 0.5℃ 상승했다.
20世纪90年代全球的**年平均气温**比50年代升高了0.5℃。

일교차 日較差 **日夜温差, 昼夜温差**
저기압 低氣壓 **低气压**
저기압권 低氣壓圈 **低气压圈**
전선 前線 **前锋**
온난 전선 溫暖前線 **暖锋**

북부 지대의 온난 전선이 구름과 소나기를 동반할 것으로 예측된다.

北部地带的**暖峰**预计伴有阴天和雷阵雨。

한랭 전선 寒冷前線 **冷锋**

제트 기류 **喷射气流**

지진 地震 **地震**

지진학 地震學 **地震学**

지진 강도 地震强度 **震级**

리히터 **里氏, 黎克特地震震级**

지난 4일 루마니아에서 리히터 규모 5.2의 지진이 발생했다.
罗马尼亚4日发生了**里氏**5.2级地震。

편서풍 偏西風 **西风**

편서풍이 중국 내륙 지방의 황사와 산성비를 일본으로 이동시켰다.
西风把沙尘暴和酸雨从中国内陆带到了日本。

푄 **焚风**

한발 旱魃 **旱灾**

해양성 기후 海洋性氣候 **海洋性气候**

해일 海溢, **쓰나미** **海啸**

홍수 洪水 **洪水**

그들은 갑자기 밀려 든 홍수로 지붕 위에 고립됐다.
突然而来的**洪水**把他们困在了房顶。

고립 孤立 **被困, 困于某地, 被孤立**

고립된 주민들이 물 속에서 구조를 기다렸다.
被困居民在水中等待救援。

수해 水害 **水灾**

화산 火山 **火山**

사화산 死火山 **死火山**

킬리만자로 산은 아프리카에서 가장 높은 사화산이다.
乞力马扎罗山是非洲最高的一座**死火山**。

활화산 活火山 **活火山**

기상 气象

가끔 구름 **晴转多云**

가시거리 可視距離 **能见度, 视界**

강 범람 江氾濫 **泛滥**

강이 범람하면서 인근 논밭이 침수되었다.
河流的**泛滥**使附近农田被淹没。

구름 낌 **多云**

기상 경보 氣象警報 **天气警报**

건조주의보 乾燥注意報 **干旱预警**

어제 내린 비로 건조주의보가 해제되었다.
昨天的降雨解除了**干旱预警**。

— **발령** 發令 **发布天气预警, 天气警报**

오후 3시를 기해 한국 남해안 전역에 호우 경보와 폭풍 경보가 발령됐다.
韩国南海岸**发布了**自下午三点以后的大雨和暴风雨**警报**。

한파주의보 寒波注意報**, 한파 경보** 寒波警報 **寒冷预警, 寒潮预警**

— **해제** 解除 **解除天气预警, 解除天气警报**

기상 관측 氣象觀測 **气象观测**

2002년은 기상 관측 이래 143년 만에 가장 무더운 해였다.
2002年是自有**气象观测**143年以来最热的一年。

기상 관측소 氣象觀測所 **气象观测站**

기상 예보 氣象豫報 **天气预报**

악천후 惡天候 **恶劣天气, 坏天气**

겨울철 외출에는 악천후를 만날 가능성이 높다.
冬季外出时遇到**恶劣天气**的可能性很大。

기상주의보 氣象注意報 **天气预警**

기상청 氣象廳 **气象厅, 气象局**

기온 氣溫 **气温**

낮 최고 기온 **白天最高气温**

내일 낮 최고 기온은 31℃로 예상됩니다.
明天**白天最高气温**将达到31℃。

최고 기온 最高氣溫 **最高气温**

최저 기온 最低氣溫 **最低气温**

내일 최고 기온은 섭씨 20도 분포, 최저 기온은 10도 분포가 되겠습니다.
明天最高气温在20摄氏度左右, **最低气温**在10摄氏度左右。

다발 지역 多發地域 **多发区**

맑음 **晴**

먼지바람 **尘暴**

모래 덮임 **沙埋**

모래 바람 **沙暴**

미세 물질 微細物質 **颗粒物质**

방풍림 防風林 **防风林**

비 | 雨

뇌우 雷雨 | **雷雨**

눈비 | **雨夹雪**

소나기 | **阵雨**

소나기가 지나간 후 공기가 상쾌해졌다.
阵雨过后，空气凉爽了许多。

안개비 | **毛毛雨**

인공 강우 人工降雨 | **人工降雨**

빈발기 頻發期 | **频发期**

빈발 지역 頻發地域 | **频发区**

삼한사온 三寒四溫 | **三寒四暖**

세계기상기구 世界氣象機構 WMO(World Meteorological Organization) | **世界气象组织**

수위 水位 | **水位**

위험 수위 危險水位 | **警戒水位**

홍수가 이미 위험 수위를 넘어섰다.
洪水已经超过了**警戒水位**。

습도 濕度 | **湿度**

냉방병 冷房病 | **空调病**

늘 에어컨에 노출된 사람은 냉방병에 걸리기 쉽다.
长时间呆在空调房的人，容易得**空调病**。

불쾌지수 不快指數 | **不适指数**

한국 대부분 지역에 열대야 현상이 나타났으며 특히 서울 한낮의 불쾌지수는 77에 달했다.
韩国大部分地区出现了热带夜现象，特别是首尔白天的**不适指数**达到了77。

열섬 효과 | **热岛效应**

연무 현상 煙霧現像 | **阴霾现象**

연무 현상의 급격한 증가는 자동차 배기가스와 직접적인 연관이 있다.
阴霾现象的明显增加和机动车尾气污染有着直接的关系。

열대성 저기압 熱帶性低氣壓 | **热带性低气压**

사이클론 | **气旋**

대부분의 희생자는 사이클론이 닥치기 전에 집을 비우라는 정부의 경고를 따르지 않은 가난한 제염 노동자들이었다.
大部分的牺牲者都是没有听从政府警告，未能在**气旋**到来之前撤离房屋的盐场工人。

토네이도 | **龙卷风**

허리케인 **台风, 飓风**

일몰 日沒, **일출** 日出 **日落, 日出**

세계에서 몰려든 관광객이 이곳에서 일몰 일출시 계속해서 색깔이 바뀌는 '에어스 록'을 감상한다.

世界各地的游客聚集在此地, 观赏随**日落日出**不断变换颜色的"艾尔斯岩石"。

재해 지역 災害地域 **受灾地区**

체감 온도 體感溫度 **体感温度**

실제 기온은 20도 정도이지만 체감 온도는 0도에 가까웠다.

气温在20摄氏度左右, 但**体感温度**接近0摄氏度。

체감 지수 體感指數 **体感指数**

침수 浸水 **淹没**

잘츠부르크의 천 채가 넘는 가옥이 침수됐다.

萨尔茨堡有超过1000栋房屋被**淹没**在水下。

태풍주의보 颱風注意報, **태풍경보** 颱風警報 **台风预报, 台风警报**

금요일 오전 9시를 기해 제주도 남부 지역과 남해안의 태풍 경보가 태풍주의보로 대체되었다.

自星期五上午九点以后, 济州岛南部地区和南海岸上的台风警报被**台风预报**替代。

태풍 진로 颱風進路 **台风路径**

태풍 진로에 위치한 해안가 휴양지의 여행객들을 내륙 지역으로 대피시켰다.

位于**台风路径**的海岸度假村的旅游者都被疏散到内陆。

폭설 暴雪 **暴风雪**

폭설로 도로가 막혔다.

暴风雪把路都封住了。

눈사태 **雪崩**

대설주의보 大雪注意報, **대설 경보** 大雪警報 **大雪预报, 大雪警报**

염화칼슘 **氯化钙, 融雪剂**

적설량 積雪量 **积雪量**

제설기 除雪機 **铲雪车**

폭염 暴炎 **热浪, 酷暑**

시카고의 살인적인 폭염이 1995년 7월 일주일 동안 계속되었다.

芝加哥最厉害的**热浪**发生在1995年7月, 持续了一星期的时间。

폭우 暴雨 **暴雨**

게릴라성 폭우 **突然性暴雨, 突发性暴雨**

산사태 山沙汰 **山崩**

일요일 폭우로 인한 산사태로 8명이 사망했다.
星期天的强降雨造成了**山崩**, 导致8名人员死亡。

제방 堤防, 둑 **堤岸**

제방을 수리하기 위해 15,000명의 군인이 파견됐다.
为了修**堤岸**, 派遣了1万5千多名军人。

집중 호우 集中豪雨 **集中降雨**

축대 築臺 **丁坝**

축대가 무너진 것은 이번 호우와 상관 없다.
丁坝的塌陷和这场降雨没有关系。

호우주의보 豪雨注意報 **强降雨预报**

폭풍주의보 暴風注意報 **暴风预报**

풍속 風速 **风速**

돌풍 突風 **阵风**

풍향 風向 **风向**

남동풍 南東風 **东南风**

북서풍 北西風 **西北风**

피해 상황 被害狀況 **灾情**

한파 寒波 **寒潮**

혹한 酷寒 **酷寒**

홍수 대책 洪水對策 **防汛措施**

홍수 대책과 농경지 확충으로 야생 동물 서식지가 파괴됐다.
防汛措施和耕地的扩大造成了野生动物栖息地的破坏。

황사 이동 黃砂移動 **沙尘暴移动**

황사는 중국 내륙 지역에서 발생해 동쪽으로 이동한다.
沙尘暴发源于中国内陆地区, 向东**移动**。

황사(沙尘暴)란?

황사는 봄철 중국 대륙이 건조해지면서 고비 사막, 타클라마칸 사막, 내몽골 지방의 고원에서 고운 흙먼지가 강한 상층 기류를 타고 3천~5천 미터 상공으로 올라가 편서풍에 실려 우리 나라와 일본, 멀리는 태평양까지 이동하는 현상이다. 황사 알갱이 크기에 따라 1,000㎛의 입자는 통칭 황사(sand)라고 하며, 10㎛의 입자는 황진(dust)으로 불린다. 황사 현상은 중국의 산업화로 인해 심각성을 더해가고 있다.

황사 모니터링 시스템 **沙尘暴监测系统**

황사 이동 경로 黃砂移動經路 **沙尘暴移动路径**

황사 현상 黃砂現象 **沙尘暴现象**

한국에서는 봄마다 황사 현상이 나타난다.
韩国每年春天都会出现**沙尘暴**现象。

황사의 분류 沙尘暴的种类		
부진(Floating dust)	浮尘	가시거리 10킬로미터 미만으로 황사 발생 후 날리는 고른 먼지
양사(Blowing Sand)	扬沙	가시거리 1~10킬로미터. 바람 모래먼지를 쓸어 올려 대기가 혼탁함.
황사, 모래폭풍 (Dust Sand storm, DDS)	沙尘暴	대량의 먼지. 대기가 매우 혼탁해 가시거리1킬로미터 미만.

흐림 阴
흙비 泥雨

환경 관련 국제조약 및 단체명 环境国际条约及环保组织
대기, 기후 大气, 气候
공해방지 협약 公害防止协定
몬트리올 의정서의 런던 개정서 蒙特利尔议定书的伦敦修正案
몬트리올 의정서의 몬트리올 개정서 蒙特利尔议定书的蒙特利尔修正案
몬트리올 의정서의 코펜하겐 개정서 蒙特利尔议定书的哥本哈根修正案
오존층 보호를 위한 비엔나 협약 保护臭氧层维也纳公约
오존층 파괴 물질에 관한 몬트리올 의정서(몬트리올 의정서) 蒙特利尔议定书
해양, 어업 海洋, 渔业
국제 포경 규제 협약(ICRW) 国际捕鲸管制公约
남극 해양생물 자원보존에 관한 협약(CCAMLR) 南极海洋生物资源养护委员会
대서양 참치의 보존에 관한 국제 협약(ICCAT) 金枪鱼类保护国际委员会
동남대서양 생물자원 보존 협약 保护东南大西洋生物资源公约
북서대서양 어업에 있어서의 장래 다자간 협력에 관한 협약 北大西洋未来多边渔业合作公约
유류오염 손해에 대한 민사책임에 관한 국제 협약 国际油污损害民事责任公约
유류오염 손해에 대한 민사책임에 관한 1969년 국제 협약의 의정서 1969年国际油污损害民事责任公约的议定书
1954년 유류에 의한 해양의 오염방지를 위한 국제 협약(1962년 및 1969년 개정 포함) 1954年国际防止海洋石油污染公约 (1962、1969年修正)
1971년 유류오염 손해배상을 위한 국제기금 설치에 관한 국제 협약 1971年设立油污损害国际赔偿基金国际公约

1973년 선박으로부터의 오염방지를 위한 국제 협약 및 1978년 의정서
经1978年议定书修正的1973年国际防止船舶造成污染公约
简称 "73/78防污公约" 或 "MARPOL73/78"

폐기물 및 그밖의 물질의 투기에 의한 해양오염 방지에 관한 협약 (런던 협약)
防止因倾弃废物及其他物质而引起海洋污染的公约(1972年, 伦敦)

해양법에 관한 국제 연합 협약 联合国海洋法公约

유해 물질, 폐기물 有害物质, 废弃物

유해 폐기물의 국가간 이동 및 그 처리의 통제에 관한 바젤 협약(바젤 협약)
巴塞尔公约

자연, 생물 보호 自然, 生物保护

국제 식물 보호 협약 国际植物保护公约

동남아시아 태평양 지역 식물보호 협정 关于保护东南亚和太平洋地区植物的协定

멸종 위기에 처한 야생 동식물의 국제 거래에 관한 협약(CITES)
濒危野生动植物物种国际贸易公约

물새 서식지로서 국제적으로 주요한 습지에 관한 협약(1982년 및 1987년 개정 포함)
拉姆萨尔公约

생물 다양성 협약 生物多样性公约

1983년 국제 열대목재 협정 1983年国际热带木材协定

1994년 국제 열대목재 협정 1994年国际热带木材协定

핵 안전 核安全

대기권, 외기권 및 수중에서의 핵무기 실험 금지 조약
禁止在外空、大气层和水下进行核试验条约

핵무기 및 기타 대량 파괴 무기의 해저, 해상 및 그 하층토에 있어서의 설치 금지에 관한 조약 禁止在海床洋底及其底土安置核武器和其他大规模毁灭性武器条约

핵물질의 방호에 관한 협약 核材料实物保护公约

핵사고 또는 방사능 긴급 사태시 지원에 관한 협약 核事故和辐射应急情况援助公约

핵사고의 조기 통보에 관한 협약 及早通报核事故公约

핵안전에 관한 협약 核安全公约

기타 其他

남극 조약 南极公约

달과 기타 천체를 포함한 외기권의 탐색과 이용에 있어서의 국가 활동을 규율하는 원칙에 관한 조약
关于各国探索和利用包括月球和其他天体在内外层空间活动的原则条约

사막화 방지 협약(UNCCD) 联合国防治荒漠化公约

세계 문화유산 및 자연 유산의 보호에 관한 협약 世界文化和自然遗产保护公约

세균 무기(생물 무기) 및 독소 무기의 개발, 생산, 비축의 금지와 그 폐기에 관한 협약
禁止细菌及毒素武器的发展、生产及储存以及销毁这类武器公约

심각한 한발 또는 사막화를 경험한 국가(특히 아프리카)들의 사막화를 방지하기 위한 유엔 협약(사막화 방지 협약)
拟定在发生严重干旱和 / 或沙漠化的国家特别是在非洲防治沙漠化的公约

환경변경 기술의 군사적 또는 기타 적대적 사용의 금지에 관한 협약
关于禁止将环境改变技术用于军事或其他敌对行动之公约

환경보호에 관한 남극 조약 의정서 南极条约环境保护议定书

국제 환경 단체 国际环境团体

국제연합환경계획(UNEP) 联合国环境规划署

그린피스 绿色和平

세계 야생동물 기금협회(WWF) 世界自然基金会

지구감시 기구 守望地球组织

지구의 벗 地球之友

지구평의회, 지구협의회 地球协会

지구환경금융(GEF) 全球环境基金

24 의학 医学

생활 건강 生活健康

가공식품 加工食品 **加工食品**

화학 첨가제가 함유된 가공식품을 피해야 한다.
应该远离含有化学添加剂的**加工食品**。

간접흡연 間接吸煙 **间接吸烟, 二手烟**

직장에서 간접흡연에 노출된 사람들이 호흡기 질환에 걸릴 확률은 두 배이다.
在工作场所, 吸**二手烟**的人患有呼吸道疾病的可能要高出两倍。

거식증 拒食症 **厌食症**

카펜터는 거식증에 걸려 결국 목숨을 잃었다.
卡彭特患有**厌食症**, 最后失去了生命。

건강 증진 健康增進 **增强健康, 增进健康**

이 회사는 직원들의 건강 증진을 위해 헬스 센터를 운영한다.
该公司为了**增强**职工的**健康**, 设立了健身中心。

건강 검진 健康檢診 **体检**

정기 건강 검진에서 아무 이상이 없었다.
在定期**体检**中, 没有发现任何异常。

성인병 成人病 **成人病**

현대인의 당뇨병·고혈압 등 성인병이 증가 추세에 있다.
现代人的糖尿病、高血压等**成人病**呈现增长趋势。

고지방 식품 高脂肪食品 **高脂肪食品**

불포화 지방산 不飽和脂肪酸 **不饱和脂肪**

불포화 지방산 과다 함유 식품을 섭취하면 천식에 걸릴 위험이 두 배 높아진다.
食用富含**不饱和脂肪**的食品可能会使哮喘发生风险提高2倍。

중성 지방 中性脂肪 **中性脂肪**

과로 過勞 **过度疲劳**

업무 중 과로로 쓰러졌다.
由于**过度疲劳**, 他晕倒在工作岗位上。

과음 過飮 **过度饮酒**

구취 口臭 **口臭**

구강 세척제 口腔洗滌劑 **口腔清洁剂, 漱口液**

구취가 심한 경우, 구강 세척제를 자주 이용하도록 권한다.
有口臭的人, 建议经常使用**口腔清洁剂**。

균형 잡힌 식생활 **均衡饮食, 均衡膳食**
하루 세 끼 균형 잡힌 식생활은 건강의 기본이다.
一日三餐的**均衡饮食**是健康的基本。

규칙적인 식사 **规律饮食**
하루 세 끼 규칙적인 식사를 해라.
一日三餐都要有**规律**。

끼니 거르기 **不按时吃饭**

편식 偏食 **偏食**

근력 筋力 **肌肉力量**
우주 비행 중에는 근력을 쉽게 잃게 된다.
在宇航飞行的时候, 很容易失去**肌肉力量**。

복근 腹筋 **腹肌**

흉근 胸筋 **胸肌**

금연 禁煙 **禁烟, 戒烟**
심장 마비를 일으킨 후 그는 담배를 끊었다.
突发心脏麻痹后, 他**戒烟**了。

금연 구역 禁煙區域 **禁烟区**

금연층 禁煙層 **无烟层**

다이어트 **减肥瘦身**

날씬한 몸매 **苗条身材**

다이어트 식단 **减肥餐单, 减肥食谱**

식욕 감퇴 食慾減退 **食欲减退, 食欲下降**
고민과 같은 정서적인 요인도 식욕을 감퇴시킬 수 있다.
情绪上的因素如烦恼, 也会**减低食欲**。

식욕 억제 食慾抑制 **控制食欲, 抑制食欲**

식욕 억제제 食慾抑制劑 **食欲抑制剂**

식이요법 食餌療法 **饮食疗法, 食疗法**

지방 제거 크림 **去脂霜**

칼로리 **卡路里, 热量**

다이어트 산업 **减肥产业**
수억 달러 시장 규모의 다이어트 산업이 빠르게 성장하고 있다.
数亿美元规模的**减肥产业**在快速发展。

만성 피로 증후군 慢性疲勞症候群(CFS) **慢性疲劳综合症**
만성 피로 증후군은 종종 불면증 같은 다른 증상과 함께 나타난다.

慢性疲劳综合症经常伴随其他的症状, 比如失眠。

무기력 無氣力 **无力, 乏力**

열이 나면 늘 무기력해진다.
发烧时会感到**无力**。

복부 비만 腹部肥滿 **腹部肥胖**

중년층에는 복부 비만이 흔하다.
中年人**腹部肥胖**很常见。

뱃살 **肚腩, 肚子上的赘肉**

뱃살을 빼려면 운동을 해야 한다.
必须通过运动来减掉**肚腩**。

불안 不安, **초조** 焦燥 **不安, 焦虑**

그 환자는 늘 불안감에 시달려왔다.
那位患者长期以来一直处于**不安**状态。

비만 肥滿 **肥胖**

비만도 지수 肥滿度指數, **체질량 지수** 體質量指數 **体重指数**

비만도가 25% 이상이면 비만증 환자로 분류된다.
体重指数超过25%以上时, 分类为肥胖症患者。

비만도·체질량 지수(BMI: Body Mass Index, 体重指数)란?

BMI는 비만의 정도를 나타내는 지표로 체중(kg)을 키(m)의 제곱으로 나눈 값이다.

생활 습관병 生活習慣病 **生活习惯病**

성인병은 대부분 생활 습관병이다.
大部分的成人病是**生活习惯病**。

성전환 수술 性轉換手術 **变性手术**

성전환자 性轉換者 **变性人**

성형 수술 成形手術 **整容手术**

숙취 해소 宿醉解消 **解宿醉**

생과일 주스는 숙취 해소에 효과가 있다.
新鲜水果汁能**解宿醉**。

스트레스 **压力**

스트레스는 만병의 근원이다.
压力是万病之源。

식생활 食生活 **饮食生活**

생식 生食 **生吃**

곡물 생식을 하면 체중을 감량할 수 있다.

生吃谷物能减少体重。

육식 肉食 **肉食**

주식 主食 **主食**

채식 菜食 **素食**

채식 위주의 한국인의 식습관이 최근 들어 육식 위주로 바뀌었다.

以**素食**为主的韩国人的饮食习惯最近变成了以肉食为主。

식이 섬유 食餌纖維 **膳食纤维**

위장병 환자는 식이 섬유를 적게 먹어야 한다.

胃病患者应减少**膳食纤维**的摄入。

신경성 神經性, **심인성** 心因性 **神经性, 心因性**

오늘날의 많은 질병이 신경성이다.

最近许多疾病是**神经性**的。

신경 쇠약 神經衰弱 **神经衰弱**

그녀는 신경 쇠약에 걸렸다.

她患上了**神经衰弱**症。

신체 건강 身體健康 **身体健康**

신체 건강은 적극적인 사회 활동에 필수적이다.

身体健康是积极参加社会活动的必备条件。

쌍꺼풀 수술 **双眼皮手术**

쌍꺼풀 수술은 위 눈꺼풀에 주름을 하나 더 만드는 수술이다.

双眼皮手术是在上眼皮上再加上一条皱纹的手术。

쌍꺼풀 **双眼皮**

대부분의 아시아 사람들은 쌍꺼풀이 없거나 속쌍꺼풀이 있다.

大多数的亚洲人没有**双眼皮**, 或者只是内双。

홑꺼풀 **单眼皮**

안면 윤곽 교정 수술 顔面輪廓矯正手術 **面部轮廓手术**

광대뼈 **颧骨**

사각턱 **方下巴, 下巴宽大**

주걱턱 **尖下巴**

알코올 중독 **酒精中毒**

알코올 중독자 **酒精中毒者**

남성의 50%, 여성의 25%가 알코올 중독자이다.

酒精中毒者, 男性约有50%, 女性约有25%。

영양소 營養素 **营养素**

섭취량 攝取量 **摄取量**

5대 식품군 五大食品群 **五大类基本食物**

일일 권장량 一日勸獎量 **建议每日摄取量**

영양소의 일일 권장량을 섭취하면 건강을 유지할 수 있다.
只要营养素的摄入量达到**建议每日摄取量**, 就能保持健康。

우울증 憂鬱症 **抑郁症**

정신적인 압박감으로 그는 우울증에 걸렸다.
由于精神上的压力, 他得了**抑郁症**。

운동 運動 **运动, 锻炼**

주3회 이상 운동을 하면 심폐 건강을 유지할 수 있다.
每周**锻炼**三次能保持心肺的健康。

가벼운 — **少量运动, 轻微运动**

격렬한 — **剧烈运动**

격렬한 운동을 하는 사람들은 금연에 성공할 확률이 두 배 정도 높다.
进行**剧烈运动**的人, 戒烟成功率要高两倍。

— 부족 不足 **运动不足, 缺乏运动**

유방 성형 수술 乳房成形手術 **乳房整形手术**

삽입물 揷入物 **填充物**

과거의 유방 확대 수술은 실리콘 삽입물을 사용했다.
过去的隆胸手术使用的材料是硅胶**填充物**。

유방 축소 수술 乳房縮小手術 **乳房缩小手术**

유방 확대 수술 乳房擴大手術 **隆胸手术**

유산소 운동 有酸素運動 **有氧运动**

30분 정도 유산소 운동을 하면 몸이 지방을 분해하기 시작한다.
半个小时的**有氧运动**后, 身体开始燃烧脂肪。

음주 飮酒 **喝酒**

습관성 음주 習慣性飮酒 **习惯性饮酒**

습관성 음주는 알코올 중독으로 이어질 수 있다.
习惯性饮酒容易引起酒精中毒。

알코올 함유량 **酒精含量**

소주의 알코올 함유량은 15도이다.
烧酒的**酒精含量**是15度。

의치 義齒 **义齿, 假牙**

많은 노인들이 의치를 착용하고 있다.
很多老年人在用**义齿**。

국소 의치 局所義齒 **局部义齿**

인스턴트식품 **速食**

함유량 含有量 **含量**

임플란트 **人工植牙**

입술 성형 **唇部整形**

잇몸 **牙龈**

— 부음 **牙龈肿胀**

치주 질환이 있으면 잇몸이 붓고 피가 난다.

牙周病有牙龈出血和**牙龈肿胀**的症状。

— 출혈 出血 **牙龈出血**

자연식 自然食 **天然食品**

자연식이 건강에 좋다.

天然食品对健康有好处。

적당한 음주 **浅酌, 小酌**

적당한 양의 포도주는 건강에 좋다.

浅酌红酒有利于身体健康。

점 제거 **去痣, 祛斑**

정신 건강 精神健康 **精神健康**

정적인 생활 **"静坐生活方式"**

건강하지 못한 식습관, 정적인 생활, 비만은 당뇨병의 주요 원인이다.

不健康的饮食习惯、**"静坐生活方式"**和肥胖症是糖尿病的主要原因。

주름살 제거 **除皱**

주름 제거 수술 **除皱手术, 除皱整容术**

지구력 持久力 **耐力**

철인 3종 경기는 지구력을 시험하는 운동이다.

铁人三项是考验**耐力**的运动。

지방 흡입술 脂肪吸入術 **抽脂手术**

지방 흡입술은 미국에서 가장 흔한 성형 수술이다.

抽脂手术在美国是最普遍的整容手术。

체력 體力 **体力**

체력을 유지하기 위해 규칙적인 운동은 필수이다.

为了保持**体力**, 需要进行有规律的锻炼。

체지방 體脂肪 **体内脂肪**

춘곤증 春困症 **春困**

나이가 들면 쉽게 춘곤증을 느낀다.

上了年纪的人容易**春困**。

충전 充塡 **充填**

충치 蟲齒　**龋齿, 蛀牙, 虫牙**

당신은 충치가 2개 있다.
你有两颗**蛀牙**。

치아 건강 齒牙健康　**牙齿健康**

치아 교정 齒牙矯正　**牙齿矫正, 矫牙**

부정 교합 不正咬合　**咬合不正**

부정 교합은 치아 기형의 일종이다.
咬合不正是牙齿畸形的一种。

치열 교정기 齒列矯正器　**牙箍, 矫正器**

치은염 齒齦炎　**牙龈炎**

치주염 齒周炎　**牙周炎**

치주 질환 齒周疾患　**牙周病**

코성형 수술　**隆鼻手术**

그녀는 코성형 수술 사실을 부인했다.
她否认自己做过**隆鼻手术**。
她否认自己**做高了鼻子**。(속어적 표현)

매부리코　**驼峰鼻**

비뚤어진 코 성형　**矫正歪鼻**

폭식증 暴食症　**暴食症, 神经性贪食症**

플라그　**菌斑**

치주 질환은 보통 플라그로 인해 유발된다.
牙周病通常由**菌斑**引起。

스케일링　**洗牙, 洁牙**

정기적인 스케일링은 바람직한 생활 습관이다.
定期**洗牙**是一种健康的生活习惯。

치석 齒石　**牙石**

피로 疲勞　**疲劳, 劳累**

나는 늘 피곤하다.
我总是感到很**疲劳**。
만사가 귀찮다.
对任何事都提不起兴趣。
기운이 없다.
没精神。

— **누적** 累積　**积劳**

피로 누적으로 병에 걸릴 지경이다.
我快**积劳**成疾了。

— **회복** 回復 **减缓疲劳, 消除疲劳**

뜨거운 목욕은 피로를 풀어준다.

洗热水澡能**减缓疲劳**。

— **회복제** 回復劑 **能量饮品, 功能饮料**

사람들은 피로를 느낄 때 커피나 피로 회복제를 마신다.

当人感到累的时候, 经常喝咖啡或者**功能饮料**。

피하 지방 皮下脂肪 **皮下脂肪**

헬스클럽 **健身房**

그는 헬스클럽에서 체력을 단련했다.

他在**健身房**锻炼身体。

황제 다이어트 **阿特金斯减肥法, 低碳减肥法, 吃肉减肥法**

황제 다이어트란 살을 빼려는 사람이 육류·계란·생선·해산물을 마음대로 먹는 것이다.

阿特金斯减肥法不限制减肥者对肉类、鸡蛋、鱼和海鲜的摄入。

흉터 제거 **除疤**

흡연 吸煙 **抽烟, 吸烟**

흡연은 폐암과 동맥경화증에 걸릴 위험성을 높인다.

抽烟会增加肺癌和动脉硬化的发病率。

니코틴 **尼古丁**

니코틴 중독 **烟瘾, 尼古丁中毒**

임신과 출산 怀孕和生育

기형아 출산 畸形兒出産 **畸形儿的分娩**

일부 기형아 출산은 유전이다.

一些**畸形儿的分娩**是家族遗传病。

다운증후군 **唐氏综合症**

대리모 代理母 **代孕母亲**

대리모 문제가 많은 법적·윤리적 문제를 야기시켰다.

代孕母亲引起了许多法律和伦理上的问题。

배란 排卵 **排卵**

배란 촉진제 排卵促進劑 **排卵促进剂, 受胎药**

배란 촉진제는 여성의 배란을 촉진시킨다.

排卵促进剂促进女性的排卵。

분만 分娩 **分娩**

산모가 제왕절개로 아기를 분만했다.

产妇通过剖腹手术**分娩**了。

난산 難産 **难产**

산모가 난산으로 고생했다.

产妇由于**难产**受累了。

무통 분만 無痛分娩 **无痛分娩**

수중 분만 水中分娩 **水中分娩**

새 출산 병동에 분만실 4개와 수중 분만실 1개를 계획하고 있다.

新的产房楼将有四个分娩室和一个**水中分娩**室。

순산 順産 **顺产**

양수 羊水 **羊水**

다운증후군 검사를 위해 양수에서 태아의 세포를 채취한다.

唐氏综合症的检查需要采集**羊水**里的胎儿细胞。

유도 분만 誘導分娩 **诱导分娩**

미국에서는 약 20%의 산모들이 유도 분만을 한다.

在美国, 约20%的产妇会进行**诱导分娩**。

자연 분만 自然分娩 **自然分娩**

두려움 때문에 자연 분만을 포기해서는 안 된다.

不要因为恐惧而放弃**自然分娩**。

제왕 절개 帝王切開 **剖腹产**

한국은 세계에서 제왕 절개를 가장 많이 하는 나라이다.

韩国是世界上**剖腹产**最多的国家。

탯줄 **脐带**

만약 탯줄이 태아의 목을 감으면 아이의 생명을 앗아 갈 수 있다.

如果**脐带**缠绕胎儿的颈部, 可能会危及胎儿生命。

불임 不姙 **不孕, 不育**

불임 클리닉 **不孕治疗中心**

이들 부부는 10년 만에 불임 클리닉을 찾았다.

这对夫妇过了十年才去**不孕治疗中心**看病。

산전 産前 **产前**

산파 産婆 **产婆, 接生婆**

산후 産後 **产后**

산후 우울증 産後憂鬱症 **产后抑郁症**

최소한 산모의 10분의 1 정도는 산후 우울증에 걸린다.

最少有十分之一的产妇有不同程度的**产后抑郁症**。

산후조리 産後調理 **产后调养, 坐月子**

산후조리원 産後調理院 **产后调养院, 月子中心**

샴쌍둥이(결합 쌍둥이) **连体双胞胎, 连体婴**

— **분리 수술** 分離手術 **分离手术**

수유 授乳 **哺乳, (母乳)喂养**

모유 母乳 **母乳**

모유 수유는 아이의 지능 발달을 촉진하고, 감염 및 설사를 예방하며, 성인이 된 후에 당뇨병이나 알레르기성 질환의 발병률을 낮춰준다.

母乳喂养能够促进小孩大脑发育, 预防感染和腹泻, 减少成人后患糖尿病和过敏性疾病的可能。

분유 粉乳 **奶粉**

시험관 시술 試驗管施術 **试管受精**

불임 부부는 시험관 시술을 하기로 결정했다.

那对不孕夫妇决定进行**试管受精**。

시험관 아기 **试管婴儿**

시험관 아기에 대한 사회적 논쟁이 적지 않다.

对于**试管婴儿**, 社会上有很多的争议。

유산 流産 **流产**

인공 수정 人工受精 **人工受精**

인공 수정은 불임을 치료하는 가장 오래되고 단순한 방법이다.

人工受精是最古老最简单的治疗不育的方法。

임신 妊娠 **怀孕**

— **개월** **怀胎X个月**

임신 5개월이 되면 아이의 성별을 알 수 있다.

怀胎5个月后能分辨胎儿的性别。

나팔관 임신 喇叭管妊娠 **输卵管怀孕**

입덧 **妊娠反应**

입덧은 여성이 임신을 했을 때 느끼는 매스꺼움과 구토 증상을 말한다.

妊娠反应是女性怀孕期间的呕吐恶心症状。

자궁 외 임신 子宮外妊娠 **宫外孕**

자궁 외 임신된 태아는 정상적으로 자랄 수 없다.

宫外孕的胎儿无法正常生长。

임신 중절 妊娠中絶, **낙태** 落胎 **堕胎, 人工流产**

조산 早産 **早产**

세계보건기구는 임신 29~37주 사이의 분만을 조산으로 정의하고 있다.

据世界卫生组织的定义, 在怀孕29~37周之间发生的分娩为**早产**。

미숙아 未熟兒 **早产儿**

미숙아가 인큐베이터로 들어갔다.

早产儿被放进了恒温箱里。

출산 出産 **生育**

태교 胎教 **胎教**

피임 避姙 **避孕**

경구 피임약 經口避姙藥 **口服避孕药**

응급 피임약 應急避姙藥(EC) **紧急避孕药**

응급 피임약은 처방전이 필요한 약이다.

紧急避孕药是处方药。

정관 수술 精管手術 **输精管结扎术**

후산 後産 **产后排出胎衣**

태반 胎盤 **胎盘**

태반은 산모와 태아를 연결하는 조직이다.

胎盘是连接产妇和胎儿的组织。

병원 医院

검사 檢査 **检查**

환자에게 몇 가지 검사를 해야 한다.

我们必须对患者进行几项**检查**。

고열 高熱 **高烧**

환자가 이틀째 40도의 고열에 시달리고 있다.

患者持续两天**高烧**40度。

맥박 측정 脈搏測定 **测量脉搏**

미열 微熱 **低烧**

오랜 미열 증상은 너무 많은 항생제의 복용에 기인한다.

长期**低烧**源于服用了太多抗生素。

수축기 혈압 收縮期血壓 **收缩压**

X-선 촬영 **X射线照相**

X-선 촬영은 유방암을 조기 진단할 수 있는 효과적인 방법이다.

X射线照相是诊断早期乳腺癌的有效手段。

정상 체온 正常體溫 **正常体温**

사람의 정상 체온은 36.5℃ 또는 98℉이다.

人的**正常体温**是36.5摄氏度, 或者98华氏度。

체온 측정 體溫測定 **测量体温**

체온 측정은 보통 겨드랑이 밑, 구강, 항문으로 한다.

测量体温一般通过腋下、口腔、肛门来进行。

혈압 측정 血壓測定 **测量血压**

가정에서도 혈압 측정을 할 수 있다.

在家也可以**测量血压**。

혈액 검사 血液檢查 **血液检查**

혈액 검사를 통해서도 신장의 이상을 알 수 있다.

通过**血液检查**也能发现肾脏异常。

확장기 혈압 擴張期血壓 **舒张压**

검진대 檢診臺 **诊断床**

환자가 검진대에 누웠다.

患者躺在**诊断床**上。

근육통 筋肉痛 **肌肉痛**

근막 통증 증후군(담) 筋膜痛症症候群 **肌筋膜疼痛综合症**

— 땡김 **发紧**

요즘 계속 근육이 땡긴다.

最近总是觉得肌肉**发紧**。

— 뻐근 **酸疼**

육체노동을 많이 하고 나면 쉽게 근육이 뻐근해지는 것을 느낀다.

做了很多体力劳动后, 很容易感到肌肉**酸疼**。

— 뻣뻣 **僵硬**

일부 류머티즘 환자는 쉽게 관절이 뻣뻣해지는 것을 느낀다.

有些风湿的患者容易感到关节**僵硬**。

섬유 근육통 증후근 纖維筋肉痛症候群 **纤维肌痛综合症**

대학 병원 大學病院 **大学医院**

목발 **拐杖**

교통사고 후 그는 석 달 동안 목발을 짚고 다녔다.

交通事故后, 他用了三个月**拐杖**。

병동 病棟 **住院部**

산모동 産母棟 **产妇住院部**

소아 병동 小兒病棟 **儿童住院部**

수술 병동 手術病棟 **手术楼**

일반 병동 一般病棟 **普通病房楼**

외래 병동 外來病棟 **门诊楼**

보행기 步行器 **助行架**

수술 후 그는 보행기를 이용하여 물리 치료를 시작했다.

手术后他开始用**助行架**进行物理治疗。

복통 腹痛 **肚子疼**

부목 副木 **夹板**
붕대 繃帶 **绷带**
간호사가 상처에 붕대를 감았다.
护士在伤口上缠了**绷带**。
(석고)깁스 **石膏**
교통사고 후 한 달 동안 깁스를 했다.
交通事故后, 他打了一个月的**石膏**。
반창고 絆瘡膏 **创可贴**
압박 붕대 壓迫繃帶 **弹性绷带**
사망 진단 死亡診斷 **死亡诊断**
사망 진단서 死亡診斷書 **死亡诊断书**
뇌사 腦死 **脑死亡**
LA 공항에서 총에 맞은 여인이 뇌사 판정을 받았다.
有一名妇女在洛杉矶机场被枪击, 宣布**脑死亡**。
생리통 生理痛 **痛经, 月经痛, 经痛**
수술대 手術臺 **手术台**
수혈 輸血 **输血**
환자가 수혈을 받다.
患者接受**输血**。
헌혈 獻血 **献血**
혈액은행 血液銀行 **血库**
우리 혈액은행은 혈액을 수집·처리·공급한다.
我们**血库**收集、处理并供给血液。
혈액형 血液型 **血型**
혈장 血漿 **血浆**
소독기 消毒器 **消毒器**
가위 **剪刀**
설압자 舌壓子 **压舌器**
핀셋 **钳子**
양전자 방출 단층 촬영기 PET **正电子发射计算机断层扫描仪**
영안실 靈安室 **太平间**
오십견 五十肩 **五十肩, 冻结肩, 冰冻肩, 冷凝肩**
'견주염'은 의학계에서는 동결견이라고 부르며 속칭 오십견이라고 한다.
"肩周炎"在医学上被称为冻结肩, 即俗称的 "**五十肩**"。
외래 환자 外來患者 **门诊病人**
10시부터 외래 환자를 받는다.

十点起接待**门诊病人**。

요통 腰痛 **腰疼**

허리를 삐끗해 계속 허리가 아프다.

他把腰给闪了, 一直**腰疼**。

유방 촬영기 乳房撮影機 **乳房摄影机**

유방 촬영 乳房撮影 **乳房摄影**

중년 여성들은 정기적으로 유방 촬영을 해야 한다.

中年妇女必须定期进行**乳房摄影**。

응급실 應急室(ER) **急诊室**

심폐 소생술 心肺蘇生術 **心肺复苏术**

심폐 소생술에는 입으로 하는 인공호흡과 흉부 압박 두 종류가 있다.

心肺复苏术包括口对口人工呼吸和胸外按压两种。

응급 의료 센터 **急救医疗中心**

골절 骨折 **骨折**

열상 裂傷 **裂伤**

염좌 捻挫 **扭伤**

열상·골절·염좌·절단 등은 생명에 지장이 없는 산업 재해로 간주된다.

裂伤、骨折、**扭伤**和断肢都被认为是非致命工伤。

외상 外傷 **外伤**

찰과상 擦過傷 **擦伤**

타박상 打撲傷 **挫伤**

의료 과실 醫療過失 **医疗过失, 医疗差错**

의사가 의료 과실로 피소되었다.

大夫由于**医疗过失**被人投诉。

의료 소송 醫療訴訟 **医疗诉讼**

의료 소송을 제기한 산모에게 30만 달러의 배상 판결이 내려졌다.

法院判决给提出**医疗诉讼**的产妇三十万美元的赔偿。

의료 기기 醫療機器 **医疗器械**

의료 보험 醫療保險 **医疗保险**

나는 의료 보험에 가입했다.

我投了**医疗保险**。

의료 윤리 醫療倫理 **医疗伦理**

히포크라테스 선서 **希波克拉底誓言**

세계 모든 나라의 의과 대학 졸업생들은 히포크라테스 선서를 한다.

全世界的医科大学毕业生都会进行**希波克拉底誓言**宣誓。

히포크라테스 정신 **希波克拉底精神**

의사 醫師 **医生, 大夫**

의사는 그에게 정밀 검사를 해주었다.

医生为他进行了精密检查。

개업 開業 **开业**

많은 의대 교수들이 학교를 그만두고 개업을 한다.

很多医科大学教授辞职后**开业**行医。

일반의 一般醫 **普通医生**

1차 진료의 一次診療醫 **基层医生**

1차 진료의가 환자를 심장병 전문의에게 의뢰했다.

基层医生把他的患者转移给心脏专科医生。

전문의 專門醫 **专科医生**

주치의 主治醫 **主治大夫**

청진기 聽診器 **听诊器**

의수족 義手足 **义肢, 假肢**

인공 장기 人工臟器 **人造器官, 人工器官**

줄기 세포 연구는 인공 장기 개발 및 이식에 밝은 전망을 제시하고 있다.

干细胞研究在**人工器官**的开发和移植领域有着很大的发展前景。

인공호흡기 人工呼吸器 **人工呼吸机**

산소 호흡기 酸素呼吸器 **氧气呼吸机, 吸氧机**

환자가 산소 호흡기로 연명하고 있다.

患者靠**吸氧机**来维持生存。

인공호흡 人工呼吸 **人工呼吸**

숨을 쉬지 않으면, 즉시 인공호흡을 시작해야 한다.

没有呼吸, 需要及时进行**人工呼吸**。

입원 入院 **住院**

입원 환자 入院患者 **住院病人**

입퇴원 수속 入退院手續 **住院、出院手续**

보호자가 퇴원 수속을 하기 위해 1층으로 내려갔다.

监护人去一楼办**出院手续**了。

수납 창구 收納窓口 **收费窗口, 收费处**

병원으로부터 퇴원 통고를 받으면, 퇴원 통지서를 가지고 수납 창구로 가서 퇴원 수속을 밟는다.

收到医院的出院通知后, 携带出院通知书去**收费窗口**办理出院手续。

원무과 院務科 **医院事务科**

접수창구 接受窓口 **挂号处, 挂号窗口**

먼저 접수창구에 가서 접수를 하고 번호를 부를 때까지 대기하십시오.

先去**挂号窗口**挂号, 再等叫号。

진료과 诊疗科室	
내과 内科	
감염내과	感染科
내분비-대사내과	内分泌-新陈代谢科
소화기내과	消化科
순환기내과	循环系统科, 循环器官科
신장내과	肾内科
심장내과	心脏内科
혈액종양내과	血液肿瘤科
호흡기내과	呼吸科
일반 외과 外科	
성형외과	整容外科, 整形外科
신경외과	神经外科
심장외과	心脏外科
정형외과	矫形外科, 骨科
폐이식도외과	胸外科
혈관외과	血管外科
흉부외과	胸心血管外科
남성 클리닉 男科	
내분비외과	内分泌外科
마취과	麻醉科
부인과	妇科
불임 클리닉	不育诊所
산과	产科
산부인과	妇产科
소아과	小儿科
스포츠의학	运动医学
신경과	神经科
심장소아과	小儿心脏科

안과	眼科
알레르기 클리닉	过敏性疾病诊所
영상의학, 진단방사선과	放射科
이비인후과	耳鼻咽喉科
임상병리과	临床病理学
재활의학	康复医学
정신과	精神科
진단방사선과	诊断放射科
진단병리과	诊断病理科
치료방사선과	治疗放射科
통증 클리닉	疼痛诊所
피부과	皮肤科
항문과	肛门科

치과 牙科

교정과	牙齿矫形科
구강안면외과	口腔外科
보철과	义齿补缀科
소아치과	小儿牙科
수술치과학	手术牙科
임플란트과	植牙科
치주과	牙周病科

진단 및 검사 诊断和检查

내시경	内窥镜
단층촬영	电脑断层照相扫描
대변 검사	大便检查
맥박	脉搏
소변 검사	小便检查
시력 검사	视力检查
심전도	心电图
양자 방출 단층 촬영	正电子放射扫描
자기공명영상(MRI)	共振成像技术

전산화 단층 촬영술	计算机断层扫描
조직 검사	组织检查
청각 검사	听觉检查
체온 측정	体温测量
초음파영상	超声波影像
혈구 수 측정	血细胞计数
혈압 측정	血压测量
혈액 검사	血液检查
X-선	x射线

전문 클리닉 **专科诊所**

불임 클리닉 **不育诊所**

X병원에서 불임 클리닉 서비스를 제공한다.
X医院提供**不育诊所**服务。

비만 클리닉 **减肥门诊**

통증 클리닉 **疼痛门诊**

종합 병원 綜合病院 **综合医院**

병상 病床 **病床**

X병원의 단기 입원 병동에는 6개의 병상이 있다.
X医院的短期住院部有6张**病床**。

중환자실 重患者室 **加护病房**

중환자실에서는 중증 환자를 위해 특별 간호를 한다.
加护病房给重症患者提供特别看护。

중태 重態 **危险状态**

혼수 상태 昏睡狀態 **昏迷**

체온계 體溫計 **体温计**

컴퓨터 단층 촬영법(CT) **电脑断层扫描, 计算机断层成像**

퇴원 退院 **出院**

완쾌되어 퇴원했다.
他痊愈**出院**了。

투석기 透析器 **透析器**

혈액 투석기를 잘못 사용할 경우 의료 분쟁이 야기된다.
血液**透析器**使用不当容易造成医疗纠纷。

혈압계 血壓計 **血压计**

전자 혈압계는 수축기 및 확장기 혈압 수치가 화면에 표시된다.

电子**血压计**的屏幕上会显示出收缩压和舒张压的数值。

휠체어 **轮椅**

수동 휠체어 **手动轮椅**

전동 휠체어 **电动轮椅**

CT 촬영기 CAT scanner, CT scanner **CAT扫描仪, CT扫描仪**

CT 촬영기는 선진 장비이다.
CT扫描仪是比较先进的设备。

MRI 촬영기 **磁振造影仪**

MRI 촬영기는 대형 자석으로 둘러싸인 원통이다.
磁振造影仪是一个以大型磁铁围绕的圆筒。

의료 医疗

두통 頭痛 **头痛, 头疼**

최근 잘 쉬지 못해서 두통이 심하다.
最近休息不好, **头疼**得厉害。

편두통 偏頭痛 **偏头痛**

그녀는 몇 년 동안 편두통을 앓아왔다.
她的**偏头痛**好多年了。

증상 症狀 **症状**

피부 결핵(낭창)이 전이될 때 흔히 나타나는 증상은 피로와 권태감이다.
狼疮病转移时, 最常见的**症状**就是疲劳及倦怠。

가슴 두근거림 **心悸**

가슴 두근거림은 환자 스스로 가슴이 뛰고 불안함을 느끼는 것을 말한다.
心悸是指患者自觉心中跳动、心慌不安。

구역질, 매스꺼움 **恶心**

구토증 嘔吐症 **呕吐**

다한증 多汗症 **多汗症**

발한 發汗 **发汗**

숨 참 **呼吸急促**

신생아가 숨이 차면 위험 신호이다.
新生儿**呼吸急促**是危险信号。

식은땀 **冷汗**

심장에 무리가 가면 가슴이 답답하고 식은땀이 흐르고 호흡 곤란이 동반된다.
心脏负担较重时, 会胸闷、出**冷汗**并伴有呼吸困难。

어지러움 **头晕, 眩晕**

어지러움은 흔한 임상 증후군이다.
眩晕症是最常见的临床综合征。

— **완화** 緩和 **减缓症状**

따뜻한 물에 목욕을 하면 근육과 전립선의 긴장을 풀어줘 증상을 완화시킬 수 있다.
洗温水澡可以舒解肌肉与前列腺的紧张, 因此可以**减缓症状**。

이명 耳鳴 **耳鸣**

이명의 치료 방법은 이명을 유발시킨 원인에 따라 정해진다.
治疗**耳鸣**的方法, 需视造成耳鸣的原因而定。

자각 증상 自覺症狀 **主观症状, 自觉症状**

호흡 곤란은 일종의 자각 증상이다.
呼吸困难是一种**主观症状**。

— **호소** 呼訴 **抱怨**

환자는 의사에게 불편함을 호소했다.
病人向医生**抱怨**他的不舒服。

진단 診斷 **诊断**

레이건 전 미국 대통령은 알츠하이머병으로 진단받았다.
美国前总统里根被**诊断**患有阿耳茨海默。

예후 豫後 **预后**

예후는 질병 결과에 대한 예측이다.
预后是对疾病结局的概率预测。

오진 誤診 **误诊**

오진율 誤診率 **误诊率**

간질병 오진율이 30%를 넘는다는 주장이 있다.
有人主张癫痫病的**误诊率**超过百分之三十。

자가 진단 自家診斷 **自我诊断**

환자의 자가 진단은 매우 위험하다.
患者的**自我诊断**很危险。

조기 진단 早期診斷 **早期诊断**

유방암의 조기 진단은 치료에 매우 중요하다.
乳房癌的**早期诊断**对于治疗很重要。

진료비 診療費 **诊疗费**

진찰 診察 **看病, 诊断**

재진 再診 **复查, 复诊**

외래 환자는 일반적으로 초진 환자와 재진 환자로 분류된다.
门诊病人一般分为初诊病人和**复诊**病人。

초진 初診 **初诊**

회진 回診 **病房巡诊**

담당 의사가 10시에 회진한다.
负责医生10点来**病房巡诊**。

진통제 鎭痛劑 **镇痛剂, 镇痛药**

진통제는 광범위하게 사용되고 있다.
镇痛剂被广泛使用。

치통 齒痛 **牙疼**

통증 痛症 **疼痛**

나는 온 몸에 심한 통증을 느낀다.
我全身**疼痛**得厉害。

둔한 — **隐疼**

심한 — **剧痛**

머리에 갑자기 심한 통증을 느꼈다.
我的头突然一阵**剧痛**。

— 완화 緩和 **缓解疼痛**

진통제를 복용하면 통증을 완화시킬 수 있다.
服用镇痛药能**缓解疼痛**。

의학 분야 医学分类	
기생충학	寄生虫学
남성학	男性学
내과	内科
내분비학	内分泌学
노인의학	老年科
노인학	老年医学
독물학	毒理学
면역학	免疫学
미용의학	美容医学
병리학	病理学
병인학	病因学
병태생리	病态生理
부인과	妇科
비뇨기학	泌尿学

산과	产科
성형외과	整容外科
세균학	细菌学
수의학	兽医学
스포츠 의학	运动医学
신경과	神经科
신경정신과	神经精神科
신경학	神经学
신장병학	肾脏病学
심리학	心理学
심장학	心脏学
안과	眼科
암의학	癌医学
약리학	药理学
약물중독학	药物中毒学
약학	药学
여행의학	旅游医学
역학	流行病学, 病因学
예방의학	预防医学
위장학	胃肠病学
응급의학	应急医学
이과	耳科学
이비인후과	耳鼻咽喉科
임상학	临床学
재활의학	康复医学
정신의학	精神医学
정신외과	精神外科
정형외과	矫形外科, 骨科
종양학	肿瘤学
족병학	足病学
직업병학	职业病学

척추교정학	脊椎矫正学
치의학	牙科
치과교정학	齿列矫正科, 矫正牙科
피부과	皮肤科
해부학	解剖学
핵의학	核医学

약물 医疗

약물 藥物 — **药物**

복용 服用 — **服用**

매일 두 알씩 7일분을 복용해야 한다.
每天两粒,需**服用**七天。

복용량 服用量 — **剂量**

안전 복용량을 엄격히 지켜야 한다.
应严格掌握安全**剂量**。

— **처방** 處方 — **处方**

의사가 처방한 처방전 글씨가 매우 어지럽다.
医生开的**处方**字迹很潦草。

— **투약** 投藥 — **投药, 用药**

효능 效能, **효과** 效果 — **功效**

아로마 오일은 피부에 탁월한 미용 효과가 있다.
精油对肌肤有十分显著的美容**功效**。

약물 오남용 藥物誤濫用 — **药物滥用**

약물 오남용의 피해를 줄이기 위해 의약 분업이 필요하다.
为了减少**药物滥用**的危害, 需要进行医药分业。

의약품 醫藥品 — **医药品**

신약 新藥 — **新药**

신약 개발은 일국 의약 산업 기술력이 구체화된 결과이다.
新药开发为一国医药工业技术实力的体现。

항생제 내성 抗生劑耐性 — **抗生素抗药性, 抗生素耐药性**

슈퍼 박테리아 — **超级细菌**

내성이 있는 슈퍼 박테리아가 심각한 사회 문제가 되었다.
抗药的**超级细菌**已成为严重的社会问题。

항생제 내성균 抗生劑耐性菌 — **抗生素耐药菌**

항생제 내성균이 생기는 것은 자연스런 현상이다.
抗生素耐药菌的产生是一种自然现象。

치료 治疗

국부 마취 局部痲醉 — **局部麻醉**
레이저 수술 — **激光手术**
비수술적 치료 非手術的治療 — **非外科治疗**
현재 간암 치료에는 외과 치료와 비수술적 치료가 있다.
目前肝癌治疗, 有外科治疗及**非外科治疗**。
비침습적 수술 — **无创手术**
레이저 치료가 바로 비침습적 수술이다.
激光治疗就是一种**无创手术**。
수술 手術 — **手术**
—받다 — **接受手术**
네팔의 샴쌍둥이 자매가 또 다시 싱가포르에서 수술을 받는다.
尼泊尔连体女婴将再次在新加坡**接受手术**。
봉합 縫合 — **缝合**
자신이 직접 상처를 봉합할 수 있는 수술용 실이 나왔다.
自行**缝合**伤口的手术用线问世了。
수술실 手術室 — **手术室, 手术房**
장기 이식 臟器移植 — **器官移植**
각막 이식 角膜移植 — **角膜移植**
거부 반응 拒否反應 — **排斥反应**
면역 억제제 免疫抑制劑 — **免疫抑制剂**
심장 이식 心臟移植 — **心脏移植**
장기 기증자 臟器寄贈者 — **器官捐献人**
그는 장기 기증자로부터 각막을 기증받았다.
他接受了一位**器官捐献人**捐献的角膜。
장기 수용자 臟器受容者 — **器官受赠人**
피부 이식 皮膚移植 — **皮肤移植**
전신 마취 全身痲醉 — **全身麻醉**
전신 마취란 마취약이 중추 신경 계통을 마비시키는 것을 말한다.
全身麻醉是指麻醉药作用于中枢神经系统。
주사 注射 — **注射**
근육 주사 筋肉注射 — **肌肉注射**

링거액 **林格氏液**

점적 주사(링거) 點滴注射 **点滴注射, 点滴**

열이 나는 아이가 병원에서 점적 주사를 맞았다.
发烧的孩子在医院打**点滴**。

주사기 注射器 **注射器**

에이즈 예방을 위해 1회용 주사기 사용을 확대한다.
为了防止艾滋病, 将推广一次性**注射器**的使用。

피하 주사 皮下注射 **皮下注射**

혈관 주사 血管注射 **静脉注射**

혈관 주사로 마약을 투여한 사람이 에이즈에 감염되었다.
静脉注射毒品者感染了艾滋病。

치료 治療 **治疗**

그는 다친 머리를 병원에서 치료받았다.
他在医院**治疗**了受伤的头部。

물리 치료 物理治療 **物理治疗**

추나 요법은 일종의 물리 치료 요법이다.
推拿疗法是一种**物理治疗**方法 。

식이 요법 食餌療法 **食物疗法**

약물 요법 藥物療法 **药物疗法**

운동 요법 運動療法 **运动疗法**

정신 요법 精神療法 **精神疗法**

동양 의학 中医, 东方医学

경락 經絡 **经络, 经脉**

경혈 經穴 **穴位**

경혈은 신경이 집중되는 곳이다.
穴位是神经汇聚的地方。

기 氣 **气**

대체 의학 代替醫學 **替代医学, 非常规疗法**

양방에서는 침구와 한의학을 대체 의학의 범주에 넣고 있다.
针灸和中医在西方医学被归入**替代医学**范畴。

대증 요법 對症療法 **逆势疗法, 对症疗法, 对抗疗法**

대증 요법(逆势疗法)이란?

어떤 질환의 환자를 치료하는 데 원인이 아니고 증세에 대해서만 실시하는 치료법. 예를 들어, 폐결핵으로 미열이 계속되고 있는 환자에 대해서 해열제를 투여하는 경우를 대증 요법이라 하며 이와 대응하여 폐결핵제(肺结核治疗剂, PAS · INAH 등)를 투여하여 병의 원인인 결핵을 치료하는 것을 원인 요법이라 한다.

동종 요법 同種療法 **顺势疗法, 同类疗法, 同病疗法**

동종 요법은 한방·양방과 다른 치료 시스템이다.
顺势疗法是一种不同于中医西医的医疗体系。

동종 요법(顺势疗法)이란?

인체에 질병 증상과 비슷한 증상을 유발시켜 치료하는 방법. 동종의 물질을 써서 치료한다는 유사성의 법칙(Law of Similar)에 근본을 두고 있어 유사 요법이라고도 한다. 이에 비해 환자의 증상 또는 원인을 억제하거나 증상과 반대되는 작용을 유발시켜 치료하는 것을 이종 요법(对抗疗法, allopathy)이라고 한다.

동양 의학 東洋醫學 **中医, 东方医学**

민간 요법 民間療法 **民间疗法**

갈사는 전통 민간 요법이다.
刮痧属于传统的**民间疗法**。
☞ 갈사 : 돌 조각에 기름을 묻혀 환자의 가슴 · 등을 긁어서 충혈시킴으로써 위장의 염증을 경감시킨다.

사상 의학 四象醫學 **四象医学**

사상 체질 四象體質 **四象体质**

소양인 少陽人 **少阳人**

소음인 少陰人 **少阴人**

태양인 太陽人 **太阳人**

태음인 太陰人 **太阴人**

서양 의학 西洋醫學 **西医**

수지침 手指鍼 **手指针灸**

전인 치료 全人治療 **整体疗法**

의학의 세계적인 발전 추세는 동양의 전인 치료로 가고 있다.
世界医学发展的总趋势是走向东方的**整体疗法**。

족반사학 足反射學 **足反射学**

동양의 발 마사지는 족반사학을 토대로 한다.
东方的足底按摩都是以**足反射学**为基础。

지압 指壓 **指压**

침술 鍼術 **针灸**

뜸 灸
침 針 针
전통적인 침구 시술법은 원래 침과 뜸으로 나누어진다.
传统的**针灸**方法中, 针和灸原本是分开的。
한약 韓藥 中药
감초 甘草 甘草
녹용 鹿茸 鹿茸
약초 藥草 药草
웅담 熊膽 熊胆
인삼 人蔘 人参
한약방 韓藥房 韩药铺
한의원 韓醫院 韩医院
한의학 韓醫學 韩医
한의학 漢醫學 中医

질병 疾病

간 肝 肝
흡연은 간에 나쁘다.
抽烟对**肝**不好。
간경화증 肝硬化症 肝硬化
간염 肝炎 肝炎
B형 간염 乙肝
B형 간염에 '특효약'은 없다.
不存在**乙肝**"特效药"。
C형 간염 丙肝
간질 癎疾 癫痫
간 질환 肝疾患 肝病
감기 感氣 感冒
몸살 身体酸痛, 浑身酸痛
몸살이 났다.
我**浑身酸痛**。
일반 감기 一般感氣 普通感冒
감기에는 일반 감기와 유행성 감기가 있다.
感冒包括**普通感冒**和流行性感冒。
감기 증세 感氣症勢 感冒症状

가래 痰
기침 咳嗽
목 아픔 咽喉疼, 喉咙疼
오한 惡寒 恶寒, 发冷, 打冷颤
감기에 걸리면 두통과 오한 증세가 나타난다.
感冒时会有头痛和**恶寒**的症状。
재채기(를 하다) 打喷嚏
목 아픔·콧물·재채기는 감기의 대표적인 증상들이다.
喉咙疼、流鼻涕、**打喷嚏**都是感冒的明显症状。
코 막힘 鼻塞
콧물(을 흘리다) 流鼻涕
감염 感染 感染
호흡기 감염은 영유아에게 흔한 질병이다.
呼吸道**感染**是婴幼儿最常见的疾病。
공기 감염 空氣感染 空气传染
바이러스성 감염 病毒感染
감염성 성병 感染性性病 传染性性病
매독 梅毒 梅毒
성병 性病 性病
성병은 성행위를 통해 전파되는 전염병이다.
性病是一类以性行为为主要传播途径的传染病。
임질 淋疾 淋病
갑상선 甲狀腺 甲状腺
최근 몇 년간 갑상선 질환자가 증가하고 있다.
近年来**甲状腺**疾病的患者愈来愈多。
갑상선 기능 저하증 甲狀腺機能低下症 甲状腺分泌不足
갑상선 기능 저하는 내분비 계통의 흔한 질병으로 여성의 발병률이 남성보다 높다.
甲状腺分泌不足是内分泌科常见的疾病, 女性的患病率高于男性。
갑상선 기능 항진증 甲狀腺機能亢進症 甲状腺机能亢进症
갑상선암 甲狀腺癌 甲状腺癌
갑상선염 甲狀腺炎 甲状腺炎
갑상선 호르몬 甲状腺荷尔蒙, 甲状腺激素
건염 腱炎 肌腱炎
건염 발생을 줄이기 위해서는 많이 쉬고 작업량을 줄여야 한다.
为减少**肌腱炎**的发生, 需要多休息, 并减少工作量。

결막염 結膜炎 **结膜炎**

경련 痙攣 **痉挛, 抽筋**

그는 안면 근육 경련으로 얼굴이 일그러졌다.
面肌**痉挛**让他的脸扭曲了。

골격계 骨格系 **骨骼系统**

골격계로 동물을 식별하는 것은 좋은 방법이다.
透过**骨骼系统**来认识动物是一种很好的方法。

골 骨 **骨头**

연골 軟骨 **软骨**

골관절염 骨關節炎 **骨关节炎**

60세 이상 노인의 90퍼센트가 골관절염 증상을 가지고 있다.
60岁以上的老人约有90%的人有**骨关节炎**的症状。

골다공증 骨多孔症 **骨质疏松**

골반 이식 骨盤移植 **骨盆移植**

우리 병원에서 처음으로 골반 이식 수술에 성공했다.
骨盆移植手术在我院首次取得成功。

골수 骨髓 **骨髓**

골수염 骨髓炎 **骨髓炎**

골절 骨折 **骨折**

노인들은 골절이 생기면 완전히 회복되기 어렵다.
老年人**骨折**后, 很难完全恢复。

골 질환 骨疾患 **骨骼疾病**

관절 關節 **关节**

관절은 두 뼈가 만나는 지점이다.
关节是指两个骨头的相接之处。

관절염 關節炎 **关节炎**

퇴행성 관절염 退行性關節炎 **退化性关节炎**

광견병 狂犬病 **狂犬病**

구충제 驅蟲劑 **驱虫剂**

귀지 **耳垢**

많은 사람들이 귀지를 파다 귀에 상처를 낸다.
很多人都是在掏**耳垢**时造成耳部受伤。

근경화증 筋硬化症 **肌肉硬化**

근위축증 筋萎縮症 **肌肉萎缩症**

근육 筋肉 **肌肉**

건 腱, **힘줄** **肌腱**

아킬레스건 | 跟腱
인대 靭帶 | 韧带
잘못된 운동은 흔히 인대가 늘어나는 부상을 일으킨다.
运动不适当很容易发生**韧带**拉伤。
근육 질환 筋肉疾患 | 肌肉疾病
근이영양증 筋異營養症 | 肌肉萎缩症, 肌营养不良
글라코마 | 青光眼
급성 맹장염 急性盲腸炎 | 急性盲肠炎
맹장 수술(충수절제술) 盲腸手術 | 盲肠切除
기관지염 氣管支炎 | 气管炎
기관지 천식 氣管支喘息 | 哮喘
천식이 많은 노인들의 생명을 앗아갔다.
哮喘夺去了很多老年人的生命。
기생충 寄生蟲 | 寄生虫
십이지장충 十二指腸蟲 | 钩虫
요충 蟯蟲 | 蛲虫, 蠕形住肠线虫
촌충 寸蟲 | 绦虫
편충 鞭蟲 | 鞭虫
회충 蛔蟲 | 蛔虫
기억 상실증 記憶喪失症 | 记忆丧失症, 失忆症
그는 교통사고 후 기억 상실증에 걸렸다.
出了场车祸, 他得了**记忆丧失症**。
기침약 | 止咳药
나병 癩病 | 汉森氏病, 麻风病
난치병 難治病 | 疑难症状, 疑难杂症
한방은 양방에서 치료하지 못하는 난치병에 좋은 효과가 있다.
中医对西洋医学无法治疗的**疑难症状**十分有效。
날숨 | 呼气
남성 질환 男性疾患 | 男性疾病
남성 클리닉 | 男性诊所
내분비계 질환 內分泌系疾患 | 内分泌疾病
노이로제 | 神经官能症, 神经衰弱
노인병 老人病 | 老人病
노인학 老人學 | 老年医学
노화 老化 | 老化
노화 방지 클리닉 | 抗衰老诊所

녹내장 綠內障 **绿内障, 青光眼**
농 膿, **고름** **脓液**
진물 **(伤口流出的)液体, 脓水**
상처가 감염됐을 때는 상처에서 흐르는 진물을 즉시 닦아내야 한다.
伤口感染必须立刻清除伤口流出的**液体**。
— **흐름** **流出**
상처가 감염돼 고름이 많이 흐른다.
伤口被感染, **流出**了许多的脓。
뇌막염 腦膜炎 **脑膜炎**
뇌성마비 腦性痲痺 **脑瘫**
뇌염 腦炎 **脑炎**
뇌졸중 腦卒中 **脑中风**
일단 뇌졸중이 발생하면 회복 가능성은 아주 적다.
一旦**脑中风**, 恢复的可能性很小。
마비 痲痺 **麻痹, 瘫痪**
그녀는 오른쪽 몸 전체가 마비되었다.
她整个右边身体都**麻痹**了。
중풍 中風 **中风**
중풍은 환자에게 큰 고통을 안겨준다.
中风给病人带来很大的痛苦。
뇌종양 腦腫瘍 **脑瘤**
뇌질환 腦疾患 **脑疾病**
일본 뇌염 日本腦炎 **日本脑炎**
모기는 일본 뇌염을 전파한다.
蚊子会传播**日本脑炎**。
뇌혈관 질환 腦血管疾患 **脑血管疾病**
눈물샘 **泪小管**
늑골 肋骨 **肋骨**
다발성 경화증 多發性硬化症 **多发性硬化症**
담 膽, **쓸개** **胆**
담관 膽管 **胆管**
담석 膽石 **胆结石**
담석은 담즙이 담낭과 담관 내에 응고되어 형성되는 결석이다.
胆结石是胆汁在胆囊内和胆管内凝固产生的结石。
담즙 膽汁 **胆汁**
당뇨병 糖尿病 **糖尿病**

당뇨병은 만성 질환으로 신체가 인슐린을 만들어낼 수 없거나 적절히 조절할 수 없어 발생한다.
糖尿病是一种慢性病，是因身体无法分泌或妥善运用胰岛素而引起的。

인슐린 주사 **胰岛素注射**
당뇨병은 평생 가는 병이므로 일부 환자는 평생 인슐린 주사를 맞아야 한다.
由于糖尿病是一种终身性疾病，部分糖尿病患者需要终身**注射胰岛素**。

합병증 合併症 **并发症**
혈당 수치 血糖數値 **血糖指数**

대변 검사 大便檢査 **大便检查**
보육사·취사원에 대해 자주 대변 검사를 실시해야 한다.
应该经常对保育员、炊事员做**大便检查**。

대장염 大腸炎 **大肠炎**
대장균 大腸菌 **大肠杆菌**
대장균은 인체에 유익한 세균으로 유해 세균의 생장을 억제한다.
大肠杆菌是机体内的一种有益菌，它可以抑制有害细菌的生长。

대퇴골 大腿骨 **大腿骨**
독 쇼크 증후군 **中毒性休克综合症**
동맥 경화증 動脈硬化症 **动脉硬化**
관상동맥우회로 수술 冠狀動脈迂廻路手術 **冠心脏动脉搭桥手术**
동상 凍傷 **冻伤**
두개골 頭蓋骨 **头盖骨**

들숨 **吸气**
들숨은 정신이 들게 하고 날숨은 정신을 안정시킨다.
吸气是提神，呼气是安神。

디프테리아 **白喉**
땀띠 **痱子**

라식 수술 **准分子激光原地角膜消除术**
라식 수술로 근시·원시·사시를 교정할 수 있다.
准分子激光原地角膜消除术可以矫正近视、远视、斜视。

라식 수술(LASIK, 准分子激光原地角膜消除术)이란?

레이저를 이용한 시력 교정술로 각막 절삭 가공 성형술이다.

류머티즘 **风湿病**
만성 맹장염 慢性盲腸炎 **慢性盲肠炎**

무뇌증 無腦症 **无脑畸形**
무좀 **足癣, 脚气**
민감성 피부 敏感性皮膚 **敏感性皮肤**
민감성 피부를 관리할 수 있는 전용 화장품이 있다.
有专门用来护理**敏感性皮肤**的化妆品。
가려움 **痒**
붉어짐 **发红**
피부 자극 皮膚刺戟 **刺激皮肤**
발기 부전 勃起不全 **勃起障碍**
발기 불능 勃起不能 **阳痿**
임상 실험에서 비아그라가 협심증에는 치료 효과가 적은 반면, 발기 불능에 특별한 효과가 있음이 발견되었다.
在临床试验中发现, 伟哥治疗心绞痛的效果一般, 而对治疗**阳痿**却有特殊效果。
발암 물질 發癌物質 **致癌物质**
담배의 니코틴은 발암 물질이다.
烟草中的尼古丁是**致癌物质**。
방광염 膀胱炎 **膀胱炎**
방역 防疫 **防疫, 疾病预防**
격리 隔離 **隔离**
코로나19 환자를 격리시켜야 한다.
需要**隔离**新冠患者。
백내장 白內障 **白内障**
백일해 百日咳 **百日咳**
백혈구 白血球 **白血球**
백혈병 白血病 **白血病**
골수 기증 骨髓寄贈 **捐献骨髓**
골수 은행 骨髓銀行 **骨髓库**
골수 이식 骨髓移植 **骨髓移植**
골수 이식은 1950년대 이후 발전되어온 의료 기술이다.
骨髓移植是从20世纪50年代逐渐发展起来的一种医疗技术。
변비 便 **便秘**
관장약 灌腸藥 **灌肠药**
완화제 緩和劑 **缓和剂**
보균자 保菌者 **带菌者**
복강경 腹腔鏡 **腹腔镜**
복강경 검사 腹腔鏡檢查 **腹腔镜检查**

복강경 검사는 아주 보편적인 작은 수술이다.
腹腔镜检查是一种十分普遍的小手术。

부인병 婦人病 — **女性疾病, 妇科病**
부정맥 不整脈 — **心律不齐**
불감증 不感症 — **不感症**
불치병 不治病 — **不治之症**
비뇨기계 질환 泌尿器系疾患 — **泌尿道疾病**
비염 鼻炎 — **鼻炎**
빈혈 貧血 — **贫血**
  만성 빈혈 慢性貧血 — **慢性贫血**
  악성 빈혈 惡性貧血 — **恶性贫血**

1929년에 돼지 간을 이용한, 악성 빈혈 치료법이 제시되었다.
在1929年就有人推荐用猪肝来治疗**恶性贫血**。

사스, 급성호흡기 증후군 急性呼吸器症候群(SARS) — **非典型肺炎(非典)**
  괴질 怪疾 — **怪病, 怪疾**
사시 斜視 — **斜视**
  내사시 內斜視 — **内斜视**
  외사시 外斜視 — **外斜视**
상피 조직 上皮組織 — **上皮组织**
색맹 色盲 — **色盲**
생리통 生理痛 — **经痛, 月经痛**
선천성 先天性 — **先天性**
선천성 심장병 先天性心臟病 — **先天性心脏病**
  개심 수술 開心手術 — **开胸心脏手术**

개심 수술은 전신 마취를 요한다.
开胸心脏手术需要全身麻醉。

  심장 판막 수술 心臟瓣膜手術 — **心脏瓣膜手术**

그는 심장 판막 수술을 받았다.
他做了**心脏瓣膜手术**。

설사 泄瀉 — **腹泻, 拉肚子**
  지사제 止瀉劑 — **止泻剂**

설사 시 함부로 지사제를 먹지 말라.
拉肚子别乱吃**止泻剂**。

성홍열 猩紅熱 — **猩红热**
소독 消毒 — **消毒**

소독약 消毒藥 **消毒药**

소독약으로 상처를 소독해야 한다.
要用**消毒药**来消毒伤口。

소아 당뇨병 小兒糖尿病 **小儿糖尿病**

소아마비 小兒痲痺 **小儿麻痹**

소아 질환 小兒疾患 **小儿病**

소아 천식 小兒喘息 **小儿气喘**

소염제 消炎劑 **消炎药**

소화기 질환 消化器疾患 **消化器官疾病, 肠道疾病, 消化道疾病**

소화 불량 消化不良 **消化不良**

소화제 消化劑 **消化剂, 助消化药**

제산제 制酸劑 **制酸剂**

제산제를 올바르게 사용하면 효과적으로 위산을 중화시킬 수 있다.
正确使用**制酸剂**可以有效地中和胃酸。

수두 水痘 **水痘**

수면 장애 睡眠障碍 **睡眠障碍**

과면증 過眠症 **睡眠过多**

몽유병 夢遊病 **梦游**

몽유병과 꿈은 무관하다.
梦游与做梦无关。

불면증 不眠症 **失眠**

수면 무호흡 증후군 睡眠無呼吸症候群 **睡眠呼吸暂停综合症**

습진 濕疹 **湿疹**

주부 습진 主婦濕疹 **主妇湿疹, 手部湿疹**

장갑을 끼고 일을 하면 주부 습진을 예방할 수 있다.
干活的时候带上手套可以防止发生**主妇湿疹**。

시력 視力 **视力**

우리는 시력을 보호해야 한다.
我们要保护**视力**。

시력 검사 視力檢査 **视力检查**

근시 近視 **近视**

난시 亂視 **散光**

시력 교정 視力矯正 **矫正视力**

안경을 착용하면 시력 교정에 도움이 된다.
带眼镜可以帮助**矫正视力**。

원시 遠視 **远视**

식중독 食中毒 **食物中毒**

집단 식중독 集團食中毒 **集体食物中毒**

올해는 여러 차례 집단 식중독이 발생했다.

今年发生多起**集体食物中毒**。

신경 쇠약 神經衰弱 **神经衰弱**

신경 질환 神經疾患 **神经疾病**

신부전증 腎不全症 **肾衰竭**

혈액 투석 血液透析 **血液透析**

혈액 투석은 만성 신부전증 환자가 생명을 유지하는 중요한 치료 수단이다.

血液透析是慢性肾功能衰竭患者维持生命的重要治疗手段。

신생아 황달 新生兒黃疸 **新生儿黄疸**

신장병 腎臟病 **肾病**

신장병은 보이지 않는 살인자이다.

肾病是隐型杀手。

신장염 腎臟炎 **肾炎**

신장 이식 腎臟移植 **肾脏移植**

신장 이식은 기증자의 신장을 환자의 체내에 이식하는 수술 과정이다.

肾脏移植是指将器官捐献者的肾脏移植到接受移植的病人体内的手术过程。

심근경색증 心筋梗塞症 **心肌梗塞症**

심리적 안정 心理的安靜 **内心的安定**

심리 테스트 **心理测试**

많은 사람들이 인터넷상의 심리 테스트에 열중한다.

很多人热衷于在网上做**心理测试**。

심리 학자 心理學者 **心理学家**

심리 분석 心理分析 **精神分析**

그는 심리 분석으로 유명하다.

他以**精神分析**出名。

심리 치료 心理治療 **心理治疗**

심장 心臟 **心脏**

심장병 心臟病 **心脏病**

심장마비 心臟痲痺 **心脏麻痹**

심전도 검사 心電圖檢查 **心电图检查**

심전도 검사는 반드시 안정 상태일 때 실시해야 한다.

心电图检查必须在安静状态时实施。

심혈관계 질환 心血管系疾患 **心血管疾病**

십이지장 十二指腸 **十二指肠**

십이지장 궤양 十二指腸潰瘍 **十二指肠溃疡**

십이지장 궤양은 아주 오래된 질병이지만 발병 기제가 아직 완전히 규명되지 않았다.

十二指肠溃疡是一个相当古老的疾病，但其发病机理迄今未能完全阐明。

십이지장염 十二指腸炎 **十二指肠炎**

아폴로 눈병 **阿波罗11号结膜炎，红眼病**

안구 眼球 **眼球**

각막 角膜 **角膜**

눈 앞쪽은 각막·결막·눈꺼풀로 구성되어 있다.

眼睛的前部分主要是由**角膜**、结膜及眼睑所构成。

동공 瞳孔 **瞳孔**

정상적인 동공은 원형이다.

正常的**瞳孔**为圆形。

망막 網膜 **视网膜**

수정체 水晶體 **水晶体**

안정제 安靜劑 **镇静剂，镇静药**

운동은 천연 안정제이다.

运动是天然的**镇静剂**。

안 질환 眼疾患 **眼病**

알레르기 **过敏**

알레르기는 꽃가루 알레르기, 식품 알레르기 등 여러 종류로 나뉜다.

过敏有许多分类，比如对花粉过敏、对食物过敏等。

감작 感作 **敏感化，致敏化**

꽃가루 알레르기 **花粉过敏**

먼지 알레르기 **灰尘过敏**

식품 알레르기 **食物过敏**

알레르기 반응, 과민 반응 過敏反應 **过敏反应**

알레르기 질환 **过敏疾病**

알레르기 항원 **过敏原**

집진드기 **尘螨**

피부 알레르기 **皮肤过敏**

봄은 피부 알레르기가 자주 발생하는 계절이다.

春天是容易引起**皮肤过敏**的季节。

항알레르기 약 **抗过敏药**

항알레르기 약은 과민 반응을 일으킬 수 있다.

抗过敏药可能会引起过敏反应。

알레르기성 비염 **过敏性鼻炎**

알레르기성 비염은 계절성과 만성 두 타입이 있다.

过敏性鼻炎有两种, 一为季节性, 一为全年性。

알츠하이머 **早老性痴呆症, 阿尔茨海默氏病**

암 癌 **癌**

암 말기 癌末期 **癌症晚期**

그는 이미 폐암 말기에 이르렀다.

他已经到了肺**癌晚期**。

근종 筋腫 **肌瘤**

암종 癌腫 **癌肿**

육종 肉腫 **肉瘤**

종양 腫瘍 **肿瘤**

유선암은 흔한 악성 종양이다.

乳腺癌是最常见的一种恶性**肿瘤**。

암의 종류 癌症的种类	
결장암	直肠癌
골수암	骨髓癌
구강암	口腔癌
근종	肌瘤
난소암	卵巢癌
뇌종양	脑癌, 脑肿瘤
백혈병	白血病
식도암	食管癌, 食道癌
위암	胃癌
유방암	乳腺癌
육종	肉瘤
인두암	咽喉癌
임파선암	淋巴癌
임파종	淋巴瘤
자궁경부암	宫颈癌
자궁암	子宫癌
전립선암	前列腺癌
종양	肿瘤

악성종양	恶性肿瘤
양성종양	良性肿瘤
폐암	肺癌
피부암	皮肤癌
혈액암	血癌
후두암	喉癌

암세포 癌細胞 **癌细胞**

암의 치료 **癌症疗法**

방사능 요법 放射能療法 **放射疗法**

방사능 요법은 방사선 또는 입자를 이용해 암세포를 죽이는 것이다.
放射疗法使用放射线或粒子杀死癌细胞。

화학 요법 化學療法 **化学疗法**

야뇨증 夜尿症 **遗尿症, 夜尿症**

언청이 **腭裂, 裂唇, 兔唇**

엑시머 **准分子激光角膜切削术**

엑시머(PRK, 准分子激光角膜切削术)란?

굴절 교정 레이저 각막 절제술 또는 엑시머 수술. 각막에 엑시머 레이저를 조사하여 시력을 교정하는 수술이다.

여드름 **痤疮, 青春痘**

열 관련 질환 熱關聯疾患 **热相关疾病**

열사병 熱射病 **热射病**

☞ 일사병 · 열사병 모두 크게 중서(**中暑**)라고 한다.

예방 접종 豫防接種 **疫苗接种**

예방 접종은 가장 효과적인 질병 예방법이다.
疫苗接种是最有效的疾病预防方式。

요로 결석 尿路結石 **尿路结石**

요로 결석 발병시 바닥에서 데굴데굴 구르게 할 정도의 통증이 느껴질 수 있다.
尿路结石病发时的疼痛感会叫人疼得满地打滚。

요실금 尿失禁 **小便失禁, 尿失禁**

나이가 들면 요실금에 걸릴 확률이 높아진다.
上年纪的人患**小便失禁**的概率更高。

우울증 憂鬱症 **抑郁症**

기분 장애 氣分障碍 情感障碍, 情绪障碍
양극성 장애 兩極性障碍 双相情感障碍
조울증 躁鬱症 躁郁症
월경 불순 月經不順 月经不调
갱년기 여성에게는 월경 불순이 나타난다.
更年期的妇女会有**月经不调**的现象。
냉 冷, 대하 帶下 白带
위 胃 胃
위궤양 胃潰瘍 胃溃疡
위궤양 환자가 우유를 자주 마시면 치료에 도움이 안 된다.
胃溃疡病人常饮牛奶并不利于治疗。
위산 胃酸 胃酸
위산 과다 胃酸過多 胃酸过多
위염 胃炎 胃炎
위점막 胃粘膜 胃粘膜
위내시경 胃內視鏡 胃镜, 胃内窥镜
장 질환 腸疾患 肠道疾病
유방 X선 검사 乳房透视检查
유병률 有病率 发病率
최대한 유병률을 떨어뜨린다.
尽量减低疾病**发病率**。
유아 급사 증후군 幼兒急死症候群 婴儿猝死综合症
미국에서는 매년 2,500건의 유아 급사 증후군이 발생한다.
美国每年有2500例**婴儿猝死综合症**发生。
바로 재우기 小儿仰睡
엎어 재우기 小儿俯睡
엎어 재우기는 유아 급사의 가능성을 높인다.
小儿俯睡会增加猝死的可能。
유전성 遺傳性 遗传性
유행성 독감 流行性毒感 流感
— 예방 주사 豫防注射 预防针
예방 주사로 유행성 독감을 예방할 수 있다.
可以打**预防针**来预防流感。
이비인후 질환 耳鼻咽喉疾患 耳鼻喉疾病
이상체온 저하증 異常體溫低下症 温过低
이질 痢疾 痢疾

인두 咽頭 **咽头**
일사병 日射病 **日射病**
임파선염 淋巴腺炎 **淋巴腺炎**
자궁암 검사 子宮癌檢査 **子宫癌检查**
그녀는 막 자궁암 검사를 마쳤다.
她刚进行了**子宫癌检查**。
자폐증 自閉症 **自闭症**
잠복기 潛伏期 **潜伏期**
많은 질병이 일정 기간 잠복기를 거친다.
很多疾病都有一定的**潜伏期**。
장염 腸炎 **肠炎**
장티푸스 **伤寒**
재발 再發 **复发**
재발률 再發率 **复发率**
위암의 재발률이 큰 폭으로 떨어질 전망이다.
胃癌**复发率**有望大幅降低。
적혈구 赤血球 **红血球**
적혈구는 혈액 내 세포의 일종으로 혈액을 구성하는 주요 세포이다.
红血球是血液内的一种细胞, 是构成血液的主要细胞。
전립선암 前立腺癌 **前列腺癌**
전염병 傳染病 **传染病**
— 발생 發生 **暴发, 发生**
알 수 없는 전염병의 발생은 어느 나라나 예방이 어렵다.
未知传染病的**发生**是任何国家都难以预防的。
— 유행 流行 **流行**
지구 온난화가 전염병 유행을 조장한다.
气候变暖助长了传染病的**流行**。
— 퇴치 退治 **消灭**
이미 퇴치되었다고 생각했던 질병이 인도에서 재발했다.
被认为已经**消灭**的疾病在印度死恢复燃。
— 확산 擴散 **扩散**
전이 轉移 **转移**
종양의 전이는 종양 발생 및 진행 과정에서 가장 위험한 단계이다.
肿瘤的**转移**是肿瘤发生和演进过程中最危险的阶段。
점막 粘膜 **粘膜**
점안액 點眼液 **滴眼液**

충혈안 充血眼 **眼睛充血**

장시간 TV를 시청해 눈이 충혈되었다.

长时间看电视**眼睛充血**了。

점액 粘液 **粘液**

접골 接骨 **接骨**

정관 수술 精管手術 **输精管结扎术**

정관 수술은 남성의 피임 수술이다.

输精管结扎术是一种男性绝育手术。

정신 병원 精神病院 **精神病医院**

정신 병동 精神病棟 **精神病房**

정신 병동이든 일반 병동이든 보다 많은 남자 간호사가 필요하다.

不管是**精神病房**还是普通病房, 都需要更多的男护士。

심리 치료 **心理治疗**

심리 치료는 사람과 사람 간의 특수한 상호 작용의 과정이라고 정의할 수 있다.

心理治疗可以定义为一种特殊的人际相互作用过程。

정신 질환 精神疾患 **精神疾病**

정서 불안 情緒不安 **情绪困扰**

정신 분열증 精神分裂症 **精神分裂症**

조루증 早漏症 **早泄**

중이염 中耳炎 **中耳炎**

중이염이란 중이 점막에 급성·만성 염증이 생기는 것을 말한다.

中耳炎是发生在中耳黏膜的急性及慢性发炎疾病。

지방간 脂肪肝 **脂肪肝**

지방간은 간경화를 유발한다.

脂肪肝会导致肝硬化。

질병 疾病 **疾病**

— 걸리다 **患, 感染**

모기에 물려 쉽게 질병에 걸리지 않도록 주의해야 한다.

当心蚊虫叮咬**感染疾病**。

급성 急性 — **急性**

급성 기관지염은 증상이 가볍다 해도 당뇨병이나 심장병 환자에게는 심각할 수 있다.

尽管**急性**气管炎通常病情较轻, 但对于糖尿病或心脏病患者可能很严重。

만성 慢性 — **慢性**

척추 손상 脊椎損傷 **脊椎损伤**

척추 손상은 의학계의 난제이다.

脊髓损伤一直是医学难题。

실어증 失語症	**失语症**
전신 마비 全身痲痺	**全身麻痹, 全身瘫痪**

그에게 전신 마비가 왔다.
他出现了**全身麻痹**的现象。

척추반 마비	**偏瘫**
천연두 天然痘	**天花**
최면술 催眠術	**催眠**

최면은 수면과 비슷하지만 수면이 아닌 의식이 흐릿한 상태이다.
催眠是一种类似睡眠而实非睡眠的意识恍惚状态。

추가 접종 追加接種	**追加接种**

의학 전문가들은 B형 간염 백신의 추가 접종이 필요치 않다고 생각한다.
医学专家们认为, 没有必要**追加接种**乙肝疫苗。

축농증 蓄膿症	**慢性鼻窦炎, 化脓性鼻窦炎**

축농증에 걸린 환자는 끈적거리고 누렇고 냄새 나는 콧물을 자주 흘린다.
患上**化脓性鼻窦炎**的患者经常流出又脓又黄有臭味的鼻涕。

췌장 膵臟	**胰腺**
치매 癡	**痴呆**
치사율 致死率	**致死率**

영국의 특효약이 심장병 치사율을 80% 떨어뜨렸다.
英国特效药令心脏病**致死率**下降了80%。

치질 痔疾	**痔疮**

치질 증상으로는 환부에 통증이 있고 혈변이 보인다.
痔疮的症状是患处作痛、便血。

수치질(外痔)	**外痔**
암치질(內痔)	**内痔**
좌욕 坐浴	**坐浴**
콜레라	**霍乱**
타액 唾液	**唾液**
탈장 脫腸	**疝气, 脱肠, 坠肠**
태열 胎熱	**胎热**

임산부는 종종 대변이 굳거나 입이 마르고 태열이 나타난다.
孕妇往往有大便干燥、口干而**胎热**的现象。

퇴행성 질환 退行性疾患	**退行性疾病**

나이가 들면 퇴행성 질환에 걸리기 쉽다.
年纪大了, 很容易得**退行性疾病**。

파킨슨병	**帕金森病**
팬데믹	**(全国或全球性)流行病**
백신 패스	**疫苗通行证**
사회적 거리두기	**保持社交距离**
편도선염 扁桃腺炎	**扁桃体炎**
편도선 절제술 扁桃腺切除術	**扁桃体切除术**

그는 방금 편도선 절제술을 받았다.
他刚做完了**扁桃体切除术**。

폐 肺	**肺**
폐활량 肺活量	**肺活量**

폐활량은 사람이 심호흡을 한 후, 최대한 내보낼 수 있는 숨의 양을 말한다.
肺活量是指人在深吸气后, 作一次最大的呼气所能呼出的气量。

폐결핵 肺結核	**肺结核**
폐경 閉經	**闭经**
갱년기 장애 更年期障碍	**更年期障碍**

공허감, 주의력 산만, 우울증 등은 갱년기 장애 증상이다.
空虚、注意力不集中、忧郁都是**更年期障碍**的表现。

안면 홍조 顔面紅潮	**面部潮红, 颜面潮红**
폐렴 肺炎	**肺炎**
풍진 風疹	**风疹**
피부 연고 皮膚軟膏	**皮肤软膏**
국부용 局部用	**局部作用**

피부 연고를 상처 부위에 바른다.
将**皮肤软膏**涂在伤口部位。

피부염 皮膚炎	**皮肤炎**
아토피성 피부염	**特应性皮肤炎, 遗传过敏性皮炎**

아토피성 피부염은 유전과 관련 있다.
特应性皮肤炎与遗传有关。

피부 질환 皮膚疾患	**皮肤病**
피하 지방 皮下脂肪	**皮下脂肪**
항균제 抗菌劑	**抗菌药**
항암제 抗癌劑	**抗癌药物**
해열제 解熱劑	**退烧药**

의사는 3개월 미만 아이에게 부모가 임의로 해열제를 먹이는 것을 권장하지 않는다.
医生不鼓励家长自行给3个月以下的孩童使用**退烧药**。

허리 디스크 **椎间盘突出**

허리 디스크는 보통 무거운 물건을 잘못 들거나, 좋지 않은 자세 등에 의해 발생한다.

椎间盘突出通常是因为搬重物用力不当、长期姿势不正确等因素所引起。

혈관 血管 **血管**

동맥 動脈 **动脉**

모세혈관 毛細血管 **毛细血管**

모세혈관 순환 장애가 일으키는 심장·뇌·신장 질환.

毛细血管循环障碍引起的心、脑、肾疾病。

정맥 靜脈 **静脉**

혈압 血壓 **血压**

고혈압 高血壓 **高血压**

저혈압 低血壓 **低血压**

— 강하 降下 **血压下降**

전체적인 혈압 강하는 뇌빈혈을 일으킬 수 있다.

整体**血压下降**会造成脑部缺血。

— 강하제 降下劑 **降压药**

— 상승 上昇 **血压上升**

휴대 전화가 혈압을 상승시키는 이유는 전자장이 혈관을 수축시키기 때문이다.

手机之所以导致**血压上升**, 原因是电磁场造成血管收缩。

— 조절 調節 **控制血压**

뇌졸중 예방에 있어서 혈압 조절이 가장 중요하다.

预防脑中风**控制血压**最重要。

혈액 응고 血液凝固 **血液凝固**

혈전 血栓 **血栓**

혈전의 형성은 유전자와 관련이 있다.

血栓的形成与基因有关。

혈액 질환 血液疾患 **血液疾病**

협심증 狹心症 **心绞痛**

호르몬 대체 요법 **激素替代治疗**

호르몬 대체 요법의 채택 여부는 의사나 환자 모두에게 중요한 관심사이다.

是否应该选用**激素替代治疗**是医生和患者共同关注的问题。

호흡기 질환 呼吸器疾患 **呼吸道疾病**

홍역 紅疫 **麻疹**

화상 火傷 **烧伤**

1도 화상 一度火傷 **一度烧伤**

피부 이식 皮膚移植 **皮肤移植**

화상이 심한 환자에게는 피부 이식을 해야 한다.

对于烧伤严重的病人, 需要进行**皮肤移植**。

환부 患部 **患部**

물집 **水泡**

그는 실수로 뜨거운 물에 데어 물집이 많이 생겼다.

他不小心被热水烫出了许多的**水泡**。

부기 浮氣 **肿胀**

그는 잘못된 운동으로 복사뼈를 삐어 복사뼈가 크게 부었다.

他运动不当, 扭伤了脚踝, **肿胀**得非常厉害。

종기 腫氣 **疖**

여름에는 종기가 잘 난다.

夏天很容易生**疖**。

후두 喉頭 **喉头**

후두염 喉頭炎 **咽喉炎**

급성 후두염은 바이러스와 세균 감염으로 발병한다.

急性**咽喉炎**是病毒及细菌感染而引起的。

후천성 後天性 **后天性**

후천성 청각 장애는 대체로 모태기나 신생아 시기에 발생한다.

后天性的耳聋一般发生于母胎期或新生儿期。

후천성 면역 결핍증(AIDS) **艾滋病**

HIV 양성 반응 **HIV阳性反应**

개인 헌혈자 중에도 HIV 양성 반응을 보인 사람이 있다.

献血者中也有人出现了**HIV阳性反应**。

희귀병 稀貴病 **罕见疾病**

질환 疾病	
소화기 질환 消化系统疾病	
십이지장 궤양	十二指肠溃疡
십이지장염	十二指肠炎
위경련	胃痉挛
위궤양	胃溃疡
위염	肠胃炎
위출혈	胃出血
장 질환 肠病	

급성맹장염	急性阑尾炎
대장염	结肠炎, 大肠炎
만성맹장염	慢性阑尾炎
장염	肠炎
치질	痔疮
수치질	外痔
암치질	内痔
췌장염	胰腺炎
탈장	疝

심혈관계 질환 心血管疾病

관상동맥 질환	冠心病
뇌경색	脑梗塞
뇌졸중	脑中风
뇌출혈	脑出血
동맥경화증	动脉硬化
동맥류	动脉瘤
부정맥	心律不齐, 心律失常
색전증	栓塞
선천성 심장병	先天性心脏病
심근경색증	心肌梗死, 心肌梗塞
심부전	心脏衰竭
심장마비	心脏麻痹
심장병	心脏病
협심증	心绞痛

혈액 질환 血液病

고지혈증	高脂血症
고혈당증	高血糖症
만성빈혈	慢性贫血
백혈병	白血病
악성빈혈	恶性贫血
저혈당증	低血糖症

패혈증	败血症
허혈	虚血
혈우병	血友病
혈전증	血栓(形成)
후천성 면역 결핍증(AIDS)	艾滋病
간 질환 肝疾病	
간경변(간경화)증	肝硬化
간기능 저하	肝衰竭
간염	肝炎
담석	胆石
담석증	胆结石
바이러스성 간염	病毒性肝炎
지방간	脂肪肝
호흡기 질환 呼吸道疾病	
기관지염	支气管炎
기관지 천식	哮喘, 支气管哮喘
기관지 폐렴	支气管肺炎
무호흡	呼吸暂停
상기도감염	上呼吸道感染
소아천식	小儿哮喘
수면무호흡증	睡眠呼吸暂停, 睡眠窒息症
인후염	咽炎
질식	窒息
편도선염	扁桃体炎
폐결핵	肺结核病
폐렴	肺炎
후두염	喉炎
신장 질환 肾疾病	
신부전증	肾衰竭
신장염	肾炎
신장결석	肾结石

비뇨기계 질환 泌尿道疾病	
방광염	膀胱炎
야뇨증	遗尿症
요도염	尿道炎
요로결석	尿道结石
요실금	小便失禁, 尿失禁
내분비계 질환 内分泌病	
갑상선 기능 저하증	甲状腺分泌不足
갑상선 기능 항진증	甲状腺机能亢进
갑상선염	甲状腺炎
당뇨병	糖尿病
임파선염	淋巴腺炎
골 질환 骨骼疾病	
골관절염	骨关节炎
골다공증	骨质疏松
골수염	骨髓炎
관절염	关节炎
류머티즘	风湿病
퇴행성 관절염	退行性关节炎
허리 디스크	椎间盘突出
근육 및 조직 질환 肌肉和组织疾病	
근건염	肌腱炎
근경화증	肌肉硬化
근섬유증	肌肉纤维症
근위축증	肌萎缩
낭성섬유종	囊性纤维瘤
다발성 경화증	多发性硬化症
위축증	萎缩症
파킨슨병	帕金森病
안 질환 眼部疾病	
결막염	结膜炎

글라코마	青光眼
난시	散光
내사시	内斜视
녹내장	绿内障
백내장	白内障
사시	斜视
색맹	色盲
아폴로 눈병	阿波罗11号结膜炎
외사시	外斜视
충혈안	眼睛充血
이비인후 질환 耳鼻喉疾病	
비염	鼻炎
알레르기성 비염	过敏性鼻炎
이염	耳炎
중이염	中耳炎
축농증	鼻窦炎
뇌 및 신경 질환 脑和神经疾病	
간질	癫痫
뇌막염	脑膜炎
뇌성마비	脑瘫
뇌염	脑炎
뇌졸중	脑中风
뇌혈관 질환	脑血管疾病
마비	瘫痪, 麻痹
신경통	神经痛
실어증(감각성)	失语症
치과 질환 牙病	
치은염	牙龈炎
치주염	牙周炎
충치	龋病, 蛀牙, 虫牙
피부 질환 皮肤疾病	

거스러미	肉刺
내향성 발톱	嵌甲
땀띠	痱子, 汗疹
무좀	足癣, 脚气
백피증	白化病
소양	搔痒
습진	湿疹
아토피성 피부염	特应性皮炎, 遗传过敏性皮炎
여드름	痤疮, 青春痘
옴, 개선	疥疮
원형 탈모증	斑秃
주부 습진	主妇湿疹, 手部湿疹
탈모증	脱发
티눈	鸡眼
파상풍	破伤风
포진성 피부염	疱疹样皮炎
피부 알레르기	皮肤过敏
피부염	皮炎

열 관련 질환 热相关疾病

동상	冻伤
열사병	热射病
이상 체온 저하증	体温过低
일사병	日射病
화상	烧伤

감염성 질환 传染性疾病

광견병	狂犬病
광우병	疯牛病
나병	麻风
뇌염	脑炎
대상포진	带状疱疹
매독	梅毒

소아마비	小儿麻痹
수두	水痘
이질	痢疾
임질	淋病
장티푸스	伤寒
천연두	天花
콜레라	霍乱

정신 질환 精神疾病

건망증	健忘症
고소 공포증	恐高症
고층 공포증	高层建筑恐惧症
기억 상실증	失忆症
노이로제	神经症
신경쇠약	神经衰弱
실어증	失语症
의처증, 의부증	疑妻症, 疑夫症
자폐증	自闭症
정신분열증	精神分裂症
조울증	躁郁症

소아 질환 小儿疾病

다운증후군	唐氏综合症, 先天愚型
디프테리아	白喉
백일해	百日咳
성홍열	猩红热
소아 당뇨병	小儿糖尿病
소아 천식	小儿气喘
신생아 황달	新生儿黄疸
언청이	腭裂, 裂唇, 兔唇
영아 급사 증후군	婴儿猝死症
태열	胎热
풍진	风疹

홍역	麻疹
여성 질환 妇科疾病	
갱년기 장애	更年期障碍
불임	不孕
유방암	乳房癌
자궁경부암	宫颈癌
자궁근종	子宫肌瘤
자궁물혹	子宫囊肿
남성 질환 男科疾病	
발기 부전	勃起障碍
발기 불능	阳痿
전립선암	前列腺癌
조루증	早泄
통증 疼痛类疾病	
근막 통증 증후군(담)	肌筋膜疼痛症候群
두통	头痛
복통	腹痛
생리통	痛经
섬유 근육통 증후군	纤维肌痛综合症
오십견	五十肩, 冻结肩, 冰冻肩
요통	腰痛
치통	牙痛
편두통	偏头痛
기타 其他	
급성 호흡기 증후군(SARS)	非典型(性)肺炎, 非典
독소 쇼크 증후군(TSS)	中毒性休克综合症
몽유병	梦游
불면증	失眠症
수면 무호흡 증후군	睡眠呼吸暂停综合症

화장품 化妆品

글리세린 비누	甘油香皂
기초화장 基礎化粧	底妆
로션	润肤乳, 乳液
스킨	化妆水
아스트린젠트	收敛水
토너	爽肤水
기초화장품 基礎化粧品	基础护肤品
리무버, 아세톤	洗甲液, 洗甲水
리퀴드 파우더	水粉霜, 液体粉底
매니큐어	指甲油
메이크업 베이스	隔离霜
면봉 綿棒	棉签
모이스처 크림	保湿霜
보습	保湿
보습제	保湿剂
보습 효과	保湿效果
미백, 화이트닝	美白, 变白
분첩 粉貼	粉扑
살균 비누	杀菌肥皂
색조 화장품 色調化粧品	美容彩妆品
세안제 洗顔劑	洗面奶, 洁面乳
수분 화장품 水分化粧品	水质化妆品
스펀지(메이크업용)	化妆海绵
얼굴 화장	面部化妆
화장 붓	化妆刷
화장 솜	化妆棉
영양 크림	营养霜
유분 화장품 油分化粧品	油质化妆品
콜드크림	冷霜
콜라겐	胶原蛋白
콤팩트	带镜粉盒
크림베이스	底霜
클렌징	卸妆

클렌징 워터	卸妆液
클렌징크림	清洁霜, 卸妆膏
클렌징 티슈	洁面纸
투명 메이크업	本色化妆术, 清淡妆
트윈 케익	两用粉饼
파우더	粉, 香粉, 爽身粉
파운데이션	粉底(霜), 基底霜
팩	面膜

팩을 15분 이상 하지 마라.
敷**面膜**的时间不要超过15分钟。

마사지 크림	按摩膏, 按摩霜
퍼프	粉扑
핸드크림	润手霜
화장 의약품 化粧醫藥品	药房专售化妆品

베이비 붐 세대가 노령화되면서 화장 의약품 시장은 계속 확대될 전망이다.
随着婴儿潮那一代人的老龄化, **药房专售化妆品**市场会越来越大。

화장품 化粧品	化妆品

눈 화장 眼妆

눈가	眼角
눈꺼풀	眼睑
눈썹	睫毛
눈언저리	眼窝, 眼周
눈 화장	眼妆
리퀴드 아이라이너	眼线液
메이크업 펜슬	化妆笔
속눈썹	睫毛

속눈썹을 붙였다.
戴上假**睫毛**。

눈썹 문신	纹眉
마스카라	睫毛膏, 睫毛液
아이라이너	眼线笔
아이브로 브러시	眉刷
아이브로펜슬	眉笔
아이브로펜슬 심	眉笔芯

아이섀도	眼影粉, 眼影
아이크림	眼霜
오토 아이브로	自动眉笔
윗눈꺼풀	上眼睑

입술 嘴唇

립스틱	唇膏, 口红
롱래스팅 립스틱	不褪色唇膏
립글로스	唇彩, 亮高唇彩
립 라이너	唇笔
립 라이너 펜슬	唇线笔
립 브러시	唇刷
립 팔레트	口红盘
입술 보호제	护唇膏

피부 肌肤

각질 角質	角质
각질층 角質層	角质层
레이저 기미 제거	激光去斑手术
검버섯	老年斑
검은 반점	黑斑
기미	色素斑
마마 자국	痘疤
멜라닌 색소	麦拉宁色素
모반 母斑	蝴蝶斑
사마귀	黑痣
점 點	斑点
주근깨	雀斑
레이저 피부 박피 수술	激光拉皮手术, 光子嫩肤
모공 毛孔	毛孔
— 넓다	毛孔粗大
— 막히다	毛孔阻塞
보톡스 주사	肉毒杆菌毒素注射

보톡스 주사는 피부 성형 업계에서 가장 인기 있는 주름 제거법이 되었다.
肉毒杆菌毒素注射已成为皮肤整形界最热门的除皱方法。

색소 침착 色素沈着 **色素沉着**
자외선 차단제 **防晒霜**
SPF (Sun protection factor) **防晒系数**
UVA (Ultraviolet-A) **紫外线A**
UVB (Ultraviolet-B) **紫外线B, 中波紫外线**
주름 **皱纹**
잔주름 **小皱纹, 细纹**
주름 방지 **防皱**
주름 방지 크림 **防皱霜**
진피 眞皮 **真皮**
표피 表皮 **表皮**
피부 皮膚 **皮肤, 肌肤**
건성 피부 乾性皮膚 **干性皮肤**
민감성 피부 敏感性皮膚 **敏感皮肤, 过敏性皮肤**
복합성 피부 複合性皮膚 **混合性皮肤**
중성 피부 中性皮膚 **中性皮肤**
지성 피부 脂性皮膚 **油性皮肤**
피부 건강 皮膚健康 **皮肤健康**
피부 건조 皮膚乾燥 **皮肤干燥**
피부 관리 皮膚管理 **皮肤护理**
피부 미용 클리닉 **护肤中心**

피부 미용 클리닉에서 기미를 치료한다.
在**护肤中心**治疗色素斑 。

피부 박피 皮膚剝皮 **拉皮**
피부 재생 皮膚再生 **皮肤更新, 皮肤再生**
피부 탄력 皮膚彈力 **皮肤弹性**

피부 탄력을 유지하기 위해서는 자외선 차단제를 바르는 것이 중요하다.
为了保持**皮肤弹性**, 涂防晒霜很重要。

피부 톤 **肤色**
피지 皮脂 **皮脂**
필링 **去角质护理**
T-존 **T区**

헤어스타일 发型

가르마	发缝
가발 假髮	假发
린스	护发素, 润丝
머리결	发质
머리카락 빠짐	头发脱落
모발 이식 毛髮移植	毛发移植

모발 이식은 대머리를 치료하는 방법 중 하나이다.
毛发移植是治疗秃顶的方法之一。

무스	摩丝
미용실 美容室	理发店, 美发店
발모제 發毛劑	生发剂
비듬	头皮屑
비듬 제거	去屑
샴푸	洗发水, 香波, 洗发露
염색약 染色藥	染发剂
제모 除毛	脱毛
탈모제 脫毛劑	脱毛剂
털 제거 크림	脱毛膏
파마머리	卷发, 烫发
세팅 파마	电烫
스트레이트	拉直, 直发
포마드	发蜡
헤어스타일	发型
헤어스프레이	造型喷雾
헤어오일	发油, 润发油
헤어 젤	发胶, 啫喱水
헤어 케어	护发
헤어크림	发乳

찾아보기

찾아보기

찾아보기

찾아보기

찾아보기

ㄷ

찾아보기

찾아보기

찾아보기

찾아보기

찾아보기

찾아보기

찾아보기

찾아보기

찾아보기

ㅈ

찾아보기

ㅋ

찾아보기

찾아보기

K

L

M

N

O

P

Q

R

김혜림

약력

- 이화여자대학교 인문과학대학 중어중문학과 졸업
- 한국외국어대학교 통역번역대학원 한중과 졸업(문학석사)
- 한국외국어대학교 일반대학원 중어중문학과 졸업(문학박사)
- 국립국어원 공공용어 번역표준화 위원
- 한국관광공사 외국어 표기 자문위원
- 전 한국방송통신대학교 중어중문학과 교수
- 현재 이화여자대학교 통역번역대학원 통역번역학과 교수

주요 활동

- 이명박 대통령 중국 국빈 방문 수행(동시통역 담당)
- 한·중·일 Biz Summit
- G20 Biz Summit
- G20 국회의장단 회의
- 한·중·일 환경부 장관 회담
- 한·중 재계회의(전경련)
- 한·중·일 OSS 포럼
- 세계지식포럼(매일경제신문)
- 세계화상대회
- 지적국제심포지움
- 세계여성학대회
- 세계아동문학대회
- 한·중 미래포럼(한국국제교류재단)
- 홍콩반환, 마카오반환 특별생방송
- 한중일 정상회담 기자간담회 특별생방송
- 주룽지, 후진타오, 원자바오, 시진핑, 리커창 등 정상급 통역 포함 현재까지 3,000회 이상 국제회의 통역 진행

김혜림의 중국어 통역번역사전(개정판)

펴낸날 1판 1쇄 2006년 11월 30일
2판 1쇄 2022년 7월 15일
엮은이 김혜림
펴낸이 정은경
펴낸곳 이화여자대학교출판문화원
주소 서울특별시 서대문구 이화여대길 52 (우03760)
등록 1954년 7월 6일 제9-61호
전화 02) 3277-2965(편집), 362-6076(마케팅)
팩스 02) 312-4312
전자우편 press@ewha.ac.kr
홈페이지 www.ewhapress.com
책임편집 민지영

ISBN 979-11-5890-462-3 11720
값 35,000원